ISBN 978-0-483-18190-8
PIBN 10713722

Zeitschrift

für

Rechtsgeschichte.

Herausgegeben

von

D. Rudorff und D. Bruns in Berlin, D. Roth in München,
und D. Böhlau in Rostock.

Zehnter Band.

Weimar,
Hermann Böhlau.
1872.

220644

Weimar. — Hof=Buchdruckerei.

Die Lehre von der Fruchtpräſtation aus dem letzten Dotaljahr insbeſondere nach L. 7. §.§. 1 und 2 D. sol. matr. (24, 3).

Vom
Geheimen Juſtizrath Profeſſor Dr. Huſchke.

Die in der Ueberſchrift bezeichnete bekannte crux interpretum iſt in der neueſten Zeit Gegenſtand einer Kritik im höhern Style geworden, welche in ſofern eine beſondere Beachtung verdient als ſie, ausgegangen von einem gründlichen Bearbeiter der Lehre von der Dos,[1]) die Billigung eines ebenſo tüchtigen Nachfolgers[2]) gefunden hat, aber nicht etwa darauf hinausgeht, die Schwierigkeit der Stelle zu löſen, ſondern ſie eher noch zu vergrößern, um ſie endlich gar unter das Alexanderſchwert zu bringen.

Dieſe Kritik wird daher leicht den Erfolg haben und hat vielleicht auch die Tendenz, das wiſſenſchaftliche Intereſſe von der L. 7. §. 1 als einer mitbeſtimmenden Quelle für dieſe Materie abzuziehen und ſie ſelbſt auch für das praktiſche Recht verloren zu geben. Dem entgegenzutreten iſt der nächſte Zweck des nachfolgenden Verſuchs einer neuen Erklärung der Stelle. Nebenher ſoll damit auch eine Ergänzung meiner Unterſuchung „über das alte Römiſche Jahr" (Breslau 1869) geliefert werden, für welche wegen ihrer Specialität in jener Schrift kein Raum war.

Für den uns vorliegenden Zweck werden wir wohl thun, erſt die allgemeinen Grundſätze uns zu vergegenwärtigen und feſtzuſtellen, in welche die in der L. 7. §§. 1 und 2 behandelten

---

[1]) Bechmann, Röm. Dotalrecht II. S. 202.
[2]) Czyhlarz, Röm. Dotalrecht S. 240.

Fragen einschlagen und zwar unbekümmert um das auch darauf bezügliche Gewirr von Meinungen der Neueren [3]) blos nach den Quellen und nach der Natur der Sache selbst, weil sich zeigen dürfte, daß die geklagte Schwierigkeit vielmehr in dem Mangel an Klarheit über diese Grundsätze als in der L. 7. §. 1 ihren Sitz hat.

Es ist allgemein anerkannt, daß nachdem die Dos im Römi=schen Rechte die Natur einer res uxoria angenommen hat, der Ehemann, obgleich er vollständiger Eigenthümer derselben wird, doch in der Regel nicht mehr sie selbst gewinnt, sondern sein Vortheil meist nur in den Früchten derselben besteht, und zwar aus dem Billigkeitsgrunde, weil er davon die ihm durch die Frau mit verursachten Kosten der ehelichen Gesellschaft soll be=streiten können. [4]) Das sind denn aber nach eben diesem Grunde d i e Früchte, die ihm als Ehemann von der Dos als solcher zu=kommen, also von da ab, wo die beiden Momente, Bestand der Ehe und Uebergang der Sache als dotaler in das Vermögen des Mannes zusammentreffen (mag das eine oder das andere den Anfang machen) [5]) und bis dahin, daß beide auch vereint bleiben, namentlich also bis zur Auflösung der Ehe, da das Weg=fallen des andern Moments d. h. der casuelle Untergang der Dotalsache die Möglichkeit der Fruchtziehung schon von selbst aufhebt. An sich ist diese Zeit irgend ein langer oder kurzer einheitlicher Zeitraum. Da aber theils das menschliche Leben mit seinen Bedürfnissen, namentlich auch das in der Ehe, welches diese Früchte erfordert und seine Bedürfnisse damit befriedigt, in Jahren sich abwickelt, theils auch Früchte eben als solche in der

---

[3]) Sie in scharfen Umrissen zu fixieren ist um so schwieriger, als sie in gewissen feinern Punkten meist doch nur bei Gelegenheit der Erklärung der L. 7. §. 1 als Entscheidungsgründe ohne selbstständige Entwickelung vorgetragen werden. Ueber die verschiedenen Erklärungen der L. 7. §. 1 selbst sind Glück Pand. XXVII. S. 293—329; v. Bangerow Pand. I. §. 220 Anm. 2. Czyhlarz cit. §. 72. zu vergleichen.

[4]) L. 7. pr. De jure dot. (23, 3) Paul. 2, 22, 1.

[5]) L. 5. 6. D. sol. matr. (24, 3). Ist also die Ehe am 1. Juni ein=gegangen, eine Sache am 1. September desselben Jahres zur Dos gegeben, oder auch umgekehrt, so beginnt das Fruchtrecht des Mannes und das Dotaljahr in beiden Fällen am 1. September. Auf die Bestellung der Dos, die auch durch Versprechen geschehen kann und wodurch allein also noch nicht eine fruchttragende Sache dotal wird, kommt nichts an.

Zeit und die wichtigsten unter ihnen in Zeitperioden meist auch von einem Jahre hervortreten und gezogen werden, so finden wir auch jenen Zeitraum von den Römischen Ju= risten in Jahre getheilt. Doch haben Jahr und Jahr nach der verschiedenen Natur jener beiden Beziehungen offenbar eine verschiedene Bedeutung. Wohl bedingen sie in Personen und Sachen einander gegenseitig und zwar ist zunächst die Zeit= länge von gerade einem Jahr beim Menschen überhaupt, da er von den Früchten des Bodens, dem er entstammt, auch zu leben angewiesen ist (homo ab humo), durch eben diese Periode bei den Sachen rechtlich bedingt.[6]) Uebrigens aber hat das Jahr nach der ersteren Seite eine persönliche und daher auch recht= liche, das nach der letzteren eine blos physisch=sächliche und daher factische Natur. Nach dem ersteren Jahr kommen die Früchte ohne Rücksicht, wie sie entstehen und von welcher Art sie sein mögen, in der Hinsicht in Betracht, daß sie in einem Ehe= und Dotaljahr erworben werden.[7]) Nach dem letzteren nur in der Art, wie sie von den Sachen her entstehen und sich bis zur Reife entwickeln, und nach der sehr verschiedenen Art und Natur der Sachen, welche Früchte im Rechtssinne ergeben, geschieht dieses keineswegs bei allen selbst nur in längeren Perioden. Auch ist dieses Jahr, wenn Früchte im ursprünglichen factischen Sinne der fruges und fructus ein solches erfordern, doch nur im unbestimmten Sinne ein Jahr, es kann, je nachdem die auf einander folgenden Ernten früher oder später fallen, eine etwas kürzere oder längere Periode als ein wirkliches Jahr sein, sein Anfang und Ende ist im Ganzen durch die Natur gegeben und bei verschiedenen Früchten selbst desselben Grundstücks z. B. Ge= müse, Obst und Wein oft sehr verschieden. Wogegen jenes recht= liche Jahr ein eigentliches im civilrechtlichen Sinne ist, welches mit beweglichem Anfange von der entstandenen Dotalität der

---

6) Dieses ist also dafür wichtig, daß wenn die Fruchtperiode bei den Sachen eine längere oder kürzere ist, durch deren Dauer auch die sonst ge= wöhnliche Jahresperiode bei den Personen entsprechend anders bestimmt wird, worüber unten in Anm. 18.

7) Paul. 2, 22, 1. Fructus fundi dotalis constante matrimonio per= cepti lucro mariti cedunt, etiam pro rata anni eius, quo divortium fac= tum est. Vgl. L. 7. §. 6 D. sol. matr. (24, 3).

Sache, an von Datum zu Datum gerechnet wird.[8]) Weil es aber praktiſch meiſt nur im letzten Jahr der Ehe und zwar in Beziehung auf Sachen mit Jahresfrüchten, die dann pro rata deſſelben zu vertheilen ſind, in Betracht kommt, ſo heißt es in den Quellen dann auch annus, quo divortium fit oder novissimus annus.[9]) Wir können es paſſend das Ehe= oder Dotaljahr und als letztes auch das Fruchttheilungsjahr nennen.

Nächſt dieſer ſcharfen Unterſcheidung des Jahres in beiden Beziehungen iſt nur noch beſonders hervorzuheben, daß, wie überhaupt die Sachen um der Perſonen willen vorhanden ſind und das Rechtliche das Factiſche beherrſcht, nicht umgekehrt, auch jenes ſächliche Jahr nur nach der (vor Anm. 6) bezeichneten ihm zukommenden ſächlichen Seite der Frucht in Betracht gezogen und ihm nicht die Bedeutung zugeſchrieben werden darf, auch das Dotaljahr in deſſen ebenfalls bezeichneten rechtlichen Bedeutung zu beſtimmen.[10]) Das Dotaljahr ſelbſt haben wir nun aber im Verhältniß zu den Früchten näher, theils nach ſeinem Anfange, theils nach ſeinem Ende zu betrachten.

Iſt eine Sache dem Manne ſchon vor der Ehe zur Dos gegeben worden, ſo werden die von ihm inzwiſchen gezogenen Früchte als Erweiterung dieſes Vermögensquantum mit Eintritt der Ehe auch Beſtandtheil der Dos und müſſen nach Aufhebung der Ehe mit herausgegeben werden[11]). Sie ſtehen alſo ſolchen

---

[8]) Paulus in L. 6. D. sol. matr. (24, 3) Si ante nuptias fundus traditus est, ex die nuptiarum ad eundem diem sequentis anni computandus annus est. Idem in ceteris annis servatur, donec divortium fiat.

[9]) L. 5. 6. 7. §. 1. 3. L. 11. D. sol. matr. (24, 3) L. 78. §. 2. D. de jure dot. (23, 3) Paul 2, 22, 1. L. un. §. 9. C. de rei uxor. act. (5, 13).

[10]) Wenn wir auch übrigens auf die Anſichten der Neueren abſichtlich nicht näher eingehen, ſo ſei doch ſchon hier bemerkt, daß in der herrſchenden Unklarheit über die Bedeutung des Jahres in dieſer Materie wenigſtens ein hauptſächlicher Grund der Meinungsverſchiedenheiten und des Anſtoßes an der L. 7. §. 1. cit. liegt und daß auch in der einzigen Abhandlung, deren großes Verdienſt in der Aufſtellung der richtigen Anſicht im Allgemeinen beſteht, wir meinen die von Francke, die Früchte der Dos bei Trennung der Ehe (Archiv f. civil. Praxis XXX. S. 279 flg.), die Grundprincipien nicht mit der Klarheit entwickelt ſind, die deren Verfaſſer ſelbſt vor einzelnen Irrthümern in der Anwendung bewahren und ſeiner Anſicht die allgemeine Anerkennung hätte verſchaffen können.

[11]) L. 6. D. sol. matr. (24, 3) L. 7. §. 1. L. 47. D. de jure dot. (23, 3).

Früchten, welche die Frau noch unmittelbar vor Hingabe der Sache zur Dos selbst von ihr gezogen hat, insofern gleich, daß der Mann auch an diesen keinen Antheil hat,[12]) und unterscheiden sich von ihnen nur dadurch, daß sie doch auch als Quantität dotal werden, was bei den letzteren nicht der Fall ist. Umgekehrt sind auch die nach Auflösung der Ehe fallenden Früchte im All- gemeinen Erweiterung der nun schon der Frau zukommenden res uxoria und ebenfalls als Bestandtheil derselben zu restituiren. [13])

Fragen wir aber, welche Früchte des letzten Dotaljahrs selbst, — mag die Ehe schon im ersten oder irgend einem spätern Jahr aufgelöst sein — noch dem Manne und welche schon der Frau zugehören, so kommt es zwar überhaupt auf Perception der Früchte in diesem Jahre an; denn erst dadurch werden sie solche Früchte, von deren rechtlicher Zugehörigkeit als besonderer Sachen überhaupt die Rede sein kann, und würden also die erst nach Ablauf des letzten Dotaljahrs, wenn auch zufällig noch vom Manne percipirten jedenfalls der Frau gehören. Im Uebrigen ist zu unter- scheiden. Bei nicht periodischen Früchten d. h. solchen, die nicht erst irgend einer, oder doch nicht einer längern, namentlich z. B. nur einen Tag betragenden Erzeugungsperiode bedürfen und daher auch nicht für eine solche dem Menschen in einem Vorrath zum Verzehren vorhalten sollen, wie Nutzung von Mineralien und Fossilien,[14]) oder Milch von Thieren, entscheidet blos der Zeit-

---

[12]) L. 7. §. 4. D. sol. matr. (24, 3).

[13]) L. 31. §. 4. D. eod.

[14]) Schwierigkeiten macht hier bekanntlich L. 7. §. 13. D. sol. matr. (24, 3) Si vir in fundo mulieris dotali lapicidinas marmoreas invenerit et fundum fructuosiorem fecerit, marmor, quod caesum neque exporta- tum est, (est) mariti et impensa non est ei praestanda: quia nec in fructu est marmor, nisi tale sit, ut lapis ibi renascatur, quales sunt in Gallia et in Africa. Vgl. über die verschiedenen Ansichten O. Schröder im Archiv f. civ. Prax. Bd. 49. S. 250. 360. 368; Göppert organ. Er- zeugn. S. 14. 24. Czyhlarz cit. S. 238. Mir scheint die Stelle nur dann einen befriedigenden Sinn zu geben, wenn man annimmt, daß ein- mal alio ausgefallen und dann aus quin quia gemacht sei, also statt quia ließt alioquin. Ein eröffneter eigentlicher d. h. nachhaltiger Marmorbruch kann wie ein anderer Bruch oder Bergwerk das Grundstück wirklich ein- träglicher machen (L. 13. §. 5. D. de usufr. 7, 1) und der darin gebro- chene, wenn auch noch nicht ausgeführte Stein gehört alsdann als Frucht dem Manne, der auch für die in seinem Interesse gemachte nützliche An-

punct der Perception, welcher wieder für den Mann als Eigen=
thümer ·oder b. f. possessor [15]) mit dem der Separation zusam=
menfällt: so daß also die noch während der Ehe gezogenen dem

lage keinen Kostenersatz von der Frau verlangen kann. Außer diesem Falle
einer wirklich einen höhern Ertrag gewährenden eigentlichen lapidicina
marmorea ist in zerstreuten Blöcken (Plin. N. H. 36, 7, 11) ausgehobener
Marmor (wie einzelne Bäume L. 7. §. 12. eod.; L. 8. D. de fundo dot.
23, 5.) Verschlechterung des Grundstücks und nicht Frucht (gehört also zur
Dos und muß gegen Ersatz der Auslage der Frau restituirt werden),
wenn er nicht marmor renascens ist, worunter man alabasterartigen
Tropfstein verstanden zu haben scheint, (vgl. die Behandlung des ala=
basterartigen Gesteins unter der allgemeinen Rubrik des Marmors bei
Plin. N. H. 36, 8 init.), welcher sich ¡in der That wiedererzeugt. Solche
Marmorbrüche würden dann zu den periodischen Fruchtnutzungen gehören.
In L. 18. pr. D. de fundo dot. (23, 5), einer früheren sich noch weniger
klar gewordenen, aber gewiß auch Ulpian bekannten Behandlung derselben
Frage, scheint Labeo unter der lapidicina marmorea einen nicht hinreichend
lohnenden Marmorbruch verstanden zu haben. Die Meinung, daß die
Römischen Juristen alle mineralische oder fossile Erdproducte als renascent
betrachtet hätten, wird eben durch unsere Stelle selbst widerlegt, die diese
Beschaffenheit nur als eine mögliche Ausnahme anführt. Ihre Annahme
der Fruchtnatur und perpetua causa dieser Producte beruht vielmehr auf
der Unermeßlichkeit, Unvergänglichkeit und Unerschöpflichkeit des anorganischen
Erdkörpers dem Menschen gegenüber, wonach auch bestimmte Erdschichten im
Zweifel als dem Ganzen gleichartig anzusehen sind. Ich sage: im Zweifel,
weil ja im einzelnen Falle es wohl mit mehr oder weniger Sicherheit
ermessen werden kann, daß man es nur mit einer kleinen, bald erschöpf=
lichen Schicht von besonderer Natur zu thun habe. Allein aus dieser nicht
nothwendigen und daher auch nicht prohibitiven, sondern gleichsam nur
naturalen und dispositiven Fruchtnatur der Fossilien scheint mir auch
der Ausspruch des Paulus in L. 8. pr. D. sol. matr. (24, 3) erklärbar,
daß bei einem Dotalgrundstück mit einem Steinbruch der Mann in der
Regel auch diesen benutzen könne, nisi si contrariam voluntatem in dote
danda declaraverit mulier. Bei gewöhnlichen Früchten würde eine solche
Willenserklärung nichtig sein. L. 4. D. de pact. dot. (23, 4).

[15]) L. 11. D. sol. matr. (24, 3), wonach auch die Frau selbst, welche
wissentlich ein fremdes Grundstück zur Dos gab, so durch den guten Glau=
ben des Mannes einen Theil der Früchte definitiv erlangen kann, ebenso
wie der verpfändende Prädo durch den guten Glauben des Pfandgläubigers
L. 22. §. 2. D. de pign. act. (13, 7). Denn da in der Herausgabe
der Früchte Seitens des Mannes an sie eine Consumtion liegt, würde der
dritte Eigenthümer des Grundstücks sie auch nicht mehr von ihr vindiciren
können.

Manne bleiben, die ſpäter gezogenen dotal werden.[16] Auch leuchtet es ein, daß dieſe Früchte durch den Zeitpunct der Perception — noch in oder erſt nach Auflöſung der Ehe — ſich ſchon von ſelbſt vertheilen und alſo keine Vertheilung pro rata eines Zeitraums, insbeſondere des Dotaljahrs, bei ihnen denkbar iſt, wonach die Ein- theilung der ganzen Ehebauer in Dotaljahre für ſie keine Be- deutung hat. An ſich würden hierher auch die Gebrauchshand- lungen z. B. das Bewohnen von ſtädtiſchen Grundſtücken, oder die Dienſtleiſtungen von Sclaven und Thieren gehören. Unſere Quellen erwähnen ſie aber nicht, offenbar, weil bei ihnen kaum von einer beſonderen Verwendung auf die Ehe, jedenfalls nicht von einem Zurückbehalten und Vertheilen die Rede ſein kann.

Bei Sachen mit periodiſchen Früchten iſt dagegen für deren Theilung ſtatt des Perceptionszeitpunctes die Fruchtperiode ent- ſcheidend [17] — wie ſchon bemerkt, in der Regel, nehmlich bei landwirthſchaftlichen Grundſtücken, ein Jahr [18] — und zwar in

---

[16] Als allgemeine Regel ſpricht dieſes für die Früchte überhaupt aus, ſo daß die Früchte mit längern Perioden nur die Ausnahme bilden, L. un. §. 7. C. de rei ux. act. (5, 13), worüber unten Anm. 48. 51. nachzu- ſehen iſt.

[17] .... hic fructus (wohl fructuum) toto tempore, quo curantur, non quo percipiuntur, rationem accipere debemus. L. 7. §. 9. fin. D. sol. matr. (24, 3) Mommſen ſchlägt vor: fructus und in rationem, was dem Sinne nach auf daſſelbe hinauskommt.

[18] Von dieſem Jahre ſpricht auch Ulpian in L. 7. pr. D. sol. matr. (24, 3), namentlich wenn er ſagt: si et maritus aliquid impendit in eun- dem annum d. h. auf dieſen Jahresertrag, und nachher cum plurimis an- nis in matrimonio fuit, necesse est, primi anni computari (sc. impensas) temporis, quod sit ante datum praedium. Da das Dotaljahr erſt mit dem praedium datum (doti) anfängt, ſo kann auch primus annus, worauf in der Zeit vor der Hingabe zur Dos etwas verwandt ſein ſoll, nicht zunächſt das Dotaljahr, ſondern nur der erſte Jahresertrag mit ſeiner Periode ſein. Doch iſt in derſelben Stelle auch vom Dotaljahr die Rede, wenn daſelbſt nach Monaten eines Jahres vertheilt wird, wie denn auch im Folgenden annus oft in beiden Beziehungen ſteht. Daſſelbe Verhältniß gilt denn auch von länge- ren oder kürzeren Fruchtperioden, deren Ertrag alſo auch auf eine entſprechende Dotalperiode ſich vertheilend zu denken iſt, welche ſelbſt aber auch wieder mit der gewöhnlichen Dotalzeit anfängt und von da an kalendermäßig zu berechnen iſt. Wäre alſo z. B. eine alle ſechs Jahre im November wieder zu ſchlagende caedua silva am 1. December 1850 zur Dos in die Ehe gegeben und dieſe hätte bis zum 31. Mai 1854 d. h. 3 Jahre und 6 Monate gedauert, ſo würden

Zeitschrift

für

Rechtsgeschichte.

Herausgegeben

von

D. Rudorff und D. Bruns in Berlin, D. Roth in München,
und D. Böhlau in Rostock.

Zehnter Band.

Weimar,

Hermann Böhlau.

1872.

gezogen hat, so wenig, wie von einer Verpflichtung desselben so gezogene Früchte an den Eigenthümer herauszugeben, die Rede sein kann. Das Recht des Mannes hinsichtlich der Dos ist dagegen nach deren Natur als res uxoria ein universales und ex aequo et bono obligatorisches im Verhältniß zur Frau, welches als solches auch das dingliche der Fruchtziehung beherrscht, so daß es für den Anspruch auf die Früchte der Dos nicht blos auf den Perceptionsact und das dadurch erlangte Eigenthum an den Früchten ankommt. Der Mann soll von den Früchten der Dos in den Jahren des Ehehaushalts die Ehelasten in der Art bestreiten und sie zu diesem Zweck behalten dürfen, daß er mit dem Aufhören der Ehe verpflichtet ist, die Dos selbst an die Frau herauszugeben und sie auch von da ab in den Jahren ihres Sonderhaushalts von den Früchten leben zu lassen, was für die Sachen mit periodischen Früchten, deren Fruchtperiode im letzten Jahr die Trennung durchschneidet, die beiderseitige Verpflichtung mit sich bringt, je nachdem die Fruchtziehung noch in die Ehedauer, oder nachher fällt einen Antheil des Andern pro rata temporis an diesen Früchten anzuerkennen.

Richtiger drückt man also die Regel so aus, daß bei Trennung der Ehe die Früchte des letzten Dotaljahres, gleichviel ob der Mann selbst in noch stehender Ehe oder derselbe nach schon aufgehobener Ehe oder der, an welchen die Dos zurückfällt, sie zieht, zwischen dem Manne und dem letztern so getheilt werden müssen, daß der Mann nur so viel erhält, als davon verhältnißmäßig auf die Ehedauer im letzten Dotaljahr fällt. [23]) Denkt man sich also, daß das letzte Dotaljahr — mag es das erste der Ehe oder

---

[23]) Diesen richtigern Ausdruck: Früchte des letzten (Dotal) Jahrs, ohne die Ziehung in stehender Ehe zu erwähnen, hat auch L. un. §. 9. C. de rei uxor. act. (5, 13).... Sed et novissimi anni, in quo matrimonium solvitur, fructus pro rata temporis portione utrique parti debere assignari, commune utriusque actionis est, in rebus scilicet non aestimatis. Ebenso L. 78. §. 2. D. de iure dot. (23, 3) und L. 11. D. sol. matr. (24, 3). Uebrigens ist, wenn man Paulus (Anm. 22) seinen weniger unrichtigen, als unvollständigen Ausdruck zum Vorwurf machen oder darin gar einen Widerspruch gegen diese andern Stellen finden wollte, wohl zu bedenken, daß er nicht eigentlich von den Früchten des letzten Jahres spricht, sondern eine Regel für die gesammten Früchte der Dotalzeit aufstellt und in diese nur auch die des letzten Jahres gelegentlich mit einschließt.

wegen deren längerer Dauer ein späteres sein — mit einem un-
bestellten oder doch noch nicht lange bestellten Grundstücke anfängt, das aber doch noch während des Dotaljahres abgeerntet
wird, und die Ehe in ihm noch vor der Ernte aufhört, so würde
doch auch von dieser dem Manne seine Fruchtrate nach Verhältniß der Ehedauer in dem letzten Dotaljahr gebühren und er
sie entweder selbst, wenn er geerntet hat, retiniren, oder wenn
er das Grundstück vorher herausgeben mußte, durch Caution
wahrnehmen können [24] Es erweist sich damit, daß wenn in
dieser Materie von einer Fruchtperiode die Rede ist, nach fest-
gestellter Dotalperiode (Anm. 18), in der Regel einem bürgerlichen Jahre, von den Fragen als gänzlich irrelevanten abgesehen werden muß, ob eine solche Fruchtperiode mit der Ziehung der Früchte und damit auch des Saatkorns für die nächste
Ernte anfängt oder (indem man das Saatkorn nicht berücksichtigt) endigt, ob die Ziehung überhaupt noch in die stehende
Ehe fällt oder nicht und ob, wenn man etwa, was doch objectiv das natürlichste ist, die Fruchtperiode mit der Ernte en-
digen läßt, die Dauer der Ehe im letzten Dotaljahr nur in
eine oder in mehrere jährige Fruchtperioden fällt. [25] Darauf

---

[24] L. 7. §. 15. D. sol. matr. (24, 3) Interdum marito de fructibus a
muliere cavetur et nihil retinet, si fructibus stantibus fundum mulier
recipiet; interdum retinebit tantum (totum Basil.) et nihil restituat,
id est, si non plus erit, quam pro portione eum retinere oportet, (so
namentlich auch, wenn das plus nach geschehener Ernte casuell unter-
gegangen wäre) interdum vero et reddet, si plus percepit, quam eum
retinere oportet. Fälle, wo das Grundstück sofort nach Ziehung der
Weinlese dotal geworden und die Ehe lange vor der neuen Weinlese und
der Getraideernte aufgelöst ist, bespricht unter Anwendung derselben Grundsätze L. 7. §.§. 2. 3. D. eod. Uebrigens setzt Ulpian bei der Rückgabe
stehende Früchte voraus, weil, wenn der Mann etwa verschuldeter Weise
das Grundstück gar nicht bestellt hätte, nur von der Prästation seines Verschuldens, nicht von einem Anrecht desselben an Früchten, die gar nicht
geerntet worden, die Rede sein könnte.

[25] Bekanntlich will eine weit verbreitete Meinung in dem Falle, daß
die Dauer der Ehe im letzten Dotaljahr in zwei Fruchtperioden fällt, z. B.
die dotirte Ehe mit dem 1. Januar 1870 angefangen hätte und am 31. Oktober
getrennt, das Grundstück aber am 31. Juli desselben Jahrs abgeerntet
wäre, die Früchte dieser Ernte von 1870 und der folgenden von 1871 für
die Theilung zwischen Mann und Frau berücksichtigen, weil von der Ehedauer des letzten Dotaljahres 7 Monate in die erste, 3 in die zweite Fruchtperiode fallen. Nur in der Art und dem Umfang der Berücksichtigung

könnte es nur ankommen, wenn das Dotaljahr sich auch für das zu theilende Object nach dem Fruchtjahr bestimmte, nicht aber bei Früchten der Dos in dem richtig bestimmten Dotaljahr, welches nur erfordert, daß überhaupt noch in ihm oder irgend einem von mehreren, gleichviel übrigens, ob im Anfang oder in der Mitte oder am Ende die Fruchtziehung Statt gehabt hat, und welches dann, wenn es das letzte ist, die Rate der darin gezogenen Früchte für den Mann nach Verhältniß der Zeit der Ehedauer, sowohl pro- als retrospektiv, in Anspruch nimmt. Auch verschwindet so alle Unbilligkeit und Ungleichmäßigkeit zwischen den Fällen, daß ein Grundstück gleich nach der Ernte oder mit reifer stehender Ernte zur Dos gegeben wird,[26]) und alle Un-

_____

beider Ernten gehen die Anhänger dieser Ansicht wieder sehr aus einander. In der That macht man aber mit ihr überhaupt das Dotaljahr auch für die Theilung vom Fruchtjahr abhängig und vergißt, daß erst nach dem letzten Dotaljahr zu ziehende Früchte keine fructus novissimi anni mehr sind (Anm. 23) und überhaupt nicht mehr zur Theilung kommen, sondern der Frau gehören. Beruft man sich aber auf den Satz der L. 7. §. 9. D. sol. matr. (24,3) fructuum toto tempore, quo curantur, non quo percipiuntur, rationem accipere debemus und betont die letzten Worte außer fructuum, so beachtet man nicht, daß diese Worte nach ihren unmißverständlichen Sinne nur über die Art wie die Früchte in Rechnung kommen — die einzelnen ungetheilt und durch das Perceptionsmoment geschieden oder auf die ganze Curationszeit gleich vertheilt — nicht aber über die in Rechnung kommenden Früchte selbst etwas aussagen. Diese wollen also erst anderweitig richtig bestimmt sein und eine vertheilende ratio oder Rücksichtnahme auf nicht existirende Früchte des letzten Dotaljahrs, d. h. die darin nicht gesondert und percipirt sind, ist überhaupt unjuristisch, da Personen wohl mit Personen (im Dotaljahr) aber nicht mit Sachen (im Fruchtjahr) wegen zukünftig existent werdender Erzeugnisse aus ihnen in ein Cautionsverhältniß treten können.

[26]) Die Verwendungen auf die Fruchtziehung — um dieser auch gelegentlich zugedenken — werden, wenn sie nicht geschenkt sind, nach dem allgemeinen Grundsatz immer erst zu Gunsten dessen, der sie gemacht hat, vorabgezogen, aber, weil sie immer nur auf die einzelnen Sachen gemacht werden, von deren Früchten, nicht von den Früchten der ganzen Dos, übrigens ohne Unterschied, ob sie bei der einzelnen Sache für diejenige Fruchtart, auf welche sie speciell gemacht wurden, Erfolg gehabt haben oder nicht. L. 7. pr. L 8. §. 1. D. sol. matr. (24, 3). Daß in der Hingabe eines Grundstücks mit stehender Ernte ein Vortheil für den Mann liegt, wie in jeder Pränumeration, läugnen wir nicht. Aber dieser Vortheil beruht auf derselben freien Bestimmung der Parteien, von welcher die Dotirung überhaupt abhängig ist.

sicherheit in solchen Fällen, wo die Fruchtperiode wirklich nicht gerade ein Jahr, sondern etwas mehr oder etwas weniger Zeit dauert, was ja selbst die Regel bildet und von allerlei zufälligen Umständen abhängt, oder wo die eine Frucht z. B. Heu oder Gemüse schon Monate früher als die andere (Obst, Getraide, Wein) von demselben Grundstück geerntet wird. So kann es sich freilich einmal ereignen, daß der Mann im letzten Dotal=jahr, das um die Zeit der Ernte anfing, zwei Getraide=Ernten zieht, weil die erste besonders spät, die zweite besonders früh fällt. Wir werden aber deßhalb nicht in die factischen Fragen uns ein=lassen, ob hier eine 11 oder 10 monatliche Fruchtperiode, oder weil diese eigentlich doch erst mit der Bestellung anfangen, eine noch kürzere besonders bei Sommerfrucht anzunehmen und dar=nach zu repartiren sei, was consequent auch noch auf eine Berück=sichtigung von guten, schlechten und Mißernten führen müßte, sondern unbedenklich oder vielmehr eingedenk der L. 4 ... 6. D. de legib. (1, 3) des Mannes Antheil aus beiden Ernten be=stimmen und wegen dieser Unvollkommenheit dieses wie alles menschlichen Rechts uns damit trösten müssen, daß umgekehrte factische Umstände auch einmal dazu führen können, daß das letzte Dotaljahr gar keine Ernte ergibt, wodurch denn wieder eine Ausgleichung erfolgt, — freilich nicht für den einzelnen Fall, aber für die Rechtsregel, wie auch bei guten, schlechten und Miß=ernten. [27])

Bisher haben wir natürliche Früchte vorausgesetzt. Wie aber mit sogenannten Civilfrüchten? Eine Art derselben, die Erwerbe der Dotalsclaven, welche bekanntlich, soweit sie ex re domini oder durch ihre Dienstleistungen gemacht werden, den Früchten gleich gelten, pflegt man überhaupt wenig zu berücksichtigen, wohl, weil sie hier in den Pandekten zufällig [28]) so gut wie gar nicht er=

---

[27]) Wenn Francke cit. S. 290 schlechthin nur die Theilung Einer Ernte des letzten Jahres zulassen will, so beruht dieses doch wohl mehr auf un=klarer Auffassung des Princips, als auf L. un. § 9. C. cit. (Anm. 23), auf welche er sich beruft. Denn fructus novissimi anni sind sowohl zwei Ernten, die in dieses Jahr fallen, als eine. Daß aber, wenn der Mann dolos auch noch den Einfall der zweiten Ernte in das Dotaljahr be=wirkt hätte, er davon keinen Vortheil haben würde, versteht sich von selbst.

[28]) Denn Justinian erwähnt sie in L. un. §. 9. C. de rei uxor. act. (5, 13) ausdrücklich als dem Ehemann während der Dotalzeit zufallend.

wähnt sind. Für unsere Frage machen sie aber keine Schwierig=
keit. Sie verhalten sich offenbar und würde das, da sie in keiner
Weise periodisch sind, wohl auch von den Neuern allgemein zu=
gegeben werden, wie unter den natürlichen Früchten z. B. die
Milch von Thieren, nur daß hier die Handlung des Sclaven,
wodurch er eine Obligation oder Eigenthum u. s. w. erwirbt,
schon der Perception gleichsteht ohne Rücksicht auf einen auch er=
langten Besitz.

Allerdings etwas anders verhält es sich mit Pacht=
und Miethgeldern. Man behauptet selbst, daß diese — übri=
gens ohne Unterschied, ob schon gezahlt oder nicht — ganz
ebenso zu beurtheilen seien, wie die natürlichen Erträge, an deren
Stelle sie treten, so daß, wenn und wie diese nach den ent=
wickelten Grundsätzen im letzten Dotaljahr zwischen Mann und Frau
vertheilt werden müssen, dieselbe Vertheilung für diese ihre Surrogate
gelte. Bei verpachteten ländlichen Grundstücken komme es also nur
darauf an, wem die natürlichen Früchte des letzten Dotaljahrs ge=
hören würden, ohne daß der Tag der Verpachtung etwas aus=
macht, und falle also die natürliche Nutzung des Pachtgrundstücks
überhaupt nicht mehr in das Dotaljahr, so könne auch von keinem
Antheil des Mannes an dem dafür bedungenen Pachtgelde die
Rede sein. Bei Miethgeldern aber, wo es für den Gebrauch,
den sie vertreten, keine Fruchtperiode gebe, sei freilich der dies
locationis maßgebend, von dem ab das Miethgeld für die Zeit
der noch dauernden Ehe dem Manne, das für die Zeit nach
der Trennung der Frau zukomme.[29] Bei dieser Indifferen=
zierung der Pensionen und der natürlichen Früchte ist jedoch nur

---

In den Pandekten kommen nur die übrigen der Frau zugehörigen Sclaven-
erwerbe aus letzten Willen neben dem partus ancillae einmal vergleichsweise vor; ihnen vergleicht nehmlich Julian in L. 31. §. 4. D. sol. matr.
(24, 3) die der Frau gehörige Fruchtrate des letzten Dotaljahrs, um an=
schaulich zu machen, daß sie ihr nicht als Früchte, sondern als Bestandtheil
der Dos gehöre. Da er aber letztwillige Erwerbe erwähnt, so fügt er
noch post divortium hinzu, weil die früheren auch dann dem Ehemann
zukommen, wenn der Testator diesen und nicht die Frau bedenken wollte.
L. 65. D de iure dot. (23, 3).

[29] Bechmann cit. S. 198. Czyhlarz cit. S. 246, die aber hier im
Ganzen auch nur die gemeine Meinung vertreten. Auf den Fall, daß
auch hier die Ehedauer des letzten Dotaljahrs in zwei Fruchtperioden ein=
schlägt, nehmen wir vorläufig noch keine Rücksicht.

das wahr, daß die Penſion für eine beſtimmte Periode des ge=
währten Fruchtgenuſſes beziehungsweiſe Gebrauchs geſchuldet wird
und nur dieſes folgt aus der Natur der Sache, auf die man
ſich hier allgemein beruft. Daneben darf und hauptſächlich nach
der ſubjektiven Seite die ganz verſchiedene Natur wirklicher
Fruchtperception und einer ſtatt deren gewählter vertragsmäßiger
Obligation nicht überſehen oder doch weniger ſcharf erwogen
werden, aus der ſich folgende Differenzen ergeben:

1) iſt die die ſogenannte civile Frucht nicht, wie die natür=
liche, Beſtandtheil der körperlichen Sache ſelbſt, ſo daß die Ein=
räumung des Fruchtrechts an dieſer nicht ſchon nothwendig und
von ſelbſt auch den Anſpruch auf jene in ſich ſchließt;

2) wird der Erwerb der civilen Frucht als eines Forde=
rungsrechtes ſogleich mit deſſen Entſtehen durch den Contracts=
abſchluß, beziehungsweiſe durch die Ceſſion der Klage daraus
gemacht, wiewohl doch als ein wirkſamer, wenn auch nicht gleich
einklagbarer, nur ſofern der Fruchtgenuß oder Gebrauch dem
andern Contrahenten in der vertragsmäßigen Zeit und Maaße
gewährt wird und alſo auch erſt vom Eintritt dieſer Zeit an.[30]
Die Zahlung der Penſion iſt dagegen hier ſo wenig, wie beim frucht=
artigen Sclavenerwerb, der Perception zu vergleichen, ſondern
nur ein für unſere Frage gleichgültiger Umſatz gegen die For=
derung;[31]

3) beſteht dieſes Nutzungsſurrogat materiell durchaus gleich=
mäßig in Geld,[32] welches als ſolches a) gleichviel ob die natür=
liche Nutzung der Sache in Früchten oder in einem Gebrauch
beſtehen mag, ſtets ebenſo wie Früchte auf die ehelichen Bedürf=

---

[30] Daher das Futurum in L. 7. §. 2. D. ſol. matr. (24, 3) ... ex
mercede quae debebitur portionem retinebit. Vgl. dazu meinen
'Gains'. S. 181.

[31] Vgl. Göppert organ. Erzeugniſſe S. 43. Von Kaufgeldern für
verkaufte zukünftige Früchte würde ganz daſſelbe gelten, wie von Pacht=
geldern, nur daß dort die Grundſätze des Kaufs über das zu präſtirende
habere licere an die Stelle des uti frui licere und der Lehre von der
Remiſſion treten.

[32] L. 7. §. 3. D. ſol. matr. (24, 3) ... pecunia meſſium. Es kann
aber auch Geldeswerth ſein, wenn z. B. ein Innominatcontract durch Hin=
gabe irgend welcher Sachen oder Leiſtung von Dienſten für die Frucht=
ziehung abgeſchloſſen iſt.

niſſe verwandt werden kann,[33]) und b) gleichviel ob es noch als
Obligation beſteht oder ſchon eingehoben ſein mag, abſolut theil-
bar iſt, ſo daß es auch pro rata temporis der Locationszeit in
jedem Abſchnitt derſelben gleich einen beſtimmten Betrag bildet.[34])

4) iſt dieſe Geldperception, ſofern ſie nur nach 2) überhaupt
begründet, d. h. das uti frui licere dem Pächter oder Miether
gewährt iſt, im Uebrigen — und dieſes bitten wir beſonders
zu beachten — von der wirklichen Fruchtperception oder ſonſtigen Nutzung des Conductor durchaus unabhängig,[35]) wie ja
ſchon daraus erhellt, daß die Penſio geſchuldet wird, gleichviel,
ob er überhaupt und wann und wie er die natürliche Nutzung
der Sache macht. In dieſer Freimachung ſeiner Einkünfte von
aller eigenen Sorge für die natürliche Nutzung und deren Verwerthung, die durch Verträge, z. B. daß der Pächter die Gefahr der Mißernten tragen ſoll, noch vergrößert werden kann,
verbunden mit der frei ausbedungenen Leiſtungszeit der Penſio
liegt der Hauptvortheil des Locator bei Verſchaffung ſolcher
civiler Früchte, der ſich freilich durch den natürlich geringeren
Betrag der Penſio im Verhältniß zum wirklichen Werth der
natürlichen Nutzung wieder ausgleicht.

[33]) Daher ſprechen unſere Quellen von Sachen in uſu in dieſer Materie nur in Vorausſetzung einer Vermiethung, L. 7. §.§. 10. 11. D. ſol.
matr. (24, 3) L. un. §. 7. C. de rei uxor. act. (5, 13) und Ulpian ſagt
in L. 7. §. 11 cit. von den Miethgeldern, daß ſie auch das Recht der
Früchte hätten.

[34]) L. 7. §. 10. D. ſol. matr. (24, 3). In ſervo quoque anni ratio
habetur, ſi in annum forte operae ejus locatae ſunt, ut praeteriti temporis ad maritum, poſt divortium autem ad mulierem operae pertine-
ant. §. 11. De penſionibus quoque praediorum urbanorum idem eſt, quod in
fructibus ruſticorum. Von den Pachtgeldern ländlicher Grundſtücke war ſchon
in L. 7. §.§. 1. 2. eod. geſagt worden, daß z. B. drei Monat eines Pachtjahrs ¼, ein Monat 1/12 Antheil am Pachtgeld ergeben.

[35]) Dieſe Unabhängigkeit der civilen Frucht des Verpächters von
der wirklichen Fruchtziehung des Pächters deutet Ulpian in L. 7. §. 3.
D. ſol. matr. (24, 3) mit der Ausdrucksweiſe an, ſi meſſes eius anni...
colonum ex forma locationis ſequantur, d. h. wenn ſie ihm nur contract-
lich zukommen. Auch legt er in den Beiſpielen der L. 7. §.§. 1. und 2.
eod. dem Verpächter ſeinen Anſpruch auf ¼ oder 1/12 des Pachtgeldes für
3 reſp. 1 Monat des Pachtjahrs ohne alle Rückſicht darauf, ob und wenn
der Pächter erntet, bei. Die Lehre der Neuern widerſpricht alſo hier auch
der deutlichen Ausſage der Quellen.

5) tritt bei Penſionen zwar ſtets ein Analogon der ſogenannten Fruchtperiode ein, welches hier aber durch die Verabredung einer Nutzungszeit mit willkürlichem Anfange, für
die die bedungene (ein- oder mehrmalige) Penſio geſchuldet werden
ſoll, und zwar nach demſelben civilen Jahr, worauf das Dotaljahr beruht,[36] beſtimmt wird, ſo daß auch hier theils die Art
der natürlichen Nutzung, ob periodiſch und in welcher Periode,
oder nicht periodiſch, ſofern ſie nur überhaupt gewährt wurde,
theils auch der Zeitpunct der abgeſchloſſenen locatio, welcher
regelmäßig der Mieth- oder Pachtperiode ſelbſt voran gehn wird,
gleichgültig iſt.[37] Da nun aber auch die Fälligkeitstermine der
Penſionen nach 2) hier gleichgültig ſind, ſo vertheilen ſich Mieth-
und Pachtgelder auch im letzten Dotaljahr überhaupt nach dem Tage
der Scheidung, wie die fruchtartigen Erwerbe von Sclaven.

Im Uebrigen iſt aber auch kein Unterſchied zwiſchen dieſen civilen und den natürlichen Früchten[38] und wird durch die Location
und für die Beurtheilung der Penſionen auch die Natur der
Sache, ob ſie eine dem Manne Gebrauch und dergleichen oder
periodiſche Fruchtnutzung gewährende iſt, nicht verändert, wenn
darauf noch etwas ankommen kann, z. B. weil die Sache in
einem Jahre nur theilweiſe durch Location benutzt wird.[39]

[36] Alſo in der Regel ein ganzes Jahr. Darauf gehn die Worte der
L. 7. §. 10. In servo quoque anni ratio habetur etc. (Anm. 34). Es
können aber auch Jahrestheile oder Complexe von mehreren Jahren ſein
L. 7. §. 8. D. eod.: woneben die bloßen Zahlungstermine nach unſerer
Nr. 2 gleichgültig ſind.

[37] Auch hier widerſpricht die Lehre der Neuern (Bechmann cit.
S. 199. Czyhlarz cit. S. 247.) nach beiden Seiten den Quellen (L. 7.
§.§. 10. 11 cit.) und der Natur der Sache, in der Behauptung, daß nur
bei der Verpachtung, nicht bei der Vermiethung eine (analoge) Fruchtperiode in Betracht komme, und in der, daß nur der Tag der Verpachtung, nicht der der Miethe gleichgültig ſei. Von der L. 7. §. 1. D. sol.
matr. (24, 3), worauf man ſich beruft, wird ſpäter die Rede ſein. Uebrigens mag zugegeben werden, daß bei manchen nur der Ausdruck Verpachtung, Pacht- oder Contractsabſchluß ein verfehlter iſt und ſie doch eigentlich nur die Hingabe der Sache zur Benutzung an den Conductor verſtehen.

[38] In dieſer Beſchränkung indifferenziert z. B. Ulpian allerdings beide
in L. 7. §.§. 10. 11. cit., wo er die Miethe für die operae mit dieſen
ſelbſt und die für praedia urbana mit den Früchten ländlicher Grundſtücke
gleichſtellt.

[39] So bemerkt Ulpian in L. 7. §. 8. D. eod., daß wenn von einem

Die gedachten Verschiedenheiten treten nun zunächst schon in anderen Materien [40]), namentlich in der verwandten Lehre vom Nießbrauch, bei dem sich einige Stellen der Pandekten darüber aussprechen, klar hervor. Wenn ein Usufructuar, der das Grundstück verpachtet hat, nachdem dieses im October vom Pächter gänzlich abgeerntet worden, im December stirbt und es wird am nächsten 1. März Pachtgeld fällig, was wird aus dieser Pachtforderung? Ständen natürliche Früchte zur Frage, und deren Recht soll ja nach der Lehre der Neuern auch über die Pachtgelder entscheiden, so würden die Erben des Usufructuars davon nichts, der Eigenthümer alle aus dieser Fruchtperiode bekommen. Aber die in der Zeit des noch dauernden Nießbrauchs durch Ueberlassung des Grundstücks zur Benutzung begründete Pachtforderung geht auf die Erben über und der Eigenthümer hat gar keine Klage gegen den Pächter, so daß auch von einer Theilung der Früchte zwischen ihm und den Erben nicht die Rede sein kann. So entscheidet Scävola [41]) und hat dabei sicher auch im Auge, daß der Pächter den Erben nicht etwa den Einwand nicht gewährter Fruchtnutzung, selbst nicht in der Zeit vom December bis zum März, entgegen setzen kann; denn da in dieser Zeit keine natürlichen Früchte gezogen werden, so konnte der Pächter, wenn auch vielleicht vom Eigenthümer mit der rei vindicatio aus dem Besitz gesetzt, was aber doch auch nicht ohne Ersatz der Verwendungen auf die nächste Ernte geschehen könnte, sich nicht über nicht gewährtes uti frui licere beklagen. Denkt man sich diesen Fall des Scävola so, daß dem Usufructuar sein Nießbrauch, etwa durch Legat, unmittelbar vor der Ernte zu-

---

nur zur Aberntung des Getraidefeldes verpachteten Grundstück im letzten Dotaljahr auch eine Weinlese eingebracht wird, die Civilfrüchte, welche auf die Ehedauer des letzten Jahres kommen, ebenso wie natürliche Früchte mit der Weinlese zusammen zwischen Mann und Frau getheilt werden.

[40]) So bei Universalfideicommissen, wenn es sich fragt, ob Pachtgelder für die Zeit, während welcher sich die Erbschaft ohne Mora beim Fiduciar befand, im Falle einer Restitution ex SC. Trebelliano eben so, wie die während dieser Zeit von ihm gezogenen natürlichen Früchte nicht herausgegeben zu werden brauchen. L. 44. §. 1. D. ad SC. Trebell. (36, 1). Nach andern Seiten hin liegt der Unterschied zwischen Früchten und Pensionen, der in L. 55. D. de cond. indeb. (12, 6) und in L. ult. D. de iure fisc. (49, 14) behandelt wird.

[41]) L 58. pr. D. de usufr. (7, 1).

gefallen wäre und er sofort nach dieser das Grundstück so ver=
pachtet hätte, daß die erste Pensio am folgenden 1. März fällig
werden sollte, so ergäbe sich für ihn, selbst wenn er noch lebte,
beziehungsweise für ihn und seinen Erben zusammen das be=
merkenswerthe Resultat, daß er innerhalb eines Jahres einen dop=
pelten Fruchtertrag erlangte, einen natürlichen und einen so ge=
nannten civilen, was bei natürlicher Benutzung auch nicht mög=
lich wäre. Wenn ferner an einem verpachteten Grundstück ein
Nießbrauch bestellt wird, so hat der Usufructuar gegen den Pächter
nicht auch so eine Klage, wenn ihm diese nicht besonders mit
zugewiesen z. B. legiert ist, wie er von einem nicht verpachte=
ten Grundstücke die natürlichen Früchte sofort percipiren könnte;
er würde freilich den Pächter mit der confefforischen Klage aus=
treiben und sich so schon sofort die natürlichen Früchte ver=
schaffen können, wenn ihm dieses nicht bei Bestellung des Nieß=
brauchs durch Vorbehalt oder Ausnahme der Pachtgelder ver=
boten ist 42), worin denn entweder eine Bestellung des Nießbrauchs
ex die des beendigten Pachts oder der Grund zu einer doli
exceptio des Pächters gegen den Usufructuar liegen würde.

Was nun das Dotalverhältniß betrifft, so würde auch wenn
ein verpachtetes oder vermiethetes Grundstück zur Dos gegeben
wäre und zwar mit Ueberweisung der Pensionen an den Mann,
dieser sie auch statt der eigenen Nutzung ziehn und gewinnen,
soweit sie auf die Nutzungszeit kommen, nachdem das Grundstück
botal geworden. Kämen sie auf eine frühere Zeit und wären
es also rückständige Pacht= oder Miethgelder, so würden sie
Bestandtheil der Dos werden. Die Pension für einen Zeitraum
aber, in dessen Laufe das Grundstück dotal wird, würde nach
dem Verhältniß der Zeit vor und nach der Dotalität des Grund=
stücks theils zur Dos gehören, theils dem Manne zufallen, also z. B.
wenn das Grundstück vom 1. September an für 300 jährlich auf meh=
rere Jahre verpachtet und am folgenden 1. Mai mit laufenden Pen=
sionen in die (wenigstens noch 4 Monate dauernde) Ehe zur Dos ge=
geben und nur das uti frui licere ordentlich geleistet wäre, $2/3$
der ersten Jahrespension (für 8 Monate) die Dos vergrößern,
$1/3$ (für 4 Monate) dem Manne gehören: während hier die im
Juli gezogenen natürlichen Früchte des nicht verpachteten Grund=

---

42) Paulus in L. 59. §. 1. D. de usufr. (7, 1).

ftücks ganz dem Manne zukommen würden[43]). Wäre bei der
Dotirung mit dem verpachteten Grundstück der Pächter gar nicht
erwähnt, so würde der Mann wie der Legatar nach dem Eigen=
thumserwerb den Pächter austreiben können und es handelte sich
dann um die natürliche Nutzung. Hätte sich aber der Dotator
die Pensionen vorbehalten, so würden auch dem Manne bis
nach abgelaufener Pachtzeit weder für die Dos, noch für sich
Früchte oder Pachtgelder zufallen, ebenso wie wenn Jemanden
ein Nießbrauch mit solchem Vorbehalt bestellt wäre. So könnte
es sich denn in diesem Falle auch ereignen, daß, wenn nehmlich
die Ehe bald nach ihrer Eingehung noch während der Pachtzeit
wieder getrennt wäre, der Mann thatsächlich gar keine Früchte von
der Dos bekäme und auch von einer Theilung der Früchte im letzten
Dotaljahr nicht die Rede sein könnte: während hier der Vorbe=
halt der Früchte von einem nicht verpachteten Grundstück Sei=
tens der Frau nichtig wäre. [44])

Der gewöhnliche Fall, daß nach Auflösung der Ehe Pen=
sionen zur Frage stehen, wird nun aber der sein, daß der Mann
selbst die Dotalsache nach Eingehung der Ehe[45] vermiethet oder
verpachtet hat, und dabei ist zum Voraus zu bemerken, daß, da
mit der in der Dotirung von selbst liegenden Zugestehung des Frucht=
nutzungsrechts dem Manne auch das freie Verpachtungsrecht zu=
gestanden zu werden scheint, die Frau nach Aufhebung der Ehe
bei Rückgabe der Dos auch von selbst ihm gegenüber verpflichtet
ist, die volle Pachtzeit aus dem Contract des Mannes auszu=
halten, beziehungsweise, wenn sie es nicht thut, ihm für das
aufzukommen, was er dem Pächter verurtheilt wird, wogegen aber
auch der Mann schuldig ist, ihr allen Vortheil aus der Verpach=
tung über die Zeit hinaus, wofür er die Früchte zu ziehn be=
rechtigt ist, zu gewähren. Beides wird durch Cautionen wahr=

---

[43]) Wir nehmen natürlich an, daß er nicht aus einem andern Grunde,
weil nehmlich die Ehe schon vor Ablauf des Dotaljahrs getrennt wäre, der
Frau eine Rate herausgeben müßte.

[44]) Außer in den näher bezeichneten Fällen der L. 4. D. de pact. dot.
(23, 4).

[45]) Wäre es vor der Ehe geschehen, so stände der Fall natürlich dem
gleich, daß ihm vom Dotator des verpachteten Grundstücks die Pachtgelder
mit überwiesen wären.

genommen⁴⁶). Vermöge dieſes obligatoriſchen Verhältniſſes gehören alſo materiell die Penſionen nach Auflöſung der Ehe, ſoweit ſie auf die Zeit vor derſelben kommen, dem Manne, nach
derſelben durch Ceſſion der Klage oder Herausgabe des erhobenen Geldes ſelbſt der Frau und durch die Exiſtenz dieſes obligatoriſchen Verhältniſſes unterſcheidet ſich dieſer Fall von den
bisher betrachteten des Nießbrauchs und der Beſtellung einer
Dos mit einem verpachteten Grundſtück, wo es an einer ſolchen
Verpflichtung, ſofern ſie nicht beſonders übernommen wäre,
ſowohl bei Beſtellung des Uſusfructus oder der Dos mit
einer locirten Sache für den Conſtituenten gegen den Uſufructuar oder Mann, als auch nach beendigtem Uſusfructus
für den Uſufructuar oder deſſen Erben gegen den Eigenthümer
fehlt⁴⁷). Im Uebrigen ſind die aus der Natur der Penſionen
oben entwickelten Grundſätze auch auf die Fruchttheilung zwiſchen
Mann und Frau anzuwenden. Insbeſondere iſt feſtzuhalten,
daß auch bei den Penſionen und zwar im Allgemeinen ohne
Unterſchied zwiſchen Mieth- und Pachtgeldern wie bei den ana-
logen Sclavenerwerben nur die Zeit der Ehedauer entſcheidet, indem die Penſio — ſei es in Geſtalt der theilbaren Obligation
und Klage oder des erhobenen Geldes ſelbſt — für die Zeit des
gewährten uti frui licere während der Ehedauer dem Manne
verbleibt, für die ſpätere der Frau gehört und das Fruchttheil-
lungsjahr hier keine Bedeutung hat, alſo auch darauf, ob die
natürliche Nutzung des Pächters durch die Aberntung des Grundſtücks auch noch in das Dotaljahr fällt, nichts ankommt. Denn
auch dieſe wird durch das Pachtgeld gleichmäßig für alle Jahrestheile vertreten und bei der völlig willkürlichen Feſtſetzung der
Pachtjahre, die mit Anfang und Ende der Fruchtperiode durchaus nicht zuſammen zu fallen brauchen, würde ſich auch oft gar
nicht beſtimmen laſſen, welche Penſio gerade auf eine gewiſſe
Fruchtnutzung zu rechnen ſei. Wäre alſo z. B. ein Grundſtück
gleich bei ſeiner Hingabe in die Dos vom 1. Juli 1860 an gegen

---

⁴⁶) Sabinus bei Paulus in L 25. §. 4. D. sol. matr. (24, 3).

⁴⁷) Von anderer Art iſt deren Haftung aus der cautio usufructuaria,
wenn der Uſufructuar etwa in Vorausſicht ſeines noch vor der Ernte en-
digenden Nießbrauchs das Grundſtück im letzten Jahr unbeſtellt gelaſſen
hätte.

900 jährlich und zwar in Raten von 300, jedesmal am 1. Sep=
tember, 1. Januar und 1. Mai zahlbar, auf fünf Jahre ver=
pachtet und die Ehe hörte 1862 am 28. Februar auf, so kämen
dem Manne, weil die Ehe 1 Jahr und 8 Monate gedauert hat,
900 und $\frac{2}{3}$ von $900 = 600$ zu, unangesehen, daß die Pacht=
zahlungstermine gerade so wie geschehen gelegt sind und daß
der Pächter die Früchte des Jahres 1862 erst nach Ablauf des
Dotaljahrs vom 1. Juli 1861 bis dahin 1862 zieht.

Im Besonderen ist aber auch zu beachten, daß durch die
verabredete abstracte Nutzung der Pensio der natürliche Nutzungs=
character der Sache — ob sie eine dem Manne periodische
Fruchtnutzung oder nicht eine solche gewährende ist — nicht ge=
ändert wird, wenn darauf noch etwas ankommt (S. 17). Aller=
dings kommt nichts darauf an in dem Falle unseres eben ge=
wählten Beispiels, wo die Nutzung durch Location die ganze Ehe=
zeit oder wenigstens das entscheidende letzte Dotaljahr einnimmt,
weil da die natürliche Nutzung durch diese abstracte völlig ver=
deckt und außer Bedeutung gesetzt wird. Auch bei verpachteten
Grundstücken also theilt sich dann das Pachtgeld lediglich nach
der Zeit der Ehedauer[48]).

Anders aber steht die Sache, wenn das letzte Dotaljahr nur
zum Theil von Locationsnutzung eingenommen wird, indem ent=
weder der Mann nicht gleich im Anfange sondern erst im Lauf
desselben locirte, oder bei einer mit laufenden Pensionen zur Dos
gegebenen Sache die Mieth= oder Pachtzeit im Laufe des letzten
Dotaljahres zu Ende ging. Machen wir uns die Sache am
ersten ja auch häufigern und zugleich schwierigern Falle klar.
Hier kommt die Sache für die Zeit vor der Location jedenfalls
nach ihrem natürlichen Nutzungscharacter und wenn sie also ein
landwirthschaftliches Grundstück ist, als Sache mit periodischer
Fruchttheilung in Betracht. Darin wird aber auch durch die
eingetretene Location nichts geändert, weil dieselbe Sache in dem=
selben Jahre für den Mann nicht zugleich als Sache mit perio=
discher und mit nicht periodischer sondern tageweise sich verthei=
lenden Nutzung gelten kann. Vielmehr muß der eine Character

---

[48]) Dieses zeigt auch L. 25. §. 4. D. sol. matr. (24, 3), die einen
solchen Fall voraussetzt und in der Caution dafür lediglich die Zeit der
Ehedauer nicht auch eine mögliche periodische Fruchttheilung berücksichtigt.

dem andern weichen[49]) und zwar selbstverständlich der der Pension dem der natürlichen Nutzung, da jene diese nur nachahmend
vertritt und erstere wohl auch periodisch, nicht umgekehrt aber
die letztere (bei landwirthschaftlichen Grundstücken) auch tageweise
percipirt und vertheilt werden kann. Es muß also hier auch die
Pensio, wenn der Character des Grundstücks es mit sich bringt, ausnahmsweise ebenso wie periodische Frucht behandelt werden.
Demnach tritt hier in der That ein Unterschied zwischen Mieth=
und Pachtgeld ein[50]) und muß zwar Miethgeld für städtische

---

[49]) Wie in andern Fällen entgegengesetzter Eigenschaften die Sache
bloß nach der stärkern beurtheilt wird; z. B. wenn dasselbe Grundstück zugleich rusticale und urbanale Bestandtheile enthält. L. 198. D. de verb.
sign. (50, 16).

[50]) Auch hier ist ein Hauptsitz der in dieser Materie herrschenden Un-
klarheiten. Die Neuern haben wohl ein Gefühl von einem Unterschiede
zwischen Mieth- und Pachtgelde, aber keine deutliche Erkenntniß von den
Bedingungen, unter denen er eintritt und seinen Gründen. Die Meisten
behaupten ihn allgemein, was denn ganz irrig ist; Andere, wie Francke
cit. S. 286, nur im Anschluß an die L. 7. §. 1, was denn wenigstens keine
Einsicht in die Tragweite des Unterschiedes gewährt und auch wieder zu irrigen Anwendungen führt. Auch bestimmt Francke das Verhältniß von
L. un. §. 7 und 9. C. de rei uxor. act. (5, 13), welche nach ihm darüber
etwas aussagen soll, ganz willkürlich und unrichtig, wenn er sagt, §. 7
stelle wie Ulpian in L. 7. §. 10. D. sol. matr. (24, 3) für operae servi
locatae, als Regel für alle Nutzungen und für Miethgelder, die von Schif-
fen, von Sclaven und Zugthieren erhoben werden, den Satz auf, daß diese
parti mulieris ex tempore dissoluti matrimonii zu prästiren seien, wovon
dann §. 9 „die Fruchttheilung, welche nur bei Grundstücken, die vorzugsweise zur Fruchtziehung bestimmt sind, unterscheide" (vgl. die Worte des
§. 9. oben in Anm. 23). Die Wahrheit ist, wie die Worte des § 7 selbst
ergeben (fructibus videlicet inmobilium rerum parti mulieris ex tempore
dissoluti matrimonii praestandis similique modo pensionibus vel vectu-
ris navium, sive iumentorum, etc. parti mulieris restituendis) daß er
jenen Satz eben so gut und vor Allem auch für Früchte von Grundstücken
und alle Pensionen (auch Pachtgelder), wie für Schiffsmiethgelder u. s. w.
als Regel hinstellt, und sein Verhältniß zu §. 9 ist vielmehr dieses, daß
jener zunächst nur die allgemeinen Regeln über die Pflicht des Mannes,
außer den Hauptsachen selbst auch alle nach Trennung der Ehe gezogenen
natürlichen und s. g. civilen Früchte zu restituiren ausspricht, welche dann
§. 9. für die eigentlichen fructus novissimi anni näher bestimmt und modificirt, über unsern Unterschied der Pensionen aber gar nichts aussagt.
Darnach sind auch einige andere ältere Erklärungen (bei Glück Band. XXVII.
S. 271), deren Unrichtigkeit übrigens auch schon aus ihnen selbst erhellt,
zu rectificiren.

Grundſtücke, milchende Kühe und alle Sachen mit jederzeitiger Benutzung ebenſo wie deren natürliche Nutzung, mit deren Recht auch das allgemeine Recht der Penſionen übereinſtimmt (S. 17. 14), Pachtgeld für ländliche Grundſtücke und ähnliche fruchttragende Sachen aber ebenſo wie periodiſche Früchte behandelt werden. Das erſtere kommt alſo neben der Zeit, in der z. B. der Mann ſelbſt das Haus bewohnte oder doch an ſich bewohnen konnte, für die Miethzeit, ſolange die Ehe dauerte, dem Manne, das übrige der Frau zu und das Dotaljahr hat hier keinen Einfluß; das Pachtgeld aber muß wie periodiſche Frucht vertheilt wer=
den. Doch ſind hier wieder zwei Fälle zu unterſcheiden. Ent=
weder hat der Mann im letzten Dotaljahr in der Zeit vor der Verpachtung die natürlichen Früchte ſchon gezogen, oder es iſt dies nicht geſchehen. Im erſten Falle würde die darauf geſchehene Verpachtung den Sinn haben, für die Zukunft die Locations=
nutzung an die Stelle der natürlichen treten zu laſſen, ſo daß die Frau nach Trennung der Ehe die auf die Monate ſeitdem fallende Penſio in Gemäßheit des Mannes Willens ſelbſt nach dem gewöhnlichen Rechte der Penſio bezieht und der Mann dar=
auf gar keinen Anſpruch hat. Die Penſio für die Monate vorher würde aber der Mann, dem ſie nach demſelben Rechte zugefallen iſt, doch nach dem Rechte der periodiſchen Früchte mit dieſen ſelbſt zur Theilung zu bringen haben. Hatte dagegen der Mann die Jahres=
früchte im letzten Dotaljahr noch nicht gezogen, ſo liegt in der Ver=
pachtung vielmehr der Sinn, daß der Mann die Penſio nur an die Stelle der noch erwarteten Jahresnutzung, zu der er berechtigt iſt, als Geldſurrogat derſelben treten laſſen will, und es kommt ihm alſo dann von der Jahrespenſion als Vertreterin der zukünftigen Ernte der Theil zu, welcher der Dauer der Ehe im letzten Jahre entſpricht. Beiſpiele: der Mann hat ein Haus und einen Acker die er zur Dos empfangen, erſt nach zwei Monaten jenes für 30, dieſen auch für 30 jährlich locirt: die Ehe dauert dann noch vier Monate. Hier erhält der Mann vom Hauſe außer ſeiner natürlichen Benutzung deſſelben in zwei Monaten $1/3$ des Miethgeldes = 10, vom Acker dagegen, wenn er ihn ab=
erntete, da die Ehe 6 Monate dauerte, die Hälfte von den in den zwei Monaten gezogenen natürlichen Früchten und von $1/3$ des Pachtgeldes = 5; wenn aber in den zwei Monaten die Jahresernte noch zukünftig war, die Hälfte der Penſio = 15.

Ober dem Manne ist ein Haus und ein Landgut, welche beide jedes vom 1. Juli 1860 an für 40 jährlich auf drei Jahre lociert waren, mit laufenden Penſionen am 1. Januar 1861 in die Ehe zur Dos gegeben und die Ehe wird am 31. März 1863, also nach 3monatlicher Dauer im letzten Dotaljahr getrennt, so erhält der Mann, da auch die Locationszeit in dieſem Jahre am 30. Juni zu Ende geht, aus dem letzten Dotaljahr von dem Miethgelde für das Haus $1/4 = 10$ und kann es auch nach dem 30. Juni nicht mehr ſelbſt bewohnen, von dem Landgut aber, da das Dotaljahr erſt am 31. December zu Ende ging, wovon drei Monate auf die Ehedauer kommen, $1/4$ theils von dem letzten Jahrespachtgelde, ſoweit es noch in das Dotaljahr fiel d. h. für 6 Monate, (also von $1/2$ von 40) $= 5$, theils von der auch noch in das Dotaljahr fallenden Ernte $= \frac{x}{4}$ [51]).

Auch der Fall würde hierher gehören, den L. 7. §. 3. D. sol. matr. (24, 3) anführt, daß der Mann von einem ihm nach der Weinleſe zur Dos gegebenen Grundſtück mit Vorbehalt des Weinertrags nur das Saatland vor der Ernte verpachtet hat und die Ehe vor der Weinleſe getrennt wird. Wäre hier die Ehe z. B. mit Ablauf des dritten Monats der Pacht, des ſechſten des Dotaljahrs getrennt worden, ſo würde dem Manne von dem ganzen Jahrespachtgelde und von der ganzen zukünftigen Weinleſe, ſofern eine ſolche und zwar noch innerhalb des Dotaljahrs gemacht wird, (also von der spes vindemiae) die Hälfte zukommen [52]). Desgleichen würde, wenn der Mann von einem landwirthſchaftlichen Grundſtücke, welches er übrigens ſelbſt be-

---

[51]) Francke, der übrigens dieſe Fälle richtig beurtheilt, irrt ſich doch S. 309. in folgendem. Er nimmt einen am 1. October zur Dos in die Ehe gegebenen Weinberg an, der noch bis zum 1. November verpachtet iſt. Der Mann hat im November nur die noch rückſtändige Hälfte des Jahrespachtgeldes erhoben, die Frau ſtirbt am 31. Januar. Wenn Francke hier meint, daß dem Mann von jener Hälfte $\frac{1}{3}$ (?) für die vier Monate der Ehedauer zukommen, ſo beachtet er nicht, daß von jener Hälfte des Pachtgeldes der auf die Zeit vor der Ehe fallende Theil, also bis zum 1 October, dotal wird. Nur von dem übrigen würde also dem Manne und zwar auch nicht $\frac{1}{3}$ ſondern $\frac{1}{4}$ zukommen, außerdem auch von der Weinleſe, wenn dieſe noch vor dem 1. October Statt gefunden hätte. Einen angeknüpften andern Fall verſtehe ich nach ſeiner Expoſition überhaupt nicht.

[52]) Dieſe Stelle juriſtiſch richtig aufgefaßt zu haben, gereicht dem Dorotheus in ſeinem Scholion zu Basil. 28, 8, 7, 1 um ſo mehr zur Ehre, als er in ihr, wie ſchon Hervetus bemerkt, zu Anfang menses ſtatt messes

nutzt, einen Theil, der nicht als ſelbſtſtändiges Grundſtück an-
geſehen werden kann, als Wohnung oder zur Unterbringung von
Sachen vermiethet hätte, das im letzten Dotaljahr auf die Zeit
vor Trennung der Ehe fallende Miethgeld als Frucht zu betrachten und mit der Ernte deſſelben Jahres zur Theilung zu
bringen ſein, weil auch durch dieſe partielle Vermiethung, obgleich
ſie für das ganze Dotaljahr geſchehen ſein mag, die allgemeine
ökonomiſche Eigenſchaft des ländlichen Grundſtücks dem Manne
eine periodiſche Fruchtnutzung zu gewähren, nicht geändert wurde 53).

Die möglichſt baldige Locirung zur Dos erhaltener Grundſtücke wird man inſofern als die häufigſte Art der Benutzung
derſelben anſehen können, als wenn dem Manne in Folge ſeiner

___

und ebenſo ſpäter mensium ſtatt messium las: eine Lesart aber auch der
Baſiliken ſelbſt, wenn ſie dieſe Stelle zu Anfang ſo wieder geben εἰ δὲ
καὶ ὑπολιμπάνονται τῇ μισθώσει μῆνες, was nur die Herausgeber nicht
mit menses locationi supersint, ſondern menses (aliqui) locationi reser-
ventur hätten überſetzen ſollen. Das Scholion des Dorotheus wird aber
bis zur Sinnloſigkeit entſtellt herausgegeben. Es lautet bei Heimb. III.
p. 243: εἰ δὲ καί τινες μῆνες τοῦ ἐνιαυτοῦ, καθ'ὃν ἐγένετο τὸ ῥεπούδιον,
κεχρεώστηνται τῷ κολωνῷ, κατὰ τὴν δίμοιρον τῆς μισθώσεως τοῦ γάμου
πρὸ τῆς τρύγης λυθέντος αὐθεντῶς λογιζόμεθα τῷ ἀνδρὶ οὐδὲν ἧττον καὶ
τὴν τούτων τῶν μηνῶν ἀποτίμησιν μετὰ τῆς ἐλπίδος τῆς μελλούσης τρύγης.
Emendiren wir nach Verſetzung des hinter κολωνῷ ſtehenden Komma hinter
μισθώσεως das ſinnloſe und nur aus einem benachbarten Scholion des
Cyrillus entlehnte δίμοιρον, welches jedenfalls nicht, wie es doch ſein ſoll,
die Ueberſetzung von formam in L. 7. §. 3. h. t. iſt, in διόρισιν und
ſtreichen die Interpunction hinter ἀνδρὶ, ſo ſagt Dorotheus: Wenn aber
auch einige Monate des Jahres, in welchem die Scheidung erfolgt, nach
der Beſtimmung des Pachtcontractes dem Pächter geſchuldet würden, ſo
berechnen wir nach Trennung der Ehe vor der Weinleſe ſicherlich nichts
deſtoweniger dem Manne auch den (im Pachtgelde) abgeſchätzten Betrag
dieſer Monate zuſammen mit der zukünftigen Weinleſe. — Cyrillus giebt
den Kern der Stelle mit den Worten wieder, die unmittelbar auf die unten
in Anm. 64 ausgehobenen folgen, aber damit nicht von den Herausgebern
in Eine Periode von κᾶν an hätten zuſammengezogen werden dürfen: εἰ
μετὰ τὸν θερισμὸν πρὸ τοῦ τρυγητοῦ λυθῇ ὁ γάμος, κἀγὼ τὰ τοῦ θερισμοῦ
λογίζομαι καὶ αὐτὴ τὰ τοῦ τρυγητοῦ. Er übergeht alſo die Verpachtung
als unwichtig und betrachtet das als das Wichtige in der Stelle, daß,
wenn die Trennung der Ehe nach der Ernte fällt, welche der Mann zog
(ſei es auch nur im Pachtgeld), und vor der Weinleſe, welche ſchon die Frau
zog, doch jener die Ernte, und dieſe die Weinleſe zur Berechnung bringen
müſſen. In der That liegt dieſes auch in der Stelle.
53) Vgl. hierüber Francke cit. S. 304. Czyhlarz cit. S. 247 Anm. 7, die
verſchieden, aber vielleicht auch nach verſchiedenen Vorausſetzungen urtheilen.

Verheirathung auf einmal aus einer fremden Familie ein Grundſtück, das er meiſtens ſich nicht ſelbſt hat wählen können, zufällt,
die eigene natürliche Benutzung deſſelben wegen Verſchiedenheit
ſeines Lebensberufs, ſeiner ökonomiſchen Einrichtung, oder wegen der
Lage des Grundſtücks außerhalb ſeines Wohnorts u. ſ. w. ihm
in der Regel nicht convenirt [54]). Auf einen ſolchen Fall bezieht
ſich nun auch die berühmte L. 7 §§. 1. 2. D. sol. matr. (24, 3.)
Ulpianus lib. 31 ad Sabinum. — §. 1. Papinianus autem
libro undecimo quaestionum divortio facto fructus
dividi ait non ex die locationis, sed habita ratione praecedentis temporis, quo mulier in matrimonio fuit:
neque enim si vindemiae tempore fundus in dotem
datus sit eumque vir ex calendis Novembribus primis
fruendum locaverit, mensis Januarii suprema die facto
divortio retinere virum et vindemiae fructus et eius
anni, quo divortium factum est, quartam partem mercedis aequum est: alioquin si coactis vindemiis altera
die divortium intercedat, fructus integros retinebit;
itaque si fine mensis Januarii divortium fiat et quattuor
mensibus matrimonium steterit, vindemiae fructus et
quarta portio mercedis instantis anni confundi debebunt, ut ex ea pecunia tertia portio viro relinqua-
tur. — §. 2. E contrario quoque idem observandum
est: nam si mulier percepta vindemia statim fundum
viro in dotem dederit et vir ex calendis Martiis
eundem locaverit et calendis Aprilibus primis divortium
fuerit secutum, non solum partem duodecimam mercedis, sed pro modo temporis omnium mensium, quo
dotale praedium fuit, ex mercede, quae debebitur,
portionem retinebit.

---

[54]) In dem einzigen Beiſpiele eines vom Manne locirten Dotalgrund-
ſtücks, welches unſere Quellen außer der L. 7. §. 1 enthalten, dem der
L. 25. §. 4 D. sol. matr. (24, 3), wird gleichzeitiger Ablauf des erſten
Ehe- und Pachtjahrs angenommen, alſo daß der Mann ſelbſt ſogleich verpachtet hat. Auch erklärt ſich aus dieſer Sitte um ſo mehr, wie Juſtinian
in L. un. §. 7. C. de rei uxor. act (5, 13) es als Regel ausſprechen
konnte, daß die nach der Trennung der Ehe percipierten Früchte ohne
weitere Theilung der Frau herausgegeben werden müſſen (Anm. 16. 50).
Eigene Ziehung von landwirthſchaftlichen Früchten im Dotaljahr, auf
welche allein die Theilung ſich beziehen konnte, war ſeltene Ausnahme,

Bechmann, der noch die beſondere Lehre hat, der Mann
lucriere ſtets, b. h. ohne Rückſicht auf die Fruchtperiode die ganzen
Früchte des erſten Jahres der Ehe, was nach der Rechtsconſequenz
aber auch geſagt werden könne, wenn dieſes erſte Jahr zugleich
das letzte ſei[55]), tritt an die L. 7. §. 1. cit. mit dem Poſtulat
einer aus dieſen ſeinen allgemeinen Grundſätzen ſich ergebenden
vorläufigen Entſcheidung des in ihr enthaltenen Falles heran.
Setzen wir, ſagt er, dieſen Fall, alſo daß für die am 1. October
beginnende Ehe gleichzeitig ein Weinberg mit der noch unab=
·geleſenen Frucht als Dos beſtellt wird und die Ehe am darauf
folgenden 31. Januar zu Ende geht, ſo würde der Mann
lucrieren

1) die ganze Weinleſe des erſten Jahres und
2) den vierten Theil der Ernte oder der fructus civiles
   des nächſten Jahres,

wenn wir annehmen, daß mit dem 1. November eine neue
„Wirthſchaftsperiode" beginnt. Daß aber ſo der Mann bei nur
viermonatlicher Ehedauer die Früchte für einen Zeitraum von
fünfzehn Monaten bekommen ſollte, blos weil jene ſich zufällig
über zwei Wirthſchaftsperioden erſtreckt habe, ſei gegen die Billigkeit, die hier irgend eine Abweichung erfordere[56]). Er rechtfertigt
dann mit zum Theil neuen und ſchlagenden Gründen die obige,
freilich längſt nicht mehr beſtrittene Florentiniſche Leſung der
L. 7. §. 1. gegen die Vulgata, nach der hier eine ſelbſtſtändige
L. 8 mit der Inſcription Papinianus lib. 11. quaestionum an=
fängt, und zeigt, daß nach dem Citat aus Papinian alles von
neque enim an in directer Rede Folgende Ulpian angehöre.
Den Inhalt der Stelle ſelbſt anlangend, meint er aber erſtens
hinſichtlich des §. 1, es fehle darin ſchlechterdings an allem

---

[55]) Ich führe dieſes blos zur Erklärung ſeiner übrigen Anſicht gelegentlich und ohne Widerlegung an, weil ſchon Czyhlarz cit. S. 242.
Anm. 15. S. 254 Anm. 9 dieſes ganz willkürlich angenommene vermeint-
liche ius singulare genügend widerlegt hat.

[56]) Welche und wie alſo nach ſeiner Meinung der Fall nach der Billigkeit wirklich zu entſcheiden ſei, giebt er S. 208 an. Ein näheres Eingehn
darauf iſt unnöthig, weil die ganze Baſis ſeiner Meinung, das, was nach
der Rechtsconſequenz hier Rechtens ſein ſoll und daß damit die Billigkeit
in Gegenſatz geſetzt werde, ſchon von Czyhlarz a. a. O. vollſtändig widerlegt worden iſt. Eine verwandte Anſicht findet ſich übrigens auch bei
Puchta, Vorleſungen II. zu §. 421.

innern Zusammenhange zwischen dem mit neque enim anfan=
genden und dem vorhergehenden Theile der Stelle. Ulpian
sage doch im Eingange mit Papinians Worten, es solle
bei der Theilung von fructus civiles nicht der Zeitpunct
der Verpachtung maßgebend sein, sondern Rücksicht genommen
werden auf das tempus praecedens quo mulier in matrimonio
fuit — ein Satz, welcher allerdings in §. 2 von nam si mulier
an in einem Beispiele wiederholt und deutlich gemacht werde.
Dagegen passe das Beispiel des §. 1 von neque enim an durch=
aus nicht dazu; denn hier werden ja gerade die fructus civiles
des zweiten Jahres doch ex die locationis getheilt und so das
Viertel derselben für drei Monate ausgeworfen: freilich solle der
Mann nicht dieses Viertel bekommen, aber doch nicht, weil der
dies locationis nicht zu Grunde gelegt werden dürfe, sondern
weil es mit der Ernte des vorigen Jahres confundiert werden
soll. Zweitens seien in §. 2 die Anfangsworte: e contrario
quoque idem observandum est ebenso befremdlich. Es werde
hier ein Gegensatz behauptet, natürlich nicht gegen das Princip
(davon heißt es ja: idem . . . observandum est) sondern nur
gegen den vorigen Fall. Zu diesem stehe aber der des §. 2
nicht im Verhältniß des Gegensatzes, sondern dem des normalen
einfachen Falles — daß das Ehejahr hier in ein einziges Frucht=
jahr fällt — zu dem nur etwas complicirteren, wo es in zwei
Fruchtjahre fällt. Diese beiden Anstöße zusammen führten darauf,
daß hier eine Verschiebung der beiden behandelten Beispiele mit
den dadurch erforderten weiteren kleinen Aenderungen anzunehmen
sei — freilich da schon die Uebersetzung des Dorotheus in den
Basiliken auf unserem Texte beruht — auch bereits durch ein
Versehen der Compilatoren, wenn diese nicht selbst schon einen
corrumpierten Text vor sich hatten. Der ursprüngliche, richtige
Text sei aber, daß in §. 1 nach den Worten in matrimonio fuit,
der ganze §. 2 von den Worten nam si mulier an folgte:
worauf das Uebrige des jetzigen §. 1 als §. 2 mit neque vero
statt neque enim einzuleiten sei. Verwerthet wird dann diese
ganze kritische Behandlung der Stelle zu einem Beweise, daß
die Entscheidung des Falles in dem jetzigen §. 1 in der That
nicht auf einer Anwendung des Papinianischen Princips, sondern
(nach der schon in Anm. 56 erwähnten Meinung Bechmanns)
auf Billigkeitsgründen beruhe.

Czyhlarz würdigt, wie fast alle seine Vorgänger, die L. 7. §. 2 keiner besondern Aufmerksamkeit. Da nach ihm und der gemeinen Lehre das Pachtgeld ganz und allgemein die Stelle der natürlichen Früchte einnimmt, so versteht es sich von selbst, daß es ohne Rücksicht darauf, ob die Verpachtung von Anfang des Dotaljahrs oder erst später geschehen sein mag, ebenso wie die im Herbst dieses Jahres zu erwartende Weinlese zwischen Mann und Frau vertheilt wird, wie ja auch der Jurist entscheidet [37]). Dagegen behandelt er die L. 7 §. 1 unter der besondern Rubrik des Falles, daß der in das Dotaljahr fallende Ertrag der Dos weder blos in natürlichen Früchten, noch blos in Pachtgeldern besteht, sondern beide in ihm zusammentreffen; denn ist, wie dort angenommen wird, das Grundstück im October kurz vor der Weinlese dem Ehemann zur Dos und von diesem nach der Lese vom 1. November an in Pacht gegeben, die Ehe aber am 31. Januar darauf getrennt worden, so hat er in dem vom 1. October an laufenden Dotaljahr theils die Weinlese selbst, theils auch die auf die drei Monate November, December, Januar kommende Rate des Pachtschillings erlangt. Nach seinen Principien über das Pachtgeld entscheidet nun Czyhlarz den Fall consequent dahin, daß dem Manne von der Weinlese für die vier Monate der Ehedauer ⅓, von dem Pachtschilling aber gar nichts zukommt; denn da dieser schlechthin an die Stelle der natürlichen Früchte tritt und diese für das Pachtjahr erst in der neuen Weinlese nach dem nächsten 1. October gewonnen werden, so fällt der ganze Pachtschilling mit ihnen schon über das Dotaljahr hinaus und wird also dotal. Die L. 7 §. 1 selbst anlangend, tritt er der Bechmann'schen Kritik über dieselbe vollständig bei und steigert nur die Evidenz ihres Hauptarguments, daß das Beispiel hinter neque enim zu dem Anfangssatze nicht passe, noch durch die Bemerkung, daß während dieser lediglich von der

---

[37]) Auch Francke cit. S. 302 geht, obgleich er jene Lehre bei der L. 7 §. 1 thatsächlich verwirft, über die L. 7. §. 2 mit kurzen Worten hinweg. „Im letzten Falle kann freilich der Mann, wenn seine Ehe vier Monate bestand, nur vom Pachtgelde ⅓ erhalten, weil außer dem Pachtgelde keine Erndte in sein Ehejahr fällt." Warum aber hier ⅓ vom ganzen Pachtgelde, während er in dem Falle der L. 7. §. 1 nur ⅓ von dem in die Zeit der Ehedauer fallenden Pachtgelde erhielt, darüber wird keine Auskunft gegeben.

Theilung der Pachtgelder ſpreche, das Beiſpiel auf einmal auch natürliche Fruchtziehung und zwar offenbar als Hauptſache ein= miſche.. Daß nun aber, auch dieſe Kritik zugegeben, Ulpians Entſcheidung, welcher dem Manne von dem natürlichen Frucht= ertrage und einem Viertheil des Pachtgeldes zuſammen ein Dritt= theil zuſpricht, mit der ſeinigen nicht ſtimme, geſteht er zu, ſchiebt dieſes aber, weil ein anderer Ausweg nicht übrig bleibe, mit Windſcheid, deſſen Principien er auch hinſichtlich ſeiner Pacht= gelderlehre folgt[58]), ohne Weiteres auf einen Irrthum des Juriſten, der als ſolcher auch auf praktiſche Geltung keinen An= ſpruch habe. Darin liegt nun freilich ein formaler Fortſchritt über alle früheren Anſichten hinaus, die ſämmtlich, wenn ſie mit dem Ausſpruch Ulpians unvereinbar waren, deſſen Anſehen noch durch Emendationen und künſtliche Erklärungen zu retten ſuchten[59]). Doch unterliegt dieſer Fortſchritt dem Bedenken, daß allerdings noch ein anderer Ausweg übrig bleibt, — die Möglichkeit eines eigenen Irrthums derer, die ſo urtheilen.

Beginnen wir auch mit einer eigenen Entſcheidung der in L. 7 §§. 1. 2 behandelten Fälle nach unſern den Quellen und der Natur der Sache entſprechenden Principien namentlich über die Natur des Dotaljahrs und der Mieth= und Pachtgelder, ſo iſt zuerſt zu conſtatieren, daß beide Paragraphen vorausſetzen, daß der Weinberg erſt im Laufe des letzten Dotaljahrs vom Manne verpachtet wurde, in §. 1 nach von ihm gezogener Weinleſe, in §. 2 vor der im Herbſt erwarteten Weinleſe. Es ſind alſo Fälle, in denen, wie oben gezeigt, ausnahmsweiſe das Pachtgeld wie natürliche Früchte periodiſch vertheilt werden muß. Und zwar muß in dem Falle des §. 1, da die Ehe in dem letzten

---

[58]) Pandekten II. 2. §. 501 S. 446. Nach ihm „liegt es auf der Hand, daß der Theil des Pachtgeldes, welcher noch während der Ehe verfällt, den Fruchtertrag nicht dieſes, ſondern des folgenden Jahres repräſentirt und daß daher dem Manne von demſelben kein Antheil gebührt.“

[59]) So auch noch neuerlichſt Mommſen in ſeiner Pandektenausgabe p. 718. Er ſchlägt vor zu leſen: vindemiae fructus quarta portio et tres mercedis instantis confundi debebunt u. ſ. w., um ſo aus zwei unter ſich verſchiedenen Jahreseinkünften verhältnißmäßig einen gleichſam gemiſchten Jahresertrag herzuſtellen, und bemerkt: sic habebit ex vindemia quartae portionis tertiam ($\frac{1}{4} \times \frac{1}{3} = \frac{1}{12}$), ex mercedibus trium portionum item tertiam ($\frac{3}{4} \times \frac{1}{3} = \frac{3}{12}$). Für ein weiteres Urtheil über dieſe Anſicht wird eine Begründung derſelben abzuwarten ſein.

Dotaljahr, vom 1. October an, vier Monate gedauert und der Mann in demſelben von einem ländlichen Dotalgrundſtück zweierlei Arten von Früchten gewonnen hat, die Weinleſe ſelbſt im October und von dem Jahrespachtgelde (merces instantis anni) ſeit dem 1. November eine Rate für drei Monate, von dieſem Geſammt= ertrage des Grundſtücks, der ſich auf zwölf Monate vertheilt, ein Drittheil, in dem Falle des §. 2 aber, wo das Pachtgeld die Stelle der zukünftigen Weinleſe vertritt und die Ehe wenig= ſtens zwei Monate länger dauerte, von dem ganzen Pachtgelde ſoviel als der Ehedauer entſpricht, zugeſprochen werden. Ganz ebenſo entſcheidet nun auch Ulpian, namentlich in §. 1 nach dem, wie man jetzt wohl allgemein zugiebt, einzig möglichen, auch von den Baſiliken und deren Auslegern beſtätigten Sinne ſeiner Worte [60]), nur daß er ſich noch juriſtiſch genauer ausbrückt. Er ſagt:

> itaque si fine mensis Januarii divortium fiat et quattuor mensibus matrimonium steterit, vindemiae fructus et quarta portio mercedis instantis anni con- fundi debebunt, ut ex ea pecunia tertia portio viro relinquatur.

Alſo nicht heißt es, die Weinleſe müſſe mit dem Viertheil des Pachtgeldes abbirt werden, das wäre unvollziehbar, da alle Zahlengrößen Gleichartigkeit des Gezählten vorausſetzen, an der es zwiſchen Geld und Früchten fehlt, ſondern confundi debebunt, was, wie jede eigentliche confusio [61]), eine mit der

---

[60]) Wie ſchon Cujacius urtheilte. Auch täuſcht ſich v. Vangerow cit. (Anm. 3) S. 470, wenn er meint, nach dieſer Auslegung müßte es eius pecuniae ſtatt ex ea pecunia heißen. Quare ex additur nominibus totius rei, cuius pars sit id de quo sermo est, idemque exprimit, quod genitivus, ſagt Hand Tursellin. Tom. II. p. 623 mit Anführung ſehr vieler Stellen aus den Claſſikern. Aus den juriſtiſchen vgl. man beiſpielsweiſe Gai. 1, 45. Ulp. 1, 24. Auch hat Cyrillus (Basil. 28, 8. schol. ad 7, 1 bei Heimb. III. p. 243) Ulpian ſchwerlich anders verſtanden, wenn er auch mit ſeiner gewohnten, hier übel angebrachten Kürze ſpricht. Die Worte οὐ λαμβάνω τὰ τοῦ τρυγητοῦ καὶ γ΄ μηνῶν, ἀλλὰ σὺν αὐτοῖς δ΄ μηνῶν können doch wohl nur heißen: ich erhalte nicht den Betrag der Weinleſe und der drei Monate, ſondern den viermonatlichen Betrag (des Betrages der Weinleſe) mit dem derſelben d. h. der drei Monate zuſammengerechnet.

[61]) §. 27. J. de rer. divis. (2, 1) L. 3. §. 2. L. 4. L. 23. §. 5. D. de rei vind. (6, 1). Nur uneigentlich wird das Wort auch von bloßer Com= mixtion bei ſubjectiver Ununterſcheidbarkeit der Species oder Art gebraucht,

Addition zugleich geschehende Herstellung eines in sich Gleich-
artigen aussagt, hier, wie das folgende ex ea von dieser durch
confusio hergestellten pecunia zeigt, einer Geldsumme, weil wohl
jede specifische Sache auch Geldeswerth, nicht aber Geld auch
die Natur specifischer Sachen in sich trägt und in jeder richterlichen Berechnung bei der Condemnation Alles auf Geld
reducirt wird.

Aber auch in ihrer ganzen Fassung bestätigt die Stelle die
richtigen Principien. Alle, welche nicht nach diesen auf die bloße
Fruchtperception während des letzten Dotaljahrs sehen, um darnach das Theilungsobject zu bestimmen, sondern dafür auch den
Fruchtperioden eine Bedeutung zuschreiben, legen selbstverständlich
auch darauf in unserer Stelle ein besonderes Gewicht, daß in
dem von ihr vorausgesetzten Falle zwei verschiedene Fruchtperioden,
die natürliche und die vom Pacht eingenommene vertragsmäßige
zusammentreffen. Diesen Fall aber und aus diesem Gesichtspunct als einen besondersartigen anzusehen, liegt den richtigen
Principien und liegt auch Ulpian so fern, daß er diese Rücksicht
durch die Art seiner Anordnung fast absichtlich auszuschließen
scheint. Er spricht im princ. von einem Falle blos einmaliger
natürlicher Fruchtziehung, in §. 1 von dem zweier, theils einer
natürlichen, theils einer sogenannten civilen, in §. 2 wieder von
einer einmaligen, bloßem Pachtgelde, in §. 3 aber wieder von
zweien, allerdings bei einem Grundstücke, welches theils Acker-
land, theils Weinland ist und wovon der Mann das erstere
durch Pacht, das letztere durch eigene Lese nützt, überall und für
alle Fälle, in denen eine Vertheilung periodischer Früchte Statt
findet, gleichmäßig das Princip anwendend, daß der Mann von
den (ein- oder mehrmaligen) Früchten, die im letzten Dotaljahr
gezogen sind, die Rate der Ehedauer anzusprechen habe. Von
den Principien der Gegner ausgehend, hätte er namentlich den
Fall anführen mögen, daß der Mann bei mehrjähriger Ehedauer
das am 1. Juli zur Dos empfangene Ackergrundstück mit viel
oder wenig Wiese sofort auf fünf Jahre, etwa jährlich für 100

z. B. L. 5. pr. D. de rei vind. (5, 1) L. 31. D. loc. (19, 2). Wogegen
auch bei der Berechnung der Falcidia aus vereinten Erbportionen das
davon vorkommende confundi die Herstellung eines hinsichtlich der Legate
innerlich einheitlich und gleichartig zu denkenden größern Theils oder
Ganzen bezeichnet. L. 1. §. 14. L. 11. §. 7. L. 87. §. 4. D. ad leg. Falc. (35, 2)

in Pacht gegeben hätte und in dem Jahre z. B. 1860, wo diese Pacht nach der Wiesenschur des Pächters zu Ende ging, auch die Ehe am 1. Juli getrennt wurde. Dieser Fall wäre nach der gegentheiligen Theorie um so interessanter gewesen, als es sich dann fragte, auf welche Fruchtperiode dann eigentlich das letzte Pachtgeld, ob auf die Heu- und Fruchternte des Jahres vorher (1859), oder die Wiesenschur und Fruchternte des folgenden Jahres, wo die letztere doch schon nach dem Dotaljahr fiel, zu rechnen sei? denn im ersten Fall würde er es nach jener Theorie ganz behalten, im zweiten aber, den man doch wohl mehr geneigt sein möchte, anzunehmen, da die Heumaht dem Pächter doch schwerlich geschenkt sein sollte — behalten (nach der noch im Dotaljahr gemachten Heumaht) oder nicht behalten (nach der über das Dotaljahr hinausfallenden Getraideernte)? Ich fürchte, daß hier selbst ein Ulpian mit dieser Theorie in die Brüche gerathen wäre.

Aber auch die angebliche Incongruenz unseres überlieferten Textes in den §§. 1 und 2 ist, genauer besehen, nur in die Stelle hineingetragen und dient der wirkliche Zusammenhang der Stelle auch nur zur Bestätigung der richtigen Ansicht. Mit Nichten sagt Ulpian oder der von ihm angeführte Papinian, was Bechmann und Czyhlarz ihn sagen lassen und worauf ihr ganzer Nachweis einer Incongruenz des §. 1 in sich selbst gebaut wird: daß bei der Theilung der „civilen Früchte" nicht vom Tage der Hingabe in die Pacht [62]) an zu rechnen sei. Bekanntlich ist jener Ausdruck ein moderner, den Römern fremder Terminus und wenn es im Eingang der Stelle heißt divortio facto fructus dividi ait, so sind unter fructus, wie immer, zunächst natürliche Früchte, — denen die Pachtgelder nur im Rechte gleichgestellt werden können — zu verstehen, hier umsomehr, als dieser Eingangssatz mit autem an das princ. anknüpft, in dem blos von natürlichen Früchten die Rede war. Somit wird hier nur für die Lehre von der Theilung der Früchte — zunächst im eigentlichen Sinn und daher auch vom Fruchttheilungsjahr der

---

[62]) Daß Papinian und Ulpian dieses unter dies locationis verstehen — nicht den dies locationis contractae — geht klar aus der genauern Fassung in dem darauf folgenden Beispiel hervor: cumque vir ex calendis Novembribus primis fruendum locaverit. Die Römer konnten jenen kürzern Ausdruck auch gebrauchen, weil locare eigentlich „einräumen" heißt.

Uebergang gemacht zu dem Falle, daß der Mann, wie das nach unſerer obigen Bemerkung in der Regel geſchieht, das Dotal- grundſtück baldmöglichſt verpachtet hat, und der Gedanke des Juriſten dabei iſt der, man dürfe aus dieſem gewöhnlichen Vor- kommniß nicht ſchließen, daß deshalb auch das Fruchttheilungs- jahr, anſtatt mit dem wirklichen Dotaljahr zu beginnen, (denn darauf gehn die Worte habita ratione praecedentis temporis, quo mulier in matrimonio fuit) erſt von der Inpachtgabe des Grundſtücks ſeinen Anfang nehme, als läge — dieſes war wohl der Gedanke der Gegner — in der Verpachtung des Mannes gleichſam eine Novation des Dotaljahrs in das Pachtjahr mit verändertem Anfange, wenn die Inpachtgabe erſt im Laufe eines ſolchen geſchehen ſei, und vertheile ſich dann das Pachtgeld bei Auflöſung der Ehe während eines Pachtjahrs lediglich nach der Zeitdauer vor und nach der Aufhebung der Ehe — ganz ſo, wie wenn der Mann ſofort nach Empfang des Grundſtücks es in Pacht gegeben hätte[63]). Da nun in dieſe frühere Zeit des Dotaljahrs vor der Location auch ſchon wirkliche Früchte fallen können und der Juriſt überhaupt eben von ſolchen ge- ſprochen hat, ſo ſteht es durchaus nicht im Widerſpruche mit dieſem Eingangsſatze, ſondern entſpricht ihm vollſtändig, wenn er in dem mit neque enim angeknüpften Beiſpiel in der That zunächſt einen Fall ſetzt, in dem der Mann vor der Verpachtung ſchon wirkliche Früchte gezogen hat, und darauf den Satz Papi- nians anwendet.

Vollends verkennt man aber den wahren Gedanken des Juriſten, wenn man nach den Eingangsworten des §. 2. E con- trario idem observandum est, einen paſſenden Gegenſatz des §. 2 gegen den vorigen Fall vermißt. Der Gedankengang in

---

[63]) Ich kann Francke cit. S: 301 nicht beiſtimmen, welcher meint, die von Papinian und Ulpian verworfene Meinung habe auf einer falſchen Anwendung des bei Häuſern und ähnlichen Sachen geltenden Grundſatzes, daß da der Mann das Miethgeld vom Beginne der Miethzeit bis zur Trennung der Ehe behält und das übrige an die Frau fällt, auf die Ver- pachtung ländlicher Grundſtücke beruht. Es fehlt in der Stelle an allem Gegenſatz zwiſchen praedium rusticum und urbanum, der doch dann her- vorzuheben geweſen wäre und wie ſeltſam wäre eine aus dem täglichen Leben, in dem doch der fundus, nicht das aedificium dotale die Regel bildet, geſchöpfte Anſicht geweſen, die von dem aedificium auf den fundus hätte ſchließen wollen.

beiden Paragraphen iſt vollſtändig dieſer: Nach Auflöſung der
Ehe muß man ſich aber wohl hüten, das Fruchttheilungsjahr
(deshalb, weil der Mann regelmäßig gleich zu verpachten pflegt)
als gleichſam verrückt erſt von der beginnenden Pacht an zu
rechnen, (damit würde man bald der Frau — §. 1 — bald dem
Manne — §. 2 — Unrecht thun) ſondern vielmehr auch die
Zeit der Ehedauer vorher in Betracht ziehen (mit andern Worten:
es bei dem gewöhnlichen letzten Dotaljahr belaſſen). Denn wenn
(§. 1) das Grundſtück zur Zeit der Weinleſe (im October) zur
Dos gegeben und vom Manne (nach bezogener Weinleſe) vom
nächſten 1. November an in Pacht gegeben, die Ehe aber dann
am nächſten 31. Januar getrennt wäre, ſo würde es unbillig
ſein, daß (wie man nach jenem falſchen Satze zugeſtehen müßte)
der Mann die ganze Weinleſe (als noch vor dem Anfange des
Fruchttheilungsjahres in ſtehender Ehe bezogen) und aus dem
(vermeintlichen) Theilungsjahr (vom 1. November an für 3
Monate) ¼ des Pachtgeldes bekäme: ſonſt, (wenn immer das
Pachtjahr das Theilungsjahr ſein ſollte) müßte man (möchte der
Mann Zeit gehabt haben, das Grundſtück noch zu verpachten,
oder nicht) auch ſagen, daß, wenn die Ehe gleich am Tage nach
der Weinleſe geſchieden wäre, der Mann die ganze Weinleſe,
(als auch dann doch noch nicht in das Pacht- und Theilungsjahr fallend), behielte (was um ſo abſurder wäre, als dann von
einem Pachtjahr gar nicht die Rede iſt). Alſo wird (vielmehr
nach dem richtigen zu Anfang aufgeſtellten Princip) wenn die
Scheidung am Ende Januars geſchieht und die Ehe in vier
Monaten beſtanden hat, die Weinleſe und ¼ der Penſion für
das Pachtjahr (da ſie beide im Dotal- und Fruchttheilungsjahr
gezogen ſind) zuſammen zu rechnen ſein, ſo daß aus dieſer
Geſammtſumme dem Manne (nur) ⅓ belaſſen wird, (die Frau
⅔ erhält, woneben ihr auch noch ¾ des Pachtgeldes zukommen).
§. 2 (Aber) auch im entgegengeſetzten Falle, (daß das Grundſtück
nicht mit hängender, reifer Frucht, ſondern umgekehrt ſogleich
nachdem die Frau dieſe gezogen, zur Dos gegeben iſt und daß
die Ehe auch im Pachtjahr bis zur Scheidung nicht möglichſt
lange, ſondern möglichſt kurze Zeit gedauert hat), müſſen wir
daſſelbe Princip zur Anwendung bringen. Denn wenn die Frau
gleich nach der Weinleſe (im October) das Grundſtück dem
Manne zur Dos eingebracht und der Mann es (ſtatt gleich im

erſten Monat darauf — 1. November) den 1. März (alſo im
letzten vor der Scheidung) [64]) zur Pacht gegeben hat und am
nächſten 1. April die Scheidung erfolgt iſt, wird der Mann nicht
blos ¹/₁₂ des Pachtſchillings (für den einen Monat der Ehedauer
im Pachtjahr, wie man nach dem falſchen Grundſatz, der dieſes
zum Fruchttheilungsjahr machen will, annehmen müßte und wo=
nach alſo die Frau außer der ·vorbehaltenen ganzen Leſe auch
noch ¹¹/₁₂ vom Pachtgelde erhalten würde) ſondern einen ſolchen
Antheil vom Pachtgelde erhalten, welcher der Zeit aller Monate
der Ehedauer (vom October bis März einſchließlich) in dem (hier
um 5 Monate früher begonnenen) Dotaljahr entſpricht (alſo
⁶/₁₂) [65]). Hiernach meine ich, fehlt es weder an einem völligen,
reinen Gegenſatz zwiſchen den Fällen der §. 1 und 2 noch auch
an einem vollkommen befriedigenden innern Gedankenzuſammen=
hange, der dagegen durch die neue Kritik völlig zerſtört werden
würde.

Nach dieſer Erklärung enthält aber die Stelle auch nicht
blos eine Beſtätigung unſerer allgemein entwickelten Principien
über die Behandlung des Pachtgeldes als periodiſcher Frucht,
wenn ein landwirthſchaftliches Grundſtück vom Ehemann nur in
einem Theil des Dotaljahrs durch Verpachtung genützt iſt, ſondern
auch einen. ganz beſtimmten Ausſpruch gegen alle Anſichten, welche
das Jahr der Fruchtperiode — ein Analogon davon iſt doch
auch das Pachtjahr — irgendwie dem Dotaljahr und insbeſondere
dem letzten als Fruchttheilungsjahr ſubſtituiren wollen: gleichwie

---

[64]) Dieſe, ſo weit ich ſehe, von keinem Neuern erkannte Beziehung iſt
auch Cyrillus in ſeinem Scholion zu der Stelle Heimb. III. p. 243 nicht
entgangen, wohl aber den Herausgebern, die es durch falſche Interpunction
ſinnlos gemacht haben. Man leſe: εἰ δὲ μετὰ τὸν τρυγητὸν ἐπιδῷ μοι
τὸν ἀγρὸν, ἀφ᾽ οὗ ἐπιδοθῇ, ἕως τοῦ διαζυγίου παρακρατῶ τοὺς καρποὺς,
κἂν μετὰ πολὺ ἐμισθώθη. Si vero post vindemiam dederit mihi fundum,
ex quo datus fuerit, usque ad divortium fructus retineo, etsi diu post
locatus fuit. Die Herausgeber ſchließen dagegen die Periode mit τοὺς
καρπούς und ziehen die Worte κἂν μετὰ πολὺ ἐμισθώθη zu dem folgenden
Scholion εἰ μετὰ τὸν θερισμὸν (oben Anm. 52), wo ſie weder der erklärten
L. 7. §. 3. h. t. entſprechen noch überhaupt einen Sinn haben.

[65]) Das Scholion des Dorotheus zu Baſil. 28, 8, 7, 1 giebt zwar die
L. 7. §. 1 ganz richtig wieder; zur L. 7. §. 2 iſt es aber nicht zu ge=
brauchen, weil es die Vorausſetzung des Falles, daß die Ehe am 1. April
getrennt wurde, wegläßt, wahrſcheinlich durch Schuld der Abſchreiber.

dieselben Stellen auch dadurch, daß sie im Falle der Verpachtung die Rate des (resp. vom Manne gezogenen oder gesammten) Pachtgeldes, welche auf die Ehedauer fällt, ohne alle Rücksicht, ob die natürliche Nutzung noch in oder schon über das Dotal= jahr hinausfällt, zur Theilung bringen, die Ansicht derer widerlegen, welche dem Manne nur dann einen Antheil am Pacht= gelde gewähren, wenn ihm ein solcher auch an den natürlichen Früchten zugekommen wäre.

Nicht ohne selbst praktisches Interesse ist schließlich noch die rechtsgeschichtliche Frage: woher stammt das Dotaljahr und die nach ihm sich richtende Theilung der Früchte?

Unsere Ausführung über das erstere selbst läßt darüber kei= nen Zweifel, daß es das im Römischen Staat und also auch nur für Ehen unter Römischen Bürgern geltende gewöhnliche Kalen= derjahr war. Dessen Anschluß an das natürliche Fruchtjahr in dieser Materie, zumal in der ältesten Zeit, wo man überwiegend noch vom Heerdenertrag lebte, erklärt sich um so leichter, wenn, wie ich gezeigt zu haben glaube[66]), einerseits die älteste Art der Ehe mit von selbst erfolgender Dotirung die mit in manum con= ventio einer mulier sui iuris durch nothwendigen usus war und andererseits der annus dieses usus ursprünglich vom 1. März bis wieder an den nächsten März lief. Indem man so gewohnt war, den Ehehaushalt des Paterfamilias ebenso wie das Regnum und den Staatshaushalt mit dem Märzjahre zu beginnen und zu schließen, wird auch die in dotem datio, die außerdem älteste Bestellungsart der Dos in Fällen anderer Ehen, namentlich mit confarreatio, ursprünglich zu Anfang des März geschehen sein — mit ihr auch die Location des Dotalgrund= stücks.[67]) Gab es aber so zwar schon ein Dotaljahr, so doch noch kein Fruchttheilungsjahr, weil, wie die Frau selbst, die da= mals noch kein Scheidungsrecht hatte, so auch die Dos in dieser ältesten Zeit der bloßen nuptiae, d. h. der Ehe mit ausschließlicher Berechtigung des Mannes, niemals von ihm zurückgegeben wurde.

---

[66]) Das Römische Jahr und seine Tage. S. 44 flg.
[67]) Wie bei den ältesten Vectigalien des Staats. Ebendas. S 20. 44. Zu den Beispielen auch später noch üblicher Verpachtung vom März an hätte ich an der ersten Stelle auch noch L. 58. pr. D. usufr. (7,1) hinzu= fügen sollen.

Als aber in der zweiten Periode seit Servius Tullius und den zwölf Tafeln das matrimonium, d. h. die Ehe mit eigener Be- rechtigung der Frau als Hausmutter hervortrat, die nun auch vor der Ehe umgekehrt vom Bewerber ihre Heimholung durch Sponsus sich versprechen ließ, dann gewöhnlich frei von sich aus irgend wann die coëmptio mit ihm machte, während auch der usus durch die ihr gestattete Usurpation in drei Nächten ein freiwilliger wurde, und ebenso wie er Scheidungsrecht erhielt, und als eben- damit die Dos den Charakter der res uxoria annahm, wonach die profectitia beim Tode der Frau in der Ehe dem noch lebenden Schwiegervater, im Falle der Scheidung eine jede Dos der Frau selbst nach Billigkeit und Anstandsrecht zurückgegeben werden mußte, kam gleichzeitig, wie für das Staats-, so auch für das Hausregiment das Jahr mit freiem beweglichen Anfange auf [68]) und eine der wichtigsten Anwendungen der hiermit ent- standenen Sitte des clavum figere et movere [69]), womit der Römische Bauer die freien Jahre zählte, war ohne Zweifel die auf das Dotaljahr, das nun also ebenso wie der Consulat, die Vectigalienverpachtung, die Usucapion u. f. w. von Datum zu Datum ging. In seinem Zusammentreffen mit dem Ursprung der rei uxoriae actio lag dann aber auch von selbst der Ursprung des Dotal- oder Fruchttheilungsjahres und seiner durchaus juri- stischen Natur. Ein Fruchtperiodenjahr im Sinne der Neuern d. h. welches von Ernte zu Ernte geht, war freilich auch schon das alte Märzjahr nicht gewesen: ein solches würde bei der Ver- schiedenheit dieser Periode bei verschiedenen Früchten, Gemüse Getraide, Oel und Wein, Sommer- und Winterfrucht u. f. w. — von jeher und allenthalben für eine Rechtsregel nicht blos irrational und dem allgemeinen, gleichmäßigen Rechtsbegriff der fructus widersprechend, sondern auch praktisch ganz unbrauchbar sein. Doch mußte die rechtliche und vom Naturjahr unabhängige Natur des Dotal- und Fruchttheilungsjahrs gleich bei seinem Ursprunge um so deutlicher hervortreten, als nun jenes freie Jahr einerseits vermöge seines beweglichen Anfangs die natür- lichen Fruchtperioden, zumal nach nun aufgekommener Brache und Zweifelderwirthschaft [70]) in der verschiedensten Weise durch-

---

[68]) Das Römische Jahr und seine Tage S. 65. 69.
[69]) Dieselbe Schrift S. 71.
[70]) Dieselbe Schrift S. 68.

kreuzen und andererſeits dieſes Jahr ſelbſt in Folge des gleich=
zeitig eingeführten Monatsſchaltſyſtems bald ein 12= bald ein 13=
monatliches mit beziehungsweiſe 354 und 377 Tagen ſein
konnte.[71]) Dazu kam noch, daß die Römer, wie der uralte ſym=
boliſche Cult der Anna Perenna zeigt[72]), das wirthſchaftliche
Jahr in Staat und Familie von jeher nicht iſolirt, ſondern zu=
gleich als Glied in der Kette der Jahre des geſammten irdiſchen
Lebens auffaßten, wonach wirthſchaftlich nicht blos der Frucht=
erwerb in dieſem oder jenem Theil eines Jahres, ſondern auch
das, daß das eine einen reichern und mehrfachen Ertrag als
das andere liefert, als eine von der juriſtiſchen Bedeutung des
Dotaljahrs überragte und gleichſam mit vorgeſehene Zufälligkeit
betrachtet werden mußte.[73])

Spuren des Zuſammenhangs des Fruchttheilungsjahres mit dem
Römiſchen Kalender, namentlich auch nach dem Monatsſchaltſyſtem,
welches bis zur Einführung des Julianiſchen Kalenders fort=
dauerte, ſcheinen ſich auch noch nach einer andern bisher nicht
berührten Seite, nehmlich in der Berechnungsweiſe der Frucht=
theilung, wie ſie im Juſtinianiſchen Rechtsbuche vorliegt, erhalten
zu haben. Offenbar wird da ſowohl für die Penſion bei der
Verpachtung, als für die Fruchttheilung ſelbſt nicht nach 365
Tagen oder nach abſtracten 30tägigen Monaten, ſondern nur
nach Kalendermonaten ohne Rückſicht auf ihre verſchiedene Länge
gerechnet und, wie es ſcheint, ſelbſt ſo, daß man einen auch nur
angefangenen Monat für voll annahm. Das erſtere anlangend,
ſetzt Ulpian die drei Monate November, December, Januar
(= 92 Tage) in L. 7 §. 1 cit. ¼ Jahr Pacht und dieſelben
mit Hinzunahme des October (= 123 Tage) ⅓ Jahr, in L. 7
§. 2. cit. aber den Märzmonat (= 31 Tage) 1/12 Jahr für die
Fruchttheilung gleich. Auch ſagt er in derſelben Stelle von der
Fruchttheilung nicht, ſie geſchehe pro modo temporis, quo prae=
dium dotale fuit, ſondern pro modo temporis omnium menſum

---

[71]) Dieſelbe Schrift S. 56. 58. 68.

[72]) Dieſelbe Schrift S. 43. 251.

[73]) Vgl. oben S. 13. Bei der Dos lag dieſes ſchon in der Natur
der Ehe als eines an ſich für die ganze Lebenszeit eingegangenen Ver=
hältniſſes. Beim Pacht kann dieſe Rückſicht nur auch eintreten, wenn ſie
auf eine Reihe von Jahren abgeſchloſſen iſt. L. 15. §. 4. D. loc. (19,2.)
L. 8. C. de locato (4, 65).

quo praedium dotale fuit — ein ſelbſt allgemeiner Ausſpruch
über die Art der hier eintretenden Rechnung nach Monaten.
Wenn er aber in L. 7. ˙pr. cit. für den angenommenen Fall,
daß die Frau einen Weinberg einen Tag vor der Leſe dem Manne
zur Dos gegeben und mox sublatis a marito vindemiis divortit,
der Frau einen Fruchtantheil für 11 Monate zuſpricht, ſo ſcheint
er auch, da die Weinleſe im Ganzen in der erſten Hälfte des
Octobers zu geſchehen pflegte [74]), ohne genauere Unterſcheidung
der Ehedauer im October den Antheil des Mannes, blos weil
die Ehe doch in Einem Monat beſtand, zu $^{1}/_{12}$ anzunehmen.
Auch wird dieſes durch den Ausdruck et quattuor mensibus
(nicht menses) matrimonium steterit in L. 7. §. 1. beſtätigt
— den genauen Gebrauch deſſelben vorausgeſetzt — indem dieſes
auf die Zeit von dem tempus vindemiae an bis zu Ende Januar geht; denn da die Weinleſe nicht gerade mit dem 1. October endigt, ſondern erſt in dieſen Monat zu fallen pflegt, ſo
konnte der Juriſt davon wohl ſagen: die Ehe habe in vier
Monaten beſtanden, wenn ſie auch nicht vier Monate lang beſtanden hatte. Natürlich mußte dieſe Annahme eines Monats-
theils für einen vollen Monat im Anfange des Dotaljahrs zu
Gunſten des Mannes dadurch wieder ausgeglichen werden, daß
man auch den Monat, in welchem die Ehe geſchieden wurde, zu
Gunſten der Frau, deren eigener Haushalt nun anfing, für voll
rechnete, wonach denn in dem Falle der L. 7. §. 2., wo die im
October eingegangene Ehe bis in den April gedauert hatte, indem ſie erſt am 1. April geſchieden wurde, doch nur eine Ehedauer von ſechs Monaten für den Mann anzunehmen war. Das
Princip war überhaupt, den Monat für den kleinſten zu berück-

---

[74]) Dieſelbe Schrift S. 63. 359. 360. Cato 147. 148. hat allerdings
in zwei Formularen für Verkauf des hängenden Weins und des Weins
auf Fäſſern den Vorbehalt: Locus vinis ad K. Octobr. primas dabitur;
si ante non deportaverit, dominus vino, quod volet, faciet. Man muß
aber m. E. unter beiden K. Oct. primae dieſelben, nehmlich die des nächſten Jahres verſtehen, ſowohl bei dem reif auf dem Stocke und alſo ſchon
Anfangs Oktober, verkauften (das iſt vinum pendens), (vgl. Plin. N. H.
14, 4, 5.) als bei dem ſelbſt eingebrachten und gekelterten auf dem Faſſe.
Dort will der Verkäufer den Gefäßen des Käufers mit dem Wein im
Weinberge, hier dem ihm zugemeſſenen Wein in des Käufers oder den
eigenen Fäſſern im Weinkeller längſtens bis zum 1. October des nächſten
Jahres Raum auf ſeinem Grundſtück gönnen.

sichtigenden Theil eines Jahres zu nehmen, sobald es auf Frucht-
berechnung ankomme. Ganz entsprechend ist denn auch dieser
ungenauen, aber bequemen bloßen Kalendermonatsrechnung des
Landmanns für seine Früchte — während der Kaufmann seine
Zinsen, obgleich im Allgemeinen auch auf Monatszeit fußend,
doch tageweise nach 30 Tagen rechnete[75]) —, daß nach Cato 150
in ländlichen Kaufcontracten zu der Zeit des Pontificaljahrs, wo
man nicht mehr vorauswissen konnte, ob die Pontifices in dem
betreffenden Jahre den Intercalarmonat einschalten würden, sich
ausbedang z. B. Calendis Junis emptor fructu discedat; si
intercalatum erit, C. Mais: wonach man den Schaltmonat, obgleich er nur 22 oder 23 Tage zählte, doch den übrigen gleich
behandelte.[76])

Doch könnte man daraus, daß Ulpian seine Beispiele im
Ganzen so formulirt, daß gerade volle Monate herauskommen,
auch auf das Bestehen einer Ansicht zu seiner Zeit schließen, nach
der, wenn eine Partei es verlangte, auch Monatstheile berücksichtigt werden müßten.   Praktisch galt jedoch diese Ansicht wohl
niemals.

Diese Art Monatsrechnung war aber sicher keine isoliert
dastehende. Zwar werden die annua bima trima dies, beziehungsweise die senum mensum dies theils bei der Hingabe einer dos
dicta theils bei der nicht stipulirten Rückgabe von dotalen Quantitäten und bei Berechnung des commodum repraesentationis
in Früchten anderer Sachen als Quantitäten, welches der Mann
als Strafe verschuldeter Scheidung verlor, und die zehn Monate,
für welche der Frau der Haus- und Vorrath gleich bei Auflösung
der Ehe zurückgegeben wurde, da sie sämmtlich Zinsrecht betreffen,
richtiger, wie bei der zehnmonatlichen Leibesfrucht und dem
Trauerjahr der Wittwe, auf abstracte Jahre und Monate be-

---

[75]) Das Römische Jahr und seine Tage S. 112. Zu der dort angeführten Beweisstelle ist aus der Siebenbürgenschen Darlehnscaution vom
20. October 162. hinzuzufügen: et eorum (nehmlich sexaginta denariorum)
usuras ex hac die in dies XXX, worauf die unlesbare Sigle des Zins-
fußes folgt.

[76]) Vgl. dieselbe Schrift S. 87. Eben diese Rücksicht auf den Schaltmonat liegt, wie es scheint, auch in der Bestimmung einer Frist von zehn
Kalendermonaten für die Zahlung des Kaufgeldes bei Cato 146. dies ar-
gento ex K. Nov. mensium X. Denn sonst hätte es ja kürzer heißen
können K. Sextil.

zogen.[77]) Aber wenn die Dotalperiode für die zweimal in einem
Jahre gezogenen Früchte mit sex menses bezeichnet wird (Anm.
18) so ist darunter gewiß auch die Zeit von dem Empfange der
Dos bis zu dem nach sechs Kalendermonaten wiederkehrenden
Monatsdatum zu verstehen. Auch gab so monatsweise der Paterfamilias den Sclaven ihre Ration an Getraide und Wein[78]),
der Staat den Soldaten und der Plebs ihren Getraidebedarf[79])
und wahrscheinlich rechnete man dabei auch nur nach ganzen un-
theilbaren Kalendermonaten. Doch beschränkt sich diese Monatsrechnung auch bei der Dos auf die Früchte hinsichtlich ihrer
Theilung, d. h. auf die factische Frage, für wie viel Zeit des
Dotaljahrs der eine und der andere Theil davon leben sollte, so
daß zur Zeit des Schaltmonats in einem Jahre, welches einen
solchen enthielt, gewiß auch 13 Theile gemacht werden mußten.
Die Rechtsfrage, welche Früchte als im Dotaljahr erworben zur
Theilung zu bringen seien, konnte nur nach dem von Datum zu
Datum berechneten letzten Dotaljahr beantwortet werden.[80])

Für die Dotalperiode selbst ergiebt aber die gedachte Frucht-
rechnung nach ungetheilten Monaten mittelbar die Antwort auf
eine oben (Anm. 18) noch ausgesetzte Frage. Wurde nehmlich
nach dieser Rechnung ein Monat als kleinster nicht ferner zu
theilender Jahrestheil betrachtet, so folgte auch, daß Früchte,
welche für ihre Wiedererzeugung eine Periode von nicht mehr
als einem Monat bedürfen, noch zu denen gezählt werden müssen,
welche, wie die jederzeit zu percipirenden, nur nach dem Perceptionsmoment sich vertheilen, und die periodische Vertheilung nach

---

[77]) Das Nähere darüber s. im Römischen Jahr S. 19 flg.

[78]) Cato 56. 57. Senec. ep. 80. Donat. ad Terent. Phorm. 1, 1,10.

[79]) Ueber die Soldaten Polyb. 6, 39, 13. Ueber die Frumentationen
Cic. Verr. lib. 3. 30, 72. Dionys. 4, 24. Sueton. Aug. 40. Appian. de
b. c. 1, 21. Ein übertragenes Urbild scheint Apocal. Joh. 22, 2. Vgl.
Becker-Marquardt Röm. Alt. III. 2. S. 75. 89. 93. 115. Doch wurden
die später an die Stelle eines Körnermaßes getretenen annonae oder pa-
nes civici, welche Justinian in L. un. §. 7. C. de rei uxor. act. (5, 13)
auch unter den möglichen Früchten anführt, die von Trennung der Ehe
an der Frau zurückzugeben sind, täglich vertheilt. J. Gothofr. ad L. 3.
Th. C. de annon. civ. (14, 17).

[80]) Ungenau und gegen die Bestimmung selbst noch der Basiliken 28, 8,
5. 6. sagt Cyrillus zu der ersteren Stelle T. III. p. 242. Heimb. von dem
Dotaljahr, es werde gerechnet von dem Monate, in welchem das Grundstück zur Dos gegeben wurde.

der Zeitdauer der Ehe in einem verminderten Dotaljahr nur für diejenigen gilt, welche gleichmäßig zwar öfter als einmal, aber auch seltener als zwölfmal im Jahr gewonnen werden. Die Monatszeit war. so nach ländlichem Recht zugleich die geringste, welche noch als Jahrestheil mit dem Rechte des Jahres — nach dem Satze quod valet in toto, valeat in parte — angesehen werden konnte.

Hiervon fällt wieder — wenn diese kurze Digression auch noch gestattet ist, — ein Licht auf die Frage, wie Ulpian bei Auslegung der Edictsworte hoc anno usus es in dem interdictum de itinere privato als bloßer Jurist sich herausnehmen konnte, die nähere Bestimmung zu geben ... anno usus est vel modico tempore, id est non minus quam triginta diebus.[81]) Die Ausübung von Wegeservituten geschieht nicht, wie selbst bei einem gewöhnlichen einmal geleiteten Wasser, continuirlich, sondern nothwendig unterbrochen, bei eingetretenem Bedürfniß. Fordert sie nun der Prätor hoc anno, in dem Jahre vorher, so heißt dieses freilich nicht, wie annum, ein Jahr lang oder ein Jahr hindurch, so daß ununterbrochen oder auch nur an allen 365 Tagen gegangen oder gefahren sein müßte. Es kann aber auch, da die Ausübung in einem Jahre rückwärts, wie beim interdictum utrubi, eine gewisse Dauer des Besitzstandes constatieren soll, nicht eine Ausübung an einem oder einigen Tagen des Jahres genügen. Damit wird man auf eine mäßige, mittlere Menge der Ausübungen in dieser Zeitdauer geführt, die nach dem auch hier eintretenden ländlichen Rechte noch als Theil eines Jahres gelten kann und das ist die Zeit von wenigstens einem Monat, jedoch hier zusammengesetzt zu einem abstracten von 30 Tagen, weil von unterbrochener Zeit die Rede ist.[82])

---

81) L 1. §. 2. D. de itinere actuq. priv. (43, 19).

82) Die Neuern werfen in der Regel die obige Frage nicht einmal auf, sondern nehmen die Bestimmung der 30 Tage als eine positive, deren Sinn bekanntlich nur verschieden gedeutet wird. Unter diesen Deutungen ist aber mit unserer Auffassung auch unverträglich die Ansicht von Althof und Puchta (Pand. I. §. 355. Anm. 1), die nur einen mehrmaligen Gebrauch, jedoch so, daß die Gebrauchsacte wenigstens einen Monat einschließen, verlangen: wiewohl diese Erklärung auch schon deshalb abgewiesen werden muß, weil sie eine andere Ausdrucksweise Ulpians erfordern würde, etwa: intra modicum tempus id est non minus XXX dierum.

Was das Recht der Fruchttheilung des letzten Jahres über=
haupt betrifft, ſo verkennt man deſſen Natur völlig, wenn man
ihm wegen vermeintlicher höchſter Unbilligkeit deſſelben für. den
Mann einen unmittelbar poſitiven Urſprung etwa aus einem der
Juliſchen Geſetze über die Ehe vindiciren zu müſſen, oder es nur
aus anderweitigen Vortheilen, die der Mann nach älterem Recht
bei Rückgabe der Dos gehabt und durch welche es compenſirt
worden ſei, erklären zu können glaubt.[83] Es wäre dann nur
eine im Juſtinianiſchen Rechte unglücklicher Weiſe ſtehen geblie=
bene Ruine, die längſt durch die gemeinrechtliche Praxis auch
abgetragen zu werden verdient hätte. Wie ſchon bemerkt, mußte
es mit dem der Dos beigelegten Charakter der res uxoria, d.
h. ſeit der Einführung der rei uxoriae actio als eine daraus
ſich von ſelbſt ergebende Folgerung entſtehen und verdankt alſo
ſeinen Urſprung nur einer Interpretation der Rechtsgelehrten,
welche nicht viel jünger ſein kann als die zwölf Tafeln. Denn
beſchränkte jener neue Character der Dos den Vortheil des Man=
nes von ihr — die Fälle, wo ſie überhaupt anfangs noch nicht
zurückgegeben wurde, abgerechnet — auf die Früchte, die er nun,
obgleich Eigenthümer, wie von fremder Sache zog, um davon
die Laſten der Ehe zu beſtreiten, ſo mußte um ſo viel mehr nach
getrennter Ehe das Recht deſſen, an den die Dos nun fiel —
in der Regel der Frau — von da ab von dieſen Früchten als
Erzeugniſſen eigener Sachen zu leben[84] anerkannt werden, was
denn für Jahresfrüchte des letzten Jahres, die als ſolche ſich
auch auf dieſes Dotaljahr vertheilen, von ſelbſt die verhältniß=
mäßige Theilung unter den beiden dazu concurrirenden Haus=
haltungen mit ſich brachte. Oder welche Billigkeit hätte darin
gelegen, blos den Mann zu berückſichtigen, und die nun allein
ſtehende Frau, ungeachtet ihres eigenen Rechtes an der Dos,
einſtweilen hungern zu laſſen? Wie fern dieſer Gedanke und
doch wohl mit Recht, den Römern von jeher lag, zeigt das beſon=
dere Recht der in einer Quantität dicierten Dos, bei der, da hier

---

[83] So Francke cit. S. 316 ... 321. Jetzt würde ſtatt der Juliſchen
Geſetze das Mäniſche mehr Chancen für ſich haben.

[84] Aus dieſem Geſichtspunkt iſt es zu erklären, daß die Römer die
Früchte von da ab nicht mehr als ſolche, ſondern als Beſtandtheil der Dos
ſelbſt betrachten. L. 31. §. 4. D. ſol. matr. (24, 3). Ganz ebenſo hat der
Eigenthümer das Recht auf die Früchte nicht als ſ. g. (usus) fructus ma-
terialis, ſondern als Beſtandtheil ſeines Eigenthums.

von Früchten nicht die Rede ſein konnte und eine Rückgabe
annua bima trima die galt, dadurch für ſie geſorgt war, daß
ihr wenigſtens der Lebensunterhalt für 10 Monate ſogleich herausgegeben werden mußte[85]). Auch darf man aus der gewöhnlichen Bezeichnung des letzten Dotaljahrs annus quo divortium
fit, nicht ſchließen, daß das Fruchttheilungsrecht erſt mit der willkürlichen oder doch häufigern Eheſcheidung aufgekommen ſei. Man
ſagte vielmehr ſo, weil der andere Fall der Rückgabe, daß die
Frau in der Ehe ſtirbt, theils auf die dos profectitia ſich beſchränkte und auch da vorausſetzte, daß der Vater der Frau noch
lebte, theils — und dieſes iſt die Hauptſache — als ein luctu-
oſer ſich nicht dazu eignete, die Sache im Allgemeinen zu bezeichnen. Die Fruchttheilung beruhte aber auch nicht einmal
auf dem bonum et aequum der rei uxoriae actio, ſondern
lediglich auf dem nunmehr beſchränkten Begriffe der Dos, wes-
halb ſie auch eben ſo gut bei der Rückforderung mit der ex
stipulatu actio Anwendung fand und im Juſtinianiſchen Rechte
noch findet.[86]) In der That iſt es denn auch keine Unbilligkeit,
welche man dieſer Theilung nachweiſt. Was damit gemeint iſt,
läuft vielmehr auf Unbequemlichkeit und Schwierigkeit der Berechnung oder der Beweisführung hinaus, die dem einen und
andern Ehegatten nach vielleicht ſchon arglos conſumirten oder
für noch zukünftige Früchte durch dieſes Fruchttheilungsrecht
aufgelegt wird. Dieſe liegt jedoch in der Beſchaffenheit des
Falles und iſt naturgemäß, wie überhaupt, ſo auch hier, Sache
der Parteien, die das vigilantibus iura sunt scripta auch in
Gemeinſchaftsverhältniſſen ſich geſagt ſein laſſen ſollen. Läßt ſich
die Geſetzgebung verleiten, ihnen wegen ihrer gewöhnlichen Sorg-
loſigkeit zu Hülfe kommen zu wollen und die naturgemäß ihnen
zukommende Rolle ihnen abzunehmen, indem ſie ihre Vorſchriften,
ſtatt nach Rechtsgrundſätzen, nach den gewöhnlichen factiſchen
Fällen einrichtet, ja ihnen vielleicht ſelbſt eine gewiſſe Wirth-
ſchaftsweiſe auferlegt, um dadurch den Beweis ſoviel als möglich zu erleichtern, ſo geräth ſie, wie z. B. das Preußiſche Landrecht (I. 21. §§. 143 .... 171) mit ſeinem ſ. g. Wirthſchafts-
jahr in eine verkehrte Caſuiſtik, die, in ſich ſelbſt nicht einmal

---

[85]) S. darüber das Römiſche Jahr und ſeine Tage S. 20.
[86]) L. un. § 9. C. de rei uxor. act. (5, 13).

billig, für viele zum Voraus doch nicht entschiedene Fälle des wirklichen Lebens nichts als die reine Willkür des Richters übrig läßt.

***

Ueber eine Stelle des Ennodius,

von

Herrn Professor Dr. Th. Mommsen.

Ennodius preist in seiner Lobrede den König Theodorich (p. 315 der Sirmond. Ausg. von 1611), daß er die Jugend durch Scheinkämpfe zu dem ernsthaften Waffendienst vorbilde, und fügt hinzu, daß er damit die alten Römer übertreffe. Rutilium, fährt er dies belegend fort, et Manlium comperimus gladiatorium conflictum magistrante populis providentia contulisse, ut inter theatrales caveas plebs diuturna pace possessa, quid in acie gereretur, agnosceret. Sed tunc feriatis manibus frustra sociae mortes ingerebantur adspectui. In diesen Worten hat kürzlich Huschke (in dieser Zeitschrift IX, 330) ein Zeugniß dafür gefunden, daß die Gladiatorenspiele im J. 649 der Stadt bei den Römern unter die amtlichen und regelmäßig wiederkehrenden aufgenommen seien — was allerdings wichtig genug sein würde, um diese Worte, wie Huschke dies thut, einer „neu entdeckten Quelle" gleichzuachten. Freilich erheben sich für jeden, der die in Rede stehenden Dinge kennt, sogleich sehr ernstliche Schwierigkeiten. Wir wissen nichts von festen Spielen, die auszurichten den Consuln obgelegen hätte. Ebensowenig weiß die Ueberlieferung der republikanischen Zeit etwas von stehenden Gladiatorenspielen; was Huschke für die Regelmäßigkeit derselben geltend macht, daß Dio 47, 40 die Aufführung von Gladiatoren- anstatt Bühnenspielen bei den Cerealien im J. 712 unter den Prodigien verzeichnet beweist augenscheinlich das Gegentheil. Sogar daß die Einführung der festen Gladiatorenspiele in das J. 47 n. Chr. fällt, berichtet Tacitus (annal. 11, 22) und ist auch sonst wohl beglaubigt; sie fielen in den December und wurden von den Quästoren gegeben (C. I. L. I. p. 407). Somit ist guter Grund vorhanden, nicht eher aus der „neu entdeckten Quelle" zu schöpfen, bevor wir wissen, ob die

48 v. Lingenthal,

Waffer nicht trübe find; und fie find es in der That. Was
Balerius Maximus 2, 3, 3 von dem Consul des J. 649
P. Rutilius Rufus, dem Collegen des Cn. Mallius erzählt,
daß er die Gladiatoren aus der Fechtschule des C. Aurelius
Scaurus als Instructoren für seine Soldaten verwendet habe,
liegt zwar weit genug ab von dem Bericht des Ennodius; aber
wenn Januarius Nepotianus in seinem Auszug des Valerius (10, 22) diese Erzählung folgendermaßen wiedergiebt: Fisi
virtute Romani sine artificio dimicabant. itaque P. Rutilio
et Cn. Mallio cos. e ludo gladiatorio doctores accersiti sunt,
ut inferre ictus et declinare monstrarent, adiutaque est artificio
fortitudo, so ist es dennoch evident, daß Ennodius Meldung nichts
ist als ein Mißverständniß der Erzählung des Valerius. Denn
Nepotians Worte können allerdings so verstanden werden, als
handle es sich nicht um ein Vornehmen des Rutilius, der mit
Mallius Consul war, sondern um ein Vornehmen der Consuln
Rutilius und Mallius; ferner als habe die Instruction darin
bestanden, nicht daß man den Rekruten Fechtmeister aus den
Gladiatorenschulen gab, sondern daß vor der Bürgerschaft Kunst-
fechten von Gladiatoren aufgeführt wurde. Also ist aus den
Worten des Ennodius über die Munera nichts zu lernen, und
überhaupt nichts weiter als etwa, daß Nepotianus Auszug vor
dem Anfang des sechsten Jahrhunderts verfertigt worden ist; außerdem allenfalls noch, was Auszugmacher und Auszugbenutzer zu
leisten im Stande sind. Cave!

Ueber die griechischen Bearbeitungen des Justinianeischen Coder.
Von
Herrn Professor Dr. E. Zachariä von Lingenthal
in Großkmehlen bei Ortrand.

Auch die neuesten Ausgaben des Justinianeischen Coder laffen
noch Vieles zu wünschen übrig. Theils ist das handschriftliche
Material, auf welchem sie beruhen, nicht hinlänglich gesichert,
theils sind die reichen Hülfsmittel, welche die Schriften der byzantinischen Juristen für die Restitution und Kritik des Coder
bieten, insbesondere nach der neuerdings erfolgten Publication

verschiedener Inedita noch keineswegs ausgenutzt. Eine neue Ausgabe des Codex ist daher bringendes Bedürfniß.

Mit den Vorarbeiten zu einer solchen neuen Ausgabe ist D. Paul Krüger beschäftigt, wie theils aus dessen „Kritik des Justinianischen Codex. Berlin 1867" theils aus mehreren neueren Abhandlungen desselben Verfassers erhellt.

Ich selbst habe unter Benutzung der Hermannschen Aus= gabe des Codex zu jeder einzelnen Constitution Alles zusammen= getragen und zusammengeschrieben, was in den — zum Theil noch ungedruckten — byzantinischen Gesetz= und Rechtsbüchern an Uebersetzungen und Bearbeitungen derselben vorkommt: eine müh= same Arbeit, die dem künftigen Herausgeber des Codex eine wesentliche Hülfe leisten wird.

Um sie aber richtig benutzen zu können, ist es nöthig, daß man orientirt sei

I. über das, was von griechischen Bearbeitungen des Codex uns erhalten ist;

II. über deren Verfasser und Alter;

III. über Art und Beschaffenheit dieser Codexcommentare.

Zu dieser Orientirung will ich in Nachstehendem versuchen einige Fingerzeige zu geben, wobei ich zugleich Gelegenheit finden werde, einige von mir in älteren Abhandlungen geäußerte Ver= muthungen zu berichtigen.

I.

Noch aus dem 16. Jahrhunderte haben wir Kunde von der Existenz von Handschriften griechischer Bearbeitungen des Codex.

Im J. 1540 erwähnt Suallemberg (in der Vorrede zu seiner Ausgabe des Harmenopulus) den „qui Justiniani Codicem graecum fecit, quem ante annos quatuor quidam mihi retu- lerunt, se in Creta insula vidisse."

Im J. 1578 werden in einem Verzeichniß zu Konstan= tinopel vorhandener Handschriften folgende Nummern aufge= führt:

106. Thalelaei epitome et explicatio in imperiales leges

107. Hermopolitae explicatio et epitome in imperiales leges.

Diese Handschriften sind jedoch spurlos verschwunden. Meinen emsigen Nachforschungen nicht blos in den Bibliotheken des

Occidents, sondern auch in denen des Orients, ist es nicht gelungen, eine solche Handschrift aufzufinden: in Kreta, welches ich nicht besucht habe, dürfte für den Forscher ein günstigeres Resultat schwerlich zu erwarten sein.

Wenn man übrigens geglaubt hat, daß auch Marquard Freher nach einer Aeußerung in der Vorrede zum Jus Graeco-Romanum (1596) eine Handschrift eines griechischen Codex gesehen habe, so ist dies wohl ein Irrthum. Er citirt vielmehr Suallemberg, und wenn er hinzusetzt „quem (sc. graecum Codicem) et ipsi vidimus, ejusque interpretem κωδικευτὴν dictum legimus", so weist dies deutlich auf die Basiliken und deren Scholien hin, von welchen Freher sagt, daß sie aus sechs Bänden beständen, „ut testis ipse sum αὐτόπτης": in den Basiliken-Scholien kommt die Bezeichnung κωδικευτής vor, sie kann aber nicht füglich der Titel eines griechischen Codex gewesen sein.

Selbständig erhalten sind uns nur

1) griechische Scholien in der rescribirten Veronesischen Handschrift des Codex, welche ich in der Zeitschrift für geschichtliche Rechtswissenschaft Bd. XV. S. 90 ff. herausgegeben habe. Ich habe dort auszuführen versucht, daß diese παραγραφαί Bemerkungen seien, welche ein Zuhörer des Antecessor Thalelaeus oder eines andern Rechtslehrers in dessen Vorlesungen über den Codex seinem Exemplare beigeschrieben habe. Indessen da eigentliche Vorlesungen über den Codex nach Justinian's Verordnung über den Rechtsunterricht nicht gehalten werden sollten, so ist diese Vermuthung kaum stichhaltig. Insbesondere spricht dagegen, daß die Scholien die Nov. 134 vom J. 556 citiren, während in den vorhandenen Bruchstücken aus den Schriften des Thalelaeus keine Spur einer Bekanntschaft mit dieser oder gleich späten Novellen vorkommt. So mag denn die andere a. a. O. ausgesprochene Vermuthung die wahrscheinlichere sein, daß nemlich ein Besitzer der Veronesischen Handschrift (oder ihres Prototypon) sich allerlei Bemerkungen und darunter auch solche, die ihm aus dem Codex des Thaleläus bekannt geworden waren, an den Rand geschrieben habe.

2) Unter dem Titel Σύνοψις ἐκλογὴ ἐκ τῶν κωδίκων Θεοδώρου ἑρμοπολίτου ist uns ein schülerhafter Auszug aus der griech. Summa des Codex von Theodorus Hermopolita erhalten.

Näheres findet man in Meerman Thesaur VI p. 861 sqq. Der dort nicht gedruckte Theil des Auszugs giebt noch eine Reihe von sonst nicht bekannten Excerpten aus der angeführten Bearbeitung des Codex, und ist von mir bei der oben erwähnten Compilation benutzt worden.

Je unbedeutender dasjenige ist, was von griechischen Codexcommentaren unmittelbar und selbständig auf uns gekommen ist, desto zahlreicher sind die Bruchstücke solcher Commentare, welche uns in verschiedenen byzantinischen Gesetz- und Rechtsbüchern erhalten sind. Von diesen kommen — in chronologischer Reihenfolge aufgezählt — folgende in Betracht:

a. Der Nomocanon titulorum L, gedruckt in Voelli et Justelli biblioth. II p. 603—672.

b. Der Nomocanon titulorum XIV, zwar nicht in seiner ursprünglichen Gestalt, sondern in der Ueberarbeitung von Photius mehrfach gedruckt.

c. Die Collectio constitutionum ecclesiasticarum, nach einer wenig guten Handschrift ohne kritische Sorgfalt gedruckt in Voelli et Justelli Biblioth. II p. 1223 sqq.

d. Die Appendix Eclogae Leonis et Constantini, gedruckt in meinen Ἀνέκδοτα p. 184 sqq.

e. Das Prochiron Basilii Constantini et Leonis von mir herausgegeben Heidelb. 1837.

f. Die Epanagoge Basilii Leonis et Alexandri gedruckt in meiner Collectio librorum juris GR. ineditorum Lips. 1852.

g. Die Basiliken und ihre Scholien.

h. Die Epitome (theilweise gedruckt in meinem Jus Graeco-Rom. P. II) und deren Ueberarbeitungen.

i. Die Bearbeitung des Photianischen Nomokanon durch Theodorus Bestes, mit welcher wir neuerdings näher bekannt gemacht worden sind durch Pitra im zweiten Bande der Juris eccles. Graecorum historia et monumenta (Romae 1868).

Die ῥοπαί gehören nicht hieher. Es scheint der Verfasser den Codex im Original vor Augen gehabt zu haben: die Spuren von Benutzung verschiedener griechischer Commentare kommen auf Rechnung späterer Ueberarbeitungen.

Gehen wir nun die oben genannten byzantinischen Gesetz-

4 *

und Rechtsbücher durch, ohne uns gerade an die chronologische
Reihenfolge zu halten, so finden wir in dem Text und den Scholien der Basiliken überaus reichhaltige Bruchstücke aus Bearbeitungen des Codex von Theodorus, Thalelaeus, Isidorus
und Anatolius, aus den beiden Ersteren, die schon im Vorhergehenden erwähnt worden sind, regelmäßig, aus den beiden Letzteren mehr sporadisch. Es sind das die vier Bearbeiter des
Codex, welche Matthaeus Blastares in der im J. 1335 geschriebenen Vorrede zu seinem alphabetischen Syntagma canonum aufführt, indem er erzählt, daß „der Antecessor Thaleläus den Codex
in weitläufiger Bearbeitung (εἰς πλάτος) herausgegeben hat,
Theodorus aus Hermupolis in abgekürzter Gestalt, noch kürzer
Anatolius, Isidorus aber zwar gedrängter als Thaleläus, jedoch
weitläufiger als die anderen Beiden." Daß auch noch andere
Bearbeitungen des Codex als die vier genannten in den Basiliken
und deren Scholien benutzt worden seien, ist anzunehmen keinerlei
Grund vorhanden. Wenn ich in meiner Dèlineatio historiae
juris GR. §. 18 und in den Wiener Jahrbüchern der Literatur
Bd. 87 S. 100 außerdem an eine besondere zu Berytus um
538 verfaßte ἑρμηνεία gedacht habe, so ist dieser Irrthum längst
von mir zurückgenommen worden. Ebenso apokryph sind die
angeblich in den Basilikenscholien benutzten Codexcommentare
von Phocas [1]), Joannes [2]), Cyrillus [3]), Anonymus und Enantiophanes.[4])

Das Prochiron und die Epanagoge reproduciren viele
Constitutionen des Codex in denselben Bearbeitungen, die sich
auch in den Basiliken und deren Scholien vorfinden. Wo sie
sich in diesen nicht nachweisen lassen, ist gleichwohl die größte
Wahrscheinlichkeit, daß sie aus einem der vier genannten Commentare entnommen sind, da nicht anzunehmen ist, daß von
den Verfassern dieser kleinen Gesetzbücher noch andere und mehr

---

[1]) Bas. ed. Heimb. IV p. 628. Ὁ φωκᾶς ist schon wegen des Nomi-
nativs und des Artikels verdächtig. Die Stelle ist sicherlich von Thaleläus.

[2]) Bas IV p. 83 — gehört wohl zu einer Digestenstelle.

[3]) Bas. II p. 488. 489. 490 (hier ist überall Θεοδώρου statt κυρίλλου
zu lesen). III p. 155 (hier sind die betreffenden σημειώσεις von Thaleläus).

[4]) Bas. II p. 485 (eine Bemerkung eines neueren ungenannten Scho-
liasten) p. 565 (zusammengesetzt aus dem Enantiophanes auf p. 542. und
558). III p. 213 (ist vielmehr von Theodorus).

Commentare benutzt worden seien, als den Compilatoren der weit umfassenderen Basiliken zur Hand gewesen sind. In den sogenannten Scholien der Epanagoge werden tit. 2. schol. a der Codex τοῦ κυροῦ Θεοδώρου τοῦ σχολαστικοῦ, tit. 18. schol. d der des Thaleläus, und tit. 38. schol. b. Thaleläus, Dorotheus und Theodorus als Quellen citirt. Danach könnte es scheinen, als ob wenigstens dem Revisor der Epanagoge außer dem Codex des Thaleläus und des Theodorus auch noch eine Bearbeitung des Codex von Dorotheus zugänglich gewesen sein müsse. Da indessen von einer solchen Arbeit der Dorotheus sonst nirgends eine Spur zu finden ist, so muß wohl Isidorus statt Dorotheus gelesen werden, was um so mehr zu rechtfertigen sein dürfte, als auch sonst Beispiele einer Verwechselung beider Namen vorkommen.

Was die Epitome betrifft, so stammen die zahlreich in derselben befindlichen Stellen des Codex ebenfalls aus den vier genannten Commentaren des Codex, welche jedoch der Verfasser nicht unmittelbar im Original, sondern nur aus den in ein anderes uns verloren gegangenes größeres Sammelwerk oder auch in die Basiliken und deren Scholien aufgenommenen Bruchstücken gekannt zu haben scheint. Wichtiger fast noch für die Kenntniß der griechischen Codexcommentare als die Epitome selbst ist die Ueberarbeitung derselben, welche ich im Codex Bodlejan. 3399 und Marcian. 579 aufgefunden und abgeschrieben habe (Epitome ad'Prochiron mutata). Diese Ueberarbeitung enthält nemlich insbesondere noch griechische Summen von Constitutionen des Codex als deren Quelle sie eine Bearbeitung des Codex durch den Antecessor Stephanus nennt [5]). Unter Angabe derselben Quelle finden sich auch einige Summen von Constitutionen des Codex in der Appendix Eclogae.

Von den oben angeführten kirchenrechtlichen Schriften enthält der Nomocanon L titulorum, welcher sich im Wesentlichen als eine Zusammenarbeitung von des Joannes Antiochenus Collectio canonum in 50 Titeln und dessen Collectio 87 capitulorum characterisirt, außerdem noch neben einzelnen Stellen aus des Dorotheus Digestencommentar und aus des Athanasius Epitome Novellarum eine Anzahl von Codexstellen, welche aller

---

[5]) Näheres darüber in meinen Ἀνέκδ. p. 176 sqq.

Wahrscheinlichkeit nach aus dem Commentar des Isidorus aus= gezogen sind. Sie gehören. einer Bearbeitung μέσῃ τάξει an, wie die des Isidorus nach dem Zeugniß des Blastares gewesen sein soll, und sind abweichend von den Fassungen, in welchen die betreffenden Stellen in anderen Quellen aus den Commentaren von Thalelaeus, Theodorus und Anatolius bez. Stephanus mit= getheilt werden. Uebrigens weichen die Handschriften dieses Nomokanons in dem, was sie aus den Quellen des Civilrechts geben, einigermaßen von einander ab. Eine genauere Ver= gleichung derselben dürfte vielleicht auch für die Codexstellen neue Ausbeute liefern.

Der Nomocanon XIV titulorum giebt Stellen aus vielen Büchern und Titeln des Codex, und die von demselben Verfasser herrührende Collectio constitutionum eccle- siasticarum sogar lib. I. tit. 1—13 des Codex vollständig aus derjenigen Bearbeitung, welche auch bei den Auszügen im Nomo= kanon selbst benutzt ist. Zweifelhaft ist, wen diese Bearbeitung des Codex zum Verfasser hat. Die Vergleichung mit den aus den Commentaren von Isidorus, Thalelaeus und Theodorus er= haltenen Bruchstücken lehrt, daß weder der Eine noch der Andere der Verfasser ist. Da wir nun außer diesen bisher nur noch Anatolius oder Stephanus als Bearbeiter des Codex erwähnt gefunden haben, so liegt es nahe, an diesen oder jenen zu denken Ich habe bisher den Stephanus als Verfasser vermuthet [6]). Ich nahm an, daß alle in der Appendix Eclogae vorkommenden Codex= stellen aus einer und derselben Bearbeitung des Codex excerpirt seien, und, da dort bei einigen Stellen der σύντομος κῶδιξ στεφάνου ἀντικήνσορος als Quelle angegeben wird, daß alle auch alle übrigen Stellen aus dieser Quelle geflossen seien: wenn nun unter Letzteren eine ganze Reihe sich in der Collectio constitutionum ecclesiasticarum erhaltenen Bearbeitung von Cod. I, 1—13 wiederfindet, so schienen sowohl jene als diese dem Antecessor Stephanus vindicirt werden zu müssen. Eine Bestätigung dieser Vermuthung glaubte ich darin zu finden, daß Theodorus bei Cod. I, 5, 21 als eine Meinung seines Lehrers Stephanus dasjenige anführt, was in der angeführten Collectio (in den Paratitlen zu Cod. I, 9) bei derselben Stelle ausge=

---

[6]) Ἀνέκδ. p. 177.

sprochen ist. Gleichwohl habe ich nie verkannt, daß die Sache höchst zweifelhaft war. Nicht nur, daß in der Appendix Eclogae zwei Reihen von Codexstellen vorkommen, für deren erste zwar Stephanus als Quelle angegeben wird, für deren zweite aber vielmehr die Collectio constitutionum ecclesiasticarum selbst als Quelle bezeichnet werden könnte: und daß die in den Paratitleu gegebene Erklärung der l. 21 C. I, 5 nicht nothwendig direct von Stephanus herrühren muß, wenn sie auch mit der Ansicht des Stephanus übereinstimmt. Sondern hauptsächlich sprach gegen die von mir geäußerte Vermuthung der Umstand, daß in den Paratitlen zu Cod. I, 1—13 die Novellencitate auf eine andere Novellensammlung hinweisen, als diejenige ist, welche Stephanus in seinem Digestencommentare vor Augen gehabt zu haben scheint. Hier [7]) citirt er die Nov. 1. 22. 49. 78. 91. 115. 124, meist ohne Angabe der Zahl noch Rubrik, zuweilen aber mit einer der angeführten Zahlen oder nach der Rubrik, wie z. B. die Nov. 22 nach der Rubrik περὶ δευτέρων γάμων, oder die Nov. 124 nach der Rubrik περὶ τῶν λιτιγατόρων καὶ τῆς καλουμνίας. Die Paratitla aber citiren die Novellen nach Zahlen, die von denen der Sammlung von 168 Novellen verschieden sind, und nach den abweichenden Rubriken, welche die betreffenden Novellen in dem Breviarium des Athanasius haben. (Die Paratitla in Voelli et Justelli bibl. II p. 1275 lin. 1 dürften sogar direct auf Athanasius zu beziehen sein.) Unter diesen Umständen erschien allerdings die von mir geäußerte Vermuthung als sehr unsicher, wenn man nicht die angeführten. Novellencitate des Stephanus als interpolirt betrachten wollte.

Eine andere Vermuthung hat neuerdings D. Krüger [8]) ausgesprochen. Im Nomocanon titulorum XIV ist nemlich tit. XIII c. 29 eine Summe der l. 1 C. de aleatoribus (III, 43) enthalten, zu welcher ein· Scholium im Cod. Vatic. 829 bemerkt: οὐκ ἔστι δὲ τοῦτο τοῦ Θαλελαίου, ἀλλὰ τοῦ ἀνατολίου, und ähnlich ein Scholium im Monac. 122 und Vatic. 828: οὗτος ὁ μγ΄ τί. τοῦ γ΄ βι. τοῦ κώδ. κεῖται ἐν βι. τῶν βασιλικῶν ξ΄ τί. η΄ κεφ. δ΄, πλὴν ἐκεῖ μὲν τὰ τοῦ Θαλελαίου ἐτέθη, ταῦτα

----

[7]) Bas. ed. Heimb. I p. 638. II.p. 527. 528. 621. III p. 206. 487. 492. IV passim.

[8]) Zeitschrift f. Rechtsgesch. Bd. IX „Ueber eine neue Bearbeitung des Nomokanon in 14 Titeln."

δὲ εἰσὶν ἀνατολίου. Hiernach hält es Krüger für außer
allem Zweifel, daß die Summe der l. 1 C. cit. und mithin der
im Nomocanon XIV titulorum überhaupt benutzte Codex den
Anatolius zum Verfasser gehabt habe. Es ist ihm jedoch entgangen, daß grade in Beziehung auf die l. 1 C. cit. ein scheinbar entgegenstehendes Zeugniß existirt. In derjenigen Recension
der 'Ροπαί, welche im Cod. Paris. 1349 erhalten und von Cujas
und Löwenklau herausgegeben ist, lautet der erste Paragraph
des Kapitels περὶ ν΄ ἐνιαυτῶν also: Οὐκ ἀντίκειται χρόνος
τοῖς ἀπαιτοῦσι τὸ καταβληθὲν εἴς τι τῶν ἀπηγορευμένων
παιγνίων, εἰ μὴ μόνος ὁ πενταετὴς *), ὡς βι γ΄ τοῦ κώδ. τι.
μγ΄. οὗτος δὲ ὁ χρόνος παρὰ μὲν τῷ ἀνατολίῳ εὕρηται,
παρὰ δὲ τῷ Θαλελαίῳ οὔ. καὶ ἐδέχθη μᾶλλον ὁ Θαλέλαιος.
Da nun aber in der im Nomokanon enthaltenen Summe der
l. 1 C. cit. gesagt wird, daß die Rückforderung der gezahlten
Spielschuld διηνεκῶς καὶ πέραν τριακονταετίας stattfinde, von
einer 5 oder 50jährigen Verjährung also nicht die Rede ist,
so kann man daraus schließen, daß der im Nomokanon benutzte Codex nicht der von Anatolius gewesen ist. Indessen
ist zu bedenken, daß in der Codexbearbeitung, welche in
dem Nomokanon benutzt ist, Summen von den einzelnen Constitutionen nicht blos in dem betreffenden Titel, sondern auch
in den Paratitlen anderer Titel vorkamen, wie z. B. grade
von der l. 1 C. cit. sich auch in den Paratitlen zu lib. I
tit. 3 und 4 kurze Auszüge finden, die nicht genau oder wörtlich mit der Hauptsumme in lib. III tit. 43 stimmen. Es ist
daher wohl möglich, daß sich in den Paratitlen, etwa zu den
über die condictio indebiti oder über die Verjährung handelnden
Codextiteln, noch ein weiterer Auszug der l. 1 C. cit. befunden
hat, in welcher die in der Hauptsumme übergangene 50jährige
Verjährung hervorgehoben war. Man darf deshalb wohl annehmen, daß das Zeugniß der ῥοπαί in der That den
von D. Krüger angeführten Zeugnissen nicht entschieden ent-
gegenstehe, und kommt somit zu dem Resultate, daß der im Nomokanon benutzte Codex allerdings von Anatolius herrührt.

---

*) Die Herausgeber haben wohl mit Recht πεντηκονταετὴς corrigirt,
da auch die Vetus versio der l. 1 C. cit. die 50jährige Verjährung kennt.
Die Erklärung, welche ich in meiner Ausgabe p. 237 not. 67 vorgeschlagen,
befriedigt mich jetzt keineswegs.

Ich glaube nun aber noch einen Schritt weiter gehen und die Vermuthung äußern zu dürfen, daß auch diejenigen Bruch= stücke, welche die Appendix Eclogae und die Epitome ad Pro- chiron mutata angeblich als aus dem σύντομος κώδιξ στεφάνου ἀντικήνσορος entnommen aufführen, in der That dem Coder des Anatolius angehören, mit anderen Worten daß es eine und dieselbe Summe des Coder ist, aus welcher uns theils unter dem Namen des Stephanus theils unter dem des Anatolius Fragmente erhalten sind, und daß der Name des Stephanus auf einer ψευδεπιγραφή der als Quelle benutzten Handschriften beruht.

Liest man im Zusammenhange, was uns an Bruchstücken des Anatolius und des Stephanus erhalten ist, so erhält man den Eindruck einer gleichmäßigen Behandlung in Styl, Auf= fassungs= und Darstellungsweise, und wird somit durch innere Gründe auf die Identität beider geführt. Diese Identität erhält eine weitere Bestätigung dadurch, daß, wie Blastares nur vier griechische Bearbeitungen des Coder kennt, so auch meine Zu= sammenstellung der Bruchstücke solcher Commentare höchstens vierfache Bearbeitungen einzelner Constitutionen liefert. (Die einzige scheinbare Ausnahme bietet Cod. IV, 20, 9, wo sich sogar sechsfache Formen finden; hier stammt jedoch die eine aus den Paratitlen, die andere „ἐκ τοῦ ποιναλίου", so daß für den eigentlichen Text der Codercommentare wiederum nur vier Fassungen übrig bleiben.) Weist sonach Alles darauf hin, daß nur vier griechische Bearbeitungen des Coder existirt haben, so kann es nicht einen Stephanus neben Anatolius gegeben haben, sondern Beide müssen identisch sein. Endlich fehlt es auch nicht an directen Indicien der Identität. In der Appendix Eclogae XII steht folgende Stelle: Ἐκ τοῦ αὐτοῦ κώδικος (nach dem Vorhergehenden τοῦ κώδικος ιουστινιανοῦ στεφάνου ἀντι- κίνσορος) περὶ λεγαταρίων [βι. ς´] τί. λζ´ κεφ. ιθ´. κἂν δύο τις μῆνας συνοικήσῃ τῇ γαμετῇ κἂν ἥττονα χρόνον, μὴ διὰ τοῦτο ἀδικείσθω γράφεσθαι κληρονόμος ἢ λεγάτοις τιμᾶσθαι καὶ δωρεαῖς. In den ῥοπαί dagegen heißt es c. XIV § 13: Δύο μησὶ συνοικήσας τὶς γυναικὶ κληρονομεῖ αὐτῆς. βι. ς´ τοῦ κώδ. τί. λς´. Und dazu bemerkt ein Scholium in Cod. Paris. 1349: ὁ δὲ ἀνατόλιός φησιν, ὅτι οὐ μόνον εἰ δίμηνον συνοικήσῃ τὶς τῇ γυναικὶ τὰ καταλειφθέντα λαμβάνει, ἀλλὰ καὶ ἥττονα χρόνον. Es ist nicht zu verkennen, daß, was in der einen Stelle dem Stephanus zugeschrieben wird, in der anderen dem Anatolius vindicirt ist. Ebenso finden sich unter den von mir herausgegebenen angeblichen Bruchstücken von Stephanus mehrere, — Cod. VI, 23, 28. 25, 8. 9 — welche mit einigen ἐξελληνισμοὶ nach dem Zeugnisse des Tipucitus in den Text der Basiliken aufgenommen waren. Die Basiliken be-nutzen aber, wie oben ausgeführt ist, wohl den Anatolius, nicht aber einen Stephanus, und so erscheinen auch jene Bruchstücke, welche nach der Epitome ad Prochiron mutata von Stephanus herzurühren schienen, nach den Basiliken als dem Anatolius entnommen.

Giebt man nun aber auch die Identität der bald dem Stephanus bald dem Anatolius zugeschriebenen Summe des Codex zu, so wird man doch noch fragen, warum deren Verfasser grade Anatolius sein soll, und warum nicht ebensogut Stephanus als der wahre Verfasser betrachtet werden könne. Ich habe hierauf zu antworten, daß insbesondere die Compilatoren der Basilikenscholien denn doch wohl ein besseres und umfassenderes Handschriftenmaterial zur Hand hatten, als der Compilator der Appendix Eclogae und selbst der Epitome ad Prochiron mutata, und daß daher dem aus jenen sich ergebenden Zeugnisse für Anatolius eine größere Glaubwürdigkeit beiwohnt. Auch würde es gewiß auffallend sein, falls Stephanus wirklich den Codex bearbeitet hätte, wenn er in seinem Digestencommentare, in welchem er so oft den Codex citirt, nirgends auf seinen eigenen σύντομος κῶδιξ verwiesen hätte. Dies ist aber durchaus nicht der Fall. Er braucht bei seinen Citaten gewöhnlich die ganz unpersönliche Redensart ὡς ἀνήνεκται βιβλίῳ τοῦ κώδικος κτλ. und diejenigen Stellen des Codex, die er mehr oder weniger wörtlich anführt, weisen keineswegs auf die Benutzung einer Summe hin, sondern vielmehr darauf, daß er entweder den Codex im Original oder das πλάτος desselben vor Augen hatte. Aus allen diesen Gründen wird man bei der hier in Frage stehenden Summe, wenn man zwischen Stephanus und Anatolius als Verfassern zu wählen hat, sich nur für Letzteren entscheiden können.

Nachdem wir zu dem Resultate gelangt sind, daß in dem Nomocanon XIV titulorum und der damit in Verbindung stehenden Collectio constitutionum ecclesiasticarum die Summe des Codex von Anatolius benutzt ist, — dieselbe Summe, von welcher sich Bruchstücke unter dem falschen Namen des Antecessor Stephanus in der Appendix Eclogae und der Epitome ad Prochiron mutata finden, — ist schließlich noch der Ueberarbeitung des Photianischen Nomokanon durch Theodorus Bestes zu gedenken.

Hier finden sich zahlreiche Stellen des Codex nachgetragen, und es fragt sich, aus welchen Quellen diese Nachträge geflossen sind. D. Krüger[10]) führt als Quellen an die Basiliken (wobei wohl auch deren Scholien gemeint sind), die Collectio constitutionum ecclesiasticarum, den Index und das κατὰ πόδας des Thaleläus, und als wahrscheinliche Quelle auch den „Index des Stephanus". Ich habe hinzuzufügen, daß einige Stellen aus dem Nomocanon L titulorum entlehnt zu sein scheinen. Was aber den apokryphen Index des Stephanus betrifft, so hat sich Krüger zu seiner Vermuthung durch zwei irrige Voraussetzungen verleiten lassen. Es wird genügen, wenn ich zur Beurtheilung seiner Ausführung darauf aufmerksam mache, daß Thaleläus keineswegs durchgängig die Quelle des Basilikentextes ist, sondern daß der Text vielfach aus Isidorus, Anatolius oder Theodorus entlehnt ist[11]): sowie daß die Stellen aus Isidorus im Nomocanon L titulorum nicht immer in ihrer vollen ursprünglichen Gestalt, sondern zuweilen verstümmelt oder abgekürzt wiedergegeben sind[12]).

---

[10]) Zeitschr. f. Rechtsg. a. a. O.

[11]) Z. B. Basil. 40, 9, 3 (Cod. VIII, 2, 1) ist aus Isidorus, wie das Scholium des Isidorus zeigt; Basil. 48, 14, 1 (Cod. VII, 6) ist aus Theodorus, ebenfalls nach Ausweis des Scholiums von Theodorus; Basil. 35, 2, 1 (bei Heimb. 2, weil er als c. 1 eine Stelle restituirt, die nach Ausweis des Scholiums zu Nov. Leonis 49 gar nicht in den Basiliken gestanden hat) ist nach einer Randbemerkung im Cod. Paris 1367, aus welchem die Stelle restituirt ist, von Anatolius (Cod. VI, 23, 2). — Wenn, wie es nach Krüger's Aeußerung scheint, Heimbach in seinem im Druck befindlichen Manuale Basilicorum sich überall an die Hypothese hält, daß bei Codexstellen der Text der Basiliken aus Thaleläus sei, so wird das Manuale in dieser Beziehung leider nur mit großer Vorsicht zu benutzen sein.

[12]) Vgl. Basil. V, 1, 1 mit der aus l. 1 und 15 C. I, 2 zusammengesetzten Stelle im Nomocanon in Voelli et Justelli bibl. II p. 600. — So scheint mir auch l. 8 C. I, 5 bei Voell. II. p. 647 nur ein Auszug aus der vollständigeren Summe des Isidorus in Basil. I, 1, 27 zu sein.

II.

Nach dem Voranstehenden haben wir Kunde und Bruchstücke von vier griechischen Bearbeitungen des Codex, als deren Verfasser Thalelaeus, Isidorus, Anatolius und Theodorus genannt werden.

Isidorus, Anatolius und Thalelaeus kommen in der Inscription der c. Omnem ad Antecessores. vom J. 533 als viri illustres und antecessores vor, und zwar in der angegebenen Reihenfolge, welche durch deren Anciennetät bedingt gewesen zu sein scheint.

Jener Isidorus und Thalelaeus sind wohl die Verfasser der unter diesen Namen erwähnten Codexcommentare. Der Codex des Thaleläus verdankt seiner ganzen Anlage und Redeweise nach unstreitig einem Antecessor seine Abfassung, und Antecessoren und Rechtsgelehrte gleichen Namens werden in der Justinianeischen Zeit sonst nirgends erwähnt.

Anders verhält es sich mit Anatolius. Der Antecessor Anatolius war bei der Abfassung der Digesten betheiligt; in der c. Δέδωκεν §. 9 wird er genannt ἀνὴρ ἐκ τριγονίας σεμνῆς τοῦ παρὰ Φοίνιξιν τῶν νόμων διδασκαλείου καταβαίνων ἀναφέρει γονεῖς [13]) Λεόντιόν τε καὶ Εὐδόξιον ἄνδρας ἐπὶ νόμοις μετὰ Πατρίκιον τὸν τῆς εὐκλεοῦς μνήμης κυαιστώριον καὶ ἀντικήνσορα καὶ Λεόντιον τὸν πανεύφημον ἀπὸ ὑπάρχων ὑπάτων [14]) καὶ πατρίκιον [15]) τὸν αὐτοῦ παῖδα δικαίως τεθαυμασμένους. Dieser Anatolius kann jedoch nicht der Verfasser der Summe des Codex gewesen sein. Das läßt sich gegenüber der gemeinen und auch meiner früheren Meinung ziemlich streng beweisen. Es ist gar nicht nöthig darauf hinzuweisen, daß in dem Codex des Anatolius nichts an die Sprache der Schule und an die Urheberschaft eines Antecessors erinnert. Ebensowenig braucht ausgeführt zu werden, daß eine derartige Summa den Geboten Justinians in der c. Tanta und Δέδωκεν §. 21 nicht streng entspricht, und einem Manne, wie dem Antecessor Anatolius, der vielleicht bei der Abfassung dieser Gebote gar selbst bethei-

---

[13]) So ist wohl zu lesen statt des in der Florentina Gelesenen ΓΟΥΝ.ΙC.

[14]) Vielleicht ὑπατικόν.

[15]) Nicht Πατρίκιον als Namen, wie auch noch Mommsen herausgegeben hat. Es ist der Leontius gemeint, der in der c. Haec quae necessario §. 1 und in der c. Summa reipublicae §. 2 vorkommt.

ligt war, eben deshalb kaum zugeschrieben werden kann. Es genügt aus dem Obigen zu wiederholen, daß in den Paratitlen zu der in Frage stehenden Summa des Codex eine Novellen= sammlung, die bis zum J. 572 reicht, ja vielleicht das noch spätere Breviarium Novellarum von Athanasius benutzt ist, und daß wir daher für die Abfassung der Summa auf eine Zeit ge= führt werden, in welcher der Antecessor Anatolius schwerlich mehr als Schriftsteller gewirkt hat. Dasselbe Argument hindert uns wohl auch an den praktischen Juristen Anatolius zu denken, der in Nov. 82 c. 1 (vom J. 539) zum $\vartheta\varepsilon\tilde{\iota}o\varsigma$ $\delta\iota\varkappa\alpha\sigma\tau\dot{\eta}\varsigma$ in Konstantinopel ernannt wird, und es wird nichts übrig bleiben, als einen dritten sonst unbekannten Anatolius als Verfasser anzunehmen.

Isidorus sowohl als Thalelaeus scheinen der Phönicischen Rechtsschule angehört zu haben. Sie nehmen mit Vorliebe in Beispielen auf Beryt und die umliegenden Gebiete und Städte Bezug: sie würden, wenn sie in Konstantinopel gelebt hätten, als bedeutende Rechtslehrer gewiß bei der Abfassung der Digesten und des Codex zugezogen worden sein. Unser Anatolius da= gegen schrieb in Konstantinopel, denn er braucht in seinem Codex öfters (z. B. Cod. I, 3, 31. 32. 4, 28) den Ausdruck $\varepsilon\nu\tau\alpha\tilde{\upsilon}\vartheta\alpha$, wo er Konstantinopel bezeichnen will. Dies ist zugleich ein neuer Beweis für die eben aufgestellte Behauptung, daß er von dem apud Berutienses juris interpres gleichen Namens verschieden sei.

Von ·Theodorus ist bekannt, daß er aus Hermupolis in der Thebais gebürtig, und später $\sigma\chi o\lambda\alpha\sigma\tau\iota\varkappa\delta\varsigma$, wahrscheinlich in Konstantinopel, war. Den von ihm verfaßten $\sigma\acute{\upsilon}\nu\tau o\mu o\varsigma$ $\tau\tilde{\omega}\nu$ $\nu\varepsilon\alpha\varrho\tilde{\omega}\nu$ habe ich in meinen '$A\nu\acute{\varepsilon}\varkappa\delta o\tau\alpha$ herausgegeben, und in den Prolegomenen auch über dessen $\sigma\acute{\upsilon}\nu\tau o\mu o\varsigma$ $\tau o\tilde{\upsilon}$ $\varkappa\acute{\omega}\delta\iota\varkappa o\varsigma$ gehandelt. Er hat unter oder nach Tiberius (578—582), dessen Novellen er kennt, geschrieben, und ist mithin der Jüngste von den vier genannten Commentatoren des Codex.

Daß die Codexcommentare von Isidorus und Thalelaeus viel älter sind, als die des Anatolius oder Theodorus, ergiebt sich auch daraus, daß in denselben die zwischen 529 — 534 er= lassenen Constitutionen Justinian's als $\nu\varepsilon\alpha\varrho\alpha\grave{\iota}$ $\delta\iota\alpha\tau\acute{\alpha}\xi\varepsilon\iota\varsigma$ [16]), als

---

[16]) Basil. ed. Heimb. II p. 501, wo Cod. IV, 21, 20, und p. 502, wo Cod. VIII, 53, 35 bezeichnet werden soll.

ἐκφωνηθεῖσα ἤδη νεαρὰ διάταξις[17]), ober ſogar als τοῦ εὐσε-
βεστάτου ἡμῶν βασιλέως νομοθεσία ἐξενεχθεῖσα μετὰ τοῦτον
τὸν κώδικα[18]) bezeichnet werden, unb Citate ſpäterer Novellen
wenigſtens in ben uns erhaltenen Bruchſtücken nicht vorkommen.
Endlich bie ἑρμηνεία zu Cod. II, 7, 16[19]) — einer Conſtitution
Leo's vom J. 474 — läßt ὑπὲρ τοὺς πεντήκοντα καὶ πλέον
ἐνιαντοὺς ſeit beren Erlaß verfloſſen ſein, was uns für bas
Alter biefer Stelle auf eine Zeit etwas nach bem Jahre 524 führt.

Bei biefen Beweiſen für bas hohe Alter ber Codexcommentare bes Isidorus unb Thalelaeus brängt ſich ſogar bie Frage
auf, ob bieſelben ſich nicht vielleicht gar auf bie erſte Ausgabe
bes Codex, unb nicht auf bie zweite unb leЬte, — auf ben
Justinianeus Codex vom Jahre 529 unb nicht auf ben purgatus
et renovatus Codex vom Jahre 534 — bezogen haben. Dieſe
Frage muß jeboch verneint werben. Es ſoll zwar nicht in Ab-
rebe geſtellt werben, baß Isidorus unb Thalelaeus möglicher
Weiſe bereits ben Codex vom Jahre 529 bearbeitet haben, unb
baß aus bieſer Bearbeitung vielleicht Einiges in eine neue Bearbeitung bes Codex vom Jahre 534 übertragen ſein könnte,
was einer Abänderung nach Maßgabe bes neuen Textes beburft
hätte[20]). Allein bie uns erhaltenen Bruchſtücke ſinb ſicherlich
aus Bearbeitungen bes Codex vom Jahre 534 entlehnt. Denn
Thaleläus citirt nicht nur in ſeinen Anmerkungen als Beſtanb-
theile bes Codex Conſtitutionen, bie in bem Codex vom Jahre
529 noch gar nicht enthalten ſein konnten[21]), ſonbern er ſowohl

---

[17]) Basil. IV p. 591. Gemeint iſt Cod. VIII, 53, 34.

[18]) Basil. I p. 337. Gemeint iſt Cod. VIII, 36,13, unb banach Biener
Geſch. ber Novellen S. 57 zu berichtigen.

[19]) Basil. I p. 347.

[20]) Z. B. in Cod. II, 3, 11, wo ber purgatus Codex ein paar Worte
bes früheren Textes geſtrichen zu haben ſcheint (vgl. ben Enantiophanes
in Basil. III p. 475 schol 4 unb Epit. XI, 4). Aehnlich verhält ſich bie
Sache vielleicht bei Cod. IV, 10, 6. Auch iſt es ſehr wohl möglich, baß
Thaleläus Manches aus griechiſchen Bearbeitungen ber älteren Conſtitu-
tionenſammlungen wörtlich übernommen hat: man vergleiche, was er bei
Cod. II, 11, 4 ſagt. — Bei Cod. III, 36, 25 giebt Inbex unb κατὰ πόδας
bes Thaleläus einen ganzen Satz mehr, als ber lateiniſche handſchriftliche
Text: ein alter Scholiaſt ſcheint zu beſtätigen, baß ber Satz im Texte
(τὸ ῥητὸν) fehle.

[21]) Z. B. bie l. 34 C. de donationibus in Basil. IV p. 537.

wie Isidorus haben auch die zwischen 529—534 erlassenen Con=
stitutionen Justinian's gradezu bearbeitet [22]).

Den Codex des Isidorus halte ich für älter, als' den des
Thalelaeus. Nicht etwa deshalb, weil Isidorus, wie oben be=
merkt, ein älterer Antecessor gewesen zu° sein scheint. Sondern
ich halte es nicht für wahrscheinlich, daß eine Bearbeitung des
Codex μέσῃ τάξει noch vorgenommen worden sein würde, wenn
die· umfassendere Bearbeitung des Thaleläus bereits im Gebrauche
gewesen wäre.

Weder Isidorus noch Thalelaeus haben bei der Redaction
des Codex mitgewirkt. Sie sind aber, theils weil sie ihre Com=
mentare unmittelbar nach Publication des Codex verfaßt, theils
weil sie die Quellen des Codex oder wenigstens die Arbeiten
ihrer Vorgänger, der οἰκουμένης διδάσκαλοι [23]) Eudoxius,
Demosthenes, Domninus und Patricius über den Gregorianus, Hermogenianus und Theodosianus Codex gekannt
und benutzt haben, für die Kritik sowohl als für die Exegese des
Codex von dem allergrößten Werthe. Weniger wichtig für die
Kritik ist namentlich Theodorus. Indessen bedarf es noch einer
eingehenderen Untersuchung, ob der in Konstantinopel gangbare
Text des Codex, welchen Theodorus benutzte, nicht vielleicht in
mancherlei Lesarten abwich von den in Beryt circulirenden und
von Isidorus und Thalelaeus benutzten Handschriften [24]). Ich
glaube beobachtet zu haben, daß an einigen Stellen der Text
des Theodorus von dem der anderen Commentatoren verschieden
gewesen sein muß. Ob aber freilich deshalb von einer recensio
Constantinopolitana im Gegensatze zu einer recensio Berytiensis
gesprochen werden könne, mag hier dahingestellt bleiben.

III.

Betrachten wir nun noch die Art und Beschaffenheit der
vier griechischen Codexcommentare, deren Existenz, Verfasser und
Zeitalter wir bisher besprochen haben.

---

[22]). z. B. l. 6 — 8 C. de bonis quae liberis. l. 34—37 C. de donationibus.

[23]) Beiläufig will ich bemerken, daß die Bezeichnung ἥρως, τῆς οἰκουμένης διδάσκαλος, κοινὸς διδάσκαλος eine Art Titel ist, dessen Verleihung
ein Nachklang der Verleihung des jus respondendi gewesen zu sein scheint,
und der noch zur Zeit der Bilderstürmer im Zusammenhang mit einer
bestimmten Institution vorkommt. Cedren. ed. Paris. p. 454.

[24]) Auch auf diesem Wege könnte man die in Anm. 20 angedeuteten
kritischen Zweifel zum Theil zu lösen versuchen.

Der Codex des Isidorus bestand aus Indices (σύντομοι παραδόσεις), oder, wie die Glossatoren sagen, Summae der einzelnen Constitutionen, welche bald kürzer bald weitläufiger gefaßt, und wenigstens ursprünglich dem Texte des Codex bei der betreffenden Constitution am Rande beigeschrieben waren.[25] Zuweilen waren mit ihnen σημειώσεις verbunden d. h. Hervorhebungen wichtiger· in der Constitution enthaltener Rechtssätze; auch waren sie ab und zu von παραγραφαὶ zu einzelnen Wörtern des lateinischen Textes begleitet, welche den Sinn dieser Wörter im Griechischen zu erläutern bestimmt waren.

Die Basiliken lib. XLVII tit. 1 cap. 37—74, tit. 2 und tit. 3 cap. 45—48 haben uns in den Scholien lib. VIII tit. 53 (54) —56 (57) aus dem Codex des Isidorus fast vollständig erhalten, und dadurch die Möglichkeit gewährt, daß man sich leicht ein anschauliches Bild von der Arbeit des Isidorus verschaffen kann.

Die Summen reproduciren die in der einzelnen Constitution enthaltenen Bestimmungen bald in einem einfachen directen Satze, entweder im Präsens oder im Imperativ, bald referirend „Ἡ διάταξις βούλεται". In letzterem Falle geht dann die Summe zuweilen wieder in die directe Rede über, oder läßt den Kaiser sprechen, was nicht selten durch ein eingeschaltetes φησί vermittelt wird.

Es ist schon oben·bemerkt, daß auch in den Text der Basiliken Summen des Isidorus einige Male aufgenommen worden sind. Achtet man auf die charakteristische Ausdrucksweise des Isidorus, so ist man geneigt, noch viel häufiger eine Benutzung desselben für den Text der Basiliken anzunehmen.

Der Codex des Thalelaeus war der umfassendste griechische Commentar. Die gangbare Ansicht über die Beschaffenheit desselben ist folgende: Zu jeder Constitution giebt derselbe zuerst eine Einleitung, welche, zuweilen nach Vorausschickung einiger zum Verständniß dienenden Bemerkungen (προκανών)[26]

---

[25] Geht man nicht von dieser Annahme aus, so bleiben die παραγραφαὶ zu lateinischen Textesworten ein referens sine relato.

[26] Diesen Ausdruck gebraucht Thaleläus selbst. Vgl. z. B. Cod. II, 4, 40. In Cod. II, 4, 8 (Basil. I p. 696) ist statt des sinnlosen καὶ τούτοις μὲν ὁ πρῶτος κατὰ τὴν διάταξιν zu lesen: καὶ ἐν τούτοις μὲν ὁ προκανὼν τῆς διατάξεως. Vgl. auch Bas. LX, 68, 11 schol. 2 (Vp. 914).

eine Uebersicht des Inhalts der Constitution enthält, alsdann, wenn die Constitution eine lateinische ist, eine streng wörtliche Uebersetzung derselben. Die einleitende Uebersicht (der ἴνδιξ nach dem älteren Sprachgebrauche) wird von den späteren Griechen τὸ πλάτος genannt: die wörtliche Uebersetzung heißt τὸ κατὰ πόδας. Zum ἴνδιξ sowohl als zum κατὰ πόδας waren Anmerkungen am Rande beigegeben, zu jenem sowohl als zu diesem unter Voranstellung der commentirten griechischen oder lateinischen Worte:[27]) sie nehmen nicht blos auf das Constitutionenrecht, sondern auch auf das von Thaleläus vorher gelehrte Digestenrecht Rücksicht.[28]) Im Texte der Basiliken ist sehr regelmäßig von Thaleläus Gebrauch gemacht worden: meistentheils ist der Index (ganz oder theilweise), zuweilen aber auch das κατὰ πόδας aufgenommen, während das Uebrige in den Scholien steht.

Dies die gangbare Ansicht, der auch ich bisher gefolgt bin, obwohl sie mancherlei Zweifel ungelöst fortbestehen ließ. Neuerdings ist aber durch Pitra ein Stück des Index[29]) bekannt geworden, welches jene Ansicht wesentlich zu modificiren geeignet ist. Die betreffende Stelle (Cod. I, 3, 30) lautet: Ὁ μὲν σύντομος νοῦς τῆς διατάξεως, μηδένα ἐπὶ χρήμασι χειροτονεῖν ἢ χειροτονεῖσθαι ἐπίσκοπον, τὸν δὲ ποιοῦντα καὶ ἐκβάλλεσθαι τοῦ θρόνου καὶ ἀτιμοῦσθαι διηνεκῶς. ἐπειδὴ δὲ τὸ ῥητὸν διὰ πολλοῦ πέφρασται καὶ δυσχερές ἐστιν, ἀνάγκην ἔσχον καὶ ἐν τῷ ἴνδικι[30]) τὸ κατὰ πόδας αὐτῆς εἰπεῖν ἔχων οὕτως. Εἴ τις ἐν τῇ βασιλίδι πόλει κτλ. (Es folgt eine ziemlich, wenn auch nicht streng wörtliche Uebersetzung der l. 30 C. cit.) Wenn hier gesagt wird, daß in diesem Falle das κατὰ πόδας der Constitution auch im Index mitgetheilt werden solle, so folgt, daß außerdem noch eine wörtliche Uebersetzung derselben Constitution

---

[27]) Die Basilikenscholien reproduciren häufig diese Worte mit der Einleitung πρόσκειται εἰς τὸ πλάτος oder πρόσκειται εἰς τὸ κατὰ πόδας, worauf dann folgt καὶ φησίν ὁ Θαλέλαιος..

[28]) Dadurch unterscheidet sich Thaleläus wesentlich von Anatolius und Theodorus, die sich auf die leges beschränken und auf die jura nirgends verweisen.

[29]) Daß hier nicht etwa der Index des Isidorus vorliegt, ergiebt die Vergleichung mit der betreffenden aus diesem entlehnten Stelle im Nomocanon L titulorum.

[30]) Pitra hat ἰδίκτῳ, was jedenfalls emendirt werden mußte.

in dem vorzugsweise und eigentlich so genannten κατὰ πόδας
gestanden hat. Dies läßt sich kaum begreifen, wenn man sich
den Index und das eigentliche κατὰ πόδας als unmittelbar zusammenhängende Theile eines und desselben Werkes vorstellt:
es würde dann bei der gedachten Constitution auf das κατὰ
πόδας im Index sofort und unmittelbar noch einmal das eigentliche κατὰ πόδας gefolgt sein. Wäre, wie die bisher gangbare
Meinung annahm, das κατὰ πόδας gewissermaßen ein Anhang
oder eine Fortsetzung des Index gewesen, so bedurfte es nur
einer Verweisung auf das gleich folgende κατὰ πόδας, und es
hätte keinerlei Nothwendigkeit für den Verfasser vorgelegen, das
κατὰ πόδας auch im Index mitzutheilen. Man wird somit durch
diese Betrachtung zu der Annahme geführt, daß der Index und
das κατὰ πόδας zwei äußerlich von einander unabhängige und
nur neben einander hergehende Werke waren.

Diese Annahme wirft ein überraschendes Licht auf Mancherlei,
was nach der bisherigen Ansicht als sonderbar und unerklärlich
erscheinen mußte. Zuweilen stimmen die Anmerkungen zum
Index dem Inhalte nach mit den Anmerkungen zum κατὰ πόδας
überein: man vergleiche z. B. die παραγραφαί zu Cod. II, 3,
7. 12. 4, 1. 3. Diese Wiederholung desselben Gedankens mußte
mindestens als eine Abgeschmacktheit erscheinen, so lange man
sich den Index und das κατὰ πόδας als unmittelbar hinter-
einander stehend zu denken hatte. Es war ferner besonders auffallend, daß die als τὸ κατὰ πόδας bezeichneten oder als solche
erscheinenden Uebersetzungen bald durch eine außerordentliche
Worttreue ausgezeichnet, zuweilen aber freier gehalten waren.
Jetzt erklärt sich diese Erscheinung leicht, wenn man annimmt,
daß jene dem eigentlichen κατὰ πόδας angehörten, diese aber im
Index enthalten waren, wo sie, wie die oben erwähnte Uebersetzung der l. 30 C. I, 3, einer etwas freieren Behandlung
unterlagen.

Dieser Punkt ist besonders im Auge zu behalten bei der
Benutzung des uneigentlichen κατὰ πόδας für die Texteskritik
des Codex. Es darf dasselbe offenbar nur mit großer Vorsicht
zu diesem Zwecke gebraucht werden [31]): nur das eigentliche κατὰ
πόδας läßt einen durchaus sicheren Schluß auf den Text zu,

---

[31]) Vgl. z. B. den Index von Cod. II, 18, 21.

welchen der Uebersetzer vor Augen gehabt hat, wenn es auch nach dem oben Bemerkten immerhin noch einiger Maßen zweifelhaft bleibt, ob dies der Text der ersten oder der der zweiten Ausgabe des Codex gewesen ist.

Wenn man übrigens den Index oder das von den Späteren sogenannte πλάτος durch mehrere Titel und Bücher hindurch verfolgt, so erscheint die Ungleichartigkeit desselben auffallend. Es findet hier ein ähnliches Verhältniß statt, wie bei dem πλάτος der Digesten, welches dem Antecessor Stephanus zugeschrieben wird. Auf die möglichen Erklärungen will ich hier um so weniger eingehen als ich aufrichtig gestehen muß, daß ich eine befriedigende Lösung noch nicht gefunden habe: es mag daher genügen, daß ich hier auf eine Eigenthümlichkeit aufmerksam gemacht habe, die wohl nur gleichzeitig mit einer Untersuchung über das πλάτος der Digesten ihrer Entstehung nach wird erklärt werden können.

Was den Codex des Anatolius betrifft, so war derselbe eine einfache Summa ohne alle Anmerkungen, und wahrscheinlich von Anfang an ein selbständiges Werk; wenigstens liegt kein Grund zu der Annahme vor, daß die Summen der einzelnen Constitutionen ursprünglich an den Rand einer Handschrift des Originaltextes geschrieben gewesen seien, und die gleich zu erwähnenden Paratitla lassen eine solche Gestalt als praktisch unmöglich erscheinen.

Sind die oben ausgesprochenen Vermuthungen über den Codex des Anatolius begründet, so kann man sich sowohl aus den Bruchstücken, welche ich in meinen Ἀνέκδοτα von dem angeblichen Codex des Stephanus herausgegeben habe, als aus der Collectio constitutionum ecclesiasticarum ein deutliches Bild von der Art und Beschaffenheit dieser Codexbearbeitung machen.

Als charakteristisch würde alsdann zu betrachten sein, daß die Summen der einzelnen Constitutionen als ἑρμηνεῖαι oder κεφάλαια bezeichnet werden, während die Constitutionen selbst als διατάξεις citirt werden; hauptsächlich aber, daß regelmäßig einem jeden Titel παράτιτλα beigegeben sind, d. i. Auszüge aus Constitutionen anderer Codextitel oder aus Novellen, in welchen die in der Rubrik des betreffenden Titels bezeichnete oder in demselben behandelte Materie berührt wird, und welche sorgfältig nach der Aufeinanderfolge der excerpirten Bücher und Titel

5 *

ober Novellen unter Anführung der Zahl und Anfangsworte
bez. der Rubrik geordnet sind. Zufolge dieser Einrichtung mußte
sich in dieser Bearbeitung des Codex nicht selten von einer und
derselben Constitution mehr als ein e Summe vorfinden, einmal
als κεφάλαιον in dem betreffenden Titel, sodann ein oder meh=
rere Male in den Paratitlen anderer Titel. Und es ist dies von
Wichtigkeit bei Beurtheilung der auf uns gekommenen Bruch=
stücke griechischer Codexbearbeitungen: wenn in den oben ange=
führten Gesetz= und Rechtsbüchern, in denen sie uns erhalten
sind, mehrfache Summen einer und derselben Constitution vor=
kommen, so darf nicht gleich auf eben so viele verschiedene Codex=
bearbeitungen geschlossen werden, da möglicher Weise zwei oder
mehre dieser Summen aus dem ein en Anatolius geschöpft sein
können.

Schon oben ist bemerkt worden [32]), daß einzelne Stellen aus
Anatolius in den Text der Basiliken übergegangen sind. Möglicher
Weise ist dies bei einigen Büchern des Codex sogar in ausgedehn=
terer Maße geschehen.   So ist es gewiß auffallend, daß die Scho=
lien der Basiliken aus lib. VII Codicis in der Regel nur das
κατὰ πόδας mit seinen παραγραφαί, und nichts aus dem πλά=
τος geben: dadurch wird es zweifelhaft, ob der betreffende Text der
Basiliken daraus genommen ist. Ebenso geben die Basilikenscholien
für lib. VIII Codicis nur den Isidorus und Theodorus, aber
nichts von Thalelaeus: es ist daher unwahrscheinlich daß allein
der dazu gehörende Basilikentext aus Thalelaeus · geschöpft sei,
und es bleibt dann nur Anatolius als Quelle des Textes übrig.

Zwischen dem Codex des Isidorus und dem des Anatolius
scheint eine gewisse Verwandtschaft zu herrschen, so daß vielleicht
Anatolius bei seiner Arbeit den Isidorus vor Augen gehabt hat.
Wenn anders die Stellen aus lib. VIII Codicis im Texte der
Basiliken aus Anatolius sind, so ist ein solcher Zusammenhang
nicht zu verkennen. Auch das spricht dafür, daß bei Cod. · I, 1, 1
sowohl Isidorus als Anatolius die Worte haeretici dogmatis
infamiam sustinere so verstehen, als ob damit die Ketzer für
infames im technischen Sinne. erklärt würden, während Thale=
laeus und Theodorus einer solchen Interpretation ganz fremd sind. [33])

---

[32]) Vgl. Anm. 11.
[33]) Die betreffenden Stellen von Thalelaeus und Theodorus finden

Endlich der Codex des Theodorus ist ein σύντομος σὺν παραπομπαῖς, b. i. eine Summe mit Nebenbemerkungen aus dem Rechte des Codex und der Novellen und Verweisungen auf Parallelstellen in denselben. Die Färbung ist so eigenthümlich und so ganz gleich der des uns erhaltenen Breviarium Novellarum desselben Verfassers, daß die daraus in den Basiliken- scholien und anderen Schriften entlehnten Bruchstücke leicht erkennbar sind. Ich habe über diese Summe in meinen 'Ανέκδοτα p. XXXI—XL ausführlich gehandelt, und will das dort Gesagte hier nicht wiederholen. Die Sorgfalt, mit welcher Theodorus alle Stellen des Codex und der Novellen citirt, welche bei der Auslegung einer bestimmten Constitution zu berücksichtigen sind, machen ihn zu einem sehr nützlichen Hülfsmittel der Interpretation. Eben diese Citate sind wichtig bei der Prüfung der Integrität dessen, was uns von Constitutionen und Titeln in den einzelnen Büchern des Codex in Handschriften überliefert ist. Im Uebrigen aber gewähren die Bruchstücke aus der Summa des Theodorus für die Kritik des Codex nur geringe Ausbeute.

Ich habe nachgewiesen, daß wo die Basiliken Constitutionen des Codex geben, der Text theils aus Thalelaeus, theils aus Isidorus theils aus Anatolius theils aus Theodorus entnommen ist. Begreiflicher Weise wird dadurch die Entscheidung der Frage, welcher dieser Commentatoren im einzelnen Falle die Quelle des Basilikentextes ist, ungemein erschwert und unsicher, wo nicht die Scholien darüber bestimmten Aufschluß geben. Dies und die zahlreichen Interpolationen und ἐξελληνισμοί, welche die Quellen bei der Aufnahme in den Basilikentext erfahren haben, erheischen die größte Behutsamkeit bei der Benutzung dieses Textes für die Kritik des Codex. Auch sonst glaube ich im Obigen manchen Wink gegeben zu haben, der zur Vorsicht bei Benutzung der Byzantiner für die Kritik des Codex mahnt. Gleichwohl zweifle ich nicht, daß wir es hauptsächlich einer treuen und sorgfältigen Würdigung der Griechen zu verdanken haben werden, wenn uns die erwartete neue Ausgabe einen möglichst authentischen Text des Codex liefert.

---

sich in den Basiliken I, 1, 1, die von Isidorus im Nomoc. L titt. (Voell. II p. 645), die von Anatolius in der Coll. const. eccl. (ebenda p. 1232).

Zur Lehre von dem periculum casus bei Obligationen

von

Herrn Professor Dr. Schirmer in Königsberg.

Seit Wächters epochemachendem Aufsatze „Ueber die Frage, wer hat bei Obligationen die Gefahr zu tragen" (Arch. f. d. civ. Prax. Bd. XV. Nr. 5 u. 9) ist unsere civilistische Litteratur durch eine größere Zahl mehr oder minder umfangreicher Erör= terungen über diese Lehre bereichert, und letztere in eingehendster wenn auch vielleicht noch nicht überall völlig abschließender Weise durchgearbeitet worden.

Indessen sind es doch vornehmlich nur zwei Fälle, die dabei zur Besprechung gebracht werden: der Einfluß des zufälligen Untergangs des geschuldeten Objects auf den Fortbestand der schuldnerischen Verpflichtung, und bezüglich der zweiseitigen Obli= gationen die Untersuchung, in wie weit der Gläubiger, welcher wegen Zufalls seiner Leistungspflicht enthoben ist, nichts desto= weniger die bedungene Gegenleistung zu fordern berechtigt bleibt. Dagegen ist eine Form, in welcher das Tragen der Gefahr bei obli= gatorischen Verhältnissen ebenfalls auftreten kann, nämlich die durch den casuellen Untergang oder zufällige Beschädigung eines Ob= jects principaliter entstehende Verpflichtung zum Schadensersatze — also ähnlich wie eine solche bei Delicten durch die dolose oder culpose Vermögensbeschädigung frisch erwächst — bisher nicht in gleichem Maße von unseren Autoren berücksichtigt worden. Höchstens hat man die freiwillige Uebernahme des periculum casus etwas sorgfältiger berührt, wobei allerdings derartige Ver= hältnisse sich auch ergeben können z. B. bei einer fideiussio in- demnitatis, während andererseits — und hierauf ist man gerade vorzugsweise aufmerksam gewesen — eine Menge solcher Fälle unter diese Rubrik gehören, in denen die Ersatzpflicht bloß als Aequivalent für eine andere ursprüngliche und casuell unmöglich gewordene Leistung eintritt, z. B. das commodatum oder deposi- tum, bei welchem Depositar oder Commodatar sich anheischig gemacht haben, für den zufälligen Untergang der deponirten oder commodirten Sache einzustehen. — Fälle der ersten Art mit principaler Ersatzpflicht finden sich nun aber nicht bloß in Folge besonderer Verabredung, sondern beruhen zum Theil schon auf allgemeiner gesetzlicher Vorschrift. Mit diesen uns genauer zu beschäftigen, ist die Aufgabe dieser Zeilen. —

Es bedarf hierbei nicht erst besonderer Erwähnung, daß die sogenannte taxatio uenditionis gratia . gar nicht hierher zu ziehen ist, indem dabei von vorn herein ein genus geschuldet wird, die Zahlung der Schätzungssumme also überhaupt nicht unter den Gesichtspunkt des Schadenersatzes gebracht werden darf; ebenso wenig die Verabredung, daß entweder die taxatio oder die Sachen in natura geleistet werden sollen, weil hier die erstere doch wieder als Aequivalent für eine andere Leistung fungiren würde, ganz abgesehen davon, daß eine solche Taxation meist Sache freier Vereinbarung ist. Indessen werden wir auch derartige Erscheinungen ab und zu in unsere Erörterung hineinziehen müssen, um die Richtigkeit der von uns gefundenen allgemeineren Grundsätze auch an ihnen zu prüfen. —

Von den in den Kreis unserer Darstellung gehörenden Pandectenstellen ist meines Wissens in neuerer Zeit nur eine bemerkt und in einschlagender Richtung besprochen worden. Die

L. 52 §. 4 D. pro soc. 17. 2. Quidam sagariam negotiationem coïerunt: alter ex his ad merces comparandas profectus in latrones incidit, suamque pecuniam perdidit, serui eius uulnerati sunt, resque proprias perdidit. Dicit Julianus, damnum esse commune ideoque actione pro socio damni partem dimidiam agnoscere debere tam pecuniae quam rerum caeterarum, quas secum non tulisset socius, nisi ad merces communi nomine comparandas proficisceretur. Sed et si quid in medicos impensum est, pro parte socium agnoscere debere, rectissime Julianus probat. (Ulp. Lib. 31 ad Ed.)

Im Gegensatze zu §. 3 eod. wo von zufälligem Schaden an Societätsgut die Rede ist, handelt §. 4 von casueller Vernichtung und Beschädigung eigener Sachen eines Gesellschafters, soweit dieselbe sich mit genügender Sicherheit als Folge des Societätsverhältnisses erkennen läßt. Daher die Betonung der Eigenangehörigkeit dieser Objecte (suamque pecuniam-serui eius-resque proprias). Es ist ganz verkehrt, wenn Guyet (Abh. p. 236 ff.) das suamque vor pecuniam streichen will, weil der pecunia die res propriae gegenübergestellt würden, jene also

nothwendig non propria sei. Ein Blick auf die Structur des
gesammten Fragmentes genügt, um die Unrichtigkeit der Guyet=
schen Auffassung darzuthun. Ebenso entscheiden die Byzantinischen
Quellen dawider; wo überall (Basil XII. c. 1. 50. ed. Heimbach
Tom. I. p. 752. 753. Epanagog. XXVI. c. 11. ed. Zachariae
p. 157. Prochir. XIX. c. 15) das Geld ausdrücklich als ἴδια
χρήματα, οἰκεῖα χρήματα bezeichnet wird. Ja, wollte man
schließlich unter dem Gelde dennoch bereits gemeinschaftlich ge=
wordenes verstehen, so bliebe das für unser letztes Resultat doch
gleichgültig. Die Entscheidung unseres Fragmentes bezöge sich
dann gleichmäßig auf den am Gesellschaftsvermögen, wie an eige=
nen Sachen des Gesellschafters eingetretenen casuellen Schaden;
denn daß die Sklaven und die übrigen Sachen jedenfalls nicht
Societätsgut sind, wird auch von Guyet eingeräumt. Immer
also erhalten wir aus unserer L. 52 §. 4 cit. den Satz, daß
das Gesellschaftsvermögen für den zufälligen Schaden auf=
kommen muß, den einer der Gesellschafter am eignen Vermögen
jedoch in Veranlassung des Societätsverhältnisses erlitten hat.
— Freilich waren die Römischen Juristen über diesen Punkt
keineswegs einer und derselben Ansicht.

> L. 60 §. 1. pro soc. 17. 2. Socius, cum resisteret
> communibus seruis uenalibus ad fugam erumpentibus,
> uulneratus est. Impensam, quam in curando se
> fecerit, non consecuturum pro socio actione, Labeo
> ait, quia id non in societatem, quamuis propter
> societatem impensum sit — (Pompon. Lib. 13 ad Sabin.).

Labeo widerspricht hier direct dem von Julian und Ul=
pian aufgestellten Princip. Von Justinian aber wird das letztere
als maßgebend anerkannt, wie nicht bloß die L. 52 §. 4 cit. sondern
noch zweifelloser die Hinzufügung der L. 61 D. eod. bekundet.

> Secundum Julianum tamen et quod medicis pro se
> datum est, recipere potest. Quod uerum est. (Vlp.
> Lib. 31 ad Ed.).

So faßt auch Gesterding (Irrthüm. p. 291 ff.) das gegen=
seitige Verhältniß dieser Fragmente auf. Etwas anders die By=
zantiner. Sie sehen (vgl. das Scholion des Stephanus zu
L. 60 §. 1. cit. Bas. XII. 1. 58. ed. Heimbach Tom. 1.
p. 764 Nr. 7.) die Rectification des Labeo durch Julian we=
nigstens im Sinne der Justinianischen Compilation darin, daß

die Kurkosten in der That ein in societatem, nicht bloß propter societatem impensum seien. Ein Ausweg, der der L. 52. §. 4 D. cit. gegenüber als durchaus impracticabel erscheinen muß. Auch werden die Byzantiner zu ihrer Auslegung ersichtlich nur durch die, an sich auch ganz richtige, Erwägung getrieben, daß die Aufnahme der L. 60 §. 1. D. cit. in die Pandekten sicher nicht bloß zu dem Zwecke geschehen ist, um Labeo durch Julian widerlegen zu lassen, sondern daß ihr zugleich eine selbständige positive Bedeutung zukommt. Jedoch hat man diese nicht in der Bestätigung, des von Labeo aufgestellten Princips, welches sich, wie gesagt, mit L. 52. §. 4 cit. in keiner Weise verträgt, sondern in den casuistischen Entscheidungen am Schlusse des Fragmentes zu suchen.

sicuti si propter societatem eum heredem quis instituere desiisset, aut legatum praetermisisset, aut patrimonium suum negligentius administrasset; nam nec compendium, quod propter societatem ei contigisset, ueniret in medium, ueluti si propter societatem fuisset heres institutus, aut quid ei donatum esset.

So augenscheinlich nun auch Justinian der Meinung Labeos in Bezug auf die hier zusammengestellten Beispiele beitritt, so schwierig dürfte es werden, dieselben auf eine einheitliche Entscheidungsnorm zurückzuführen. Man könnte den Unterschied von lucrum cessans und damnum emergens dabei für maßgebend ansehen, und hinsichtlich des letzteren eine durchgehende Ersatzpflicht statuiren wollen; allein der Fall „si patrimonium suum negligentius administrasset" begreift doch wie den entgangenen Gewinn, so auch den positiven Schaden unter sich. Dieser wird demnach keineswegs überall erstattet. Freilich ließe sich dieser Einwand vielleicht noch dadurch beseitigen, daß bei jeder unzulänglichen Vermögensverwaltung eine subjective culpa des socius vorausgesetzt werden müsse, ein casueller Schade hier also gar nicht in Rede stehe. Aber auch bei dieser Annahme würden sich die einzelnen Entscheidungen unseres Fragmentes immer nicht unter einen gemeinsamen, für das Justinianische Recht haltbaren Gesichtspunct bringen lassen. Wir werden eher zu einem greifbaren Resultate für das Pandectenrecht gelangen, wenn wir umgekehrt von den Umständen ausgehen, unter denen der Kaiser die Entschädigungspflicht der

Societät für zufällige Verluste zweifellos statuirt. Es handelt sich nun dabei durchweg bloß um casuelle Sach= und Körper=beschädigungen und Sachverluste von denen einer der socii prop-ter societatem betroffen wird. Da hier ein der Societät durch=aus eigenthümlicher Grundsatz in Frage steht, so wird man wohl thun, die Julianische Meinung, wenigstens soweit sie als in den Digesten recipirt gelten soll, über die angegebenen Grenzen nicht auszudehnen.

Es machen nämlich schon die Byzantiner (Schol. Basil. XII. 1. 50. ed. Heimbach·Tom. I. p. 753 Nro. 13 darauf auf=merksam, daß für andere Contractsverhältnisse, namentlich für das Mandat jede analoge Ersatzpflicht in den Pandecten verworfen wird.

> L. 26 §. 6 D. mand. 17. 1. Non omnia, quae im-pensurus non fuit, mandatori imputabit, ueluti quod' spoliatus sit a latronibus, aut naufragio res amiserit, uel languore suo suorumque apprehen-sus quaedam erogauerit; nam haec magis casibus quam mandato imputari oportet. (Paull. Lib. 32 ad Ed.)

Und ähnlich bei dem Depositum, Commodatum, dem Faust=pfand, der Miethe.

> L. 31. D. de pign. act. 13. 7. Si seruus pignori datus creditori furtum faciat, liberum est debitori seruum pro noxae deditione relinquere. Quodsi sciens furem pignori mihi dederit, etsi paratus fuerit, pro noxae dedito apud me relinquere nihilominus habi-turum me pigneraticiam actionem, ut indemnem me praestet. Eadem seruanda esse, Julianus ait, etiam cum depositus uel commodatus' seruus fur-tum faciat. (African. Lib. 8. Quaest.)
>
> L. 22. D commod. 13, 6. Si seruus, quem tibi commo-dauerim, furtum fecerit, utrum sufficiat contraria com-modati actio, quemadmodum competit, si quid in cura-tionem serui impendisti, an furti agendum sit, quaeri-tur. Et furti quidem noxalem habere, qui commodatum rogauit, procul dubio est; contraria autem commodati tunc eum teneri, cum sciens, talem esse seruum, ignoranti commodauit. (Paull. Lib. 22 ad Ed.)
>
> L. 45. §. 1 D. locat. 19. 2. Si hominem tibi lo-

cauero, ut habeas in taberna, et is furtum fecerit,
dubitari potest, utrum ex conducto actio sufficiat, quasi
longe sit a bona fide actum, ut quid patiaris detrimenti
per eam rem, quam conduxisti, an adhuc dicendum
sit, extra causam conductionis esse furti crimen,
et in propriam persecutionem cadere hoc delictum?
Quod magis est. (Paull. Lib. 22. ad Ed.)

Hiernach soll der von einem verpfändeten, deponirten, geliehenen,
gemietheten Sklaven wider den Pfandgläubiger u. s. w. begangene
Diebstahl diesem niemals einen Ersatzanspruch aus dem Contracte
geben, sondern einzig die von dem Obligationsverhältnisse ganz
unabhängige Noxalklage begründet sein, sofern sich nicht etwa ein
Verschulden des Deponenten u. s. w. nachweisen läßt. Also kein
Ersatz für casuellen Sachverlust. Oder wäre der Grund für
den Ausschluß der Ersatzpflicht vielleicht bloß in der Annahme
zu suchen, daß der Diebstahl nicht ohne Schuld des Bestohlenen
möglich sei, in Wahrheit ein rein zufälliger Schade hier mithin
doch nicht vorliege. Man könnte zur Unterstützung dieser Auffassung allenfalls noch L. 52 §. 3 D. pro soc. 17. 2. in ihrem
Schlußsatze geltend machen. Indessen die Voraussetzung einer
eigenen culpa des Bestohlenen ist doch bekanntlich in unseren
Quellen keinesweges eine durchgehende; es wird vielmehr häufig
genug das Vorkommen eines Diebstahls auch ohne solche ausdrücklich anerkannt. Und daß bei der vorliegenden Frage von
einer derartigen Supposition nicht ausgegangen wird, ergiebt die
Argumentation der Juristen in obigen Stellen. Zieht man das
eigne Verschulden des Bestohlenen als Motiv der Entscheidung
heran, so stellt man sich damit für die Beurtheilung des gesammten Rechtsfalles auf den Boden des bestehenden Contracts-
verhältnisses. Gerade umgekehrt sehen unsere Juristen nach Inhalt der mitgetheilten Fragmente von diesem gänzlich ab, sofern
nicht ein Versehen des Gegners unterläuft: extra causam conductionis esse furti crimen cet. Wir gewinnen demnach aus
jenen Zeugnissen wirklich die Norm, daß bei den genannten
Contracten ein zufälliger, aber in Folge der betreffenden Verträge veranlaßter Sachverlust dem Beschädigten nicht ersetzt zu
werden braucht; daß die Ersatzpflicht bei der Societät also eine
singuläre und deshalb strict zu interpretirende Erscheinung ist. —

Ja, man muß sogar zweifelhaft werden, ob die Grenzen

für diese Ersatzpflicht nicht vielleicht doch noch enger zu stecken
sind, als-es oben geschehen ist, wenn man auf Stellen stößt
wie die

> L. 58 §. 1 D. pro soc. 17. 2. Item Celsus tractat, si pe-
> cuniam contulissemus ad mercem emendam et mea
> pecunia perisset, cui perierit ea? Et ait, si post
> collationem euenit, ut pecunia periret, quod non
> fieret, nisi societas coita esset, utrique perire, utputa
> si pecunia, cum peregre portaretur ad mercem emen-
> dam, periit; si uero ante collationem, posteaquam
> eam destinasses, tunc perierit, nihil eo nomine con-
> sequeris, inquit, quia non societati periit (Ulp. Lib.
> 31 ad Ed.)

Hier widerspricht nämlich die Entscheidung der zweiten Alternative „si uero ante collationem“ direct der in L. 52. §. 4 D.
eod. gegebenen, sofern man den Zwischensatz „quod non fieret,
nisi societas coita esset,“ ebenfalls zum Thatbestande dieser
zweiten Alternative rechnet. Um eine solche Antinomie zu vermeiden wird man dieß eben nicht thun dürfen und im Sinne der
Compilatoren die Schlußworte bloß dahin zu verstehen haben,
daß ein zufälliger Schade, der die Objecte der Collation getroffen
hat, vor derselben regelmäßig von dem collationspflichtigen socius
nach derselben von der Societät zu tragen ist. Allerdings wird
bei dieser Auslegung der Zwischensatz „quod non fieret“ ziemlich
müßig; die Compilatoren hätten besser gethan, ihn völlig zu entfernen.
Denn ihn von jedem zufälligen Verluste zu interpretiren, während dort doch bloß von dem Zufall die Rede ist, der auf die
Societät als seine Veranlassung zurückgeführt werden kann, thut
den Worten doch entschieden Zwang an. Indessen ähnliche und
schlimmere Bedenken bleiben auch bei jedem anderen Erklärungs-
versuche übrig. Dieß gilt namentlich von dem Wächters (a. a.
O. p. 208) und F. Mommsens (Beitr. I. p. 412 ff.) Beide
nehmen an, daß hier das conferirte Geld durch die Collation
gar nicht gemeinschaftlich geworden sei, und ziehen daraus den
weiteren Schluß, daß, wäre der Verlust auch unabhängig von der
Societät eingetreten, derselbe nicht würde gemeinsam zu tragen gewesen sein. Bei dieser Auffassung muß es nun vor Allem auffallen,
daß der Punkt, auf den Alles ankommt, Collation ohne Eigenthums-
übergang, nicht deutlicher hervorgehoben ist. Denn dieß aus dem

Ausdruck „mea pecunia" herauszulesen, rechtfertigt sich gewiß
nicht, wenn man Stellen daneben hält wie Gai. II § 79 u. A.
wo „mea lana" u. s. w. auch nicht die Stoffe bezeichnet, die
jetzt mein sind, sondern die, die vor der Verarbeitung mein
waren. Der von Celsus klar hingestellte Entscheidungsgrund
für den zweiten Fall ist nun doch der „quia non societati
periit." Das heißt aber doch, hier trägt jeder Gesellschafter die
Gefahr für seine Einlage, weil diese nicht Societätsgut ist, und
legt so das argumentum a contrario nahe, im ersten Falle steht
das Geld auf gemeinsames Risico, weil es schon zum Societäts=
gut gehört. Dazu kommt, daß es ohne diese Rückbeziehung des
Entscheidungsgrundes für die erste Alternative an solchem gänz=
lich fehlen würde. Worin soll endlich die Grenze zwischen con=
ferre und destinare bestehen, von der ja die gerade entgegen=
gesetzten Wirkungen abhängig gemacht werden, wenn nicht eben
in dem durch jenes, nicht aber durch dieses bewirkten Eigen=
thumsübergange. — Wie man nun aber auch im Zusammen=
hange des Digestenrechtes die L. 58 §. 1 cit. wenden und deuten
mag, um zu einem leiblich annehmbaren Ergebnisse zu gelangen,
ihr volles Verständniß erhalten wir erst, wenn wir sie mit L. 52
§. 4 L. 60 §. 1 L. 61 D. unseres Titels in Verbindung bringen
und rein historisch auslegen. Celsus bestreitet die Meinung
Julians. Nicht der Sachverlust, der propter societatem den
einzelnen Gesellschafter getroffen hat, sondern nur der, welcher
das gemeinsame Gut berührt, ist auch gemeinsam zu tragen.

So finden wir also selbst bezüglich der Societät eine zweifel=
lose Controverse unter den classischen Juristen; auf der einen
Seite Labeo und Celsus sowie Paullus, auf der andern
Julian mit Ulpian. Aber auch hinsichtlich der sonstigen Ver=
träge herrscht keineswegs Einstimmigkeit unter ihnen über unsere
Frage. Wir haben schon eine Anzahl von Belagstellen dafür
beigebracht, daß im Justinianischen Rechte von einer Ausdehnung
der Julianischen Regel über den Gesellschaftsvertrag hinaus nicht
die Rede sein könne. Dieselben rühren von Paullus und
Africanus her; aber der erstere giebt es schon einfach zu, daß
seine Entscheidung keine absolut sichere, unanfechtbare sei, daß
andere anderer Ansicht folgen. (L. 45. § 1 d. loc. — dubitari potest —
quod magis est L. 22 D. commod. — quaeritur). Die Digesten bieten
uns auch noch directere Zeugnisse für die Meinungen der Gegner.

L. 26 §. 7 D. mand. 17, 1. Sed cum seruus, quem
mandatu meo emeras, furtum tibi fecisset, Neratius
ait, mandati actione te consecuturum, ut seruus tibi
noxae dedatur, si tamen sine culpa tua id acciderit.
Quodsi ego sciissem, talem esse seruum, nec prae-
dixissem, ut possis praecauere, tunc, quanti tua
intersit, tantum tibi praestari oportet. (Paull. Lib. 32
ad Ed.)
L. 61 § 1 D. de furt. 47, 2. His etiam illud con-
sequens esse ait, ut et si is seruus, quem mihi
pignori dederis, furtum mihi fecerit, agendo contraria
pigneraticia consequar, uti similiter aut damnum
decidas, aut pro noxae deditione hominem reliuquas.
(African. Lib. 8 Quaest.)

Hier also gestehen Neratius und Africanus die actio mandati
und pigueraticia contraria dem bestohlenen Manbatar und
Pfandgläubiger wenigstens in so weit zu, daß er auf Schabensersatz ober noxale Hingabe klagen kann auch ba, wo der Manbant
ober Schulbner um die biebischen Gewohnheiten des Sklaven
nicht wußte. Ganz anders lautet die L. 45 § 1 D. loc. „extra
causam conductionis esse furti crimen, et in propriam persecutionem cadere hoc delictum.“ Die Contractsklage soll
barnach also gar nicht Statt haben. Für das justinianische Recht
ist biese Differenz freilich nur noch von untergeordneter prac-
tischer Bedeutung, da bieselbe hauptsächlich, aber freilich nicht
ausschließlich, in der verschiedenen formalen Gestalt der Klagen
hervortrat. Denn während bei der Noxalklage der Anspruch auf
noxae datio das Principale, die Leistung des Schabensersatzes
bloß das mit Rücksicht auf bie bona fides gestattete Eventuelle
ist, so geht bie actio contraria gerabe umgekehrt in erster Linie
auf Schabensersatz, und die Beschränkung des klägerischen Anspruchs auf bie noxale Hingabe des Sklaven erscheint lediglich
aus Billigkeitsrücksichten von den Noxalklagen auf bie actio contraria übertragen. Es ist zweitens der mit der contraria vor-
gehende Manbatar u. f. w. wie auch Paullus bieß selbst in
der L. 26 §. 7 cit. hervorhebt, nur dann in der Lage bieselbe
mit Erfolg durchzuführen, wenn ihm bei bem Diebstahl keine
Nachlässigkeit zur Last fällt, wogegen bie Noxalklage einfach bie
Verübung bes Delicts, ohne alle Rücksicht auf eine etwaige culpa

des Beschädigten voraussetzt. So ist freilich die Contractsklage hier auch aus practischen Gründen nicht eben sehr vortheilhaft, und die Frage des Paullus in L. 22 D. commod. 13, 6 „utrum sufficiat contraria commodati actio", eine sehr wohl motivirte. Dagegen könnte wohl die Frage aufgeworfen werden, ob nicht vielleicht die Bürgschaftsnatur des mandatum qualificatum d. h. die nicht erst von dem Nachweis irgend einer culpa abhängige Haftpflicht des Mandanten für Schadensersatz auf die Julianische Anschauung zurückzuführen sei. Dieß muß indessen entschieden geläugnet werden. Auch solche Juristen, die wie Ulpian Julians Meinung näher stehen, begründen die Haftpflicht des Mandanten durch Hinweis auf die ausdrückliche, oder mindestens nach der Natur des ganzen Geschäftes selbstverständliche Uebernahme der Gefahr für das aufgetragene Creditgeben. L. 12 §. 13. 14 D. mand. 17, 1. Unterholzner Schuldverhältnisse Bd. II. §. 760 p. 836.

Mag daher auch die in den Instituten §. 6 mand. III. 26 enthaltene Aeußerung des Sabinus über das mandatum qualificatum

> „obligatorium esse hoc casu mandatum, quia non
> aliter Titio credidisses, quam si tibi mandatum esset,"
> (vgl. noch L. 6 §. 5 D. mand. Vlp.)

auf unsere Regel hindeuten, nach der auch bei dem Mandate aller durch dasselbe veranlaßte, wenn auch nicht durch Versehen des Mandanten herbeigeführte Schade von diesem zu ersetzen sei, mag auch die Polemik des Paullus (vgl. Girtanner Bürgsch. §. 16 p. 63)

> L. 71 §. 2 D. de fidej. 46, 1. Placet mandatorem
> teneri, etiamsi foeneraturo creditori mandet pecuniam
> credere (Paull. Lib. 4 Quaest.)

eben darauf zu beziehen sein, zur ausschließlich herrschenden ist diese Auffassung jedenfalls nie geworden. — Und man mußte um so mehr geneigt sein, die hier durch das practische Bedürfniß so unabweislich geforderte Haftpflicht des Mandanten auf andere Weise zu begründen, wie Sabinus dieß versucht hatte, als einestheils dieser Versuch nur für eine verhältnißmäßig geringe Zahl von Fällen wirklich Hülfe zu schaffen im Stande war, und anderntheils das ganze Princip, von dem Sabinus ausgieng,

ein wie wir sehen, so sehr bestrittenes war. — In dieser Beziehung ist besonders lehrreich:

L. 61 §. 5 D. de furt. 47, 2.   Quod uero ad mandati
actionem attinet, dubitare se ait, num aeque dicendum
sit, omnimodo damnum praestari debere.   Et quidem
hoc amplius quam in superioribus causis seruandum,
ut etiamsi ignorauerit is, qui certum hominem emi
mandauerit, furem esse, nihilominus tamen damnum
decidere cogatur.   Iustissime enim procuratorem
allegare, non fuisse se id damnum passurum, si id
mandatum non suscepisset.   Idque euidentius in causa
depositi apparere.   Nam licet alioquin aequum uidea-
tur, non oportere cuiquam plus damni per seruum
euenire, quam quanti ipse seruus sit, multo tamen
aequius esse, nemini officium suum, quod eius, cum
quo contraxerit, non etiam sui commodi causa sus-
ceperit, damnosum esse.

Es ist hier von Africanus mit aller wünschenswerthen Entschiedenheit die Regel aufgestellt, daß bei denjenigen bonae fidei
negotia, welche lediglich im Interesse des einen Theils eingegangen werden, dieser Theil auch dem andern den zufälligen
Schaden zu ersetzen hat, der auf das Geschäft als seine thatsächliche Veranlassung mit Sicherheit zurückgeführt werden kann.
(Vgl. auch Unterholzner Schuldverh. Bd. II. § 621 Anm. h.)
Diese Regel wird auch im Folgenden von dem Juristen keineswegs zurückgenommen.   Die Worte

Et sicut in superioribus contractibus uenditione,
locatione, pignore dolum eius, qui sciens reticuerit,
puniendum esse dictum sit, ita in his culpam eorum,
quorum causa contrahatur, ipsis potius damnosam
esse debere.   Nam certe mandantis culpam esse, qui
talem seruum emi sibi mandauerit, et similiter ejus,
qui deponat, quod non fuerit diligentior circa mo-
nendum, qualem seruum deponeret. ·(African. Lib. 8
Quaest.)

haben wir nur als einen Versuch aufzufassen, die specielle eben
gegebene Entscheidung auch von einem ganz abweichenden Gesichtspunkte noch als wohl motivirt zu rechtfertigen, und vermuthlich
sind einzelne Sätze, die diesen bloß eventuellen Character der

gegebenen Ausführung ersichtlicher hervortreten ließen, von den
Compilatoren eben deshalb gestrichen worden. Africanus hebt
hier gegenüber der herkömmlichen Unterscheidung des Contrahenten,
der um die diebischen Gewohnheiten des Sklaven wußte, und
desjenigen, der sie nicht kannte, und dem man deshalb gemeinig=
lich keinerlei Verschulden, also auch keine Ersatzpflicht beimaß, es
hervor, wie auch eine solche Ignoranz auf culpa beruhen könne.
Freilich wäre es wieder zu weit gegangen, wollte man hier den
Wortlaut der Stelle pressen, und ausnahmslos die Unkenntniß
des Mandanten u f. w. für eine verschuldete erklären, geradeso
wie auch die unterlassene Warnung des Wissenden nicht immer
eigentlicher dolus, oder auch nur culpa lata sein wird, sondern
unter Umständen sich als bloße culpa leuis characterisiren dürfte.
Es handelt sich hierbei vielmehr nur um das, was man als
Regel zu präsumiren habe, und da wollte es Africanus als
solche nicht gelten lassen, daß ohne Kenntniß um die Delicts=
neigungen des Sklaven ordentlicher Weise auch kein Verschulden
des Contrahenten angenommen werden dürfe. Mit diesem Satze
stützt er dann seine Entscheidung, zu der er ursprünglich von
ganz anderen Prämissen aus gekommen war. Bei dieser Natur
der lediglich ad hoc unternommenen ganzen Argumentation
unseres Juristen darf man daraus auch nicht weitergehende
Schlußfolgerungen ziehen, wie dieß namentlich F. Mommsen
Beitr. Bd. III. p. 369 f. thut. — So sehe ich ferner keinen
eigentlichen Widerspruch zwischen unserem Fragmente und L. 26
§. 7 D. mand. 17, 1. Letztere ist auf solche Fälle zu beziehen,
wo sich dem Mandanten kein Versehen dem Beauftragten gegen=
über nachweisen läßt. Aehnlich steht es mit der L. 31 D. de
pign. act. 13, 7, nur daß Julian, dessen Meinungen ja übri=
gens Africanus in seinen Quästionen vorträgt (Mommsen
Zeitschr. f. RG. Bd. IX. p. 93) seine Grundsätze bezüglich der
Ersatzpflicht für casuellen Schaden hinsichtlich des deponirten
Sklaven nicht geltend macht, wie er ja auch in L. 61 §. 5 D.
de furt. 47, 2 die Frage für eine disputable erklärt namentlich
im Hinblick auf das hier eingreifende ganz concrete Princip
„non oportere cuiquam per seruum plus damni euenire,
quam quanti ipse seruus sit."
Von dem in L. 61 §. 5 D. de furt. 47, 2 entwickelten all=
gemeinen Theoreme des Africanus wird anscheinend noch eine

specielle, in die Justinianische Compilation recipirte Anwendung gemacht bei der Hingabe eines Gegenstandes, um diesen in Geld umzusetzen und letzteres als Darlehn zu behalten, resp. an den Eigenthümer des veräußerten Objectes abzuführen.

L. 11 D. R. C. 12, 1. Rogasti me, ut tibi pecuniam crederem; ego cum non haberem, lancem tibi dedi uel massam auri, ut eam uenderes et nummis utereris; si uendideris, puto mutuam pecuniam factam. Quodsi lancem uel massam sine culpa tua perdideris, priusquam uenderes, utrum mihi an tibi perierit, quaestionis est. Mihi uidetur Neruae distinctio uerissima existimantis multum interesse, uenalem habui hanc lancem uel massam necne, ut si uenalem habui, mihi perierit, quemadmodum si alii dedissem uendendam. Quodsi non fui proposito hoc, ut uenderem, sed haec fuit causa uendendi, ut tu utereris, tibi eam perisse, et maxime si sine usuris credidi. (Vlp. Lib. 26 ad Ed.)

L. 17 §. 1 D. de praescr. uerb. 19, 5. Si margarita aestimata tibi dedero, ut aut eadem mihi adferres, aut pretium eorum, deinde haec perierint ante uenditionem, cuius periculum sit? Et ait Labeo, quod et Pomponius scripsit, si quidem ego te uenditor rogaui, meum esse periculum; si tu me, tuum; si neuter nostrum, sed duntaxat consensimus, teneri te hactenus, ut dolum et culpam mihi praestes (Vlp. Lib. 28 ad Ed.)

Paull. R. S. II. 4 §. 4.

Sehen wir jedoch genauer zu, so handelt es sich hier um die Interpretation einer von den Parteien getroffenen Vereinbarung, welche buchstäblich genommen dem Empfänger des zu veräußernden Objectes auf alle Fälle die Haftung für die Gefahr auferlegt. Diese strenge Auslegung soll nun aber bloß da Platz greifen, wo das ganze Geschäft im Interesse des Empfängers abgeschlossen ist. Die Rücksicht auf dieß Interesse dient hier also nicht wie bei den früher besprochenen Contracten dazu, die Haftpflicht für casuellen Schaden selbständig zu begründen, sondern bloß die dem Wortlaute der Parteienberedung nach übernommene nicht durch beschränkende Deutung auszuschließen.

Ueberblicken wir nunmehr das über unsere Frage in den Digesten befindliche Material, so haben wir an die Spitze den Satz des Africanus, resp. des Julian zu stellen, wonach bei allen bonae fidei negotia, die lediglich wie Depositum, Mandat u. s. w. zu Gunsten der einen Partei eingegangen werden, der dem anderen Theile aus Veranlassung dieses Contractes erwachsene zufällige Nachtheil von jener zu ersetzen ist. Bestand der Nachtheil in einem Diebstahl von Seiten des deponirten, auf Mandat gekauften Sklaven, so trat hier noch der besondere Zweifelsgrund entgegen, daß eine Sklave seinen Herrn durch Delict regelmäßig nicht über die noxae deditio hinaus verpflichtet; aber auch dieser Einwand wird von Africanus in L. 61 §. 5 D. de furt. 47. 2. entschieden zurückgewiesen. Specielle Anwendung wird von dem allgemeinen Princip des Africanus auf die Societät gemacht. Wie der Mandatar, Depositar lediglich im Interesse des Auftraggebers oder Deponenten thätig wird und deshalb Anspruch auf Ersatz der durch das Geschäft ihm zugefügten casuellen Schadens hat, so muß dieser bei der Gesellschaft, wo jeder Gesellschafter im Interesse der Societät arbeitet, auch von letzterer d. h. gemeinschaftlich getragen werden. Bei solchen bonae fidei negotia dagegen, bei denen jede Partei ihr eigenes Interesse verfolgt, wird die Contractsklage wegen zufälligen Schadens dem Beschädigten nur insoweit zugestanden, als ihm auch anderweitige Rechtsmittel, namentlich die Noxalklagen in gleicher Richtung zu Gebote stehen. — Die Juristen, welche diese Theorie vortragen sind außer den schon genannten Julian und Africanus noch Sabinus, Neratius und Ulpian. Auf der Gegenseite stehen und verwerfen das Africanische Prinzip mit allen Consequenzen: Labeo, Celsus und Paullus. Zweifelhaft ist die Stellung des Pomponius in L. 60 §. 1 D. pro soc. 17. 2. — Wir werden demnach kaum fehlgehen, wenn wir annehmen, daß wir es hier mit einer Schulcontroverse der Römischen Juristen zu thun haben, bei der freilich Neratius seinen proculeanischen Standpunkt nicht streng gewahrt hat.

Ein Magdeburger Schöffenbrief für Krakau.

Von

Herrn Professor Dr. O. Stobbe in Breslau.

Mein verehrter Kollege, Herr Professor Dr. Grünhagen, hatte vor einiger Zeit die Güte, als er die Schätze des Domarchivs zu Gnesen untersuchte, einen dort im Original befindlichen Magdeburger Schöffenbrief in einer Krakauer Angelegenheit für mich abzuschreiben, welchen ich mit einigen Bemerkungen hier folgen lasse.

Die Schriftzüge gehören dem 15. Jahrhundert an; eine Jahrzahl ist nicht angeben, von dem Siegel erkennt man nur noch die Stelle, wo es auf dem Pergament aufgedrückt war. Die Anfragen der Krakauer zerfallen in zwei Theile, zwischen denen ein ziemlicher Raum leer gelassen war; auf denselben haben die Magdeburger ihre Antwort auf die ersten Fragen eingetragen, während sie die Antwort auf den zweiten Theil der Fragen hinter denselben geschrieben haben.

Bei dem Mangel von — mir wenigstens zugänglichen — Untersuchungen über die Stadtgeschichte, über die Verfassung und besonders die Gerichtsorganisation von Krakau ist es mir nicht möglich gewesen, alle einzelnen in der Urkunde berichteten Verhältnisse in ihr rechtes Licht zu stellen; dies muß ich denen überlassen, welche eine genügendere Kenntniß der Polnischen Rechtsgeschichte besitzen. Aber das Alter des Schöffenbriefes läßt sich annähernd bestimmen. Einen Anhalt bietet die auf der Außenseite der Urkunde befindliche, jetzt zum Theil unleserliche Adresse:

Den erbarn wisen luden Joh. in Bonafide Nicolao
B(?)olcze u . . . . . . Falkenberg Ratmannen czu Cracow
unsern liben vrunden.

Durch die Güte meines Kollegen Röpell bin ich auf ein Verzeichniß Krakauer Rathmannen aufmerksam geworden, welches sich für die Jahre 1395 bis 1405 in Grabowski skarbniczka naszej archeologji. Lipsk. 1854. 8. p. 146 findet. Hier wird Johannes de Bonafide bei den Jahren 1401, 1403, 1404 u. ein Joh. Falkemberg beim Jahr 1405 erwähnt. Wir dürfen also mit Sicherheit den Schöffenbrief in die ersten Dezennien des 15. Jahrhunderts setzen.

Es ist bekannt, daß Krakau bereits sehr früh Magdeburger Recht besaß. Schon Herzog Boleslas spricht im Jahre 1244 (Bischoff Österreichische Stadtrechte. Wien 1857 S. 56) von eo juris processu ... videlicet Magdeburgensi, quo cives Cracovienses ... utuntur, und 1257 ertheilt er (Bischoff S. 56) in dem Lokationsprivileg der Stadt Krakau Magdeburgisches Recht in der Form, in welcher es Breslau besitzt. Es ist ferner bekannt, daß sich Krakau in der Folge sehr oft an den Magdeburger Schöffenstuhl gewendet hat, um ihre Rechtsstreitigkeiten zu entscheiden, und Behrend hat in der Einleitung zu seiner Ausgabe der Magdeburger Fragen darauf hingewiesen, daß die Handschriften mit Sammlungen von Magdeburger Schöffensprüchen auch zahlreiche für Krakau bestimmte Stücke enthalten. Seit dem Jahre 1365 war der Rechtszug nach Magdeburg verboten und sollten keine Appellationen in das Ausland ergehen; in diesem Jahre[1]) hatte Kasimir von Polen in dieser Tendenz zu Krakau ein Appellationsgericht eingesetzt. Trotzdem aber haben sich gelegentlich die Krakauer doch noch mit ihren Anfragen nach Magdeburg gewendet,[2]) und so darf es denn auch nicht Wunder nehmen, daß wir hier ein Magdeburger Urtheil für Krakau aus dem Anfange des 15. Jahrhunderts besitzen. Zu beachten ist noch überdies, daß die Anfrage nicht von dem Krakauer Gericht ausgegangen ist, sondern daß sich die verklagte Partei, die Rathmannen von Krakau, um eine Rechtsbelehrung nach Magdeburg gewendet haben.

Der Rechtsfall, welchen die Krakauer Rathmannen den Magdeburgern vortragen ist kurz folgender: das Krakauer Stadtgericht hatte einen vornehmen Mann, welcher zugleich Rathsherr war, wegen Diebstahl auf handhafter That zum Tode verurtheilt, und ohne ihn beichten zu lassen, hingerichtet. Der Rath wird deswegen von den Verwandten des Verurtheilten vor das Königliche Gericht citirt und zur Verantwortung gezogen; es wird ihm besonders zum Vorwurf gemacht, daß dem Gericht nicht der

---

[1]) Daß es 1365, nicht 1356 geschah, vgl. Röpell über die Verbreitung des Magdeburger Stadtrechts im Gebiete des alten polnischen Reichs. 1857 (Abhh. der hist. phil. Gesellschaft in Breslau I) S. 286.
[2]) Vgl. Bischoff Beitr. z. Gesch. des Magdeburgerrechtes, in den Wiener Sitzungsberichten 1865. S. 40, Behrend Magdeburger Fragen, Einl. S. XVII. N. 36; auch Böhlau in dieser Zeitschr. VIII. S. 183. N. 56.

eigentliche Richter, welcher Miethling genannt wird, sondern ein von demselben eingesetzter Unterrichter präsidirt hat, welcher von dem Könige nicht den Gerichtsbann erhalten hat. Ob dies in der Ordnung gewesen sei, bildet den Hauptpunkt des Streits im königlichen Gericht, und es ist interessant, wie dabei von Seiten der Ankläger auf die Bestimmungen des Sachsenspiegels über die Gerichtsverfassung Bezug genommen wird, ohne ihn ausdrücklich zu citiren. Wir lassen nun den Schöffenbrief folgen:

Unsren dinst mit vruntlichem gruse zuvor. Ersamen weisen herren bezundern liben gonnern. Eyne geschicht ist czu uns gescheen dy hat sich dirgangen noch usweysunge des lautis der abeschrifft dy us dem scheppinbrife genomen ist von worte czu worte u. in desim brife ist vorslossen etc. : ... und noch der volfürunge derselbin sachen globten dy alden ratmanne der stat czechenleute kouffleute u. dy gemeyne der stat uns der sache beyczusten und czu volfüren is trete hoch adir neder, wenne der gerichte man was hoch gefrundit. dornoch worden wir geladen vor unßern herren den konig u. worden angeclagit durch desselben gerichten manes vrunde wy wir iren frunt mit unrechte hetten gefangen u. undir eyme unrechten richter hetten lassen richten, wenn derselbe undirgesaczte richter derselbin sachen nicht mocht gerichtet haben dorume daz der richter des gerichtis amptis eyn myteling were u. keynen andirn undir-richter mochte gezaczt haben noch dy ratmanne der stat, is emvere denne daz der undirrichter eyne bezundere bevelunge von dem konige empfangen hette u. auch nicht gerichtet were an eyner dingestat u. in rechtem echtem dinge u. czu rechter dingeczeyt u. wenne her eyn ratman gewest were u. hocher wenn eyn scheppinbar freyman u. wenne den scheppinbar freyen man nymand gerichten mag [u.] wenne der konig selbir adir eyn andir richter in eyner besundern bevelunge undir konigis banne u. in eyme rechten echten dinge u. wir en nicht hetten lassen beychten noch cristinlicher gewonheit zundir als eynen heyden hetten lassen richten, so vrogten sy in eynem

rechten ab nu derselbe undirgesaczte richter der
sich fremdis gerichtis undirwunden hette mit unrechte
u. orteil mit seyner czunge gesprochin hette undir
konigis banne den her nicht empfangen hette u. iren
frunt hette lassen richten Ap her nu diselbe czunge
do mite her mit unrechte gerichtet u. georteilt hette
wettin sulde u. wir ratmanne als dy ancleger mit
allen unsern nochfolgern unsir leibe vorfallen sullen
adir was recht were — doroff antworten wir daz
noch aldir gewonheit bis off den heutigen tag der
myteling. des gerichtes unsers herren des konigs mit
volbort des ratis der stat eynen andirn undirrichter
von seynen wegen undirgesaczt hat czu richten allirley sachen u. allirley leute wenne her nicht kegen-
wortig in der stat were — beyde in rechter dingeczeyt adir in deme notdinge. Auch noch aldir gewonheit wenne der dreier elicher adir echtir dinge
czeit qwam daz is not was eynen burggrefen dorczu
czu secczen zo saczte stetis dy stat adir ratmanne
eynen burggrefen czu demselben grosen dinge czu
vorsteen mit zampt dem richter also offte als des
notdurft was u. derselbe richter adir myteling nam
des grosen elichen dingis bussen u. nicht der konig
u. sint der czeit daz denne des mytelingis undir-
gesaczter richter vor langer czeit durch den richter
u. dy ratmanne gekorn ist czu richten allirley sachen
in allirley czeiten wenne des not were dy s(achen)
sint borgelich adir peynlich u. wenne denne derselbe
gerichte man gefangen ist in hanthaffter tat u. in
deube u. vor gerichte brocht ist u. dy selbir bekennt
hat u. sich in das gerichte gegebin hat. u. sich mit
des ratampts freyheit nicht geschoczczit hat das wir
beweysen wellen mit eyme scheppenbrife. Auch
wenne man alle ratmanne u. alle scheppen in allen
sachen sy sint borgelich adir peynlich dy ires selbis
personliche sachen angetreten haben u. nicht das
amecht gerichtet hat also lange das des eyn andir
gedechtnis nicht en ist an alle widersproche daz wir
beweysen wellin u. her nicht von des ratampts wegin

L. 26 §. 7 D. mand. 17, 1. Sed cum seruus, quem
mandatu meo emeras, furtum tibi fecisset, Neratius
ait, mandati actione te consecuturum, ut seruus tibi
noxae dedatur, si tamen sine culpa tua id acciderit.
Quodsi ego sciissem, talem esse seruum, nec prae-
dixissem, ut possis praecanere, tunc, quanti tua
intersit, tantum tibi praestari oportet. (Paull. Lib. 32
ad Ed.)
L. 61 § 1 D. de furt. 47, 2. His etiam illud con-
sequens esse ait, ut et si is seruus, quem mihi
pignori dederis, furtum mihi fecerit, agendo contraria
pigneraticia consequar, uti similiter aut damnum
decidas, aut pro noxae deditione hominem relinquas.
(African. Lib. 8 Quaest.)

Hier alfo geftehen Neratius und Africanus die actio mandati
und pigneraticia contraria dem beftohlenen Mandatar und
Pfandgläubiger wenigftens in fo weit zu, daß er auf Schadenserfatz oder noxale Hingabe flagen fann auch da, wo der Mandant
oder Schuldner um die diebifchen Gewohnheiten des Sflaven
nicht wußte. Ganz anders lautet die L. 45 § 1 D. loc. „extra
causam conductionis esse furti crimen, et in propriam persecutionem cadere hoc delictum." Die Contractsflage foll
darnach alfo gar nicht Statt haben. Für das juftinianifche Recht
ift diefe Differenz freilich nur noch von untergeordneter prac-
tifcher Bedeutung, da diefelbe hauptfächlich, aber freilich nicht
ausfchließlich, in der verfchiedenen formalen Geftalt der Klagen
hervortrat. Denn während bei der Noxalflage der Anfpruch auf
noxae datio das Principale, die Leiftung des Schadenserfatzes
bloß das mit Rückficht auf die bona fides geftattete Eventuelle
ift, fo geht die actio contraria gerade umgefehrt in erfter Linie
auf Schadenserfatz, und die Befchränfung des flägerifchen An-
fpruchs auf die noxale Hingabe des Sflaven erfcheint lediglich
aus Billigfeitsrückfichten von den Noxalflagen auf die actio contraria übertragen. Es ift zweitens der mit der contraria vor-
gehende Mandatar u. f. w. wie auch Paullus dieß felbft in
der L. 26 §. 7 cit. hervorhebt, nur dann in der Lage diefelbe
mit Erfolg durchzuführen, wenn ihm bei dem Diebftahl feine
Nachläffigfeit zur Laft fällt, wogegen die Noxalflage einfach die
Verübung des Delicts, ohne alle Rückficht auf eine etwaige culpa

Auch [4]) liben herren u. vrunde beten wir uns czu undirweysen ap dy newen ratleute dy do gesaczt worden noch der czeit alzo als dy sach nicht unsir gewest ist sundir der stat u. der gemeyne uns der sachen czu vorantworten u. des schadelos czu halden mit sampt den czechenleuten kouffleuten u. der gemeyne uns pflichtig adir schuldig sint beyczusteen adir nicht u. ap ir keyner durch neyt fruntschaft leyt adir libe abtrete wes her bestanden were auch her sey ratman scheppe adir czechenman wer der sachen deme widirteile wedir der stat recht is sey heymelich adir offenbar beylegit wes her dorumme bestanden sey ab auch der richter durch vorchte adir andir sache wille seyner voryowortunge ... bekentnis abetrete wes her dorumme bestanden were von rechtes wegen.

Hir [5]) uff spreche wir scheffin czu Magdeburg eyn recht dy nygen ratmanne sint plichtich den alden ratmannen byczusteen unde czu vorantworten umme dy sache dy sy von der stat wegin gehandelt unde getan haben unde sullen en des benemen unde welch ratman adir dy czu ammechtmanne von der stad wegin gesaczt ist, dar he czu gesworen had dem wedderteyle mit unrechte bylegit weddir der stad recht des her bekant edder mit rechte vorwunnen wert, dy wert meyneydich erlos unde rechtlos unde ne mach neyne erliche ambacht in des rades stule mer besitten unde het ouch sin burmal vorlorn von rechtis wegen.

Vortmer spreche wir scheffin czu Magd. eyn recht umme den richter: welch richter durch vorchte adir ander sache willen syner vor jowortunge bekentnisse des her von gherieht halven plichtig were, abetrete den mochte men darumme vorclagen vor synen overen richter, worde her des vorwunnen mit rechte so hette her syne eyd ghebrochin unde were dar ume synes gerichtes vorvallen unde erlos gheworden von rechtis wegen. Besegilt mit unsem ingesegille.

---

[4]) Wieder die erste Hand.
[5]) Wieder die zweite Hand.

Für die Verfassung ergiebt sich, daß an der Spitze der Stadt der Rath steht, daß aber zur weiteren Repräsentation die alten Rathmannen, d. h. die des letztvergangenen Jahrs, und die Vertreter der Zünfte (czechenlute) und der Kaufleute gehören. Das Stadtgericht wird als Gericht des Königs bezeichnet.

Der Punkt, um welchen sich in dem Prozeß hauptsächlich der Streit dreht, ist, ob der Richter in Blutsachen einen Stellvertreter (undirgesazten richter) einsetzen dürfe. Die Ankläger im Hofgericht betonen es, daß der Richter, welcher seine Gerichtsbarkeit weiter übertragen habe, eyn myteling sei; es sei aber weder dieser selbst noch seien die Rathmannen zu einer solchen Substituirung kompetent, sondern es würde einer königlichen Autorisation bedurft haben.

Der Ausdruck Miethling für einen Richter ist mir aus deutschen Rechtsquellen nicht bekannt, und ich kann nur noch anführen, daß in Magd. Fragen I. 2. 8, einer Stelle, über welche ich sogleich noch eine Bemerkung machen will, von einem Vermiethen des Gerichts oder der Vogtei gesprochen wird.

Ueber diesen Ausdruck Miethling gab mir auf meine Anfrage der verstorbene Helcel, der größte Kenner polnischer Rechtsgeschichte folgende Notiz: „Ein Stadtvogt, welcher nicht Erbvogt (advocatus perpetuus vel hereditarius) war, sondern ein vom Erbvogt substituirter, oder vom Stadtrath (wenn die Stadt die Vogtei vom Landesherrn zu Eigen oder als Pfand gekauft und erworben hatte) bestellter zeitiger oder lebenslänglicher Vogt (Richter) war, — war demgemäß wirklich nur gemiethet und bekam gewöhnlich als Belohnung nur die Gerichtsbußen, nicht aber die übrigen Güter und Vortheile der Erbvogtei. Er war auch demgemäß Miethling (mydeling) genannt."

In dem Prozeß behaupten die Ankläger, ein Rathmann stehe mindestens so hoch, wie ein schöffenbar freier Mann und über diesen könne, mit Anspielung auf Sachsensp. I. 59 §. 1, Niemand anders richten, als der König oder ein Richter, welcher den Königsbann besitzt. Daher habe der vom Miethling eingesetzte Richter, welcher sich angemaßt hat, eine Sache zu richten, welche unter den Königsbann gehört, seine Zunge verwettet, wie dies gleichfalls in jener Stelle des Sachsenspiegels gesagt wird, und die Rathmannen, welche jenen Hingerichteten in einem inkompetenten Gericht angeklagt hatten, seien dem Könige mit ihrem Leibe verfallen.

Die angeklagten Rathmannen entgegnen, daß nach Krakauer Gebrauch jeder Zeit der Miethling mit Genehmigung der Rath= mannen einen Stellvertreter einsetzen dürfe; überdies habe der auf der That selbst ergriffene Rathmann sein Verbrechen ein= gestanden und sich nicht auf einen privilegirten Gerichtsstand der Rathmannen berufen; auch gehe die Sache gar nicht sein Amt, sondern nur seine Person an.

Die Magdeburger gehen in ihrem Schöffenbriefe nicht auf den Krakauer Gebrauch ein, sondern beantworten die Frage allein nach ihrem Rechte und erklären, unter Uebereinstimmung mit dem Sachsenspiegel, daß man ein Gericht unter Königsbann nicht vermiethen und der Miethling keinen Unterrichter einsetzen dürfe. Sie verweisen aber auf die Möglichkeit, welche auch Sachsensp. I. 55. §. 2 — I. 57, Magdeb. Bresl. R. v. 1261 §. 8, 10, Magb. Görl. R. v. 1304 Art. 4, 6, 41 u s. w. erwähnen, bei hand= hafter That im Falle der Behinderung des ordentlichen Richters zur Aburtheilung der betreffenden Sache einen außerordentlichen Richter einzusetzen.

Mit dem hier entwickelten Grundsatz stehen in voller Har= monie die Magdeburger Fragen I. 2 d. 8:

> Ab eyn konig adir eyn ander herre adir eyn erbvoyt, der dy voyteie hette in eyner stat, unde dy voyteie vormitte eyme, der do nicht meteburger were, ab der miter eynen andern seczte an syne stat, der dy do hilde von syner wegen, u. s. w.
> Hiruff sprechen wir scheppen zcu Magdeburg recht: Man mag nicht gerichte noch voyteie, do man undir konigis banne dinget, vormyten, wen der vorlehente richter, der den ban entpfangen hat, sal selbir richten unde mag das nicht eyme andern bevelen.

Es kann aus einer Vergleichung dieser Anfrage mit dem in unserm Schöffenbrief enthaltenen Falle kaum zweifelhaft sein, daß der Spruch in den Magdeburger Fragen gleichfalls für Krakau bestimmt war. Auch hier ist die Rede davon, daß der König oder Erbvogt die Vogtei vermiethet hat und der Miether einen Andern an seine Stelle setzt. Es ist dabei noch zu be= achten, daß die betreffende Stelle der Magdeburger Fragen sich auch in weitere Handschriften findet, von denen es bekannt ist, daß sie auf Krakau bezügliche Stücke enthalten. [6] —

Für die im zweiten Theil des Schöffenspruchs enthaltenen Rechtssätze verweise ich als Parallelstellen auf Syftem. Schöffenr. I. 2, Magdeb. Fr. I. 1. d. 15, I. 2. d. 5.

Bemerkungen über das Beweisurtheil und das Beweisrecht des mittelalterlichen Processes.

Von
Herrn Professor Dr. v. Bar zu Breslau.

In meiner 1866 erschienenen Schrift über „das Beweisurtheil des germanischen Processes" habe ich S. 41 den Satz aufgestellt: es sei das Beweisurtheil im germanischen Prozesse nichts Anderes als ein Urtheil, daß die eine oder die andere Partei mit Rücksicht auf die vorgebrachten Behauptungen, die zugestandenen oder notorischen Thatsachen und endlich die anzubietenden oder angebotenen Beweismittel prima facie als diejenige zu betrachten sei, welcher das Recht zur Seite stehe. Dieser Partei werde daher überlassen, ihre Behauptungen formell zu beglaubigen und so die Wahrscheinlichkeit, welche für ihr Recht in dem Prozesse spreche, zur Gewißheit zu erheben. In Gemäßheit dieses Satzes behauptete ich einerseits die Unmöglichkeit eines jeden allgemeinen abstracten Princips, wie solches z. B. von Planck, Hänel und Anderen für die Vertheilung des Beweisrechts dahin aufgestellt ist, daß immer der „Angegriffene" das Beweisrecht erhalten habe, oder Derjenige, der die rechtliche Ungebundenheit oder Freiheit einer Person oder Sache behauptet habe u. s. w.; andererseits leitete ich daraus die verschiedene Vertheilung des Beweisrechts sowohl in Folge der verschiedenen, an sich mehr oder minder wahrscheinlichen Behauptungen der Parteien, als in Folge des verschiedenen Werthes der von beiden Seiten angebotenen Beweis=

---

[6] Vgl. die Citate von Behrend zu Magdeb. I. Fr. 2. d. 8 und dessen Notizen über die Dresdner, Thorner und Berliner Handschrift, Einleitung S. XVI, XXI, XXVIII; vgl. auch noch Bischoff über eine Sammlung deutscher Schöffensprüche in einer Krakauer Handschrift (Arch. f. öster. Gesch.-Kunde XXXVIII 1867) S. 7, wonach in c. 117 des Krakauer Coder sich gleichfalls dieser Schöffenspruch findet.

mittel ab. Da eben bei der Schätzung solcher Wahrscheinlichkeits=
momente verschiedene Standpunkte sich darbieten können, schien
mir dadurch auch die Erklärung gegeben, wie bei den verschiede=
nen Volksstämmen und zu verschiedenen Zeiten die große, that=
sächlich in den einzelnen Quellen bemerkbare Mannigfaltigkeit
in der Bestimmung des Beweisrechts entspringen mußte. Dabei
bemerkte ich zum Schluß der allgemeinen Charakteristik des ger=
manischen Beweisurtheils, daß dasselbe den thatsächlichen Besitzer
in eine außerordentlich vortheilhafte Lage versetze (vgl. besonders
S. 235 ff.).

Laband hat nun in seinem bekannten und wohl für Jeden,
der den älteren deutschen Proceß zum Gegenstand seiner Studien
macht, jetzt unentbehrlichen Werke über die vermögensrechtlichen
Klagen nach den sächsischen Rechtsquellen des Mittelalters (1868)
gleichfalls unter ausdrücklicher Abweisung eines jeden allgemeinen
und abstracten Princips für die Vertheilung des Beweisrechtes
(vgl. besonders S. 45) den Satz in glänzender Weise durchge=
führt, daß es darauf angekommen sei, ob und wie der Kläger
seine Klage substanzürte, und welche Behauptungen der Beklagte
der Klage gegenüber stellte, so daß dann schließlich eine relevante
Thatsache, welche von der einen oder der anderen Partei behauptet
wurde, den Gegenstand des Beweises bildete und das Beweis=
recht entschied, ein Satz, in welchem auch Stobbe[1]) eine ge=
wisse Bewandtschaft mit der bereits früher von mir geäußerten
Auffassung des germanischen Beweisurtheils erkannt hat.

Ich erlaube mir daher im Folgenden — und weil zugleich
der Hr. Verfasser des Werkes über die vermögensrechtlichen Kla=
gen nach dem sächsischen Rechte des Mittelalters mich selbst
darum ersucht hat — meinen Standpunkt gegenüber der Auffassung
Labands darzulegen.

Zunächst muß ich hier daran erinnern, welches der Zweck
meiner Untersuchung über das Beweisurtheil war. Ich beabsichtigte
nicht, wie Laband ein System des mittelalterlichen Klagrechts
aufzustellen, sondern nur zu untersuchen, ob und inwieweit das
heutige gemeinrechtliche Beweisurtheil dem mittelalterlichen gleich=
gestellt werden könne, ich wünschte damit auf rechtshistorischem
Wege über die legislative Controverse der Beibehaltung des

---

[1]) Münchener kritische Vierteljahrsschrift, 1869, S. 238.

gemeinrechtlichen Beweisurtheils bei der Reform des Civilproceſſes
Klarheit zu erhalten, und hierbei mußten gerade die Differenzpunkte
des germaniſchen und des heutigen Beweisurtheils in das Licht und in
den Vordergrund geſtellt werden; diejenigen Punkte, worin beide
übereinſtimmten, waren nach den voraufgegangenen Unterſuchungen,
insbeſondere nach derjenigen Planck's von ſelbſt klar, ſo namentlich
der nach meiner Anſicht, welche im germaniſchen Proceſſe nicht
die Idee eines wirklichen über den Parteien und ihren Behauptungen ſtehenden Gerichts und Urtheils vermißt (vgl. beſonders
S. 10 ff. meiner Schrift), ſelbſtverſtändliche Satz, daß immer nur
eine relevante Thatſache zum Beweiſe verſtellt werden mußte, ein
Satz, der auch den Brennpunkt der Detailunterſuchungen Laband's
bildet.[2] Irrelevante Thatſachen kann keine Proceßordnung
zum Beweiſe ſtellen. Wenn aber z. B. der Beklagte gegenüber
der Klage eine Einrede vorbringt, welche, es mag das Recht des
Klägers begründet ſein oder nicht, dieſes Recht unwirkſam macht
oder aufhebt, ſo verſteht es ſich meines Erachtens doch nicht von
ſelbſt, daß dann, wenn nur von einer Seite Beweis erbracht werden
kann, der Beweis dem Beklagten und nicht dem Kläger zufällt.
Auf die Relevanz der Behauptungen mußte freilich Laband, der
das Syſtem des Klagrechts, der Einreden und Repliken u. ſ. w.
darzuſtellen beabſichtigte, vorzugsweiſe Gewicht legen. Dennoch
durfte er nicht vollſtändig überſehen, wie auch die factiſche
Wahrſcheinlichkeit von Einfluß auf die Vertheilung des Beweis=
rechts war, und in der That bemerkt auch Laband in weſent=
licher Uebereinſtimmung mit Demjenigen, was ich S. 43 ff. aus
der Oeffentlichkeit und Mündlichkeit der germaniſchen Gerichts=
verfaſſung, aus dem Verhältniſſe von Rede und Gegenrede der
Parteien ableiten zu müſſen glaubte, daß Oeffentlichkeit und perſön=
liche Anweſenheit der Parteien bei der mündlichen Verhandlung
eine thatſächliche Gewähr dafür gaben, daß diejenigen Streit=
punkte, welche die Enſcheidung bedingten, vor Gericht auch wirk=
lich zur Sprache kamen, und daß insbeſondere auch die Parteien,

---

[2] Uebrigens heißt es S. 144 meiner Schrift ausdrücklich: „Es verſteht
ſich von ſelbſt, daß neben der Abwägung der factiſchen Wahrſcheinlichkeit . . . auch der Umſtand in Betracht kommt, ob, die Wahrheit der Partei-
behauptung vorausgeſetzt, letztere überhaupt geeignet erſcheint, das Recht
des Gegners als unbegründet oder aufgehoben darzuſtellen.“

um sich nicht der Gefahr oder dem Verdachte des Meineids oder leichtsinnigen Eides auszusetzen, dem Gegner aber solche allgemein gehaltene Eide zu erschweren, von selbst zu einer eingehenden Substanziirung ihrer Angriffs- und Vertheidigungsmittel in Gemäßheit der concreten Sachlage veranlaßt wurden (vgl. S. 21. 23).

Ein principieller Gegensatz zwischen Laband's Auffassung und der meinigen bezüglich des germanischen Processes besteht also nicht[3]): im Gegentheil kann auch ich dem von Laband aufgestellten Principe nur meine volle Zustimmung geben. Nur war es eine, wie auch Stobbe bemerkt, nicht zutreffende Formulirung, welche indeß durch den besonderen Zweck meiner Untersuchung sich erklärt, wenn ich behauptete, daß das deutsche Recht in eine große Anzahl von Präsumtionen sich aufgelös't habe.[4])

Und so ganz unwesentlich sind, glaube ich, auch nach Laband's eingehender Darstellung die Präsumtionen im germanischen Processe nicht.

Zunächst wird nach Laband's Untersuchung wohl nicht leicht die allgemeine Rationalität des germanischen Processes, die ich früher schon behauptete, nach Maßgabe der damaligen Culturverhältnisse geläugnet und dafür irgend ein lediglich abstractes, jedenfalls nur sehr theilweise zutreffendes, unter den Händen zerrinnendes Princip an die Stelle gesetzt werden. Ist dies aber richtig, so wird, wenn man zugiebt, daß das Beweisrecht stets ein einseitiges war in dem Sinne, daß über einen und denselben Punct nur von einer Partei Beweis geführt werden konnte, und in

---

[3]) Beispielsweise mache ich auf S. XIV. meiner Schrift in der Inhaltsübersicht aufmerksam. Hier heißt es unter No. 4 unter Anderen: die faktische Wahrscheinlichkeit entscheidend, nur nicht gegenüber einer besseren Rechtsbehauptung. Laband sagt: die bessere Rechtsbehauptung entscheidet aber wenn die Rechtsbehauptungen beider Parteien gleichwerthig sind, so kann nur der Vorzug des Besitzes oder die Wahrscheinlichkeit entscheiden.

[4]) An dieser Formulirung — bei welcher ich besonders zu betonen gedachte den Gegensatz gegen das heutige gemeinrechtliche Beweisurtheil, welches lediglich nach abstracten Grundsätzen ohne Rücksicht auf factische Wahrscheinlichkeit die Beweislast vertheilen soll, wenn auch nicht immer wirklich vertheilt — hat auch Anstoß genommen von Bethmann-Hollweg, der Civilproceß des gemeinen Rechts IV. 1 S. 64, obwohl er das Gesammtresultat meiner Schrift daß der gemeine Proceß auf eine

der großen Mehrzahl der Fälle ein einseitiges auch in dem Sinne,
daß nur e i n e Thatsache bewiesen zu werden brauchte[5]), nicht
etwa wie im heutigen Processe Klagegrund, Einrede, Replik u. s. w.,
auch gegen den Satz nichts eingewendet werden können, daß das
germanische Proceßrecht immer, abgesehen von der selbstverständ=
lichen Begünstigung des Besitzers, demjenigen das Beweisrecht
zuerkannt habe, welchem präsumtiv nach Lage der gegenseitigen
Behauptungen das Recht zur Seite stand. Man darf, um sich
dies klar zu machen, nur an den nothwendigen Eid des heutigen
Proceßrechtes sich erinnern. Es würde absurd sein, wenn nicht,
der allgemeinen Regel zufolge, und abgesehen etwa von ganz
exceptionellen Begünstigungen einzelner Ansprüche und Verthei=
digungsmittel, Demjenigen der Eid zuerkannt würde, auf dessen
Seite sich schon aus anderen Gründen die Waage, mit welcher
der Richter die Wahrscheinlichkeit abwägt, hinneigt. Und anders
konnte auch das deutsche Proceßrecht nicht verfahren: kein Proceß=

---

scholastische Verknöcherung (des römischen Proceßrechts) in der germani=
schen Form in vielen Beziehungen hinauslaufe, S. 70 doch im Wesent=
lichen gebilligt zu haben scheint. Die Bemerkung v. Bethmann=Holl=
wegs, daß nach meiner Ansicht die Frage bleibe, warum denn diese oder jene
Präsumtion angenommen sei, ist keine Widerlegung. Gern mag zugegeben
werden, daß die Vertheilung des Beweisrechtes im Einzelnen vielfach von
mir unrichtig erklärt sei, daß ich in manchen Beziehungen die Wirksamkeit
einer Präsumtion zu erkennen glaubte, wo ein anderer rein materieller
Rechtssatz einschlug Gleichwohl kann ab an eine Erklärung eines Proceßsatzes
oder einer Proceßinstitution nur der Maßstab gelegt werden, daß sie hin=
reichend ist, wenn der einzelne Rechtssatz nachgewiesen wird einerseits als
den übrigen Normen des Processes entsprechend und andererseits als den
dermaligen Verkehrs= und Culturverhältnissen angemessen. Eine Erklärung,
welche mehr leisten wollte, als dies, würde die Grenzen der Jurisprudenz
und überhaupt der Erfahrungswissenschaft überschreiten. Wenn man, wie
noch von v. Bethmann=Hollweg geschieht, die Vertheilung des Beweis=
rechtes unter die allgemeine Formel bringt, immer der Angegriffene sei
zum Beweise gelangt, so erklärt man auch nichts, sondern stellt nur
eine begriffliche Formel auf, die allerdings zur Veranschaulichung dienen
kann — wenn man erst weiß, wer in einem Processe dann als der An=
gegriffene betrachtet werden soll.

[5]) Vgl. meine Schrift über das Beweisurtheil S. 45 und zustimmend
Laband S. 46. Freilich wird es immerhin lange dauern, bis das ohne
allen Beweis angenommene Dogma von dem Ursprunge der Eventual=
maxime aus dem deutschen Rechte von den Lehrbüchern des Processes auf=
gegeben werden mag.

recht kann darauf ausgehen, principiell Demjenigen die formelle, endgültig entscheidende Beglaubigung zuzuerkennen, der präsumtiv im Unrecht sich befindet.

Die Schwierigkeit besteht aber allerdings darin, hier die factische Präsumtion von einem etwa einschneidenden materiellen Rechtssatze zu unterscheiden*), und darüber wird allerdings in vielen Fällen sich streiten lassen: ja in einer großen Anzahl von Fällen möchte wohl kaum zu einer Gewißheit darüber gelangt werden können, ob, falls man früher das gegenwärtige Proceßrecht gehabt hätte, ein bestimmter Rechtssatz wirklich in der in den Quellen vorkommenden Gestalt ausgedrückt worden wäre. Denn darüber dürfen wir uns nicht täuschen: die Rechtsbegriffe werden von jedem Volke nur so weit ausgebildet, als der Zweck des Proceßverfahrens es erfordert. Wäre es möglich, dem Richter·gleichsam eine Photographie der Thatsachen vorzuführen, so würden unsere Rechtsbegriffe noch viel mehr als heut zu Tage schon der Fall ist, in das Detail gehen, und die Rechtssätze einer früheren.Periode würden auf uns den Eindruck von Regeln machen, die in vielen Fällen, aber doch nicht immer dem wahren materiellen Rechte entsprechen, mit anderen Worten den Eindruck von annähernd, präsumtiv richtigen Rechtssätzen. Eine solche Entwicklung vollzieht sich z. B. gerade jetzt bei uns im Strafrechte. Die Mündlichkeit giebt dem Richter ein weit vollständigeres, detaillirteres Bild des Falles als der schriftliche Proceß, und es beginnt sofort das Bestreben der Wissenschaft und Gesetzgebung die Strafrechtspflege mehr zu „individualisiren“, beispielsweise über den Verlust der Ehrenrechte nicht mehr unbedingt nach der allgemeinen Natur des Verbrechens zu entscheiden.

Was aber uns so als Präsumtion erscheint, darf man nicht verwechseln mit Demjenigen, was auch dem früheren Rechte wirklich Präsumtion war, und hierin hat meine frühere Darstellung es an der genügenden Schärfe der Unterscheidung fehlen lassen. Wenn, um eins der in den Quellen häufig vorkommenden Beispiele zu nehmen, Derjenige,

---

*) Solche Rechtssätze habe ich z. B. bezüglich des Fruchterwerbs a. a. O. S. 140 ff. nachgewiesen; vgl. darüber auch Laband S. 118 ff., der mir hier im Wesentlichen beitritt.

dem beim Holzfällen die Axt aus der Hand fährt, und der damit
einen Anderen beschädigt, ohne Weiteres für haftbar erklärt wird,
so können wir von unserem Standpunkte aus nicht mit Unrecht
hierin, wie in der ·vom älteren Rechte in vielen Fällen angenom-
·menen Haftung für casuelle Beschädigungen allerdings eine unvollkommene Entwickelung des Schuldbegriffs, eine Präsumtion
der Schuld finden. Aber den damals Lebenden erschien der
Rechtssatz nicht als ein unvollkommener, unentwickelter. Dagegen
bleibt es wiederum wahr, daß das unvollkommene Beweisrecht
des Mittelalters zu solchen grob behauenen Rechtssätzen Veranlassung gab, und daß als das römische Beweisrecht Eingang
fand, viele materielle Sätze des römischen Rechtes nunmehr sofort auch dem allgemeinen Rechtsbewußtsein als richtige Entwickelung auch der früheren Rechtsbegriffe erscheinen mußten.
Daraus erklärt sich wohl, worauf ich ebenfalls schon früher aufmerksam machte, in manchen Beziehungen die so rasche Reception
des römischen Rechts. Ein Recht, welches z. B. bei der Haftung
für den Schaden principiell von dem Nachweise der Verschuldung absähe, wie man früher wohl von dem älteren germanischen Rechte behauptet hat, könnte unmöglich so tiefe sitt-
liche Principien enthalten, wie wir solche in anderer Hinsicht
unzweifelhaft im germanischen Rechte finden. Vielleicht sehen
die bekannten Sätze des chinesischen Rechts nicht einmal principiell von einer Verschuldung oder von der Präsumtion der
Verschuldung ab.

Die wirkliche, auch dem damaligen Rechtsbewußtsein als
solche erscheinende Präsumtion ist aber — und dies scheint meiner
Ansicht nach Laband nicht genügend beachtet zu haben — gleichwohl für die Gestaltung des germanischen Proceßverfahrens von
der eingreifendsten Bedeutung.

Zunächst kommt doch auch vielfach ein wirkliches Ueberbieten
mit Beweismitteln vor. Laband S. 43 erklärt sich zwar gegen
eine solche „Licitation" des Beweisrechts, und so roh, wie man
wohl gemeint hat, ist die Sache freilich nicht. Immerhin mag
etwa nur in den späteren Quellen beim Criminalbeweise ein
Ueberbieten einfach mit der doppelten Anzahl von Eidhelfern
vorkommen. Aber wenn, wie wir Beide annehmen, die substanziirte, mit concreten Thatumständen ausgefüllte Behauptung den Vorzug im Beweisrechte erhält vor der allgemein und

abstract gehaltenen Behauptung, so ist doch der Grund nicht
darin zu suchen, daß die substanziirte Behauptung ein besseres
Recht darstellte, als die nicht substanziirte — das ist unmöglich,
weil die Rechtsbehauptung immer nur der Schluß aus einer
substanziirten, thatsächlichen Behauptung ist — sondern lediglich
darin, daß, wenn man ein unvollkommenes, nur einseitiges Beweisrecht hat, die concretere Behauptung größere Glaubwürdigkeit
verdient als die allgemeiner gehaltene. „Je concreter eine Behauptung ist, um so mehr Angriffspunkte bietet sie für die
Widerlegung und daraus folgt umgekehrt der im gewöhnlichen
Leben so oft angewandte Satz, daß sehr concret gehaltene Behauptungen, welche die Einzelnheiten eines bestimmten Falles berühren, den Glauben finden, welchen man allgemein gehaltenen
Behauptungen versagt[7]." Mit der größeren oder geringeren
Substanziirung der Behauptungen tritt aber dann allerdings in
Verbindung die Stärke der einzelnen Beweismittel, so daß durch
Beides zusammen allerdings ein Ueberbieten, eine „Licitation"
stattfindet.

Nach diesen allgemeinen Bemerkungen wollen wir nun eine
Reihe der wesentlichsten Einzelnheiten der Laband'schen Forschung betrachten.

Laband S. 1 ff. führt zunächst aus, daß nach den Quellen
des Mittelalters eine Charakterisirung der Klagen nach dem
zum Grunde liegenden Rechtsverhältnisse und insbesondere die
Unterscheidung dinglicher und persönlicher Klagen vermißt werde,
daß vielmehr nur eine Unterscheidung nach dem Gegenstande der
Klage stattfinde. Warum sich dies so verhält, erklärt Laband
nicht. Meines Erachtens liegt die Erklärung in der Einseitigkeit des Beweisrechtes und in der Begünstigung, welche für die
Rolle des Beklagten natürlich ist. Danach muß die Aufstellung
des Fundaments des ganzen Processes regelmäßig der ersten
Antwort des Beklagten überlassen bleiben. Denn es liegt in
der Natur der Sache, daß, wenn das Beweisrecht ein einseitiges
sein soll, derjenige zunächst das Beweisrecht erhält, der die erste
umständlichere Rechtsbehauptung aufstellt. So kann denn zwar
nicht von dinglicher und persönlicher Klage, wohl aber von der
Vertheidigung des Beklagten mittelst einer dinglichen Rechts-

---

[7] Beweisurtheil S. 44.

behauptung oder der Behauptung eines obligatorischen Rechts=
verhältnisses im germanischen Processe geredet werden, und es
fehlt dem letzteren keineswegs, wie z. B. das oft vorkommende
Wort „eigen" beweist, die Idee eines absoluten dinglichen
Rechtes. Was sodann

I. die Klagen um Geldschuld betrifft, so kann der Kläger
hier mit der allgemeinen Behauptung auskommen, daß Beklagter
ihm eine bestimmte Summe schulde, und wenn unter Umständen
noch eine nähere Angabe der Schuld von ihm verlangt werden
kann, so hat dieselbe doch nur den Zweck, dem Gedächtnisse des
Beklagten zu Hülfe zu kommen [8]), keineswegs aber, wie die
Substanziirung der Klage im heutigen Proceß, dem Richter die
Rechtmäßigkeit des erhobenen Anspruchs darzulegen. Eine solche,
selbst in der erwähnten Art substanziirte Klage, wird aber durch
die einfache eidliche Ableugnung des Beklagten zurückgewiesen.
Anders dagegen, wenn (vgl. Laband S. 29) mit der substanziirten
Klage bestimmte Beweismittel cumulirt werden. Hier könnte
dem Beklagten der Unschuldseid durch das Gerichts= und nach
vielen Rechten auch durch Privatzeugniß verlegt werden. Davon
daß namentlich in dem letzteren Falle [9]) hier der Anspruch
juristisch als ein besser begründeter erschiene, ist nicht zu reden.
Das wird nur der Fall sein, wenn die Behauptung so gestellt
wird, daß das Petitum des Klägers mit ihr einen Syllogismus
bildet und dann der Richter über letzteren entscheidet. So ver=
hält es sich aber nicht. Die Behauptung der bestimmten,
greifbaren Thatsache, an welche sich das Zeugniß halten
kann, trägt den Sieg davon über das allgemeine Ableugnen des
Beklagten. So macht die von Laband S. 34 benutzte Stelle
der Freiberger Statuten c. XII. sogar einen Unterschied nach
dem Gegenstande, den der Kläger fordert: gewant, bli, ros,
win, heringe unde alliz daz da koufschatz ist, daz bezugit
he alliz wol; ane silber und phenninge, di mac he nicht be-
zugen denn mit dem richtere." Dieser Unterschied ist erklär=
lich, wenn man annimmt, daß im Allgemeinen der Zeugenbeweis

---

[8]) Die Verschiedenheit des Entstehungsgrundes einer Obligation bewirkt eine Verschiedenheit der Obligation.

[9]) Denn beim Gerichtszeugniß könnte gesagt werden, daß hier das
Gericht auch rechtliche Mängel des Anspruchs berücksichtigt habe.

des Klägers noch leicht Mißtrauen erwecke, ein Geldgeschäft
ist, weil Geld in der mannigfachsten Weise, insbesondere auch
zur Tilgung von Schulden im Verkehr benutzt wird, gewissermaßen etwas Farbloseres, das sich dem Gedächtnisse weniger ein-
prägt, als ein Geschäft mit anderen Dingen, und bei jenem
können leichter Verwechslungen vorkommen. Die juristische
Beurtheilung eines Darlehns z. B. ist sicher im Allgemeinen
nicht schwieriger als die eines Kaufgeschäftes über individuell
bestimmte Sachen, sondern meistens weit einfacher. Ganz deutlich aber drückt sich über den hier entscheidenden Grund das von
Laband gleichfalls (S. 36) citirte Urtheil der Brünner Schöffen
(Schöffenbuch c. 680) aus

> „quod potius suam affirmationem probare deberet
> per scabinos, quam rea suam negationem, quae
> directe probari non potest.“

Hätte aber die Beklagte eine bestimmte Thatsache z. B.
Zahlung behauptet, so würde nach der ausdrücklichen Erklärung
des Brünner Schöffenbuchs das Beweisrecht der Beklagten zugefallen sein. Freilich eine rechtlich irrelevante Behauptung
kann nicht zum Beweise gestellt werden; aber die allgemeine Behauptung, Nichts schuldig zu sein, ist rechtlich an sich nicht
irrelevant, wie gerade die Fälle des einfachen Unschuldseids der
Beklagten beweisen; sie verdient nur der concret gehaltenen bestimmten Behauptung des Klägers gegenüber nach Meinung der
Brünner Schöffen und überhaupt anderer Stadtrechten factisch
weniger Glauben; sie hat die Präsumtion gegen sich [10]).

---

[10]) Beiläufig bemerkt muß ich meine S. 52 der citirten Schrift gegebene Erklärung der Goslarschen Statuten S. 94 Z. 15: „Wes men mit
gherichte unde dingluden vulkomen mach, dat not men liden, me ne
moghe’s sich untreden mit richteren unde dingluden“ gegen Laband’s
Bemerkung (S. 48) doch festhalten. Ich beziehe das Zeugniß des Richters
und der Dingleute, daß der Beklagte gegen eben dies vom Kläger an-
gerufene Zeugniß geltend macht auf den Beweis der Zahlung. Laband
bemerkt, dies habe in den Worten der Stelle keinen Anhalt: der Zwischensatz „men ne moghe’s“ weise vielmehr darauf hin, daß der Gegenbeweis
dieselbe Thatsache betreffe, wie der Hauptbeweis. Allein wie ist es denkbar,
daß die Parteien, die doch wohl vorher nach den Beweismitteln sich er-
kundigt haben, ehe sie dieselben anbieten, auf ganz dieselben Beweismittel
zum Beweise und zum Gegenbeweise derselben Thatsache sich berufen? Und
auch daran darf nicht gedacht werden, daß etwa ein Theil der Gerichts-

II. Hinsichtlich der Klagen, welche auf Herausgabe individuell bezeichneter Mobilien gerichtet sind, machen, wie Laband S. 50 ff. ausführt, die Quellen zunächst den Unterschied, ob ein zur Rückgabe verpflichtender Contract behauptet wird oder nicht. In dem ersteren Falle kommt nach den sächsischen Rechtsquellen dem Kläger das Beweisrecht zu: er beschwört die Hingabe der Sache mit zwei Zeugen. Der Beklagte kann dann freilich noch unverschuldeten Verlust der Sache behaupten und beweisen, ein Beweis, der ihm aber selbstverständlich abgeschnitten ist, wenn der Besitz des Beklagten gleich zu Anfang des Processes festgestellt wurde.

Hier glaube ich nun der Erklärung, welche Laband von dem klägerischen Beweisrechte giebt, nicht beitreten zu können. Er meint S. 63, das Beweisrecht sei hier dem Kläger deßhalb zuerkannt, weil eine Handlung desselben und nicht eine verpflichtende Handlung oder ein Gelöbniß des Beklagten in Frage gestanden habe. Aber dadurch, daß z. B. der Kläger dem Beklagten eine Sache ins Haus brachte, wurde doch sicher auch im Mittelalter nicht eine Verpflichtung des Beklagten, die Sache aufzubewahren begründet: bei der Obligation ist der Wille des Schuldners, sich zu obligiren, wesentlich. Meines Erachtens erklärt sich das Beweisrecht des Klägers im Gegensatz zu dem Beweisrechte des Beklagten bei der Geldschuld einfach

---

personen für den Kläger, ein anderer für den Beklagten aussagen möchte; dem steht entgegen, daß „der Richter" ja in beiden Zeugnissen mitvorkommt. Die Sache ist wohl einfach die, daß allerdings der Beklagte zum Beweise der Zahlung sich auf die Dingleute beruft, daß aber formell die Zahlung als Negation der Schuld erscheint, wie z. B. auch im römischen Formularprocesse und oft im germanischen Processe (vgl. darüber namentlich Brunner, Wort und Form im altfranzösischen Proceß, Verhandlungen der Wiener Akademie 1868 S. 690). Ebenso erkläre ich, wenngleich hier, da es sich nur um ein Privatzeugniß handeln kann, die Gründe für mich nicht so zwingend sind, Magdeburger Fragen I. 20. d. 1. Bei einer Klage „um Wunden" kann es freilich leicht vorkommen, daß ein Theil der Zeugen auf Seite des Klägers, ein anderer auf der des Beklagten aussagen will, wie das heut zu Tage noch bei strafgerichtlichen Untersuchungen über Schlägereien nicht selten ist. Die Stelle des von Laband citirten Dresdener Schöffenrechts (Wasserschleben S. 111) beweist daher nicht gegen meine Ansicht. Uebrigens steht der Satz, daß bei gleich starken Beweismitteln der Beklagte zum Beweise gelange (Behrend, Magdeburger Fragen Glossar s. v. Beweisvorzug) meiner Grundansicht keineswegs entgegen.

daraus, daß man wohl nicht mit Unrecht glaubte, die Zeugen könnten sich über die Hingabe einer individuell bestimmten Sache, welche ihnen noch jetzt vorgelegt wurde, nicht so leicht irren. Keinen Einwand darf man hingegen aus dem von Laband auch angeführten Beispiele der Zahlung einer Geldschuld hernehmen, welche der Schuldner selbdritt beweisen kann. Ursprünglich hatte ohne Zweifel der Schuldner, wenn der Gläubiger nicht das Gerichtszeugniß für sich hatte, immer das Beweisrecht mit dem alleinigen Unschuldseide. Wenn er nun so ehrlich war, die Schuld selbst einzuräumen, so mochte man leicht sich veranlaßt sehen, ihm das Beweisrecht für die behauptete Zahlung einzuräumen, falls er noch besondere Zeugnißgarantie dafür lieferte — eher, als man sich entschließen mochte, dem Gläubiger auch das Beweisrecht für die Hingabe zum Darlehn zu bewilligen. Eine ganz strenge Consequenz liegt überhaupt nicht in dem mittelalterlichen Beweisrechte, namentlich da dasselbe ohne Zweifel im Laufe der Geschichte und in den verschiedenen Particularrechten, besonders in den Städten nach Maßgabe der Verkehrsverhältnisse mannigfache Modificationen erfuhr.

Die meines Erachtens unrichtige Erklärung des klägerischen Beweisrechtes in dem genannten Falle führt Laband S. 64 denn auch zu einer anderen Schwierigkeit, die wiederum wohl nicht befriedigend gelös't ist. Laband findet eine sonderbare Unbilligkeit (S. 64) darin, daß der Commodator, Depositar u. s. w., der die Sache unbefugter Weise veräußerte oder consumirte, oder sie aus Nachlässigkeit abhanden kommen ließ, besser in Ansehung des Beweisrechtes daran sei, als Derjenige, der die Sache noch inne hatte. Allein gerade so verhält es sich auch factisch noch heut zu Tage. Nur tritt dies bei uns nicht im Beweisurtheile, sondern erst in der Beweisinstanz hervor, und diese Differenz ist wiederum nach dem verschiedenen Charakter des heutigen und des mittelalterlichen Beweises ohne Weiteres erklärlich. Darf man sich doch darüber überhaupt nicht wundern, daß Jemand, der z. B. recht frech und dreist das Recht verletzt, zuweilen gewisse Vortheile im Processe voraus hat vor der mehr redlich verfahrenden Partei. Wenn man die deponirte, die commodirte Sache noch in natura vorweisen kann, wird dem Beklagten das Leugnen auch heut zu Tage weit schwerer, als wenn die Sache

fort ist, und kann man andererseits z. B. einen Beweis der Hingabe laut Contractes weit eher bis zum Erfüllungseide erbringen.
Läge hierin wirklich eine Unbilligkeit, die man dem Rechte und
nicht dem thatsächlichen Verhältnisse zur Last legen
müßte, so würde sie nicht durch die S. 138. 139 vorkommende
Ausführung Laband's beseitigt sein, daß der Beklagte ja auch im
Falle des behaupteten unverschuldeten Unterganges der Sache
diesen mit seinem Unschuldseide beweisen könne, nicht aber eidlich
die Hingabe der Sachen zum Depositum u. s. w. leugnen dürfe;
denn der erstere Eid läßt sich thatsächlich, ohne daß man eine
Beschuldigung des Meineids — und sei es auch nur in der
öffentlichen Meinung — zu fürchten brauchte, viel leichter schwören.
als der letztere. Aber factische Nachtheile, auch die durch einen
Dolus einer Partei veranlaßten, kann das Recht einmal nicht
immer ausgleichen. Den Unschuldseid des Beklagten bei unver-
schuldetem Verluste der Sache konnte man nicht wohl, wenigstens
der Regel nach, ausschließen, wenn man nicht den Beklagten unbedingt auch für Casus factisch haftbar machen wollte; denn
Zeugen kann der Beklagte doch nicht immer dazu rufen, und der
Kläger weiß doch in den bei weitem meisten Fällen gar nichts
aus eigener Kenntnißnahme davon.

S. 111 des Beweisurtheils hatte ich nun bemerkt, daß der
Beklagte, welcher kein eigenes Recht an der Sache bestimmt
namhaft machen, präsumtiv auch kein Recht an der Sache habe,
und hierauf das Beweisrecht des Klägers zurückgeführt. Dagegen macht Laband S. 136 geltend, es sei nicht einzusehen,
wie daraus eine Präsumtion für das Recht des Klägers entspringen könne, und ebenso erkläre sich daraus nicht die schlechtere
Stellung des Klägers, wenn der Beklagte nicht mehr im Besitze
der Sache sich befinde. Der letztere Punkt bedarf, wie ich ausgeführt habe, wohl keiner weiteren Erklärung; was aber meine
Ableitung des klägerischen Beweisrechts betrifft, so stimmt sie
genau mit dem Wortlaute selbst des sächs. Lbr. I. 15 §. 1
überein. Der Kläger, der Hingabe der Sache als Commodat
u. s. w. an den Beklagten behauptet, kommt gar nicht unbedingt
zum Beweise, sondern nur dann, wenn der Beklagte nicht ein
eigenes Recht an der Sache behauptet „Mach aver jene, de't in geweren hevet, sin varende gut dar an getügen oder sin erve gut
oder hevet he's geweren to rechte, he brikt ime sinen getüch.."

Diese Unterlassung des Beklagten ist also doch der erste Grund, weßhalb von einem Beweisrecht des Klägers nur die Rede sein kann. Dies hat Laband übersehen.

Wenn sodann Laband z. B. S. 46 das Beweisrecht da, wo selbständige Behauptungen der Parteien einander gegenübergestellt werden, auf das Verhältniß von Einrede, Replik u. s. w. zurückführt, so stimmt dies zwar durchaus überein mit der auch von mir behaupteten Ausschließung der Eventualmaximen im germanischen Processe und der ganzen Structur dieses Verfahrens, welche es unmöglich machte z. B. den Klaggrund zu bestreiten und gleichwohl eine das Recht des Klägers treffende materielle Einrede vorzubringen. Es ist dadurch aber noch nicht erklärt, wie es kommt, daß nun Demjenigen, der die betreffende Behauptung aufstellt, und nicht etwa dem Gegner, der sie leugnet, das Beweisrecht zukommt. Wollte man etwa den Grundsatz aufstellen, daß stets Demjenigen, der eine positive Behauptung aufstellt, das Beweisrecht zukomme, so würde man damit in directen Widerspruch gerathen z. B. mit dem Satze, daß der Beklagte, gegen welchen eine Geldforderung geltend gemacht wird, das Recht hat, diese Behauptung mit seinem Unschuldseide abzuweisen. Hier reicht also meiner Ansicht nach die Theorie Laband's nicht aus, und da es sich schließlich immer um Wahrheit oder Unwahrheit einer Thatsache handelt, so kann bei der Zuertheilung des Beweisrechtes nicht wohl anders als nach Wahrscheinlichkeits- und auch wohl Billigkeitsgründen entschieden werden, wie ich des Weiteren in meiner Schrift über das Beweisurtheil ausgeführt habe. Hierbei geben die Quellen zu einer Täuschung Anlaß.

In den Quellen, insbesondere in den hier so wichtigen Richtsteigen des Land- und Lehnrechts, sind die Reden und Gegenreden der Parteien so formulirt, wie es nöthig ist, damit der Behauptende für sich das Beweisrecht gewinne. Dabei scheint nun lediglich die Behauptung, welche die Behauptung des Gegners rechtlich zu überwinden, zu elidiren im Stande ist, das Beweisrecht kraft dieses Grundes zu gewinnen. Das ist aber eben nur Schein. Eine Behauptung, bei welcher jenes Merkmal nicht zutrifft, kann freilich das Beweisrecht nicht gewinnen; aber jenes Merkmal genügt keineswegs: es muß immer noch ein gewisses factisches Material der Behauptung beigemischt sein, welches die

Glaubwürdigkeit der letzteren erhöht und andererseits, wenn jene falsch wäre, eine leichtere Widerlegung gestattet. So kann wenn die Klage wegen gestohlener oder geraubter Sachen angestellt wird, der Beklagte nicht einfach mit der Behauptung abkommen, daß der bei ihnen gefundene, angeblich gestohlene oder geraubte Gegenstand sein Eigenthum sei, obschon ohne Zweifel diese Rechts= behauptung die Behauptung des Klägers rechtlich elidiren mußte. Er muß vielmehr eine bestimmte concrete Erwerbsart behaupten (vgl. Richtsteig. Landr. c. 11 §. 2), und zuweilen genügt umge= kehrt auch eine concrete Behauptung, welche nicht einmal in allen Fällen ein Recht des Beklagten garantirt. Nach dem Richtsteig. Landr. c. 17 §. 2 bezeugt bekanntlich der Besitzer selbdritt, daß er die angesprochene Sache habe anfertigen lassen. Wenn der Kläger dagegen nichts weiter erwiedert, so gewinnt der Beklagte Beweisrecht und Proceß. Gleichwohl gewährt die Specification nach dem sächsischem Rechte gar kein Eigenthum; denn, kann der Kläger behaupten und beweisen, ihm sei der Stoff, aus dem der Beklagte die Sache anfertigen ließ, gestohlen worden, so kommt er zum Beweise und gewinnt. Danach ist das An= fertigenlassen der Sache eigentlich juristisch unerheblich und nur als ein prima-facie-Beweis, würden wir sagen, des Eigenthums anzusehen. Dennoch genügt die Behauptung des Anfertigen= lassens in der Regel, nicht aber die vollkommene Rechtsbehaup= tung, daß man Eigenthümer sei. Wie hier die factische Präsum= tion z. B. abzuweisen sein möchte, sehe ich nicht ein.[11])

III. Was die Klagen um Immobilien betrifft, so bemerkt Laband S. 155 sehr richtig, daß in zahlreichen Fällen eine Par= tei oder jede von beiden Parteien nur die Anerkennung eines Rechtes, in dessen Ausübung sie sich befindet oder zu befinden behauptet, oder widerrechtlich gestört worden ist, verlange. Auch

---

[11]) Man kann auch nicht etwa sagen, die Behauptung der Anfertigung stehe im Verhältniß von Einrede und Replik zu der Behauptung des Klä= gers, ihm sei der Stoff gestohlen, wie etwa die Behauptung der ordent= lichen Ersitzung zu der Behauptung, daß die vindicirte Sache eine Res furtiva sei, nach römischem Rechte. Die ordentliche Ersitzung verschafft der Regel nach das Eigenthum, nur nicht bei Res furtivae u. s. w.; die Specification giebt nach deutschem Rechte überhaupt kein Eigenthum, son= dern ist nur ein Beweisgrund, daß die Sache nicht dem Kläger gehört, oder nicht gestohlen oder geraubt war.

dies ist meines Erachtens eine Folge der Einseitigkeit des Beweisrechtes. Diese bewirkt es, daß die zunächst entscheidende
Rechtsbehauptung von dem Besitzer aufgestellt werden kann. Sie
gelangt dann zum Beweise und bildet den Inhalt des Urtheils,
falls der Kläger nicht mit einer entscheidenden Replik kommt.
„Der Besitzer entgeht nicht bloß einer Verurtheilung, sondern er
erlangt ein Urtheil, welches dem Gegner seinen Anspruch ent-
zieht." Indeß wird doch, wie dies in der Natur der Sache
liegt, meistens Derjenige klagen, der nicht im Besitze sich befindet,
und daraus erklärt sich auch der im Richtsteig Landr. c. 26. §. 3
erwähnte Kunstgriff, wonach diese Regel auch umgekehrt angewendet werden soll. Daher ist es denn aber auch nicht ganz genau, wenn Laband S. 157 bemerkt, der Besitz sei für die Vertheilung der Parteirollen im deutschen Processe nicht maßgebend. Es kommt darauf an, was man unter Parteirolle versteht. Soll darunter verstanden werden der Vortheil der erst-
maligen Aufstellung der zunächst entscheidenden Rechtsbehauptung,
mit welcher das Beweisrecht verbunden ist, so ist dafür allerdings wie Laband selbst in der Folge nachweist, meistens der
Besitz entscheidend, und darauf sehen gerade die Quellen zumeist.
Soll dagegen unter Parteirolle verstanden werden das Verhältniß einer Partei im Processe, vermöge dessen das Gericht entweder über ihr Recht — Parteirolle des Klägers — oder über
das Recht des Gegners — Parteirolle des Beklagten — einen
Ausspruch zu thun veranlaßt wird, so ist dafür allerdings der
Besitz nicht maßgebend, wie bei den binglichen Klagen des römischen und des heutigen Rechts: vielmehr hängt, ob das Eine
oder das Andere eintritt, ab von dem Verhältnisse der aufein-
anderfolgenden Parteibehauptungen. Zu einer durchgreifenden
systematischen Eintheilung der Klagen ist, wie hiernach sich ergiebt und auch übereinstimmt mit den Ausführungen Laband's
über die Mobiliarklagen, der Besitz bei den Immobiliarklagen
nicht zu benutzen. Aus diesem Grunde ist denn auch das bereits
von Stobbe (ä. a. O. S. 254) gerügte System, welches Laband S. 172 ff. aufstellt, nicht zu billigen. Die Frage, ob das
Beweisurtheil einen bestehenden Besitz aufrecht erhält oder einer
Partei einen Besitz gewinnen läßt, kommt nur als factische
Folge der juristischen Behauptungen in Betracht und hat mit der
juristischen Beschaffenheit der aufgestellten Parteibehauptungen

nichts zu thun. Diese juristische Beschaffenheit der Parthei-
behauptungen drängt daher auch Laband sogleich dazu, jenen Ein-
theilungsgrund zu verlassen.

Anders verhält sich aber die Sache, sobald wir von den
Principien der Vertheilung des Beweisrechtes und nicht von der
Eintheilung der Klagen reden. Hier ist die Frage, ob Jemand
im unbestrittenen thatsächlichen Besitze sich befindet, von entscheidender Bedeutung, und wenn man den betreffenden Abschnitt
bei Laband überschreibt statt „Klagen um Immobilien" mit
„Princip der Beweisvertheilung bei Klagen um Immobilien"
und nun bei den betreffenden Unterabschnitten das Wort „Klagen" streicht, so ist Alles richtig.

Hiernach stellt sich die Vertheilung des Beweisrechtes folgendermaßen:

A. Die im unbestrittenen Besitze befindliche Partei kommt
immer zuerst zum Beweisrechte, vorausgesetzt, daß sie eine Behauptung aufstellt, welche überhaupt einen Schluß darauf gestattet,
daß sie ein Recht auf den Besitz habe. (Eine einfache Negation
reicht hin, wenn der Kläger noch kein gegenwärtiges Recht an
der Sache behauptet, vielmehr nur eine Obligation auf Herausgabe, oder wenn er die Herausgabe auf Grund eines dem Beklagten zur Last gelegten Delictes in Anspruch nimmt)[12]. Der
Kläger kommt aber wiederum zum Beweise, wenn er eine Gegenbehauptung aufstellt, die selbst beim Zugeständnisse der Behauptung des Beklagten, letztere zu elidiren vermag, als Replik, und
ebenso steht es mit einer als Duplik zu betrachtenden Behauptung des Beklagten. Der Grund nun, weßhalb dieses geschieht,
und nicht etwa die Negation der Replik, Duplik zum Beweise
gelangt, ist aber wieder nicht deren juristische Natur, sondern es
sind Gründe der Wahrscheinlichkeit und Billigkeit, welche den
Ausschlag geben und dann auch zuweilen in verschiedener Weise
zur Geltung kommen können, je nach der individuellen Auffassung
der Urtheiler[13]. Auch singuläre Begünstigungen einzelner Rechts-

---

[12] Vgl. Laband S. 235 ff. Anders verhält es sich, wenn der Kläger
mit der Obligation zugleich ein gegenwärtiges Recht behauptet, so wenn
er Restitution eines zeitweilig eingeräumten Besitzes verlangt. Laband
S. 252 ff. Hier muß der Beklagte wieder ein Recht positiv behaupten;
sonst kommt der Kläger zum Beweise.

[13] Auch Stobbe, a. a. O. S. 255 bemerkt: „Die Schöffen waren
sich gewiß oft selbst nicht ganz klar über die zu befolgenden Principien

verhältnisse und Rechtsbehauptungen, z. B. Desjenigen, der freies Eigenthum behauptet, des Vasallen gegenüber dem Lehnsherrn, sind hier in gewissem Umfange und unter gewissen Voraussetzungen nicht ausgeschlossen, und wenn der Kläger z. B. seine Behauptung gleich anfangs so aufgestellt hat, daß die Gegenbehauptung des Beklagten diese Behauptung nicht elibiren kann, so nützt dem Beklagten weder seine Behauptung noch sein Besitz, denn in erster Linie muß die materielle Bedeutung der Behauptungen, in zweiter erst die Wahrscheinlichkeit und Billigkeit in Betracht kommen. So verhält es sich in dem von Laband S. 167 angeführten Falle des Richtst. Lehnr. c. 29 §. 1. Der eine Theil behauptet Lehn und Gewere, der andere nur Priorität der Beleihung mit dem Lehngute, nicht zugleich Gewere; der letztere erhält das Beweisrecht zuerkannt, denn wenn auch die Behauptung des Besitzers wahr ist, muß er doch dem Kläger weichen, falls dessen Behauptung wahr ist. Dagegen würde wohl ohne Zweifel der Besitzer zum Beweise kommen, wenn er positiv behaupten könnte, früher als der Kläger beliehen zu sein. Hier ist denn auch schließlich keineswegs gleichgültig, daß die Behauptung, wenn auch ohne eingehende materielle Prüfung seitens des Richters, formell beglaubigt werden muß durch Eid oder Eid mit Eidhelfern oder mit Zeugen.

Die obige Regel, daß die im unbestrittenen thatsächlichen Besitze befindliche Partei zum Beweisrechte unter den oben genannten Voraussetzungen gelange, erleidet aber die wichtige Ausnahme, daß der Besitz, der auf unrechtmäßige Weise erlangt ist, den Vorzug des Beweisrechtes nicht giebt,[14] daß vielmehr in solchem Falle der Gegner zuerst zum Beweise gelangt.[15] Vermöge dieses einer weiteren Begründung nicht bedürfenden Satzes[16] sprechen dann die Quellen die „were" oder „gewere"

---

und tappten im Ungewissen, so daß es uns schwer wird, nachträglich jede ihrer Entscheidungen zu rechtfertigen."

[14] Vgl. Schwäb. Lehnr. 96. Bayer. Landr. c. 205 und Laband S. 185 ff.

[15] Wird die unrechtmäßige Besitzentsetzung geleugnet, so muß darüber als über eine Präjudicialfrage erst Beweis erbracht werden, vgl. Laband S. 187. Sehr oft wird freilich thatsächlich die gewaltsame Besitzentziehung nicht zu leugnen gewesen sein.

[16] Nur eine besondere Anwendung dieses Satzes ist der Vorzug des sog. älteren Besitzes, d. h. des älteren Besitzes, der gegenwärtig noch nicht

auch Jemandem zu, der thatsächlich sich nicht im Bsitze befindet, insofern er, als mit unrechtmäßiger Gewalt Entsetzter, bei dem Streite um das so wichtige Beweisrecht dieselben Vortheile genießt, als wäre er thatsächlich noch in unbestrittenem Besitze. Umgekehrt aber sprechen sie auch von einem Verluste der Gewere in Fällen, wo thatsächlich der Besitz noch vorhanden, ihm aber die rechtliche Bedeutung, z. B. durch Urtheil, entzogen ist.[17])

Vielleicht wird es jetzt möglich sein, zwischen den Auffassungen, welche Stobbe, Laband und ich über die Gewere vertreten haben, zu vermitteln.

Nach Laband ist die Gewere nur der thatsächliche Besitz; nach Stobbe kann sie auch das Recht zu besitzen bezeichnen, und nach meiner Auffassung ist sie ein Besitz, welcher geeignet ist, das Beweisrecht zu verschaffen (eine Präsumtion für das Recht des Besitzers zu begründen).

Genau betrachtet besteht hier, wie ich jetzt mich überzeuge, eine Differenz mehr dem Namen, als der Sache nach. Der Besitz von unbeweglichen Sachen kann wirklich körperlich nur in wenigen Fällen ausgeübt werden. Das Recht wird genöthigt sein, mehr oder weniger fictiv von einem Besitze zu reden, wo die unmittelbare körperliche Einwirkung auf das Grundstück nicht stattfindet. So verhält es sich im römischen Rechte und so ist es auch nach deutschem Rechte, wenn, wie Laband S. 158 ff. ausführt, die Nutzung des Grundstücks als Gewere an demselben erscheint. Die Grenze solcher fictiven Ausdehnung des Besitzes wird hier mehr oder weniger willkürlich genommen werden können. So ist es denn nicht unmöglich, noch von einem fortdauernden Besitze zu reden, wenn zwar thatsächlich der Besitz verloren, derselbe aber, weil der Besitz des Gegners ein offenbar fehlerhafter, unrechtmäßiger ist, jeden Augenblick voraussichtlich wiedergewonnen werden kann, ohne daß dem thatsächlichen Besitzer diejenigen Vortheile zu statten kommen, welche sonst der Besitz gewährt: betrachtet doch auch das römische Recht beim Interdictum uti possidetis Den, der vi, clam oder precario vom Gegner besitzt, nicht eigentlich als Besitzer. In solchem Falle kann man ebensowohl

---

aufgehört hat, in den sich aber die andere Partei mit eingedrängt hat. Vgl. darüber Laband S. 201 ff.

[17]) Vgl. z. B. Sachsensp. II, 24 ff.

von einem Besitze, als von einem Rechte zu besitzen reden; ersteres ist möglich, wenn man mehr den endlichen Erfolg, letzteres wenn man mehr die Sachlage am Anfange des Processes ins Auge faßt. Die Schnelligkeit und Einfachheit des älteren deutschen Proceßverfahrens erklärt es, daß dasselbe hier einfach von Besitz redet in Fällen, wo man nach römischem Rechte und nach heutiger Auffassung, einen bereits verlorenen und nur wieder zu erlangenden Besitz annimmt. Sieht man endlich auf die Vertheilung des Beweisrechtes, so ist es wohl nach den oben gegebenen Ausführungen klar, daß im Allgemeinen der Besitz, das Vorrecht des Beweisrechtes — vorausgesetzt, daß eine geeignete Rechtsbehauptung aufgestellt wird — begründet und, da doch nicht gesagt werden kann, daß ein irgend rationell verfahrendes Recht Demjenigen das Beweisrecht ertheilen werde, dem präsumtiv das Recht nicht zur Seite steht, kann man auch sagen, der Besitz im Sinne der Quellen, die Gewere, welche in gewissem Umfange hinausgeht über Das, was wir noch juristisch als einen bestehenden Besitz bezeichnen, sei ein Verhältniß einer Person zu einer unbeweglichen Sache [18]), welches jener den Beweisvorzug im Allgemeinen sichert (die Präsumtion für sie begründet). Daher dreht denn auch der Streit im germanischen Processe sich immer zuerst um die „Gewere", und da der Besitz in dieser Ausdehnung durch andere thatsächliche Behauptungen noch oft substanziirt wird, so sprechen die Quellen auch von einer verschieden starken Gewere, insbesondere auch von einer rechten Gewere, welche in den meisten Fällen nach kurzem Zeitablaufe den Beweis des Klägers ohne Weiteres abschneidet. Da außerdem in sehr vielen Fällen Derjenige, dem die bessere Gewere zur Seite stand, mit einem sehr allgemein gehaltenen Eide zum Beweise seines Rechtes abkam, mochte er diesen Eid immerhin auch noch mit dem Eide von Genossen zu bestärken haben, mit dem Eide einer gewissen bona fides, so begreift man, daß sehr oft der ganze Streit nur bis zu der Entscheidung über die Gewere und das damit verbundene Beweisrecht Interesse gewährte [19]) und

---

[18]) S. 175 meiner Schrift habe ich nachzuweisen versucht, weßhalb bei Mobilien eine solche besondere Lehre von der „gewere" nicht vorkommt.

[19]) Vgl. auch Laband S. 350.

so factisch als ein Streit über die Gewere erschien, welche letztere dann scheinbar die Stelle des Rechtes selbst einnahm.

Ist aber endlich der factische Besitz unter den Parteien bestritten, und kann hier auch der bereits oben berührte Vorzug des sog. älteren Besitzes nicht entscheiden, so kommt es zu einer inquisitorischen Untersuchung über den factischen Besitz durch die Umsaßen und dann erst zur Entscheidung über das Recht.[20])

Die vorstehenden Bemerkungen dürften genügen, um darzulegen, daß meine Schrift über das Beweisurtheil und Laband's Untersuchungen keineswegs auf einer principiell anderen Grundlage ruhen: die Untersuchung ist nur zu verschiedenem Zwecke von Laband und mir unternommen worden. Daher auch die verschiedene Hervorhebung einzelner Momente und oft eine verschiedene Formulirung. In dem Bestreben, den älteren deutschen Proceß rationell aufzufassen und sein Verständniß von der Herrschaft unklarer oder unrichtiger Formeln (z. B. von der Theorie der sog. Relativität der Besitztitel des deutschen Rechtes, welche ich besonders bekämpfte) zu befreien, stimmen beide Schriften in den Grundanschauungen überein, wie Laband das auch selbst hervorhebt.

Die reiche Ausbeute, welche das Werk Laband's in materiellrechtlicher Beziehung auszeichnet, z. B. über die Auflassung und die rechte Gewere, beabsichtige ich nicht, in den Kreis dieser Bemerkungen zu ziehen, da meine frühere Untersuchung nur gelegentlich das materielle Recht berührte.

Aus dem Codicillus jurium civitatum Megapolensium v. J. 1589

von
Dr. Hugo Söhlau.

In Verfolg seiner Landrechtspläne[1]) hatte Herzog Ulrich von Mecklenburg im Mai d. J. 1589 seine See- und Landstädte einzeln aufgefordert, ihm anzugeben, was von Statuten und Gewohnheiten „in Contracten und andern Dingen" bei ihnen gelte. Neunzehn specielle Fragen waren der Aufforderung beigefügt.

---

[20]) Laband S. 221 ff.
[1]) Vgl. O. Stobbe ROu-Gesch. II. 539 NN. 37 ff.

Die Seestädte d. h. Rostock und Wismar lehnten es in Rücksicht auf ihre Autonomie ab, der Aufforderung zu entsprechen. Auch einige kleinere Landstädte, wie Krakow und Lübz baten, ihnen die Antwort auf die 19 Fragen zu erlaßen, weil sie sich ganz nach der Landes=Polizei=Ordnung v. J. 1572 und nach den Rechten ihrer Mutterstädte richteten. Von zwanzig andern Städ= ten aber sind uns mehr weniger ausführliche Antworten auf des Her= zogs Fragen erhalten. E. J. von Westphalen [2]) hat dieselben zusammt den Erwiederungsschreiben der vier vorgenannten Städte unter dem überschriftlich wiedergegebenen Titel publicirt [3]).

Die Unübersichtlichkeit dieser Publication trägt wol Schuld daran, daß die interessante und ausgiebige Quelle für die Ge= schichte des Privatrechts noch so wenig benutzt worden ist. Viel= leicht rechtfertigt sich daher der nachstehende Versuch, den längst „bekannten" Codicillus durch einen übersichtlicheren Auszug nutz= barer zu machen.

Es sollen die Antworten der 20 Städte auf jede der 19 Fragen, aber nicht, wie bei Westphalen nach den Städten, sondern nach den Fragen geordnet wiedergegeben werden. Die Antworten innerhalb jeder Frage sind dann alphabetisch nach den Städten geordnet. Ein Anhang weist den Zusammenhang der Antworten jeder einzelnen Stadt tabellarisch nach. Der übrige Inhalt des Codicillus, also die Antworten von Rostock, Wismar, Krakow und Lübz, sowie die Begleitschreiben der übrigen Städte nebst Anlagen bleibt fort.

Möchte diese Publication Veranlaßung zu einer kritischen Ausgabe des „Codicillus" werden, der eine solche in hohem Maaße verdient. Westphalen's Edition ist von bekannter Qualität! Daß die, meist von ihm selbst stammende Orthographie seines Druckes im Folgenden nicht beibehalten wurde, bedarf besonderer Rechtfertigung nicht.

I. Von Verkaufung liegender Güter.

1. Boizenburg: Haben wir allhie und ein jegliches besonders keine Lehngüter, sondern Acker und Häuser ist eines jeglichen Erbe, und halten wir uns sonsten nach E. F. Gn. Polizei-Ordnung und dem Stadtgebrauch.

---

[2]) Monumenta inedita I. 2049 seqq.
[3]) Vgl. auch Stobbe a. a. O. 208 N. 5.

2. Neubrandenburg: Alle und jede billige und im
Recht permittirte Contracten sein männiglichen unter Bürgern
und Einwohnern der Stadt frei verstattet und zugelassen,
und werden gemeiniglich schlechte Recessen, unversiegelt auseinander. geschnitten, aufgerichtet, darinnen der Contract
und Handel, wie derselbe unter den Contrahenten auf Zeit
und Art verabredet, zusammt der Unterhändler Namen kürzlich und nach Nothdurft begriffen. Zu Zeiten werden auch
wohl solche Verträge nach Gelegenheit der Personen und
Wichtigkeit der Händel und Sachen versiegelt und von allen
Theilen unterschrieben.

3. Friedland: In allerlei Contracten und Handlungen,
es seien Häuser, Aecker, Gärten oder andere liegende Gründe,
wird der Gebrauch bei uns gehalten: wann der Kauf geschlossen und die Parteien sich umb ein gewisses Kaufgeld ver-
einiget, so wird anstatt des ersten Termins ein genanntes
und namhaftes Kaufgeld bei dem Verkaufer[4]) erleget und
bezahlet, das andere wird nach Gelegenheit und Würden
der Güter auf unterschiedliche Termine verteilet, auf ein,
zwei oder drei Jahre, oder von und zu viertel und halben
Jahren zu bezahlen, als sich dann die Parte vergleichen
können. Es ist aber im stetigen Brauch behalten worden,
da Jemand behandelten Kauf ohne rechtmässige Ursache,
retractiren wollte, als wann der Käufer nicht halten oder
der Verkäufer das verkaufte Gut nicht verlassen wollte, so
muss der Käufer seinen ersten Termin, welchen er erleget
hat, missen und darf ihm der Verkäufer nichts wiedergeben;
imgleichen da der Verkäufer revociren wollte, so muss er
dem Käufer sein ausgelegtes Geld wieder erlegen und noch
so viel dazu als sich der erste Termin beläuft, und nimbt
alsdann der Verkäufer sein Gut wiederumb an, und das heisst
man verkauft.

4. Malchow: Was im Beisein ehrlicher Leute, der[5])
nächsten Freunden, oder aus Nachgeben derselben einem
Frembden vom rechten Besitzer an liegenden Gründen verkauft und in Recessen oder anderen Schriften verfasset wird,
solches hält man für einen gewissen oder unwiderruflichen
Kauf.

5. Marlow: Von Verkaufung der liegenden Güter davon ist dieser Gebrauch, dass dieselbigen vorm Gericht und
Rath in Gegenwärtigkeit der Freundschaft müssen verkaufet
werden und, wo die Freundschaft kaufen wollen, da müssen
die Frembden weichen.

---

[4]) Westphalen: Kaufer.
[5]) Westphalen: dem.

6. Ribnitz: Wird allhie einem jeden, der dazu quali-
ficirt und deme es im Rechte nicht sonderlich verboten,
seine Güter in Nothfällen zu veräussern, zu verpfänden oder
zu verkaufen verstattet [6]), jedoch aber also dass den nächsten Agnaten oder im Mangel derselben den Nachbaren angeboten und präsentiret werden muss. Wann dann dieselben
sich ihrer Priorität begeben und in die Veräusserung mit
einem Frembden consentiren und einwilligen oder auch selbst
contrahiren, muss solcher Contract im Beisein ein oder zwei
des Raths und der nächsten Agnaten vollenzogen und verrecesset werden. Wo aber solche Ordnung nicht gehalten,
wird den nächsten Agnaten das jus retractus und der Ab-
tritt in Jahr und Tag a tempore scientiae zugebilliget.

7. Sternberg: Ist unter uns. dieser Gebrauch, dass
die nächsten Freunde der Kauf angeboten wird, wenn Güter
durch jemanden verkauft werden sollen.

8. Waren: Da stehende Erben oder liegende Gründe
alieniret und verkaufet werden, sind allezeit die nächsten
Blutsfreunde des Verkäufers, so sie Geld aufbringen können,
des Kaufs der Nächste, unangesehen ob schon ein Frembder
bereits gekauft oder den Kauf gemacht hat.

**II. Von Verlassung derselben vor der Obrigkeit und was
der Verkäufer vor der Verlassung an den verkauften
Gütern behalte.**

1. Boizenburg: Wo nach vollenzogenem Kauf der
Käufer so dürftig würde, dass er wiederumb verkaufen
müsste, so muss der Käufer dem Verkäufer es wiederumb
nebst desselben Freunden anbieten, dieselbe dazu dann auch
gestattet werden.

2. Friedland: Wann der Käufer nach Laut und Besage der aufgerichteten Recesse den letzten Termin erleget
hat, so muss der Verkäufer und Käufer öffentlich vor gehegtem Dinge im Gericht treten, und werden ihre Kauf-
briefe verlesen, darnach wird das verkaufte Gut durch den
verordneten Richter drei unterschiedliche Mal aufgeboten:
„Im Namen Gottes, der Landesfürsten, Gerichts und des Raths".
Wenn denn Niemand vorhanden ist, der widerspricht, so
verlässt Verkäufer dem Käufer mit Hand und Mund von
Erben zu Erben, und wann die Verlassung also würklich geschehen, so wird durch den Gerichtsvoigt auf Erkenntnis der
Schöffen dem Käufer und seinen Erben über das verkaufte
Haus und Gut Hege und Friede gewirket, und behält der
Verlasser [7]) und seine Erben gar keine Gerechtigkeit, son-

---

[6]) Westphalen: erstattet.
[7]) Westphalen: Verlassene.

dern da es von [8]) dem Käufer und seinen Erben würde wiederumb zu Kaufe gestellet, ist er nicht näher, als ein Frembder und muss ihm geben, was ihm ein Ander gibt und das
Gut jeder Zeit gelten kann.

3. Marlow: ... halten wir, dass die verkauften Güter, wann sie bezahlet, vor Richt und Rath müssen verlassen
werden. Denn wenn keine Verlassung geschehen, können
die Freunde die Güter alle Wege anfechten und ansprechen.

4. Ribnitz: Ist dieser Stadt Gebrauch, dass der Verkäufer, sobald ihm [9]) der letzte Termin wegen der verkauften Güter erleget und die ganze Kaufsumme bezahlet, dem
Kaufer solche Güter vor dem sitzenden Rath auftragen und
verlassen muss [10]). Alsdenn und nicht eher wird solches ins
Stadt-Buch verzeichnet, und hat der Verkäufer an den verkauften Gütern so lange diese Gerechtigkeit: wann der
Käufer in Erlegung der Termine oder des ganzen Kaufschil-
lings säumig und keine vollenkommene Bezahlung thuen kann,
dass er oder seine Erben die Güter wieder an sich nehmen
und das empfangene Geld wiederumb erlegen mögen, welches aber nicht geschehen kann oder verstattet wird, wann
die Verlassung der Maassen würklich geleistet.

5. Sternberg: Ist bei uns gebräuchlich, wann jemand
Güter verkauft mit Wissen und Willen seiner Freunde, und
keine Zusprache daran thun und haben, dass solches vor der Obrigkeit als einem ehrsamen Rath geschehe, die Verlassung gesuchet und in das Stadtbuch verzeichnet werde. Wäre es
aber, dass etwa der Käufer eine Bedingung sich vorbehalten
wollte, wird solches verschrieben und darüber gehalten.

6. Waren: Da der Verkäufer in den Contracten des
Verkaufs und auch in der Verlassung für sich behalten, dass
er und seine nächsten Freunde, wenn solche Güter vom
Käufer wiederumb verkauft werden sollten, die Nächsten dazu sein wollen, muss es also gehalten werden. Da es aber
nicht fürbehalten wird und die Verlassung fürm Rath geschehen, wird alsdann der Kauf ins Stadtbuch verzeichnet,
und mag nachmals Käufer dasselbe verkaufen, wem er will.

Zu I und II.

1. Malchin: Ist bei uns bishero die Gewohnheit gewesen, wann Aecker, Gärten oder Häuser erblich gekauft
und bezahlt werden, dass alsdann der Verkäufer dem Käufer dasselbe quitt und frei ohne Einsage für uns verlassen und ins Stadtbuch geschrieben werden muss: wo nicht,

---

[8]) f. bei Westphalen.
[9]) Westphalen: er.
[10]) Westphalen: aufgetragen und verlassen werden.

ist dasselbe verfallen Gut. Sonsten auch ·geschieht es wol
zu Zeiten, doch gar selten, dass der Verkäufer für sich,
seine Erben und nächsten Freunde den Wiederkauf, doch
mit Erstattung der Besserung thut vorbehalten.

2. Parchim: Wenn ein Haus oder Erbe verkaufet
wird mit aller seiner Zubehörunge an Acker, Wiesen, Garten u. a. m., so geschieht dasselbe in Gegenwart des Käufers und Verkäufers sammt derselben darzu gebetenen Freun- ·
den. Und muss alle dasjenige, was dazu behörig und gelegen gewesen ist, dabei gelassen und vom .Verkäufer nicht
verschwiegen oder untergeschlagen werden. Die Kauf-Summa
wird in Jahr und Tag auf drei Termine erleget. Und wo
von dem Erbe vom Verkäufer [11]) etwas verschwiegen und
abgebracht und der Käufer in Jahr und Tag solches aus-
fragen kann, muss der Verkäufer ihme solches dazu wieder-
verschaffen, oder so viel, als dasselbe würdig geachtet werden kann, an der Kauf-Summa· abgekürzet werden. Wann
auch der Kauf vollenzogen ist, so wird derselbe mit dem
Gottespfenning bestätiget, oder mit dem Wein-Kauf geschlossen, auch bisweilen wol ein·Kauf-Zettul darüber aufgerichtet.
Wann das letzte Geld auf den dritten Termin, wie vor gemeldet, erleget, so wird solches Erbe und verkauftes Haus
auf dem Rathhause für dem regierenden Bürgermeister, dem
Kämmerern [12]) und dem Stadtschreiber vom Verkäufer für
sich und seine Erben dem Käufer erblich abgetreten, verlassen und alsofort die Verlassunge in der Stadt Buch verzeichnet, und behält der Verkäufer gar nichts daran. Wird
aber der Käufer in der Bezahlung vor der Verlassung säumig und in Jahr und Tag die Kauf-Summam nicht sämmtlich
bezahlen würde, so ist der Verkäufer oder desselben Erben,·
ihre unverlassene Erbe und Guth wiederum an sich zu nehmen, befugt, und wird der Käufer dasjenige, was er auf das
erkaufte Gut und Erbe erleget, von wegen seiner Versäumnis, wenn solches zu Rechte gelanget, vermöge dieses Stadt-
Gebrauchs verlustig erkannt. Was andere liegende Gründe,
als Hopfen-Garten, Kohl-Garten, Wiesen oder Aecker u. a.
m. anlanget, wird auch wol bisweilen ins Stadtbuch verschrieben, oder auch wohl durch instrumentirte Kundschaft
sothane Gründe justo emptionis et venditionis titulo verkauft
und verhandelt, werden dem Käufer mitgeteilt und gegeben.
Wo aber hierunter liegende Güter befunden, da ein Rath
oder die Oeconomey [13]) Grundpacht inne haben, bleibt [14]) die-

---

[11]) Westphalen: Käufer.
[12]) Westphalen: Kehmer-Herrn.
[13]) Kirchen-Oekonomie.
[14]) Westphalen: bleiben.

selbe in dem Grunde unabgelöst bestehen, und müssen sothane Pächte vom Kaufer aus den Gütern jährlich auf bestimmte Zeit den Kirchen, Hospitalien oder dem Rathe entrichtet werden.

3. Penzlin: Von liegenden Gütern muss es den nächsten Freunden geboten werden, und so es auf'm Stadtbuch
verlassen, kann das nicht wieder gelöset werden.

III. Vom Nähergeltungsrecht der Freunde und Nachbaren.

1. Boizenburg: ... thut man sich, so viel müglich,
nach E. F. Gn. Policei-Ordnung und dem rechtlichen Gebrauch halten.

2. Friedland: Wenn Jemand ein Gut verkaufen will,
es sei erblich oder pfandesweise, so muss er dasselbe zuvor
seinen nächsten Freunden anbieten oder von der Kanzel
anzeigen lassen. Wollen denn die Freunde nicht kaufen, so
ist der Nachbar, welcher zur rechten Hand lieget, alle Wege
nach altem Gebrauch der Nächste, es wäre denn Sache, dass
ein Frembder allbereits davon interessiret und Geld darauf
gethan.

3. Malchin: ... ist bishero in E. F. Gn. Stadt der
Gebrauch gewesen, wann Aecker, Gärten, Häuser oder sonsten Güter an Frembde verkauft worden, dass dennoch die
Freunde, wann sie das erlegen, was ein Frembder geboten,
das jus protimiseos haben, wie dann auch bisweilen solches
mit den Nachbarn sich zuträgt.

4. Marlow: Der dritte Punkt wird also gehalten, wie
beim ersten vermeldet, dass nämlich die Freunde an den
verkauften Gütern vor den Frembden müssen zugelassen
werden. Doch müssen sie davor geben, was ein Frembder
davor bezahlen will.

5. Parchim: ... ist allhie bis dahero der Gebrauch
also gewesen, dass ein Blutfreund alle Wege Kaufes und
Pfandes, der Nächste gewesen und noch sei. Was die Nachbarn betrifft, so haben dieselben für einem andern Bürger
in sothanem Kaufe keinen Vorzug gehabt.

6. Penzlin: So etwas verkauft, muss es erstlich und
zuvor den nächsten Freunden angeboten werden.

7. Ribnitz: Wird es allhier beständig gehalten, wie
beim ersten Punkt vermeldet: nämlich dass ein Jeder, der
seine liegenden Güter verkaufen will, solches mit Vorwissen
und Bewilligung seiner Freunde oder Nachbarn thuen, und,
wo dieselben mit ihme kaufen oder, was ein Frembder davor geben will, thun wollen, ihnen solches vor einem Frembden gestatten und ihnen ihr jus protimiseos oder prioritatis
gönnen muss.

8. **Sternberg:** ... ist nun bei uns gebräuchlich, dass die nächsten Freunde den [15]) Kauf vor einem Frembden haben und auch dabei geschützet werden.

9. **Waren:** Von Nähergeltung der Freunde wird's also gehalten, wie im ersten Artikel gemeldet. Die Nachbarn belangend ist diese Gewohnheit, dass, so einer, so keine nahe Blutsfreunde hat, liegende Gründe zu verkaufen Willens, sind dieselben, so ihm an der nächsten Fahre liegen, da sie Geld aufbringen können, des Kaufs Nächste.

Zu II und III.

1. **Neu-Brandenburg:** Es stehet auch unter Bürgern und Inwohnern der Stadt einem Jeden frei, liegende Gründe, weme er wolle, zu verkaufen, jedoch mit dem Bescheide und Fürbehalt, dass der Verkäufer dieselben Güter zuvürderst zuvorher seinen nächsten Freunden und Verwandten durch zwo wohnhafte Bürger zu Kaufe anzubieten schuldig sein soll. Thuen sich dann dieselben Freunde des Kaufes ohne Behelf und Einrede verziehen und begeben, so sollen fürs Andere die Güter den zu allen Seiten, in Sonderheit und zuvörderst aber den nächsten Nachbarn, nach der Stadt Werth zu kaufen, für allen Andern aufgetragen werden. Und mag der Verkäufer [16]) auf den Fall derselben Kauf Verweigerung solche Güter Andern und Frembden zu seiner bessern Gelegenheit zu verkaufen und zu überlassen wol befugt sein, woferne sonsten Niemand, daran interessiret, Macht und Gewalt habe. Denn woferne Jemandes daran erhebliches Interesse haben würde, derselbe kann zur Zeit der Verlassung die Immission dadurch hindern und aufhalten und den Kauf nach Gelegenheit annulliren und aufheben. Also und auf diese Art und Weise wird es auch mit Häusern und andern Privatgebäuden der Stadt gehalten und sowol für die liegenden Gründe das bestimmte Kaufgeld auf gewisse Termine in Jahr und Tag a tempore contractus erleget und gänzlich bezahlet, und bei Erlegung des letzten Termins Kaufgeldes von dem Käufer im Gericht und gehegetem Dinge die Immission der erkauften Güter durch den Gerichts-Procuratoren offentlich bei dem Richter und Schöffen gefordert, die der Richter auch Amts halber, wann zuvorher der Verkäufer gefraget worden, ob er von seinen verkauften Gütern ablässt und dazu: ja! gesaget, auch Niemandes vorhanden, der dawider Einrede hätte, stipulata manu dem Käufern würklich allda in der Gerichtsstelle in Beisein des ganzen Umbstandes thut. Und behält der Verkäufer

---

[15]) Westphalen: den n. Freunden der.
[16]) Westphalen: Käufer.

für solcher gerichtlichen Immission an die verkauften und
tradirten Güter keine andere Gerechtigkeit, denn tacitam
hypothecam et prioritatem des unbezahlten Kaufgeldes hal=
ber besage der Rechte. Und können folgends nach solcher
Verlassung die verkauften und verlassenen Güter von Niemandes belanget oder besprochen werden.

2. M a l c h o w: Wann beide, fürnehmlich aber des Verkäufers Freundschaft im Kauf williget und wird ins Stadtbuch geschrieben, das wird kräftig gehalten. Soll aber dasselbe wieder verkauft werden, fürnehmlich wanns liegende
Gründe und stehende Erbe sind, so wird's der Freundschaft
zuerst wieder angeboten, von welchen zuvor es ist verkauft
worden. Wann ein Haus, Acker oder Garten· soll verkauft
werden hat der nächste Freund für einen Andern und ein
Bürger für dem Frembden den ersten und nächsten Kauf
daran.

Zu I, II und III.

1. B r ü e l: Wir armen Leute seiend wol, unsere liegende
Güter zu verkaufen und zu verändern, mächtig, aber mit
Consens und Vorwissen unseres vorerwähnten Junkern [Reimar
von Plessen], vor welchem und dem Rathe auch die Verlassung geschehen muss. Und behalten die Verkäufer vor
sich und ihre Erben an den verkauften Gütern nichts, als
auf den Fall den nähern Kauf. Und muss der Verkäufer
dem Käufer des ein Wort sein, und wird Alles in das
Stadtbuch verzeichnet. Von Nähergeltung der Freunde und
Nachbarn richten wir uns nach E. F. Gn. Polizei-Ordnung,
also auch in andern gebräuchlichen Fällen.

2. G r a b o w: Von Contracten, was davon vor Nachrichtung in den Stadtbüchern zu Grabow befunden. Contrahenten sollen ihre Handlungen dem Rath entdecken und
umb einen ihres Mittels und den Stadtschreiber bitten, welche
der Handlung beiwohnen und schriftlich verfassen. Stehende
Erbe und liegende Gründe sollen innerhalb Jahr und Tag
auf angesetzte Termine bezahlt werden. Und da vielleicht
von den Hausäckern und Wiesen etwas ausgesetzet und verpfändet, soll von dem ersten Termin eingelöset und wieder
zu dem Hause, dazu es gehörig, gebracht werden. Bei Verkaufung solcher Güter werden gemeiniglich diese Gebräuche
gehalten. Der Käufer gibt dem Verkäufer, wann sie des
Kaufes eins, einen Gottes-Pfenning, ferner, wann der Handel
durchaus richtig, werden Termine zur Bezahlung angesetzt.
Wann der Verkäufer vor ein quitt und frei Erbe, der Käufer aber vor die Bezahlung Bürgen gesetzet und kein Teil
mehr einzuwenden hat, muss der Verkäufer [17] nebenst seiner

---

[17]) Westphalen: Käufer.

Frauen dem Rathsverwandten mit Handtastung .das Erbe
verlass- und abtreten, welcher es hinwiederumb dem Käufer
mit Handtastung übergibt und eine Antwort mit Repetirung
der Handlung thut. Darauf der Weinkauf geschiehet und
getrunken wird. Und ist üblich, dass der Verkäufer sich
fürzubehalten pflege, da der Käufer in Ablegung des Kaufgeldes in einem oder mehr Terminen fällig wurde und die
gedingete Zahlung zu rechter, bestimmter Zeit nicht thäte,
dass er dasjenige, was er darauf bezahlet, verfallen sein und
das gekaufte Gut wiederumb abtreten solle. Auch ist gewöhnlich, dass der Verkäufer, wann das Verkaufte von dem
Käufer wiederumb verkauft sollte werden, die Erstigkeit für
sich, seine Erben und nächsten Agnaten vorzubehalten pfle-
get. Es soll derjenige, so freiwillig oder aus Noth sein Haus
oder andere liegende und angeerbte Güter verkaufen muss,
dieselben seinen nächsten Agnaten und Erben erstlich anbieten.

3. Güstrow: Mit Verkaufung liegender Güter wird es
vermöge der Ordnung, die der Bürgerschaft jährlich fürge-
gelesen wird, allhier also gehalten, dass keiner, der nicht
Bürger ist, stehende oder liegende Gründe an sich bringen
kann, auch solches kein Bürger selbst ohne des Raths Vorwissen thun mag, damit den Kirchen, Hospitalien und Rathhause an ihren darin stehenden jährlichen Hebungen und
Pächten nichts untergeschlagen oder entzogen mögen werde.
Wann dann Güter also, auf den Fall die nächsten Freunde
sich des Kaufes begeben, an Andere rechtmässig verkaufet,
und folgendes beim Rath umb derselben Erlassung angesucht,
und die von Freunden nicht angefochten wird, kann dieselbe
wie gebräuchlich geschehen. Da sie aber beigesprochen
wird, kann sie nicht gestattet oder zugelassen werden, und
behalten in dem Fall die nächsten Freunde den Vorzug,
können auch gegen Erlegung des Kaufgeldes dazu gelangen.

4. Lage: Ist dies unsere Ordnung von Alters her:
Sobald Jemand etwas verkäuft, wird mit unserm Wissen und
Willen ins Stadtbuch verzeichnet und von dem ältesten Bür-
germeister verlassen. Und was er nach Verkaufung, es sei
Acker oder Häuser vor sich behält, wird er billig dabei ge-
schützt.

5. Plau: Wenn allhie stehende Erbe oder liegende
Güter, wie die Namen haben mögen, verkauft, also werden
dieselben öffentlich von der Kanzel abgekündigt, damit es
männiglichen wissend, sich auch die nächsten Agnaten oder
Freunde (,quibus hoc in loco competit jus protimiseos,) nicht
ihrer Unwissenheit halber zu beklagen, — von dem Käufer
oder Verkäufer contrahiret und mit brieflichen Urkunden
bescheiniget. Also muss der Käufer zu dreien Terminen

und also zu Jahr und Tag bezahlen. In Nichthaltung aber
wird ihm, dem Käufer, von der erlegten Summa —, jedoch
cum moderatione, — dem Verkäufer zum Besten abgezogen;
so muss er auch den fürstlichen und Rathsbruch, so darauf
in Nichthaltung gesetzt, erlegen und entrichten. Wann aber
der letzte Termin zum richtigen Kaufe erleget, als werden
solche Güter auf ihrer allerseits Begehr vorm Rathe verlassen, auch die Verlassenschaft sowol, als das bezahlte Kaufgeld darnach in des Raths oder Stadt Buch gezeichnet, und
erlangt also der Käufer die würkliche Possession. Da auch
der Wiederkauf ausgedingt, als wird, wo es dazu kömmt
und woferne es mit verzeichnet, darüber gehalten. Da auch
der eine Nachbar mit dem anderen sammende Güter im Gebrauch hätte, als ist der Nachbar für dem frembden Pfander
und Käufer der nächste.

    6. Sülz: Ist allhier . . . gebräuchlich, dass Alles, was
für Richt und Rath verkaufet wird, soll Kraft und Macht
haben. Darnach wann dieselbigen liegenden Güter bis auf
den letzten Termin und zum Ende bezahlet sind, auf das
Stadt-Buch oder Protokoll verzeichnet werden. Dann der
Verkäufer dieselbigen in Gegenwärtigkeit des Raths verlassen muss.

    7. Teterow: Wird es so gehalten, dass wann einer
aus Noth oder freiem Willen ein Stück Acker, eine Wiese,
Garten oder Haus und Hof erblich verkaufen will, dass ers
ersten seinen Freunden und nächsten Erben, oder wo derselben keiner vorhanden einem Bürger für einem Frembden
anbieten muss, und kann in diesem Fall ein Freund und
Erbe, wenn es ihm ersten nicht angeboten, einen Bürger,
wann schon der Kauf gemacht, Weinkauf darüber getrunken
auch Geld darauf gegeben oder ganz bezahlt, wiederumb
mit Hülfe des Raths gegen Wiedererstattung des darauf
ausgelegten Geldes entsetzen. Als auch ein Bürger einen
Frembden wenn er allhie nicht die Bürgerschaft gewonnen
und seinen bürgerlichen Eid geleistet. Der Verkäufer ist
schuldig, wenn er den letzten Termin des Kaufgeldes empfangen, dem Käufer das, was er ihm verkauft, auf Stadtbuch quitt und frei zu verlassen, auch aller Ansprache noth-
und schadlos zu halten. Es geschicht auch wol die Verlassung auf zweierlei Weise: die eine erblich, die andere
mit einer Condition, als wann der Verkäufer oder seine
Erben es wieder erkaufen wollten und umb so viel, als er's
an sich gebracht, wieder verkaufen muss. Wann aber der
erste Verkäufer oder seine Erben es nicht wieder kaufen
wollten und der Käufer mehr davor bekäme, als er dafür
gegeben, kann er der Uebermaasse, die er sich vorbehalten,
mächtig werden und darumb billig fürdern.

8. Wittenburg: Was an liegenden Gütern, als Aecker, Garten, Haus und Hof verkaufet wird, damit wird's allhie also gehalten. Wann dieselben mit Vorwissen eines ehrbaren Raths und Gerichts und ihrer Zugeordneten verkauft, Verträge aufgerichtet und darnach solcher Contract in Gegenwart beider Parteien und zwei oder drei Bürgern umb Zeugnis Willen für'm Stadtbuch vollenzogen, verlassen, aufgetragen und eingeschrieben wird, dasselbe wird für beständig gehalten und die Parten dabei geschützet. Da aber sonsten heimliche Contracten geschehen und folgendes unter dem Käufer und Verkäufer oder derselbigen Erben Irrungen entstünden und darüber geklaget wird, wird der Vertrag für nichtig gehalten, und müssen sich die Parten darumb von Neuem entweder in Güte oder zu Rechte vergleichen.

Im Erbkaufen wird nichts vorbehalten, es wäre dann, dass es in specie per expressum in den Verträgen oder in Einschreibung des Stadtbuchs gedacht, deren Buchstaben und Verträgen, so derentwegen aufgerichtet werden, allerdings zu folgen.

Die Freunde und Blutsverwandten werden vermöge dieser Stadt Gewohnheit denen Frembden in allem Kaufen und Verkaufen vorgezogen, so ferne sie die Güter so theuer, als ein Frembder dafür beut, bezahlen wollen und den Kauf in Jahr und Tag anfechten und das Kaufgeld erlegen lassen. Wo aber sie solches binnen Jahr und Tag nicht anfechten, werden sie darnach mit ihrer Klage abgewiesen.

9. Woldeck: Dass . . . von Alters her der Maassen beständig gehalten, dass zu Kaufung der liegenden Güter die Freunde, woferne sie dieser Orten bei uns vorhanden, des Kaufes die nächsten seien, und dem oder denselben solcher Kauf muss von den Freunden aufgetragen und geboten werden. Und da solche Freunde des Kaufes sich entschlagen oder den billigen Werth, so ein Anderer dafür [,woferne sie in Güte nicht handeln können und gerichtlich ästimiret werden muss,] nicht geben wollen, so stehet dem Verkäufer frei, solche liegende Güter seinem Nachbarn und einem Frembden ausserhalb der Freundschaft zu verkaufen, und da solcher Kauf von dem Verkäufer [18]) gerichtlich verlassen und in das gerichtliche Schöffenbuch verzeichnet, als wird der Käufer und seine Erben bei solchem Kauf billig geschützt und gelassen. Es behält der Verkäufer, woferne er gänzlich nach beschlossenem Kauf in Alles bezahlet, für der Verlassung an den verkauften Gütern nichts. Und sobald das letzte Kaufgeld erleget und entrichtet, wird auch ohne Versäumnis die Verlassung vollenzogen. Würde aber die Ver-

---

[18]) Westphalen: Käufer,

lassung unterlassen und nicht von Käufern und Verkäufern
gerichtlich nach Stadtgewohnheit vollenzogen, so wird auf
erfolgten Wiederruf solches Kaufs, — woferne er mit beständigen Recessen und genugsamen Zeugen, dass kein Betrug noch Vervorteilung darin gewesen, nicht bewiesen —,
derselbe für nichtig und unkräftig gehalten. So ist auch der
Verkäufer nach Stadtgebrauch, die Gewährschaft zu thun
und den Käufer schadlos zu halten, schuldig.

IV. Vom Wiederkauf und Ablösung jährlicher Zinsen und Gülten.

1. **Boizenburg:** Ein Jeglicher muss nach Inhalt Brief
und Siegel, oder wie die Contracte lauten, halten und bezahlen.

2. **Neu-Brandenburg:** W. u. A. j. Z. gehet jetziger
Zeit zu N. Br. anderer Gestalt nicht, denn wie es nunmehro
hin und wieder mit ausgethanen zinsbaren Hauptsummen zu
5 aut 6 pro Centum gehalten wird. Wie und welcher Gestalt es aber in Vorzeiten mit wiederkäuflichen Contracten
gehalten worden, solches weisen die der Kirchen und dem
Rathhause eingelösten Exemplare und vorhandene alte Briefe
und Siegel klärlich aus.

3. **Brüel:** Weil derselben keine vorhanden seien, ist
dasselbe bei uns nicht gebräuchlich.

4. **Friedland:** Es werden bei uns keine Güter auf
Zinse gethan oder verkauft, als wol in andern Städten gebräuchlich ist, sondern auf liegende Gründe oder Bürgen
auf gewisse Jahrschaare, und behält sich ein Jeder vor die
Loskündigung eines halben oder viertel Jahres. Und auf
den Fall das Geld von dem Debitore nicht erleget wird, so
behält der Creditor sein Pfand und liegende Gründe so lange,
bis der bezahlet wird; oder so er Bürgen hat, die müssen
bezahlen,

5. **Grabow:** ... finden wir kein sonderlich Statutum,
wird darin nach ausgegebener Haupt-Verschreibung verfahren.

6. **Güstrow:** W. u. A. j. Z. geschehen, wie sich die
Contrahenten ihrer selbst eigenen Gelegenheit nach darüber
vergleichen und gegen einander verpflichten und verschrei-
ben. Und wird aufgerichteten Verträgen und Verschreibungen
in solchen Fällen billig nachgelebet und darüber gehalten.

7. **Lage:** Weiss man bei uns nichts Sonderliches von,
dass allhie solches, weilen es mehrenteils Armuth, geschicht.

8. **Malchin:** Solche Contracten sind bei uns nicht gebräuchlich.

9. **Malchow:** Wann einer Geld auf Zinse oder Acker
hat, so wird's auf gewisse Loskündigung laut des Vertrages
wiederumb eingefürdert. Ist aber der Acker, darauf das

Geld gethan, vom Einhaber gemistet, braucht er denselben
zu dreien Malen mit säen, auf dass der Mist wiederumb
daraus gebauet werde [19]).

10. Marlow: Wann einer ein Gut, Acker oder andere
liegende Güter verkauft [vor Richt und Rath] und der Käufer kann seinen Termin nicht halten, der ihm gesetzet, und
wird darüber verklaget, so gibt der Verkäufer oder die
nächsten Freunde und Verwandten das Geld wiederumb aus,
und der Käufer muss abtreten und den Andern folgen lassen.
So aber Renten, Zinse, so Kirchen oder Geistlichen gehören,
müssen dieselbigen den Vortritt haben.

11. Parchim: ... richtet man sich juxta tenorem
literarum welche wegen sothaner jährlichen wiederkäuflichen
Zinsen aufgerichtet und demjenigen, so das Geld ausgeliehen,
gegeben worden.

12. Penzlin: Wird bei uns gepracticiret vor hundert
Gulden sechs Gulden, bisweilen fünf Gulden.

13. Plau: Dieser Articul wird dermassen gehalten:
Wann ein Gut an stehenden Orten und liegenden Gründen
wiederkäuflich umb jährliche Zinsen versetzt, und welchem
Theile es nicht länger beliebet, als wird die Zeit der Loskündigung in der Verschreibung gesetzt. Und wann der
dominus censitico und e converso censiticus domino zu rechter Zeit vermeldet, als muss das Geld erleget und das Gut
dagegen wieder abgetreten werden.

14. Ribnitz: Davon wird allhie also gehalten: wo jemand von seinen liegenden Gütern oder dieselben alle einem
verkauft, versetzet und verpfändet und sich in den Haupt-
verschreibungen den Wiederkauf und gewisses Ablösungsgeld
vorbehalten, ist der sowohl als der andere Teil sich darnach zu richten schuldig. Auch wo der Verpfänder den
Wiederkauf und Ablösung nicht thun kann, bleibet das Gegen-
teil so lange bei seinem Pfande. Wo er aber das Pfand
nicht sondern sein angelehntes Geld wieder haben will und
darumb gerichtlich gestritten wird, wird ihm dieselbe Bezahlung oder das Pfand zuerkannt, und wo das Pfand nicht
zulangen kann, wird ihm aus andern des Verpfänders Gütern
ferner verholfen. Hat aber einer für seine Schuld Bürgen
und kein Pfand, beschicht die Execution gegen die Bürgen;
aber doch wo die Bürgen begehren, dass ihrer Principalen
Pfande für die ihren gehen und genommen werden mögen,
wird solches gerichtlich erkannt; wo aber so viel Pfande
nicht vorhanden, müssen die Bürgen von dem Ihren erstatten.

15. Sternberg: In solchen Fällen gehet bei uns der
gemeine Gebrauch sechs oder fünf vor hundert. Und nach

[19]) Vgl. VI. 5.

gethaner Loskündigung solche Hauptsumma und Zinsen ab-
gelöset und bezahlet werden müssen.

16. Sülz: Ist allhie gebräuchlich dass einer dem andern ein halb oder ganz Jahr zuvor die Loskündigung thun
und darauf auf gemeldete Zeit sich richtig einstellen sollen.

17. Teterow: ... wissen wir nicht dass dergleichen
Contracte bei uns geschehen. Wann aber noch etwas her-
vorkäme, dass uns jtzo unwissend, müsste man sich alsdann
nach Inhalt desselben, wieferne es den Rechten gemäss, richten.

18. Waren: ... haben wir, weil des bei uns wenige
Exempel fürfallen, keine sonderbare Gewohnheit.

19. Wittenburg: In diesem Fall richtet man sich auf
beständige genugsame Urkunden und auch schriftliche und
zu Recht beständige, auch für der Obrigkeit und Stadtbuch
aufgerichtete Verträge.

20. Woldeck: ... ist bei uns kein Gebrauch noch
einiges Exempel vorhanden, sondern werden nur von Hauptsummen, so lange dieselben unabgegeben bleiben, die land-
gebräuchlichen Zinsen bezahlet. Dafür, wo keine Hypothek
sondern Bürgen und Bürgschaften gesetzt, müssen die Bürgen,
wofern der Principal säumig oder nicht jährlich einhält, ihren
Strang so hoch sie gelobet bezahlen und hernach an des
Principalen Güter, wofern sie vorhanden, sich solcher Zahlung wieder zu erholen haben.

V. Von Schadloshaltung und Gewährung, dazu der Verkäufer dem Käufer verpflichtet.

1. Boizenburg: Der Verkaufer muss dem Kaufer nach
Laut des gemachten Contracts das verkaufte Gut gewähren,
dabei im Contract gemeiniglich eine Pön gesetzt.

*2. Neu-Brandenburg: Es ist in der Stadt Br.
Schadelos-Bürgschaft unter Creditoren und Debitoren und
Fidejussoren, der Stadt sämmtlichen Bürger und Einwohner,
fast ungewöhnlich; jedoch da es geschicht, wird der Schade-
Bürger, wann zuvor die Fidejussores im nicht Zahlungs Fall
des principalis debitoris von dem creditore executiret werden, den Fidejussoribus die Zahlung zu erstatten vermögen
der Rechte compelliret und angehalten.

3. Friedland: Der Verkäufer muss den Käufer jederzeit gewähren und schadlos halten und vor Ansprach vertreten.

4. Güstrow: ... wann einer dem andern etwas verkauft oder verschreibet, auch wol oft für den Kauf sowol
als Lieferung der erkauften Güter Bürgen gesetzt werden,
so muss, auf den Fall mittler Zeit Verhinderung darzwischen
käme oder Schade geschehe, der Principal oder seine aus-
gesetzten Bürgen woferne die kundbar und beweislich dazu
schuldig, davor gehalten sein.

5. Lage: ... halten wir diese Gewohnheit: da jemandes
etwas verspricht, musste der Nichthaltende dem Haltenden
erlegen etc. [sic!]

6. Malchin: Wird bei uns der Gebrauch gehalten, dass
der Verkäufer dem Käufer das verkaufte Gut quitt und frei
ohne Ansprache gewähren muss. Und da einige Ansprach
wegen einer hypotheca oder sonsten geschicht, muss der
Verkäufer dasselbe frei machen. Wo aber der Verkäufer
des Vermögens nicht ist, das Gut zu freien, hat der Käufer
nach Billigkeit mit dem Besprecher zu handeln.

7. Malchow: Wann einer einem andern ein Haus,
Acker, Garten oder sonst etwas verkaufet und der Verkäufer
verpflichtet sich gegen den Käufer, er will ihm für allen
Anspruch gut sein, muss der Verkäufer auch solches thun
und halten.

8. Marlow: Wenn einer einen anderen zur Bürgschaft
eingesetzt in solchen Contracten, da liegende Gründe oder
sonst etwa ein Haus verkaufet wird, und der Principal nicht
kann bezahlen und der Bürge darüber Schaden bekommt,
muss er denselben so Schaden gelitten wiederumb entfreien
und bezahlen.

9. Parchim: Wann jemand dem anderen etwas verkauft, ist der Verkäufer in alle Wege dem Käufer dasselbe
zu gewähren schuldig. Kann er solches nicht thun und
Schade dem Käufer daraus entstehet, muss er denselben
Schaden ihm wieder erstatten.

10. Penzlin: ... muss der Verkäufer vor die Eviction,
Gewähr, Bürgen setzen, der Käufer aber vor die Kaufsumme.

11. Plau: Kürzlich zu setzen es wird allhier gehalten:
wer unter Kaufen und Verkaufen dem andern Schaden zu-
füget und dessen überwunden, derselbe muss ohne Widersprechen denselben resarciren.

12. Ribnitz: Wird es allhier nach den gemeinen beschriebenen Rechten gehalten, dass nämlich derjenige, so
einem liegende Gründe für frei und eigenthümlich verkauft,
ihm dieselben also muss gewähren, und wo er der Käufer
darum angefochten oder gerichtlich besprochen und darumb
in Schaden geführet, dass ihn der Verkäufer vertreten und
in alle Wege noth- und schadlos halten muss. Und wo er
sich dessen äussert und gerichtlich darumb besprochen, wird
er, wo er keine beständigen exceptiones und Schutzwehren
anbringen können, dazu mit Gerichtszwang compelliret und
angehalten oder muss sich sonsten der Caution und Nicht-
wehrung halben mit ihm vertragen.

13. Sternberg: Nach dem unsern Gebrauch, so etwa
ein Gut verkauft und der Verkäufer dem Käufer solches
nicht halten kann, und dem Kaufer beweislicher Schade dar-

aus ergehet, wird der Verkäufer dahin mit Rechte gedränget solches zu bezahlen.

14. Sülz: . . . Ist allhie gebräuchlich, dass, wann das Gut zu Ende bezahlet ist, so soll der Verkäufer und nicht der Käufer zu den nachstehenden Schulden zu antworten verpflichtet sein.

15. Waren: Da einer einem etwas verkauft hat und der Verkäufer vermöge des aufgerichteten Contracts alle Termine völlig erleget und bezahlet und vom Verkäufer die Verlassung fürm Rath geschehen, auch in Stadtbuch verzeichnet, muss der Verkäufer Käufern solches ein Gewähr sein und ihn für alle Ansprüche schadlos halten.

16. Wittenburg: Der Verkäufer ist schuldig, dem Kaufer das verkaufte Gut laut zwischen ihnen getroffenen Contracts zu gewähren. Darüber vermöge unserer Stadtgewohnheit gehalten und dem Kläger verholfen.

17. Woldeck[20]).

VI. Von Verpfändung der liegenden Güter.

1. Boizenburg: . . . so werden darüber Recesse aufgerichtet darnach sich ein jeglicher hat zu richten.

2. Neu-Brandenburg: Mit Verpfändung der liegenden Gründe und stände Stellen das ist Häuser und sonst allgemeine auch Privatgebäuden der Stadt wird es also in üblichem Gebrauch gehalten, auch jährlich zu zweien Malen unter anderen der nothwendigsten Punkte der Polizeiordnung publiciret, dass niemand von den Bürgern und Einwohnern der Stadt sich unterstehen solle, angeregte unbewegliche Stadtgüter ohne Fürwissen und Willen E. E. Raths zu verpfänden. Und wenn solche Pfandschaft mit Consens E. E. Raths geschicht, alsdann soll der Contract mit allen seinen Umständen in Gegenwart des Raths in derselben Memorialbuch durch den Stadtschreiber verzeichnet und eingeschrieben werden. Und behält durch solch ein Mittel alsdann der Pfandkaufer an denselben Pfanden primam hypothecam für allen andern Creditoren. Und können solche verpfändete Güter auch für Ausgange der Jahrschaare, wanngleich der Pfandverkäufer in mittler Zeit mit Tode abgeht, an die Erben nicht verledigen, und muss keiner dem andern von seiner Haus- und Hofstätte binnen der Stadt anderer Gestalt nicht denn wiederkäuflicher Weise veräussern und solches zur Nachrichtung in dem Gerichtsmemorial verzeichnen lassen.

3. Brüel: Mit den verpfändeten liegenden Gütern hat es die Gelegenheit, dass der Pantner das Unterpfand so

---

[20]) Vergl. oben zu I. II. und III. Nr. 9 a. E.

lange vor sein ausgeliehen Geld gebrauchet, bis er seines Pfandschillings wiederumb befriediget ist.

4. Friedland: Wird es gehalten, als zuvor bei dem fünften Punkt gedacht.

5. Grabow: Ausgesetzte und verpfändete Aecker sollen vor Lichtmessen, die Wiesen aber vor Philippi Jacobi eingelöset werden. Und weilen Kauf Heuer austreibt, soll dem Inhaber, so einer seinen Mist aus dem Acker noch nicht vollenkommlich ausgebauet, nach Gebühr Erstattung dafür gethan oder bezahlet werden [21]).

6. Güstrow: Mit Verpfändung liegender oder stehender Güter wird es mit dem, wie mit Verkaufung derselben aus obberührten Ursachen gehalten, dass es nämlich auch mit des Raths Willen geschehen und den nächsten Freunden zuvor verkundet und angeboten werden müsse, welche Eins sowol, als das Andere hindern und einem Fremden vorgehen und ausschliessen mögen.

7. Lage: . . . halten wir diese Gewohnheit. Da die Zeit verflossen und das Geld erleget, muss solches bei Pön E. F. Gn. abgetreten werden.

8. Malchin: Solcher Gebrauch wird bei uns allein unter den Parten vermittelst schriftlichen Contracten gehalten.

9. Malchow: Wann einer Geld auf Acker oder Garten thut, so brauchet er das Pfand so lange, bis dass er sein Geld wiederkrieget. Oder da das Pfand solches kann austragen, und die Parten sich hierin also verglichen haben, bauet, der das Pfand hat, in gewissen und gesetzten Jahrszeiten dasjenige heraus, was er eher [22]) darauf gethan hat, es wäre dann Sache, dass er sich im Handel selbst versehen hätte.

10. Marlow: Wenn einer ein Stück Saat-Land [23]) oder dessen Hoppen-Höfe will verpfänden, muss solches dem Rathe angezeiget werden und den nächsten Freunden angeboten werden.

11. Parchim: . . . wird nach den Instrumenten, so darüber zwischen den Contrahenten aufgericht, gehalten. Erstlich, den Acker belangend, wenn einer denselben geniesset, kann der Verpfänder in dreien Jahren, soweit derselbe gemistet, den Acker nicht wieder bekommen, sondern muss den Pfander denselben drei Saat gebrauchen lassen. Nach Verfliessung dreier Jahre mag der Verpfänder seinen Pfandschilling wieder erlegen und seinen Acker zu sich nehmen. Was Hopfen-Garten, Kohl-Garten und Wiesen anlanget, welche der Pfander in Gebrauch bekommt, mag er

---

- [21]) Vgl. IV. 9.
- [22]) W.: er.
- [23]) W.: Sades-Land.

für das Geld, so er darauf gethan, so lange gebrauchen, dass die Frucht davon eingeerntet. Wo alsdenn der Verpfänder das Pfandgeld wiederum erleget, muss ihm derselbige Grund von dem, der ihn zu sich gepfändet, abgetreten und gefolget werden.

12. Penzlin: ... ist auf Jahrschaare und Termine bei uns gebräuchlich.

13. Plau: Es ist allhie gebräuchlich, wann liegende Güter umb gewisse Gelder, so darauf gethan, verpfandet, als hat der Eine das pignus, der Andere das Geld zu gebrauchen. Wann aber das liegende Gut bloss und keine Frucht mehr hat, als muss es gegen Erlegung des Pfandschillings abgetreten werden.

14. Ribnitz: Mit diesem Punkt wird es allhie nicht anders, als wie es mit der Verkaufung der liegenden Gründe, davon beim ersten Punkt [24]) Bericht geschehen, gehalten.

15. Sternberg: Ist auch unter uns dieser Gebrauch, dass gemeiniglich zwischen den Parten Verschreibung darauf gemacht und solche Verpfändung auf drei Jahre gesetzt, dass der Besitzer auf drei Jahre seine Gelder wiederumb aufkündiget, und solches Pfandgeld erleget werden muss. Ist es aber, dass solches Pfandgeld nicht kann erstattet werden, machen die Parten einen neuen Vertrag.

16. Sülz: ... ist allhie gebräuchlich, dass, wann einer dem Andern ein halb Jahr zuvorn loskündiget, und auf die gewisse Zeit sein Geld empfangen hat, so soll alsdenn der Andere seiner Güter wiederumb mächtig sein.

17. Teterow: Wegen Verpfändung der liegenden Güter haben wir grossen Verdriess, sonderlich mit den Bauern. Dieselben, wenn sie einem armen Bürger in seiner Noth vor 2, 3, 5 oder 10 Gulden leihen, wollen sie keine gebührlichen Zinsen davor nehmen, sondern er muss ihnen so viel Acker dafür einthun, zu gebrauchen, davon sie zur ersten Saat mehr, als ihr ausgeliehen Geld wieder bekommen können. Durch solch unbillig Aussaugen werden auch unsere armen Bürger so herunter geraubet werden. Sonsten wenn unsere Bürger, einer dem andern, ein Stück Ackers verpfändet und Geld darin thut, so geschiehet die Verpfändung auf etzliche Jahre. Und werden darüber Contracts-Briefe aufgerichtet also, wann die gemachte Jahrschaaren verflossen, dass alsdann derjenige, dem der Acker verpfändet, gegen Empfangung seines Pfandschillings den Acker abzutreten schuldig. Wann aber der Ausleiher keine Zinse für sein Geld nimmt, sondern den Acker dafür in Gebrauch hat, muss er auch so viel Geldes darein thuen, als der Acker kann verkauft werden.

---

[24]) Vgl. I. 6.

18. **Waren:** Wann der Verpfänder vermöge des zwischen ihnen aufgerichteten Contracts auf bestimmter Zeit sein Geld wieder bekommt, muss er dem Versetzer alsdenn dieselben (sic!) alsobald wiederumb abtreten.

19. **Wittenburg:** Erstlich muss die Verpfändung mit Vorwissen eines Raths und Referirung ins Stadtbuch geschehen. Und in der Wiederlösung und Erlegung des Pfandschillings richtet man sich nach denselben Verträgen und Einschreibung des Stadtbuchs, als die in der Handlung aufgerichtet und verglichen werden.

20. **Woldeck:** . . . so bleibet das verpfändete Gut mit allen darauf liegenden Bürden und niesslichem Gebrauch dem Pfandhaber, bis ihme die Schuld, darumb es ihm eingesetzt worden, wiederumb bezahlet. Wird auch dasselbe ohne des Pfanders Consens nicht wieder zu veräussern verstattet.

VII. Vom Vorgange der Gläubiger in Pfandschaften.

1. **Boizenburg:** Woferne nicht so viel vorhanden, dass die sämmtlichen Creditoren könnten befriediget werden, ob dann wol ältere Verschreibungen ausgegeben und vorhanden, wird doch nach Gelegenheit eine gebührliche Liquidation zugeleget, dass ein Jeglicher seiner Summen halber in etwas abgeleget werden kann.

2. **Neu-Brandenburg**[25]).

3. **Friedland:** Die Kirchen und unmündigen Kinder, hernach die Zünften und Aembter haben den Vorzug, hernach die Schulden, so ins Raths- oder Gerichts-Protokoll verzeichnet. Darnach treten die andern Creditoren juxta ordinem und Gelegenheit, als ein jeder beweisen kann.

4. **Grabow:** Wer die ersten Briefe und Siegel hat, soll derselben geniessen und ihm nichts abgekürzet werden, da es vorhanden.

5. **Güstrow:** In Pfandschaften werden Gotteshäuser, hospitalia und das Rathhaus, auch unmündiger Kinder Geld für andern Creditoren abgeleget und ausgegeben. Die übrigen Gläubiger, so gebräuchlich liquidiret hätten, werden zum Ersten des Pfandes gleich nahe gehalten, und jeder pro rata, so weit als man kommen kann angewiesen.

6. **Malchin:** Auf diesem Punkt ist bei uns der Gebrauch gehalten, dass man die Priorität und Erstigkeit in Acht nimmt.

7. **Marlow:** Der siebente (Punkt) ist dem vorigen[26]) fast gleich etc. (sic!)

8. **Parchim:** Der sonst bei Verhypothecirung der Güter

---

[25]) Vgl. VI. 2. XIX. 2.
[26]) Vgl. VI ig.

den ältesten Beweis hat, wird dem Andern präferiret. Doch
geschicht bisweilen nach gestalten Sachen, wann ein Erbe
oder Gut verkauft wird und viele Schulden darinne stehen,
dass den Creditoren sothanes Kaufgeld pro rata ausgeteilet
wird, und der eine sowol, als der andere etwas fallen lassen
müsse, damit ein jeder etwas davon bekommen möge. Was
aber die Oekonomie, Kirchen und Hospitalien anlanget,
werden dieselben erstlich für allen andern Creditoren bezahlet. Doch ist von dem Rathe und der Gemeine für etzlichen Jahren für gut angesehen, dass hernachmals, wann
etwas von Häusern und ihren zubehörigen Gerechtigkeiten
verpfändet wird, solches auf dem Rathhause in der Stadt
Buch umb Verhütung Willen Betrugs und anderer Unrichtigkeit verzeichnet werden soll, und dass sothane Verzeichnisse
allen andern Creditoribus vorgezogen werden sollen.

9. Plau: Es ist bis dahero im Gebrauch gehalten, wo ihrer
viel auf ein Gut gelobet oder daran interessiret (ausgeschlossen Kirchen, Oekonomieen, Rathhauses oder Aembter
Geld, welche darüber, wenn keine Gläubiger vorhanden, aufs
Gut gethan, welchen nichts gekürzet, sondern vorab genommen wird, das Uebrige) wird nach Hoheit eines Jeden Summe
Inhalts der regula societatis vor gemein ausgeteilet. Und
müssen die Gläubiger die Uebermaasse, ein jeder nach Gelegenheit der Summa bezahlen, und hat einer fürm andern
üblichem Gebrauch nach (, sintdemal das Gelübde hier erbet,)
Priorität.

10. Ribnitz: Ferner haben in den verpfändeten Gütern
allhier den Vorzug alle geistlichen Schulden als Kirchen,
Hospitalia, Rathhäuser und andere Communen, die unmündigen Kinder, deposita und hernacher, wo etwas übrig, diejenigen, deren Schulde ins Stadtbuch allhie verzeichnet, und
folgendes dann die Creditores hypothecarii, so die ältesten
Verschreibungen vorlegen und ihre Schulde liquidiren.

11. Sternberg: ... ist auch bei uns dieser Gebrauch,
dass die Schulde, so Kirchen, Gotteshäuser und das Rathhaus desfalls hat, vorab gezahlet werden. Umb das Uebrige
mögen die andern Schuldener [sic] sich vergleichen.

12. Teterow: Wann aber der Acker vorhin einem
Andern verpfändet, und die Priorität mit brieflichen Urkunden zu erweisen, so kann derselbe die letzte Verpfändung
umbstossen, und muss ihm sein Geld erst wieder werden,
ehe der Andere sich des Ackers anmaassen kann.

13. Waren: Da etwas verpfändet wird, sein die nächsten Blutsfreunde, so sie die Gläubiger befriedigen können,
dazu die nächsten.

14. Wittenburg: Damit wird's allhie also gehalten.
Wann die Verpfändung ordentlicher Weise fürm Rath und

Gericht öffentlich geschieht, verhandelt und ins Stadtbuch
in Beisein zweier oder dreier Zeugen geschrieben wird, diese
Gläubiger werden andern vorgezogen. Desgleichen die Creditoren, denen Güter · pfandweis zu gebrauchen eingethan,
treten dieselben nicht eher ab, sie seien denn zuvor des
ausgethanen Pfandschillings genugsam befriediget[27]).

15. Woldeck: Es muss auch der Verpfänder dem
Pfandschafter alle Verpfändungen, so auf dem Pfande vorher
sein, beständig anzeigen. Denn wer die Erstigkeit gerichtlich insinuiret, der hat auch in der Pfandschaft den Vorgang.
Thut aber einer zugegen[28]) und ohne des Gerichts Vorwissen
etwa auf liegende Güter Geld austhun, dem oder denselben
werden die, so gerichtliche Approbation haben, im Vorgange
vorgezogen und Inhalts E. F. Gn. Polizei-Ordnung damit
verfahren[29]).

VIII. Von Bürgen und Bürgschaften.

1. Boizenburg: Der da gelobet und Bürge geworden,
so er hat, muss er halten und bezahlen Inhalts ausgegebener
Verschreibung.

2. Neu-Brandenburg: Mit Bürgen und Bürgschaften
der Stadt Inwohner wird es vermöge beschriebener Rechte
gehalten, dass nämlich alle Wege zuvorher der Principal-
schuldner zu executiren und in Mangel der Zahlunge des
Debitoris, wann derselbe nicht solvendo, alsdann die Bürgen
mit Rechte vorzunehmen und zur Zahlung durch die Exse-
cution zu compelliren seien.

3. Friedland: Wird der Gebrauch gehalten, des zuvor
bei dem 5. Punkt[30]) gedacht.

4. Grabow: . . . tragen sich allhie selten zu, finden
davon gar keine Nachricht.

5. Güstrow: Wann sich einer freiwillig in Bürgschaft
eingelassen und folgends wegen des Principalen Nichthaltung
gerichtlich belanget wird, muss er dasjenige, dafür er gelobet, als seine eigne Schulde annehmen, und wird ihm eine
bürgerliche Frist, als 4 Wochen, zur Zahlung gegönnet.
Wann die verflossen, muss er Geld oder in Mangel dessen
Pfande ins Gericht legen. Wann das geschehen, hat er, die
Pfande zu lösen, noch andere 4 Wochen Frist. Immittlerweile muss der Kläger dieselben 3 Rechtstage nach einander
aufbieten lassen. Wann die in solcher Zeit nicht wiederumb
gelöset, hat der Bürge vor der würklichen Anweisung noch

---

[27]) Vgl. XIX. 18.
[28]) W.: zugehen.
[29]) Vgl. noch XIX. 19.
[30]) Oben IV. 4.

13 Tage Frist. Wann dann die auch vorbei und nichts erfolget, mag der Gläubiger seines Gefallens damit gebahren. Und werden diese nach unparteiischer Taxt demselben zugestellet.

6. Lage: ... halten wir dies. Wo jemandes für einen Andern lobet oder Bürge wird, und sie desfalls vor Gericht besprochen, müssen sie bezahlen. Oder wo jemand im Gastrecht geleget, muss er in Monatsfrist bezahlen mit Pfande oder mit Gelde.

7. Malchow: Wann einer lobet und sein Principal säumig wird, muss er bezahlen. Aber seine Erben seind nicht schuldig nach ihm, es wäre dann das Gelübde erblich geschehen.

8. Marlow: ... ist fast dem 5. Punkte [31]) gleichförmig, dass einer den Andern seines gethanen Gelübdes entfreiet und los machet und allen ihm zustossenden Schaden gut thun muss.

9. Parchim: ... wird es allhie also gehalten, dass, wer lobet [32]), der muss bezahlen. Und erbet allhie das Gelübde dergestalt: wann ein Vater lobet und verstirbet, so müssen seine Kinder oder desselben andere Freunde, welche Erbe genommen, bezahlen, und wann das Wort „Erbe" in der Obligation nicht gedacht wird.

10. Penzlin: ... ist bei uns also: muss ohne einigen Beding bezahlen, der da lobet.

11. Plau: Nachdem die Bürgschaften auf mancherlei Art und Weise gedisputiret, welches wir denen Hochgelahrten befehlen. Da aber bei uns allhie sich einer oder mehr in Bürgschaften, in was Wege es auch geschehen, eingelassen und [32]) des [33]) überwunden: also wird der oder dieselben, ihre Bürgschaften zu halten, compelliret.

12. Ribnitz: Mit diesem Punkt halten wirs nach gemeinen beschriebenen Rechten, als wofern sie mit den Erben gelobet, oder [34]) nach derer tödtlichem Abgange, wo der Principal nicht zahlen kann, zu der Bezahlung verbunden sein, auch dazu angehalten werden [sic!]. Allein dass die Bürgen diesen Vorteil haben, dass, so lange von ihrer Principalen Güter immer etwas vorhanden, solche müssen dargestrecket werden, ehe sie etwas von dem Ihren dazu thun. Und wann dann bei den Principalen nichts mehr vorhanden und die Schuld noch nicht kann bezahlet werden, können sie [35]) allererst, den Rest zu erlegen, nach Stadts-

---

[31]) Oben V. 8.
[32]) W.: labet.
[33]) f. W.
[34]) Für „oder"]: „dass alsdann die Erben."?
[35]) f. W.

gebrauch angestrenget oder angehalten werden, doch allein ein jeder, soweit sich seine quota oder Anteil erstrecket. Wo aber mit den Erben nicht gelobet, können sie zur Zahlung nicht gedrungen werden. Auch hierbei müssen der Bürgen renunciationes sonderlich in Acht genommmen werden.

13. Sternberg: Wer lobt, muss bezahlen, wo er anders so viel hat.

14. Sülz: Ist allhier gebräuchlich, dass ein jeder Einkömmling oder Frembder, so sich allhie niederlassen will, soll vorerst seinen Geburtsbrief zubringen und darnach, seinen Landesfürsten und seiner Obrigkeit treu und hold zu sein, mit seinem körperlichen Eide sich verpflichten.[36])

15. Teterow: ... wird es wol gehalten, dass die Bürgen entweder erblich oder solches nur vor sich loben. Ist's erblich, so müssen die Kinder oder Erben, wann der Vater oder Freund verstorben, zu solchem Gelübde antworten. Ist's aber nicht erblich, so gehet's der gemeinen Regul nach, dass die andern Bürgen davor haften müssen.

16. Waren: Da einer Bürgen aussetzet, und der Principal nach geschehener Loskündigung nicht bezahlet, die Bürgen aber solcher seiner Nichtbezahlung halber gerichtlich ausgepfandet werden, ist gebräuchlich, dass des Principals Pfande, da etzliche vorhanden, für der Bürgen ihre gehen und den Bürgen die ihren wiedergefolget werden. Da aber der Principal keine Pfände aufzulegen und auch das Geld nicht aufbringen kann, bleiben der Bürgen Pfande 6 Wochen im Gerichte stehen. Bezahlen sie alsdann nicht, so werden dieselben Pfande dem Creditori gefolget. Alsdann da sie dieselben wieder haben wollen, müssen sie bezahlen und haben sich ihres erlittenen Schadens halber an ihrem Principalen wieder zu erholen.

17. Wittenburg: In diesem Fall richtet man sich nach öffentlichen, untadeligen aufgerichteten Brief und Siegeln.

18. Woldeck.[37])

IX. Von Hinterlegung zu treuen Händen.

1. Boizenburg: Bei deme etwas zu treuen Händen erleget, darüber wird gehalten, dass es demselben oder seinen Erben wiederumb zugestellet werde.

2. Neu-Brandenburg: Es geschieht in der Stadt Neu-Brandenburg gar selten, dass Hab und Güter zu getreuen Händen niedergeleget werden. Jedoch wenn solches sich zutragen thut, weil darüber keine sonderbare Statuten und Gewohnheiten, so wird darinnen billig dem gemeinen be-

---

[36]) Vgl. [XX.]
[37]) Vgl. oben IV. 20.

schriebenen Kaiserrechten gefolget. Also dass derjenige, hinter welchen ein Hab und Gut zu treuen Händen geleget, der Action, Anspruch und Forderung des Hinterlegten verhaftet, sintdemal er, die zu treuen Händen empfangene Hab und Güter wieder zu geben, schuldig und was demselben mehr in Rechten anhängig.

3. Friedland: Da muss ein Jeder Rechnung von thun und restituiren. Und auf den Fall er solches nicht thut oder thun kann, mag sich derjenige, dem das vertraute Gut zukommt, an seinen Habe und Gütern erholen.

4. Grabow.[38])

5. Güstrow: Da jemandem einige Güter vertrauet oder Geld zu verwahren gethan wird, muss derselbige oder auch seine Erben nach Laut des darüber gegebenen Reverses, da einige vorhanden, dahin gedenken, dass es demjenigen, dem es gehöret, unschädlich eingeantwortet und vollenkömmlich zugestellet werde.

6. Lage: ... halten wir dieses. Da solches geschiehet und erwiesen, muss er solche alsbald überantworten oder in E. F. Gn. Strafe fallen.

7. Malchin: Dieselben muss derjenige, bei deme sie deponiret, in esse restituiren oder, da er solche veruntreuet, von seinen Gütern wieder erstatten.

8. Malchow: Was einem vertrauet ist, muss er ohne allen Betrug wieder erstatten.

9. Marlow: ... wird also gehalten. Wenn einer Acker oder Geld oder Geldes Werth, so armen Kindern gehöret, zu treuen Händen bei dem Rathe oder Gerichte dargeleget, werden dieselben ordentlicher Weise verzeichnet bis so lange, dass sie wiederumb abgefordert werden durch die rechten Erben.

10. Parchim: Was bei jemandes zu getreuen Händen deponiret, solches ist derjenige, welchem es zugetrauet, wiederumb schuldig zu restituiren und von sich zu geben. Es ist aber dieser Gebrauch allhie so gar nicht gemein.

11. Penzlin: Was bei einem zu treuen Händen deponiret, muss also wiederum überantwortet werden.

12. Plau: Ob wol dieser Post oder Artikul allhier bei unsern Zeiten nicht fürgelaufen, so halten wir's gleichwol dafür, wo solches zu teuen Händen hinterlegtes Geld oder Gut nicht ohne Einhabers Verwahrlosung verbrannt, welches ihm glaubwürdig zu betheuern gebührte, als ist er solches in specie wieder zu geben schuldig.

13. Ribnitz: Wird allhie dieser Gebrauch gehalten. Wenn jemand beschuldiget wird, dass bei ihm Geld, Kleider,

---

[38]) wie VIII. 4.

Briefe oder Anderes deponiret worden und er sich darauf
der Restitution ohne gnugsame Ursachen verwidert, wird er
dazu in Monatsfrist angehalten. Ist er aber nichts gestän-
dig und kann auch dessen nicht überwiesen werden, muss er
sich mit seinem Eide davon entledigen. Wo ihme aber
solche hinterlegte Güter ohne seine Verwahrlosung mit dem
Seinen verdorben, verbrannt, wird er von der Restitution
des depositi erlediget.

14. Sternberg: Da einem etwas vertraut oder ver-
wahrlich bei ihm hinterlegt, muss er solches vollenkommlichen wieder schaffen.

15. Sülz: . . . ist gebräuchlich, dass derjenige, so die
Güter empfangen hat, soll sie imgleichen verlassen und abtreten.

16. Teterow: Der Exempel hat man allhie nicht bei
uns. Allein was unmündige Kinder anlanget, denselben
werden nach Absterben ihrer Eltern Vormünder erwählet.
Die müssen ihnen dass Ihre . verwalten zu den mündigen
Jahren und alsdann nicht allein, sondern alle Jahre ihrer
Verwaltung Rechnung thun, bis so lange ihre Unmündigen
selber es versehen können.

17. Waren: Da jemandem etwas zu treuen Händen
hinterleget wird, muss er dasselbe, wann es von ihm wieder
gefordert, auf genugsamen Revers, dem es zuständig, wieder
zustellen und folgen lassen.

18. Wittenburg: Damit wird's gehalten, dass Hand
eines Hand warten und derjenige, so in Deposition etwas
empfangen, dem Andern nach erhaltenem Rechte dasselbe
vollenkommlichen wiederum folgen lassen müsse vermöge der
Kaiserlichen Rechte und unserer alten Gewohnheit.

19. Woldeck: Davon ist hie kein sonderbares Statutum oder Stadtgebrauch, sondern wird darin nach Besage
der beschriebenen Rechte erkannt und nach der Rechtsgelehrten Rath, so auf der Parten Unkosten darumb consultiret
verfahren und verabscheidet, das uns zu wichtig und zu
schwer vorfällt.

X. Von Vertauschung.

1. Boizenburg: Tausch geschieht allhie selten. Da
aber Besserung bei dem andern Teil befunden, muss man
solches dem andern gut thuen.

2. Neu-Brandenburg: Dieweil zu N. Br. als einer
allgemeinen Landstadt keine sonderliche Kaufmannschaft,
Gewerb und Handtirung getrieben wird, so gehen auch daselbst die beiden species obligationum ex consensu contractus et quasi contractu, nämlich societas und commutatio
nicht im Schwange. Auf den Fall aber sich dieselben be-

geben und zutragen thäten, müsste es damit nach den gemeinen beschriebenen Rechten gehalten werden.

3. F r i e d l a n d: Wo zwei mit einander tauschen, der muss halten, woferne der Tausch kann erwiesen werden, oder mag sich mit dem Andern in Güte vergleichen, wann er nicht halten will.

4. G r a b o w.[39])

5. G ü s t r o w: Vertauschung oder Umbwechselung der Aecker, Wiesen, Garten etc., wo die gleichmässig geschicht, kauns nicht gehindert werden, sondern wie sich die Parte darüber vergleichen, so bleibet es auch billig.

6. L a g e: . . . halten wir dieses. So jemand etwas, es sei, was es wolle, vertauschete und ihme gereuete und Reukauf darauf gesetzet, und solcher sich muthwilligen darob verhielte, wird solcher durch den Richter verzeichnet und alle Quartal von dem Hauptmann zu Güstrow abgefordert, wie dann in andern Fällen mehr.

7. M a l c h i n: Dieselben., so beständiger Weise geschehen und in's Stadtbuch verzeichnet werden, auch die Parten, ein den andern, nicht verkürzet haben, werden bei uns gehalten, doch den nächsten Freunden ohne Schaden.

8. M a l c h o w: Was rechtmässig ohne jemandes Schaden vertauschet ist, bleibet vertauschet.

9. M a r l o w: . . . sind nicht gebräuchlich bei uns.

10. P a r c h i m : Wann einer mit dem Andern umb besserer Gelegenheit Willen etwas permutiret, es sei, was es wolle, und erwiesen werden kann, dass solche Permutation rechtmässiger Weise geschehen, so ist der Gebrauch bis dahero allhier der Maassen gehalten, dass sothan Vertauschen für kräftig gehalten, und werden darüber Instrumente verfertiget.

11. P e n z l i n: Das Vertauschen [40]) hält man bei uns als ein Verkauf. Im Fall aber einer ultra dimidium lädiret, kann derselbe Kauf wieder aufgehoben werden.

12. P l a u : Der Artikul ist allerdings allbie nicht gebräuchlich. Wenn's aber gleichwol geschieht und das eine Gut nicht der Würde, als das andere, so wird etwa das Geringste mit Gelde nach Gelegenheit und Gebrauch der Güter gebessert.

13. R i b n i t z: Wann allhier zwo mit einander einhellig im Beisein guter Leute umb Häuser, Aecker, Garten oder andere Eigenthumbe tauschen, ein solches muss gehalten werden, es wäre dann, dass der Eine umb ein Ansehnliches vervorteilt, so wird der Tausch vor unkräftig oder auch dem Andern die Verbesserung zuerkannt. Weil aber dieser Fall

---

sich selten zuträgt, können wirs vor keine beständige Gewohnheit annotiren und einsetzen.

14. Sternberg: Will aber jemand unter uns vertauschen und umbsetzen („welches selten allhie bei uns geschehen), darüber wird gehalten, da die Güter gleich gut und die Parte solches beliebet.

15. Sülz: Ferner wenn einer mit dem Andern vertauschet oder wettet, ist bräuchlich, so der Weinkauf darauf getrunken oder Bürgen gestellet, soll es gehalten werden.

. 16. Teterow: . . . ist hie nichts im Gebrauch.

17. Waren: Wo einer unter ihnen über den halben Teil im Tausch nicht vervorteilet oder überlistet wäre, und der Tausch aufrichtig, wie es gebühret, zugangen ist er zu halten schuldig.

18. Wittenburg: Wann ein Tausch ordentlicher Weise offenbarlichen in Beisein guter, ordentlicher Leute, die es genugsam bezeugen können, gescieht, muss einer dem Andern gewähren und halten.

19) Woldeck.[41])

XI. Von Gesellschaften und Mascopeien.

1. Boizenburg: Gesellschaften werden allhie nicht viel gehalten. Denn die Kaufmannschaft sich nicht so hoch erstreckt, und handelt ein jeglicher vor sich selbst.

2. Neu-Brandenburg.[42])

3. Friedland: Seind bei uns nicht gebräuchlich, ausser was bei den Zünften und Gilden[43]) gebräuchlichen.

4. Grabow.[44])

5. Güstrow: Gesellschaften sind bei uns, wie in andern See- und grossen Städten, nicht in Uebung und gebräuchlich.

6. Lage: . . . haben wenig Anlaufens.

7. Malchin: . . . ist bei uns nicht gebräuchlich.

8. Malchow: Gewinn und Verlust in Maschopeien gehet in Gemein.

9. Marlow.[45])

10. Parchim: Ob wol allhie Gesellschaften und Mascopeien nicht viel gebrauchet werden, so müssen doch diejenigen, so allhie Mascopei mit einander haben, Gewinnst und Verlust zugleich tragen, geniessen und entgelten.

11. Penzlin: Masschopei ist bei uns nicht gebräuchlich.

. [41]) wie IX. 19.
[42]) s. X. 2.
[43]) W: Gülden.
[44]) wie VIII. 4.
[45]) wie X. 9.

Da aber bei uns etwas fürfällt, gehet solches zu gleichem Gewinn und Schaden.

12. P l a u: Wenn allhie eine Handlung, Gesellschaft oder Maschopei unter Bürgern[46]) gemacht, woferne nur gleiche Summen eingeleget, als wird der Gewinn, und Verlust unter sie gleich verteilet.

13. R i b n i t z: Hiervon wissen wir, weil bei uns keine grosse Handtirung und Kaufhandel, keinen besonderen Gebrauch.

14. S t e r n b e r g: Ist bei uns nicht bräuchlich.

15. T e t e r o w.[47])

16. W a r e n: Weiln allhie zu Waren wenig und fast kein Handel vorhanden und getrieben, haben wir von Gesellschaft keine sonderlichen Gebräuche.

17. W i t t e n b u r g: Dieselben sind allhie bis anhero nicht gebräuchlich gewesen. Wenn aber dieselben geschehen, richtet man sich billig nach ihren aufgerichteten Contracten und schriftlichen Verträgen.

18. W o l d e c k.[48])

XII. Von Verträgen und gütlichen Handlungen.

1. B o i z e n b u r g: Verträge werden ihren Buchstaben nach, so viel müglich, gehalten.

2. N e u - B r a n d e n b u r g. V. u. g Hdl. in bürgerlichen Sachen, daran die Obrigkeit nicht interessiret, werden zu Zeiten alleine in Geheim unter den Parten selbst durch ihren gebetenen Beistand und Freunde, zu Zeiten durch den Rath oder auch wol durch Richter und Schöffen auf der Parten Ansuchen vollenzogen und beigelegt. Aber diejenigen Sachen und Händel, daran der Fiscus oder der Stadtrichter von wegen der Landesfürsten Interesse hat, werden ins Gerichte, dahin sie gehören, verwiesen. Wie dann auch zu Zeiten andere Sachen, wann die Güte entstehet, in's Gericht zu erörtern verschoben werden.

3. F r i e d l a n d: ... wird es also gehalten, dass ein jeder, was gütlich behandelt und vertragen wird, muss halten, oder er muss die Pön und Strafe, so darauf gesetzet, erlegen.

4. G r a b o w: V. u. g. Hdl. sollen für dem Rath aufgerichtet und verschrieben werden.

5. G ü s t r o w: G. Hdl. u. V. werden gepflogen, geschlossen und aufgerichtet nach Beschaffenheit der Sachen und Gelegenheit der Person, auch aufs Beste, als immer

---

[46]) W: Bürgen.
[47]) wie X. 16.
[48]) wie IX. 19.

geschehen kann. Doch da einige Strafe darunter, wird dieselbe dem Gerichte allewege vorbehalten.

6. Lage.[49])

7. Malchin. V. u g. Hdl. Wann die fürm Rath und
auch fürm Gericht geschehen, müssen gehalten werden bei
Strafe, so darauf gesetzet, in was Fällen die auch geschehen.

8. Malchow: Was in Beisein aufrichtiger ehrlicher
Leute vertragen und verhandelt wird, das ist vertragen und
verhandelt, doch der Obrigkeit nichts benommen.

9. Marlow: So einer oder mehr etwas zu thuende hat,
es sei wovon es ist, wird Fleiss angewendet, dass alle Parte
im gütlichem Handel vertragen werden in Kaufen und Verkaufen.

10. Parchim: Verträge, so aufrichtig geschehen und
mit schriftlichen Documenten, oder glaubwürdigen Zeugen
erwiesen werden können, müssen ohne einige Exeption gehalten werden.

11. Penzlin: Wo dieselben von beiden Parten neben
den Unterhändlern mit Recessen, Siegel und Briefen rati-
ficiret, wird kräftiglich darüber gehalten.

12. Plau: Wenn gütliche Handlungen gepflogen, worüber
dann billig Verträge allhie aufgerichtet werden, und dann in
zwistigen Händeln, da ein Theil sich gravirt vermeinet, und
dennoch nach Erwägung derselben, wann sie vorgeleget befunden, dass dieselben sine dolo malo et fraudatione aufgerichtet, als wird darüber gehalten. Wo es aber anders erwiesen, als ist dem beschwerten Teile, daher zu excipiren,
unbenommen.

13. Ribnitz: Wird dieser Gebrauch allhie gehalten.
Wo ihrer zwo oder mehr sich ihrer unter sich habenden
Irrung halber vor guten Leuten unter einander vertragen,
und solches also von allen beiden beliebet und eingewilliget
wird, bleibet der Vertrag, wo er nicht in praejudicium tertii geschehen auch dem Gerichte der Bruch nicht entwandt, bei
Kräften. Was auch fürm Gericht und Rath gütlich vertragen
und also ins Gerichtsprotokoll und Stadtbuch verzeichnet
wird, dasselbe wird auch für beständig allhie gehalten und
kann von keinem Theile widerrufen werden.

14. Sternberg: Ist bei uns gebräuchlich, dass gemeiniglich Verschreibungen darauf gemacht, und wird darauf
gehalten.

15. Teterow: Dieselbe, wenn Parte warumb rechten
oder sonsten uneinig sein, es sei umb Erbgüter oder andere
Dinge, so pflegen wir uns dahin zu bemühen, dass wir sie
in Freundschaft von einander ziehen. Und welcher Gestalt

---

[49]) Wie XI. 6.

sie vortragen werden, dass wird in die Feder genommen und
zwei gleichlautende Recesse, Contractsbriefe darüber verfertiget, und jedem Parte eins davon unter unserm Stadt-
secret zugestellet.

16. Waren: Wenn eine Sache einmal gütlich verglichen
und vertragen, mag dieselbe ohne neue wiederumb gegebene
Ursachen nicht wieder streitig gemacht werden, sondern es
bleibet dabei.

17. Wittenburg: Verträge, die nicht wider gött- und
die geschriebenen Rechte und gute Sitten sein, sondern
ordentlicher Weise in Beisein guter ehrlicher Leute aufgerichtet und vollenzogen werden, werden allhie vermöge
unserer alten Gewohnheit für kräftig erachtet und darüber
rechtlichen gehalten und den Parten verholfen.

18. Woldeck: V u. g. Hdl., woferne die rechtmässig
nach Stadtgebrauch ohne Falsch und Betrug aufgerichtet,
werden dieselben in ihrer Kraft und Würden erhalten.

XIII. Von der Wette.

1. Boizenburg: ... ist allhie nicht gebräuchlich.

2. Neu-Brandenburg: ... ist in der Stadt N.-Br.
nicht üblich, doch müsste auf den Fall in solchen Sachen,
wann sich dieselben begeben und zutragen würden, vermöge
der Kaiserrechten procediret werden.

3. Friedland: So viel die Wetten belangen thut, so
fürm Gericht und Rechte und sonsten bedinget werden, die
gehen für sich und ist allewege so gehalten worden.

4. Grabow:[50])

5. Güstrow: Da einer stirbet müssen desselben Erben,
so Erbschaft zu nehmen gedenken und dazu befugt sein,
innerhalb vier Wochen nach desselben Absterben die Wette
aussprechen und ein Einheimischer drei Schilling, ein Fremder fünf Schilling dafür und ein jeder für sich ausgeben.
Da er aber solches versäumet, ist er seines Theiles verlustig
oder muss das Gericht nach Gebühr und Gelegenheit ab-
finden.

6. Lage: ... halten wir dieses. Da jemand verstirbet und Erben nach sich lässt, die müssen innerhalb vier
Wochen, so viel ihrer sich finden, solches anzeigen, mit eilf
Schillingen drei Pfennigen sonderliche Wetten dem Richter
abwetten. und, alsbald die vier Wochen vorbei, gütlichen oder
rechtlichen Bescheid suchen. Da aber keine Wette in Kürze
erfolget, haben sie E. F. G. Strafe zu gewarten.

7. Malchin: Wenn das Wort Wetten soll verstanden
werden von Strafen oder Bussen, wie es in etzlichen alten

---

[50]) wie VIII, 4.

Briefen gelesen wird, als wenn jemand etwas verbrochen, des soll er wetten d. i. so hoch büssen oder gestrafet werden. Da es aber von Wetten soll verstanden werden, so werden solche Contracten bei uns, wann Leute dabei sein und die Parte sich die Hände geben und einer von den Beiständen die Hände von einander schläget, also gehalten.

8. Malchow: Der Verlust oder der Schade stehet nach Erkundigung der Sachen bei den schuldigen Personen.

9. Marlow: Ist nicht bei uns gebräuchlich.

10. Parchim: Mit Wetten wird es allhie so gehalten, dass ein Rath jährlich den Kornkauf, Holzkauf und Bierkauf setzet, und dass niemands dem andern etwas entkaufen soll, auch niemands dem andern sein Korn abhüten oder ungewöhnliche Wege über eines andern Acker legen möge, verboten wird, zu dem auch niemand Eichen- oder Buchenholz ohne des Raths Erlaubniss bei Strafe, so darauf gesetzt worden, zu hauen sich unterstehen darf, und da jemand dagegen handelt, muss er den Wetteherrn, so dazu vom Rathe verordnet, die Strafe erlegen. Solches wird in mehrern als oberzählten Stücken auch also gehalten, und gehöret solche bürgerliche Strafe dem Rathe alleine zu.

11. Penzlin: Von Wette oder Bröcke wirds vermöge fürstlicher Privilegien nach Schwerinischem Rechte gehalten.

12. Plau: Dieweil dieser Articul nur pro tertia parte zu des Rathes Jurisdiction gehörig, als hat man hierauf zu setzen Bedenken, und es mag wohl geredet werden: quot capita tot sensus.

13. Ribnitz: Von diesem Articul wissen wir allhier durchaus keine sonderbare Gewohnheit oder Gebrauch.

14. Sternberg: ... muss ein jeder, der Erbe nehmen will, binnen vier Wochen drei Fl.[51]) acht Pf. Wette geben.

15. Sülz.[52])

16. Teterow: Mit diesem Post wirds also gehalten: wenn einem Manne seine Frau oder dem Weibe ihr Mann abstirbet und keine Kinder hinter sich verlassen, so müssen alle die Freunde und Erben, welche mit dem nachbleibenden Parte denken Erbteilung zu halten, dem Gerichte ein jeder vier Schillinge und drei Pfennige geben. Hievon bekommt der Stadtvoigt ein Schilling sechs Pfennige und zu Rathhause zwei Schillinge neun Pfennige. Und wann vier Wochen verflossen, so lassen sich die Erben vom Stadtvoigt in die Güter weisen, und muss jede Person ein Schilling sechs Pfennige in Wechselgeld geben. Seind und werden aber Kinder nachgelassen, dieselben geben auch die vorgeschrie-

---

[51]) Sl.?
[52]) s. X. 15.

bene Wette, und wo der Vater oder Mutter wieder zur anderen Ehe greifen und sie Erbtheilung halten wollen, müssen sie das eine Wechselgeld auch geben.

17. W a r e n: ... ist hier bei uns in gar wenigem Gebrauch.

18. W i t t e n b u r g: Sollte das Wort Wette allhie verstanden werden, dass ihrer zwei mit einander certiren oder wetten et sic invicem super re aliqua spondent, so müssen dieselben Wetten gehalten werden, daferne sie nicht gegen die ehrbare Billigkeit oder Ihro F. G. Verbot geschehen sein. Sollte aber das Wort Wetten respective von bürgerlichen Strafen oder Bussen, damit die Bürger vor dem Richter, Stadtvoigt oder Rathe beleget werden, et sic de poenis seu mulctis civilibus verstanden werden, wie in den Seestädten gebräuchlich ist, dass zu diesen oder dergleichen Strafen die Wetteherrn dazu verordnet und dazu bestallt sind, so ist es fast üblich und gebräuchlich, dass der Bürger oder Thäter, der dem andern einen Schaden oder Lähmnis an seinem Leibe zugefüget, dafür geben muss: für Wette oder Schaden im Gesichte zehn Fl., für eine Fleisch- oder Kampferwunde fünf Fl., für eine gemeine Wunde menschlichen Nagel, tief oder lang drei Fl., für einen Erdfall fünf Mark, für eine Maulschelle drei Mark, für braun und blau drei Mark. Sonsten wird es mit den gemeinen Injurien nach Polizei- und Landgerichtsordnung und E. F. G. löblichen Vorfahren rescriptis und Befehligen oder auch nach der gemeinen Bürgerschaft Spruch und Urteil für dem Niedergerichte oder Stapel gehalten, jedoch salva appellatione an den Rath oder auch E. F. G. tamquam ad judicem superiorem.

19. W o l d e c k: [53])

XIV. Von Eheberedung und Heirathsbriefen. [54])

1. B o i z e n b u r g: Bei Heirathen werden Ehestiftungen aufgerichtet. Darnach muss sich ein jeder halten und wird gemeiniglich eine Pön dabei gesetzt, dass der nichthaltende Teil des halben Brautschatzes oder Ehegeldes verlustig sein soll.

2. N e u - B r a n d e n b u r g: Eheberedung und Heirathsbriefe geschehen zu Zeiten nach Gelegenheit und Zustand der Personen, so zusammen in den Ehestand zu treten Fürhabens, und als sich dieselben zuvorher, wie es auf des Einen oder Andern Fall tödlichen Abganges, wann sie mit einander keine Leibeserben zeugen würden, mit ihrem zusammenge-

---

[53]) wie IX. 19.

[54]) In einigen Antworten findet sich die Ueberschrift mit dem Zusatze wiedergegeben: „mit was sonderbarem Gedinge die geschehen oder nicht.“

brachten und in stehender Ehe erlangten Gütern soll gehalten werden, vergleichen: aber nach üblichem und wol hergebrachtem Stadtgebrauch werden die Ehestiftungen unter dem gemeinen Mann bürgerlichen Standes ohne Heirathsbriefe durch beiderseits erbetene Freunde und Beistand in der Pfarrkirchen dargestellt, verhandelt und verabredet, was ein jeder nämlich Bräutigam und Braut an Heirathsgütern zuzubringen im Vermögen. Darauf, dass dasselbe also erfolgen soll, und dann auch für den Fortgang, auch so hoch sich der Brautschatz erstrecket, respective drei oder vier Bürgen aus den anwesenden Beiständen gesetzet werden.

3. F r i e d l a n d : Wann Braut und Bräutigamb sich mit einander befreien und öffentliche Verlöbnis gehalten, so muss ein Teil dem andern Bürgen stellen. Und aufm Fall ein Teil aus vermeinten und nichtigen Ursachen seine Zusage wiederrufen und seine Ehegelübde nicht halten wollte, der muss dem haltenden und unschuldigen Teile, so viel sich sein Anteil Ehegeldes und Brautschatz, dessen er sich gerühmet, beläuft [55]), erlegen und der Obrigkeit nach altem Gebrauch und Gelegenheit der Personen ihre Pön und Strafe auch bedingen. Da sich aber das schuldige Teil nicht will finden lassen, werden die Sachen vor das Consistorium zu Rostock verwiesen.

4. G r a b o w : Ehestiftungen werden öffentlich in der Kirchen in der Freunde Gegenwart abgeredet und vollenzogen und in dem Namen der heiligen Dreifaltigkeit geschlossen und bekräftiget. Und sollen die Parte, eins dem andern für die Mitgabe, Aussteuer-Gut und Fortgang bürgen. Und wird dabei angezeiget, welches will sein Ehegelübde retractiren und widerfälligen, soll dem andern den halben Brautschatz erlegen und des Landes darauf verwiesen werden.

5. G ü s t r o w : Wann Freien oder Ehelichungen zweier Personen ordentlicher und gebührlicher Weise gesuchet und mit allerseits Bewilligung vollenzogen, so werden deshalb gethane mündliche oder in Schriften verfassete Zusagen gleich und wol gehalten. Wann sich aber einer in solchem Fall, wie doch allhier gar selten geschieht [56]), wider Stadt Gebrauch selbst verdingt will machen, mag er ihme beimessen und die Gefahr oder Ebenteuer stehen.

6. L a g e : Von Eheberedungen und Heirathsbriefen, mit was sonderbarem Gedinge die geschehen oder nicht, und von verdingten Heirathen und Heirathsbriefen: solche beide

---

[55]) W. f.
[56]) wie — geschieht] die — geschehen.

Punkte kommen uns auch nicht für, wollen uns gehorsamlich unterweisen lassen.

7. Malchin: Ist bei uns dieser Gebrauch. Wann Eheberedungen geschehen, werden dieselben.entweder verrecesset oder in's Kinderbuch geschrieben.

8. Malchow: Wann öffentliche und rechtmässige sponsalia gehalten worden, hat man hierüber keine Briefe, sondern ein Part setzet dem andern gewisse Bürgen, damit, wann Braut und Bräutigamb einer von diesen abfällig würde, das unschuldige Teil so viel zu erwarten habe, wie hoch sich der Brautschatz erstrecket.

9. Marlow: Wenn einer bei uns seine Kinder ehelichen versprechen lässt, so lobt und gibt, was ein Jeglicher vermag, es sei Acker oder Garten. Das wird ordentlich vorm Rathe angezeiget und beschrieben. Und werden solche Güter gebraucht.

10. Parchim: Die Eheberedungen geschehen in Gegenwart beiderseits Freundschaft und nach Gelegenheit eines Jeden, seines Standes und Vermögens. Und werden bisweilen über solche Eheberedungen, wann dieselben vollenzogen, Ehestiftungs-Zettul oder Recesse verfertiget und davon jedem Teile eines zugestellet, bisweilen alleine vor dem Fortgang und Brautschatz Bürgen gestellt ohne schriftliche Verzeichnissen.

11. Penzlin: Eheberedungen werden mehrenteils in der Kirchen gehalten und zu beiden Teilen Bürgen für den Fortgang [57]) gesetzet.

12. Plau: Die Eheberedungen geschehen gemeiniglich in der Kirchen Und was einer dem Andern zusagt, wird nicht allein verschrieben, besondern auch verbürgt. Und loben die Bürgen nicht alleine vor das Ehegeld, sondern auch in Nichthaltung sowol für den fürstlichen, als [58]) auch Rathsbruch, und was ein Teil dem andern, auf'm Fall sie von den Geistlichen absolviret, zu geben verpflichtet sein soll.

13. Ribnitz: Davon halten wir allhie diesen beständigen Gebrauch, dass alle Eheberedungen, so in den Kirchen oder sonst an einem ehrlichen Ort in.Beisein beiderseits Freundschaft geschehen, beliebet und eingewilliget werden (,wo nicht hernach wichtige und rechtmässige Ursachen, so die beschlossene Ehe hindern können, einfallen und von dem einen Teil sowol, als von dem andern beständig erwiesen), müssen gehalten und mit dem öffentlichen Kirchengang und der ehelichen [59]) Vertrauung vollstrecket werden.

---

[57]) Vorgange. W.
[58]) f. W.
[59]) W: ehrlichen.

14. S.ternberg: Es ist auch unser Gebrauch, dass in
Gegenwart der Leute, so daran und über berufen, was einer
dem Andern zusaget, muss halten.

15. Sülz: . . . ist gebräuchlich, dass, wann die Ehe
für ehrlichen-Leuten gestiftet, soll derjenige, so nicht hält,
der Obrigkeit die Hälfte so hoch, als der Brautschatz ist,
und die andere Hälfte deme, der nicht abgefallen ist, geben ⁸⁰).

16. Teterow: . . . wird allhie nicht gross Werk gemacht. Allein wenn so etwas vorfällt, hält beiderseits Freundschaft eine Zusammenkunft in der Kirchen. Und wann sie
umb die Mitgabe und alle andere Zubehörungen einig, muss
ein Part dem andern nicht vor den Fortgang (, weil dasselbe
doch wol folgen muss), sondern vor die Mitgabe Bürgen
stellen. Darüber werden auch wol Verzeichnis gemacht, wie
es gefunden wird. Sonsten wird auch wol dem schlechten
Handgelübde Glauben zugestellet.

17. Waren: Wann Ehestiftungen vollenzogen, verbriefet
und verbürget, auch dem nicht haltenden Parte eine Pön
und Strafe, der Obrigkeit und dem andern Parte im Fall
der Nichthaltung verfallen zu sein, darauf gesetzt, muss es
also, es wäre dann, dass genugsame, erhebliche Ursachen,
solche zu verhindern, einfallen, gehalten werden.

18. Wittenburg: Wann in diesem Fall Briefe oder
Heiraths-Verträge schriftlichen oder mündlichen aufgerichtet
werden, und was eins dem Andern darin verspricht oder
zusaget, dasselbe muss gehalten werden. Wo nicht, und
derentwegen von einem Klage vorfällt, wird demselben vermöge unserer Statuta rechtlicher Weise verholfen. Wo aber
wir darin zu schwach und nichts beschaffen können, wird
die Klage an unsere hohe Obrigkeit als die regierenden
Landesfürsten verwiesen.

19. Woldeck: . . . werden auf'm Todesfall oder sonsten
keine bedingten Gerechtigkeiten vorbehalten, sondern da nach
geschehener Copulation einer von den Eheleuten mit Tode
abgienge und keine Erben ab intestato hinterliesse, fällt das
halbe Gut der zweier Eheleute an des verstorbenen Ehegatten nächste Erben, jedoch dass der lebendige Ehemensch
ein stehendes Bette, und, da es ein Ackermann, ein Pferd
nebenst etzlichem anderen Hausgeräth voraus behält.

XV. Von verdingten Heirathen und Heirathsbriefen.

1. Boizenburg: . . . wird's allhie also gehalten, dass
ein Jeglicher auf's Genaueste mit dem Andern richtig oder
einig werde. Und wird solches in der Ehestiftung mit
gesetzt.

---

⁸⁰) gegeben werden. W.

2. Neu-Brandenburg: ... ist in der Stadt Br. nicht gebräuchlich, es wäre dann, dass es unter Adelichen oder denjenigen, so sich mit adelichen Personen befreieten, geschähe.

 3. Friedland[61]).

 4. Grabow: ... finden wir keine Nachrichtigung.

 5. Güstrow[62]).

 6. Lage[63]).

 7. Malchin[64]).

 8. Marlow: ... ist fast dem vorigen[65]) gleich.

 9. Parchim: Die Hochzeiten werden von beiden Teilen zugleich ausgerichtet und nach geendigter Hochzeit Rechnung gemacht von dem, was ein jeder zur Hochzeit geleget. Und da befunden, dass einer mehr, als der andere ausgegeben, wird demselben solches vom andern Teile gebührlich wieder erstattet.

 10. Penzlin: Bedingte Heirathen sein bei uns nicht gebräuchlich.

 11. Plau: Wann verdingte Heirathen vollenzogen, als werden die Heirathsbriefe dergestalt verfertiget: wann der Eine abgeht, dass alsdann dessen Erben oder Agnaten, was in den Briefen gesetzet oder vermacht, von der nachbleibenden Person habhaftig werden.

 12 Ribnitz: Wo auch die Eheberedungen mit diesem allhie gebräuchlichen Gedinge, als dass die nicht haltende Person, so hoch sich der Brautschatz erstrecket, an Geld erlegen soll, geschehen und von beiderseits Bürgen gestellet, (doch selten allhier Heirathsbriefe und Eherecesse unter Braut und Bräutigamb aufgerichtet werden), wird es auch also gehalten und fortgesetzet.

 13. Sternberg: Das wird auch nach dem Buchstaben gehalten bei uns.

 14. Wittenburg[66]).

 15. Woldeck[67]).

XVI. Von der Aussteuer der Kinder erster und anderer Ehe, wann sich die Eltern wiederum befreien.

 1. Boizenburg: Den Kindern erster oder anderer Ehe wird, wann sich das überbliebene Teil wiederumb be-

---

[61]) Vgl. XIV. 3.
[62]) Vgl. XIV. 5.
[63]) Siehe XIV. 6.
[64]) Vgl. XIV. 7.
[65]) XIV. 9.
[66]) s. unten XVI. 18.
[67]) Vgl. XIV. 19.

freien will, ein billiger Ausspruch gemacht. Darüber wird
auch gehalten.

2. N e u - B r a n d e n b u r g: Den Kindern erster Ehe wird
ihres Vatern oder Muttern Erbteil nach Gelegenheit der
Güter ausgemacht und solches durch die Vormünder oder
den Vater zu Zeiten mit Recessen und schriftlichen Verträgen fürgesehen und verwahret, zu Zeiten auch wol zur
Nachricht ins Gerichtsbuch und Memorial verzeichnet. Jedoch
werden die Güter mehrenteils bei der übergebliebenen Person,
wann die Kinder noch klein und unerzogen, umb derselben
besseren Unterhalt und Erziehung Willen und, damit die
übergebliebene Person der Gelegenheit nach so viel eher
und bequemer wiederumb zur Ehe zu schreiten haben könne,
gelassen. Aber wann die Kinder erwachsen und zu ihren
Jahren kommen, und sich alsdenn der Fall mit tödtlichem
Abgang eines der beiden Eltern zuträget, so wird darauf
gegangen, dass dieselben Kinder ohngefährlich den halben
Teil der Güter, doch ausgenommen der übergebliebenen
Person der Eltern Vorteil, bekommen. Und gehen die
Kinder erster und anderer Ehe auf den Fall, wann die letzt-
übergebliebene Person der Eltern auch mit Tode abgegangen,
zu aller und jeder Verlassenschaft in Häuptern zu gleichen
Teilen. Jedoch also, dass zuvor den Kindern erster und
anderer Ehe ihres verstorbenen Vatern oder Muttern ausgemachtes Erbteil zusammt den Gütern, die ihnen den Kindern sonsten von ihren Freunden und Verwandten anererbet
und bei dem Vater oder Mutter in Verwahrung gehalten,
ausserhalb der Abnutzung vermöge der Rechte vor aller
Teilung aus den sammenden und reitbarsten Gütern gefolget
werden.

3. F r i e d l a n d : Wenn jemandes verstirbt, es sei Mann
oder Frau, und das überbleibende Teil fort sich wiederumb
befreien will, so muss es seinen Kindern, wofern sie ihre
Mündigkeit erreichet haben, den halben Teil seiner Güter
herausgeben, es wäre dann Sache, dass aus Unterhandlunge
guter Leute oder die Kinder selbst davon aus gutem Willen
etwas nachgeben wollten. Seind aber die Kinder noch klein
und unerzogen, so wird ihnen ein Genanntes an Gelde oder
liegenden Gründen ausgemacht und versprochen nebst einer
halben Hochzeit und Kleidung, Alles nach Gelegenheit der
Güter und ihres Standes. Und bleibet der Unmündigen
ausgemachtes väterliches oder mütterliches Erbe bei dem
Vater oder Mutter bis zu ihrer Mündigkeit, und werden
davon alimentirt und erhalten, bis dass sie ihre Mündigkeit
erreichen. Alsdann stehet ihnen frei, dasselbige abzufürdern.
Stirbet aber immittlerweile eins oder mehr von den Kindern,
so verfällt dasselbige ausgemachte Anteil halb an den Vater

oder Mutter und die andere Hälfte an die überbliebenen Schwestern oder Brüder. Die halbe Hochzeit und Kleidung aber stirbet mit, und behalten die Eltern ein, und wird allein das Erbe geteilet.

4. Grabow: Es soll der Vater seinen Kindern anderer Ehe, wann er sich wiederumb befreien und zur andern Ehe schreiten will, mit Wissen und Willen seines verstorbenen Ehegatten nächster Freunde einen gebräuchlichen und rechtmässigen Ausspruch thun vermöge seiner Güter und diesselben nicht verkürzen; die Mutter aber ihren Kindern Vormündern ordnen lassen und mit derselben Wissen solches bestellen.

5. Güstrow: Wann eine Person zur andern oder dritten Ehe greift, und in der ersten und andern Ehe Kinder erzeuget, muss denselben nach Gelegenheit der Güter ein gewisser, gebührender Ausspruch vermacht und folgends gegeben werden. Da nun in folgender Ehe auch Kinder gezeuget sind, und stirbet die übrige Person voriger Ehe, so gebühren dem überbleibenden Ehegatten, es sei Mann oder Frau, die halben Güter, wann der Ausspruch zuvorher darein richtig gemacht, und wird die andere Hälfte von allerseits Kindern gleich geteilet.

6. Lage: ... halten wir diese Gewohnheit, dass, da Freunde der verlassenen Kinder vorhanden, geben die darauf Achtung und wird befördert. Da die Eltern in der ersten oder andern Ehe Schulden gemacht oder nicht, darnach wird den Kindern auch die Aussteuer verordnet.

7. Malchin: Wenn Kinder erster und anderer Ehe vorhanden, haben unsere Vorfahren ein Kinderbuch verordnet, darinne väterliche und mütterliche Aussprüche verschrieben werden. Und solche Aussprüche, es sei Geld oder liegende Gründe oder Kleidungen, werden Kindern nicht eher gefolget, ehe sie zu ihren berathenen Jahren gekommen, und wird derselben Erbstiftung ferner nach E. F. Gn. Polizei-Ordnung gerichtet. Zudeme wann Eheleute vor [68]) ihre Kinder versterben, wird der Frauen für der Teilung gefolget alles Bett-Gewandt, Federvieh, (andere die gehören zur Teilung mit,) alle Kistengeräth, alle Schipkisten, alles getragene Silber und Gold (ausgenommen das Tafelgeschmeide an silberne Süppe, Schaalen und Löffel gehören zur Teilung), alle Immen und Schaafe, alles smahles Rindvieh, alle Schweine ohne die Fasel, alles Schrathfleisch, alles aufgeschnitten Speck, alles Brauzeug, alle hölzerne Schüssel, Teller und Löffel, Brandruthen, Kessel, Haken, Puster, Weiger, der Frauen Morgengabe, alles Messingszeug an Kesseln, Becken und

---

[68]) W.: von.

Leuchtern, auch Alles, was der Mann ihr zuvor gegeben hat, und des Mannes bester Rock. Ferner wird dem Mann [69]) für der Teilung gefolget sein bestes Pferd mit aller Zubehörung, alles blanke Zeug, seine Kleider ohne Unterschied, ein aufgemachtes stehendes Bette und ein Stuhl mit einem Kissen und einem blanken Becken dafür. Item das Heergewette wird dem ‚männlichen Geschlechte vorgefolget und die übrigen Güter ohne Unterschied geteilet unter den Kindern.

8. M a l c h o w: Den Kindern wird nach Anzahl der Güter ausgesprochen.

9. M a r l o w: . . . damit wird's also gehalten. Wenn Eheleute beisammen leben und einer darunter stirbet und verlassen also Kinder hinter sich, und, der im Leben bleibet, sich wiederumb zum andern Mal befreiet: wird den ersten Kindern ein Ausspruch vor Richt und Rath gethan. Und wenn sie andere Kinder dazu zeugen, gehen zusammen zugleich zum Erbteil.

10. P a r c h i m: . . . so wird den Kindern ein Ausspruch vermacht nach der Eltern Vermögen und Gelegenheit der Güter. Welchen Ausspruch die Kinder nach Absterben ihrer Eltern für allen andern Creditoren ohne einige Exception ohnbehindert vorher auszunehmen befugt, dabei auch vom Rath beschützet und gehandhabt werden.

11. P e n z l i n: Von Kindern erster Ehe. Vermüge fürstlicher Begnadigungen und Privilegien kömmt erstlich, da es im Stadtbuch verschrieben, denen Kindern aus den Gütern die Hälfte. Und stirbet von einem Kinde zum andern und nicht wiederumb an die Eltern, so lange ein Kind lebet. Im Fall es aber von der Eltern und Vormünder Unfleiss versäumet, wird's vermöge der fürstlichen Polizei-Ordnung gehalten. Die Kinder aber aus der andern Ehe gehen mit des Verstorbenen zu Teile.

12. P l a u: Obwol dieses Artikuls halber Zweispaltung und Ungleichheit eine Zeithero eingefallen, als dass die Eltern nach Absterben ihres Ehegatten, Mannes- oder Frauensperson, den nächstbliebenen Kindern, wann sie zur andern Ehe gegriffen, ein Geringschätziges zur väterlichen oder mütterlichen Aussteuer ausgesagt, auch wohl dasjenige, so den ersten Kindern ausgesprochen, wann in der andern Ehe Ungleichheit vorfällt, mit Schulden zu beladen oder auf andere Wege anzugreifen Vorhabens, welches man ihnen keinesweges gut sein lässt: so wird nun mit allem Fleiss dahin gesehen, woferne keine Schulden vorhanden, dass den

---

[69]) W.: den mehr.

nachbleibenden Kindern[70]) erster Ehe, wo nicht der ganze
halbe, jedoch der mehrer Teil des halben Gutes zur väterlichen oder mütterlichen Aussteuer ausgesaget werde. Wann
aber die Kinder klein und unerzogen, so behält die nach-
gebliebene Person den Gebrauch der Güter zu der Kinder
Kleidung und Unterhaltung, bis sie es selber zu ihrem Nutzen
und Besten gebrauchen können. Da aber der Kinder Vater
oder Mutter erster Ehe auch verstirbet und lässt Kinder
von der andern Ehe gleichfalls hinter sich, also nimmt die
Person, so von der andern Ehe nachbleibet, den halben Teil
der Güter. Der ander halbe Teil der Güter wird unter die
Kinder sämmtlich nach Häuptern verteilet, und ist solches
väterlich oder mütterlich Erbteil.

13. Ribnitz: Hievon berichten E. F. Gn. wir unter-
thäniglichen, dass allhie gebräuchlich: wann ein Mann oder
Frau verstirbt, Kinder hinter sich lässt und zu der andern
Ehe schreitet [sic!], denselbigen Kindern in Beisein der verstorbenen Eltern Freundschaft man einen Ausspruch thue
nach Gelegenheit seiner oder ihrer Güter. Dieser wird den
Kindern, wann sie zu ihren Jahren gekommen, gefolget, und
müssen damit, weil die andere Person ihrer Eltern im Leben,
zufrieden sein. Wann die aber verstirbet, haben sie den
halben Teil alles Nachlasses, wofern in der andern Ehe auch
keine Kinder gezeuget, zu erwarten und zu fordern. Wo
aber in der andern Ehe auch Kinder gezeuget, müssen sie
dieselben mit dazu lassen.

14. Sternberg: Es ist aber auch unter uns dieser
Gebrauch: wann einer stirbet und lässet Kinder nach sich,
und derselbigen Vater oder Mutter sich wiederumb befreien,
wird den Kindern erster oder anderer Ehe nach Vermögen
der Güter eine Aussteuer vermacht. Stirbet aber Vater und
Mutter der ersten oder andern Ehe, alsdann werden die
Güter mit dem nachbleibenden Stiefvater oder Stiefmutter
halb geteilet, die übrigen Güter, die alsdann mit Schuld und
ohne Schuld vorhanden, zugleich unter den Stiefvater mit
Schuld und Unschuld unter die Kinder geteilet.

15. Sülz: ... wird denen Kindern so viel, als das
Gut vermag, vorerst ausgesprochen.

16. Teterow: ... wird den Kindern, so vorhanden,
nach Gelegenheit und Vermögen der Güter ein Ausspruch
an Acker oder Gelde vermachet. Es bleibet auch solcher
Ausspruch, weil die Kinder noch klein, bei den Eltern. Wann
aber sie erwachsen und ihr Brod verdienen können, sie seiend
bei den Eltern oder andern Leuten, so müssen ihnen die
Eltern, wenn sie es in ihrem Gebrauch behalten, die gebühr-

---

[70]) d. n. K.] der n. Kinder. W.

lichen Zinsen oder Heuer jährlichen entrichten. Doch wird
in diesem die Gelegenheit der Eltern, wo sie geringen Vermögens sein, auch in Acht genommen. Also wird's auch
mit der Kinder anderer Ehe Aussteuer gehalten.

17. Waren: So einer von den Eltern verstirbet, wird
den Kindern, so der nachbleibende wiederumb zu der andern
oder dritten Ehe schreiten will, vermüge der Güter ein
Ausspruch an Gelde und sonsten gemachet, und hat den
Ausspruch, bis die Kinder verheirathet werden, zu geniessen.
Dafür er die Kinder mit nothdürftigem Essen und Trinken
und Kleidung versorget. Verstirbet aber der Nachbleibende
auch, so treten die Kinder sowol der ersten, als der andern
Ehe alsdann zur Teilung der Güter.

18. Wittenburg: Wann die Eltern wiederum freien
und Kinder vorhanden von der ersten oder andern Ehe,
wird denselben nach Gelegenheit der Güter und mit Be-
liebung der Kinder nächster Blutsfreunde und Vormünder
ausgesprochen. Hätte aber der Kinder Vater oder Mutter
bei ihrem Leben unter den Kindern sonderliche Ordnung
gemacht, lässt mans dabei bleiben. Und werden die Kinder
bei demselben geschützt, woferne solcher Ausspruch oder
der verstorbenen Eltern Verträge ins Stadtbuch dieser Stadt
Gebrauch nach geschrieben worden. Darnach richten wir
uns, und wird dem klagenden Teile darüber Rechts verholfen.

19. Woldeck: ... wird· besage E. F. Gn. Polizei-
Ordnung, wenn sich die Eltern wieder befreien, gehalten.
Als dass die Kinder das halbe Gut nach dem, als es dann
bereichert und Vermügens ist, hinwegnehmen, oder sonsten
in aufgerichteten Recessen vermachet. Welches die Eltern,
wann sie auch ungefreiet, bei sich behalten und den Kindern
Zeit ihrer berathenen Jahre Hochzeit und Kleidung, sowol
auch Heirathsgeld hinausgeben müssen. Und wenn sie das
Gut verringern oder mit Schuld beschweren, gehet doch den
Kindern nichts davon abe, sondern geniessen vor allen andern
Creditoren die Erstigkeit. Wird aber das Gut verbessert,
so bekommen sie doch nur ihren Ausspruch, so nach Aesti-
mation der angefallenen Güter damals in Vorrath gewesen,
bis so lange das noch lebende Teil ihrer Eltern verstirbet.
Als erben sie mit den Kindern der andern Ehe, woferne
dieselben vorhanden, gleichfalls den halben Teil des Gutes.

XVII. Von Gaben und Geschenken in währender Ehe.

1. Boizenburg: Wann es beider Eheleute wolgewunnen
Gut ist, so mag einer dem andern schenken oder auch
seinen Freunden.

2. Neu-Brandendurg: G. u. G. i. w. E. unter den
Eheleuten inter vivos, alldieweil ohnedas ihre Güter unter

ihnen gemein sein zu N. Br., sind nicht gebräuchlich, aber das in stets währenden Gebrauch gehalten, dass sich Eheleute, so mit einander nicht beerbet und auch aus voriger Ehe nicht der gezeugten Kinder im Lebende übrig haben, umb und mit dem 4. Pfenning oder Anteil aller und jeder Hab und Güter im gehegten Dinge und Gerichtsstelle für Richter und Schöffen donatione reciproca zu begaben pflegen. Würde auch der Frau von ihrem Hauswirthe etwas von ihren andern Gütern ad pias causas oder sonsten zu vergeben gestattet, (welches aber der Mann, ohne der Frauen Bewilligung ohne das zu thuen, wol bemächtiget,) hätte seine Maasse, und wäre dasselbe alsdann zulässig.

3. Friedland: Es mögen sich Mann und Frau mit einander resp. begiftigen bis auf den 4. Pfenning aller ihrer Habe und Güter, und eine milde Gabe stehet ihnen danebenst frei. Es muss aber öffentlich vorm Gerichte geschehen. Da auch sonsten jemandes vor Notarien und Zeugen Testament machen will, ist es niemandes verboten, daferne es zu Rechte und nach Gelegenheit der Personen zugelassen wird.

4. Grabow: ... finden wir keine Nachrichtigung.

5. Güstrow: Wann ein Ehemann seiner Hausfrauen in stehender Ehe etwas verehret und Kinder vorhanden, bleibt's auf den ersten Todesfall dem überbliebenen und dessen Kindern, woferne es Schulden halben zu erhalten. Wann aber keine Kinder sind, muss ein Teil dem andern solches vermittels eines Testaments oder beständigen letzten Willens mit des Raths Wissen (,ohne dessen Zuordnung keiner allhie ein Testament machen kann,) bescheiden und vererbet werden.

6. Lage: ... halten wir diese Gelegenheit. Da sie solches durch einen Notarium verschrieben in unser Gegenwart, da keine Freunde dabei, die solches willigen, müssen sie das zu Rechte suchen etc.

7. Malchin: ... ist bei uns dieser Gebrauch. Wenn Eheleute ohne Kinder zusammenleben und sich mit einander begiftigen und durch Instrumente oder Testamente solches bestätigen, dasselbe wird der letzten, im Leben bleibenden Person gehalten.

8. Malchow: Wann Eheleute bei gesundem Leibe in Beisein und mit Bewilligung beiderseits Freundschaft sich etwas unter einander geben, darüber wird auch gehalten.

9. Marlow: ... damit wird's also gehalten, dass Eheleute in der Ehestiftung einer dem andern etwas gibt, und solche gegebene Donation behalten sie jeder Zeit vor sich zu beiden Teilen. Da aber einer von dem Geschenkten seinen Kindern oder sonst seinen Freunden geben will, lassen wir's passiren.

10. Parchim: Was Eheleute sich mit einander bei lebendigem Leibe freiwillig schenken und geben wollen, hat einem jeden bis dahero freigestanden. Darüber auch wol Testamente aufgerichtet, welche von den Erben oft impugniret und angefochten dieser Ursachen halben, dass sie [71]) in sothane geschehene Donation und Testaments-Ordnung nicht gewilliget, auch nicht mit dabei sein wollen. |Dadurch denn oft ein grosser Zank zwischen dem Nachgebliebenen und des Verstorbenen Erben entstanden, auch die Sache so weit getrieben, dass der Nachbleibende über die Donation oder Testaments-Vermächtnis den Erben etwas mehr geben und sich mit ihnen vergleichen müssen. Ob ein solches Recht oder Unrecht? will ein Rath ihren gnädigen Landesfürsten und Herrn zu judiciren heimbgestellt haben.

11. Penzlin: ... ist bei uns von allen Gütern der 4. Pfenning auch vermöge der fürstl. Polizei-Ordnung bis anhero bei uns gebräuchlich.

12. Plau: Woferne Mann und Frau nicht mit Leibeserben begabet und die Güter zusammen durch Gottes Segen oder auch sonsten erlanget, als wird ihnen, ein Testament — doch mit Bewusst beiderseits Freundschaft, — sich unter einander womit zu begaben, aufzurichten, concediret.

13. Ribnitz: ... wird es allhier also gehalten. Erstlich wo es für ein legatum zu verstehen, so mögen Eheleute einer oder beide von ihren Gütern denen Gotteshäusern oder ihren armen Freunden wol etwas schenken. Und was also sie verschenken, wird auch beständig gehalten und nach dem Tode dahin auch gerichtet. Wo es aber von Gaben causa mortis verstanden, kann der Mann der Frauen, die Frau auch dem Mann allhie wol etwas vermachen. Wann solches geschicht, müssen 2 oder 3 gläubige Zeugen mit dabei sein. Wann dann die Zeugen hernacher mit ihrem Eide bekräftigen, dass solche donatio bei guter Vernunft geschehen, wird sie allhier für beständig erkannt. Also auch von donationibus reciprocis zu verstehen, wie es mit denselben gehalten: so werden diese donationes reciprocae, wann die also zu erweisen, vor beständig erkannt. Wo aber etwas Dunkles in solchen Gaben vorfällt und uns zu schwer vorfallen, gebrauchen wir der Gelahrten Rath.

14. Sternberg: Das wird also bei uns gehalten. So einer dem andern etwas vorab gibt und verschreibet, ohne dass wol etwa von jemand Einrede geschicht, gehet es doch auf beider Bewilligung vor sich ohne Beschwerung der Schulde.

15. Sülz: ... ist gebräuchlich, so es vor Richter und Rath geschicht, soll es Kraft und Macht haben.

---

[71]) f. W.

16. **Teterow**: Wie sich Eheleute unter einander begiftigen wollen, es sei gesunden Leibes oder in Krankheiten, so müssen sie es für Notarien und Zeugen thuen, als Recht und gebräuchlich. Auch geschicht es wol, dass zwei Eheleute, wann wir beisammen sein, zu uns mit so vielen Zeugen, als dazu nöthig, kommen und zeigen an, wie sie sich mit einander begiften wollen. Und wann sie das vermeldet, was es ist, bitten sie, dass es möge in die Feder genommen. Und auf den Fall, dass das nachbleibende Part sich mehr, als die Hälfte der Güter anmaasset, wird solches nicht angenommen, es wäre dann, dass sie bei lebendem Leibe sich begiftiget und testamenta darüber aufgerichtet.

17. **Waren**: Wann unter Eheleuten ein Testament mit Consens beiderseits Freundschaft aufgerichtet und gebührlichen vollenzogen und·bestätiget, wird's also gehalten.

18. **Wittenburg**: Wann beide Eheleute in währender Ehe ihrer Geschenke einig und beide für's Stadtbuch kommen und solchen ihren Willen in Beisein 2 oder 3 Gezeugen darin verzeichnen lassen und bei ihrem Leben dasselbe nicht wiederrufen oder ändern, als wird darüber würklichen gehalten.

19. **Woldeck**: ... woferne solches für öffentlichem gehegtem Gericht mit oder auch ohne Consens der nächsten Erben aus beweglichen Ursachen geschicht, werden dieselben zugelassen und für kräftig gehalten. Inmaassen denn auch Zeit einfallender Sterbenszeit, da Ehegatten unter sich ein Testament aufrichten, so wird solches, wofern es beständig in Beisein glaubwürdiger Zeugen schriftlich oder mündlich bestätiget, als eine löbliche alte Gewohnheit zugelassen und kräftig geachtet.

XVIII. Von Gütern, so Mann und Weib in stehender Ehe mit einander kaufen, verkaufen, erwerben.

1. **Boizenburg**: Was Mann und Frau in stehender Ehe zugleich kaufen, kommt ihren Kindern und Erben zu gute. Was aber rechtmässiger Weise verkauft, das ist todt und sein dessen ohnig.

2. **Neu-Brandenburg**: Die Güter, so Mann und Frau mit einander in stehender Ehe kaufen oder verkaufen oder ihnen von Andern anererbet, sein ihnen und ihren Erben sowol, als alle andere ihre Güter oder auch die, aus und von den verkauften Gütern gelöseten Gelder gemein.

3. **Friedland**: Alle Güter, so Mann und Frau in währender Ehe mit einander kaufen, seind gemein nicht allein ihnen, sondern auch ihren Erben.

4. **Grabow**: ... wird es gehalten, wie es im dritten [Punkte] [72]) gemeldet.

---

[72]) Zu I. II. III. 2?

5. Güstrow: Da Eheleute auch in währendem Ehe-
stande etwas kaufsweise oder sonsten rechtmässig an sich
bringen, das ist ihrer beider Eigenthumb, so lange sie es
behalten. Und was verkauft wird, muss mit beider Wissen
und Willen obangedeuteter Maassen veräussert werden.

6. Lage: ... haben wir dieses. Was das Kaufen an-
belanget, ist billig ihrer beider. Da sie aber etwas von dem
Ihren verkaufen, und solches ohne anderer Leute Schaden
geschehen kann, und keine Klage darüber kommt, ist zu
dulden.

7. Malchin: ... ist bei uns der Gebrauch gehalten.
Wann Eheleute, so keine Kinder, vom Vorrath des Mannes
oder der Frauen Güter käufen, solches gereichet ihren [73])
beiderseits Erben zum Besten. Wiederumb da sie aus Noth
Güter verkaufeten, dasselbe wird ihnen nicht gehindert.
Jedoch stehet der Kauf den Freunden vor Frembden an,
haben sie das Näherrecht.

8. Malchow: Was Mann und Frau kaufen und verkaufen, gereichet beiden zum Vorteil und Nachteil.

9. Marlow: So zween Eheleute in ihrer Ehe lebend
zu beiden Teilen kauften liegende Gründe, solches muss vor
Richt und Rath geschehen. Und darumb gleich werden auf
alle Kauf Briefe Siegel und Briefe gegeben. Und desselbigen
gebrauchen sie, und ihre Kinder erben's, oder sie können
es wiederumb verkaufen.

10. Parchim: Die Güter, so Mann und Weib in stehender Ehe kaufen und verkaufen, gehören ihnen zugleich zu.

11. Penzlin: Was Mann und Weib in stehender Ehe
mit einander kaufen und verkaufen, so kaufen die gekauften
Güter pro rata auf Mann und Weib und nachfolgende
Erben.

12. Plau: Dieser Artikul ist bishero nicht gestritten,
sintdemal keine sonderbaren Klagen darüber gekommen.
Nam quilibet est dominus bonorum suorum. Dahero ihnen
der Kauf und Verkauf freigestanden.

13. Ribnitz: Hievon halten wir gebräuchlich, dass
solche Güter, sie werden von einem oder anderm erkaufet,
beiden gleich sein und bleiben.

14. Sternberg: In deme wird es also bei uns gehalten,
dass der Kauf vor sich gehet. Wird aber etwas durch
Mann und Weib verkauft, das muss mit beiderseits Freunden Wissen und Willen geschehen, da sie ohne Leibeserben sind.

15. Sülz: ... ist gebräuchlich, da es für Recht und
Rath geschiehet, dass es Kraft haben solle.

---

[73]) W.: ihnen.

16. **Waren:** Was in stehender Ehe von Mann und Weib verkauft und gekaufet, stehet in ihrer beiderseits Willen und Gefallen. Jedoch müssen sie sich nach den Contracten, die im Kauf und Verkauf aufgerichtet, richten und halten. Haben aber hievon keinen sonderlichen Gebrauch.

17. **Wittenburg:** Wann solches mit ihrer beiderseits Wissen und gutem Willen geschiehet, es werde dann gekauft oder verkauft, so bleibet ihnen und ihren beiderseits Erben der Gewinn oder Schaden zu gleichen Teilen.

18. **Woldeck:** Die Güter, so Mann und Weib in stehender Ehe mit einander kaufen, bleiben ihnen [74]) beiderseits, und auf den Todesfall hat sich keines, woferne keine Leibeserben vorhanden, einiges Vorganges zu erfreuen, sondern werden gleichmässig, wie andere ihre Güter, denen Erben in der Teilung zugeschlagen. Da sie auch beiderseits Güter verkaufen, und solcher Verkauf obberührter Maassen vermöge E. F. Gn. Polizei-Ordnung beständig aufgerichtet, kann es nicht retractiret werden.

XIX. Von Schulden der Eheleute in stehender Ehe.[75])

1. **Boizenburg:** Die Schulden der Eheleute werden von den redesten Gütern bezahlt.

2. **Neu-Brandenburg:** Die Schulde, so Eheleute zusammenbringen oder in stehender Ehe bei einander machen, werden aus ihren sammenden Gütern, wenn dieselben zur Zahlung genug, entrichtet. Da aber die Güter die Schulden nicht erreichen mögen, so hat das Weib kein jus praelationis, damit sie sonsten vermöge der beschriebenen Rechte und derselben Beneficien privilegiret, sondern wird der Güter gänzlich nach Stadtgebrauch entblösset und hat sich daran nicht zu erfreuen, es wäre dann, dass ihr von den Creditoren etwas aus gutem Willen davon verehret und nachgegeben werden wollte, welches doch selten geschieht. [76]) So wird auch in Schuldsachen zu N.-Br. gehalten, dass keiner der Creditoren für dem andern der gemeinen Rechts Regul qui prior est tempore, potior est jure zufolge einige Priorität hat. Sondern wann der Debitor nicht solvendo und derentwegen entweder bonis cediret, oder sonst zu Rechte concursum erreget, und die creditores in seine Hab und Güter gewiesen, werden dieselben unter den Creditoren pro rata ausgeteilet.

3. **Friedland:** Im gleichen Fall alle Schulde, so sie

---

[74]) ihrer W.
[75]) Vollständig scheint die Frage nach den Eingängen der Antworten gelautet zu haben: „V. Sch. d. E., so sie zusammenbringen oder i. st. E. bei einander machen, wie die bezahlet werden.“
[76]) Vgl. oben VII. 2.

zusammenbringen oder mit einander machen, seind gemein und werden von ihren sämmtlichen Gütern bezahlet. Es wäre dann Sache, dass der Mann verstürbe und über den Werth der Güter so viele Schulden hinterliesse, dass sie [77]) nicht kunnten bezahlet werden, so mag die Frau bonis wol cediren. Und soferne zu beweisen, dass sie zu den Schulden mit geholfen, wird ihr keine fräuliche Gerechtigkeit gestanden. Da aber kund und offenbar, dass der Mann alleine aus Nachlässigkeit die Schulden gemacht, stehts in diesem Fall auf Handlungen. Und man hat bis dahero denen Frauenspersonen, so viel die fräuliche Gerechtigkeit belanget, keinen andern Gebrauch einräumen wollen aus den Ursachen, dass sie oftmals den Männern veruntreuen und Schulden machen helfen, dass oftmals die Männer in der Gruben gescholten werden. Und was zuvor denen Creditoren zum Vorfange zur fräulichen Gerechtigkeit vorausgenommen, wird nichts weniger verbracht. Dess hat ein Rath und Gericht in diesem Fall nach Gelegenheit sich eine Maasse vorbehalten.

4. Grabow: Wo die Frau keine Schuld zu dem Manne bringet, leidet sie keinen Abbruch ohne ihr dem Manne zugebrachtes Ehegeld und Gut. Hat sie aber zuvor Schuld gemacht, muss sie von dem Ihrigen bezahlen.

5. Güstrow: Wie ingleichen und zum letzten auch, sobald sie ehelich beigeleget und die Decke über sie gezogen, nicht wenigers, wie ihre Güter dadurch gemein werden, Schuld und Unschuld ihrer beider ist und bleibet.

6. Lage: ... halten wir, da sie Schulden zusammenbringen, auch bei einander machen und nach ihrem Absterben Briefe und Siegel oder dafür Bürgen vorhanden, dass dieselben, so Pfand oder Schuld in Häusern haben, billig bezahlet werden. Es wäre dann, dass vor die, so beim Leben — Mann, Frau oder Kinder —, vielfältige Vorbitte durch verständige Leute gethan würde, damit sie je zum Wenigsten die Hälfte erlassen, oder die halbe Hälfte oder in etwas bekommen. Wie wir uns dann zum Teil auf fürstl. Polizei-Ordnung gehorsamlich berufen und darnach zu verhalten pflegen.

7. Malchin: Ist bei uns der Gebrauch, dass solche Schulden aus den sammenden Gütern bezahlet werden. Doch Kirchen, Hospitalien und unmündiger Kinder Gelde werden für allen Schulde vorabe aus den Gütern bezahlet.

8. Malchow: Was Mann und Frau in stehender Ehe schuldig werden, bezahlet man aus sämmtlichem Gute, so was zu bezahlen vorhanden.

9. Marlow: ... damit wird es also gehalten. So zween

---

[77]) sie fh. W.

Eheleute in ihrem Leben zu beiden Seiten Schuld auf ihre Güter machen, müssen dieselbigen zu gleichen Teilen bezahlen. Sterben sie aber, müssen sie die Kinder bezahlen, so welche vorhanden. So nicht, müssen die nächsten Freunde, so sich zu Erben ausgeben, die Schuld bezahlen und denn ihre Güter teilen.

10. Parchim: Die Schulde, so die Eheleute zusammenbringen und in stehender Ehe bei einander machen, müssen aus dem sämmtlichen Gut wiederum abgeleget und bezahlet werden, woferne das Gut die Schulden abtragen könnte. Wo aber mit dem Gute die Schulden nicht abgeleget werden können, wirds damit, als wie zuvor bei dem 7. Punkt[78]) gesetzt, gehalten.

11. Penzlin: ... müssen dieselbigen, sobald sie zusammen vertrauet, in währender Ehe zu den zu bezahlenden Schulden gleich sein.

12. Plau: ... wird es gehalten, dass ein jeder von seinen Gütern seine Schulden abträgt. Da aber in stehender Ehe übrige gemacht, werden auf'm Fall von beiderseits Gütern abgetragen und bezahlet.

13. Ribnitz: ... werden auch die Schulde, die seien des Mannes oder der Frauen allein, oder seien mit einander gemacht, aus derselben Gütern bezahlet.

14. Sternberg: ... ist unser Gebrauch, dass solche beiderseits Schulden aus den zusammenden Gütern genommen und bezahlet werden.

15. Sülz: ... ist gebräuchlich, dass sie aus dem ganz sammenden Gute bezahlet werden, ehe dann die nachfolgenden Erben dazu kommen.

16. Teterow: Mit diesen wird's also gehalten, dass der Mann sowol, als die Frau und die Frau sowol, als der Mann zu solchen Schulden muss antworten. Und verstirbt einer davon, so muss der nachbleibende Teil zahlen, oder wenn Erbnehmer da sein, so müssen die das halbe Teil bezahlen, und bleibet der andere Teil bei dem, damit Erbteilung gehalten wird.

17. Waren: Es müssen auch alle Wege bei uns die Schulden aus denen Gütern, darin sie gemacht, gegeben und bezahlet werden.

18. Wittenburg: ... dieselben müssen sie oder ihre Erben und Erbnehmen aus den gemeinen Gütern, so nachgelassen und sie zu Erbe empfangen, bezahlen. Da aber dieselben nicht reichen können und die Erben sich derselben verziehen und nicht annehmen wollen, werden dieselben den Creditoren übergeben. Dieselben mögen sie annehmen und

---

[78]) s. VII. 8.

pro rata unter sich teilen, was sie nach Ausweisung der
Güter bekommen können.[79]) Und werden die Creditoren, die
ihr Geld mit Vorwissen des Raths in die Güter gethan, und im
Stadtbuch nach dieser Stadt Gebrauch ordentlicher Weise ver-
sichert haben, den andern vorgezogen. Desgleichen auch die
Creditoren, so von den Gütern, sie wären denn beweglich
oder unbeweglich, etzliche mit des Raths Vorwissen zum
Unterpfande inne haben, geniessen desfalls einen Vorzug und
werden daraus ungehindert der andern Creditoren, die dieselbe Versicherung nicht haben, völlig bezahlet, treten auch
dieselben Güter nicht eher ab, sie haben denn das Ihre, so
sie darauf ausgethan, wiederumb bezahlet bekommen.
    19. W o l d e c k : . . . die müssen sie beiderseits mit dem
vorhandenen und zugebrachten Gute, so sie erwerben oder
ererben, sämmtlich bezahlen und den Gläubigern, woferne
sie pro non solvendo geachtet, ihre Güter ohne einige Prä-
latur und vorfängliche Gerechtigkeit cediren, die denn die
Creditoren, woferne sie damit reichen können, nach Anzahl
ihrer daran habenden Forderungen unter sich gleichmässig
teilen.

<h2 style="text-align:center">[XX.][80])</h2>

    W i t t e n b u r g : Ist auch allhier gebräuchlich, wenn
allhier Erbgüter fallen und von fremden Erben, so allhier
nicht gesessen oder nicht vereidete Bürger sind, gefürdert
werden, müssen sie dem Rathe allhier den 10. Pfenning vor
ihren Anteil geben.
    Imgleichen auch, da einer, so zuvor den Bürgereid oder
Recht gethan oder gehabt, sich aus der Stadt hinter E. E.
Raths Vorwissen begeben und verrucken und seine Bürgerschaft nicht genugsam los- und aufkündigen oder dieselbe
jährlich mit 4 Schill. und 8 Witten halten und verschossen
würde: so ist er derselben ganz und gar quitt, kann auch
dazu nicht wieder gerathen oder sein Gut wieder aus der
Stadt pflücken und führen, er habe dann zuvor E. E. Rath
Kor und Wandel davor gethan.

---

[79]) Zum Folgenden vgl. VII. 14.
  [80]) Am Ende der Antwort der genannten Stadt hinzugefügt. Vgl.
VIII. 14.

Anhang zum Codicillus jurium civitatum Megapolensium.

	I. Immob. Erwerb. lassung.	II. Auf. lassung.	I. II. Näher- recht.	III. Näher- recht.	II. III.	I bis III.	IV. Renten- kauf.	V. Ge- währ.	VI. Immob. Pfand.	VII. Priori- tät.	IX. Deposi- tum.	X. ausch.	XI. Gesell- schaft.	XII. Ver- gleich.	XIII. Wette.	XIV. Verlöb- nis und Ehe- gehung.	XV. Ver- dingte Ehe- Hei- rath.	XVI. Aus- spruch.	XVII. Dono- inter vivum et uxem.	XVIII. Acquae- stus conj.
Boizenburg	1	1	–	1	–	–	1	–	1	1	1	1	1	1	1	1	1	1	1	1
N.-Brandenburg	2	–	–	–	–	–	2	–	2	2	2	2	2	2	2	2	2	2	2	2
Brüel	3	2	–	2	–	1	3	–	3	–	–	–	–	–	–	–	–	–	–	–
Friedland	–	–	–	–	–	2	4	3	4	3	3	3	3	3	3	3	3	3	3	3
Grabow	–	–	1	–	–	3	5	4	5	4	4	4	4	4	4	4	4	4	4	4
Güstrow	–	–	–	–	–	4	6	5	6	5	5	5	5	5	5	5	5	5	5	5
Lage	–	–	–	–	1	–	7	6	7	6	6	6	6	6	6	6	6	6	6	6
Malchin	4	3	–	3	–	5	8	7	8	7	7	7	7	7	7	7	7	7	7	7
Malchow	5	4	–	4	–	6	9	8	9	8	8	8	8	8	8	8	8	8	8	8
Marlow	–	–	–	5	2	7	10	9	10	9	9	9	9	9	9	9	9	9	9	9
Parchim	–	–	–	6	–	8	11	10	11	10	10	10	10	10	10	10	10	10	10	10
Penzlin	6	5	2	–	–	9	12	11	12	11	11	11	11	11	11	11	11	11	11	11
Plau	7	–	3	7	–	10	13	12	13	12	12	12	12	12	12	12	12	12	12	12
Ribnitz	–	4	–	8	–	11	14	13	14	13	13	13	13	13	13	13	13	13	13	13
Sternberg	–	5	–	–	–	12	15	14	15	14	14	14	14	14	14	14	14	14	14	14
Sülz	8	–	–	–	–	13	16	15	16	15	15	15	15	15	15	15	15	15	15	15
Teterow	–	–	–	9	–	14	17	16	17	16	16	16	16	16	16	16	16	16	16	16
Waren	–	–	–	–	–	15	18	17	18	17	17	17	17	17	17	–	–	17	17	17
Wittenburg	–	6	–	–	–	16	19	–	19	14	18	17	18	17	18	14	14	18	–	18
Woldeck	–	–	–	–	–	17	20	–	20	15	19	18	19	18	19	15	15	19	18	19

Miscellen.

[Eine Athener Handschrift der Basilikensynopse.] Die vereinigte Staats= und Universitätsbibliothek (Nationalbibliothek) in
Athen [1]) besitzt zur Zeit 585 Handschriften, meist neueren Alters
und untergeordneten Werthes, darunter 439 in Griechischer
Sprache. [2]) Von letzteren ist eine, wenn auch defecte Pergament=
handschrift hervorzuheben, welche die größere Synopse der
Basiliken (Heimbach, Griechisch=Römisches Recht §. 37)[3])
enthält. Ueber ihre Erwerbung und früheren Schicksale ist nichts
bekannt. Die H., wie alle übrigen vorläufig noch ohne feste
Bibliothekbezeichnung, besteht aus Quaternionen, welche mit
Griechischen Zahlzeichen nummerirt sind, und umfaßt 124 von
neuer Hand paginirte Blätter in kleinem Folioformat. Es fehlen
wiederholt ganze Lagen, andere sind unvollständig. Die Schrift=
züge weisen auf das dreizehnte Jahrhundert. Die H. beginnt
lit. A. tit. 7 mit den Worten ὅτι μὴ καταβληϑῇ [4]) ἡ ποσότης
(Löwenklau's Ausgabe p. 196)[5]), entsprechend der restituirten
Stelle der Basiliken Heimb. XIX, 5. cap. 15. §. 1. Der Text
der Synopse, soweit dieselbe auf den Basiliken beruht, endigt
pag. 228 mit der Schlußschrift Τέλος σὺν ϑεῶ τῶν Βασιλικῶν
ξ Βιβλίων κατὰ στοιχεῖον. Es folgt der Anhang in derjenigen
Gestalt, wie solche in der bei Heimbach l. c. Nr. II beschriebenen zahlreichsten HH. Klasse vorliegt. Seine einzelnen Bestandtheile sind:

I. Sieben vollständige Novellen von Romanus dem Aelteren, Constantinus Porphyrogeneta, (Romanus dem
Jüngeren), Nicephorus Phocas, welche in dem ursprünglichen Anhange nur auszugsweise enthalten waren.

1) Αἱ νεαραὶ τοῦ κυροῦ ῥωμανοῦ τοῦ βασιλέως (am
Rande τοῦ κυροῦ ῥωμανοῦ τοῦ γέροντος). Novelle Ἀνϑρώποις
ἐστὶ ζηλωτόν des Romanus Lecapenus oder des Aelteren
(935). Voran die bekannten στοίχοι ἴαμβοι. Zachariae
a Lingenthal, Jus Graeco-Romanum. Pars III. 1857.
Coll. III. Nov. 5. p. 242—252.

2) pag. 232 Αἱ νεαραὶ τοῦ κυροῦ κωνσταντίνου τοῦ Βασιλέως. Novelle Παρὰ πολλῶν ἀνέμαϑεν des Constantinus
Porphyrogeneta (947). Zachariae l. c. Nov. 6. p. 252
bis 256.

3) pag. 234 Περὶ στρατιωτικῶν. Novelle Ὥσπερ ἐν
σώματι κεφαλή desselben Kaisers (zwischen 945—959). Zacha-

---

[1]) Petzholdt's Neuer Anzeiger für Bibliographie und Bibliothekwissenschaft. 1868. n°. 154, 541, 704, 853.
[2]) Vgl. Κωνσταντίνου Φρεαρίτου Εὔϑυναι πρὸς τὸ κοινὸν. Ἐν
Ἀϑήναις 1868. 8 . pagg. 430 ff., 434.
[3]) In der Encyclopädie von Ersch und Gruber I. 86. S. 420 ff. 1868.
[4]) Heimbach. κατεβλήϑην.
[5]) LX. Librorum Βασιλικῶν Ecloga sive Synopsis, edita per Joan.
Leunclavium. Basileae 1575. fol.

riae Nov. 8. p. 261—266. Diese Novelle ist jedoch unvollständig, sie bricht ab bei den Worten καὶ τούτῳ τῷ προνομίῳ ἐξ ἡμετέρας προνοί . . (Zach. p. 263).

4) Es fehlen zwei Blätter, wodurch außer dem Schlusse der 3ten Novelle die ganze 4te (von Romanus b. Jüngeren), sowie der Anfang der 5ten verloren gegangen ist.

5) Die 5te Novelle, d. i. die Novelle Ὁ τοῦ θεοῦ πατρὸς λόγος des Nicephorus Phocas (964), Zachariae Nov. 19. p. 292—296, ist daher pag. 235 nur von den Worten κατὰ πολλὴν εὐπέτειαν (Zach. p. 294) an erhalten.

6) pag. 236 Νεαρὰ τοῦ κυροῦ ῥωμανοῦ τοῦ γέροντος (Diese Ueberschrift am Rande). Novelle Παλαιὸς νόμος ἐστίν der Kaiser Romanus Lecapenus, Constantinus, und Christophorus (922). Zachariae Nov. 2. p. 234—241.

7) pag. 238 Περὶ τῶν κινούντων τὸν εἰς τὸ διπλοῦν ὑπερθεματισμόν. Novelle Εἰ μὲν εὑρίσκονται des Romanus Lecapenus, nebst den beiden ψῆφοι des Magister Cosmas. Löwenklau's Ausgabe der Synopse p. 43—44 des Novellenanhanges, und desselben Juris Graeco-Romani Tomi duo. Cura Marquardi Freheri. Francofurti 1596. fol. II, 165—167.

II. Andere juristische Stücke.

8) pag. 239 Τῶν πραττομένων ν′ Βιβλίων τῶν διγέστων ὀνόματα. Uebersicht über die Partes der Digesten. Darauf Bemerkungen über Feldmaß, ohne Ueberschrift mit den Anfangsworten Χρὴ γινώσκειν, ὅτι ὁ μὲν κάλαμος.

9) pag. 240 Περὶ χρόνου καὶ προθεσμίας ἀπὸ ῥοπῆς ἕως ῥ′ ἐνιαυτῶν. Die Schrift über die Zeitabschnitte (vgl. Heimbach, Griechisch-Röm. R. §. 20. S. 269 ff.), aber nur bis οὗ κρατεῖται, cap. 3. §. 2 (Leunclav. Juris Graeco-Rom. Tom. II. 209).

10) Es fehlt eine ganze Lage, so daß außer dem größten Theile der vorigen Schrift, der Anhang Περὶ διαφορᾶς ἀναγνωσμάτων zu dem Novellenauszug des Athanasius Scholasticus (Heimbach jun., Ἀνέκδοτα I, 185 ff.) ausgefallen ist.

III. Der Auszug aus der Novellensammlung Leos des Weisen, welcher schon der ursprünglichen Redaction der Synopse beigegeben war (cf. Heimbach, Griech.-Röm. R. §. 29. S. 368 f.).

11) Auch dieser Theil des Anhangs ist defect. Es fehlt zunächst am Anfange Nov. 1 des Auszugs, welche auf der ausgefallenen Lage stand. Der Auszug beginnt pag. 241 mit Nov. 2 unter der Ueberschrift Περὶ τοῦ διατίθεσθαι τὸν μονάσαντα εἰς τὰ ἐπικτηθέντα und mit den Anfangsworten Θεσπίζομεν, εἰ μὲν ὤφθη, Zachariae l. c. Coll. II. Nov. 5. nott. 1, 5. p. 73, 76. Das Folgende ist vollständig bis zu den Worten ἵνα δωρεὰ ἢ χρυσίων ὑπερέχουσα ϟ′ ἔγγραφος μέν der Nov. 29 (Zach. Nov. 50. p. 143), womit die ganze Handschrift abbricht.

Athen, 16. April 1869.   Dr. E. Steffenhagen.

Digesta Justiniani Augusti recognovit, adsumpto in operis societatem Paulo Kruegero, Th. Mommsen. Vol. I. II. Berolini apud Weidmannos 1870. 8 maj.

Angezeigt von

Herrn Professor Dr. Zachariä von Lingenthal auf Großkmehlen.

Gerade in jetziger Zeit, wo nicht blos vorübergehend inter arma silent leges, sondern überhaupt die gelehrten römisch-rechtlichen Studien unter der Ungunst öffentlicher Theilnahmlosigkeit leiden, erscheint es doppelt als Pflicht, auf ein so bedeutendes Werk wie die vorliegende neue Digestenausgabe in dieser Zeitschrift aufmerksam zu machen. Zwar einem solchen Werke gegenüber als Recensent aufzutreten, kostet in der That große Ueberwindung, damit man nicht einer anmaßlichen Kritik geziehen werde. Aber indem wir es versuchen, in dem bescheideneren Rahmen einer Anzeige dem Publikum dieser Zeitschrift eine Uebersicht über die Leistungen des Herausgebers zu geben, gelingt es uns vielleicht, dem Letzteren zugleich den Tribut bewundernder Dankbarkeit für eine Gabe zu zollen, welche von vornherein als ein Produkt gründlichsten philologischen und juristischen Scharfsinns und ehrnsten Fleißes bezeichnet werden muß. Bekannt ist, welche Unzahl von Ausgaben der Digesten existirt, ohne daß doch auch nur Eine allen kritischen Anforderungen genügte. Ebenso bekannt ist, wie diejenigen Männer, welche bisher sich die Herstellung einer solchen Ausgabe zum Ziel gesteckt und umfassende Vorarbeiten dazu begonnen hatten, mitten in der Arbeit aus diesem Leben abgerufen worden sind. Mommsen ist der Erste, dem die Lösung der Aufgabe gelungen ist, und sie ist ihm gelungen, wie sie eben nur einem Manne gelingen konnte, der in gleich hervorragendem Maße

Jurist und Philolog ist, und in Anlage und Ausführung der Arbeit gleichmäßig das richtige Maß innezuhalten gewußt hat.

Es würde ein langes und eingehendes Studium der neuen Ausgabe auch für diese Anzeige nöthig geworden sein, wenn nicht eine ausführliche Vorrede die Orientirung wesentlich er=leichtert hätte. Um so mehr mögen die nachstehenden Bemer=kungen an den Gang und Inhalt der Vorrede angeknüpft werden.

Schon die erste im J. 1866 ausgegebene Lieferung der neuen Ausgabe und eine im J. 1868 erschienene Lieferung haben vorläufige Vorreden enthalten. An deren Stelle ist mit der Vollendung der Ausgabe im J. 1870 die Hauptvorrede getreten. Diese ist es, deren wesentlichster Inhalt zur Charakterisirung der Ausgabe besprochen werden soll.

Die Vorrede handelt zuerst von den verschiedenen Einthei=lungen der Digesten.

Die Haupteintheilung ist die in 50 Bücher, welche mit fortlaufenden Zahlen (ex ordine) bezeichnet sind. Daneben be=steht eine Eintheilung nach Partes, über welche sich die c. Tanta und Δέδωκεν ausführlich verbreiten, und deren Zusammenhang mit der Einrichtung des Rechtsunterrichts aus der c. Omnem ad Antecessores hervorgeht. Obwohl nach den angeführten Consti=tutionen kein Zweifel sein kann, daß diese „secundaria titulatio" in den Urhandschriften vorhanden gewesen sein muß, obwohl auch die von dem Herausgeber sonst befolgte Florentinische Handschrift mehrfach, besonders im Titelverzeichniß, auf diese Eintheilung Rücksicht nimmt, obwohl endlich die Justinianeischen und Postjustinianeischen Juristen des Morgen= wie des Abend=landes vielfach danach citiren, so ist sie doch in der Ausgabe selbst weggelassen. Dagegen theilt der Herausgeber in der Vor=rede S. VII. VIII ein vollständiges Tableau derselben, und S. V—VII drei byzantinische Notizen über dieselben mit. Was letztere betrifft, so bemerke ich, daß die erste aus Paris 1182 (welche in keiner anderen HS. vorkommt) entweder die Quelle oder eine Paraphrase von Psellus v. 9—42 ist; die zweite findet sich in allen alten Anhängen der Synopsis Basilicorum; die dritte endlich, in welcher die willkürliche Umstellung der beiden letzten

Sätze vielleicht hätte unterbleiben können, scheint in dem Satze: „ἀπὸ δὲ τῶν ν´ βιβλίων τῶν διγέστων τινὰ οὐχ εὑρίσκονται· εἰσὶ δὲ ταῦτα· τὸ κη´ βιβλίον, ὅπερ ἐστὶ τῶν βασιλικῶν βιβλίον λς´" nicht, wie man muthmaßen könnte, auf eine Lückenhaftigkeit des Infortiatum hinzuweisen, sondern darauf, daß die Compila=toren der Basilikenscholien hier eine lückenhafte Handschrift des griechischen Index oder πλάτος der Digesten besaßen; denn in der That geben uns die Basilikenscholien von lib. 48 Dig. den Index nicht (vgl. Basil. XXXIX, 2).

Die Zählung der leges in den einzelnen Titeln und deren Eintheilung in Paragraphen hält der Herausgeber nicht für ursprünglich, obwohl sie schon die Justinianeischen Juristen kennen. Da er jedoch der Ansicht ist (S. LVIII), daß die in einer lex unter einer und derselben Inscription stehenden Sätze nicht immer in der excerpirten Schrift in derselben Aufeinander=folge gestanden haben, sondern häufig verschiedene ursprünglich nicht mit einander zusammenhängende Excerpte unter eine und dieselbe Inscription gestellt worden sind, so dürfte doch wahr=scheinlich sein, daß dies in den Urhandschriften auf irgend eine Art erkennbar gemacht worden ist. In der Ausgabe selbst ist aus praktischen Gründen die Zählung der leges und die Ein=theilung in principium und Paragraphen (— die Byzantiner nennen das principium θέμα α´, den §. 1 θέ. β´ u. s. f. —)· beibehalten.

Der Herausgeber wendet sich hierauf zu den subsidia critica, die er in drei Klassen eintheilt: Handschriften, alte Citate der Digesten, griechische Bearbeitungen. Die zahlreichen Ausgaben der Digesten rechnet er nicht unter diese Hülfsmittel, weil Alles, was sie über die HSS. hinaus bieten, entweder auf Irrthümern oder Conjecturen beruht. Zwar sind die Taurellische Ausgabe und die Gebauer'sche, letztere wegen ihrer kritischen Noten, zumal aus den Breucmannischen Papieren, benutzt: aber mehr zur Erleich=terung der Vorarbeiten denn als Quelle für die Kritik. (Ueber Haloanders willkürliche Conjekturalkritik urtheilt der Heraus=geber sehr scharf; einzelne bessere Conjecturen desselben sind jedoch am gehörigen Orte mitgetheilt.)

Von der zweiten Klasse der subsidia critica haben die Digestencitate im Corpus auctorum gromaticorum (vgl. S. XXXXI) und in den ältesten Collectiones canonum (vgl. S.

IIII und tom. II, p. 41*) nur geringe Ausbeute gegeben. Die neue Ausgabe beruht daher wesentlich auf den beiden anderen Arten kritischer Hülfsmittel.

Ueber die HSS. äußert sich der Herausgeber im Allge=meinen folgender Maßen: Codicum Digestorum duae classes sunt et aetate et divisione et utilitate plane diversae. Prioris ordinis libri scripti sunt stante adhuc imperio si minus Roma-norum, certe Romaeorum et complectuntur vel complectebantur olim corpus universum testesque sunt in universum idonei: posterioris ordinis scripti sunt postquam imperium Romanum esse desiit sequunturque fere Digestorum in tria volumina divisionem scholasticam testesque sunt plerumque fallaces, dubii semper. Illorum qui quidem integer fere sit unus aetatem tulit Florentinus: praeterea duorum similium librorum parvae reliquiae supersunt Neapolitanae et Pommersfeldenses. Horum ut utilitas exigua est, ita numerus ingens.

Ueber die Neapolitanische und Pommersfelder Handschrift, welche der Herausgeber wiederholt verglichen hat oder hat ver=gleichen lassen, findet sich Genaueres tom. I, p. 1*—16*, wozu noch die Nachträge S. LXXXX—LXXXXIII und die schönen photo=lithographischen Facsimiles der Pommersfelder Fragmente zu Ende von tom. II zu vergleichen sind. (Ueber den Charakter der Bruchstücke im Cod. Berolin. olim P. Pithoei lat. fol. no. 269 saec. IX vgl. S. XXXIV sq. LXII. Des angeblichen Codex Bobbiensis — vgl. Savigny Gesch. des RRs. II, S. 239 — wird mit Recht nicht gedacht.)

Ueber die Florentinische Handschrift, von welcher am Schlusse von tom. II ebenfalls mehrere vortreffliche Facsimiles gegeben werden, verbreitet sich die Vorrede auf das Eingehendste. Die Fabeln von der Donatio Lotharii u. dgl. werden zwar ebenso kurz von der Hand gewiesen, als die Frage nach Alter und Ursprung der Handschrift, obwohl die Behauptung, daß sämmtliche (?) Schreiber Griechen gewesen seien, und daß der ursprüngliche Text zahlreiche Emendationen und Interpolationen „ex sexti saeculi prudentium versionibus adnotationibusque in Basilicis eorumque apparatu servatis" erlitten habe, bestimmt genug auf Konstantinopel und den Anfang des siebenten Jahr-hunderts hinweist. Dagegen wird über die älteren Benutzungen und Vergleichungen der Florentinischen Handschrift, und die auf des Herausgebers Veranlassung durch A. Kießling, A. Reifferscheid u. A. bewirkte neue und wiederholte Collation aus= führlich berichtet. Sodann werden einige Eigenthümlichkeiten der Handschrift genau erörtert, insbesondere die Anzahl der Schrei= ber, durch welche dieselbe hergestellt worden ist, und der Correc= toren, welche die Arbeit der Schreiber collationirt oder durch= gesehen haben.

Von bononischen HSS. hat der Herausgeber nur eine Aus= wahl benutzt, d. h. solche, welche durch ihr vergleichsweises Alter, Vollständigkeit der Inscriptionen und Spuren der Graeca aus= gezeichnet sind: der Schrader'sche Apparat, sowie eigene Forschungen in verschiedenen Bibliotheken haben ihn bei dieser Auswahl geleitet. Ueber das Resultat derselben äußert er sich so: Ita quamvis in tanta codicum superstitum copia non spoponderim libros a me excussos esse peraeque in suo genere excellentissimos, tamen inter libros scriptos, quorum aliquam notitiam mihi paravi, nullus fuit, quem vehementer desidera= rem quique praeter eos quos habui propriam utilitatem pro= mittere videretur. Apparatum meum scio facillime augeri posse auctoritatibus additis ad lectiones jam testatas ineditis= que Bononensium librariorum erroribus ex merita oblivione in lucem protractis: sed quae et nova et utilia sint ut addan= tur, optare magis licet quam sperare. Es würde zu weit führen, hier die 17 bononischen HSS. einzeln aufzuführen, welche der Herausgeber theils für das Digestum vetus, theils für das In= fortiatum und die Tres partes, theils für das Digestum novum benutzt hat. Jeder, der die neue Ausgabe der Digesten mit vollem Verständniß gebrauchen will, muß sich mit dem, was über diese HSS. und die Art ihrer Benutzung auf S. XXXXVII —LIII gesagt ist, vorher ganz vertraut zu machen suchen.

Die Florentinische HS. mußte (abgesehen von den Neapo= litanischen und Pommersfelder Fragmenten und einigen Bruch= stücken in einer Berliner HS.), schon weil sie die einzige alte Handschrift ist, die Grundlage der neuen Ausgabe bilden. Dieses mußte um so mehr geschehen, wenn nach der schon früher auf= gestellten, von dem Herausgeber aber scharfsinnig und mit eigenthümlichen Modifikationen begründeten Behauptung die Florentina in der That die Mutter aller übrigen HSS. ist.

Alle bononischen HSS. haben nach dem Herausgeber eine gemeinsame Grundlage gehabt in einer HS., — sie wird mit S bezeichnet, — die zwar mit der Florentina nicht identisch, wohl aber eine Abschrift derselben, etwa aus saec. (X oder) XI war. Aber, „negari non potest quibusdam locis (namentlich in lib. II. III. VI. VII. IX. XII. XVII. XXX. XXXI. XXXIII. XXXIV) Bononienses solos verum proponere non conjectura inventum, sed propagatum ex archetypo antiquo et diverso a Florentino. Inter ipsa horum studiorum incunabula prudens aliquis, sive Irnerius is fuit sive Irnerio antiquior nobis ignotus, nactus sit necesse est alterum Digestorum exemplar vere antiquum." In wie weit diese zweite verloren gegangene alte HS. vollständig gewesen sei oder nicht, lasse sich nicht mehr ermitteln: die Eintheilung in Digestum vetus, Infortiatum, Tres partes und Digestum novum hänge damit nicht zusammen. (Es stimmt dies freilich nicht mit dem, was der Herausgeber kurz vorher sagt, daß nemlich keine Variante in den bononischen HSS. für lib. XXXV sqq. — mithin für die Tres partes und das Digestum novum — die Annahme einer zweiten Urhandschrift der Glossatoren zur Nothwendigkeit mache. Was die Erklärung jener Eintheilung betrifft, so vermuthet der Herausgeber, daß die HS. S in ihren Theilen erst nach und nach den Glossatoren bekannt geworden sei.)

Verzichtet man darauf, die bononische Dreitheilung der Digesten damit zu erklären, daß die Glossatoren erst eine lückenhafte HS. besessen, und diese alsdann aus der Florentina ergänzt und corrigirt hätten, so wird sich wenig gegen die neuen Ansichten des Herausgebers sagen lassen. Besonders schlagend beweisen die S. LXX angeführten Beispiele, daß die Glossatoren ihre HS. S aus einer ihnen später zugänglich gewordenen Urhandschrift ergänzt haben, nicht aber letztere zuerst besessen und dann aus der Florentina oder einer Abschrift derselben verbessert haben.

Für die Texteskritik ist die von dem Herausgeber aufgestellte Hypothese von eingreifender Wichtigkeit. So lange man der umgekehrten Ansicht huldigt, muß man auf die Varianten der guten bononischen HSS. und namentlich auf den consensus dieser HSS. im Gegensatze zur Florentina ein großes Gewicht legen. Anders nach der neuen Hypothese, welche durchgängig

die Florentina als Grundlage erscheinen und nur vereinzelte
Correcturen aus der anderen Urhandschrift aufgenommen sein
läßt. Hier kommt Alles darauf an, bei den Varianten der
bononischen HSS. mit kritischem Takte herauszufühlen, was
allenfalls als eine Lesart der zweiten Urhandschrift anzuerkennen,
und nicht als eine bloße Conjectur oder ein Schreibfehler zu
betrachten ist: im Wesentlichen aber muß der Text der Florentina als der allein handschriftlich beglaubigte behandelt werden.

Es ist begreiflich, daß es nach dieser Anschauung von der
größten Wichtigkeit wurde, genau festzustellen, welches der Text
der Florentina sei. Schon oben ist der in dieser HS. vorkom=
menden Correcturen der ursprünglichen Schrift gedacht worden.
Abgesehen von einigen Correcturen neuerer Zeit haben nicht nur
die ursprünglichen Schreiber zuweilen Schreibfehler verbessert,
sondern die von denselben geschriebenen Stücke sind auch von
besonderen Correctoren mehr oder minder sorgfältig collationirt
worden. Alle diese Correcturen, von welchen die Taurellische
Ausgabe keinen Begriff gab, sind in der vorliegenden Ausgabe
mit der größten Sorgfalt beachtet und verzeichnet, und wesent=
lich dadurch ist es gelungen, den Text der Digesten möglichst in
seiner ursprünglichen Gestalt wiederherzustellen.

Ueber die Bedeutung dieser Correcturen für die Texteskritik
habe ich mich früher [1] folgender Maßen geäußert: „Eine Stelle,
die von dem gleichzeitigen Corrector verbessert worden ist, kann
nur in ihrer verbesserten Gestalt für richtig erachtet werden:
das Ausgestrichene muß lediglich und allein für einen Schreib=
fehler gehalten werden." Der Herausgeber aber geht von
anderen Anschauungen aus und hat daher bei Beurtheilung der
Correcturen andere Grundsätze befolgt.

. Er führt aus, daß die Florentina in der ursprünglichen
Schrift (F) zahlreiche Fehler habe: Abweichungen von der ächten
Lesart, Lücken, Interpolationen. Die Fehler sind theils von
dem ursprünglichen Schreiber selbst corrigirt (Fᵇ), und solche
Correcturen sind in der Regel glaubwürdige Zeugnisse über die
Lesart des Originals, welches der Schreiber copirte. Außerdem
aber haben „ordinarii correctores" die von den einzelnen

---

[1] Reise in den Orient, S. 54. Torelli scheint bei seinem Abdruck im
Wesentlichen von denselben Grundsätzen ausgegangen zu sein.

Schreibern copirten Lagen revibirt (F²). Diese Revisionscorrec-
turen beruhen nach der Ansicht des Herausgebers zu einem
großen Theile auf der Vergleichung der Copie mit einem anderen
vorzüglichen Original²), und sind dann ein glaubwürdiges
Zeugniß über die Lesarten dieses Originals; theilweise aber,
meint der Herausgeber, „corrupisse eum (sc. ordinarium correc-
torem) passim lectionem traditam sinceram et veram inter-
polatione temeraria et saepe inscita." Und er sagt von diesen
Interpolationen, wer sie mit den griechischen Bearbeitungen des
saec. VI. vergleiche, „statim intelleget utraque proficisci ex
studiis scholisque iisdem"; der Corrector habe sein Digesten-
Exemplar nach den „scholae" von Dorotheus, Stephanus ꝛc.
ebenso corrigirt, wie man in Bologna die HSS. corrigirt habe
nach den Exemplaren des Martinus oder Rogerius. Hieraus
folgert der Herausgeber für die Texteskritik: „ubi in libro Florentino duae lectiones inveniuntur, ratione et arte quaerendum
est, utra lectio tam a re quam a verbis magis commendetur,
maxime num posterior sua natura interpolationis suspicionem
moveat: quod ubi evenit, omnino rejicienda est."

Ich habe diese Ausführungen und Grundsätze einer reiflichen
Prüfung unterzogen und fühle mich gedrungen, dieselben im
Gegensatze zu meiner früher geäußerten Ansicht im Wesentlichen
als richtig anzuerkennen. Ich denke mir die Sache so. Wie
wir heut zu Tage bei gedruckten Büchern den älteren die neueren Ausgaben vorziehen in der Voraussetzung, daß sie verbessert
sind, so geschah dies vor Erfindung der Buchdruckerkunst bei den
Handschriften. (Ein auffallendes Beispiel bieten die Mediceische
Bibliothek und die Palatina; dort sind mit Vorliebe neue in
Italien von gelehrten griechischen Flüchtlingen geschriebene
Handschriften als die besseren gesammelt worden, alte HSS.
hielt man in Italien für weniger werthvoll und ließ sie daher
neidlos nach Deutschland für die Palatina aufkaufen.) Brauchte
man Pergament, so rescribirte man alte Handschriften, deren

---

²) Nicht mit demselben, welches den Schreibern vorgelegen hatte. Das
ζήτε, welches den Herausgeber zweifelhaft macht (S. LVIII), braucht nicht
gerade als eine Notiz für den Corrector selbst gedeutet zu werden, sondern
kann recht wohl eine Aufforderung an den Schreiber sein, das Versäumte
nachzuholen.

Inhalt entweder als werthlos erschien oder in neueren HSS. wiederholt war: mußte man in den Buchhandlungen HSS. zer= schneiden, um sie durch das Schreiberperfonal nach einzelnen Lagen gleichzeitig abschreiben zu lassen und dadurch eine schnel= lere Fertigstellung neuer Abschriften zu bewirken, so wählte man dazu am liebsten alte HSS. als die weniger werthvollen, bei denen es weniger darauf ankam, ob sie zerrissen und dann all= mählich aufgebraucht wurden. Alles kam für die Bücherfabriken darauf an, daß die so gefertigten Copien von tüchtigen Revisoren nach vermeintlich verbesserten Originalen und mit Rücksicht auf den neuesten Stand der Wissenschaft durchcorrigirt wurden, um den Käufern das Product als eine „neue verbesserte Ausgabe" anpreisen zu können. So halte ich es denn für sehr wahrschein= lich, daß die Schreiber der Florentinischen HS. ihre Copien nach den auseinander gerissenen Lagen einer älteren Handschrift gemacht haben, während die „ordinarii correctores" dieselben nach neueren, unter dem Einflusse der byzantinischen Rechtsschulen vermeintlich verbesserten Exemplaren revidirt und dabei vielleicht auch hie und da nach dem Maße ihrer Gelehrsamkeit Einiges eigenmächtig hinzu corrigirt haben. Man wird daher dem Herausgeber im Allgemeinen Recht geben müssen, daß er der F und F^b besondere Beachtung geschenkt, und die F^a nur mit Vorsicht benutzt hat.

Soviel über das handschriftliche Material, welches und wie es für die Kritik des Digestentextes in der vorliegenden Aus= gabe zur Verwendung gekommen ist.

Nächst diesem hat der Herausgeber als wichtiges Hülfsmittel für die Kritik benutzt die griechischen Bearbeitungen der Digesten aus der Justinianeischen Zeit, welche uns zu einem großen Theile namentlich in den Basiliken und ihren Scholien erhalten sind. Und man kann wohl sagen, daß dieses Hülfsmittel in der vorliegenden Ausgabe zum ersten Male mit vollem Verständniß und auf umfassende Weise zur Geltung gebracht worden ist. (In der Ausgabe selbst sind die Griechen noch vollständiger benutzt, als die Vorrede verheißt. Vielleicht hätten nur die in meinen Ἀνέκδοτα, p. 170 sqq. herausgegebenen Regulae Insti- tutionum noch berücksichtigt zu werden verdient.)[3]) Der Her=

---

[3]) Dig. XIV, 2. 9 findet sich im Prologus ad leges navales.

ausgeber möge selbst sagen, nach welchen Grundsätzen er hierbei
verfahren ist: „Primum curavi, ut ubi verae auctoritates inter
se dissident, maxime ubi Florentina manus prior posteriorque
in diversa abeunt, eam litem si fieri potest finirem allato
Graecorum testimonio. . . . Non idem feci, ubi dissident
inter se Bononienses et Florentini, cum illorum auctoritas . .
exigua sit vel potius nulla . . . . sicubi . . praeter consuetu-
dinem verum videntur servasse idque confirmatur a Graecis,
ejusmodi consensum . . . diligenter adnotavi. Praeterea ubi
Florentinam lectionem aut constat aut certe suspicari licet
hiare vel corruptam esse, si qua repperi apud Graecos ad
ejusmodi locorum crisin pertinentia, . . . omnia adscripsi . . .
. . . . Ubi consentiunt Florentinus liber et interpretes Graeci,
vel etiam interpretum unus, ibi in ea lectione eatenus adquie-
scendum est, ut, si quid in ea erratum esse deprehenditur,
ibi compilatores credendi sint aut adhibuisse libros parum
emendatos aut ipsi errasse. Denique si qua repperi in versione
non explicanda nisi ex verbis aliter constitutis atque leguntur
in Florentina, ea . . . adnotavi."

Diese Grundsätze sind ohne Zweifel diejenigen, welche bei
der Benutzung der Griechen für die Kritik der Digesten zu be=
folgen sind. Und wenn der Herausgeber sagt, daß er nicht be=
haupten wolle, Alles, was aus den Griechen geschöpft werden
kann, für die Kritik ausgenutzt zu haben, so liegt dies nicht
etwa an einer Beschränktheit der Gesichtspunkte, welche er bei
Benutzung derselben im Auge hatte, sondern hauptsächlich an
der Mangelhaftigkeit der Fabrotischen und Heimbachischen Basi=
likenausgabe, die das Studium und den Gebrauch namentlich
der Scholien mehr als billig erschwerte. So z. B. ist der Her=
ausgeber durch jene Ausgaben irregeführt worden, wenn er
S. LXXV sagt, ein Zusatz, der sich im Index von l. 7, §. 13,
D. X, 3 finde, sei von Cyrillus mit epitomirt. Der scheinbare
Zusatz bei Cyrillus ist vielmehr ein Scholium des Stephanus,
welches nicht dem Cyrillus anzureihen, sondern in einem beson=
deren Absatze abzudrucken war.

Trotz dieser Mangelhaftigkeit der Basilikenausgaben ist die
Controlirung der Florentina durch die Griechen, wie sie der
Herausgeber in Vorstehendem für geboten erachtet, in scharf=
sinniger und erschöpfender Weise durchgeführt, und nur in zwei

Beziehungen möchte vielleicht noch eine kleine Nachlese zu halten sein. Zuvörderst wird es noch weiterer Unterfuchungen bedürfen, ob aus den Bruchstücken der griechischen Digestenbearbeitungen und den in denselben vorkommenden Digestencitaten sich nicht hie und da eine Lücke in der Florentiner HS. ergiebt und eine Ergänzung derselben möglich wird. Zwar hat der Herausgeber auch nach dieser Richtung geforscht und überraschende Ergebnisse erzielt: man vergleiche z. B. Dig. XIX, 5, 26. XXXVI, 1, 44. 45. 84. 85. XXXVI, 4, 16. 17. XLVI, 8, 26. XLIX, 15, 22. Allein es finden sich noch Stellen bei den Griechen, die auf Lücken hinzudeuten scheinen und von dem Herausgeber wenigstens nicht ausdrücklich beachtet worden sind: man vergleiche z. B. Basil. XXXVIII, 1, 55, schol. 2. (Ob Basil. XXXV, 21, 39. 40 zu berücksichtigen oder berücksichtigt sind, vermag ich im Augenblick nicht nachzuweisen.) Und die Digestencitate in den Basilikenscholien dürften auch noch weitere Aufschlüsse geben: z. B. in Dig. XVII, 2 stimmen die Zahlen der Griechen nicht mit den unsrigen. Der Herausgeber, der auch auf diese Citate aufmerksam gewesen ist (vgl. z. B. zu Dig. XXXVI, 1 initio), beklagt jedoch mit Recht, daß die Bearbeitung derselben leider von den Herausgebern der Basiliken völlig vernachlässigt worden sei, und daß ohne eine solche Bearbeitung dieses Hülfsmittel für jetzt nicht auszunutzen sei. Ein zweiter Punkt betrifft die Lesarten, die die Griechen nach ihren Paraphrasen und Summen in dem Originaltexte vor Augen gehabt haben müssen. Hier giebt die Ausgabe im Wesentlichen nur das, was zur Beurtheilung der verschiedenen Lesarten der Florentina wichtig ist, manches Andere aber scheint der Anführung nicht für werth gehalten worden zu sein. So sind z. B. im Titel pro socio [tom. I, p. 498 sqq.] folgende Varianten nicht bemerkt:

p. 499, lin. 26 re, nach dem griechischen Index regione.

- - - 32 igitur, nach dem Index und Stephanus wohl intra biennium.

p. 500, lin. 17 factum, im Index übersetzt mit πταίσμα, scheint auf eine andere Lesart hinzudeuten; in dig. 36 übersetzt Anonymus acti culpam mit πταίσμα.

- - - 31 alterius, nach der Uebersetzung des Index alienum.

p. 501, lin. 7 omnes, nach dem Index omnia.

p. 502, lin. 4 n u n t i u m, übersetzt durch μέσος, nicht durch ἄγγελος, deutet vielleicht auf eine andere Lesart.

- - - 16 l i c e t s o c i u s [n o n] s i t fehlt bei den Griechen.

- - - 18 a n i m u m i n i e r i n t, Cyrill. ἐπιμείνωσιν.

- - - 35 s o r t e m, nach dem Index ὁλίκληρον (solidum).

p. 504, lin. 6 c o m p a r a n d a s, im Index συνίστασθαι.

- - - 39 s u m p t u m, nach dem Index wohl dimidium.

p. 507, lin. 27 s c i l i c e t, nach dem Index wohl sive.

- - - 41 f u e r i t a d s c i t u s, im Index περιΐσταται, bei Cyr. γέγονεν μνήμη. · Adscriptus?

p. 509, lin. 29 p r o s o c i o, im Index ἐκ μελέτης. Pro consilio?

p. 510, lin. 22 p r o c o n s u l e m, der Index τὸν πραίτωρα.

- - - 23 i n t e r d i c t i s, der Index φραυδατορίου ἰντερδίκτου.

- - - 27 e a s, nach dem Index mindestens ea, wenn dessen Text nicht noch mehr abgewichen haben sollte.

p. 511, lin. 38 g r a t i a e hat weder der Index noch Anonymus.

p. 512, lin. 2 m a r i t o, vielleicht maritus nach Stephanus κινήσει ὁ ἀνήρ.

Es soll mit diesem Verzeichniß von wirklichen oder muthmaßlichen Varianten keineswegs gesagt werden, daß dieselben sämmtlich größerer Beachtung werth gewesen seien. Gewiß aber sind solche Variantensammlungen wichtig, weil sie ein Bild von den unter den byzantinischen Antecessoren curfirenden HSS. und damit die Möglichkeit gewähren, über deren Beschaffenheit und Werth für die Kritik ein sicheres Urtheil zu fällen.

Obwohl uns die Digesten durch die Florentinische HS. in vergleichsweise besserer Verfassung überliefert sind, als die meisten alten lateinischen Schriften, so ist doch die Florentinische HS. keineswegs fehlerfrei, wie sich theils aus inneren Gründen theils aus der Collation der Neapolitanischen u. s. w. Bruchstücke ergiebt. (Ueber die mendae libri Florentini verbreitet sich die Vorrede S. LIV sqq.) Unter diesen Umständen hat der Herausgeber auch der Conjecturalkritik einen gewissen Spielraum einräumen müssen. Wo der Florentina fremde Lesarten oder Conjecturen in den Text aufgenommen worden sind, sind dieselben durch Cursivschrift ausgezeichnet: andere Conjecturen sind unter den Text gesetzt, getrennt von den übrigen kritischen Noten. Was in Beziehung auf Conjecturalkritik geleistet werden sollte und geleistet- worden ist, setzt die Vorrede S. LXXVIII sq. auseinander. Die nachstehenden Sätze derselben verdienen vorzugsweise Beachtung: „Errores compilatorum mendasque antiquiores ubi deprehendere mihi videbar, eos indicavi, sed ita ut hae ipsius Iustiniani archetypi corruptelae, scilicet repertae tam in Florentino libro quam apud Graecos, a reliquis originis fortasse posterioris distinguerentur . . . . . Cavi autem, ne ad modum Haloandri auctorum verba ad ordinarias grammaticae leges ita exigerem, ut magistri castigant puerorum scriptiones scholasticas . . . quae contra grammaticam quidem peccant, sed sententiam non pessumdant, minora praesertim ita retinui, ut ne˙ in adnotatione quidem de orationis vitio monerem. Emendationes quas alii proposuissent, non investigavi data opera . . . Digestorum emendatio plus quam credas jacuit post Cujacium . . . . Philologi enim ii quoque qui a Gajo et Ulpiano non abhorrent a Digestis abstinent: juris autem auctores optimi quique, ... ubi verba auctorum tractare incipiunt, . . . artis philologicae expertes se probare solent . . ut . . si quando ad emendationem ipsi accedunt, monstra fere parturiant . . . Propter has causas in ˙emendationibus priorum cognoscendis non multum temporis collocavi, sed examinavi tantum adnotatas in editione Gebaueriana commentariisque Schultingii et Smallenburgii et si quas praeterea vel ipse aliud agens observavi vel a me rogati Paulus Krueger et Hermannus Fitting mecum communicaverunt. Singulis nomen auctoris apposui, ut ubi nullum adscriptum invenitur, conjectura mea sit." Wenn auch vielleicht Manche wünschen, daß sich Jemand der Mühe unterziehen möchte, neue Notas ad Digesta zu compiliren, damit die kritische und exegetische Arbeit der sieben verflossenen Jahrhunderte übersichtlich und beherrschbar werde, so ist doch einleuchtend, daß dies nicht die Aufgabe einer kritischen Ausgabe des Textes sein konnte. Man wird· vielmehr auch hier der neuen Ausgabe nachrühmen müssen, daß, wenngleich der Herausgeber in dieser Beziehung mit einer weisen Selbstbeschränkung verfahren ist, doch auch für die Conjecturalkritik Außerordentliches geleistet ist, wie es nur die glückliche Vereinigung des Romanisten und Philologen in der Person des

Herausgebers bewirken konnte. Ich habe die Graeca in den Digesten, über die ich zu urtheilen vielleicht mir erlauben darf, sämmtlich durchgegangen und bezeuge gern, daß ich fast Nichts dem hinzuzusetzen wüßte, was der Herausgeber auf dem Gebiete der Conjecturalkritik zu den betreffenden Stellen zu bemerken für nöthig erachtet hat.[4])

Was nun noch den Druck selbst und die typographische Ausstattung der neuen Ausgabe betrifft, so ist nur zu hoffen, daß sich jeder Romanist recht bald durch den Augenschein von der Correctheit und Eleganz derselben überzeugen möge. Insbesondere hüte man sich so leichthin Druckfehler zu vermuthen, und beachte vielmehr, was der Herausgeber S. LXXVII der Vorrede über die befolgte Orthographie sagt. Wirkliche Emendanda hat nebst einigen Addenda der Herausgeber selbst S. LXXXI sqq. mitgetheilt: ich wüßte denselben zur Zeit nur noch einige Druckfehler in der griechischen Accentuation hinzuzufügen.[5]) Vielleicht bedauert Mancher, daß die Handhabung der neuen Ausgabe durch die Abtheilung in zwei Bände einiger Maßen erschwert wird: indessen, wer gerne die Digesten in einem Bande vereinigt haben möchte, wird sich dadurch helfen können, daß er Vorreden und Anhänge besonders binden läßt, worauf der eigentliche Text der Digesten allenfalls in einem Einbande zusammengefaßt werden kann.

Am Schlusse dieser Anzeige mag noch der Wunsch ausgesprochen werden, daß auf die neue Ausgabe der Digesten recht bald eine die Forderungen ächter Kritik ebenso befriedigende Ausgabe des Codex folgen möge. Herr Dr. Paul Krüger, den der Herausgeber auf seinem Titel als seinen socius bei der Bearbeitung der Digesten bezeichnet, ist mit den Vorarbeiten für eine neue Ausgabe des Codex beschäftigt: möge es ihm gelingen, der trefflichen neuen Digestenausgabe ein würdiges Werk an die Seite zu stellen!

---

[4]) Allenfalls möchte ich zur c. Δέδωκεν — abgesehen von dem Druckfehler S. XXXVIII*, lin. 18 ψήψων statt ψήφων — bemerken, daß ibid. lin. 20 für πόρων wohl ἐμπόρων καί, und lin. 21 [ζη]τήσεων statt [ἐρω]τήσεων, und lin. 40 γονεῖς statt γοῦν[ε]ις, endlich S. XXXXI*, lin. 2 πατρίκιον (Titel) statt Πατρίκιον (Namen) zu lesen sein dürfte.

[5]) Ἀνάγνωμα (p. 902ᵇ, v. 3, p. X, not. 2) ist wohl eine kaum zu rechtfertigende Form für ἀνάγνωσμα.

Das castrense peculium in seiner geschichtlichen Entwicklung und heutigen gemeinrechtlichen Geltung, von Dr. H. Fitting, Prof. in Halle. XLVIII und 672 S. Halle, Verlag der Buchhandlung des Waisenhauses, 1871.

Angezeigt von

Bruns.

Das vorstehende Werk hat einen Anspruch darauf, der Beachtung des Publikums dieser Zeitschrift besonders empfohlen zu werden. Das Princip der Zeitschrift, die Rechtsgeschichte als Entwicklung des lebendigen Rechts und Quelle des praktischen Rechts und seiner dogmatischen Behandlung aufzufassen, tritt darin ganz besonders unmittelbar anschaulich hervor. Dazu kommt, daß die geschichtliche Entwicklung darin nicht auf das reine Römische Recht beschränkt ist, sondern die dunkele Partie des Ueberganges des Römischen Rechts in die moderne Welt in großer Vollständigkeit mit umfaßt. Allerdings ist der Gegenstand von verhältnißmäßig geringerem theoretischen Interesse, und ein Werk von mehr als 700 Seiten über das peculium castrense ist beim ersten Anblicke wohl geeignet, ein gewisses Schaudern hervorzurufen. Auch ist dieser Umfang nicht etwa durch ein weitläufiges Hereinziehen fremder nahe oder fern liegender Gegenstände erreicht, vielmehr hat sich der Verf., namentlich im rein Römischen Rechte, ziemlich streng an seinen Gegenstand gehalten. Indessen bietet dieser Gegenstand, wenn auch der Verf. mitunter des Guten wohl zu viel gethan hat und manche Fragen und Controversen vielleicht etwas kürzer hätte behandeln können, doch eine solche Menge zum Theil überraschender Beziehungen, namentlich in der Geschichte des Mittelalters, daß man das Werk doch mit Interesse, und manche Partieen selbst mit einer gewissen Spannung lesen wird.

Die Anlage ist klar und übersichtlich. Der Verf. scheidet zunächst das Römische und das moderne Recht, und bei ersterem das peculium castrense und das quasi castrense. Die Darstellung des ersteren ist überwiegend die Hauptsache, sie nimmt mehr als die Hälfte des ganzen Werkes ein, 387 Seiten. Ihr

Resultat ist nicht, daß für das neuere Recht und die practische Behandlung des Institutes neue Grundlagen der Auffassung und neue Grundprincipien aufgestellt würden, vielmehr bestätigt der Verf. die herrschende Annahme, daß das pec. castrense nach Justinianischem Rechte „ein Vermögen des Haussohnes ist, zu welchem dieser ganz und gar·die rechtliche Stellung eines Ge= waltfreien einnimmt, und das in jeder Beziehung völlig wie das Vermögen eines Gewaltfreien beurtheilt wird." (S. 385.) Die wissenschaftliche Bedeutung der Ausführung beruht daher mehr auf der sorgfältigen historischen Entwicklung und dogmatischen Darlegung des Institutes in seinem gesammten inneren Zusam= menhange und einer Menge Berichtigungen in einzelnen Haupt= und Nebenpunkten.

Bei der Entstehung des pec. castr. widerlegt der Verf. zu= nächst die herkömmliche Ableitung desselben aus dem Form= privilegium der Soldaten=Testamente, und weist den Ursprung vielmehr in einem selbständigen Privilegium der Verfügung über den Kriegserwerb nach. Eine gute Idee ist dabei, daß die erste Veranlassung· wohl in den Sparkassen gelegen haben möge, die bei den Legionen eingerichtet wurden, und deren Einlagen früher ganz allgemein, auch bei den gewaltfreien Soldaten, pecul. castr. genannt wurden. (S. 1—23.) Daran knüpft der Verf. dann den Beweis, daß das pec. castr. lange Zeit wirklich nur den Erwerb in castris (in dem bekannten weiteren Sinne) umfaßt habe, und daß erst durch Severus als zweiter Bestandtheil auch die Geschenke, die dem Soldaten beim Abgange zum Kriegs= dienste gegeben wurden, hinzugefügt seien. (Buch 1, S. 23—91.) Mit großer Wahrscheinlichkeit erklärt er gerade daraus die räthselhafte Erscheinung, daß schon in den Pandekten mehrfach der Ausdruck pec. quasi castrense vorkommt, also zu einer Zeit wo von dem späteren pec. qu. castr. noch keine Rede war. (S. 388—416.)

Bei der rechtlichen Behandlung des pec. castr. (Buch 2) widerlegt er zunächst die, historisch eigentlich anstößige, gewöhn= liche Annahme, daß das pec. castr. gleich von Anfang an wirklich ein eigenes Vermögen des Sohnes gebildet habe; er zeigt, daß auch hier eine natürliche historische Entwicklung stattgefunden hat. Der Sohn hatte eigentlich weiter nichts als freie Ver= waltung bei Lebzeiten, und freie Verfügung beim Tode; im

übrigen war das Vermögen wahres und wirkliches peculium.
(S. 92—124.) Erst Hadrian gab den Anstoß zur Entwicklung
der Selbständigkeit des Peculiums, indem er die Testirbefugniß,
die bis dahin nur temporär für die Soldatenzeit galt, auch auf
die Zeit nach der Entlassung ausdehnte, sie also auch den Vete=
ranen gab, und außerdem den Söhnen auch das Recht der freien
Manumission der Peculiar=Sclaven, und zwar mit vollem
Patronatrechte, verlieh. Erst in Folge davon entstand die Ansicht,
daß das Peculium als eigenes Vermögen des Sohnes anzusehen
sei, und daß der Anfall des Peculiums an den Vater iure
peculii, falls der Sohn ohne Testament stirbt, ‚postliminii
cuiusdam similitudine‘ aufzufassen sei. (S. 124—148.) Sehr
ausführlich und detaillirt wird darauf S. 149—320 die Ge=
staltung des Institutes zur Zeit des Severus Alexander dog=
matisch ausgeführt; die Behandlung des Peculiums bei Leb=
zeiten des Sohnes und bei seinem Tode mit oder ohne Testa=
ment bilden die Hauptabschnitte. Zum Schlusse wird die Con=
sequenz daraus gezogen (S. 320—340), daß eine eigentlich
einheitliche juristische Construction des Institutes gar nicht
möglich sei. Von den beiden schon im Mittelalter aufgestellten
Ansichten ist die eine, das Peculium als zurückgedrängtes Eigen=
thum des Vaters anzusehen, ganz unrichtig, und die andere, es
als ein schwebendes Eigenthum aufzufassen, d. h. zunächst als
Eigenthum des Sohnes, eventuell aber rückwärts als Eigenthum
des Vaters, reicht auch nicht zur Begründung aller einzelnen
Bestimmungen aus, weil es „eben vollkommen gegensätzliche und
unvereinbare Grundelemente sind, aus denen sich die Theorie
des Instituts zusammengesetzt hat". Erst im Justinianischen
Rechte, und zwar erst durch die Novellen, ist das eine dieser
Elemente, nämlich das Recht des Vaters, vollständig beseitigt,
und damit ein einheitliches Prinzip, nämlich das des absoluten
Eigenthums des Sohnes hergestellt. Der Verf. führt dies im
dritten Abschnitt des zweiten Buches (S. 340—387) aus, und
begründet namentlich die in neuerer Zeit bereits herrschende
Ansicht, daß durch die Bestimmungen der Nov. 118 das alte
Recht des Vaters auf das pec. castrense von selber mit auf=
gehoben ist.

Beim peculium quasi castrense, was der Verf. im dritten
Buche behandelt (S. 388—475), war eine dogmatische Aus=

führung wie beim castr. natürlich nicht nöthig, es handelte sich
hier nur darum, die Entstehung und den Umfang dieses Peculiums darzulegen. Bei der erstern widerlegt der Verf. die bisher hergebrachte, namentlich von Marezell weiter ausgeführte
Ansicht, daß das pec. qu. castr. durch eine Reihe einzelner Gesetze allmählig für einzelne Klassen von Beamten als ein rein
willkürliches Privilegium von den Kaisern eingeführt sei (erst
für die palatini, dann die Assessoren und Advokaten, dann die
Offizialen der Präfekten, dann die höheren Geistlichen), und daß
es dann erst von Justinian auch auf die Consuln und praesides
provinciae und überhaupt allgemein alle Staats- und Hofbeamte
ausgedehnt sei. Er verwirft aber auch den Gedanken von Löhr,
daß bei der Trennung der Civil- und Militärverwaltung durch
Constantin für die Civilbeamten nach Aufhebung ihres militärischen Charakters das bisherige pec. castr. nun als quasi castr.
beibehalten sei. Die höheren Beamten wurden schon früher trotz
ihres militärischen Charakters nicht als eigentliche milites angesehen. Der Verf. zeigt, daß der Ursprung vielmehr in der schon
von Gothofred dargelegten Idee des vierten und fünften Jahrhunderts liegt, den ganzen Staats- und Hofdienst unter den
Begriff der militia zu stellen, und das cingulum militare als
das allgemeine Abzeichen sämmtlicher Staats- oder kaiserlichen
Diener anzusehen. Danach ist der erste Anfang des pec. qu.
castr. vielmehr gerade bei den höheren Beamten zu suchen, und
die oben genannten Gesetze haben nur die Bedeutung, die Ausdehnung nach unten hin festzustellen. Selbst die Zulassung des
pec. qu. castr. bei den Geistlichen hängt mit jener Idee zusammen. Der Verf. weist nach, wie das biblische Bild der
„Streiter Christi" allmählig zu der practischen Idee einer
militia sacra der Cleriker, und der Parallelisirung des cingulum
militiae mit der praerogativa sacerdotii weiter geführt ist. Den
Umfang des pec. qu. castr. bestimmt der Verf. dem gemäß
ganz in Analogie mit dem des pec. castr. Es ist nicht, wie
Marezoll und Vangerow meinen, auf den eigentlichen Amts-
erwerb beschränkt, sondern umfaßt alles auf Veranlassung des
Amtes erworbene, so wie das zum Antritt des Amtes gegebene,
ja bei den Advocaten der Präfekten sogar allen und jeden Erwerb. Nur bei den Geistlichen paßte jene Analogie nicht, weil
bei ihnen nach kirchlichem Prinzip aller Erwerb durch das Amt

der Kirche gehören sollte. Bei ihnen mußte daher gerade der übrige Erwerb den eigentlichen Gegenstand des Peculiums bilden. Da indessen das kirchliche Prinzip vom weltlichen Rechte nicht sanctionirt wurde, wenigstens erst von Justinian, und auch von ihm nur für die Bischöfe, so ist es erklärlich, daß bei den Geist-lichen allgemein aller Erwerb zum Peculium gerechnet wurde und das Verhältniß zur Kirche der kirchlichen Regulirung über-lassen blieb.

Das vierte Buch stellt die Geschichte des Instituts seit dem Mittelalter bis in die Gegenwart dar. (S. 476—656.) Den Uebergang vom römischen Rechte bildet die Gestaltung des Be-griffs miles und militia in den germanischen Staaten. Der Verf. zeigt, daß nicht die Idee des Kriegsdienstes, sondern die des kaiserlichen Dienstes und Amtes zunächst den Begriff der militia bei den germanischen Völkern beherrscht. Das Wort wird daher das eigentlich technische für das Pflicht= und Treu-verhältniß der königlichen Diener und Beamten, und damit für alle Ministerialen und Vasallen. Die kriegerischen Dienste sind dabei nicht ausgeschlossen, bilden aber keineswegs die Grundlage des Begriffes. (S. 476—499.) Darum wird er auf diejenigen Krieger, die nicht im besonderen Dienst des Königs stehen, also das allgemeine Volksheer, nicht angewendet. Erst im neunten Jahrhundert mit der Ausbildung des Beneficialwesens und der Vasallenheere wird der Begriff des Kriegsdienstes wieder wesent-liches Element des Wortes. Dadurch wird dann aber wegen des vorwiegenden Reiterdienstes der Uebergang zum Begriffe des Ritters begründet und dieser bei den verschiedenen Wandlungen desselben bis ins spätere Mittelalter festgehalten. (S. 476—506.) Daß neben den milites saeculi die Auffassung der Geistlichen als milites dei nicht nur blieb, sondern in möglichst vollständiger Parallele ausgebildet wurde, zeigt der Verfasser in §. 72. (S. 507—519.)

Natürlich war mit dem Gebrauche des Wortes miles in den germanischen Staaten die Annahme des peculium castrense und quasi castrense nicht von selber verbunden. Da indessen beide in die westgothische Lex Romana aufgenommen wurden, so fanden sie, soweit deren Einfluß später reichte, auch im west-gothischen und fränkischen Reiche Verbreitung; doch hebt der Verf. (S. 521) hervor, daß dabei jedenfalls schon im siebenten

Jahrhundert das castrense bei jeder Art Kriegsdienst, auch ohne Vasallenverhältniß, angenommen wurde. Auch im Longobardischen Rechte will der Verf. das castr. finden, doch ist der Beweis durch L. 167 Roth. etwas problematisch. (S. 506—524.)

Die Behandlung des Peculiums bei den Glossatoren leitet der Verf. (S. 524—528) mit der Bemerkung ein, daß in der Zeit vom sechsten bis zum zwölften Jahrhundert Theorie und Praxis des römischen Rechts wenigstens in der Stadt Rom und ihrem Gebiete keineswegs auf ein so geringes Maaß heruntergekommen sei, wie selbst Savigny noch annahm; es sei vielmehr in Rom eine ziemlich bedeutende Rechtsschule geblieben, die dem römischen Rechte sogar eine eigentliche weitere Ausbildung und zwar von „hohem Grade" gegeben habe, wie man aus der Turiner Institutionenglosse und dem Brachylogus, den der Verf. in das Jahr 1000 setzt, sehe. Er hat diesen Gedanken in einer eigenen Schrift, die eine Art Excurs zu dem vorliegenden Werke bildet, selbständig weiter ausgeführt.[1] Der Gedanke ist schon von anderen bekämpft; unerklärt scheint mir namentlich auch, warum, wenn die Rechtsschule in Rom die schlimme Zeit bis zum elften Jahrhundert nicht nur glücklich ausgehalten hatte sondern sogar zu so großer Blüthe gelangte, daß sie den Brachylogus hervorbrachte, sie nachher gerade beim Eintritt günstigerer Verhältnisse spurlos verschwindet, und ferner: warum, wenn die angenommene Verbindung zwischen der Römischen und der Bologneser Schule stattfand, beide in Geist und Form so vollständig verschieden sind, wie doch der Verf. auch selber annimmt.

Bei der Darstellung der Theorie der Glossatoren und Postglossatoren (S. 528—580) hebt der Verf. zunächst den eigenthümlichen Mangel des Mittelalters an historischer Auffassung hervor, und zeigt, wie man danach mit der vollsten Naivität die equites der damaligen Zeit, d. h. die Ritter (und zwar selbst die bloßen Titular-Ritter), ohne weiteres mit den milites des Corpus iuris indentificirte, und ihnen deren Privilegien zusprach, dagegen die eigentlichen Soldaten, d. h. die übelberüchtigten Söldner der damaligen Zeit, der Privilegien für unwerth erklärte und sie daher davon ausschloß. Auf der andern Seite

---

[1] Ueber die sog. Turiner Institutionenglosse und den sog. Brachylogus, von H. Fitting. Halle 1870. (103 S.)

zeigt er, mit wie großer und bewußter Freiheit sich die Post=
gloffatoren dem Römischen Rechte gegenüber bewegten, indem
sie ihre modernen Zeitgedanken mit Hülfe des Römischen Rechts
und unter dem Gewande einer bloßen Auslegung deffelben zur
Geltung zu bringen wußten. [2]) Es tritt das namentlich in der
Behandlung des peculium qu. castr. hervor. Man bildete hier
auf den Römischen Grundlagen eine feste Eintheilung von
militia armata und inermis, und bei dieser wieder von legalis
und coelestis. Unter der legalis verstand man anfangs nur die
Advocaten, dann hauptsächlich die doctores iuris, die den milites,
d. h. den Rittern, nicht nur gleichgestellt sondern sogar vorgesetzt
wurden. Indessen erweiterte man den Begriff unvermerkt zu
dem einer militia liberata und zog nicht nur alle öffentlichen
Aemter und Dienste darunter, sondern auch alle Doctoren, Lehrer,
Künstler, Aerzte, ja sogar den scholaris, der zum Abgange auf
die Universität Geschenke bekommt.

Die gesammte Theorie der Italiener wurde mit der Rece=
ption des Römischen Rechts auch in Deutschland angenommen.
Alle die Ideen über die Ritter und Soldaten, die kriegerischen
und gelehrten Ritter, die Annahme des pec. qu. castr. bei allem
Erwerbe durch Amt, Wissenschaft und Kunst u. f. w. werden in
Deutschland im sechszehnten bis achtzehnten Jahrhundert in
mannichfachem Wechsel wiederholt und je nach Zeiten und Ver=
hältnissen modificirt, im Ganzen aber unbekümmert um ihre
Congruenz mit dem Römischen Rechte allgemein in Theorie und
Praxis fest angenommen. Der Verf. schildert dies Alles genau
und anschaulich (S. 583—638) und kommt damit dann in §. 88
zu einer scharfen Abzeichnung der tiefen Kluft, die hier wie in
andern Rechtsgebieten die Rechtswissenschaft des neunzehnten
Jahrhunderts von der der vorhergehenden Jahrhunderte trennt.
Das historische reinere Quellenstudium, wie es besonders

---

[2]) Nur der Parallelisirung mit der Interpretation der Römischen
Juristen nach den XII Tafeln möchte ich nicht beistimmen. Diese inter=
pretirten wirklich die Worte der Gesetze, wenn auch über ihre Gedanken
hinaus; die Postgloffatoren interpretirten die Gesetze eigentlich gar nicht,
sondern begründeten die Sätze, die sie haben wollten, dogmatisch und knüpf=
ten sie dann nur an Stellen, die irgend eine beliebige, vielleicht nur ganz äußer=
liche, Beziehung dazu darboten. Die wirkliche Begründung aus den Römi=
schen Quellen war ihnen der Sache nach meistens völlig gleichgültig.

durch Hugo und Savigny ins Leben gerufen wurde, hat der modernen Theorie in den Quellen selber eine so selbständige Grundlage gegeben, daß sie der Theorie des vorigen Jahr=hunderts nicht nur völlig entbehren kann, sondern sie umgekehrt als nicht quellenmäßig gering schätzt und daher unbeachtet und ungekannt liegen läßt. Mit Recht macht der Verf. dagegen geltend, daß die Ausdehnung des pec. qu. castr. auf allen Erwerb durch Amt oder wissenschaftliche oder künstlerische Thätig=keit den heutigen Ansichten und Verhältnissen ungleich mehr ent=spreche, als die Römische Idee von der militia der Hof=· und Staatsbeamten. Ebenso wird man ihm darin beistimmen müssen, daß er die moderne Ausdehnung des pec. castr. als durch die Praxis und Gewohnheit der früheren Jahrhunderte rechtlich sanctionirt ansieht, und daher dem Römischen Rechte gegenüber als das geltende · Recht festhalten will.

Nur ein Bedenken scheint dabei nicht genügend erwogen. Das peculium castr. und quasi castr. hat im Römischen Rechte ein festes Prinzip: es ist ein Privilegium für den Staats= und Kirchendienst und bei ersterem gleichmäßig für Militär= und Civildienst. Denn daß auch die Advocatur im spätern Römi=schen Rechte zum Staatsdienste im weiteren Sinne zu rechnen ist, hat der Verf. selber genügend nachgewiesen. (S. 431—435.) Das moderne Recht ist nun über das Prinzip des Amtes und des Staatsdienstes entschieden hinausgegangen. Der Verf. be=zeichnet (S. 639. 644) als Peculium des heutigen Rechts:

> „jeden Erwerb, welchen ein Haussohn seinem Soldaten=stande, oder der Bekleidung eines öffentlichen Amtes, oder einer wissenschaftlichen oder künstlerischen Würde oder Thätigkeit verdankt."

Allein was ist nun eigentlich das Prinzip? Ist der Stand=punkt des Privilegiums festzuhalten und ist das peculium jetzt ein Privilegium für Kunst und Wissenschaft? Soldatendienst und subalterner Staatsdienst beruhen nicht auf Wissenschaft. Somit müßte man den Staatsdienst jedenfalls noch selbständig neben Kunst und Wissenschaft festhalten. Aber wie will man dann bei diesen das Privilegium bestimmen? Soll es für Kunst und Wissenschaft als solche wegen ihres inneren geistigen Werthes sein, oder nach Analogie des Staatsdienstes wegen ihres Nutzens für das Gemeinwohl und das öffentliche Leben? Einen solchen

Nutzen gewähren doch auch andere nicht wissenschaftliche Thätigkeiten, bei Eisenbahnen, Schiffahrt, Industrie u. s. w. Und wo
ist die Grenze von Wissenschaft und Kunst in der modernen
Technik und Industrie zu ziehen, z. B. bei Eisenbahnen, Ma-
schinenwesen, Fabriken, Handel, Landwirthschaft und so vielen
anderen derartigen Dingen? Ist die Thätigkeit hier von geringerem inneren und äußeren Werthe, als bei Sprachlehrern,
Hauslehrern, Zeitungsschreibern u. a., die der Verf. (S. 637)
unzweifelhaft zum peculium heranzieht. Soll der Gegensatz von
Humanismus und Realismus auch hier entscheiden, Gymnasium
und Universität das Privilegium geben, Real- und Gewerbe-
schulen nicht? Der Standpunkt des Verf. scheint hier nicht
haltbar, man muß entweder die Ausdehnung oder die Einschränkung auf Kunst und Wissenschaft fallen lassen, d. h. man muß
entweder das römische Prinzip des Privilegiums für den Staatsdienst festhalten und alles Andere verwerfen, oder muß man
das Prinzip des Privilegiums überhaupt aufgeben und statt
der künstlerischen und wissenschaftlichen Thätigkeit allgemein die
eigene Thätigkeit der Haussöhne überhaupt zum Prinzipe
machen, so daß der Gegensatz nur das ist, was sie durch Glücks-
fall, Erbschaft oder Schenkung erwerben. Was der Haussohn
durch eigene Thätigkeit verdient, ist sein peculium, d. h. freies
Vermögen, was ihm durch Erbschaft zufällt oder geschenkt wird,
unterliegt dem väterlichen Nießbrauche.
    Selbst die Beschränkung auf geistige Thätigkeit im Gegen-
satze von körperlicher ist unhaltbar, da die Grenze bei den indu-
striellen Thätigkeiten gar nicht zu ziehen ist, und auch das Römische Prinzip zwischen körperlichen und geistigen Diensten für
den Staat nicht unterscheidet. Historisch muß man daher sagen,
daß das Mittelalter bei der wissenschaftlichen Thätigkeit nur
den Anfang gemacht hat in Durchbrechung des Römischen
Prinzipes, aber noch ohne Bewußtsein über die Tragweite dieses
Schrittes und über das neue Prinzip, was man damit annahm
oder wenigstens anbahnte. Auch die Praxis der späteren Zeit
ist beim Vorwiegen der gelehrten humanistischen Bildung nicht
zum Verständniß gekommen, erst die neueren großen socialen
Veränderungen haben die Sachlage klar gelegt. Doch haben die
neueren Gesetzbücher bei ihren Reflexionen über das Recht bereits
sämmtlich das richtige Prinzip erkannt und die obige Scheidung

aufgestellt, so das Preußische (2, 2, 147—155), Französische (387), Oesterreichische (151), Italienische (229, 4). Nur das Sächsische (1811) hat die ganze Idee des Römischen Peculiums verworfen und den Erwerb durch Thätigkeit überhaupt gar nicht vom Nießbrauche ausgenommen.

Zum Schlusse bespricht der Verf. den Unterschied des pec. castr. von den irregulären Adventitien und bemerkt mit Recht, daß ein innerer Grund zu dieser Unterscheidung in der Natur der väterlichen Gewalt nicht enthalten sei, diese vielmehr nur zu der Scheidung eines freien und unfreien Vermögens der Kinder führe, die auch in den neueren Gesetzbüchern allein beibehalten ist.

Weitere Mittheilungen über Clevische und verwandte Niederrheinische Rechtsquellen des 15. Jahrhunderts.

Von

Herrn Prof. Dr. Richard Schröder in Bonn.

Durch Vermittelung des Herrn Dr. Fulda in Cleve habe ich außer den Bd. IX Seite 421 f. dieser Zeitschrift beschriebenen Handschriften noch in drei weitere handschriftliche Rechtssammlungen Einsicht nehmen können, welche sämtlich der Bibliothek des Königlichen Landgerichts zu Cleve angehören und mir mit bereitwilligster Zuvorkommenheit zur Benutzung überlassen wurden.

I. Cod. AA, Papierhandschrift in Klein=Folio, 812 Seiten enthaltend. Der Codex besteht aus zwei nur äußerlich verbundenen Theilen. Der erste geht, ausweislich des gemeinsamen Wasserzeichens (eines Ziegenbocks), bis Seite 286, und ist bis S. 263 im wesentlichen von einer und derselben Hand aus der Mitte des 16. Jahrh. beschrieben; von da bis S. 274 geht eine Handschrift des 17. Jahrh.; der Rest ist unbeschrieben. Der Abschnitt bis S. 263 zerfällt in zwei Unterabtheilungen, deren erste eingeleitet wird durch den Vermerk „Anno 1421 Gerardus de Elze, filius Stephani de Elze, pro tempore scabinus et secretarius Embricensis, compilavit presentem librum, uti ipsemet attestatur magna fide et diligentia", während sich S. 139 die Bemerkung findet: „Sequentia descripta sunt ex lib. N. Smyt, quondam Embr. secretarii, quod commodose (?) mihi dedit Andreas Iserd. cognatus, anno 1554". Da die hiernach in das Jahr 1554 fallende Handschrift auch auf den folgenden Seiten fortdauert, so kann sich auch der erste Vermerk nicht auf unser Manuscript, sondern nur auf eine in demselben excerpierte ältere Sammlung beziehen. Dies ergibt sich auch aus einer Bemerkung des Schreibers auf S. 22: „ex Elzeboick collectum per me G. Hop". Vielleicht ist dies „Elzebuch" von 1421 noch in Emmerich, 's Heerenberg oder Düsseldorf vorhanden, was besonders wegen der Zeit=bestimmung der in unserm Codex enthaltenen Stücke von Wichtigkeit wäre, da unser Schreiber sich nicht auf das Elzebuch beschränkt, sondern auch spätere Stücke aus dem 15. und selbst noch aus dem 16. Jahrh. eingeschoben hat.

Der zweite Theil des Cod. AA. beginnt S. 287, ist aber erst von S. 293 an beschrieben. Von S. 301 bis S. 783 haben wir es, wenn wir von geringen unten hervorzuhebenden Unterbrechungen absehen, mit einer Handschrift aus der 2. Hälfte des 16. Jahrh. zu thun. Die am Schlusse leer gebliebenen Blätter hat sich von S. 787 an eine dem 17. Jahrh. angehörige Hand zu Nutze gemacht, die sich aber von S. 793 an genötigt sah, neues Papier mit einem dritten Wasserzeichen zu Hilfe zu nehmen.

Der reichhaltige Inhalt des wertvollen Codex AA. gliedert sich folgendermaßen:

A. Erster Theil.

a) S. 1—64. Erste Collectaneensammlung über das Recht der Stadt Emmerich, insbesondere enthaltend Rechtsaufzeichnungen von 1416, 1418, 1402, 1464, das Stiftungsprivileg von 1233/47 in deutscher Uebersetzung [1]), ein Privileg für das Emmericher Domkapitel vom Jahre 1233 [2]), ferner „clausula privilegii Embricensis de scabinis eligendis" von 1233, sodann S. 24—64 eine Zusammenstellung verschiedener Notizen über das Emmericher Recht, zum Theil Auszüge aus Privilegien, Ratswillküren und Gerichtsverhandlungen enthaltend,

---

[1]) Siehe Lacomblet, Urk. B. II, 191. Dederich, Annalen der Stadt Emmerich, S. 81 f.

[2]) Lacomblet II, 190. Dederich S. 69 ff.

augenscheinlich dem 15. Jahrhundert angehörend. Einzelnes deutet auf die Bekanntschaft des Verfassers mit dem Römischen Recht. Diese Zusammenstellung, übrigens völlig verschieden von dem unten zu besprechenden sog. Emmericher Schöffenrecht, ist nicht ohne Interesse. Mit besonderer Entschiedenheit bekämpft der Verfasser gewisse Uebergriffe des Oberhofs zu Zütphen, denn wenn auch Emmerich „geprivilegijrt is up die stat van Zutphen“, so könne man doch „to hoefde“ kein anderes Recht holen, „dan se en hadden up die tit doe Emerick up oer geprivilegijrt ward“; spätere Zütphener Statuten seien also für Emmerich unverbindlich.

b) S. 65—66. Der statt Kalckers rechten. Ent-hält nur die folgenden Bestimmungen [2]):

Art. 1. *Van deilinghen in to brenghen dat uit gefoert is.* Soe wie scheidinghe ind deilinghe ontfanghen will, die sall irst inbrenghen dat hi uit gefuirt heeft. gaet on dat niet, hi mach behalden dat hi heeft (v. Kampz Tit. 37). — Art. 2. *Deilinghe van erve ind erftins.* Voirt is een stede recht to Kalcker, daer een burgher mit sinen wiven in echten staet sittet, soe welck van on afflivich wurt, die dan levendich blift die sal dat staende erve off erftins gheleghen binnen Kalcker, end hergewede, alsoe gedaen als't hem beiden gesat was, behalden tot siner tuicht nae gelegenheit der stede rechten. ende wanneer dat leste liff afflivich wurdt, soe sollent die neeste erven van witlicke maegschappen als van beiden siden gelicker hant deilen dat staende erf ind erftins binnen Kalcker gelegen (v. K. Tit. 13). — Art. 3. Wanneer man off wiff die weduwe stoel besete, ind kinde behalden hedde, ende sich verander-saten wolden off hedden: storven die kinde, een off twee off meer, sonder echte geboert, soe erft dat guet up den vader off die moeder, ende die brecht dan dat aen sin geghade (v. K. Tit. 36). — Art. 4 Witlicke momberen mulierum, dat is oer vader, in absentia illius een alste broeder, in absentia fratris senioris alius, sive iunior post illum natus. etiam iunior potest in absentia fratris senioris supplere vices necessitatis causa. si vero pater et fratres non fuerint superstites, tunc illi, qui sunt in recta linea consanguinitatis proximiores, erunt mulieris momburni. et si mulier fecerit aliquam resignationem bonorum absque momburno legitimo, illa resignatio in iure esset irrita et inanis, et legi-timus momburnus posset illam revocare. item, quando mulier habet maritum legitimum, tunc pater nec fratres nec quisquam habent auctori-tatem in ea, sed solus maritus erit momburnus et tutor. et si omnes predicti defecerint, tunc mulier potest eligere extraneum, quemcunque voluerit. item mulier habens legitimum mondiburdum, h. e. tutorem,

---

[2]) Ueber das Stadtrechtsbuch von Kalkar selbst s. u. zu S. 491—572 unsers Codex.

non eligit alium, nisi cum consensu illius tutori(s) legitimi predicti. — Art. 5. *Van witlicke maegschappen.* Daer witlicke maegschap is, daer ervet dat guet all rechte voirt voirwert up dat naiste lit van enen echten bedde geboren, meer niet ter siden offte achterwerdt, then (l. 't en) were dat dair gheen nast littenis en were, soe erve't achterwart off ter siden up dat naeste lit (v. R. Tit. 39). — Art. 6. *Van beteren rechten toe to brenghen off to wachten.* §. 1. Op elcke toesprake daer men een betere recht off wacht, end en wordt dat beter recht niet to bracht, off dat die cleger des beteren rechten niet en wachtet, daer aen is den heer een recht verschenen, men en kan't geweren mit beteren rechten. ein beter recht is: des heeren gebott off lifs noet. §. 2. Men sal der clagen unde antworden volgen. wie aent gericht kompt van enighen saken, ende der clagen ende antworden niet en volgen mit recht, daer is den heere een recht aen verschenen. — Art. 7. *Van den scepen getuich.* §. 1. Soe wess den scepenen orkund bekant wort, dat moeten si tuighen mit oeren eedt. voir scepen konde off scepen brieve daer en mach men gheen onschult baven doen, unde daer en is liff noch guet voir verbonden to peinden, then (l. 't en) weer dat die richter daer aver weer. §. 2. Wat men ghelaeft off kennet voir den richter ende den scepenen, dair en is liff erve und guet voir verbonden voir die schult mede to volwaren nae den rechten. item ein die den andern laeft klanck und kommer aff to doen voir den richter und voir den scepenen, dair is liff und guet voir verbonden. §. 3. Wanneer een man gebaet is, off is doen bestaen aent recht, voir die claghe is liff und guet verbonden.

c) S. 67—86. Zweite Collectaneensammlung über das Stadtrecht von Emmerich, darunter ein Privileg von 1482 (S. 68—70), eine Verhandlung von 1449 (S. 70 f.), aber auch ein Statut von 1531 (S. 82) und ein Privileg des Herzogs Wilhelm von 1540, betreffend Publication des Reichsgesetzes von 1521 über das Repräsentationsrecht der Enkel (S. 86). Aus dieser stellenweise recht interessanten Collectaneensammlung mögen hier die folgenden Notizen hervorgehoben werden:

Hir steet een onmundighe. Een ordel, woe see aen oeren momber kommen sall? Daer up wistmen: see sal den kiesen, ind idt gericht sal on oer gheven. Soe neempt see enen halm, ind kieset daer mede oeren momber. Soe vraight men, off ghi gesien hebt, dat see aen oeren momber kommen is? Daer up wiset men: jae. Soe steet hier N. mit oeren momber, ind bekent dat see voir een summe geltz, die oer wael betaelt is, steets coips erflicken heeft verkoft N. een huisinghe ind hofstede gelegen aen der Steenstraten etc., neest den etc., uitgaende jaerlicx etc. Een ordell, wo see dair up vertien sal? Respondet alter scabinus: mit hande, halm ind mondē, avermits oers mombers hant; aut sic: mit gichtingh des montz ind verschietung des halms. Soe duet see den halm oeren gekaren momber, ind die schiet den halm van sich.

Soe vraeght men een ordell: hebdi gesien, dat se daer up alsoe vertegen is, dat see ind oere[n] erven daer van onterft, ind dat N. ind sine
erven daer aen vort meer gerechtigt is? Ick wise: ja, na den mail
dat see hir steet oirkonde gerichtz, ind mit oeren vrien will avermitz
oeren momber daer up verteghen is, soe sal see ind oere[n] erven daer
van onterft, ind N. ind sin erven sullen daer aen geerft ind gerechticht
wesen. Des kende ghi umb u orkondt, ind ghi begheert dit selve als
scepen aver u toe segelen ind toe tuighen.

Nota: een man is sins wifs momber, nochtans nae desser banck
recht.

Een man en is niet mechtig sins guetz toe vercoipen, off toe vertien, sonder believen siner huisfrauwen, et uxor mach oer man volmechtich maken oirkond tween scepen.

Gerichtz handelingh t'halden buiten gewontlicke gerichts daghe etc.
Item soe sall die richter segghen: ghi beide partien, biddi mi, dat ick
hir een banck spanne, ind ontfanghe mitten scepenen van u gerichtlicke des ghi hier to scaffen hebt? Soe segghen beide partien: ja. Soe
sall die richter mitten scepenen gaen sitten ind segghen: hir spanne
ick die banck, eenwerf, anderwerf, derdewerf, vierdewerf, aver recht,
ind vragen eenen scepen een ordell, sint dat beide partien bidden ind
begeren, up desse titoen (een?) banck to spannen ind gerichtlicken to hoeren
des see to scaffen hebben, off ghi dat dan mit rechte doen moeghen,
ind die banck dan alsoe mede gespannen hebben, dat ghi ghichten ind
richten moegen, ind om laten wedervaeren dat recht is? Soe wiset die
scepen: jae. Soe sal die richter segghen: hebben ghi partien nu wat
to doen, soe spreckt.

Item soe seght die richter: Johan, ghi kent hir gerichtlicken, dat
ghi Peter mit enen rechten witlicken erfkoip erflicken verkofft hebbet
voir een summe geltz die u wail betailt is, end maldersaitz (?) lantz,
eigens, erves, gelegen in praisterveld etc., als dat dair tusschen gelegen
is etc. Soe sall die richter den verkoiper an sin hant doen een risken
mit wat eerden daer umb gedruckt: daer draghet mi dat maldersaitz
erves mede up, ind biddet mi, dat ick dat den koiper vort verreike.
Soe sal dat die richter in sin hant behalden, ind vragen enen scepen
een ordell, off om dat alsoe gerichtelicken upgedragen is, dat he mit
rechte den koeper vort dat verreiken mach? Soe wiset die scepen:
ja. Soe sal die richter den koeper dat verreiken. Item soe sall die
richter vort vragen eens ordels, woe Johan dair vort up vertien sall,
dat dat Peter ind sinen erven vast ind stede si te lantrechten? Soe
wiset die scepen: want hee mundich is, soe sall hee dat doen mit
hande ind mit monde, orkunde des gerichts, soe datmen den een
stroecken off een holtgen off een ander dink in sin hant doen sal. Soe
seghet die richter: schietet van u, und vertiet up dat voirgenoemde
erve tot behuef Peters ind siner erven. ind ghi lavet om des erves
alle wege gerechte waer to wesen, als eighen erfkoips recht is, voir
u, voir u erven ind voir all die ghenen die des ten rechten kommen
willen etc.

Item heltmen toe Emerick voir ene gewoente ind stede recht, dat, wes int gericht van Emerick verkofft wordt, het si erftail off huisingen etc., daer hebben drie scepen aver to sitten, daermen up vertien sall. et senior scabinorum is richter in der saken etc.

d) S. 87—94. Forme ind ordeninghe des hoch-gerichts binnen Nuyss, eine wol dem Ende des 15. Jahr-hunderts angehörende Arbeit über das gerichtliche Verfahren zu Neuß [4]), anscheinend Privatarbeit, vorzugsweise die Klagen um Schuld ins Auge faffend (fteht auch im Cod. D. unter den An-hängen des Stadtrechts von Rees). Ich theile nur folgende Beftimmung über die richterliche Pfändung mit:

Bereidinghe doin. Item des neesten dinghlicken daeghs daer nae erschint A. ain dat gericht ind seght: „heer scholtis, am neesten ge-dinghe heb ick min claghe erfolght up N. to hundert gulden etc., ind bidden ordel*, weess mi van rechten vorder gediene mach"? Wisen die scepen uit maninghe des scholtissen: „kan A. bewisen, als recht is, dat he up N. sin claght ervolght heeft, soe salmen oen doin bereidinghe, als dan heeft die cleger uit gedinght". Ind soe is die scholtiss schul-dich, dat he mit scepen ind gerichtzbaede gheet, toe gesinnen N. ind (l. in) des vurs. N. huise. ind gift (N.) A. pande [5]), die sal hi, A., 14 (dage) halden nae der peindinghe. ind loest N. dan die pande niet voir die summe geltz vurs., soe mach A. mitten panden sin beste doin. heeft aver N. des gerede guets niet, soe duet men A. bereidinghe aen erfe-nisse die N. heeft, ind die erfnisse gift men A. to handen, die to wein-den ind toe keeren als sin erve. ind die mach N. binnen jaers loesen mit der vurs. summe. ind loist he dat erve niet binnen jaers, soe wel-dichmen A. in dat erve, ind als dan hee is (l. is hee) volmechtich dat erve to verkopen off to versetten. ind dat sal he driemail in der kercken up doin roepen, to verkoepen off to versetten. ind waer voir he dat ver-koipt, sall hee aen dat gericht brengen, ind weerdt die ghene, die dat gegulden heeft, gerichtlicke geweldighet ind ban ind vrede dair gedaen. ind die cleger sall ain den gelde, he van der vederkoipinghe (l. ver-koipinghe) off versettinghe kriegt, sin gebreeken, he up den schuldighen gewonnen heeft mitter gerichtlicke kost, ain sich behalden. gebrickt oen dan, soe mach (men) vorder peinden. ind oevert oen, dat oeverighe gelt sall A. dem schuldighen wederkieren ind hinder dat gericht kieren ader ligghen avermitz den gerichtlicke to leveren.

Item soe salmen't oick halden mitten levendighen panden; dan levendighe pande staen niet langer dan drie daghe.

---

4) Neuß war mit Kölner Stadtrecht bewidmet und felbft wieder Ober-hof von Rees.

5) So ift zu offenbar zu ergänzen: gibt N. dem A. Pfänder.

e) S. 95—103. Privilegia et iura civitatis Reess-(ensis), das bei v. Kampß Provinzialr. III, S. 73 auszugsweise mitgetheilte Rechtsbuch bis Tit. 38, in derselben Ordnung, wenn auch ohne die bei v. K. abgedruckten Titelüberschriften [6]). Leider sind die Seiten 97 und 98 unbeschrieben geblieben, so daß die Titel 12—19 ausgefallen sind. Tit. 1 und Tit. 3 ist von dem „einem fursten van Cleve“ zu leistenden Eide die Rede, beide Male aber das Wort „Cleve“ ausgestrichen und von derselben Hand „Colne“ resp. „Coelne“ darüber geschrieben, während es an einer andern Stelle des Tit. 3 unmittelbar heißt: „dat he trouwe ind holt wesen sall einem fursten van Colne ind der stat Reess.“ Der Grund dieser Schwankung liegt darin, daß die kurkölnische Stadt Rees seit 1392 sich im Pfandschaftsbesitze der Grafen von Cleve befand [6a]). Das Rechtsbuch selbst ist wol jedenfalls erst im 15. Jahrhundert, aber vor dem Jahre 1454 verfaßt worden [7]). Eine wiederholte Mittheilung verdient der bei von Kampß und nach Cod. D in meiner Geschichte des ehel. Güterrechts II. 2, S. 82 und 85 abgedruckte Titel 35:

> Item, als dat echte bedde geschoert wurdt, soe besitt dat leste liff alle die erftale in tuchten. dan alle reede guet mach dat leste liff tot sinen schoensten gebruicken. Item, als dat bedde geschoirt is, weeren alsdair enighe echte kinder van einen bedde, sin van stond ain ain der erftale [7a]), beheltelicke dat leste liff van den. alderen oer tucht an der erftail, als vurs. is. ind weer't sake dat der kinderen enich storve, dat beerft dat leste liff van den aelderen, dat weer dan saeke, die kinderen hedden illick oeren aindeil van der erfnisse die eine den andern gegeven ind gemaickt, als recht is.

f) S. 105—139. Jura et plebiscita oppidi Embricensis secundum morem Zutphaniensium. Dit

---

[6]) Zu Tit 5 ist st. jeden zu lesen in den. Tit. 6 st. rursche zu lesen vurschr., d. i. vurschreven. Tit. 23 l. vrede st. vrende. Tit. 24 l. pantkieringhe. Tit. 25 l. geeischt. Tit. 30 l. ontfuirt. Tit. 32. l. affgewonnen. Tit. 34. l. erfgenaem. Tit. 36 l. vede st. rhede. Tit. 37 l. alders st. anders.

[6a]) Deshalb heißt es in einer Randbemerkung des Cod. D: Sweren nu enen erzbischop to Coeln als erfhern, und heren van Cleve als panthern.

[7]) Ich schließe dies daraus, daß im Cod. D zu Tit. 16 ein in den sonstigen Texten fehlender Ratsbeschluß von 1454 eingeschoben ist.

[7a]) Cod. DD: sin van stonden ain dat erftail beerft.

sint der stat rechten van Zutphen. Nach der Ueber=
schrift ein für die Tochterstadt Emmerich aufgezeichnetes Stadt=
recht von Zütphen, bis auf Abweichungen in der äußeren Ein=
theilung und in den einzelnen Titelüberschriften identisch mit
dem größten Theile des bei v. Kampß (Provinzialrechte III,
S. 58—63) auszugsweise mitgetheilten sogenannten Emmericher
Schöffenrechts. Unmittelbar auf Emmerich beziehen sich nur
einige Artikel (Tit. · 22 m. 22 n.), und so werden wir den
Tit. 3 §. 3 und Tit. 22 b erwähnten „Grafen" nicht auf den
Grafen von Cleve, der Emmerich 1402 von den Herzögen von
Geldern erwarb, 1417 aber selbst den herzoglichen Titel annahm,
sondern auf den Grafen von Zütphen zu beziehen haben. In
der hier vorliegenden Gestalt ist das Rechtsbuch jedenfalls noch
im 15. Jahrhundert entstanden; es trägt durchaus den Charak=
ter dieser Zeit, und die Gründe, welche v. Kampß bestimmten
die Abfassung in das 16. Jahrhundert zu setzen, sind, wie wir
unten sehen werden, ausschließlich den in userm Texte fehlen=
den Zusätzen entnommen. Dem Schreiber unserer der Mitte
des 16. Jahrhunderts angehörigen Handschrift lagen bereits
mehrere Exemplare vor, aus denen er gelegentlich einzelne Va=
rianten aufnahm.

Nachstehend gebe ich einige Ergänzungen und Berichtigungen
zu der äußerst mangelhaften Mittheilung bei v. Kampß, indem
ich seine äußere Eintheilung und Titelzählung zu Grunde lege
und die bei ihm fehlenden Titelüberschriften durch Zusatz von
Buchstaben zu der Titelzahl kennzeichne:

Tit. 2 Z. 4 l. dair rekenschap st. deir verkennschafft. Z. 6 eischinge
st. vyschinge. Z. 8 enwech st. entwach. Z. 9 f. Der Satz „Item —
— eine goff" fehlt in unserer Handschrift. Der ganze Titel 2 bildet in
unserer Handschrift den §. 9 des aus 14 §§. bestehenden Titels 1.

Tit. 3 Z. 2 doin st. doir. Z. 3 antaelden st. verantvorden. Z. 4 f.
l. bebusenen mit recht. die man: hi weer etc. st. bewesemen die man
wer etc. Z. 5 gewisselt. Z. 6 l. den wissel voir bewisen. Z. 7 l. bereden mit recht. daer wistmen op: mocht hi. Z. 8 l. ende nae bereden
st. vnd eye bereiden. Z. 10 bebussenen te bereden. Z. 11 hinter
wissel ist einzuschieben: ende den richter die oen uitleit, ende den richter die oen ontfanget, ende twee guede luide die daer aver ende aen
waeren, daer hi gewisselt ward. ende weer't saecke dat die richter's
doet weeren, so sal hi die verwecken, elkerlick mit twee guden luiden.
weer't oick saeck dat die luide doet weeren, soe solde hi die oick verwecken mit twee gueden luiden, ende dit sal die gheen die desse be-

wisinghe doen sall mit hem dorde (b. i. felbbritt) wairmaken. Z. 15 l. knechts kint ft. knechtken. Z. 16 (S. 59, Z. 1) ift then in 't en aufzu-löfen.

Tit. 3 §. 3. Ein eighen man des greven die ein dienst wiff neempt, wint hi kinde in der echte bi den dinst wive, die kinde warden kemerlinge onser vrouwen der greeffinnen.

Tit. 4 Z. 2 f. l. wastinsich man ft. wastingh. Z. 4 ft. willemoedich (das unfere Handfchrift als Bariante aufführt) l. billicke mundich, ober wilke mundich; letztere Lesart fcheint ben Borzug zu verbienen. Z. 5 l. twee ft. teln. Z. 6 geloedet weren ft. gelandich were. Z. 7 waren ft. wann. Z. 8 hi ft. se. Z. 9 l. were dat he. Z. 10 koirmonde ft. koitmundich.

Tit. 5. Steerft een eigen man, ende koempt des heren amptman ende eisschet dat erve van des heeren wegen, ende sin voerdell, so sall die amptman voir sin vordell hebben alle schapen want, pels ende schoen, als tot des eigen mans liff geschapen is. daer voir sall die vrouwe to voiren hebben alle schapen want dat tot oeren live geschapen is, pels ende schoen, voert meer sall sie te voeren hebben een bedde ende een paer laken, eenen pollue (pollve?), een deecken laick, off't dair is, eenen stoel mit eenen kussen, ein tafel mit ein tafellaeken, een handdweele. ende dit sall die vrouwe niet in die deilinghe brenghen. gelickerwis als die vrouwe dit boert, alle punten voirscreven, so sall dat eenen man oick boiren, off't also ghevielt.

Tit. 7 Z. 3 l. erfgenaimen — — ohem. Z. 4 l. ohem. Z. 6 l. alde moder und moye. Z. 11 l. deilinge. Z. 13 l. schap off van der neder gaender maegschap, off van besiden, alsoe etc. Z. 14. l. thienden. Z. 16 l. nairre.

Tit. 9 §. 1. *Van lifftuchten*. Weer, dat een man ende een wiff te samen saten in echtschap, ende wurde die man off den wive guet aen geervet van oern vrienden, ende neme die eine van den tween lifftucht van den guede tot affsuene; storve dan die man off dat wiff, ende bleve die gheene levendich die alsulcke lifftucht ontfangen hadde, soe solde die lifftucht gaen in der deilingen gelick ander gueden. §. 2. *Van hoffguet*. Weer't saecke, dat een man neeme een echte wiff, ende die man hedde ein hoffguet, ende maeckten sinen wive daer van bescheiden gelt, alsoe vaste dat men's niet breecken en moechte mit recht, ende storve dat wiff sonder geboerte, soe solde dat bescheiden gelt mede gaen in deilinghe.

Tit. 10. *Van weduwestait*[*]). Dat (Bar. daer) waren twee bruder, die saten in samende guede. doe nam die alste broeder een wiff, ende wan kinde. doe sterf die alste broeder, ende die jonckste bruder bleeff sitten mit sins bruders wiff ende mitten kinderen. dair nae quam die joncste bruder, ende sat den wive ende den kinderen alle sin guet,

---

[*]) Zu lefen ift weddestate. Es handelt fich um bie intereffante Frage, ob eine Satzung an Eigen auch ohne Aufgabe ber Gewere Geltung habe.

behalven koeen ende peerde ende lant op den velde, to weduwestate voir 60 pont, voir richter ende scepenen. ende bleff voirt mitter vrouwen ende mitten kinderen wonende. ende quam anderwerf voir scepenen, ende seghede, dat die 60 pont oen wael betaelt weeren. daer nae sterf die bruder. doe quam die suster, ende eisschede oirs bruders erve. dair wart een ordell up gevraghet, off die weddestate der vrouwen iemant breecken moechte, den si mit schepenen bereeden mochte? die suster vraghede een ordell: want hi in desen guede sittende bleve, ende starf, weer oir die weddestate iet hindern mochte? dair wisden men voir recht, dat die weddestaet der vrouwen vast solde wesen, ende oer niemant breecken en mochte, want si dess in weer was, ende si dat mit scepenen bereden mochte.

Tit. 11. §. 1. *Van giftinghe* (fehlt bei v. K.). §. 2. *Van giften man ende wiff*. Daer een man ende een wiff te samen sitten in echtschap, ende die een den andern giftigen tot Zutphensen rechten voir drie scepen, ende die ein sterft, so wisen wi voer recht, datmen dit guet sall werdigen sonder huis ende liggende erve, ende dair salmen guede voir setten, ende mit liggende erve, als dat vervelt dat guet (?), dattet guet niet verarchert en werde. §. 3. · *Van mergengave* (bei v. K. §. 1.). Daer een man ende een wiff te samen sitten in echtschap, storve die man, ende hedde die vrouwe gheene geboerte gehadt, noch en hedde wat dat oir oir man gegeven hedde te mergengave, weer dat erve off ander guet, dat sal oer bliven. §. 4. *Van erfhuiren* (v. K. S. 60, Z. 11—16). Z. 13 l. hies niet en st. ey das int.

Tit. 12, Z. 3 l. were st. werk. Z. 4 l. woeninghen.

Tit. 13. *Van timmeringhe.*

Tit 14a. §. 1. Weer't saeck, dat een man off een vrouwe eenen soen te scholen off ter leeringhe seinde, ende storve die man off die vrouwe, dat dan die schoeler sine buecke niet en solde brengen in die deilinghen, al soe veer als hi aen der paepschap bliven wolde ende blivet. §. 2. *Van staedes*[9] *erve, een ander besete voir sin.* Weer't dat een man sete op staedes (Var. stats) erve, ende stonde dair timmer op, ende sechte die stat, dat timmer oir weer, ende sechte die man, dat sin weer, ende lietet om die stat dair toe, dat solde hi mit om dorden (felbbritt) beholden. §. 3. *Van eenen man die leecht in sinen sick bedde.* Een gheen man die leecht binnen sinen vier staepelen, mach niet verkopen sin erve, 't en si mit rade sinre erfgenaemen, 't en due't oen dan kentelick lives noet. §. 4. *Van man ende wiff die malcanderen giftigen willen.* Een man ende een wiff die in echtschap sitten, sin si also sterck dat si oen moegen cleeden ende staen ende gaen van der einre doeren totter andern, ende gaen op die straet, dat si malcandern moegen giftigen toe Zutphensen rechten, ende die gifte sal stede hebben ind bliven.

---

[9] Var. stats.

Tit. 15. §. 1. *Van echtschap witlick vergaedert.* Een man ende een wiff die oin in witlicken hilick vergaedert hebben. die vrouwe storve sunder witlicke buert. der vrouwen erfgenamen kommen ende eisschen deilinghe van allen gueden. die man secht weder, hi heb een hofftins gnet dat hi helt van dem abt ind van der abdissen, ende dat hi dat guet niet deilen en sall mit recht. dair wist men up voir recht: weer 't in der waerheit ein tinsguet, ende die man daer nae hoirich weer, dat hi des niet deilen en solde. — Voirt soe eisscheden die erfgenamen vordell, als cleder ende cleinodien. dat en boert on niet mit rechte. — Voirt soe quamen die erfgenamen, ende gingen sitten int erfhuis. des soe quam die man voir richters ende scepen, ende seechde (Bar. beggende), hi en gheve oen ghenen kost. die erfgenamen ghingen liggen in een taverne, ende seiden, dat hi dair van der kost si mede quiten solde van rechte, alsoe lange als 't (Bar. als si) ongescheiden were (Bar. weren). des wiset men voir recht: want die erfgenamen mit ordell ende recht niet ghekommen en waren in die weer, dat dair om die man oen gheenen kost schuldich en was. §. 2. *De eadem materia.* Dese selve man, eer hi een wiff nam, kochte hi een guet, ende gaff sinen kenesth [10]) soene, ende liete 't on ontfangen, also dat mit ordell ende mit recht was. voirt so kocht hi een guet, doe hi sin wiff had, ende liete 't oen oeck ontfangen, alsoe hier vurs. steet. nu segghen der vrouwen erfgenamen, dat men dat guet sal deilen mit recht, want dese kenesth [10]) soene heefft geseeten mit oen beiden ongescheiden ende ongedeilt, ende mit oen in den huise in eenen kost, ende die vader dede sinen wille mitten renten van den gueden. hir wisten men up voir recht, dat alsulck guet als hi ontfangen hadde voir ende nae mit ordell ende mit rechte, dat hi des niet deilen en sal. §. 3 (v. R. §. 4). *Van een onwittich kint* [11]). Wi wisen voir recht: storf ein onwittich kint, dat dat naerre weer te erven op siner moeder maeghe, dan op sins vaders maeghe. nota: een moeder en voedet gheen basterden. §. 4 (v. R §. 3). *Noch van een onwittich kint.* Wi wisen voir recht, dat een onwittich kint dat tot onser clocken hoert ende tot onser foenten hoert, dat en sall ghein koirmonde geven, 't en si ghebaeren ter koirmonde mit recht.

Tit. 15 a. §. 1. *Van een verbranden hoffstat.* §. 2. *Van huer.* §. 3. *Een beghine die guet aen geruert* (l. geervet) *worde.*

Tit. 16. §. 1. *Van man off wiff die oen verandersaten mit hilicken, ende si kinde hebben.* Weer 't, dat een man ende een wiff weeren, ende hedden kinder; ende storve die vader off die moider; ende worden die kinder eenich bericht, ende die vertege; ende neme die man een ander wiff, off die vrouwe eenen andern man; ende wolde die vader off die moder dair nae den andern kinderen oeck erve bewissen: so sall

---

[10]) Es ist wol keves zu lesen. Am Rande steht von jüngerer Hand kets sohne.

[11]) Zusatz von derselben Hand: naturalis seu illegitimus ita.

die vrouwe [12]) toe voeren uitnemen dat guet dat si aen den man bracht; dair nae sall die vader off die moder uit den gemeinen al soe voel uitnemen, als si gegeven hebben den kinderen die dair vertegen hebben als recht is; wat dan dair blivet, dat sall die vader off die moder half nemen, ende die andern kinde, die niet verteghen en hebben, die ander helft, behalven leenguet dat op om geervet is. §. 2. *Van giftighen, man ende wiff.* Wi wisen voir recht, dat een man ende een wiff (die) te samen sitten in echtschap, die wile dat si hebben onberichte kinder, dat si malcandern niet giftighen moeghen, dat dat vast mach sin. §. 3. *Van man off wiff die erftail aen bestorvet.* Weer' t dat ennich man off wiff aen storve off verviele enighe erftael, die sal kommen voir scepen binnen jaer VII (l. VI) weeken ende III daghe, also veer als hi binnen lants is, ende aintaelen sin recht. doet hi des niet, soe verluiset hi all sin recht dat hi daer aen hadde. §. 4. *Van lifftucht aen leenguet.* Weer 't saeck dat een man een wiff hedde, ende dair eenen soen bi hedden, ende si leenguet hedden, ende storve die vrouwe, ende neme die man een ander wiff, ende maecten hi oer een lifftuchte uiter den leenguet mit des soens hant, die des leens volger weer, voir schepen, dair wisen wi voer recht, dat hi oir dat halden sall. §. 5. *Van wapen off harnisch aen to erven.* Steerft een man, ende leet hi wapen achter, dat sall die alste soen hebben. ende heeft hi gheenen soen, soe sall men deilen gelick ander guede. §. 6. *Van kinderen die geerft warden van vader off van moder.* Weer' t alsoe veer, dat kinder geervet weeren van oirs vaders weghen off van oirre moder weghen an erve off huisinghe binnen onser stat; wonne die vader off die moder ander echte kinder; storve dan die vader off die moder der irster kinderen: so solde men den irsten kinderen dat oen lest aen gestorven weer aen dat deel dat oen irst ghevallen weer wisen. ende weer' t, dat quader off beter were, dat salmen gelicken ten scepen seggen. §. 7. *Van man off wiff die een huiss off een stede in erftins aengenamen hebben in unser vriheit* (fehlt bei v. K.). §. 8. *Van twee luiden die een huiss off een taverne toe saemen hebben* (fehlt bei v. K.). §. 9. *Van eenen die een deel aen een huiss heeft* (desgl.). §. 10. *Van eenre hoffstat binnen onser stat vriheit* (bei v. K. §. 7). §. 11. *Van betalinghe der selver hoffstat* (fehlt bei v. K.).

Tit. 16 a. §. 1. *Van een man die sterft, ende dat wiff levendich blifft.* Sterve een man die een wiff achter liete, dat wiff en sall niet meer to voiren hebben, dan 6 stucken cleeden, des si soe voel cleder heeft, 3 stucken als si paevdaghs ende pinxtdaeghs toe kercken gaet, salse waert kor stock [13]), ende mantel off fali, ende en ghene koevel; meer, hedde si ghene [koevel] mantel off fali, soe mach si hebben een koevell. voirt meer mach si hebben drie stucken cleder van den besten daer naest, als voirschreven. voirt meer mach si hebben 2 die beste pelsen,

---

een heiligdaghes ende een werckeldachs. voirt sal si deilen vingeren, spenneken, brosen ende all ander guet, mer twe hemmede ende twee sterkitte sal si toe voiren hebben, ind niet mair. §. 2. *Van man ende wiff die in echtschap sitten ende geen kinderen hebben noch winnen.* Een man ende een wiff die in echtschap sitten, die ghene kinder to samen en hebben noch en winnen, koept die man leenguet, soe sall die man van sinen andern gueden sinen wive tot oer behoiff ende oiren erfgenamen al soe voel maecken, als dat leen heeft ghekost. ende des en mach die vrouwe niet uit gaen, 't en si mit wille oire erfgenamen ende vrienden. mer, winnet si dair nae kinderen, soe is dese vorwerde doet, als der kinderen ennich levet. ende dat men teghen dat leen guet geven sal, dat sall erfenisse wesen.

Tit. 17. *Van den gemeinen gerichte.*

Tit. 18. §. 1. *Van peinden, ende niet en vint te peinden.* §. 2. *Van peinden, ende genoch vint te peinden.* §. 3. *Voirt en mach niemant pande nemen nae sinen wille.* §. 4. *Van peinden voir huer.*

Tit. 18a (bei v. K. irrthümlich als Tit. 18 bezeichnet). §. 1. *Van biedinghe voir gerichte om scholt off om broecken, des vridaighs off op eenen andern dagh.* §. 2. *Van onschoilt toe neemen.* § 3. *Van eenen schepen te beclagen.*

Tit. 19. §. 1. *Van luiden die onder pande een anderen seten voir schepen.* Een man off een vrouwe die schuldich sin, ende setten dair tot eenen onderpande voir schepen, als recht is, allent dat si hebben, ligghende erve ende huis, soe wisen wi voir recht, dat die ghene, (dem) hi dat toe onderpande gesatt heeft, dat hi die pande beholden sall mit sinen rechten; wilmen 's om niet geloeven, ende peindet daer een ander aen, dat oen dat niet hinderen en mach, also veer als hiet nae hem neme, datmen vluchten ende vueren mach. §. 2. *Van enen man den die anderen te burghe setten, dair scepen aver tughen.* §. 3. *Van een die beclaicht wurt voir gericht, end die ander ghinck aff om beraet.*

Tit. 20. §. 1. *Van geleent guet, off verhuert goet.* §. 2. *Van scholt to laven voir schepen.*

Tit. 21. §. 1. *Van eenen scepen teghen ecnen andern schepen toe vechten voir gerichte.* §. 2 *Van veedtschap op die stat toe hebben.* §. 3. *Van aver die elve to trecken.*

Tit. 22. *Van eenen die den andern voirt gerichte beclaghet.*

Tit. 22a. §. 1. *Van eenen schepen die peindet.* §. 2. *Van eenen man die schuldich, die een(s) soins vader is.* §. 3. *Van eenen die gemaent wort om sins vaders scholt.*

Tit. 22b. *Van vechten.* Weer' t dat eene voechte tegen den andern, ende die gheene die dair sloege vloe en wech, queme hi weder, ende wolde bliven aen schepen recht ende ordell, ende bieden (l. bi den) schepen, soe wisen wi dat voir een recht, dat des greven gericht daer niet aen en heeft.

Tit. 22 c. *Van een vrouwe die ecnen man hedde, ende die man stoirve, ende si neme eenen andern man.* Weer' t saecke, dat een vrouwe eenen man hedde, ende die man stoirve, ende si dair nae eenen andern man neme, ende si dan ghinge voir schepen, buten oiren man die si dan hedde, ende bekande dat si vertegen hedde van oirs vaders erve ende van oirer moder erve doe si oiren irsten man nam, dat dat ghene vestenisse hadde.

Tit. 22 d. *Dair burgen laven mit samender hant, dair schepen med sin.*

Tit. 22 e. *Een man die eighen off koirmondich is.*

Tit. 22 f. *Van vrachte aen to nemen in scheepen.*

Tit. 22 g. *Van eenen schoeler off een leecke die vuchte.*

Tit. 22 h. §. 1. *Van schepen die malkander te burge setten.* §. 2. *Van schepen die men (?) getuich staen.* §. 3. *Van twe scepen die eenen brief besegelen.* §. 4. *Van twe luiden die malcanderen wat ghelaeft hebben voir schepen.*

Tit. 22 i. *Wie tot den andern sechte in ernste moid, dat et gein guet man en weer.*

Tit. 22 k. §. 1. *Van eenen burgher die buten wivet off blieff.* §. 2. *Van onechte kinderen.*

Tit. 22 l. *Die gheen buerge to setten heefft.* •

Tit. 22 m. *Van ein ordell te hoeffde toe haelen.*

Tit. 22 n. *Wan een dieff mit guede begreepen wurdt.*

Tit. 23. *Wan misdedighen gericht sullen werden.*

Tit. 24. *Doitslach.*

Tit. 24 a. §. 1. *Van gerichtlicken schade toe verrichten.* §. 2. *De eadem materia.*

Tit. 24 b. *Van eim ainlegger mit onverstande.*

Tit. 25. *Waer men tucht mede brickt.*

Tit. 26. §. f. *Differentia inter lifftucht et liffpensie.* Item, wem ein guet ter lifftucht gemaickt is, weer' t saecke dat hee die fruchte off rente bi sinen levendighe live niet geboirt noch gebruickt en hedde, woe wail die verschenen weren, nochtans sullen sin erven ghein recht dair ain hebben, dan dat sall die ghoene, dair dat eigendomb van den guedern, dair hee ain getuchticht was, gehoirt, nae sich nemen, ind niet des tuchters erven. want die tucht ex gratia gegeven is, ind duirt niet langer, dan des tuchters liff levet. §. 2. *Liffpensie.* Item, liffpensie, want die omb gelt ghekocht sinnen, soe volgt den erven wes dair van onbetailt weer nae des ghoenen doit den die toe hoerden. ind wanneer die kist klapt, is dat recht doit ind uit, dat weer dan anders bedeedinght ind bescheiden.

Tit. 27. §. 1. *Liffgewinne.* ß. 3 f. bouwet to halve off to gerven. §. 2. *Van versterft toe eisschen.*

Tit. 28. Statt wastongh ist burchweg wastinsigh ober wastinsighe zu lesen. ß. 4 st. ohir l. off oer. ß. 5 st. ohir beide overste l. oer oeverste. ß. 7 st. senit l. sin; st. eyns geweit l. eensgewait. Seite 62,

§. 1—4 l. Item, die eigen man is volschuldich. wastinsich ind koermundich sin half schuldich; h. e. (l. hoc est), off see jaerlicx˙versuimden oer hoeftgelt to geven, soe wurden see volschuldich. §. 7 l. een vri dienstman.

Tit. 29. §. 1. *Van leen to ontfangen.* Item, wie een leen van sinen heeren ontfangen will, moet wesen een vri dienstman, dat is die tot allen rechten bequeeme is. §. 2. *Van ein leenheere.*

Tit. 29 a. *Van erfjairrente.* Item, waer een huis off erfjairrente verkofft wurdt dair jairgelt uit geet, eer dat jaergelt verschenen is, so sall die koper dat betalen, alias die verkoper, dat weer dan bevurwerdt.

Tit. 29 b. §. 1. *Item, wan vrouwen in den rechten wat bekennen, bededinghen off oevergheven.* Item, gheen wiff mach ietwes in den rechten bekennen, bedeedinghen off avergheven, dat in den rechten bundich is, dan bi oeren witlicken wair momber; uitgescheiden wanneer oer oere momber gedeedinght heeft voir dem richter ain oeren eidt, den sall si selve ind niet oer momber voir see doin. §. 2. *Wittelicke mombere mulierum* (wörtlich mit dem oben S. 190 mitgetheilten Art. 4 von Kalkar übereinstimmend).

Tit. 30. §. 1. *Van erftins.* §. 2. *Van tinsguet.* §. 3. *De eadem materia.*

Tit. 31. *Van den erfhuis.*

Tit. 31 a (bei v. R. irrthümlich als Tit. 31). *Van bisinnighe luide*

Tit. 32. *Wie uitter besait gheet.*

Tit. 33. *Scholt voir dem gerichte bekant.*

Tit. 34. *Pande van erftael.*

Tit. 38. *De prescriptione.*

Tit. 39, §. 1 unb 2 l. sidtval st. eydtual, §. 2 st. meren l. rueren. §. 6 st. van l. non.

Tit. 39 a. *Van onschult to doin.* Item voir alle saecken mach een sin onschult doin, uitgenamen dat gerichtlicke voir den gericht off voir scepen bekant is, off dairmen einen mit draeghende off drivende vindet.

Tit. 40 a. *Als die richter aver een vestenisse sitten sall.* Dair man ind wiff vesten sullen, vraghet dje richter, off die ailste scepen in stat des richters: hier steet een onmundich etc., wie in dem oben S. 191 mitgetheilten Stücke aus den Emmericher Collectaneen, nur heißt es: soe steet hier N. mit N. sinem echten wive, ind see mit N. oern echten man ind momber, ind bekennen, dat see etc., ganz wie oben, nur immer im Plural. Ein ordell: woe see dair op vertien sullen? wisetmen: die mondighe bi hem selven, ind die onmundighe avermitz oers mombers hant. Als die vertichnisse geschiet is, vraight die richter aut eius locum tenens ein ordell: off see also dair up vertegen hebben, dat die eluide ind oer erven dair aff erflicke ind ervelick onterft ind onrechticht sin? etc.

Tit. 41, §. 3 l. beschinigen. §. 4 dit is alsoe. §. 8 st. lesegelde l. segel ind.

Tit. 42 a. *Van erfhuis recht.*

Tit. 43. *Van kinderen die oir ain gestorven offte verstoirven guet eisschen van oiren vader off moder.* Z. 9 st. voirmunderen etc. l. vermindern mit oiren ede mit hem dorde binnen 14 nachten na der maninghen. oeck sall si benoemen all dat guet datmen in deilingen brenghen sall, ende dat mach die vrouwe mit oiren ede doin mit oir dorden.

Tit. 43 a. §. 1. *Van ingelt to loessen utter secker huis, mit steinen off mit leien gedeckt.* §. 2. *Van eene stede off een holten huis dair ingelt uit gaet.*

Tit. 44. *Van te dienen knapen, megden off ammen.*

Tit. 45. *Van ordelen te wisen.*

Tit. 46. §. 1. *Van eenen die den andern beclaghet voir schepen omb scholt.* §. 2. *Van eenen die beclaghet wurt van geselschap.* §. 3. *Van eenen man die voir schepen queme, end spreecke dese woirden hir na beschreven.*

Tit. 47. *Van onser stat baden die oergent gaen peinden.*

Tit. 48. §. 1. *Van gesette der schepen als van eenen man die echte kinder heeft, ende die moeder doit is, ende die man weder will hilicken.* Dat hebben die schepen gesett ende ghelaeft toe halden: een man die echte kinder heeft, will die man weeder hilicken, soe sall die man den kindern oire moeder guet bewisen bi raide der kinde maeghe van beiden siden, voir der tit eer dat hi die vrouwe beslaepet. ende dit sal men all doen oirkonde schepen. soe welcke man die dat breecke, ende niet en dede, die verliest weder die stat 10 pont. Die Buße wiederholt sich von dem Beilager an noch dreimal, von Woche zu Woche, wenn der Vater seiner Pflicht auch dann noch nicht nachkommt. Dasselbe gilt von der mater binuba. §. 2. Ebenso bei unbeerbter Ehe betreffs der Auseinandersetzung zwischen dem wiederheiratenden Ehegatten und den Erben des verstorbenen.

Tit. 48 a. *Van eenen die den andern beclaghet om schade.*

Tit. 49. §. 1. *Van scepen die tuighen sullen.* §. 2. *Van schepenen off raet die dair buiten stoinden, ende woirde spreken ain koir draghende.*

Tit. 49 a. *Van te peinden aen een schip.* Weer' t, dat enich man peinden aen een schip, die man solde dat schip op bieden ende vervolghen gelickerwis als men een kiste pant doet.

Tit. 50. §. 1. *Van een man mit wiff mit kinde uiter stat vriheit mitter woningh vaeren.* §. 2. *Van eenen man die sin burgerschap op gift buten den rait.*

Tit. 50 a. §. 1. *Van stadts vrede.* §. 2. *Van claght to vueren.* §. 3. *Van eenen die om scolt beclaghet woirt.* §. 4. *Van eenen gast die eenen burgher beclaghet.* §. 5. *Van een die scholt aen geervet wurt.* §. 6. *Van eetende pande.* §. 7. *Van eenen die des anderen guet in geselschap vuert.* §. 8. *Van scholt toe bekennen in sick bedde.*

Tit. 51. *Van verpachtinghe.*

Tit. 52. *Van timmeringhen.*

Tit. 52 a. *Van eenen sehepen off raet die schollet wurdt.*

Tit. 52 b. *Van heere vairt.*

Tit. 53. *Van ordelen te averdraghen.*

Tit. 53 a. *Van schepenen ende rait te baeden.*

Tit. 53 b. *Van wine to tappen.*

Hier schließt das Zütphen=Emmericher Stadtrecht, wie es in unserm Coder vorliegt, ab. Während es aber, wie der mit. v. Kampß genau übereinstimmende und wahrscheinlich von diesem benußte Cod. D. vom Jahre 1614 ergibt [13a]), bis dahin nur in den Titelrubriken und Ueberschriften, dagegen fast gar nicht im Terte selbst von dem sogenannten Emmericher Schöffenrecht ab= weicht, enthält das leßtere noch eine Reihe von Zusäßen (Tit. 54—82) mit besonderer Beziehung auf Emmerich, die sich zum Theil auch in den Emmericher Collectaneensammlungen finden. Unter diesen Zusäßen sind wegen der Zeitbestimmung bemerkens= wert Tit. 54 (ein Privileg des Herzogs Johann II. von Cleve [1481—1521] für Emmerich), Tit. 56 (Privilegien von 1233/47 und 1237), Tit. 64 (Emmericher Statut von 1402), Tit. 69 (Emmericher Rechtsfall von 1431), Tit. 72 (Clevische Verordnung von 1464), Tit. 75 (Emmericher Statut von 1400), Tit. 82 (Reichsgeseß von 1521). Endlich findet sich in dem Cod. D. zwischen Tit. 53 und 54 eine Ueberficht über die Herren der Stadt Emmerich bis zum Jahre 1609 eingeschoben; diese Notiz rührt aber offenbar nur von dem Schreiber des Coder (Johann Egerweiß) her, sie fehlt bei v. Kampß und hat mit dem Emme= richer Schöffenrecht, das wir mit Sicherheit in das 16. Jahr= hundert zu seßen haben, nichts zu thun.

g) S. 140. Einige Bestimmungen über dat recht in der greefschap van Zutphen nae alden ingesetten.

h) S. 140—145. Ein ordinantie des fürsten van Gelre, gemaickt ind geordiniert tot behoiff siner gnaden lantschappen, v. J. 1515.

i) S. 146—149. Hir nae volght die reformatie der greefschap van Zutphen, doe onse gnedighe heer, hartoch Karl van Gelre etc., gehuldt wardt.

[13a]) Tit. 50 st. woie l. woin. Tit. 51 st. twe l. we, st. verhuidt l. verhuirt. Tit. 61 l. buirgemeister. Tit. 63 l. froensbaden. Tit. 66 l. portaners. Tit. 78 st. bnirger l. buirg. Tit. 82 st. assgangen l. aus= gangen.

k) S. 150—152. Ein manier van gerichten t'haild en, mit mehrfacher Bezugnahme auf die vorstehende Reformation.

l) S. 135 f. Einige privatrechtliche Bestimmungen für Zütphen oder Emmerich.

m) S. 155—179. Dritte Collectaneensammlung des Emmericher Rechts, nach einer Randbemerkung „descripta ex libro domini Bernardi ab Horst, quondam praetoris Embricensis". Die Sammlung beginnt mit dem Privileg von 1233. S. 166 findet sich folgende, bei v. Kampz III S. 63 als Tit. 80 des sogenannten Emmericher Schöffenrechts abgedruckte Bemerkung:

Nota, dat in den lande van Zutphen man noch wiff malcanderen niet en moegen tuchtigen, 't en si irst in den hilixvorwerden bededinght. ind datmen binnen Emerick tucht maken mach in scepen brieven, dat is van alder gewoenten ind niet van rechten wegen; ind soldmen dat to Zutphen versuecken ind haelen, het solde affgeweesen warden.

S. 168:

Item, wannere man ind wiff malcandern niet en tuchtigen, so is die tucht van onweerden; anders schint, off oer ennich bisonder sin erven onterven wolde.

S. 174 der Tit. 71 des Emmericher Schöffenrechts bei v. Kampz:

Item, dat is een alde gewoente binnen Emerick, dat alle ordell die to Emerick aen die schepen kommen voir dat gericht, ind dat ordell die schepen sementlicke niet eens en weeren, soe pleegh dat minste deel den meesten deel van den scepen mitten selven ordell gevollichlick wesen, ind wisen dat dan entlick voer recht.

Item, nae den Zutphenschen rechten, wie den andern clegelicken to sprickt, als die beschuldichde to antworden gewist is, so sall he to den clager antworden, ind den en mach he oen dan niet ontleggen. want ick dan N. clegelicke to heb gespraken, ind tot sinre antworde gewist is, ind doch op min clage niet g'antwort en heeft mit kennen, mit versaecken off mit enigher onscholt dair voer to spreken, so segge ick, dat ick nae gewoenten end der steed rechten ind na Zutphenschen rechten min clegelicke guet op oen heb gewonnen.

n) S. 181—192. Verschiedene Sätze privatrechtlichen und prozessualischen Inhalts, leider unvollständig, so daß sich nicht erkennen läßt, ob auch diese Zusammenstellung für Emmerich berechnet war. Einige Stücke finden sich auch in dem Stadtrechtsbuche von Cleve und sind wol aus diesem entlehnt.

o) S. 193 f. Ein herzoglich Clevischer Erlaß vom Jahre 1582, von jüngerer Hand geschrieben.

p) S. 195—201. Fernere Emmericher Collectaneen, beginnend mit einem Statut von 1436. Unter anderm findet sich folgende Bestimmung (vgl. Zütphener Recht, Art 85):

> Item, dit sint die seeven undaeden. int irste ketteri, als die van den heiligen geloven goet, off die tegen den heiligen evangelie sint. die ander, (die) kercken kraem off heilighe ampt scheint. dat derde, di sinen lantheren off broitheeren verraidt. dat vierde, die vrouwen verkrechticht teghen oern wille. dat viffte, die meine eede sweert ind meineedich werdt. dat seste is, dat ein moirdt doet. dat seevende, die einen ree roiff duet, dat is die einen doden man beroefft ende bescheint, als hi doit is [14]).

q) S. 205—244 (S. 202—204 sind unbeschrieben). Zwei **Lehnsprozesse**, und zwar bis S. 237 ein Clevischer von 1457, von S. 238 an ein Bergischer von 1422.

r) S. 248—256. **Münztarif.**

s) S. 259—263. Bericht van sommighe alden gewoenten van Zutphenschen leenrechten vom Jahre 1545. Handschrift des 16. Jahrhunderts.

t) S. 263—269. **Clevisch-Märkischer Landtagsrezeß** von 1598. Handschrift des 17. Jahrhunderts.

u) S. 269—274. **Märkischer Ritterzettel.** 17. Jahrhundert.

Hier endigt der erste Theil unseres Codex und es beginnt

B. der zweite Theil.

a) S. 301—444. Das Clevische Stadtrecht, Handschrift aus der zweiten Hälfte des 16. Jahrhunderts. Voraus geht S. 295—300 ein Inhaltsverzeichniß von jüngerer Hand. Das Rechtsbuch selbst beginnt mit einem Privileg des Grafen Adolf I. von 1370 (S. 301—306), das von dem bekannten Privileg von 1368 (v. Kampf III S. 24. Gengler, codex iuris municipalis I, S. 496), so wie von den Privilegien von 1242 und 1348 mehrfach abweicht.

Art. 1. *Van des doiden erf to boeren.* In den irsten so hebben und willen wi: so wanneer dat imant starft, so sall

---

[14]) Ueber den Reraub vgl. Mon. Germ. Leg. IV S. 76 u. rahalraub.

dat neeste lit in der maigschap des selven doiden erf und
guit boeren und hebben, beheltelicken onser stadt, off die
selve enigge hergeweidt hedden, perdt off harniss op sin were,
off schuldich wass to halden, dair sall dat selve hergeweide
op die were bliven tot behoiff onser stadt mit to dienen. und
werdt oick saicke dat di selve doide ein inkomme were, und
geine erven en hedde, so sall onss richter tot Cleve tertit des
doiden persoin sin guit dat di selve hedde bewaren und behalden ein geheel jair lank und sess wecken, off dair en
binnen imantz queme die sich erfgenaem des selven doiden
vermeet to wesen, dat hi bewisen kann, so sall die selve dat
guit hebben und boeren. und iss dat also nit, dat sich nimant
recht dair an vermit to hebben, so sall die here dat guit
hebben und boeren.

Art. 2 ist überschrieben: *Van slaen und kiven* und stimmt
mit der entsprechenden Bestimmung des Privilegs von 1348
(Gengler, cod. iur. munic. I, S. 495, Sp. 2, Zeile 13—28)
überein, nur daß dem Freitag, Sonnabend, Sonntag und den
Festtagen noch der Montag als besonders befriedeter Tag hinzugefügt wird. Statt des nächsten Artikels des älteren Privilegs
(a. a. O. Zeile 28—51) findet sich

Art. 3. *Van vriheit der tollen.* §. 1. Wi willen oick
und hebben onsen lieven burgeren gegeven, dat oir liff und
guit to water und to landt toll fri varen und wesen sullen,
und (oen) imantz (l. nimantz) itwess to eissen (sall hebben)
an onsen tollen die wi nu hebben und tot noch to totter
gerffschap van Cleve gehort hebben, so wair dat die oick
liggen off namals gelaicht sullen warden. und off dat saicke
were, dat di selve onss tollen imantz anders to boeren kreghe
in onsen landen die wi nu hebben ofte namals krighen, dat
si dair an loss und vri wesen sullen gelick vurscreven iss.
§. 2. Vort an sullen wi, noch nimantz anders in onsen lande
van Cleve di wi nu hebben off namals krighen moighen, die
burgeren onser steden besetten noch beletten in geinen steden
off flecken, noch oick die ein burger den anderen. §. 3. Weer
imant den anderen schuldich off to doin, die selve sullen die
ein den anderen vervolghen an der steden und platzen dair
si woinaftich sin an der banck van rechten, und nemen aldair
van den selven dat die schepen alsdann wiesen sullen; 't en

were dann saicke dat di selve om itzwess in schepen brive
verbonden off gesat hedde, dair sullen si voir doin dat di
schepen wiesen dat recht iss. §. 4. Und weer dat oick saicke,
dat iet verschen (b. i. geſchehen) moit, dat enich landt off
gericht dat totter gerffschap van Cleve gehort hedde an anderen heren queme, so sullen die selve onse lieve burgeren behalden an oer rechten und vriheiden. weer dat oick saicke,
dat si in anderen landen besat und bekummert wurden, dair
sullen wi den selven (den) dat van noiden iss beschudden und
beschermen mit alle onser gonsten und fordernisse die wi mit
gansser vlit und trowen gerne doin sullen.

Art. 4 (*Woe men einen tokommende burger pruiven sal*)
erſetzt Zeile 51—59 deß älteren Privilegs unb lautet: Vort so
en sullen onse lieve burgeren van Cleve nimantz vremder ontfangen tot einen mitburger, si en hebben denn selvighen
irst ein maendt lanck versoicht. und men sall oick nimantz
eighen mans luide tot einen mitburger ontfanghen, 't ´en iss
(l. si) mit willen und weten des selvighen hi gehoirich ofte
eighen iss.

Art. 5. *Van vriheit der schattingen.* Vort so verlaten
und verdraghen wi onsen lieven burgeren van Cleve alle
schattinghen und beden, off woe dat oick genuimpt iss. dair
omme die selvighe onse burgeren schuldich sullen wesen etc.,
wie in bem älteren Privileg a. a. O. Seite 496, Spalte 1,
Zeile 3—13 nebſt bem in ber Anmerkung baʒu citierten Zuſatze.

Art. 6. *Van vriheit des walts to gebruicken.*

Art. 7 (*Van hoffsteden*) erſetzt a. a. O. Zeile 16—23 beß
älteren Privilegs.

Art. 8 (*Van uitfaerende guit*) ſt. Zeile 13—16.

Art. 9 (*Dat onser stadt einen richter wort gesat*) ſt. Zeile
23—26.

Art. 10 (*Dat die burgemeister die accise mach verdoin*) ſt.
Zeile 30—33.

Art. 11. *Van schattinge und onraet der stadt t' doin.*
Wi willen oick, so wie dat in onser stadt woinaftich iss off
woinaftich sall warden, die selvighe sall waicken und schat-
tinghe und ander onraet geven und gelden onser stadt, gelick
sin nabuiren geven und doin, und ein ider na sin gedraghe
to geven sin guit.

Art. 12 (*Di burgeren sullen und moigen onder sich kiesen*) theilweise bei Gengler, a. a. O. Seite 496, Spalte 2, Zeile 23 ff.

Auf den Rechtsbrief von 1370 folgen S. 306 f. noch zwei Privilegien des Grafen Adolf II. von 1394 (irrthümlich von 1390 datiert, während Adolf II. erst 1394 zur Regierung kam) und des Herzogs Johann von 1522, in welchen der Stadt Cleve im allgemeinen alle ihre Rechte und Privilegien wiederholt be= stätigt werden.

Das eigentliche Stadtrechtsbuch beginnt, da die Titel durch= gezählt werden, erst mit Tit. 17 (S. 308) und geht bis Tit. 302. Die Anordnung ist eine durchaus eigenthümliche, ebenso abweichend von der gangbaren Form, wie von der des Cod. D; mit Cod. E konnte ich, da ich denselben nicht mehr zur Hand hatte, keine Vergleichung anstellen. Offenbar haben wir es mit einer nach B entstandenen Umarbeitung des Rechtsbuches zu thun, wobei es auch darauf ankam, antiquierte Bestimmungen auszustoßen und nur die an ihre Stelle getretenen beizubehalten. Vgl. unten Anmerkung 64—66. Unter den dem vorliegenden Texte eigenthümlichen Zusätzen sind hervorzuheben Tit. 278 als dem Schwsp. Laßb. 129 f., Tit. 279 als dem kl. Kaiserrecht III, c. 5 entnommen; ferner Tit. 274 f. zwei Bündnißbriefe der Stadt Cleve mit Kalkar und Emmerich vom Jahre 1312 und 1418, endlich Tit. 29 eine Verordnung des Herzogs Adolf I. von 1424, betreffend die städtischen Wahlen und die Berechtigung des Stadtrats, neue Bestimmungen über die städtische Accise aufzustellen. Diese Verordnung bezieht sich auf die schon früher (Bd. IX, S. 425. 451. 467, Anm. 72) erwähnten aufständischen Bewegungen in den Jahren 1423 und 1424. Den im Cod. D enthaltenen Bericht über dieselben, nebst der obigen Verordnung von 1424, habe ich in den soeben erschienenen „Bonner Festes= grüßen an C. G. Homeyer", von Bluhme, Schröder und Loersch, Seite 24 ff. veröffentlicht. Daselbst, Seite 33 habe ich auch den Beweis zu führen gesucht, daß jene Bewegungen nicht, wie ich früher angenommen, die Veranlassung zu der Abänderung des im Cod. A enthaltenen ursprünglichen Stadtrechtsbuches gegeben haben, sondern daß sie vielmehr wie dem Liber senten- tiarum so auch dem Stadtrechtsbuche überhaupt voraufgegangen, wahrscheinlich sogar der Anstoß für die Abfassung beider gewesen

find. Die früher für das Jahr 1417 von mir ange=
führten Gründe (Bd. IX, S. 427) haben sich hiernach
nicht als stichhaltig erwiesen, vielmehr ist die Ab=
fassung des Stadtrechts und des Liber sententiarum
kurz nach 1424 zu setzen.

b) S. 449—468, von derselben Hand, Verordnungen des
Herzogs Johann II. von Cleve von 1507, 1508, 1510, und des
Herzogs Wilhelm von 1551, insbesondere über die Anhäufung
von Gütern in der todten Hand und über geistliche Gerichts=
barkeit.

c) S. 469 — 480, von einer Handschrift des 17.
Jahrhunderts, Clevische Verordnungen und Ausschreiben
von 1584, 1590, 1595 und 1596, Clevische Gesindeordnung
von 1562.

d) S. 491—572 das Stadtrecht von Kalkar, von
derselben Hand wie das Stadtrecht von Cleve. Vorauf geht
von anderer Hand eine „civitatis Calcariensis descriptio" vom
Jahre 1576, sodann ein Inhaltsverzeichniß. Das Stadtrecht
beginnt S. 497. Da die Angaben bei v. Kampt III, S. 44 f.
nur unvollständig sind, so gebe ich nachstehend eine vollständige
Uebersicht über den Inhalt.

Tit. 1. Wi schepen van Kalcker doin· kondt allen den
ghenen die desen briff sihen off horen lesen, dat wie noch
tot her to hebben gebracht und gehalden in guder alder gewointen und voir onse gekaren stedt recht, dat onse burger
van Kalcker die binnen Kalcker woinaftich sin, alle jair op
den jairsdagh, die geheiten iss die besnidinghe onss heren,
pleghen to kiesen richter, burgemeister, schepen und raede,
twe uitter den schepen, twe uitter der gemeinten, und einen
baede.

Tit. 2. *Van den koermeisteren und oiseneren to kiesen.*
Tit. 3. *Wi sinnen eedt to sinen ampt nit doin en wolde.*
Tit. 4. *Wi den kloickenslach nit en vollicht.* Tit. 5. *Den di
burgemeister und raet tot der herfaert gebuit.* Tit. 6. *Van
perde und harniss to halden.* Tit. 7. *Van waicken und
graven.* Tit. 8. *Van baecken.* Tit. 9. *Di des donnersdaegs
hir guit veil brengt.* Tit. 10. *Van voelen vische.* Tit. 11.
Van vleissche. Tit. 12. *Wat ein pont zentters is.* Tit. 13.

Women des doeden erf boeren sall[15]). Tit. 14. *Wo ein sin toicht besitten sall*[16]). Vort meer, dair man und wieff sitten in echtschap, sterft oerer ein, die erft op sin erven. die dair levendich blifft besit sin tucht an stainde erve und erftinss geleghen binnen Kalcker, und hergewede, so gedain als 't op oin beide gesat wass tot gelegenheit der stadt rechten. und wanneer dat leeste lieff afflivich wordt, so sullen die neeste erven van witjlicker maigschap, als vurscreven iss, van beiden sieden gelicker hant deilen dat stainde erf und erftinss binnen Kalcker geleghen und thergeidt (I. 't hergewede) vurscreven. Tit. 15. *Van schelt worden.* Tit. 16. *Van bitichten.* Tit. 17. *Van burger getuige.* Tit. 18. *Van schepen getuige.* Tit. 19. *Noch van burger getuigh.* Tit. 20. *Di geen tuig en buit.* Tit. 21. *Nimant en mach den anderen aver kempen.* Tit. 22. *Een kint is burger op sins vaders eedt.* Tit. 23. *Men en sall geen huissuickinghe doen.* Tit. 24. *Men sal geen burger buitten laeden.* Tit. 25. *Di ordelen hir haelen salmen nit besetten.* Tit. 26. *Di eigen is mach hir geen burger warden.* Tit. 27. *Di burger wesen sall.* Tit. 28. *Een burger die vede maeckt.* Tit. 29. *Der burger eedt.* Tit. 30. *Wo een burger sin guit erft*[17]). Tit. 31. *Alle burger staen tot gebaedinge richters und burgemeisters.* Tit. 32. *Datmen op den jaers dagh kisen sall richter und burgemeister.* Tit. 33. *Women einen burger ant recht laeden sall.* Tit. 34. *Een burger daer wisheit aff genomen is.* Tit. 35 (v. R. 34, §. 1). *Van hergewede.* Ein hergewede salmen besitten und deilen gelick erfenisse binnen Kalcker. Tit. 36 (v. R. 34, §. 2). *Van reet guit.* Vort meer alle eighen guit und reet guit, wair 't gelegen iss, alle scholt to manen binnen und buitten Kalcker, und erftinss guit buitten Kalcker sallmen gelick en twe deilen.

---

[15]) Bei v. R. als Tit. 12 im wesentlichen richtig, doch ist Z. 11 st. sueder zu lesen sonder, Z. 14 oin 't st. ane id, und Z. 10 hinter „der stede rechten" einzuschieben: so moighen sie die schepen bidden op beiden sieden dair to gain und oin to wiesen wo sie deilen sullen na der stadt rechten.

[16]) Bei v. R. als Tit. 13 abgedruckt. Vgl. den oben S. 4 mitgetheilten Artikel 2 und Tit. 70 des Clevischen Stadtrechtsbuches (Bd. IX, S. 434 dieser Zeitschrift).

[17]) Bei v. R. als Tit. 29 abgedruckt.

Tit. 37. *Van lehen guit*[18]). Tit. 38. *Van liffgewin*[19]). Tit. 39. *Man und wiff di weduwe weren*[20]). Tit. 40. *Wi scheiding und deiling ontfenckt*[21]). Tit. 41. *Een man is sins wiffs voirmoinder*[22]). Tit. 42. *Wo ein sin guit erft*[23]). Tit. 43. *Van schepen konden.* Tit. 44. *Een di den anderen irstwerf gebaet heefft.* Tit. 45. *Di anderwerf gebaet is.* Tit. 46. *Wat een wedde is.* Tit. 47. *Di derdtwerf gebaet is.* Tit. 48. *Van den selven.* Tit. 49. *Van bestaen.* Tit. 50. *Die bestaen is.* Tit. 51. *Van bestaen.* Tit. 52. *Een better recht.* Tit. 53. *Die besat is.* Tit. 54. *Noch van besaet guit irstwerf.* Tit. 55. *Besat guit anderwerf.* Tit. 56. *Besat guet derdtwerf.* Tit. 57. *Besat guit virdtwerf.* Tit. 58. *Van ilck pant dair men rechts op wacht.* Tit. 59. *Di di genechten nit en volchden.* Tit. 60. *Een burger di wisheit gedaen heefft mit einen eede.* Tit. 61. *Wi des doden erf bort, sall sin scholt betalen*[24]). Tit. 62. *Van toicht to besitten*[25]). Tit. 63. *Wi besat is, und geen*

---

[18]) Bei v. K. als Tit. 35 bis zu den Worten: dett et (l. dair 't) gelegen is.

[19]) Bei v. K. als Tit. 35 von den Worten an: ende so wie dat liffgewin henst (l. heft).

[20]) v. K. Tit. 36 (am Schlusse l. gegaide st. gegande).

[21]) v. K. Tit. 37, Zeile 3 l. gaet st. ganit (eigentlich gadet, d. i. beliebt), hi st. sy, Z. 4 hi st. sy.

[22]) v. K. Tit. 38.

[23]) v. K. Tit. 39, Zeile 3 l. lit st. lyff und mer st. einer. Der Schluß muß lauten: noch achterwart, dann, dair vort an geen nest lit vorwart en iss, so erft dat achterwart, off ter sieden, op dat neeste litt.

[24]) Vort, so wie des doiden erf und guit bort is, die sal sin scholt betalen und sall den doiden sin uitfart doin, dat iss dat recht van der helliger kercken, dat iss dat aly (D: oley) gelt, luidt gelt (D: ludegelt), doitkiste gelt, vigilie gelt, graeff gelt, die ziel kerss, die darttich daighen, die koirmoinde (D: coirmede), off anders des gelix. wer 't dat dair kost geschieden, off gespindt wort, bi rade der erfgenamen van beiden sieden, dat sullen sie gelicker handt betalen. meer, wordt dat die ein partie buitten die ander kost dede off spinden, dat sullen die alleen betalen. Vgl. Stadtrecht v. Cleve, Tit. 76 (Bd. IX, S. 437 dieser Zeitschrift).

[25]) v. K. Tit. 50, Z. 3 l. oere st. were. Z. 4 u. 8 erftins st. erfniss. Z. 6 ist zweimal hi st. sy zu lesen, st. dain off l. doin, off 't. Vgl. Cleve Tit. 70, §. 1 (Bd. IX, S. 434 f.).

wisheit en duet. Tit. 64. *Een erfpant irstwerf.* Tit. 65. *Een erfpant derdtwerf.* Tit. 66. *Waer reet guit is.* Tit. 67. *Di richter hefft to gebieden.* Tit. 68. *Van gebaedinge.* Tit. 69. *Een klein pant.* Tit. 70. *Van den selven.* Tit. 71. *Wat tospraicke dair men beter recht op wacht.* Tit. 72. *Di irstwerf geeist is.* Tit. 73. *Anderwerf.* Tit. 74. *Derdtwerf.* Tit. 75. *Di geeist wort om vechtens wil.* Tit. 76. *Di den anderen geseckert und gelaeft heeft.* Tit. 77. *Di in schepen briff laeft.* Tit. 78. *Women bi di alde vurwerden laven sall*[26]). Tit. 79. *Women na alde vurwerden maenen sall.* Tit. 80. *Een willich pant.* Tit. 81. *Van een etent pandt dat mit wille gesat is.* Tit. 82. *Wie der clagen nit en vollicht.* Tit. 83. *Dat gericht van den doetslage*[27]). Tit. 84. *Anderwerf.* Tit 85. *Derdtwerf.* Tit. 86. *Des anderen daegs.* Tit. 87. *Des derden daegs.* Tit. 88. *Die richter is schuldich van 's heren wegen den schepen.* Tit. 89. *Op einen gerichtz dage nit mer dan dri anspraecken.* Tit. 90. *Di uit gedinght iss.* Tit. 91. *Wat ant gericht komen is.* Tit. 92. *Di in des anderen clage steet.* Tit. 93. *Wat ordell datmen irst buit.* Tit. 94. *Wen dat ordell aff geet.* Tit. 95. *Ban und vrede.* Tit. 96. *Men sall nimant ter clagen dwingen.* Tit. 97. *Wanneer ein man muindich is.* Tit. 98. *Van den voirsprecken to geven.* Tit. 99.

---

[26]) Wi schepen van Kalcker tuighen apenbairlick, dat voir ons kommen sin A. und B. als gude saickwailde off als burghen, und oir ilck voir allen, und bekandt, dat sie schuldich sin C. off D. ein somme geltz to betalen op ein termin. werdt dat siss nit en dede(n), so sullen sie tot maninghe des geloevers in kommen to Kalcker in ein ersame bewiesde herbergh, dair in to leisten nae guder alder gewointen op oeren kost, an die werde to winnen; 14 nacht geleden na der maninghe mach die geloever dat vurs. gelt winnen then Lomberden, then Joeden, off tot sulcken schaiden; als dann sess weecken geleden sin na der maninghen, so hebben die saickwalden off burgen vurs. gelaift und gesekert in guder trowen den geloever dat vurs. gelt wail to betalen und alinck to quitten und schaideloiss to halden van allen schaiden und hinder die dair op kommen weer, als vurs. iss,' in orkondt etc. und wie na deser vurwerden maenen off vortfaeren (will) mit rechte, die moit einen maen briff van den schepen nemen, und die maen briff sal alsuss inhalden (folgt der Inhalt des Mahnbriefs unter Tit. 79). Vgl. Stadt-rechtsb. v. Cleve 251 (v. K. 254).

[27]) Tit. 83—87 fast wörtlich gleichlautend mit Cleve Tit. 131 (s. unten).

Een voirspreeck sall burgh setten. Tit. 100. *Di sins voir-
spreecken wort nit en lidt.* Tit. 101. *Di sin verhaele gedingt
hefft.* Tit. 102. *So wen men to voirspreck neempt.* Tit. 103.
Schepen orkondt. Tit. 104. *Van schepen konde und schepen
brive.* Tit. 105. *Wi kent voir richter und schepen.* Tit. 106.
Wi klanck und kommer gelaefft aff t' doin. Tit. 107. *Een
die gebaet is.* Tit. 108. *Als men den baeden nit hebben
en mach.* Tit. 109. *Waer di schepen nit aver onthalt en waer-
den.* Tit. 110. *Di schepen tuigen aver den richter.* Tit. 111.
Een moit wisheit doin, der clagen to volgen. Tit. 112. *Op
einen oprichtten daege onscholt binnen den gericht.* Tit. 113.
Van getuige. Tit. 114. *Di richter sall die getuige dwingen.*
Tit. 115. *Bekandt guet.* Tit. 116. *Di sins selfs nit mechtich
is.* Tit. 117. *Wie ein guet in weer heeft.* Tit. 118. *Di ein
anderen sin guet te hueden duet.* Tit. 119. *Wat een den anderen leent.* Tit. 120. *Verdient lohen.* Tit. 121. *Vertert'
guet.* Tit. 122. *Wi den werdt ontgeet.* Tit. 123. *Wi sin
waer vercoept.* Tit. 124. *Wi sin pande kirt.* Tit. 125. *Wi
mit onrecht peindt.* Tit. 126. *Wi den anderen sin land ont-
eert.* Tit. 127. *Broeken van penninkgelt.* Tit. 128. *Worden
die ant liff dragen.* Tit. 129. *Een vrouwe di een kint dreght.*
Tit. 130. *Di vriheit van den jaermerkten.* Tit. 131. *Waermen
di krusse (l. cruce) setten sall.* Tit. 132. *Di vriheit van den
donnersdage* [28]). Tit. 133. *Van richter, burgemeister, schepen
und raede.* Tit. 134. *Vrouwen tucht und mergengave* [29]). Tit.
135. *Di schepen moegen brive geven.* Tit. 136. *Waer men
einen buitten burger.* Tit. 137. *Burger die buitten woenen.*
Tit. 138. *Wie baven ordell sprickt.* Tit. 139. *Di hir om ordelen kommen.* Tit. 140. *Dit sint di gerichtz benck di oer
hoifft van hir haelen* [30]). Tit. 141. *Wi sin clage gewonnen*

---

[28]) Die vriheit van den dondersdage geet an des gunsdaghs to
middaighe und wedder uit des fridaighs to middaighe, datmen imantz
besetten en mach.

[29]) v. R. Tit. 115. Zeile 3 st. mogaue l. mergengave.

[30]) Onse alde gewointen, rechten und previlegien, die wie hir to
bracht hebben beschreven, wiesen ons, dat wi plichtich sin, als vurs.
iss, die rechten vort to wiesen den schepen van den steden die van
altz oir recht an ons gesoicht hebben, als [die stadt van Lynne], die
stadt van Dinstlaicken, die stadt van Orsoy [am Rande beigefügt:

heefft. Tit. 142. *Wi sin onscholt nit en duet.* Tit. 143. *Wi der onscholt nit en wacht.* Tit. 144. *Wie onrecht dingt.* Tit. 145. *Wie dat ordell affgeet.* Tit. 146. *Wie der onscholt nit wacht als recht is.* Tit. 147. *Staende erf.* Tit. 148. *Wes een in hebbender wer heefft.* Tit. 149. *Een drupstede.* Tit. 150. *Erftins off penninckgelt.* Tit. 151. *Wie gepant is.* Tit. 152. *Dat nimant an onser burger liff noch guet gewalt kiren sall.* Tit. 153. *Broicken daer geen penninckgelt op benwimpt is.* Tit. 154. *Van gewichte.* Tit. 155. *Van pacht to peinden.* Tit. 156. *Van geistlicke gueder.* Tit. 157. *Van onvertaegden rechten* [31]). Tit. 158. *Een man die wegferdich is.* Tit. 159. *Van onmuindigen kinderen.* Tit. 160. *Wie ein tuecht besitten sall* [32]). Tit. 161. *Datmen 't fuir huiden sall.*

Tit. 162. *Die uitschrift van den previlegien* beginnt mit den Worten „Wie Adolf greve van Cleve" das Privileg des Grafen Adolf I. von 1368 (v. Kampt̄z S. 45 Nr. 3. Gengler, cod. iur. munic. I, S. 461), welches bis Tit. 178 reicht und vielfach mit dem Privileg für Cleve (f. o. S. 206 ff.) übereinſtimmt. Die einzelnen Ueberſchriften lauten: Tit. 163. *Die naeste sall des doeden eerf boeren* [33]). Tit. 164. *Die sin*

---

die stadt van Buryck], die stadt van Sonsbreeck, die stadt van Gryet, [die stadt van Isselburgh, die stadt van Goch], die wie onse stadtrecht schuldich sin to wiesen; und die schepen van den landen, als die van Gynderick, die uit Kreye Venne, die van Wynnyck-donck, die van Kervenhen, die van Aldekalcker, die van Tylle, die van Warbeyde, die van Husberden, die van Wyssell, die van Wysselrewarde, die van Apelthorn, die van Vynen, [die van Avermormpther, die van Keppelen], die oick van altz oir rechten hir pleghen to suicken, denn wi dat lantrecht wiesen sullen. dair om iss ons noit, dat wie witschap hebben dair aff. Vgl. Tit. 217 f. Im Cod. D fehlen die eingeklammerten Städte Linne, Burick, Iſſelburg, Goch und die Dörfer Obermormter und Keppelen. — Vgl. Bonner Feſtesgrüße S 22.

[31]) Die steden van buitten, und sunderlingh die van Emmerick, die van Xantten, die van Reess, die van Wesell, die van Goch, die oir brive hier sinden voir oir burger, datmen den on vertaight gulde off recht doe, dat pleget oin to geschien, inden dat sie onse burger des ge-licken doin.

[32]) Bei v. K. als Tit. 134 mitgetheilt. Daſelbſt Z. 2 ſt. wietucht l. wie tucht; ſt. sy l. hi.

[33]) Int irst geven wie oin und verlenen, so wanner ein burgher to Kalcker storft, so sall die oin die neeste iss van witlicker maichschap

hant an den anderen sleet. Tit. 165. *Wie den anderen wondt.* Tit. 166. *Van verbaeden waepenen.* Tit. 167. *Wie den anderen lembden.* Tit. 168. *Men sall onse lieff noch guet norgent besetten.* Tit. 169. *Die vriheit van den tollen.* Tit. 170. *Die vriheit van den broick.* Tit. 171. *Die eigen is.* Tit. 172 fehlt. Tit. 173. *Die vriheit van schattingen.* Tit. 174. *Van den jaers dagh.* Tit. 175. *Datmen geen ordelen in anderen steden suicken deerffe*[34])*.* Tit. 176. *Van vriheit der cisen.* Tit. 177. *Van der stadt koeren und verkaren rechten.* Den Schlußsatz des Privilegs bildet Tit. 178 (gegeven in den jair onss heren duisent drihondert achtundsestich, op den vridagh na onser l. frowen conception) mit der dem Inhalte durchaus widersprechenden, zu Tit. 213 gehörenden Ueberschrift: *Die huldinge hartough Johans van Cleve.*

Tit. 179. *Datmen den koer op den jaers dagh doen sall.* Tit. 180. *Der twelf knapen eedt die den koer doen.* Tit. 181. *Des baeden eedt.* Tit. 182. *Des richters eedt.* Tit. 183. *Des burgemeisters eedt.* Tit. 184. *Der schepen eedt.* Tit. 185. *Der schepen und raet eedt.* Tit. 186. *Der rintmeister eedt.* Tit. 187. *Der 12 raeden eedt.* Tit. 188. *Des schrivers eedt.* Tit. 189. *Der cisener eedt.* Tit. 190. *Der ledder cisener eedt.* Tit. 191. *Des waeghmeister eedt.* Tit. 192. *Der koermeister eedt.* Tit. 193. *Der poerter eedt.*

---

des doiden erf boeren sonder imantz wedderseggen. und wer 't saicke dat dair geen witlicke erfgenamen en weren, so sall onse amptman, die dair onse amptman iss, des doiden erf ein jair und sess weecken halden in behoiff des ghoenen die dat binnen dese tit eist und mit den rechten pruift, dat hi dat erve boeren sall. und en quemen binnen dese tit geen witlicke erfgenamen, so were dat erve des heren.

[34]) Vort mer en dorven onse vurs. burger in geenen anderen landen wanderen, om ordell und recht to haelen. meer, wat sie bi rade twe onser mannen off edelre mannen, offte twe onser walgebarner dinstmannen voir recht wiesen, dat willen wie dat recht und stede sie, und nit to besprecken noch to beschuldigen sie. Vor(t) mer salmen onss alle jair op sint Steffains dagh in den winter van ilcker hoffstadt in onss vurs. stadt, die 140 voit lanck iss und 44 voit breedt iss, twe hoinr und sess Coelsche pennigh tienssen.

Tit. 194. *Die veranderinge hartougs Johans van Cleve und greve van der Marck etlicker broecken.* Hier beginnt mit den Worten: Wi Johann van gaetz genaiden hartough van Cleve und greve van der Marcke doin kondt etc. ein bis Tit. 212 reichendes **Privileg des Herzogs Johann I.** von 1471 (v. K. Seite 46. Gengler, cod. iur. munic., Seite 461). Die einzelnen Abschnitte sind Tit. 195. *Van wonden.* Tit. 196. *Van blauw off blont t' slaen.* Tit. 197. *Van messer to treecken.* Tit. 198. *Wanner dese vurs. broecken vallen op jaermerckten.* Tit. 199. *Die einen wonden in sins selfs huis.* Tit. 200. *Van gewalt t' doen in eens anderen woningh.* Tit. 201. *Van averbracht in sins selfs huis.* Tit. 202. *Van den richter off baede to wonden.* Tit. 203. *Van burgemeister, schepen off raet to wonden.* Tit. 204. *Wie imants wonden daer hi laem an bleeff.* Tit. 205. *Van leeden aff to houwen.* Tit. 206. *Klaegen die sich an broecken dragen.* Tit. 207. *Van bestaen an den gericht.* Tit. 208. *Van vrede to geven.* Tit. 209. *Van vriheit der jaer und weeckmerckten.* Tit. 210. *Dat die van Goch und Gelre hir gevrit sin.* Tit. 211. *Broecken di hir nit in benuimpt sin.* Tit. 212. *Dese vurs. verschrivinge besegelt* (Schluß: gegeven in den jair onss heren 1471, des neesten vridaghs na onser l. frowen dagh visitationis).

Tit. 213. *Women eenen fursten hulden sall.* **Privileg des Herzogs Johann I.** von 1449 (Gengler, a. a. O. Seite 461), in welchem er die Privilegien seines Vaters und seines Großvaters bestätigt und den Bürgern von Kalkar das Recht ertheilt, jedem künftigen Regierungsnachfolger immer erst nach feierlicher Bestätigung ihrer Rechte und Privilegien zu huldigen.

Tit. 214. *Van den weeckmerckt.* **Privileg des Herzogs Johann II.** von 1486.

Tit. 215. *Van die ballinge di op der huldinge mit onsen genedigen heren in kommen* und Tit. 216. *Noch van der huldinge,* eine **Erklärung des herzoglichen Rats** über Unziemlichkeiten, die bei der Huldigung im Jahre 1481 vorgekommen waren.

Tit. 217. *Eenen briff van di van Ringenberg* [35]). Tit. 218.
Eenen briff van di van Goch [36]).

Tit. 219. *Van die verenigingh her Rutgers van den Boet-
zelers, ritter, und der stadt van Kalcker* [37]). Schiedsspruch
des Grafen Johann II. von Cleve (1347—1368) von 1351.
Hier endigt das Stadtrechtsbuch von Kalkar, dem jedoch

---

[35]) Adolf, hartough van Cleve und greve van der Marck, an die
gemeine schepen onser stadt Kalcker. Guide vrunden, wie hebben be-
vaelen die schepen in onsen gericht van Ringenbergh, dat sie an u
kommen sullen, raet to vraghen om ordelen uud rechten die voir onsen
gericht to Ringhenbergh gedinght werden, der sie selver nit wiess en
sinen; dair om bevelen wie u, begerende dat gi onsen schepen van
Ringenbergh vurs. biredich sin wilt, wanneer sie des van u begerende
gesinnen, und helpen oin verclaren und wiess warden alsulcke saicken
na gewointen, na den rechten onss landtz van Ringenbergh vurs., also
lange thent wie u dair wat op bevelen warden. Gegeven to Buirick, na
sint Johans dagh decollationis.

[36]) Johann, hartough van Cleve und greve van der Marck, aen
onsen lieven getrowen, richter, burgemeister, schepen und raet onser
liever stadt Kalcker. Live getrouwe, wie hebben mit onser stadt van
Goch ordinirt, dat sie ordelen die sie nit wiess en weren an u to
hoifd suicken sullen; und doch wie verstain, so dat die verervinge
aldair und in den lande van Gelre aver die Nirse ein ander manijr
sie, dann bi u und an dese sit langhs den Rin und onsen lande van
Cleve, so is 't mit oin bekalt, off sie ordelen to hoifd brenghen worden die van beervinghen weren, dat gi u dair op beleren off erfaren
sullen, die to wiesen na manijer off alder gewointen der rechten und
mit den beesten hir in to hebben dat aen u kompt, dat sie korte expe-
dicie des rechten krighen mogen, des wie onss oick also tot u versehen.
Gegeven to Cleve op den vridagh na den hellighen dertien dagh anno
domini (14)74. Vgl. S. 221 und Bonner Festesgrüße S. 22 Anm. 6.

[37]) Wi Johann, greve van Cleve, maicken kondt und kentlick allen
luiden, dat, want her Rutger van den Boitzeler, ridder, an ein siede,
und burgemeister rait und gemeinde der stadt van Kalcker, an die
ander siede, twist schaidt und oploip und orloighe onder sich hebben,
als om die gemeinte die tussen Kalcker und Hantzeler gheleghen iss,
des sie van beiden sieden und partien recht an ons bleven sin und
beloifft hebben, hir om so wiesen wie voir recht na anspraick vorde-
ringhe und antwordt die sie ons an beiden sieden dair aff avergegeven
hebben, beschreven und besegelt mit oerer beide segelen: want malck
sich einre weher vermit, dat malck in sinre weren bliven sall, also
langhe hint hie mit recht uitter weheren gewiest wordt an der stadt
dair hie billicken mit recht dair uit sal warden gewiest. vort, op dat
punt als van den liff gewinn dair her Rutgher vurs. sich aff beclaight

von S. 566—572 von einer Hand des 17. Jahrhunderts noch mehrere Artikel hinzugefügt sind [38]).

Für das Alter unsers Stadtrechtsbuches ist zunächst ent=scheidend, daß an allen Stellen, welche der Titulatur des Landes=herrn gedenken, von dem G r a f e n und nicht von dem H e r z o g e von Cleve die Rede ist. Ausdrücklich ist dies der Fall in den Titeln 159 (Cod. B. Tit. 133), 182 (B. 154) und 183 (B. 155), in welchen die Auctorität der Codd. AA und B derjenigen des Cod. D gegenübersteht; aber während letzterer in den jenen Titeln entsprechenden Titeln 82, 124 und 125 den „Grafen" in den „Herzog" verwandelt hat, vertritt er umgekehrt an andern Stellen die ältere Lesart, denn Tit. 25 (B. 24, D. 18) lesen AA und B „Herzog", dagegen hat D: „uit des greven lande", und Tit. 5 (B. 4, D. 2) und 29 (B. 28, D. 21) spricht D nur von „des lantz heren" und dem „heren to Cleve", während AA und B den „Herrn" in den „Herzog" umgewandelt haben.

Hiernach unterliegt es keinem Zweifel, daß das Rechtsbuch vor 1417 entstanden ist; vielleicht noch vor dem Jahre 1392, in welchem das nach unserm Rechtsbuche noch von Calcar ressor=tierende Städtchen Linn (s. Anm. 30) gegen die Pfandschaft Rees (s. S. 194) an Köln vertauscht wurde. Beides kann aller=dings nur von dem bis Tit. 193 gehenden ursprünglichen Be=stande gelten. Als terminus a quo ergibt sich aus Tit. 162—178 das Jahr 1368. Die Zusätze rühren theils aus der Regierungs=zeit des 1448 verstorbenen Herzogs Adolf I. (Tit. 217), theils aus den Jahren 1449 (Tit. 213), 1471 (Tit. 194—212), 1474

---

van den van Kalcker, wiesen wie voir recht, dat ein tuchttersse mach doin und geven also mennich hand als sie dair an windt. und hir mede segghen wie dese partien vurs. alinck verswoint (l. versoint). Gegeven und geschiet orkondt onser mannen und raetz, als heren Sweders, heren van Vorst und van Keppell, heren Ewerwins van Gutterswick, heren Willems van Gent, heren Johans van Ossenbroick und heren Walthers van Dornicken, riddere, und hebben dair om onsen segell an desen briff doin hanghen in den jair onss heren dusent drihondert und een-undfifftich.

[38]) Zunächst die Bestimmung der Reichspolizeiordnung von 1548 über das Zinsmaximum bei Rentenkäufen, sodann als Tit. 220 ein Vertrag zwischen Calcar und Alten - Calcar von 1400 über Thierschaden, Tit. 221 Straßenordnung von 1558, Tit. 222 Kornmarktsordnung von 1579, Tit. 223 *Een gemeine form und manier woemen die banck behoert toe spannen int land van Cleve* (Stadtr. v. Cleve Tit. 83).

(Tit. 218), 1481 (Tit. 215 f.) und 1486 (Tit. 214). Erheblich älter (v. J. 1351) und vielleicht schon dem ursprünglichen Rechts= buche angehörend ist dagegen Tit. 219.

Mit der hier gefundenen Abfassungszeit stimmt dann auch das Verhältniß zu dem, wie oben (S. 209 f.) angedeutet wurde, bald nach 1424 abgefaßten Stadtrechtsbuche von Cleve, dessen nahe Verwandtschaft mit dem von Kalkar auf den ersten Blick in die Augen fällt. Die romanisierende Richtung und eine ge= wisse Weitschweifigkeit würden auch ohne die obigen Anhalts= punkte das erstere als das jüngere Rechtsbuch erscheinen lassen. Eine kritische Ausgabe des Stadtrechts von Kalkar ist daher sehr zu wünschen, bei dem bisherigen handschriftlichen Befunde [39]) war aber an eine solche für jetzt nicht zu denken, und ich habe daher in diesen Mittheilungen das Hauptgewicht auf das Clevische Stadtrecht gelegt, für das in dem Cod. A ein alter und dem ursprünglichen unzweifelhaft sehr nahe stehender Text vorliegt [39a]).

e) S. 573 ff. *Des Baevenhol(t)schen velds bestedigte dickordnungh*, von 1578, Schrift des 17. Jahrhunderts.

f) S. 576 f. *Van affloesen der goltgulden uit der Clevi= scher cancelien*, dieselbe Schrift.

g) S. 583—594. *Jus civile Gochsense*, das Stadtrecht von Goch in 37 Titeln (v. Kamptz, Prov. R. III, S. 71), dieselbe Handschrift wie bei den Stadtrechten von Cleve und Kalkar. Tit. 1. *Van die upgerichte daegen.* Tit. 2. *Dat die richter die upgerichte dagh sall laeten ruipen, und woemen dan eenen sall laeten gebaeden aint gericht.* Tit. 3. *Van dat*

---

[39]) Materiell ganz mit AA übereinstimmend und nur in den Ueber= schriften und in der Zählung der Titel (im Ganzen 191) zuweilen ab= weichend sind die Texte in CC und in B (hier Seite 332. 306—320. 333—368, was ich bei der früheren Beschreibung dieses Codex wegen Ein= schiebung der Ordonnanz von der Niers übersehen habe); beide stimmen auch mit v. Kamptz überein, nur wäre bei diesem Tit. 2 st. 1 und Tit. 58 st. 50 zu lesen. Auch Cod. D, in 134 Titeln, weicht, wenn von der mehrfach veränderten Reihenfolge abgesehen wird, nur wenig ab; doch fehlen Tit. 217f, dagegen ist der Anm. 38 angeführte Zusatztitel 228 als Tit. 117 eingeschoben, ebenso als Tit. 120 ein weiterer Zusatz, bestehend in einem Ratsbeschluß von 1521 *Van den coirdach und den coir to halden.*

[39a]) Auch bei der im Cod. B vertretenen zweiten Textesklasse ist man zuweilen wieder auf das Stadtrecht von Kalkar zurückgegangen. Vgl. oben S. 213 Anm. 26.

vaightgedingh. Tit. 4. *Wanneer die scheepen des ordels nit wies en weeren* [40]). Tit. 5. *Woemen eenen een weet doin sall.* Tit. 6. *Van een gemeint segell toe maecken, und datmen dairmede segelen sall.* Tit. 7. *Woemen up unbewechelicke guider vertien sall und dieselvige uitgain* [41]). Tit. 8. *Woe die fürwaerden der gemeinen scheepen sullen aenbracht warden.* Tit. 9. *Woemen der statt segell und gerichtsboick verwaeren sall.* Tit. 10. *Alle kenteniss und saicken sullen aenstondt beschreven warden.* Tit. 11. *Van teeringhe und verdient loen.* Tit. 12. *Men sall den van Goch und dorpen in den ampt gehoerich onvertaegen recht laten widderfaeren* [42]). Tit. 13. *Weer mit onrecht pandtkierongh duit.* Tit. 14. *Weer pantkirungh mit gewalt dede. Item, der uitter dem besait gaen wurt.* Tit. 15. *Wi sonder orloff uit dem besait ginck.* Tit. 16. *Van broick des doetslaechs.* Tit. 17. *Broeck van steecken und van slaen binnen und buiten der statt Goch.* Tit. 18. *Van verredelick toe slaen offt toe steecken.* Tit. 19. *Van blau offt blondt te slaen.* Tit. 20. *Van weglaeghe und gewalt in eens eigen huiss.* Tit. 21. *Woe een wedde toe taxiren sie.* Tit. 22. *Wat die scheepen van den broecken geniten sullen.* Tit. 23. *Dat min g. heere die Gochse statuten verbeeteren und vermeeren mach.* Tit. 24. *Die richters sullen een ider gericht und recht laeten widderfaeren.* Tit. 25. *Waermen erftail aensprecken sall.* Tit. 26. *Dat die richter geen saicken van den gericht affneemen sall buiten die partien.* Tit. 27. *Nimantz sall*

---

[40]) Item, ordelen die anders int gericht to Goch bestaidt, und die schepen der nicht wiess en weren, dair op moighen sie twe vertien nacht oir beraidt nemen, und nit langer, und die dann ten neesten gericht daighe uitwiesen. und weren sie dann der nit wiess, so sullen sie van den partien ordell gelt eisschen und die binnen den neesten vertien daighen ten langsten halen to hoifft an die schepen to Kalcker. und so veer oin die van den hoift tot Kalcker gewiest worden, so sullen sie die des neesten gerichtz daighes dair na den partien vort wiesen.

[41]) Dat sall geschiden voir den richter und den semelicken schepen die bi der handt sin.

[42]) Item die stadt van Goch und die gerichten dair buitten in den ampte sullen malckanderen onvertaight recht laten wedderfaren voir schaide und van scholt. und des gelicken salmen oick halden tusschen anderen Cleffschen steden und gerichten mit der stadt und ampt van Goch, und hier en thienden mit der verervinghe und anderen gerichtz loip to halden als van altz gewointlick und recht iss. Vgl. Anm. 36.

den anderen int gericht mit dem swerdt eisschen. Tit. 28.
Men sall nimantz mit den swerdt, dan mit recht suicken offt
eischen. Tit. 29. *Noch van nimantz in den sweerde toe*
eischen. Tit. 30. *Van die broecken up toe schriven und in toe-*
•forderen. Tit. 31. *Woemen die broecken sliten sall, und bi*
wilcken persoenen. Tit. 32. *Woe mennigmail die \huisluide*
int jaer dienen sullen. Tit. 33. *Van die upgerichte ordinantie*
aengaende der oeverigkeit binnen Goch. Tit. 34. *Van den*
koer der scheepen und raet binnen der statt Goch. Tit. 35.
Wanneer men den burgemeister kisen sall. Tit. 36. *Folgt,*
woemen up den lande kisen sall. Tit. 37. *Weeze. Aesperden.*
Hoellem. Molldick.

h) S. 599—623. Rechte der Stadt Zütphen, von
derselben Hand wie das Vorhergehende. Zunächst eine Ver=
ordnung des Grafen Reimolt von Gelbern von 1322 über
Wucher, sobann ein Privileg des Herzogs Wilhelm von Jülich,
als Vormund seines Sohnes Wilhelm, Herzogs von Gelbern
und Grafen von Zütphen, von 1372, ein Zütphen'sches Statut
von 1411 über das städtische Rechnungs= und Schuldenwesen,
Privileg des Grafen Reinold von Gelbern und Zütphen von
1430, städtisches Statut über die Stellung der Bürgermeister,
endlich von S. 608 an *die statuten ordenungen und rechten*
der stadt und graefschapt van Zütphen, gehoerende nu ter tit
under den hartoch van Gelre, eine bunte Reihe von 92
vorzugsweise in das Gebiet des Privatrechts einschlagenden Be=
stimmungen, die zum großen Theile in dem Zütphen=Emmericher
Rechtsbuche (s. S. 194 ff.) wiederkehren. Hervorhebung verdienen
die folgenden:

Art. 4. Item, verkoicht ein man huiss binnen Zutphen, van scholt
di hem bekandt iss in der stadt boick, und so vort verfolght hefft, dat
hie 't verkopen mach, und dat ein ander ingelt uit den huise jairlix
hefft, so sall die gheene kommen die dat ingelt dair uit hefft, und
hoighen dat huiss bi der kersen (d. h. so lange die Gantkerze brennt),
also voile geltz als sin ingelt beloipt. und anders en batet hem nit sin
bespreck van sinen brive, dat he dair jairlix also vele uit hefft. wil
di vercoper dann vort hoighen, off imantz anders, di moit u uwe gelt
verwissen off betalen binnen 14 daghen, dat u genoichden.

Art. 12. Item, kopen man off wiff in echtschap sittende enich
lehenguit in samwinninghe, dat iss half und half. mer, hebben sie kinder,
so en is 't nit.

Art. 24. Ein man di schult laifft voir schepen, sterft die man, so sall sin wieff off sin erfgenamen di schult gelden.

Art. 32 wie Tit. 22c des Zütphen-Emmericher Rechts.

Art. 46 wie Tit. 48 §. 1 besselben.

Art. 47 (vgl. Tit. 48 §. 2). Item vort mer, man und wiff die geen kinder en hebben, die sall den erfgenamen doin gelickerwiess als vurscreven iss, bi pene vurs., so verne geen tucht tussen beide gemaickt en weer.

Art. 85 wie die oben (S. 206 unter p.) angeführte Stelle der Emmericher Collectaneen über „die sieben Unthaten".

Art. 88 (vgl. Tit. 16a §. 2 des Zütphen-Emmericher Rechts). 'T iss to weten, wanne man und wiff in samwinninghe enighe leben guder an sich kopen, und dann die eine voir den anderen storve sonder echte levendighe blivende geboirt, van oiren beide(n) lieve gekommen, so sall die eine des anderen verstorve(n) erfgenaem(en) die helft van den lehenguit mit anderen guderen verorsaten ter helft to, want sulck guit half und half wesen sall. Gewesen to Zutphen op saterdagh post Lucie, anno domini 99, tussen Klaess die Monnick und sins wiffs erfgenamen, nementlick Jann.

i) S. 625—656. *Dit sint die stadt rechten van Zutphen und van Emmerick*, das schon oben (S. 194 ff.) besprochene Zütphen-Emmericher Stadtrecht, und zwar bis S. 647 von derselben Hand wie das Vorhergehende, von S. 648 an von anderer Hand. Bis Tit. 22k §. 1 stimmt der vorliegende Text mit dem früheren im wesentlichen überein, das Uebrige findet sich in abgekürzter Form.

k) S. 657—677. Wörtliche Wiederholung der oben S. 204 f. lit. g bis k angeführten Stücke, von der auf S. 648 beginnenden Hand geschrieben.

l) S. 679—687 Zütphensche Lehnrechte von 1545—46, und S. 688—690 Clevisch-Märkische Lehnrechte, beides von einer Hand des 17. Jahrhunderts.

m) S. 698 f. Zwei Verordnungen in Latensachen von 1551 und 1552, Handschrift wie im Vorhergehenden.

n) S. 701—711. *Dit nabeschreven sint die laeten rechten des haves to Hansseler.* Handschrift wie bei den Rechten von Cleve und Kalkar.

o) S. 712—716. *Ordinantie hartoch Adolfs in anno 1431 opgericht*, Schrift des 16. Jahrhunderts. Gegenstand der Verordnung sind die ländlichen Güterverhältnisse.

p) S. 717—727. Musterstatut für die Clevischen Latengüter von 1556, Schrift des 16. Jahrhunderts.

q) S. 733—770. Latenrechte des Bischofshofes zu Xanten von 1463, Schrift wie bei lit. n.

r) S. 775—783. Erbzinsrechte, Schrift wie im Vorhergehenden.

s) S. 787—806. Deichordnung Herzog Wilhelms von Cleve von 1575, Schrift des 17. Jahrhunderts.

t) S. 807—811. Wasserrechte von 1541, Schrift theils aus dem 17. Jahrhundert, theils aus neuerer Zeit.

II. Cod. CC, Papierhandschrift in Groß=Folio, laut Titelblatt geschrieben von dem Notar · Wilhelm von Aken, Xanten 1702. Den Inhalt faßt das Titelblatt dahin zusammen: „Statuta, privilegia, consuetudines, uniones ordinum et civitatum des hertzogthumbs Cleve". Aus dem reichen Inhalte (im Ganzen 44 Hauptnummern) mögen hier nur die folgenden Stücke hervorgehoben werden:

a) S. 1—193. Rechten der stadt Cleve, in 263 Titeln, genau mit dem Bd. IX, S. 424 beschriebenen Texte des Cod. B übereinstimmend. Am Schluß ist von anderer Hand hinzugefügt: „Diese neueste Redaction der Statuten ist am Ende des 17. Jahrhunderts gemacht, und sind damals die Titel in diese Zifferfolge gebracht worden. Es existirte davon ein schönes geschriebenes Exemplar bei dem Magistrat zu Cleve (wol Cod. C), und seitdem hat man dieser Redaction in der Anwendung und Citirung der Statuten sich bedient."

b) S. 241—304. Statuta et consuetudines civitatis Wesaliensis. Wichtig ist ein Zeugniß des Weseler Magistrats vom Jahre 1649 über das eheliche Güterrecht (S. 304): „daß alhie herkommen und bräuchlich, auch von undenklichen Jahren hero observiret und gehalten worden, wan zwei Eheleute Kinder mit einander zeugen, und einer von beden stirbt, und bemelter Kinder eines oder mehr nachläßt, daß alsdan der lezlebender ein Eigenthumber aller gereider, ein Leibzüchter aber aller Erbgüter seie, sie seien angebracht, angeerbt oder stehender Ehe acquirirt und geworben, also und dergestalt, daß er die Immobilia oder Erbgüter leibzuchtsweise gebrauchen, die Kinder aber ehe nicht, dan nach des lezlebenden Todt, daran kommen und dieselben genießen können; daß auch unter den Erb=

güteren gehören und gerechnet werden alle erbliche jahrliche Renten, per modum emptiónis et venditionis auß ein ficher Unterpfandt gefeftet, geliehen Gelt aber, fo auf intre (Interessen?) gethan, ungeachtet dafür unbewegliche Güter verunterpfändet feind, werden unter den gereibten Gütern gerechnet."

c) S. 306—324. Einungen der Clevischen Landftände, insbefondere der Städte, aus dem 15., 16. und 17. Jahrhundert.

d) S. 332—361. Iura et plebiscita oppidi Embricensis secundum modum Zutphaniensem, bis Tit. 52 b mit der oben (S. 194 ff.) befprochenen Rezenfion übereinftimmend. Dann folgen noch vier Titel: *Iuramentum civium, Van hoffgelde, Van eheluiden die een anderen betüchtigen, Van liffgewin to behalden.*

e) S. 362—420. Das Stadtrecht von Kalkar in 191 Titeln.

f) S. 426—452. Privilegia der Stadt Rees (vgl. S. 194), zunächst bis S. 443 das Stadtrecht von Rees wie bei v. Kampß III, S. 73, Tit. 1—38. Die Eidesformeln find hier ohne Schwankung, mit Ignorierung des Pfandfchaftsverhältniffes, auf den Erzbifchof von Köln geftellt. Tit. 1: „dat hi trowe und holt sall wesen einen fursten van Cölne", ebenfo Tit. 3. Es folgt S. 443—445 eine Fleifch= und Fifchmarktordnung von 1441 (auch im Cob. D angehängt), fodann S. 446 die folgenden dem Ende des 16. Jahrhunderts angehörigen zufätlichen Notizen eines Reeßer Advocaten und Licentiaten Johannes Heißkamp.

• 1. *Dat der kinder erf up den letst levendigen, und niet op een heil süster und broeder verfelt.* Item halden wi vor een recht, dat, so der vader offte moeder, ihrer einer, der kinder einigen averleefft, dat alsdan dat verfall den vader offte moeder, wer die dat daer t'lengste leefft, to vordelen stai, und niet den heelen süstern und broederen, dergestalt dat derselvige daerop glick up ander reidtguit sich verhilicken mögte. Dit is oik to Calcar een recht und dessglicken in der stadt Cleve und binnen Cöllen.

2. *Loessbare renten vor reidt guit to halden.* Wiewol dieselvige vormals erwigh gewesen, so ist doch nu verdraigen, dat locssbare rente under dem gereiden guide to ercleren und also den letzlevendigen toe koemen, sich daerop to hilicken und sin schoenst daermit t' doin. To Xanten werden die loessbaere renten vor erf gehalden, wie ick van den herren schepen daselbst bericht worden.

3. Item befindt ick vor een unwedersprecklick stattrecht to Reess und Xanten, dass (l. dat), wair van man und wiff sich to der anderen ehe

begibt, der hilickt sich op sin lifftucht und rede guit⁴³), mit der be-
scheidenheit, dat er alle schuld, so niet up seegell und brieff, daer
schepen aver gestain, beschreven, noitwendich betaile. und wan dersel-
vigh schoin (persoin?) in tweeder ehe in schulde geriete, so halden die
voirkinder doch kummerloss alle verfallene unbewegliche guider, daraff
der letztlevendt nur die liftucht hatt, magh dieselvige sonst in keinen
wegh beschweren off verüsseren⁴⁴); id sie dan im fall der noit, so gibt
die rat ehme erlaubnuss, itz to verkoipen, da er sonst an der lifftucht
nit gnuegh had sich to onderhalden. Dit is oick to Xanten een onweder-
sprecklick stattrecht, wie ick van den heeren licentiaten und bürgermeister Vonhaven anno 81 den 3. juli bericht worden⁴⁵).

4. Item is 't alhier to Reess een recht, dat der mann oder frau van
tween eheluiden, wannehr sie ghein kinder hebben, und einer van beeden sturf, dat dan der letzlevender der ander (f. des andern) gerede
guider ervet, und die tucht an des letzlevenden erfguideren sin leven-
lank, und langer niet, behelt; und felt dan die tucht an die negsten
erfgenamen des affgestorvenen daer der eigenthumb gehörigh ist. Quod
ego Johannes Heisskamp licentiatus saepius in iudicio defendi et per
sententiam obtinui.

Folgen S. 447—449 die Privilegien von 1240 und 1317
und ein Auszug aus der Urkunde von 1392 über den Versatz
der Stadt Rees nebst dem Lande Aspel an die Grafen von
Cleve, S. 450 f. drei Artikel: *Van maet und gewichte, Van
broidt und weggen, Van onvertaigen recht to doin und pandte
to geven.* S. 451 f. ein Zeugniß der Schöffen und des Stadt=
rats zu Rees vom Jahre 1491 über das dortige Erbrecht unter
Geschwistern, wonach die Halbgeburt durch die Vollgeburt absolut
ausgeschlossen wurde, und zwar auch betreffs der in andern
Gerichtsbezirken belegenen Güter des Erblassers.

g) S. 452—460 die schon oben (S. 193) besprochene „Form
und ordnung des hoigen gerichts binnen Nuyss“.

h) S. 465 die schon in den deutschen Rechtsalterthümern
S. 444 angeführte Landfeste zu Hattingen im Amte
Blankenstein.

i) S. 466—473. Das Stadtrecht von Goch (f. o.
S. 220).

k) S. 474—481. Zinsrechte.

---

⁴³) Randbemerkung: Illud obtentum in causa Wilbedt ad 1572.

⁴⁴) Randbemerkung: Dit iss oik een recht in der stadt Cölln.

⁴⁵) Randbemerkung: Illud factum in causa Margaretha Paschens
anno 1576.

l) S. 490—526. Das Stabtrecht von Gennep (vgl. Bd. IX, S. 422) in 119 Titeln. Das Rechtsbuch ist so wichtig und bei v. Kampz (III, S. 64 ff.) in so liederlicher Weise wiedergegeben, daß eine kritische Bearbeitung dringend wünschenswert erscheint. Das mir bis jetzt zu Gebote stehende handschriftliche Material genügt indessen dazu nicht. An das Stabtrecht schließen sich S. 526—530 einige jüngere Zusätze verschiedenen Inhalts, von denen einzelne aus den Jahren 1554, 1572 und 1575 datiert sind.

m) S. 538—541. *Privilegia civitatis Buedericensis, concessa a Theodorico com. Cliv. et Marck 1318, altera Philippi et Jacobi apostolorum.* Dies bisher unbekannte Privileg des Grafen Dietrich X. (1309—1347) für die Stadt Büderich enthält folgende Titel: 1. *Geen schattung to doin, sonder oer goiden will.* 2. *Van verervinge man en frau* ⁴⁶). 3. *Borger sall den anderen nirgends as to Büderick besprecken.* 4. *Borger van Buiderick in geinen gerichte der herligkeit besprecken.* 5. *Borger niet wieder to dringen, als tot sin onschult mit sin hand.* 6. *Gein borgers erve umb missdaet willen binnen der stadt B. meer bloiten off affhowen sall.* 7. *Die ein schepen oirdeel wedersprecken.* 8. *Van ein schepen die onrecht wiest.* 9. *Off ein bürger van B. ein doitsehlagh dede etc.* 10. *Die ein mit getagen schwerde wonden.* 11. *Off anders wairnede dat ghein wapen en is.* 12. *Borger nit wieder tot heirvart te dringen, als dat sie 's avens in oer stadt kommen mögen.* 13. *So een van schepen verwonnen wordt.* 14. *Off iemand een borger van schware sacke aen sprake.* 15. *Borger sint tollfri.* 16. *So ein beklaegt wordt ander guit (in) gevahren to hebben.* 17. *Welck borger toll fri sall wesen.* 18. *So ein den toll niet betalden.* 19. *Uitlösse.*

Hieran schließt sich S. 542—548 eine Feldpolizeiordnung von 1568, mit der Ueberschrift *Burgericht to Buirick,* mit einigen Zusätzen aus den Jahren 1594, 1550, 1576, 1610, 1581,

---

⁴⁶) Welcke burger in der stadt Büderick storve, so solde die mann des wives und dat wiff des mans erve eigentlick ontfangen und besitten; wer 't dat sie beede sterven, mann und wiff, so sollen oer echte kinder oir erven bliven; wer 't saicke dat sie ghein echte kinder en hedden, so sall die neiste maich in der maichschap der erfnisse folgende sin und besitten.

1608, ferner S. 549—551 ein Statut von 1541, überschrieben *Van den raitskoer to Büderick.*

n) S. 553—558. Privileg der Clevischen Ritterschaft vom Jahre 1510.

o) S. 563—583. Latenrechte des Bischofshofes zu Xanten.

p) S. 588—608. Uebersicht über den Instanzenzug bei den Clevisch-Märkischen Gerichten.

q) S. 636—552. *Der stadt Xanten eidenbuch,* anno salutis 1596 (v. Kampß III, S. 85), sodann S. 653—696 Erbrecht der Stadt Xanten von 1595, das erste Stück überschrieben *Van der succession und erbungh in absteigender linien ohn testament oder verordnungh der alderen, partim ex iure civili et partim ex iure consuetudinario seu municipali Xantensi, prima species successionis*[47]), das zweite Stück *Van testamenten und vermechnuss erff antreffend, wie man die nae alder gewointen machen soll, dat sie moege und macht hebben. ex iure municipali et consuetudinario Xantensi,* das dritte Stück *Van fällen und ursaeken darumb die älderen oere kinderen, und hinwiederumb die kinder oere älderen enterven mögen, uit den keiserlicken rechten,* das vierte *Van bestraef-*

---

[47]) Im wesentlichen Uebereinstimmung mit dem römischen Recht, nur daß die Ascendenten den Geschwistern vorgehen. Für das eheliche Güterrecht kommt besonders in Betracht Art. 3: Da twee personen sick to samen vermahlet, liegende und fahrende guidere einander toebracht oder in stehender ehe erövert, gewonnen, oick kinder geteilet, und ihrer ein mit todt vor den anderen affgegangen, die letzlevendige person aver tot der anderen ehe gegreepen, und in sulcker ehe glickfals kinder geteilet, wan (winnen?) die erste kinder· allsulcke in erster ehe toegebrachte, neven den in erster ehe gewonnen und geworven, auch toeerfallen unbeweglicke erfguideren allein, und die kinder uit der tweeder ehe gebairen alle in sulcker tweeder ehe toegebrachte, gewonnene und geworvene, oick toeerfallene guidere, gleichfals allein, behältlicken den letzlevendigen in den erfguideren, so in siner ehe aengebracht gewonnen geworven oder aenerstorven, der tuchten. aver die beweglicke und vahrende haab und güedere bliven bi der tweeder oder oick darder oder der letzter ehe kindern, derowegen sie oick die schulden to betailen verpflicht sint. were oick saicke dat iemand nach gebroichenen bedt im weduwen stande seete, und denselven einiger side (?) oder bifall anerfallen würde, magh er sulchen bifall sines gefallens in die tweede ehe brengen.

finge der söhnen und döchteren die sich ohne oerer alderen willen und weeten verheiraten, ex iure civili, das fünfte *Van erfdeilonge, ex iure civili et municipali.* Es folgen noch 37 weitere Stücke mit besonderen Ueberschriften[48]), von denen aber viele andern als erbrechtlichen Materien gewidmet sind.

r) S. 697—714. *Cöllsche rechten,* das Kölnische Land= recht von 1663 in 16 Titeln (vgl. Stobbe, Rechtsquellen II S. 398 f.).

III. Cod. DD, Papierhandschrift in Groß=Folio von einer Hand aus dem Ende des 16. Jahrhunderts. Aus dem Inhalte ist Folgendes hervorzuheben:

a) Das Clevische Stadtrecht, und zwar zunächst Bl. 1—3 das Privileg Adolfs I. von 1368 in der bei v. Kampz

---

[48]) Das siebente Stück steht bei v. Kampz III, S. 85 Nr. 7, doch ist Z. 5 hinter toedrägt einzuschieben: dat einer van tween eheluiden durch schickungh des allmechtigen von diesen erderich verschiedet. Z. 6 f. malkanderen, Z. 8 worven st. worren, davon st. daran, Z. 10 et siu st. hat sie, Z. 12 daerop st. davor, Z. 13 laiten st. Landen, Z. 14 kiern st. kiehern, Z. 15 des st. es. Z. 16 ist hinter wegen einzuschieben: daer tegen aver is der letzlevendiger alle schulden, so gereidt und uit den erfgoederen nit verschreven sind, to betailen verplicht. Das achte Stück steht bei v. Kampz a. a. O. von Zeile 16 an. Z. 23 l. alsodaene st. alsodenn, Z. 25 da st. de. Nach dem 9. Stücke tritt, wenn ein Kind während der Verfangenschaft stirbt, keine Accrescenz zu Gunsten der Ge= schwister, sondern Consolidation seines Antheils zu Gunsten des parens superstes ein, was durch einen Nachtragsvermerk noch für das Jahr 1678 bestätigt wird, nach Ausweis des 19. Stückes aber nur bei Bewahrung des Witwenstandes und nicht zu Gunsten des parens binubus gegolten zu haben scheint. Das 10. Stück erkennt auf Grund eines Urtheils von 1563 die unbedingte Haftbarkeit beider Ehegatten für voreheliche Schulden an. Die Stücke 11—16, mit Ausnahme des 13. (*Van hilixverschri-vonge*), haben keine erbrechtlichen Materien zum Gegenstande. Stück 17 stellt für Verfügungen der Ehegatten über Immobilien das Prinzip der gesammten Hand als von alters her geltend auf, ein Anhang nimmt des= wegen Bezug auf ein Urtheil von 1603. Stück 21 handelt von Einkind= schaften. Von allen übrigen Stücken kommt für das Erbrecht nur noch das 37. in Betracht, nach welchem in Stadt und Amt Xanten bei unbeerb= ter Ehe der überlebende Ehegatte die Fahrniß und die Schulden übernahm und an dem Immobiliarnachlaß des verstorbenen die Leibzucht hatte, die Immobiliarerrungenschaft aber halb und halb getheilt wurde.

III, S. 24 angegebenen Ordnung [49]), sodann Bl. 3b folgendes Privileg Adolfs II. von 1394 (also bei Gelegenheit seines Re= gierungsantritts):

Wi Adolf, greve van Cleve, maecken kondt und kenlick allen lueden die desen brief sullen sien und hoeren lesen, und bekennen voir uns und onsen erven und voer unsen naekommelinghe, greven van Cleve, dat wi mit gueden voergehalden rade onsselves, uns frinde und unss raits, omme rechte goenste gevestet geconfirmiert und gestedighet heb- ben, vesten confirmieren und stedighen, avermits desen apenen brief, onser liever stat van Cleve, und alle unsen burgeren die daer nu in wonachtich sin und daer in ommermeer wonen sullen und daer beschei- delicken tot burgeren ontfanghen sullen werden, alle oere friheiden, alle oere[n] aelden rechten und alle oere[n] aelden gewoenten die si van onsen g. heer und vader greve Adolf, den gott onse[n] live[n] heer und vader genadich si, und van anderen unse vurvaderen hebben, met alle und ein igelick dair af sunderlingh, vast stede und onerbreckelick to halden bi unss seckerheiden und liflicker trouwen, und bi unsen ede den wi daerto liflick aver die hilgen geswoeren hebbn, mit gestaefden eeden, sonder alle ferpell, niefonde (?) ind argelist. und dairumb tot enen getuege und umb mehrer konden der ewiger wairheit soe hebben wi Adolf greve van Cleve vurs. unse siegelle mit unsen volkhummen wille und weten und mit unsen todoin aen desen brief doen hangen. Gegeven in den jair unsers heeren anno driehoendert und vierindnogen- tich, op onsor liever frouwen dach nativitatis. (Dasselbe steht auch Cob. AA Seite 306 [s. S. 209] und Cob. D Seite 175.)

Von älteren Rechtsquellen der Stadt Cleve kennen wir jetzt die folgenden: Privileg des Grafen Dietrich VII. von 1242, des Grafen Johann II. von 1348 [50]), des Grafen Adolf I. von 1368 und 1370 [51]), des Grafen Adolf II. von 1394. Unmittel=

---

[49]) Doch ist §. 2 st. rechtliche zu lesen vechtliche; §. 9 st. honden l. honren; §. 14 st. waikengraven l. waiken, graven; §. 17 st. beunstiget l. bevestiget.

[50]) Ueber beide f. Gengler, cod. iur. munic. I S. 495 f.

[51]) Siehe oben S. 206 ff. Auffallend ist es, daß die Zeugenreihe in den Privilegien von 1368 und 1370 dieselbe ist (1368: in antworde ind tegenwordicheit edelre lueden und cirsame hern, Conraits here tot Saffenberg und Gomperts heren tot Alpen ind voeght to Coelne, heren Henrich van Oefte, heren Dericks van Momenten, heren Wilhelms in den Haeve, heren Johans Buydell van Doerenwaelde, heren Johans van Linne, ritteren, Didericks van Limberch und Derricks nitten Venne, knapen, und anders vele guder luide, onss raits, onser maige, vrinde, die hier an und aver waren, dair dese dingen und puncten geschiede, gelick und in manieren als vurs. is. datum a. d. 1368, die beati

bar auf bies Privileg von 1394 folgt nun in unserm Coder das Rechtsbuch von Cleve (bis Bl. 79), und zwar wird der schon früher (Bd. IX, S. 425 f.) mitgetheilten Vorrede noch folgende in den übrigen Handschriften fehlende Einleitung voraufgeschickt:

Want dan die stadt ind die burgere van Cleefe privilegiert und gefriet sin na uitwisen der privilegien und handtvesten vurs., umb dat dat gemein guit der stadt van Cleve to beter in guiden aelden stait und regiment, und die burgere derselver stat, die nu sin und nahemails wesen sullen, in oeren rechten aelden herkommen und guden zeeden und gewointen bliven, soe sin in der ehren des heeren gaidz und tot ewiger gedechteniss in nutte ind orbaer der burgeren vurs. in desen buexken tosammen vergadert und geschreven, dat ein punt nae den andern, sommige verklaringhe van ein deel puncten, ut den privilegien end handtveisten vurs. genoemen, und andere verkaeren stadt rechten und guide aelde gewointen, und vort ordinantien und constitutien, alsoe die unse vuralderen mit wairaftiger schriften und konden an uns bracht end gelaiten hebben, die wi vort tot hiertot gehadt und gehaelden hebben und haelden vur onse verkaeren stadt rechten und voer onse gude aelde gewointen und herkommen, op verbeteringhe derghoenre die hier in better fuelen[52]) moegen, soe men die van woirde to woirde na uitwisen der taeffelen diss buexskens vinden sall. und want na den privilegien und handtvesten vurs. die geswaren tertit der stadt van Cleve macht hebben, die sommigen constitutien to verwandelen, toe meeren of to minneren, tot nut und oerbar der stadt und der burgere vurs., na gelegenheit der tit, soe is dit buxken formiert mit beeden spacien umb die vernienge verwandelinghe und verklaringe daer baven to schriven und to setten, wonen (wo?) men iet nütters ind oerberlix tot behoif der stat und der burger vurs. vinden mochten.

Der Text des Rechtsbuches und die Titelüberschriften stimmen mit den Angaben bei v. Kampß überein, doch bricht

---

Thome apostoli. — 1370: in tegenwoirdicheit edeler und erbarer mannen, her Conraidt van Schaffenburgh, her Gomppert her tot Alpen und vaight tot Coellen, her Henrick van Offthen, her Dederick van Momenth, her Willem in den Haeve, her Johann van Lym, Dederick van Lymborgh, Dederick uitghen Vienne und mer voil guider ander mannen, onss raetz, vrunden und maighen, die hir bi waren dair dese dipghen geschieden, als hir voir verclart steet. und iss geschiet in den jair onss heren dnisent drihondert und tseventich). Allein eine völlige Uebereinstimmung ist doch nicht vorhanden, auch darf es nicht Wunder nehmen, daß bei dem kurzen Abstande von zwei Jahren in beiden Privilegien im wesentlichen dieselben Personen, die der Graf selber als seine Räte, Freunde und Magen bezeichnete, als Zeugen zugezogen wurden.

52) d. i. erkennen.

16*

unfer Text mit Tit. 153 (v. K. 154) ab, was übrigens, da der
Landesherr durchweg als „Herzog" angeführt wird, der vor=
liegende Text also jünger als der des Cod. A sein muß, nur
zufälliger Verstümmelung zugeschrieben werden kann.

b) *Rechten der stadt Collen,* die Kölner Statuten vom
Jahre 1437 (Stobbe, Rechtsqu. II, S. 288 ff.) auf 49 Blättern.
Angehängt ist Bl. 50—52 ein Statut von 1525 über Erwer=
bungen der todten Hand.

c) Rechte des Bischofshofes zu Xanten, nebst andern
Latenrechten und darauf bezüglichen Urkunden von 1556 und
1557.

d) Ordnung betreffs der herzoglich Clevischen Domänen=
güter.

e) Rechte der Stadt Wesel.

f) Rechte der Stadt Dortmund.

g) Stadtrecht von Rees (vgl. S. 194 u. 225), wie bei
v. Kampß, bei dem jedoch folgende Titel fehlen oder vielmehr
mit andern zusammengezogen sind. Tit. 3a. *Off enich schepen
gebrecke.* Tit. 10a. *Wie mit swaren clagen an die banck
kompt.* Tit. 10b. *Van ordell to hoeft haelen.* Tit. 11a. *Dat
men peerdt und harniss halden solde.* Tit. 13a. *Off imant
van sinen frunden tot den gericht gebeden.* Tit. 13b. *Die een
burger sall den anderen nit buitenlendich gerichte.* Tit. 19a.
Off ein burger voirfluchtich wordt. Tit. 22a. *Van ein mess
to trecken.* Tit. 22b. *Van einen gewonden to beleiden.* Tit.
22c. *Off een burger den anderen in der vriheit sluige.* Tit.
24a. *Off imand beterungh to doin geweist wordt.* Tit. 26a.
Ghein burger sall umb broicken angetast warden. Tit. 29a.
Van einen an sin lieff to peinden. Tit. 33a. *Die stadt van
Nuiss is dat geboerlicke hoeft.* Tit. 36a. *Offt brandt were.*
Tit. 36b. *Van der broecken der ungehoirsamer up den
kloickenslach.* Tit. 36c. *Van uittrecken in den vede.* Tit. 38a.
Van der poent to hueden. Tit. 38b. *Ghein frouwen personen
sullen up die waeck gaen.*

Damit schließt das Rechtsbuch. Betreffs der Eidesformel
ist zu bemerken, daß dieselbe Tit. 1 wie 3 auf den Erzbischof
von Köln gestellt ist, Tit. 1 hat aber eine andere Hand über
Colne geschrieben Cleve.

h) Dem Codex lose beigefügt sind einige Clevische Urtheile von 1581—84 über die Vererbung des „Vortheils".

Nach dieser Uebersicht über die Codices AA, CC und DD fahre ich in den Bd. IX Seite 451 dieser Zeitschrift unter= brochenen Mittheilungen aus dem Clevischen Stadtrechtsbuche auf Grundlage des Cod. A fort[55]).

Tit. 95 (v. K. 97) wie Ssp. III, 87 §§. 3. 4, jedoch mit dem Schluß: soe moetmen wail over oen clagen soe wairmen sich rechts bekennen mach, doch an sinen aversten niet (?).

Tit. 96 (v. K. 98). §. 1. Soe wie eenen burger off bur- gersche van Cleve an dat gericht hebn wil, die sal die doen gebaiden ter gueder tit, dat's een warfnacht, toe weren mitten gheswaeren baide, off men oen hebn mach, an sinen mont off an sin weer dair hi woent; mer en machmen den baide niet hebn, soe salmen die doen gebaden mit tween burgeren an sinen mont, soe wair hi is, ind brengen dat an den baide off an dat gerichte. §. 2. Ind die burger off burghersche die aldus gebaidt wurdt omme broiken wil off om scholt off om biticht, is sin guet dair voir guet genoich, nae guetdunken der scepenen, soe en sal men oen an sin liff niet halden, mer hi mach gaen end staen, ind gebruken der genechten, dat's t'gegen den iersten richtdach toe ghebaden end t'gegen den anderen to gebaiden end t'gegen den derden toe gebaiden, gelic voirscreven steet. oick soe en dorven si geen borgen setten, heeft hi also voele in eenen gericht als sin weergelt

---

[55]) Betreffs der Titelzählung ist noch folgendes zu bemerken. Bei v. Kampt unb im Cod. B folgt auf Tit. 91 (unsern Tit. 90), mit Ueberschlagung des 92. (der im Cod. C aus den Worten „Sprict iemant hoger — — — in sich die minre som" besteht), sofort Tit. 93, der sonach dem Tit. 91 unserer Zählung entspricht. Die a a. O. Seite 450 als Tit. 95 (v. K. 96) mit= getheilte Bestimmung ist hiernach in unserer Zählung als Tit. 94 zu be= zeichnen. Eine Ausgleichung findet erst nach Tit. 130 (v. K. 132) statt, auf welchen bei v. Kampt wie in den Codd. B und C zunächst ein Tit. 132½ (131 unserer Zählung) folgt. Die richtige Zählung findet sich im Cod. CC. Der von mir a. a. O. Seite 450 mitgetheilte Tit. 90 (v. K. 91) beginnt übrigens erst mit §. 3, die §§. 1 und 2 gehören als §§. 2 und 3 noch zu Tit. 89 (v. K. 90).

weerdich is, offinen op oen pinliken clageden, mer men sal
dat sien op sin guet, ind lettet oen dair toe; ind want oen des
verwissens verdragen wurdt, dair om want hi eigen guet dair
hevet, dair om en mach die dat sin niet verandersaten noch
vergeven, die wile dat t' gedingh off t' gerichte duert. §. 3.
Oick die gebaidt werden die oir guet niet goet genoech en
weer, as voirs. is, van dien salmen wisheit nemen off burgen,
ant gerichte te comen. mer en hebn si geen wisheit noch
burgen, soe salmen die an oir liff halden, ind brengen die ant
gherichte, ind dat sal die richter doen van onss heren wegen.
doch soe en salmen hem niet wedoen, noch duister setten, off
halden, dat oen die been off die knaken iet verdoiden. §. 4.
Wulker burger off burgersche die gebaidt is, off dair wisheit
aff genomen is ant recht te comen, off dair voir in die hachte
sittet, wil die, hi mach sich verantworden ant gerichte te
comen opten iersten richtdage, off op den anderen off op den
derden, nae den genechten; mer, weer 't een oprichtende dach,
soe moist hi antworde geven. des gelicx een burger off burgersche die wisheit gedaen hed mit eeden, ant gerichte to
komen, wil hi, hi mach sich verantworden op ten iersten off
op den anderen off op den derden richtdage voir ghericht te
comen; 't en weer dan een oprichtende dach, als voirs. steet.
ind alle burgere ind burgersche end oer ingesetenen, die binnen
der stat vriheit van Cleve roick end vuer halden, die sullen
malcanderen ant gerichte mit geliker g. [54] clagen end antworden opten oprichtenden dage, mer op anderen dagen niet.
§. 5. Wurdt een man gheschuldiget voir dat gerichte, ind sin't
armluide, end is 't een kort gericht, die salmen snelliken
ontrichten. men moit doch wail vragen, schuldiget men oen
om scholt, soe wair van id si [55]). mer die dair vee uten hierde
stelet, off richtmen over valsche vormonder, off richtmen aver
hantafftige dalt, off richtmen om cleen pinlike saiken, als off
een gecluppelt weer, off aver eenen die valsche hantvesten
brengt, off die valsche tuich is, desen engeen salmen dach
geven, dat si deser punten sich bedenken; ind wurdt iemant

---

[54] Das Wort ist nicht ausgeschrieben, fehlt auch in den übrigen Handschriften.

[55] Vgl. §. 6.

dair om beschuldiget, hi moit toe hant antworden, op (I. off) versaken. §. 6. Op dat niet mit behendicheit gelt, off id gelovet were, gevordert en werde mit gericht, hier om sal een iegelic man, die voir gerichte gelt vordert op eenen anderen, ind vraicht die antwoirder, wair aff men oen dat gelt schuldich si, soe sal hi id van rechte seggen, wer hi id van geloefte off van erve schuldich si dat hi ontfangen heb [55]), alsoe, op dat die antworder prove, off hi des bekennen off versaken moige, ind oick off hi id toe recht schuldich si, off hi sich des te recht weren moige, off niet. want tot allen schulden en hoert niet eenrelei antwordt, dair om sal hi oen des entliken ind waerachteliken berichten, wair van die scholt si.

Tit. 97 (v. K. 99). *Van den oprechtenden dage* [56]). §. 1. Soe wie den anderen ierst werven ghebaidt hevet als recht is, ind toe ghesproken hevet als recht is, ind die schuldere dat niet en hevet verantwordt als recht is, soe hevet die cleger sin clage gewonnen, hi en kan dat geweren mit een betern rechte. §. 2. Ind off die cleger niet en claget, soe is die schulder quit van der badingh, ind oeck van der clagen dair om die cleger oen had doen gebaden, indeen die kentliken end an gheheft weer gerichtliken, ind die scepenen die saiken kenliken bevonden, voir den schulder dat oerdel toe gaen end recht toe hebn. anders weer dic schulder quit van der badingh, ind niet van der clagen, ind die cleger solde oen sinen kost vergelden; ind eer hi die kost vergolden hed, en sold men den cleger niet hoiren, alsoe veerre als hi toe gueder tit ant gericht verschenen hevet, als recht is. ind den heer is van den cleger eene wed verschenen, hi en kan't geweren mit eenen beteren rechte. ind die cleger solde den schulder die dair int gericht t'gegenwoirdich weer al sin kost op richten. §. 3. Weer't oick, dat die cleger op eenen anderen richtdage den selve man off wif dede gebaiden ant ghericht, ind oen toe spreke, soe mach hi sich verweren opten anderen mit eenen voiroerdel voir sinre rechter antworden, dat die clage off toesprake niet en si, noch dair ut ruere,

---

[55]) Stp. III, 41 §. 4.
[56]) Die Ueberschrift ist ganz unpassend, da der Text ausschließlich von dem Ungehorsamsverfahren handelt.

van den saiken dair hi oen voir om had doen gebaiden, dair
van hi quit is. ind dat moit als dan die cleger mit sinen
eden behalden als recht is. ind soe sal oen die schuldere
antworden op die clage. ind dede die clegere des rechten
niet, soe is den heer een wed verschenen an den clegere, ind
die andere is quit van der clagen. ind dit is toe verstaen
van clagen die. voir angeheft waren, als voirs. is, ind anders niet.

Tit. 98 (v. K. 100). *Van anderen gerechtdagen als van
genechten*. §. 1. So wie van den burgeren off burgerschen
den anderen ierstwerf heeft doen ghebaiden als recht is, ind
toe gesproeken hevet als recht is, ind die schulder dat niet
en hevet verantwoirdt als recht is, soe sal die cleger den
schulder anderwerf doen gebaiden als recht is, ind den heer
is een wedde verschenen an den schulder, hi en kan't geweren mit eenen beteren rechten. dan, en· claget die cleger niet,
soe is die schulder quit van der gebadingh, ind den heer is
an den cleger een wed vérscheenen, hi en kan't geweren mit
een beteren rechten. §. 2. Ind als die cleger den schulder
anderwerf heeft doen ghebaiden etc. (wie oben). §. 3. Vort,
als die cleger den schulder derdewerf hevet doen ghebaden
a. r. i., ind toe gesproken hevet a. r. i., ind die schulder des
niet verantwordt en heeft a. r. i., soe hevet die cleger sin
clage gewonnen, ind den heer is an den schulder en wed ver-
·schenen, hi en kan 't gheweren mit eenen betern rechten,
beide, clage ind wedde. ind wie den anderen derdewerf hevet
doen gebaiden a. r. i., ind niet en claget, ind die schuldere
sich verbaidt a. r. i., so is die schulder quit van der gebai-
dinge, ind die cleger moit oen al sinen cost op richten; ind
eer hi dien betaelt hed, en salmen den cleger niet horen. ind
den heer is een wed verscheenen an den cleger, hi en kan 't
geweren mit eenen beteren rechten.

Tit. 99 (v. K. 101). *Beter recht*. 'T is toe weten, dat
een beter recht is lifs noit off heren gebot. ind op dat die
luide die noitdait niet toe lichtelike nemen, dair om is 't toe
weten, dat sommige rechte noitsaiken sin die dat benemen
moigen als voirs. is, ind·niet me, der men int gemein oick
niet vertien en mach, dan mit namen. die ierste noit is, die
in gevenknis is: dese behalden al oir recht dat si in der uren

hadden doe si gevangen worden. die ander is suickte: dair en mach hi oick niet mede verliesen; off dat oir neeste, off ingesinde gestorven weer, ind mitter bigraft onledich weer. die derde is gaids dienst, in dien dat hi daer in weer eer dat hi wiste dat hi beclaget was, off eer dat hi van der saken iet wiste dair hi om toe gerichte solde sin; ind anders en beschermet oen niet. die vierde is des ricks of sins heren dienst, sonder quade dragerie, als ferpel, ind sonder opsat, hi si wie hi si; off der stat dienst, dat helpt altit, indien oen dat gebaidet wurdt, id si voir der saiken off dair nae. oick een man die voir gericht geladen is, sal die aver water, ind en konde niet dair aver comen van storme, off want dat water recht avervloedich meere weer, off geen brugh en weer, off want dair geen scheep en weren, off om al ander redelike noit inde om onweders wil, ind bewist wurdt op die heiligen overmits den baide die die noit kundigen mocht, off hi selven die noit lettet kondigen, als hi comt so hi ierst kan; dair die clegere den koir aff hevet. soe wulcker een deser saiken eenen hindert dat hi niet komt toe gerichte, wurdt dat bewiset mit eenen baide off om selven, als voirs. steet, soe blivet hi des sonder schaide, end wint dach bis an dat neeste gericht, als hi van der echter noit ledich wert, in dien hi selver sich in die noit niet gesteken, noch dat selver niet begeert en hevet, noch des oick geen saike en si dair om te min hi·gecomen konde; want soe en solde't oen niet helpen. ind weer die aenspreker des een saike, dat die ander oen niet en mocht verschinighen, dat en soile oen niet hinderlic wesen. mer hinderden oen iemant anders die verschiningh, dat en queme oen niet toe staiden; ind soe wat schaide off hinder hi dair bi hed, dien mocht hi weder in vorderen van den geenen die oen soe sin verschiningh vertrect end verhalden he[l]d.

Tit. 100 (v. R. 102). *Van bestaen an den gericht.* §. 1. Op eenen genechten rechten machmen bestaen an den gerichte die geen die dair ter bank horen, ind die geen die an den gerichte te doen hebn toe gewin off toe verloss, aldair rechts toe plegen bi den sittenden gericht. end anders op geenen dach. §. 2. Ind wie aldus bestaen is als recht is, ind toe gesproken is a. r. i., ind sich niet en verantwort a. r. i., so heeft die clager sin clage gewonnen, ind den heer is een wed verscheenen. mer, gingh hi mit gewalt van der bank, end en wachten des gerichts niet, dat (is) een gewalt, 5 mark den heren. §. 3. Ind die is doen bestaen als recht is, ind niet gesproken en wurdt a. r. i., soe is hi quit van den bestaen, ind den heer is een wed verschenen, hi en kan 't gheweren mit beteren rechten. §. 4. Wanneer een man gebaidt is, off doen bestaen ant gericht, voir die clage is liff end guet verbonden. §. 5. Die voir gerichte noch kennen noch versaken en willen, die wort nedervellich om sinre ongehorsamheit. want wie niet en antwort redeliken totter saiken dair men oen schuldiget, off niet en versaiket, die is ongehoersam. also bevet men den beelaechden man voir schuldich, hi en ontschuldige sich. ind wie swiget, die en ontschuldiget sich niet, id en weer dat hi ritters aert wer, off dat id een kint off een wiff weer die sich rechts niet en verstaen, off dat hi stom off toe mael doef wer. deser schonet men so, dat een richter moit voirmonder geven. §. 6. Soe wair die clage an dat liff off gesundt geet, dair en salmen geenen man veroerdelen, hi en bekenne off en werd mit recht verwonnen, dat 's dat die cleger dat tugen moit. §. 7. Des clegers ind des antworders recht sal ghelick wesen. §. 8. Lavet iemant den anderen voir t' gericht (Handschr. tgericht) brengen, rechts to verwachten, den sal hi in der selver saiken voir t' gericht brengen, ind oick sonder niwe vriheit toe gebruiken, ind soe toe brengen, dat des ansprekers vorderingh niet snoider en si, als: off hi anders wair sin woninge verandert hed, woe wail hi anders licht weer armer worden; off, datmen van oen ut vorderen solde, sweerliker licht in toe winnen hed; off dat hi ander niewe scholt ghemaict, off dat sin verlaren hed. ind brecht on die soe gheloeft hed niet ant gerichte, ind om dat witlike noit beneem, als voirs. is, off dat die geen die eenen ant gericht brengen sold weer ter doit geoerdelt off utlendich gelacht, soe bleve die gelover des sonder hinder off schaide. §. 9. Wie den anderen niet voir en brengt ant gerichte, dat hi gelaift had als voirs. is, ind oen dat geen witlike noit en beneem, die sal den ansprcker sinen hinder op richten, deen toe weerdigen an der tit toe dat hi oen voir ghebracht sold hebn, des hi dair van schaide hed, ind niet hinder ind schaide dair men op vordert.

Tit.. 101 (v. K. 103). §. 1. Soe wie onredeliken off logentliken claget aver eenen, den sal hi boiten, ind die sal des antworders pin liden, in deen hi noit geleden hevet, als vancknisse off wonden. §. 2. Hevet iemant geloeft eenen ant gericht toe brengen, ind die stirft eer dat die dach was, den doiden is die gelover niet schuldich voir te brengen, in dien hi gestorven si sonder dragerie, off dat die geen dair an geen scholt en hevet. §. 3. Die bi sinen eedt gelaeft hevet ant gericht te komen, die en is niet meinedich die des niet en vollenbrengt van noitsaken wegen, als voirs. is. §. 4. Soe wair twee partihen verpeenen off verwilkoern an hant des richters, op eenen benoemden richtdach ant gericht te comen ind rechts aldair to plegen dair si om verscheiden werden, · die geen die dair niet en comt to gueder tit, die verluist die pene. ind weer 't, dat die richter dat gerecht versten, dat. mach hi doen, dan die peen ind wilkoer en mach hi niet versten buten wil end consent van beiden partien. §. 5. Weer iemant ant gericht comen, ind der genechten niet en volchden mit sinen clagen, 't en stonde dan in oerdele, off 't en weer gheverst mit oerloff des richters, off dat guet off die scholt en weer ghewonnen mit recht, dair an wer den heer een wedde verscheenen, men enmochte des verweren mit eenen beteren rechten, ind die schuldere off dat guet weer quit van den gherichte. mer op een ander tit machmen om die scholt off gebrock weder voir 't gerichte dedingen.

Tit. 109 (v. K. 111). *Van besetten.* §. 1. Een burger . off burghersche van Cleve mach eenen anderen persoen, man off wiff, die van onsen lansheren ind van sinen amptman geen geleide en hevet, noch nae verbonden der heren ind der steden niet gevrihet en is, besetten, om wat saiken dattet si, off die een vreemde persoen den anderen, die niet geleit noch gevrihet en is als gescreven is, mitten bade, off (men) oen hebn mach; ind en machmen des baiden niet hebn, soe machmen dat doen mit tween burgeren, die sullen dat brengen an den bade, ind hi sal van den besatten persoen wisheit nemen, totten richtdage toe comen, die an den richter liggen sal, ind rechts toe plegen. dan hier in is utgescheiden der stat vriheit, der stat van Cleve, in oiren jaermercten ind weeckmercten, also als die in oiren rechten gelegen sin.

§. 2. Wie aldus besat is, ind toe gesproken wurdt al(s) recht is, ind dat niet en verantwort als recht is, soe hevet die cleger sin clage gewonnen, ind den heer is an den schulder een wedde verscheenen, hi en kan 't geweren mit eenen beteren rechten. ind wurdt die geen, die besat is, niet toe ghesproken als recht is, ind oen verbaidt als recht is, soe is hi quit van der besettinge, ind den heer is een wed verschenen an den cleger, hi en kan dat geweren mit eenen beteren rechten. §. 3. Wie oick der besettinge, die an oen geschiet weer als recht is, ongehoirsam weer, ind mit ghewalt uter besettinge toege, dat wer gewalt, dat 's 5 mark den heer, off also guet als die heer mit recht op oen clagen mach. ind des gelicx, die besat guet sonder oerloff off wisheit uter besettingen vuert, die verboert gelic als voirs. is. §. 4. Onse landshere, noch dross, noch richter en sullen niemant geleide geven te comen in der stat vriheit van Cleve, die vredelois gelacht is, off die bannich is, soe dat gods dienst dair mede niet ghehindert en word, off die den burgeren van Cleve vellich sin van schaide off van scholt, buten consent ind willen der burger. weer' t dat dit onwetende geschieden, woneer on dat verkondicht wurd, soe sal hi dan den geleiden man sin geleid op seggen, also doch dat hi onghehoent bliven sal.

Tit. 110 (v. R. 112). *Van besatten guede.* §. 1. Wanneer dat eenich guet, dat binnen der stat vriheit van Cleve gelegen is, avermits den baide ierstwerf besat is, dair op sal die cleger ten iersten genechte clagen als recht is. ind verantwordt des niemant, soe is den heer an den guede een wedde verscheenen, men en mocht (l. mocht 't) verweren mit eenen beteren rechten. ind dat (l. dan) sal die baide dat guet anderwerf besetten, ind soe vort dair na op die twee neeste genechte, 't en weer dat op eenich der voirs. genechte dat guet verantwordt wurdt. ind en wurde 't niet verantwort, soe is den heer op elken genechte een wed verschenen, off men sal 't verweren mitten beteren rechten. ind is 't, dat id opten derden genechten niet verantwort en wurdt als recht is, soe sal 't die baide vort die drie neeste dage volgende illix dages besetten. ind woner dat guet aldus al ut besat is, soe sal die cleger ter gueder tit comen voir den richter mit tween schepenen ind mitten bade, ind die baide sal tugen dat hi

dat guet al ut besat hevet, ind dan sal die cleger voirt gesinnen den richtern, woe dat hi mitten guede vort varen sal
als recht is? des sal die richter voirt vragen den scepen,
dan sullen die scepen wisen, men sal den geenen des dat
guet is laten weten mitten baide, off mit eenen geswarenen
baide den die scepen mit wille des baden dair toe eden, an
sinen mont off an sine weer, dat sin guet al ut mit recht
besat is, ind dat hi come binnen viertien dagen nae den
selven dach dat oen die bade dit kondt gedaen hevet, end
verantwordt sin guet als recht is. compt hi dair ter gueder
tit, hi mach sin guet ten rechte verantworden ind verdedingen.
mer en comt hi niet, so sal die richter vort den cleger dair
in richten ind in dat guet in leiden, ind des een weer wesen, .
alsoe veer als hi dat ter gueder tit gesinnet off gesonnen
hevet als recht is, dat 's toe verstaen⁻ mit tween scepenen
binnen den neeste viertien dagen dat oen die bade die
konde ghedaen hevet als recht is. ind gesinnet hi des toe
gueder tit niet, soe verluist hi den heer een wet, ind die
besettinge is doet, ind die geen des dat guet is verluiset
den heer oeck een wed, ind niet sin guet, kompt hi niet
voir. mer compt hi voer als recht is, so mach hi sin
guet quit dedingen ind winnen van der besettinge, als recht
is; ind die cleger heeft den heer ghebroect etc., ind sal
den anderen betalen sine cost ind schaide bi den scepenen.
§. 2. In allen punten van den besatten guede voirs. is 't
also utgescheiden: off die geen, des dat guet is, den
richter een betoene ind konde seinde, dair die kerspels paip
end twee schepenen in tugen, off mit andere gewaere
konden bi brengt, dat hi alsoe kranck weer, off dat oen
dat rechte noit benoime, dat hi dair niet comen en mocht
ter tit als recht weer, sin guet toe verantworden. §. 3.
Die mit uitbesettinge, als voirs. ind recht is, in guet
comet, die sal den hi soe uiter weer hevet dair ut halden
jaer ind dach, dat 's mit naemen een jaer end sesse weken
ind drie dage, in dien dat van weerde sal sin. §. 4. Item
van ilker punt voirs. van den besatten guede sullen die
richter, scepen ind baide tot ilker tit oir recht hebn. §. 5.
Weer 't oec, dat die geen den sin guet ut besat wer, als
recht is, aver sandt ind lant wer utlendich, dair men niet

en wuste wair men oen seker vinden mocht, off dat hi geen
weer en hed, dair men an verkondichden sin guet toe verantworden, soe salmen in der kirspels kercken, dair dat guet
gelegen is, apenbaer roipen, dat dat guet van den man, end
noemen den cleger, al ut besat is als recht is, ind kundegen,
off dair iemant weer van des mans vrienden off maigen, off
sin verwaerre, die dat guet mit recht verantworden willen.
ind [57]) queme dan iemant binnen den neesten viertien dagen
dair nae, die dat guet verantworden, ind die cleger dan
alsulck bewislick betoen brechte voir den richter end scepen
van sinen gebreke, mit levendiger off mit liggender konden,
dair men die wairheit bi verstaen mochte, dair om hi dat
guet besat hed, soe sal oen die richter leiden end richten in
dat guet, ind oen des een weer wesen, gelic als voirs. steet;
ind sal dat guet gebruiken voir sin gebreke dat hi op dat
guet geclaget hevet, hent ter tit toe dat die geen queme dien
dat guet behoirden, off iemant van sinre wegen, als recht is,
ind verdedingen dat guet als recht is; ind alsdan salmen die
toe rechte setten, ind dat guet sal die richter dan behalden
in sinre hant, ind bewaren, hent dat recht van oen beiden
gesleten is, ind leveren 't den geenen die dat met recht
hebben sal, beheltelick alremalck sins rechten, die toe voren
dair recht en hebben. ind dit is ut gesproken van erfnisse,
end niet van reden gued off sterfliker ind verderfliker haven,
die staen toe oiren rechten. §. 6. 'T is toe weten, wanneer
die richter iemant leidt in guet dat ut besat is, dair aff sal
hi heb(ben) voir sin recht eenen alden schilt, want hi des
guets van 's heren wegen een weer sal wesen, ind die scepen,
die dair aver sitten te gerechte ind toe getuge, sullen hebben
ilker 2 g(ulden?). item, wanneer die richter iemant inleidt
in guet dat gewonnen ind gesleten is mitten rechten, ind die
ongeweerde hant van den selven guede aff duet, soe sal hi
hebben een eimer wins, inde die scepen die dair bi sin ilker
1 g(ulden?) [58]). §. 7. Guet dat besat weer, ind dat dan verderfliken mocht werden, wat dat niet durende en weren, dat
machmen nae guet duncken 's richters end der scepenen ver-

coepen, ind dat gelt sal in den besait bliven. ' §. 8. Soe wie
sieker wisheit duet voir[t] dat guet dat besat is, dat besatte
guet nae utdrachte der saiken sonder vorder off eenich ver-
treck aver toe richten, die mach mit sulken genoich doen die
besettingh hinderen, off, wer die besittinge gheschiet, soe
mach mit sulken ghenoich doen die besettinge aff gedaen
werden.

Tit. 111 (v. K. 113). *Van panden.* §. 1. Toe weten,
datmen sommige guede te pande niet setten en mach: dat
ierst is vrouwen liftucht; dat ander is onmondiger kinder
guet, dat gelt en kom dan in oir nutt; dat derde is gewiet
dinck; dat vierde sin kindere off vrilude; dat vifte is die haiff
die op min tinsguet is, die wile mi min tinsguet niet betailt
en is. §. 2. Een pant dat min wert is dan die scholt dair
voir dat gesat off gegeven is, en is niet hinderlic den geenen
deen dat gegeven is an sin ontbreke. §. 3. Is iemant eenich
guet sunderlinge ind mit namen voir scholt toe pande inde
toe onderpande verbonden, ind voir die selve scholt is den
selven oeck al ander guet gemeinlic ind sementlick des gelics
gesat ind in brieven verbonden, woe wail die in al dat guet
gelick recht heeft, doch sullen die scepenen van gelicheit
wegen maitigen ind temperieren also, off dat bescheiden pant
mit namen genoemt ind verbonden guet genoich voir die
scholt is, ind die gelaver dat sin dair an verhalen mach, so
sal hi sich genuegen laten dair mede, ind an die andere
guede, gemeintliken end sementliken oick verbonden, en sal hi
geen vorderingh hebn in hindernisse der andere den die
schulder oic schuldich is. §. 4. Wurde eenige veranderinge
in guet dat toe pande off toe onderpande gedaen is, dat en
is niet hinderlic den genen den dat toe pande off veronder-
pant is. §. 5. Die gelover en is · niet schuldich van misval
dat an pande off onderpande geschuidt, soe veer dat bi sinen
schulden niet toe en comet. §. 6. Bedinge, averreikinge ind
averlegginge, dat is soe veel als betalinge, ind dese dri sin
genoich, op datmen die pande weder eisschen mach. §. 7.
Verderfnis der pande off der onderpande en verlichtet den
schulder niet van der scholt. §. 8. Die gelover, wordt oen
aff gestalen sin pande, mach dat vervolgen tgegen den geenen
die 't oen gestolen hevet, als tegen eenen dieff. §. 9. In des

gelovers koir is, sin scholt toe eisschen van sinen schulder,
off an sin onderpandt sich toe verhalen,.so veer die schuldener besitter is der panden; dan, beseet die pande een ander,
soe moist hi ierst versueken an den schulder end sin burge.
§. 10. Guede der geenre, die schuldich der stat, da(t) si van
vereningsscap, van tins, pacht, renten, toevalle, assisen etc.,
sin verbonden dair voir. §. 11. Neempt een wiff, die kinder
hevet van oiren iersten man, eenen anderen man, end den
kinderen geenen momber en kuist off bidt, ind hevet sich dat
wiff der kinder guet onderwonden inde den kinderen darvan
niet vernueget, voir die scholt is stillichlic verbonden des
mans guet den si genommen hevet, et e converso.

Tit. 112 (b. R. 114). §. 1. Gheen dinck en mach iemant
anders verbonden werden sonder weten des geenen den dat
dinck toe hoert, 't en weer dat die geen, des dat dinck toe
behoirt, wiste die verbindinge, ind dat die verbeinde in lois-
heit sonder weeten gheschieden. §. 2. Geen verware off tru-
want sonder sunderlinge beveel dair toe, off sonder gemeen
vri bevele gegeven, en mach verbinden eenich dinck, 't en
weer saike dat dat gelt weer gekeert in die noit end oerber
des heren des dat verbonden guet weer. §. 3. Een verwaerre
die sins heren dinck verpeinden, die en kan geen recht gegeven off besetten in dat dinck, 't en weer dat die [die] scholt
gekiert weer in nutt des heren. §. 4. Item een kint mach
sins vaders guet niet verbinden, soe lange die vader levet.
§. 5. Verbindt eenich schulder vreemdt dinck, wulk dinck
achter nae sins selves wurdt[59]), gestediget end ghevest dat
pand end oic de verbindinge. §. 6. Werden scepenen brieve
off instrumente off brieve iemant verbonden in pandscap, so
is oeck al dat begrepen is dair in verbonden, want men meer
ansien sal die sin (erg. dan) dat schailen van den worden.
§. 7. Geestelic dinck en sal in geen verbindinge comen. §. 8.
Is eenen verbonden van sinen schulder eenige scholt die men
sinen schulder schuldich is, ind hevet der gelover des schulders dat des schulders schulderen gewitticht, soe en mach

---

[59]) In der Zwischenzeile, über wurdt und gestediget, steht von einer
andern Hand des 15. Jahrhunderts wordt oder werdt, das hier offenbar
eingeschoben werden soll.

die schulder niet eisschen van sinen schulder, noch die schulder oen oeck niet betailen, dan den geenen den dat verbonden is, end den sal men recht bekennen voir den schulden die oen verbonden hevet. §. 9. Niement en mach verbinden eenich dinck dat in sin guet niet en is. §. 10. In verbindinge sinre guede in (l. off) dingen [off] die oen toebehoiren, en wurdt niet alleen, begrepen die tgegenwoirdige guede off dingen, mer oec die toecomende guede off dingen. §. 11. Betailt die ander gelover den iersten gelovere, off rekent hi die scholt aver, ind leget dat gelt in gewaire hant voir dat gericht, soe vest end stedicht hi sich dat pandt, ind die ierste gelover en derf niet nutteliken den anderen gelovern averreikinghe doen. §. 12. Wie ierst is an die pande, die is vorder dair an in den rechten. doch, weer een dinck gecocht mit gelde des anderen gelovers, end den selven nementliken dat verbonden were, soe weer die andere gelovere die neeste totten pande in den rechten. off, weer't saick dat die ierste gelover loighende dat dinck toe wesen dair hi dat van hed, ind achter nae secht hi, dat hi die ierste weer an dat dinck oen toe pande gesat, ind ierst dair an gerechticht weer, soe en soldmen den selven iersten niet hoiren, ind hi solde beroeft werden beseet der panden, ind der solde hi derven. ind dat is om sinre loegentale wil, ind want hi contrarie gesacht hevet. §. 13. Slechte bekennis mit handen der schulderen beschreven off selven onderschreven hebben in den rechten mach(t) tgegen den schulder die 't bekant hevet, end (niet) tgegen eenigen anderen, die bekennisse voirs. en wer dan onderschreven van drien tugen wail geloidt. §. 14. Voir medegiften der vrouwen, als si gemannet werden, is stilliken verbonden des mans guet, ind die vrouwen gaen voir alle geloveren den die gueden ierst stilliken verbonden staen, in dien den geloveren geen pand gegeven en weren dair die dan vorder ind ierst recht toe hedn voir die vrouwen. §. 15. Gemein guet off dinck en machmen niet pands gewis verbinden, dan soe voele als dat eenen an sin andeil treffet, want die geen recht vorder en hevet. §. 16. Soe wie over gevet scholtbrieve, die verlet oeck die pande die voir die scholt staen verbonden in sulken brieven. §. 17. Hevet iemant eenich dinck toe pande, die mach selve dat pandt eenen anderen setten. §. 18. Wurdt

eenich pandt vercocht sonder oerloff des geenen den dat
gesat · end verbonden is, soe geet dat pandt also vercoeht
totten coeper mit alsulken gewicht end boirden als dat be-
sweerdt is, ind die vercopinge off veranderinge der pande en
is niet hinderlick den gelover. §. 19. Wat schaide geschuidt
an pande, die is des dat pandt is, ind die clage boirt oen,
want wes die schaide is den boirt die clage, ind den wurdt
die boite. §. 20. Werden oick pand verloren, ind men dair
bi vlit hevet, des en darff die pender selven niet gelden.
§. 21. Een en mach niet pandt behalden dat oen to behalden
gedaen is. §. 22. Niement en mach hem selven peinden, dan
mallick mach peinden mitten baide den oen die richter gegeven hevet. ind die gelover en mach niet behalden des schulders dinck off guet dat oen voir die scholt niet verbonden en
is, 't en weer dat des schulders dinck off guet mit sinen wille
an den gelover weer gecomen, soe dat den gelovere dar in
dat guet eenich recht van den schulder gegeven off gesat
weer, off verkreken off verworven hed, off dat die gelover dat
behielt om kost an die guede gedaen end gelacht. §. 23.
Ind soe wat die meider in dat vermiede erve off huis brengt
off invuert, dat heltmen, ind is oec stilliken verbonden den
vermieder voir sin huer, ind mach· dat dair voir behalden,
hent hi betailt is. doch, bewese men ietswat dat die miederen
niet ingevoert noch ingebracht en hebn, soe en mach die vermieder dair dat niet voirbehalden. §. 24. Die richter en sal
den baide niemant weigeren toe geven toe penden tot allen
rechten om sin recht, dat 's toe weten den richter 9 brabansch
ind den baide drie brabansch van ilker pendinghe. §. 25.
Allen geesteliken personen ind van geesteliken gueden salmen
onvertoget recht doen ind den baide geven toe peinden. §. 26.
Die burgermeister der stat van Cleve mach peinden mitten
baide allen tins, pacht, renten, toeval, assisen ind koeren,
groit ind clein, toe allen tiden als hi wil, buiten den richter.
ind weer iemant dair in ongehoirsam, den sal die richter
helpen dwingen van 's heren wegen, dat hi gehoirsam werde.
§. 27. Soe wie mit onrecht pandkieringh duet an erve off an
erve tins, eenwerf anderwerf derdewerf, verbroict den heer
5 mark. ind die richter sal den · cleger leveren also voel
pande, dair hi sin hoeftguet, kost ind schaide an verhalen

mach. ind hed die schuldere des guets niet, hi sal oen an sin lif peinden, ind setten oen in een slot, ind dat sal die richter doen van 's heren wegen op kost des clegers, dat die schulder mede betalen moit, off hi mach burge setten, off hi mach sin guede wicken ind aver geven tot behoiff des clegers ind sinre gelovere. ind dair is hi mede loss van sluitinge ind van ansprake des ind der andere sinre geloveren. §. 28. Wie den anderen t' onrecht peindt, die verbroict oick 5 mark van erve off erfftins, want die richter gevet den bade toe peinden toe allen rechten. ind die pand salmen weder geven, ind beteren oen sinen schaide toe der schepen seggen. §. 29. Wie oec den anderen peinden, dair oen die baide niet toe gegeven en were van den richter als recht is, die broicten oec den heren 5 mark, ind die pande weder toe keeren den geenen den die pande toe horen. §. 30. Alle reedt guet ind alle .varende have, datmen varen ind driven mach, salmen peinden mitten baide, mer erffnis salmen peinden mitten richter ind mit tween scepenen, ilker om sin recht. ind des richters recht is hier aff 9 brab. ind der scepenen 3. §. 31. So wair datmen peindt al onrait ind cost die dair om mit recht geschiet, comet op die pande, ind die schuldere moit betailen. §. 32. Pande keeren off slechten schaiden off scholt broict 18 β den heer, ind men sal die pande leveren als voirs. is. §. 33. Erflike tins, off eerfliken pacht, off jaerlike lif-renten, off pensie die binnen jaers verscheenen is, salmen manen ind eisschen. die machmen dair nae ter stont mitten baide peinden binnen den selven jair an alrehant have ind redeguet datmen opder weer vindt dair die tins off pacht off jaer rente uit geet. ind die scepen sullen die pande en wech wisen vander hant, off si al op gebaidt ind verwonnen weeren mit rechte. dan, en weer opder wer geen reed guet off have, soe salmen an dat erve peinden mitten richter ind mit tween schepenen, ind die schepen sullent vort wisen om oir recht, als 't oen an komt, gelic als voirs. is, ind der scepenen recht hir aff, ind van allen oirkonden, van panden toe wisen ind van pande toe bieden in(d) toe verbaiden, tot ilken mail 3 brabansch. §. 34. Schaide ind scholt die voir den gherichte bekant is, off mitten rechten gewonnen is, die machmen viertien nacht nae den dage peinden. ind die pande bekant off moitwillens gegeven salmen verbaden opden manendach tot drien ghenechten, off si dair binnen niet verantwordt en werden, off men mach die verbaiden opten manendach in den op richtenden dach, ind dair mede sin die pande al op verbaidt als recht is. ind die scepen sullen die van der hant wisen als recht is, als oen des gesonnen wurdt om oir recht. een onderpant dat iemant den anderen gesat end verbonden hevet als recht is, dat sullen die scepen van der hant wisen. ind wat pand off onderpand, 't si erve off rede guet, datmen van der hant wiset, dat sullen die scepen aldus wisen. die cleger sal dat guet versetten voir sin gelt, off hi kan; ind kan hi des niet versetten, soe sal hi dat vercoepen om 't schoenste gelt, ind sal dan dat bieden toe beschudden, in oirkonde twier scepenen, den geenen den dat aff gepandt is, end setten oen eenen redeliken beschuddach. ind beschudt hi des niet binnen den voirs. dage, soe sal hi vort dat bieden al den geenen die hi weet dair an gherechticht to wesen, oirkonde twier scepen, ind settet den oick redelike dage toe beschudden, ind beschuddes dan niemant, soe sal hi 't bieden oirkond twier scepenen den richter van 's heren wegen. wil die richter dat pandt behalden, dat mach hi doen, end geven den cleger sin gelt ind den schaide die mit recht dair op gecomen is. wil 's die richter niet, soe sal hi dat pandt sinen coman (l. copman) doen, ind vesten oen dairin als dat recht is. ind loept dair wat aver van sinen gelde ind schaide, dat sal hi keeren an die gheweerde hant. ontbrict oen, soe mach hi vort vorderen ind manen als recht is, ind noch eens peinden, t' hent hi al dat sin hevet. §. 35. Ind weer dat voirs. pant off onderpant huis off erve, soe sullen die scepen den cleger seggen ind onderwisen, dat hi den schulder ten minsten 14 dage sette toe beschud, off si en sullen dair billix niet aver gaen, op dat onse burgere niet onversiens uiter oiren erve geworpen werden. oick mach die richter van sinre wegen viertien nacht dair an nemen, als oen dat comet.

Tit. 113 (v. R. 115). Wie den anderen moitwillens pande geven wil voir scholt die hi schuldich is, als hi comet mitten bade, oen toe peinden, die sal geven also vri onbelaste pande, dair die cleger sonder vordel (off) noit 't sin af hebn moige. ind weet die cleger, dat die pand die oen die schulder

geven wil mit anderen voir schulde also belast sin mit recht,
dat hi 't sin buiten kommer ind noitsaiken dair niet an verhalen en mach, soe en darf hi der pande niet nemen, ind
seggen den bade, dat hi oen pende een ander pant, die hi
nempt tot allen rechten. duet dan die schulder dair op eenwerf anderwerf pandkieringh, ind dan die richter mitten
scepenen comet, den cleger pande toe doen, gevet die schulder
dan pande, der den cleger genoigen, soe sullen die richter ind
scepenen nochtant oir recht dair aff hebn, off si gepandt hedn.
ind kierden noch die schulder sin pande op die voir gegeven
pande, hi sal broiken end gelden als voirs. is, want hi
sucket argelist ind wil den cleger belasten ind tot schaiden
dringen, dat hi 't sin niet hebben en mach.

Tit. 114 (v. R. 116). §. 1. Een pendbair persoen die
reetguet hevet, dat guet salmen voir sliten, inde dat erve ind
on(be)wegelic guet nae; ontbrict nochtant dair an, soe salmen
der (l. den) richter voirt bidn, om meer pande toe geven, als
an des schulders schuldener ind die oen wat schuldich wern,
dat bekanden ind apentlike scholt weer. ind ontbrict nochtan,
soe machmen den schulder an sin liff penden, ind sluiten oen
als voirscreven is, 't en weer saike dat die persoen vertichnisse
dede op al sin guet, ind geve dat aver, so weer die persoen
der [der] sluitinge ind voir (voirt?) der peindinge an sin liff
aff. §. 2. Soe wulck pendbair persoen den baide pendweige-
ringh dede eenwerff anderwerff, ind die richter queem mitten
scepenen toe peinden, geve die persoen dan pande in oirkond
des richters inde der scepenen, soe sullen nochtant dan die
richter ind scepenen oir recht dair aff hebn, gelic off die
richter oirkond scepenen ghepant hed, ind die scepenen sullen
die pand en wech wisen, gelic off si gepeindt weren. §. 3.
Weer oec eenich pendbaer persoen binnen der stat vriheit,
ind iemant van des persoens wegen van sinen beveel, schulden
off toedoen, den baide pandweigeringe dede eenwerff anderwerff, ind die richter dan queem mitten scepenen to peinden,
ind die persoen dan pande geve oirkond des richters end der
scepenen, soe sullen die richter ind scepenen oir recht dair
van hebn, gelic off die richter oirkond scepenen gepandt hed,
ind die pand salmen en wech wisen gelic voirscreven. mer,
weerdt (l. weer 't) dat die persoen dat behielde mit sinen

eede, dat dat mit sinen schulden bevelen off toedoen niet
geschiet en wer, soe en solde hi geenen schaide dair aff liden.
§. 4. Were oick saick dat eenich pendbair persoen, off [hi]
iemant van sinre wegen schulden, bevelen off toedoen, dat op
sin eedt steet toe verclaren, den baiden eenwerf pandweigeringe dede, ind die baide queme anderwerf, ind peinden (l.
peinde 'n), ind die persoen pand geve, soe sal die richter
gelic wail sin recht dair aff hebn, off die baide den persoen
eens gepant hed.

Tit. 115 (v. R. 117). Een afflivich sterflich pant salmen
halden aver die werfnacht, dat 's een nacht aver, ind dat
salmen versetten off vercoepen, ind beden 't den geenen des
id is.

Tit. 116 (v. R. 118). Die pande die buten luide van
binnen luiden voir scholt gegeven werden die voir der banck
verliedet off ghewonnen sin, die salmen viertien nacht binnen
der stat laten, van der tit dat si gegeven waren. ind als die
viertien nacht geleden sin, werden si dair en binnen niet ge-
loist, soe salmen die van der hant wisen sonder verbaden,
indien dat geen sterflic off verderflic pande en sin.

Tit. 117 (v. R. 119). §. 1. Een willich pant dat voir
voil saken gesat is, dat salmen tot drien genechten verboeden,
als recht is. ind off 't niet verantwordt en wurdt binnen den
gericht dagen, soe salmen 't opten derden genechten van der
hant wisen. ind loepet dair wat over, dat salmen weder
geven. ontbrict oen, hi en mach niet meer hebn. ind en
vindt men des mans niet, men sal 't bieden. der weer hevet
hi geen weer, men sal 't den richter bieden, ind al oirkond
vier scepenen. §. 2. Wie gepandt wurdt, dair aff is den
heren sin recht verschenen, dat 's een wedde, als oick voir
gescreven is.

Tit. 118 (v. R. 120). Dair ghepandt wurdt toe allen
rechten, ind dair op weder pandkeringh gedaen wurdt to allen
rechten, dair van sal die richter van beiden partien eenen
richtdach bescheiden. ind wie dan nae uitwisen der scepenen
in den onrechten verwonnen wurdt, die hevet den heer gebroict
5 mark. ind die wile dat die saike mitten gerichte niet ghesleten en is, soe mach die cleger niet vorder noch meer pein-

den. ind dede hi dat, hi peinden t' onrecht, ind broecten
den heer als voirscreven is, ind die peindingh en is niet; ind wes
van den panden gewiset wer, dat is niet; ind men sal den
schulder die pande laten gebruiken t' hent die voirs. saiken
mitten gerichte soe voirscreven is ghesleten is. ind wat hinder
off schaide die cleger dair bi hed, dair aff mach hi den
schulder beclagen voir gerichte.

Die nun folgenden Tit. 119—149 (v. K. 121—150) sind
vorzugsweise dem Strafrecht und Strafprozeß, aber auch dem
Gerichtsverfahren im allgemeinen gewidmet. Hervorzuheben sind
die folgenden Bestimmungen:

Tit. 131 (v. K. 132½). *Gericht van doitslaige* [60]). §. 1.
Wanneer die banck gespannen is ind dat gherecht geheget
is, so sal die cleger komen voir dat gherecht mit eenen getagenen sweerde, ind sal driewerff roipen: „wapen, wapen,
wapen", ind bidn een(s) voirsprecks, ind sal dat sweert bloet
behalden voir der banck, die wile dat dat gerichte sittet, ind
sal dingen sin verhalen ind oerdelen der oen noit weer, die
hi mit recht hebn mach. ind sal spreken aldus: „her richter,
ic clage u aver den witliken morder ind rover N., off woe hi
kerstliken genoempt is, ind vort aver alrenaem seven, die
men nu wete ind namels vernemen mach, die mit rade mit
daide mit toedoen off mit witscap an wege off an velde ge-
weest sin, ind dair schuldich an sin dat die mort gheschiet
an N., minen brueder, oem, neve etc., des ick niet liden en
wold om dusent marck golds ind om een liff van ilken, off
om also groet ind om alsoe cleen, als die scepenen wisen dat
si dair an mit recht ghebroict hebn. wolden si dair iet
t'gegen seggen, si en hedn den mort gedain als ick hir tugen
wil mit eenen bikenden (l. blikenden) schin ind eenen dooden
verderfliken licham, ind gesin gherichts". dan vraget die
richter der scepenen een, woe dat hi oen richten sal? soe
wisen die scepenen, die cleger sal si nomen, ind die richter

---

[60]) Zu vergleichen ist das Weisthum von Hiesfeld (Grimm VI S.
718 ff.) und das zu demselben von mir angeführte Stadtrecht von Wesel.
— Siehe auch oben S. 213. Anm. 27.

sal si eisschen mitter clocken, ind doen die dan driewerf
slaen. dan steet die richter op ind eischt den man ind die
luiden alrenaem seven, die des doods schuldich sin, die men
nu weete ind namels vernemen sal, oir liff ind oir guet toe
verantworden, dat up oir hoichste recht. eenwerf. — Anderwerf gesinnet die cleger gerichts. soe sullen die scepen wisen,
datmen oen richten sal als 't voir gewist is. — Derdewerf
gesinnet die cleger gerichts. soe salmen on richten ghelic
voerscreven steet. — Als dan die eisschinge derdewerf gedaen is,
soe gesinnet die cleger een(s) oerdels, want dat doode lichan
hir t'gegenwesich verderflic leget, woemen dair mede vort
varen sal als recht is? ind dat sal vort die richter den
scepenen vragen. die scepenen sullen wisen, want dat licham
verderfliken is ind men 's niet halden en mach, des rechten
toe verwachten, soe sal die cleger die rechter hant nemen
van den dooden licham, ind leggen 't op een bloc, dair sal
die baide een bile op setten, ind die richter sal mit eenen
wedehamer slaen op die bile, die hant aff. ind dan salmen
den richter oerloff bidn, den doide toe averluiden ind den toe
begraven. ind dan sal die cleger mit oerloff des richters ind
der scepenen die doide hant nemen, ind doen die iu eenen
nien eerden pot mit water ind mit salte, ind sieden die hant
drie off vier uren lanck, ind wellen dan die hant al om in
wass, in oirkonde der schepenen. ind die scepen sullen oir
scepen segel drucken in dat was, also dat die scepenen die
hant bekennen moigen bi oiren segel, wanneer eens voirder
gerichts gesonnen wurdt. ind als dan gevet die richter den
cleger die hant, ind die cleger moit den richter wisheit doen,
der clagen tꞋ volgen als recht is des anderen dages ind des
derden, ind die hant toe behalden in behuef des heren ind
der clegere. — Des anderen dages, als 't dagetit is, sal die
cleger comen ind gesinnen gherichts. dan sal oen die richter
richten, ind die cleger sal mit eenen getagenen sweerde driewerf „waipen" roipen, ind dingen sich an sinen voirspreke
ind an sin worde, gelic voirs. steet, mit des doden hant. ind
die cleger sal den scepenen vragen, off dat des doiden mans
hant is die vermoirt is, dair in ghewracht is, ind off si die
iet kennen? dan besien die scepenen, off oir segel in dat was
gedruct si. sien si dat, soe seggen si „jae". ind alsdan soe

claget die cleger gelic hi voir gheclaget hevet, uitgenomen in 't tleste (l. leste) van der clagen sal hi seggen, dat hi tugen wil mit eenre doider hant van den verderfliken licham, ind gesinnen gerichts, ind die richter sal oen richten als voirscreven is. — Ind des derden dages sal die cleger weder gerichts gesinnen als 't dagetit is, gelic voirs. steet, ind die richter sal oen richten als voirs. is, ind die clager sal dan clagen als hi dede op den anderen gericht dage voirscreven. ind als dan die eisschinge gheschiet is, so sal die cleger vragen, hoe langhe hi der hantdadigen wachten sal mit recht? soe salmen wisen, also langh als 't gerichte sittet. comet niemant dair en binnen, dat leste oerdel sal oen wisen, woe hi dair mede mit recht vort varen sal. wannere 't dan dagetit is, soe sal die richter den scepenen vragen des lesten oerdels. soe sullen die scepenen wisen, nae die(n) dat die hantdadigen sich niet verantwordt en hebn, noch niemant hier en is die si mit namen noch mit toenamen mit recht verantworden willen, eenwerf anderwerf ind derdewerf, soe sal die richter opstaen ind seggen: „want sich die hantdedigen niet verantwordt en hebn, noch niemant van oerre wegen mit recht, mit namen noch mit toenamen, ind alre namen seven die men wete ind namaels vernemen sal, ind mede wetens an desen doitslaige schuldich sin, soe leg ick si uit oestwart westwart suidwart nordwart, ind wise si vort echteloes rechteloes eerloes vredelois guedeloes sekerloes trouloes ind lifflois, ind neme oen al oir guede recht, ind geve oen een quaet recht, oir licham den voegelen, oir ghebeente der eerden, oir wive weduwen, oir kindere wesen, oir guet den heer; mer, wer hi onse burgere, dair mede oir guet half in 's heren genade; ind verkiese dat, ind gebiede uwe omstendern, dat gi dat mede verkieset, ind hal't op twee vingere van uwer rechter hant." ind dair mede wisen die scepen dan, dat vol richt is van den doitslaige, nae den rechten.

Tit. 138 (v. R. 139). *Van oerdelen.* §. 1. Soe wie hier comen uit den steden off dorpen 's lants van Cleve, oir hovet toe sueken ind oerdel toe hailen, om dat si dat doen moiten, soe en mach si niemant op die tit besetten om enige scholt die sie schuldich sin, oick van wairachtiger scholt. ind dat sin die stede Huusen, Cranenborch, Udem, Griethuusen, die dorpe Kellen, Quaelborch, Rineren, opten Houwe, (Sevenher, Welle, Huiswerden, Zeefflic)⁶¹). ind desen is men schuldich dat statrecht end lantrecht toe wisen, ind vort wis toe weerden, of men des niet wis en is. §. 2. *Oerdel.* Een oerdel is een onderscheidinge die een richter voir gericht gevet, dair hi eenen mede loff gevet off schuldiget. ind nae keiser recht spriet die richter dat oerdel selver, mer hier vraget hi des oerdels eenen anderen. dair om heitet onse recht des volcks vragende recht, dat 's scepen vondenisse. §. 3. Vort nae gevonden oerdel den partien gevraget, offmen des volþert? soe en machmen 't nae niet schelden, noch wederspreken, noch beroipen dair van, in dien partien den schepenen dancke(n) gueder wisinge, off volgen des. §. 4. So wie oerdel beschuldiget, ind volkommet hi des niet, hi moit dair om wedden ind boite geven nae gelegentheit der stat rechten. §. 5. Men en sal geen oerdel vinden des men vraget, men hoir ierst die saike wair mens om vraget. §. 6. Ordelen soelen seker sin. §. 7. Men en sal oic niet vinden toe recht, woe een man een guet off [een] een geweer des guets tugen moige, on en si alre ierst mit oerdelen die tuich toe gedeilt off gewesen. §. 8. Men en sal geen oerdelen geven, men laet die bewisinge voir gaen. doch sommighe richtere heiten ontscheideren⁶²), dair van hir nae bescreven is. §. 9. Ordel salmen sittende geven. anders en dochte' t niet. §. 10. Aver geesteliken saiken ind oir guede, noch in snoden steden en salmen geen oerdel geven noch vinden. §. 11. In ordelen salmen des gerichts wise halden, anders en doegh 't niet. §. 12. Men sal oerdel bi dage geven, dat 's to verspertit toe, ind niet dair nae, woe wail in den rechten die dach toe middernacht aen geet ind des anderen middernachts ut geet. Die §§. 13—22 handeln von der Con-

---

⁶¹) Das Eingeklammerte Zusatz von anderer Hand des 15. Jahrhunderts, fehlt auch im Cod. D, aber nicht in den übrigen Handschriften. In B, CC und DD wird statt Sevenher aufgeführt Hassent. DD fügt außerdem hinzu: int Duyffelt, ebenso Cod AA: mit die gehele Duffel; statt Zeefflic führt AA die sonst von Kalkar ressortierende Stadt Goch auf (f. S. 214. 218), die auch Cod. D mit erwähnt. Vgl. Bonner Festgruß S. 22.

⁶²) arbitri. Vgl. Tit. 141 (v. R. 142).

tumaz und einigen verwandten Dingen und sind ohne größeres
Interesse.

Tit. 139 (v. K. 140). §. 6. Alle bekant guet ind gewonnen guet voir den gerichte machmen peinden aver viertien
nachten. ind dat bekande guet salmen binnen jaers peinden,
ind dat gewonnen guet machmen alle wege peinden, ind alle
die pande, mede toe verbaden als recht is, 't en were dat die
schuldere anders verwilkoert hevet. §. 7. Oirdel ind utwisinge
salmen volvueren, ind dat ut toe vorderen al sulke bekant
guet off scholt vuer gericht gerichtlick gewonnen, ierst an
den (I. des) schulders bewegelic guet, ind nae an sin onbe-
wegelic guet. ind off dat al niet guet genoich en is, soe
mach die gelover sich verhalen ind bekoveren an des schulders schulderen, dair men die weet. §. 8. Die sin gewonnen
guet voir gericht niet binnen tide als recht is verwerven en
kan van sinen schulderen, soe moit die selve schulder hinder
schaide ind krot dair toe gelden ind betailen.

Tit. 140 (v. K. 141). *Penninckgelt.* §. 1. Dat penninckgelt in den gerichte is vierderhande. dat een is een dagelicx
wedde, ind dat sin 9 brabansch, ind sin des heren. dat ander
is een beretenis, ind dat is wanneer sich iemant vermit mit
scepenen off mit scepenkonden eeniger hand saiken toe te
brengen, ind des niet en duet noch gedoen en kan, die verluist 27 β xendersche, der hevet die heer 3 β, die andere
hebben die burgermeestere ind scepenen tot behoef der stat.
dat derde hevet dat hoichste penninckgelt, ind sin 5 mark
brabansch, ind sin des heren off der stat, nae gelegentheit
der broicken ind rechten. dat vierde, is dat een baven oerdel
spricht off dinget, die verluist ilf marck, dat hevet die heer
half ind die scepenen die ander helfte, ind dair van geboirt
ilken scepen 9 β. dan wie oerdel wedersprekan, ind seggen:
„dat is boislick off ovel off onrecht off valsch to hoevet ge-
hailt ind gewiset", dat is op liff ind guet tot 's heren gnaden,
indien dat hi dat niet bibrengen off bewisen en kan an ons
hovet. ind hi sal wisheit doen, dat toe volvoeren. §. 2.
Een schillinck xencters is also groet als een alt conincx
groit tornoise. een schillinck xencters maict vier clein
penningh.

Tit. 144 (v. R. 145). *Van vechteliken saiken.* §. 1. Wi hebn in onsen privilegien ind hantvesten ⁶³) ind tot rechten stat rechten, soe wie van burgeren toe Cleve des vridages, saterdages, sonnendaechs off op eenen andern heiligen dach vechtet ind den anderen mit ghewalt an tastet off sleit, die broict 27 β cleenre penninck op 's heren gnaden. item op eenen anderen slechten dach verbroict hi om die voirs. saiken 3 β der selver monten. mer soe wie den anderen mit eenen sweerde, mit eenre glavien, mit eenen mess off mit andern mordadigen wapenen off getauwe steket, wondet off quesset, die sal geven 100 β der monten voirs. tot des heren gnaden. §. 2. Und soe wie den anderen hant off voet off anders eenich litt aff hauwet off sleet, die sal ghepinicht werden mitter selver pinen. §. 3. Mer soe wie den anderen doidet, die hevet sin liff verboirt, ind sin guet half steet tottes heren gnaden. ind deen en sal die heer niet nemen in sin gnade off swoenen, sonder den cleger te voldoen.

Tit. 145 (v. R. 146). Weiber, bie in schamlofer Weife einander schimpfen, ober mit einander raufen, ober sich sonst ungebührlich betragen, die sullen 5 β gelden, off den steen dragen, off verbeteren tot 's heren gnaden.

Tit. 146 (v. R. 147). §. 1. Männer, welche Gott läftern, „unbescheidene" Eide schwören, fluchen, Höherstehenbe beschimpfen, mit woerden off mit wercken, dair om datmen si schulde off berispede in oiren ontemeliken boverien, ind men dat vervolget als recht is, soe sullen die staen op die kaike, mit drec toe werpen, off in die wrimp, mit roide te slaen, ind dair na van de bruggen te springen int water, ind wasschen sich van der lodderien, off verbeteren to 's heren gnaden. §. 2. Ind wie van mannen ind van vrouwen tot deser peenen, als den steen toe draigen off op die kaick te stain, als voirs. is, mit oerdel ind mitten rechten gewist wurdt, die (is) vort an eerloes end rechtelois, ind also dat die selve niemant toe spreken en sullen ten rechten, dair men oen op antworden derve.

Mit Tit. 150 (v. K. 151) beginnt wieder eine Reihe privat=
rechtlicher Artikel, aus denen schon früher (Bd. IX Seite 443
ff.) Mittheilungen gemacht sind. Dieselben reichen bis Tit. 172
(v. K. 172½). Von Tit. 173 an haben wir es fast nur noch mit
Bestimmungen polizeilicher (insbesondere bau= oder marktpolizei=
licher) oder fiscalischer Natur zu thun. Der Text des Cod. A
schließt mit dem in den übrigen Handschriften fehlenden Tit.
195: *Van wege geld öpter straten.*

Von den Zusätzen der jüngeren Textgestaltungen ist noch
der mit Kalkar Tit. 78 (s. o. Seite 213) genau übereinstimmende
Tit. 251 *Van der alder Clevischen vorwerden* hervorzuheben,
ferner Tit. 256 *Van onscholt der Joeden*, Tit. 257 *Wo die
oprichtende dage in den somer op komen sin* [64]), Tit. 258 *Van*

---

[64]) Van alden herkomm und gueden gewointen hadde die stadt van
Cleve, burger und ingesetene, twee oprichtende daegen in den jaer, dat
men alre malck onvertaegen gulden off recht dede, und hieten oprichtende daegen; wulcke daegen beide in den winter gelegen sin, als in
der weken voer der adventen die ein daeg, und die ander dag in der
weken vor dat die beslaeten tit vor vastenavent aengeit. und want dan
van derselver tit vort alle dat jaer doer geen onvertaegen gerichtdaegen
en waeren, dat van genechten tot genechten daermede voele luede ver-
suimenis, kost und groeten schaden kregen, und tot geeuen einde oer
saeken en quemen: so hevet onse gnedige landtsheer hertogh Adolph
van Cleve und greve van der Marck umb liefden und bede willen der
stadt und der burger vors. gegont verleent und gegeven noch twee
onvertaegen oprichtende daegen, in den somer toe leggen, und daer
mede die genechten vors. neder toe leggen. soe hebben burgemeister
schepen und raide mit wille und consens onss landsheren vors., umb
nutte und urber der burgere vors. und eins igelicken anderen, und
umb dat gemeine guet, gelacht und gesatt twee oprichtende daegen in
den somer, die eine in der weken voer der kruissweke, vor onss
heeren hemelfaerts dag, dat is in der weken nae den sonnendag can-
tate, d' ander dag in der weken naer onser l. vrouwen dag nativitate,
so is die bauwe gedaen. und op dese vors. vier oprichtende daegen
und tieden sall alremallick onvertaigt gericht und recht geschien. dan
hier sin uitgescheiden onss landtsheren saeken und broecken, besette-
licke saeken van bueten, und die stuicken und saeken nae des heren
und (der) steden verbuntenissen; die salmen richten als dat herkomen
und gewoentlick is. Im Cod. AA findet diese Bestimmung sich als Tit.
39, und zwar mit dem bezeichnenden Zusatze: Adolf, die irste hartough
tot Cleve, wonach es wahrscheinlich wird, daß dieser Text erst unter einem
späteren Herzoge, also mindestens nach 1448 (dem Todesjahre Adolfs) ent=
standen ist.

nederlegginge der genechten [65]), Xit. 259 *Van affstelling des bestaëns aent gericht* [66]).

Die Erbsälzer zu Werl [1]).
Ein Beitrag zur Lehre vom Gesammteigenthum und der Stammgutsnachfolge.
Von
Herrn Prof. Dr. Richard Schröder.

In der Geschichte des Sälzeramts zu Werl sind drei Perioden zu unterscheiden. Die erste reicht bis 1382, die zweite bis 1652, die dritte von da bis zur Gegenwart.

I. Erste Periode. Die Entstehung des Sälzeramts ist in Dunkel gehüllt, doch ergibt das Privileg des Erzbischofs Konrad von Köln von 1246, daß das Recht, Salz zu sieden, schon unter Engelbert dem Heiligen (1216—1225) gewissen in Werl seßhaften Familien e r b l i ch zustand: Coctores salis in ipso oppido (sc. Werle) manentes eo iure ac consuetudine, quam olim sub venerabili predecessore nostro felicis recordationis, domino Engelberto archiepiscopo, obtinuisse dinoscuntur, in coctione salis eiusdem gaudere pacifice volumus et quiete, et nullum in

---

[65]) Men sall oick weten, dat men in voerleeden tiden van genechten tot genechten gerichtdaege plach to halden, die avermitz onss landtsheren vors. und nae begeerte der stadt und burgere affgelacht sin, as vors. steit. Im Cod. AA am Schluß des Tit. 41.

[66]) Voirt meer, so plach ein gewointe to wesen, dat die eine den anderen op einen rechten genechten aen den gerichte daer hi stonde to gewinne und verlost bestaen mogt. und wi also bestaen wordt, moist bi den sittenden gericht aldaer rechts plegen, und anders op geinen daeg. so hevet onse gn. landtshere vors. dat wail aengesien und averdacht, alsulcke saeken vaerlicken und niet recht to wesen, und darumb is dat bestaen vors. ganzlich affgestellt, und en sall hier aent recht niet meer geschieden. Im Cod. AA als Tit. 42, wogegen der durch diesen Titel aufgehobene Tit. 100 (s. o. S. 287) in AA ganz fehlt.

[1]) Von der bisherigen Literatur über diesen Gegenstand ist anzuführen Seibertz, die Statutar- und Gewohnheitsrechte des Herzogthums Westfalen (Arnsberg 1839) S. 334 ff. und die als Manuscript gedruckte Denkschrift f. d. Königl. Preuß. Major Freih. v. Lilien in seiner Prozeßsache wider die Corporation der Erbsälzer zu Werl und Neuwerk, Köln 1863.

huiusmodi iure prestabimus aut prestari per alios volumus impedimentum hiis, ad quos iure hereditario dicti salis decoctio dinoscitur pertinere (Seibertz, Urk. B. z. Landes- und Rechtsgeschichte d. Herzogth. Westfalen. I. Nr. 246).

Diese coctores salis wurden auch homines salinarii oder seltere genannt. Ihr Recht erstreckte sich auf den offenbar noch in heidnische Zeit hinauf reichenden, in der Stadt belegenen Michaelsbrunnen [2]) und auf den sog. Stadtgrabenbrunnen, welchen Graf Ruprecht von Virneburg, Marschall von Westfalen, hatte graben oder wiederaufgraben lassen, trotzdem aber im Jahre 1321 den Sälzern zugestehen mußte: Cum in fossa Werlensi puteum salinarum effodi et purgari faceremus, hac ratione quod ipsum puteum putavimus reverendo domino nostro archiepiscopo Coloniensi et sue ecclesie attinere, tandem a multis hominibus fidedignis et discretis, qui notitiam huius rei ab antiquis temporibus habuerunt, fecimus et sumus plenarie docti et funditus expediti, quod dominus noster archiepiscopus predictus vel sua diocesis seu ecclesia nil iuris habent in puteo memorato, scilicet quod pleno iure attinet hominibus salinariis in Werle, qui dicuntur seltere apud volgus; ita quod ipsi et eorum heredes omnem suam voluntatem facere poterunt cum puteo memorato (Seibertz II Nr. 582).

Hieraus geht zunächst hervor, daß ein Regal des Landesherrn an den beiden Salzquellen damals noch nicht anerkannt war, vielmehr den betreffenden Sälzerfamilien das freie Eigenthum an den Brunnen zustand, und zwar, wie dies schon aus der Urkunde von 1246 hervorgeht, als ein vererbliches Recht.

Ueber die Natur dieses Erbrechts werden wir durch einen Vertrag der Städte Soest und Werl vom Jahre 1346 über die gegenseitige unbelästigte Verabfolgung von Erbschaften, die aus der einen Stadt in die andere fallen würden, des näheren unterrichtet. Bekanntlich wurden im Mittelalter nach auswärts

---

[2]) Der St. Michaelistag war schon nach einer Urkunde von 1321 der Tag, mit welchem die Sälzer ihr Betriebsjahr beginnen ließen (Seibertz, Urk. B. II Nr. 583). Der Name Michaelsbrunnen deutet auf einen alten Wodansbrunnen hin.

gefallene Erbschaften von der Obrigkeit entweder ganz zurück=
gehalten, oder doch nur nach Abzug einer Erbschaftssteuer ver=
abfolgt, die bei Frauen in Form der Gerade, bei Männern in
Form des Hergewätes entrichtet zu werden pflegte und zu dem
Sprichwort „Gerade geht nicht über die Brücke" führte[3]). Dem
konnte nur durch besondere Erbschaftsfreizügigkeitsverträge abge=
holfen werden, und eben einen solchen schlossen die Städte
Soest und Werl im Jahre 1346 mit einander ab. Die Soester,
welche Hergewäte und Gerade bei sich bereits abgeschafft hatten,
versprachen unter Voraussetzung der Gegenseitigkeit Auslehrung
des ganzen Nachlasses ohne jeden Abzug: quod ab isto tempore
amplius ipsis (sc. Werlensibus) hereditatem ex nostro opido,
si qua ipsis cedet seu derivari contigerit in eodem, dare debemus fideliter et amice, ita quod bona dicta herwede et gherade in hereditate includantur, quia huiusmodi in nostro opido
dari seu recipi non solent, secundum ordinationem nostram;
itaque scilicet indivisim omnia bona relicta insimul pro hereditate dantur et recipiuntur. Und die Werler erwiederten:
quod ab isto tempore amplius ipsis (sc. Susatensibus) hereditatem ex nostro opido, si qua ipsis cedet seu derivari contin-
git in eodem, dare debemus fideliter et amice, ita quod bona
dicta herwede et gherade in hereditate includantur[4]); ex-
cepto puteo salis sive salsatura apud nos, quia
ius illius salsature ad nullum derivatur per obitum,
et nullus utitur iure illo sive salsatura, sed hi qui
nati sunt salsatores; alia vero omnia bona relicta indivisim et insimul pro hereditate dabimus predictis secundum
formam iuris predictorum (Seibertz II Nr. 697).

　　Hiernach gehörte das Recht eines verstorbenen Sälzers am
Salzbrunnen nicht zu seinem Nachlaß, es fand keine Erbfolge
in dasselbe statt. Wenn das Recht trotzdem sowol in dem
Privileg von 1246, als auch in der Urkunde von 1321 als
ein erbliches Recht bezeichnet wird, so kann dies nur darauf
bezogen werden, daß es durch die Abstammung von einer der
berechtigten Familien erworben wurde, daß wir es also nicht mit

---

[3]) Hillebrand, Rechtssprichw. S. 162. Graf und Dietherr 217.
[4]) In Werl bestanden Hergewäte und Gerade noch zu Recht　Stadt=
recht v. 1324 §. 23 (Seibertz, Urk.=B. II Nr. 604).

einer successio mortis causa, sondern mit der sogenannten successio ex pacto et providentia maiorum zu thun haben, und zwar in ihrer reinsten Anwendung: verbunden mit Gesamteigenthum und gleicher Berechtigung sämtlicher zur Zeit lebenden folgeberechtigten Familienglieder [5]), darum aber für die richtige Auffassung der Stammgutsnachfolge wie des Eigenthums zur gesamten Hand gleichmäßig lehrreich. Es findet nicht wie bei den Familienfideicommissen und gewöhnlichen Stammgütern eine Individualsuccession einzelner, zu Besitz und Genuß für jetzt allein berechtigter Familienglieder statt; bei welcher von dem Gesamteigenthume der Familie nur das durch Warterechte gesicherte, von Gerber treffend sogenannte „successive Erbrecht" übrig bleibt [6]); ebenso wenig aber haben wir es, wie etwa bei der Belehnung zur gesamten Hand, mit einem Gesamteigenthume bloß der Häupter der einzelnen Linien zu thun, deren Recht durch successio mortis causa auf ihre Nachkommen übergeht, also wirklich vererbt wird [7]).

---

[5]) Wir werden unten sehen, daß sich das Sälzerrecht in dieser Gestalt bis auf den heutigen Tag erhalten hat.

[6]) Auf die Streitfrage, ob auch bei dieser durch Individualsuccession modificierten Stammgutsnachfolge noch von einem Gesamteigenthume der Familie die Rede sein könne, soll hier nicht eingegangen werden, doch dürften die Werler Verhältnisse für diese Auffassung nicht wenig ins Gewicht fallen.

[7]) Band V, S. 285 ff. dieser Zeitschrift habe ich nachzuweisen gesucht, daß auch das lombardische Lehnrecht von verwandten Gesichtspunkten ausgeht, wenn es auch nicht ein Gesamteigenthum, sondern neben dem dominium utile des zeitigen Besitzers nur ein Warterecht der Häupter der einzelnen Linien anerkennt. Den dort gewonnenen Resultaten kann man auch nicht mit Gerber (deutsch. Privatr. 10. Aufl. S. 724 und 9. Aufl. Nachtrag) entgegensetzen, daß die Auffassung des lombardischen Lehnfolgerechts als succ. e. p. et pr. mai. von der Praxis recipiert worden sei; denn da die passive Stellung der Descendenten bei Veräußerung und Felonie, so wie die erbrechtliche Beschränkung in II. F. 45 stehen geblieben ist, so ergibt sich aus diesen thatsächlichen Voraussetzungen noch heute die Unmöglichkeit der Auffassung als succ. e. p. et pr. mai., eine Consequenz die durch den Hinweis auf eine falsche Auffassung der Praxis nicht beseitigt werden kann, da es sich nicht um praktische Rechtssätze, sondern um deren juristische Construction handelt. Auch wird das agnatische Folgerecht in den Libri Feudorum nicht so unbedingt hingestellt, wie Gerber annimmt, sondern regelmäßig von der Voraussetzung „si feudum fuerit paternum" abhängig gemacht.

Nach außen hin traten die Werler Sälzer als „Gilde" auf.
Nach dem Stadtrecht von 1324 §. 22 hatten sie gleich der Gilde
der Bäcker, der Bauleute und der Kaufleute von den acht mit
der Stadtratswahl betraueten Männern je zwei zu ernennen.

An der Spitze der Sälzergilde stand ein von den Sälzern
gewählter Sechszehnerausschuß, dei sestine dei wi gesat hebbet
under uns, unse amet to bewarene, und diese hatten dafür zu
sorgen, daß jeder Sälzer von seinem „Salzwerk" den städtischen
Schoß von 8 Mark pünktlich entrichtete[8]). Denn jeder Sälzer
fabricierte aus dem ihm zufallenden Antheile an der gemein-
schaftlichen Soole auf eigene Hand sein Salz, hatte sein „Salzwerk" für sich.

Die dazu erforderlichen Betriebsanlagen standen von je her
im freien Privateigenthume einzelner Sälzer oder Nichtsälzer und
hatten mit der Soolengemeinschaft nichts zu thun. Urkundliche
Beweise dafür liegen schon aus dem 13. und 14. Jahrhundert
vor. So verkauft 1203 Graf Gottfried von Arnsberg dem
Kloster Oelinghausen domum salinariam in Werle, ebenso 1303
an das Kloster Himmelpforten ein Werler Bürger Emelrich
domum meam, scilicet salinam prope vallum Werlense sitam [9]).
Haben wir es hier mit Salinenbesitzern zu thun die nie zu den
Salzbeerbten gehört haben können, so lehrt uns eine andere Urkunde, daß man in einem solchen Falle die Saline an Salz-
berechtigte in Erbpacht zu geben pflegte. Seibertz II Nr. 770
(1362): Eberhard von Langenol verkauft an das Kloster Rum-
beck aream meam domus salinarie in Werle, quam Wilhelmus
et Betekinus dicti Pape (Mitglieder der noch heute blühenden
bekannten Erbsälzerfamilie), opidani in Werle, ad presens in-
colunt libere et quiete iure hereditario perpetue possidendam.

II. Zweite Periode. Eine andere Grundlage gewann das
Erbsälzerwesen durch die Vorschrift der goldenen Bulle von
1356 c. IX §. 1: daß die Kurfürsten universas auri et argenti
fodinas atque mineras stanni, cupri, plumbi, ferri et alterius
cuiuscunque generis metalli ac etiam salis, tam inventas quam
inveniendas imposterum quibuscunque temporibus, in ihren
Landestheilen tenere iuste possint et legitime possidere. Der

---

[8]) Urk. v. 1321 bei Seibertz II Nr. 583.
[9]) Seibertz I Nr. 118. II Nr. 50.

Kurfürſt von Köln, als Herzog von Weſtfalen, zögerte nicht, von dem ihm hier zuerkannten Salzregale Gebrauch zu machen. Nach längeren Wirrungen kam am 14. Januar 1382 ein Ver= gleich zu Stande (Seiberz II Nr. 860), welchem zufolge die Sälzer das kurfürſtliche Regal anerkannten und ihr bisher allo= biales Recht von dem Kurfürſten Friedrich III. zu Lehn empfien= gen. Als Ausſteller der Urkunde erſcheinen 48 namentlich auf= geführte Perſonen[10]), ind vort die gemeine ſeltzere, burgere zu Werl, und an dieſelben 48 Perſonen, ind vort die gemeine ſeltzere, unſe burgere zu Werle, iſt die in die Urkunde ein= geſchaltete Erklärung des Kurfürſten, folgendes Inhalts, gerichtet: da alle dieſe, ind ire alderen ind vurvaren, sich etzwielange her unser ind unses gestichtz saltzputze in unser stat van Werle ind dair en buissen in[d] unser stede graven gelegen annommen ind underwunden hatten[11]), ... ind want wir ind die vurschreben seltzere nu bevunden han ind gentzlichen underwiset sin, dat beide die saltzputze vurg. uns ind unss gestichtz vurschreben van rechte sin solen ind sint, ſo habe er doch, Angeſichts ihrer bisherigen Treue, und in Erwägung, daß ſie die hantteringe ind alle gelegenheit daraff bas wissent dan imant anders, es fürs Beſte gehalten, dat wir in ind iren erven die vurg. unse saltzputze ind saltzwerk vort beveilen zu hanthaven ind zu bewaren. — Ind wir han darumb vur uns, unse nakomen ind gestichte si ind ire erven ind nakomen, as mit namen ire sone ind nit dochtere, unse erfseltzere zu Werle in unser stat gesetzt ind gemacht, ind in unse saltzputze in binnen ind in buissen Werle, as vurschre= ben is, geleigen ewichlichen ind umbermee gelenet ind ver= pechtet, lenen ind verpechten in die oevermitz diesen offenen brief vur den zinden die danaff alle zit vallen mach, in wilcher wise dat si; und dieſen Zehnten ſollten ſie bezahlen van allen soeden ind heffen, alle zit ind as dicke dat saltz gevellet ind bereid is. — An dieſe Erklärung ſchließt ſich dann der Revers der Erbſälzer an: Herumb so bekennen wir seltzere van Werle vurschr., alle sementlichen ind unser itlich

---

10) Darunter von den ſpäteren Sälzernamen ein Lilie, zwei Pape und ein Seiliole (Zelion=Brandis).

11) Alſo Michaels= und Stadtgrabenbrunnen.

18 *

besunder, vur uns, unse erven ind nakomen vorg.,
daß sie die vom Kurfürsten ihnen gebotene Gnade acceptieren,
ind dat wir die vurg. beide sine saltzputze ind dat saltzwerk
zu Werle van ime ind sime gestichte in der vurg. maissen
vur den zienden, erflichen daraf zu geven, han zu pachte
entfangen ind genomen, ... ind dat wir ind unse erven
ind nakomen nit me rechtes dair an han noch han solen,
dan as vurg. is. ind wir geloiven ouch sementlichen, ind
unser itlich sunderlingen, vur uns unse erven ind
nakomen vurg., daß sie den Zehnten van alle deme saltze,
dat van dem vurg. iren saltzputzen ind saltzwerke vallen
mach, entrichten werden, van allen ind itlicher heeffe ind soeden die da gesoden solen werden, also as wir alle sementlichen ind besunder vur uns ind unse erven ind
nakomen vurg. alles Obige zu erfüllen versprechen. Zum
Schluß bitten sie (wir ind unser itlich besunder) die Werler
Burgleute um Untersiegelung.

Da noch in demselben Jahre, gelegentlich der Einnahme
der Stadt durch Graf Engelbert von der Mark, das Sälzer=
archiv durch Feuer zerstört worden war, so ließ man das Recht
der Sälzer im Jahre 1395 durch eine Kundschaft feststellen [12]),
deren Inhalt durch ein Privileg des Kaisers Sigismund von
1432 ausbrücklich bestätigt wurde. Insbesondere bestätigte der
Kaiser deme selbigen obingenanten saltzampte zcu Werle alle
sultzen sole unde saltzwerke in der stat gelegin, mit allem
eigenthume freiheit und zcugehorung, nichts aussgescheiden,
vor eigen, und erflärte frei unde ledich die vorg. saltzer unde
alle ire nachkomelinge, das sie hinfur von uns, dem reiche
unde alle unsern nochkomelingen in zcukunftigen zceiten uff
das newe von uns (adir) unsirn nochkomenden in den sachin
unde stucken vorgeschrebin zcu lehin zcu entpfangen unvor-
bunden unde ungedrungen bleiben sollin; unde wollin, das sie
vor allremenlich mit desem brieffe ire lehin zcu allir genuge
beweisen. Gleichzeitig wurde bei zwanzig Mark Golbes (halb
an die königliche Kammer und halb den obg. saltzeren) ver=
boten, das nimant von den vorg. fursten, heren unde andere
mer vorgenant die itzunt genanten saltzer unser obingenann-

---

ten statt zcu W. an keinerleie stucken, in freiheiten unde gewonheiten, unde sunderlichin an zcuflosse unde abflosse ires genannten saltzwerkis, zcufuren addir abfuren, das sie mit eiden unde ires selbis hant behalten wollin, das daz saltzampt zcu W. die stucke unde freiheite semptlichin unde iglichs bisundern lenger den ein unde dreissig jar unde tag gebrucht unde besessin habin, hindern noch irren sollin u. f. w. Und endlich gestand der Kaiser den Sälzern auch die Autonomie zu: Abir das saltzampt zcu Wérle sollin die obingenanten freiheite, willekoren unde gewonheiten zcu meren zcu minren zcu haldin addir zcu swechin, wie on das fugsammest ist, unde irem ampte, den saltzern únd alle iren nochkomenden bequemelichest beduncket, unbetwungen von uns unde unseren nochkomelingen unde allirmenlichin bliben¹³).

Nachdem auch Erzbischof Dietrich II. von Köln durch Privileg vom Jahre 1434 die Kundschaft von 1395 theils wörtlich wiederholt, theils durch einige zusätzliche Bestimmungen vermehrt hatte¹⁴), war das Recht der Erbsälzer folgendermaßen gestaltet.

Durch den Vertrag von 1382 war das bisherige allodiale Eigenthum der Sälzer an den beiden Brunnen in bloßes Untereigenthum verwandelt und dem Landesherrn das Obereigenthum zuerkannt. Durch den von den Sälzern übernommenen Zehnten wurde ein Verhältniß begründet, das auf der einen Seite an das bäuerliche Erbzinsrecht, auf der andern Seite an den Bergzehnten anklingt. Subjecte dieses Verhältnisses waren der Kurfürst und seine Regierungsnachfolger einerseits, die 48 benannten Sälzer und ihre Nachkommen männlichen' Geschlechts und im Mannsstamme andererseits. Die successio ex pacto et providentia maiorum blieb bestehen; darum erschienen unter den 48 benannten Sälzern auch vier Söhne neben ihren Vätern¹⁵), und darum wurde den 48 Namen hinzugefügt: ind vort die gemeine seltzere, — — vur uns unse erven ind na-

<hr />

¹³) Seibertz III Nr. 930. Alle sonstigen Abweichungen des Privilegs von der Kundschaft v. 1395 sind unten im Anhange angegeben.

¹⁴) Siehe den Anhang.

¹⁵) Johan Benedicten, Johan sin sun, — Helmich Winterkreie, Conrait sin soen, — Conrait Wacker, Tilman sin sun, — Teilken Notliken, Conrait sin sun.

komen, — — wir ind unse erven ind nakómen, wobei außer den noch Ungeborenen auch an diejenigen Nachkommen zu benken ist, die das zur Ausübung des von den Vorfahren ererbten Rechts erforderliche Alter noch nicht erreicht hatten. Contrahenten waren also die 48 einzelnen Sälzer für sich und ihre männlichen Nachkommen, sie handelten gemeinschaftlich und doch auch wieder jeder für sich: alle sementlichen ind unser itlich besunder, sementlichen ind unser itlich sunderlingen, wir alle sementlichen ind besunder, wir ind unser itlich besunder.

Das durch den Vertrag von 1382 begründete Verhältniß bietet manche Analogien der Belehnung zur gesamten Hand[16]), insbesondere in der durch Mutschierung modificierten Form, welche eine stärkere Individualisierung der in der Gesamtbelehnung verbundenen Berechtigten eintreten läßt, indem, unbeschadet der Ungetheiltheit der Hauptsache, wenigstens im Fruchtgenusse die ideelle Theilung zur Geltung kommt[17]). Der wesentliche Unterschied liegt nur in der aus alter Zeit aufrecht erhaltenen successio ex pacto et providentia maiorum im Sälzerrecht.

Salzberechtigt an sich war jeder in der Ehe mit einer freien, unbescholtenen Frau erzeugte Sohn eines Sälzers[18]), gleichviel ob der Vater noch neben ihm berechtigt oder schon vorher gestorben war; doch stand der Nutzen aus dem Salzrecht des Sohnes, so lange derselbe bei den Eltern in der Were lebte und das 24. Lebensjahr noch nicht erreicht hatte, dem Vater oder, nach dessen Tode, der Mutter zu[19]). Eine Vererbung des Salzrechts fand nicht statt, was darauf bezogen werden könnte hat eine ganz andere Bedeutung[20]); dagegen hatten die Erben Anspruch auf die Erträge aus dem zur Zeit des Todesfalls laufenden Betriebsjahre[21]). Ebenso wenig konnte das

---

[16]) Vgl. Homeyer, Syst. b. Lehnrechts d. sächs. Rechtsb. 457 ff.

[17]) Vgl. ebd. 466.

[18]) Anhang §§. 8. 9. 19. 23 Note 30. Siehe auch Anm. 20.

[19]) Anhang §§. 10. 21.

[20]) Wenn es in einer Urkunde des Erzbischofs Friedrich III. v. J. 1382 (Seibertz II Nr. 861) heißt: Vort solen unser seltzere soene, ind niet die doechtere, erven an unse saltzampt, so ist dies in dem Sinne der Quellen aus der ersten Periode zu verstehen. Siehe oben S. 260 f. Einen andern Sinn verband die Kundschaft v. 1395 mit dem Worte „an das Salzamt erben". Vgl. Seite 267.

[21]) Anhang §. 27.

Salzrecht durch Versatz oder Veräußerung in fremde Hände gelangen, nicht einmal das Nutzungsrecht daran (gevalle) konnte
(durch Verpachtung und dergl.) auf einen andern übertragen
werden, nur das fertig producierte Salz war frei veräußer-
lich[22]).

Also jeder geborene Sälzer und nur der geborene Sälzer
war salzberechtigt. Um aber von dieser Berechtigung Gebrauch
machen zu können, um actives Mitglied der Sälzergenossenschaft
zu werden, bedurfte es einer ausdrücklichen Aufnahme des Berechtigten in das Sälzercollegium; und auch wenn diese Aufnahme geschehen war, konnte unter Umständen eine zeitweilige
Suspension oder selbst vollständige Ausschließung eintreten.

Regelmäßig erfolgte die Aufnahme, wenn der Sälzer das
18. Lebensjahr erreicht und vor den versammelten Genossen in
feierlicher Weise seine Berechtigung nachgewiesen und den Sälzer-
eid geleistet hatte[23]). Jüngere Personen wurden nur in einem
Ausnahmefalle aufgenommen: nach dem Tode des Vaters der
älteste minderjährige Sohn, ohne Rücksicht darauf, ob auch groß-
jährige und bereits als Sälzer anerkannte Söhne vorhanden
waren[24]); man sprach in einem solchen Falle von einer „Vererbung" des Sälzerrechts, später führten diese Aufgenommenen
den Namen „Repräsentanten". In der That handelte es sich
auch nicht um den Erwerb des Sälzerrechts durch Erbschaft,
das Recht an sich stand den Söhnen schon durch ihre Geburt
zu, nur waren sie noch nicht Mitglieder der Sälzergilde und deshalb noch nicht zur gewerblichen Ausbeutung ihres Rechtes befugt. Nur die Rücksicht auf die ihres Ernährers beraubte
Familie, insbesondere auf die Witwe[25]), gab die Veranlassung,
wenn man ausnahmsweise auch den minderjährigen Sohn in
die Gilde aufnahm. Es mußte ihn dann aber ein großjähriger
und bereits aufgenommener Sälzer als Vormund vertreten[26]).
Und dasselbe war der Fall, wenn ein Sälzer ins Kloster gieng[27])

---

[22]) Anhang § 8 i. f. §. 16.
[23]) Anhang §§. 8. 9.
[24]) Anhang §. 9.
[25]) Dies zeigt besonders Anhang §. 19.
[26]) Anhang §§. 11. 21.
[27]) Anhang §. 20.

oder sich vorübergehend in die Fremde begeben hatte[28]), oder
wenn die nicht salzberechtigten Erben eines verstorbenen Sälzers
Anspruch auf die Erträge des Sterbejahres machten[29]). Daß
die Bestellung eines Vormunds nur aus gewerblichen Gründen
verlangt wurde, ergibt sich aus der Vorschrift, kein Sälzer solle
mehr als eine Vormundschaft übernehmen[30]), natürlich weil
man fürchtete, er werde seine und seines Mündels Siedereien
nicht so betreiben, wie es das Interesse der Gilde verlangte.
Es war also eine Frage des Gilde= und nicht des Eigenthums=
rechts, ob jemand zum Salzsieden zuzulassen sei; Eigenthümer
waren alle geborenen Sälzer, aber nur die zur Gilde zugelasse=
nen oder in dieser durch einen Vormund vertretenen hatten
etwas von ihrem Eigenthume, das Recht der übrigen war illu=
sorisch, es „blieb im Brunnen", und dies war ebensowol bei
dem wegen Minderjährigkeit noch nicht in die Gilde Auf=
genommenen, als auch bei dem vom Gilderecht Suspendierten
der Fall.

Denn auch die mehrfach erwähnte Suspension resp. Auf=
hebung des Sälzerrechts erklärt sich allein aus dem Gilderecht;
nicht das Sälzerrecht an sich, sondern die Ausübungsbefugniß
wurde davon betroffen[31]). Suspendiert wurde: wer seinen
Wohnsitz von Werl verlegte, für die Dauer seiner Abwesenheit[32]);
wer auf Reisen gieng und länger als ein Jahr verschollen war,
bis man Kunde von seinem Leben erhielt[33]); wer eine unfreie
oder bescholtene Frau ehelichte, für die Dauer der Ehe[34]); wer
außereheliche Unzucht trieb oder wegen solches Vergehens oder
wegen Wuchers im Sendgerichte gerügt wurde, bis zur Besse=

---

[28]) Anhang §. 13.

[29]) Anhang §. 27.

[30]) Anhang §. 15.

[31]) Man könnte auf die Analogie des Jagdrechts hinweisen, das an
sich jedem Grundbesitzer zusteht, ausgeübt aber nur von demjenigen werden
kann, der ein gewisses Maß zusammenhangender Bodenfläche besitzt.

[32]) Anhang §. 12. Ausgenommen war der Eintritt ins Kloster, wo=
fern man nur Sicherheit gegen jede spätere Anfechtung des Sälzercolle=
giums von Seiten des Ordens bestellte; wer dies unterließ, sollte „keinen
teil mit den saltzern zcu Werle habin". Anhang §. 20.

[33]) Anhang §. 13.

[34]) Anhang §. 23. Im Jahre 1406 bekundeten die sesteinen des sold
amptes to Werle to dusser tid Folgendes: dat vur unses amptes gerichte

rung und kirchlichen Buße[35]); wer eine ihm obliegende Abgabe
an die Gilde oder ihren Schutzpatron nicht entrichtet hatte, bis
er seiner Verpflichtung nachkam[36]); endlich auf die ersten 14
Nächte oder den ersten Monat nach dem Beginne des neuen
Betriebsjahrs: wer die Michaelisversammlung versäumte, oder
eine auf ihn gefallene Wahl als Sechszehner unberechtigt ab=
lehnte, oder einen Mitsälzer körperlich mishandelte, oder ein
Sälzerrecht zu kaufen oder zu verkaufen versuchte, oder sich zum
Nachtheil der Gilde auf einen Holzhandel einließ (wegen des
Feuerungsbedarfs beim Sieben), oder gegen die Siedeordnung
verstieß[37]). Wer dem Verbote zuwider sich ans Sieden gab,
der „sott mit Gewalt" und setzte sich gewaltsamem Einschreiten
des Sälzervorstands und weiterer Suspendierung aus[38]).
Gänzlich „seines Amtes entsetzt", d. h. aus der Gilde ausge=
stoßen, wurde, wer durch falsche Angaben die Aufnahme eines
Unberechtigten herbeigeführt hatte[39]).

Das Recht des in die Gilde aufgenommenen Sälzers
wurde als sein „Salzwerk" oder „Salzamt" bezeichnet[40]) und
gleichmäßig dem daraus entspringenden Ertrage (vervall, gevalle)
wie dem von ihm producierten Salze, das sein freies Eigenthum
war, entgegengesetzt[41]). „Salzwerk" oder „Salzamt" war also

---

is gecomen Ewerd Pruce, und hevet to den hilgen gesworen . . . .,
so wat em vorvallen mach von sinem sald ampte, dat hei des nicht
mede (mere?) deilen en wil mit Greiten, Pladevoites dochter, und en sulle ok
sins saldwerkes nicht bruken mit sinem wetene, dar umme, wante sei
er e und er eichtschap verbroken heft met einem manne dei ein elic
wiff hadde, und dar openbare ein kint von hadde, dat stat kundich is
worden. Dei vurg. Ewerd heft vur uns und unsen gemeinen broidern
unses amptes verwilkord, werd (l. wer 't) dat hei dei vurg. Greiten
weder to sich in sin hus efte in sine woninge neme, und .sich weder
to er heilde, dat hei dan to ewigen dagen des saldamptes mit uns nicht
bruken en zolde. Seibertz III Nr. 908.

[35]) Anhang §. 37.
[36]) Anhang §. 7 f.
[37]) Anhang §§. 1 f. 6. 16—18. 24.
[38]) Anhang §§. 24. 36.
[39]) Anhang §. 8.
[40]) Anhang §§. 8—10. 14. 16. 19. 23 Note 30. §§. 27. 35 f. Vgl.
Anm. 34 und S. 262.
[41]) Anmerk. 21. 22.

zunächst das Recht, gleich jedem andern Sälzer zu sieben[42]), und dazu mußte ihm vor allem die nötige Soole verabfolgt werden, so daß das dem einzelnen zukommende „Wasser" als der eigentliche Gegenstand seines Rechts erschien[43]). Jeder Sälzer sott mit seiner eigenen Pfanne[44]), also auf eigene Rechnung, und bezahlte dafür seine Abgabe (vgl. S. 262 und Anhang §. 35); die Salzhäuser dagegen, in denen gesotten wurde, waren nur in den Händen Einzelner, von denen sie (und wol regelmäßig im Wege der Sachenmiete) an andere Sälzer zur Mitnutzung überlassen zu werden pflegten[45]). Der Herr des Hauses behielt eine gewisse Aufsicht über den ordnungsmäßigen Betrieb[46]), auch bestand zwischen den in demselben Hause arbeitenden Sälzern eine gewisse engere Gemeinschaft, so daß es, wollte einer sein „Salzwerk" in ein anderes Haus verlegen, der Einwilligung der übrigen bedurfte[47]).

Wichtiger als diese mehr zufällige Gemeinschaft war die aus dem Rechte selbst entspringende Gemeinschaft aller Sälzer. Das „Salzwerk" gewährte dem Einzelnen „Theil und Gemeinschaft"[48]), d. h. ein individuelles Nutzungsrecht (Wasserantheil) am ungetheilten Ganzen (den beiden Quellen). Ausüben durfte er dies Recht nur nach seiner Aufnahme in die Gilde und unter deren beständiger Aufsicht. Die Gilde selbst wurde gleichfalls als das „Salzamt" oder schlechtweg als das „Amt" bezeichnet[49]). Sie setzte bei Beginn jedes Betriebsjahrs, zu Michaelis, fest, wie viel Wasser dem einzelnen Genossen zu verabfolgen sei[50]), und hielt behufs der Controlle auch im Laufe

---

[42]) Anhang §§. 8. 11. 13f. 18. 23. 34. 37.

[43]) Anhang §. 1 Note: zwei heffen wassers. §. 16: an watere oft an gevalle. §. 23 Note: sin versuimde wasser.

[44]) Anhang §. 25.

[45]) Anhang §§. 14. 24f. Vgl. S. 262.

[46]) Anhang §. 24.

[47]) Anhang §. 14.

[48]) Anhang §. 8 Note 10. §. 12 Note 20. §. 20 Note 28. §. 23 Note 30.

[49]) Anhang §§. 4—8. 10f. 13f. 20f. 29f. 32. 34.

[50]) Vgl. na deme daghe as men salt settet (Anh. §§. 1f. 6. 16f. 24). Vgl. Anm. 2. Die Festsetzung erfolgte unzweifelhaft, wie noch jetzt, so, daß nicht die von dem Einzelnen zu schöpfende, schwer controllierbare Wassermenge, sondern die ihm zu producieren gestattete Quantität Salzes bezeichnet wurde. Vgl. Seibertz, Statutarrechte S. 340 f.

des Jahres allwöchentlich „Abrechnung" mit den Sälzern resp.
Sälzervormündern [51]). Der Verkauf des gewonnenen Salzes
scheint den Einzelnen freigestanden zu haben [52]), dagegen mußten
sie ihren Feuerungsbedarf wol von der Gilde beziehen [53]), um
sich im Ankaufe des Holzes nicht gegenseitig Concurrenz zu
machen. In die Kasse der Gilde flossen Abgaben und Geld=
strafen, die den Sälzern unter Umständen auferlegt wurden [54]),
ebenso die Erträge eines im Laufe des Jahres ausgefallenen
„Salzwerks", soweit nicht die Civilerben eines verstorbenen
Sälzers Anspruch darauf hatten [55]). Bloß versäumtes oder
suspendiertes „Wasser" dagegen wurde nicht auf Rechnung der
Gilde versotten, sondern blieb bis zur anderweitigen Vertheilung
im nächsten Michaelistermine einfach im Brunnen, kam also der
Gesamtheit nur mittelbar zu Gute.

Die Salzhäuser, in denen gearbeitet wurde, schieden sich
durch einen zwischen ihnen hindurch fließenden Bach in die von
„Enger" oder „Engern" und die von „Westen", und nach dem=
selben Gesichtspunkte wurden auch zwei Kategorien unter den
Sälzern unterschieden [56]); unzweifelhaft eine Beziehung auf die
Stammesverschiedenheit der Engern und Westfalen, wobei nur die
westliche Verschiebung der sonst viel weiter nach Osten liegenden
Grenze beider Stämme im Dunkel bleibt.

Den Vorstand des „Salzamtes" bildeten die „Sechszehn",
welche nach einem nicht ganz klaren Wahlmodus in der
Michaelisversammlung auf je ein Jahr gewählt wurden, und
zwar acht von Enger und acht von Westen [57]). Einer von ihnen,
der „Lochtemann", dessen Name an den nordischen Lagmann
erinnert, nahm die Stelle des späteren Sälzerobersten ein [58]).
Außerdem wurde aus der Zahl der übrigen Sälzer ein „Richter"
gewählt, der nach Bestätigung und Vereidigung durch den kur=

---

[51]) Anhang §. 18. Vgl. §§. 14 f. 32.

[52]) Vgl. Anm. 22. Anders heute. Vgl. Seiberz, Statutarrechte S. 341.

[53]) Vgl. Anhang §. 17.

[54]) Anhang §§. 4—8. 13 f. 25.

[55]) Anhang §§. 13. 27.

[56]) Anhang §§. 1—4. 8.

[57]) Anhang §§. 1. 2. Vgl. oben S. 262.

[58]) Anhang §. 3. Das Statut von 1665 erwähnt statt des Lochte=
manns den „Obersten der Sälzer".

fürstlichen Amtmann eine gewisse Gerichtsbarkeit in Angelegen-
heiten des Salzamts auszuüben hatte [59]). Die Sechszehn legten
in Sälzerfachen glaubwürdiges Zeugniß ab, dem, wenn sie es
auf ihren Eid nahmen, bei Strafe niemand widersprechen
durfte [60]). Auch von ihrem Collegium scheint der Ausdruck
„Salzamt" im engeren Sinne gebraucht worden zu sein [61]),
jedenfalls wurden die Geldbrüchen und Abgaben, welche dem
„Amte" zufielen, von ihnen angenommen und verwaltet. Die
Aufnahme und Vereidigung neuer Sälzer wird ebensowol ihre
Aufgabe gewesen sein, wie die Suspendierung und Ausschließung
wegen rechtswidriger Vorfälle. Wenigstens übten sie die Aufsicht über den gesamten Gewerbebetrieb der Sälzer [62]), hatten
für die Eintreibung der dem Kurfürsten gebührenden Abgaben
der Einzelnen zu sorgen [63]) und übten auch wol in Gemeinschaft
mit dem „Richter", dem sie als Urtheiler zur Seite stehen
mochten, eine gewisse Gerichtsbarkeit über die Genossen aus [64]).
Wahrscheinlich waren sie es, die, wol unter Zustimmung der
übrigen Sälzer, am Michaelistage das „Salz setzten" [65]), jedenfalls hatten sie allwöchentlich als „rekelude" die Controlle darüber, daß keiner mehr als das ihm zugewiesene Wasser ver-
arbeitete [66]). Die Kundschaft von 1395 wurde von den Sechszehn „mit guden willen ind overdracht al der ghemeinen
selteren" mit „unses amptes segel" unterfiegelt, während bei
dem Vertrage von 1382 noch kein eigenes Siegel des Salzamtes
erwähnt wird [67]).

Wie die Sechszehn hier zur Unterfiegelung der Einwilligung
der übrigen Sälzer bedurften, so kann auch das dem Salzamte
in dem Privileg Sigismunds von 1432 eingeräumte ius statuendi

[59]) Anhang §§. 3. 4. 30. 36. Urt. v. 1382 bei Seibertz II Nr. 861
(Anm. 68).
[60]) Anhang §. 5.
[61]) Anhang §. 8 Note 10: vor den saltzeren unde saltzampte.
[62]) Anhang §. 14.
[63]) Anhang §§. 25. 34. Vgl. Anm. 8.
[64]) Vgl. Anhang §§. 22. 24. 32. Urt. v. 1382 (Anm. 68). Urt. v.
1406 (Anm. 34).
[65]) Anm. 50.
[66]) Anhang §. 18.
[67]) S. oben Seite 264.

(S. 265) nur der Gesamtheit der Sälzer zugestanden haben. Die Bestimmung des Privilegs von 1434 (Anhang Note 7): „Ind die sesstzien die dan gesaissiget sint, wie die setzend ind saissigent up dat beste des salsamptz, des en sall niman wedersprechen, ind dair bi laissen" kann sich demnach, wie auch die Fassung in dem Statute von 1665 ergibt, nur auf gewöhnliche Verwaltungsmaßregeln bezogen haben[68]). Jeder materiellen Aenderung durch den Vorstand hätte das Prinzip der gesamten Hand entgegengestanden, hier war Einstimmigkeit aller Berechtigten erforderlich. Ja, strenge genommen mußte das Prinzip der successio ex pacto et providentia maiorum selbst jeden Beschluß zum Nachtheil der noch ungeborenen Sälzer unmöglich machen; allein hier hatte das Gilderecht über den strengen Eigenthumsbegriff den Sieg davon getragen, die Ungeborenen konnten kein stärkeres Recht in Anspruch nehmen, als den zum Salzamte Geborenen aber noch nicht in die Gilde Aufgenommenen oder von dieser Suspendierten oder Ausgestoßenen zukam, die weder einen Wasserantheil beanspruchen, noch auch in Salzamtsangelegenheiten eine Stimme abgeben konnten. Es genügte die einstimmige Erklärung sämtlicher Mitglieder der Gilde, wobei die Bevormundeten wol durch ihren Vormund vertreten wurden; und daß dies nicht erst durch das Privileg Sigismunds neu eingeführt worden, ergibt sich aus dem Vertrage von 1382 (s. S. 263), den allein die 48 activen Mitglieder des Salzamtes abschlossen, indem sie ihrer Erklärung nur hinzufügten, daß sie für sich und ihre Erben, im Namen des Salzamtes handelten.

III. **Dritte Periode.** Gegen Ende des 15. Jahrhunderts entstanden zwischen den Sälzern und der Stadt Werl Irrungen,

---

[68]) Dies gilt auch von folgender Bestimmung des Erzbischofs Friedrich III. v. J. 1382 (vgl. Anm. 20): Vort mogen unse seltzere under in kiesen ind setzen einen richter, ind zu deme etzliche andere personen van den- selven unsen seltzeren (die Sechszehn). wilghen richter unse amptman zu Werle in bestedigen sal. ind die sollen richten ind saissen alle sachen die unse saltzampt antriffent, ind nit vurder. So finden wir in der oben (Anm. 34) angeführten Urk. v. 1406, in der es sich um eine bloße Verwaltungssache handelt, auch nur die Untersiegelung der Sechszehn „mit unss amptes segel" erwähnt, von einer Zustimmung der übrigen Sälzer ist hier keine Rede.

weil die letztere zum Abbruch der Sälzer ein neues Salzwerk
aufgethan hatte; Erzbischof Hermann IV., als Schiedsrichter
angerufen, entschied im Jahre 1482 zu Gunsten der Sälzer,
weil die Stadt ohne seine Erlaubniß kein Recht gehabt habe
(Seiberg III Nr. 986). Aber schon 1510 beschäftigte den Erzbischof Philipp II. dieselbe Sache abermals, indem die Sälzer
sich über die drei andern Gilden zu Werl beschwerten van
wegen eins saltpuitz buissen derselven unser stait Werle, in
unserm (des Erzbischofs) furstenthom und regalrecht gelegen,
den dan die berorten dri gilde ader ampte uffzorumen und
vor einen saltzboren zoin saltzsiden zo gebruchen furnamen
(Seiberg III Nr. 1011). Der Erzbischof wahrte vor allem sein
Regal, indem er entschied: das uns als dem landsfursten,
unsern naichkommen und stift in diessem entscheide und ver-
drage unser regalrecht, darzo auch alle andern unser ovrig-
heit herligheit und gerechtigheit binnen und buissen unser
stait Werle unter und pover erden gantz und gar alles dinges
unverletzt und unvergeven furbehalten sin sullen. Weiter
heißt es dann: Wo aver uber kurtz ader langk geschee, das
der vorberort ader ein ander derglichen saltzborn binnen
ader buissen unser stait W. mit unsem, als des landsfursten,
ader unser nachkomen wissen und willen uffgehin (l. uffgetan)
und zom saltzsiden gebrucht wurde, so sollten die Sälzer (zum
Ersatze für die ihnen daraus entstehende Concurrenz) von der
zum Besten der Stadt ihnen auferlegten jährlichen Abgabe von
80 Mark entbunden werden.

Man sieht, die den Sälzern in dem Vertrage von 1382 eingeräumte Belehnung wurde von dem Kurfürsten als einfache
Spezialverleihung aufgefaßt, so daß etwa in jener Gegend neu
aufgedeckte Brunnen dem reinen Regal unterlagen. Wahrscheinlich handelte es sich in den vorliegenden Irrungen schon um
das außerhalb der Stadt angelegte „Neuwerk", das der Kurfürst demnächst, eine Eventualität welche die Schiedssprüche von
1482 und 1510 schon in Aussicht stellen mochten, kraft seines
Regals zu eigener Ausbeutung in die Hände nahm. In dies
sog. Neuwerk ließ er dann auch die Soole des den Erbsälzern
verliehenen Stadtgrabenbrunnens hinüberleiten, den diese, da sie
an dem Michaelsbrunnen eine für ihr Absatzgebiet hinreichende
Soole zu haben vermeinten, wieder hatten zudecken lassen; der

Kurfürst fand darin eine Schmälerung seines Zehntrechts und erklärte den Brunnen als ins Regal zurückgefallen. Endlich kam es, nach langwierigem Prozessieren, im Jahre 1652 zu folgendem Vergleiche (Seibertz III Nr. 1045).

Die Sälzer baten den Kurfürsten, er möge ihnen den strei= tigen Brunnen sambt anderen negst der statt in der Arlach und Meiloh eröffneten oder ins künftig noch ferner erfinden- den saltzquellen, mit und nebenst dem neuen saltzplatz und darauf errichteten geben, sambt allen dessen pertinentien [69]), gegen von ihnen zu gewährende Entschädigung überlassen. Der Kurfürst, indem er auf diesen Antrag eingieng, erklärte: Erstlich, das wir ihnen sältzeren, nemblich Herman Brandis, obersten sältzeren etc. [70]), und ihren mans erben auss ihrem geschlecht und namen ehelich geboren, und so lang einige davon im leben und unserer wahren römischen cathol. religion zugethan seind und bleiben werden, mehrbemelten im stadtgraben, auch in der Arlack und Mailoh gelegene und noch ferner in und um unsere statt Werl künf- tig erfindende saltzquellen, sambt dem von der stat neu erbaweten saltzwerk, platz und graben, wie solches aldort in seiner circumferentz gelegen, mit dero darzu gehöriger

---

[69]) Vorher hatten sie angegeben, daß der Kurfürst auf dem Neuwerk das neue saltzwerk samt pfannen, leckhäusseren und wasserleitungen, auch anderen zubehör, kostbarlich erbawet hätte.

[70]) Folgen 24 namentlich aufgeführte Sälzer, darunter 9 Brandis, 7 Pape, 4 Schöler, je ein Mellin, Lilie, Krispen, Vendītt, endlich als 25. und 26.: Everhard Bock und dessen sohn, zum fall sie sich wiederumb zur cathol. religion bequemen. Ueber die letzteren ist zu vergleichen Brandis, Historie der Stadt Werl, z. J. 1583 (Seibertz, Quell. z. westf. Geschichte I S. 80): von den Erbsälzern waren Johann Mellin und Wil- helm Bock zum Protestantismus übergetreten, „worauf dan alsobalt die übrige Sälzere, noch bestehend in acht Familien, sich beisamen thäten, und statuirten einmütigh, da jemand ihres Mittels von der wahren cathol. Religion ab und dieser oder jener neuer Lehr beifallen würde, derselbe von ihrer Geselschaft abgesonderet und biß ad diem resipiscenciae keiner Saltzprivilegien mit ihnen weiter zu genißen haben solte. Zwar Mellin bedachte sich und wurde wiederumb recipiret, der Bock aber pliebe einen als andern Weg bei dem Calvino, gestalt auch dessen Enkel, ohn dem nun altimus familiae, noch extra ovile daraußen irret." Daß die Sälzer kein Recht zu einer derartigen Majorifierung hatten, ergibt sich aus dem oben (S. 278) Gesagten.

wasserleitung und appertinentien, zu ewigen zeiten abtretten, verleihen und verpfachten, und sie darüber zu erbsältzeren bestettigen wollen, thuen solches auch hiemit und craft dieses. Als Gegenleiſtung wurde ausbedungen, daß der bisherige eine Zehnte nur von der einen Hälfte des ſämtlichen von den Wer= lern zu producierenden Salzes entrichtet, die andere Hälfte dagegen mit zwei Zehnten (alſo das Ganze mit 1½ Zehnten) beſteuert werden ſollte. Die Sälzer ſollten alle Anlagen mit den darauf ruhenden Laſten und Schulden übernehmen, übrigens es ganz in ihrer Hand haben, ob ſie mit allen ihren Brunnen, oder nur mit einzelnen derſelben arbeiten wollten.

Endlich behielt der Kurfürſt ſich den Heimfall vor: Dafern aber . . . ihr, der sältzer, mänlicher stam gantz und zumal abgehen, oder niemand von ihnen, so catholischer religion . . . . zugethaen, ubrig sein würde, so soll diese unsere concession wiederumb fallen und allerdings craftloss sein, und alsdann uns und unseren nachkommen frei und bevor stehen, berürtes gantzes saltzwerk unserem ertzstift lediglich wieder anzuheimbschen und einzuziehen.

In objectiver Beziehung hatte dieſer Vertrag zunächſt die Folge, daß die Sälzer nicht bloß, gegen Erhöhung des Zinſes, außer dem ſchon 1382 verliehenen Michaels= und dem ſtreitig gewordenen Stadtgrabenbrunnen nun auch das Neuwerk erhiel= ten, ſondern auch im Wege der Diſtrictsverleihung mit dem Regal für die ganze Werler Gemarkung beliehen wurden, ein Recht das auf Grund des §. 250 ABG. vom 24. Juni 1865 auch nach Aufhebung des Bergregals in Preußen beſtehen geblieben iſt, und zwar nunmehr, nach Beſeitigung des ſtaatlichen Regals, wiederum wie in der erſten Periode als ein allodiales Recht; unbeſchadet der Zehntpflicht, die nun, als auf privatrechtlichem Titel beruhend, den Charakter einer Reallaſt annehmen mußte.

Von noch größerem Intereſſe aber iſt die Veränderung, welche der Vertrag von 1652 in ſubjectiver Beziehung her= vorbrachte. Bis dahin waren nur die Brunnen ſelbſt ungetheilt geweſen, dagegen hatte jeder Sälzer mit dem ihm alljährlich zugewieſenen Soolenantheil auf eigene Hand, nur unter Aufſicht der Sechszehn, und auf eigene Rechnung gewirtſchaftet. Dabei behielt es, abgeſehen von dem ſeit 1583 neu hinzugefügten

Erfordernisse des katholischen Bekenntnisses, rücksichtlich des Michaelsbrunnens auch sein Bewenden, aber das Neuwerk nebst dem jetzt damit verbundenen Stadtgrabenbrunnen nahm das Sälzeramt selbst in die Hand, so daß, während wir das frühere Verhältniß einem Gesamtlehn mit Mutschierung vergleichen konnten (s. S. 266), bei dem Neuwerk nur die Analogie der strengeren Gesamtbelehnung zulässig erscheint.

Die neuen Verhältnisse machten eine Revision der Statuten nötig, und so kam das von Kurfürst Maximilian Heinrich bestätigte Statut vom Jahre 1665 zu Stande [71]), welches im Jahre 1805 von Landgraf Ludwig X. von Hessen bestätigt wurde [72]) und, abgesehen von einzelnen späteren Aenderungen [72a]), noch heute die Grundlage des Werler Sälzerrechts bildet.

Die neuen Statuten enthalten zum überwiegenden Theile eine fast wörtliche Wiederholung der älteren Quellen, und es sind nur wenig materielle Aenderungen hervorzuheben. Da die Zahl der berechtigten Familien in der letzten Zeit bedeutend zusammengeschmolzen war, so findet sich statt der Sechszehn (unter denen der Lochtemann) jetzt ein gewählter Vorstand von Sechs, drei von Engern und drei von Westen, welcher aus der Zahl der übrigen Sälzer den Sälzerobersten und den „Platzrichter" beruft [73]). Die Strafe der zeitweiligen Suspendierung vom „Salzwerke" ist überall durch eine bestimmte Salzabgabe ersetzt [74]). Das „Salzwerk" des einzelnen wird regelmäßig als seine „Salzgerechtigkeit", sein „Salzgewerbe", sein „Wasser" oder „Salzwasser" bezeichnet. Die Zulassung erfolgt nun schon mit dem 14., die Vereidigung aber erst mit dem 24. Lebensjahre [75]). Hinzugetreten ist das schon in dem Beschlusse von

---

[71]) Siehe den Anhang.

[72]) Vgl. Seibertz III S. 400 Anm. 291.

[72a]) Wohin namentlich das durch Gesamtbeschluß der Sälzer im vorigen Jahrhundert aufgehobene Erforderniß des Werler Domizils gehört.

[73]) Anhang Note 4 und 7. Heute besteht der Vorstand nur noch aus drei Mitgliedern, die aber den alten Namen der Sechs beibehalten haben. Vgl. Seibertz, Statutarrechte S. 344.

[74]) Theilweise schon in dem Privileg von 1434.

[75]) Anhang Note 11. 13. 15. 17. Seitdem unterscheidet man in Folge gewohnheitsrechtlicher Entwickelung zwischen Minorennen (über 14 Jahre), Majorennen (über 24) und Repräsentanten (ohne Rücksicht auf das Alter). Der Soolenantheil der Majorennen ist um die Hälfte, derjenige der Re-

1583 aufgestellte Erforderniß der katholischen Confession [76]) und eine stärkere Verurtheilung unsittlichen Lebenswandels [77]). Im übrigen ist alles beim Alten geblieben, auch das Verbot der Veräußerung der Salzgerechtigkeit (als eine notwendige Consequenz des Gesamteigenthums) dauert fort [78]). Dagegen ist nach einer andern Richtung hin eine höchst bedeutsame Aenderung vorgegangen. Während nämlich früher außer dem Vater, der die Antheile seiner mündigen aber noch in väterlicher Gewalt stehenden Söhne nutzte [79]), kein Sälzer zu seinem eigenen Salzwerke noch die Verwaltung eines fremden übernehmen durfte, und selbst die vormundschaftliche Uebernahme einer solchen Verwaltung auf ein Salzwerk beschränkt war [80]), wurde es jetzt [81]) gestattet, zu dem „angeborenen Wasser" noch ein „gedingt oder Pachtwasser" zu haben. Von diesem Rechte, den Antheil eines Mitsälzers für ein Betriebsjahr [82]) „anzuheuern", wie später der technische Ausdruck dafür lautete, konnte an sich jeder Sälzer Gebrauch machen, besonders aber werden die Besitzer der Salzhäuser sich dessen bedient haben, indem sie ein solches Pachtverhältniß, bei dem sie Pächter waren, dem bis dahin allein zulässigen Mietsverhältnisse, bei dem sie andern Sälzern die Mitbenutzung ihrer Kotten überließen, vorziehen mochten; auf der andern Seite hatte die Sache für diejenigen Sälzer, die nicht zugleich Kottenbesitzer waren, den Vortheil, daß sie ihr Recht ausnutzen konnten, ohne selbst als Salzproduzenten aufzutreten, was bei der veränderten sozialen Stellung mancher Sälzer (zumal seit das Erforderniß des Werler Domizils aufgehoben war, Anmerk. 72a) dringend wünschenswert erscheinen mußte. So brachte das beiderseitige Interesse es mit sich, daß

---

präsentanten um ein Viertel erhöht worden, so daß die Minorennen vier, die Repräsentanten fünf und die Majorennen sechs Viertel Wassers erhalten. Vgl. Seibertz, Statutarrechte S. 340.

[76]) Anhang §. 45. Vgl. Anm. 70.

[77]) Anhang §. 44.

[78]) Anhang Note 22.

[79]) Siehe S. 266.

[80]) Siehe S. 268.

[81]) Anhang §. 41 f.

[82]) Eine Verpachtung auf längere Zeit mußte sich an dem Veräußerungsverbote stoßen.

man bald in der angezogenen Bestimmung des Statuts von
1665 nur noch den positiven Theil (Erlaubniß der Anheuerung)
berücksichtigte, den negativen Theil dagegen (nicht mehr als ein
Wasser anzuheuern) stillschweigend außer Kurs setzte. Und dies
hat dann im Laufe der Zeit dahin geführt, daß die Kotten=
besitzer niemand mehr bei sich zuließen, sondern ausschließlich
mit eigenen und angeheuerten Wassern arbeiteten, so daß diejeni=
gen Nichtkottenbesitzer, die sich über die Heuer nicht einigen
konnten, ihr Wasser ungenutzt „im Brunnen" lassen mußten [83]).
Auf diese Weise hat sich, in rein gewohnheitsrechtlicher Ent=
wickelung, allmählich zu Gunsten der Kottenbesitzer und ihrer
allodialen Rechtsnachfolger ein besonderes Zwangs= und Bann=
recht, die sogenannte Gußgerechtsame, ausgebildet [84]), durch
welche, ohne die geringste Verschiebung des Eigenthums= und
des Gilderechts selbst, die Rechte der nichtgußberechtigten Sälzer
einen rein pecuniären Charakter annehmen mußten.

Einen gleichen Charakter aber hatte das Recht aller einzel=
nen Sälzer den Neuwerker Anlagen gegenüber von Anfang
an gehabt, indem hier nicht, wie bei dem Michaelsbrunnen,
Sonderwirtschaft der einzelnen Berechtigten, sondern ausschließ=
lich genossenschaftlicher Betrieb stattfand [85]). Das Statut von
1665 enthält über denselben keine ausdrücklichen Bestimmungen,
die Sache blieb vielmehr rein der gewohnheitsrechtlichen Fort=
bildung überlassen.

Daß die Eigenthumsverhältnisse auch hier dieselben wie am
Michaelsbrunnen waren, unterliegt nach allem bisher Gesagten,
insbesondere nach dem Wortlaute des Vertrags von 1652, nicht
dem geringsten Zweifel, auch hier haben wir Eigenthum zur
gesamten Hand und Stammgutsnachfolge nach denselben Prin=
zipien wie oben, aber das Individuum tritt hier weniger hervor,
und die aus dem Einzelbetriebe hervorgegangenen Gußgerecht=

---

[83]) Für die dadurch beförderte größere Mächtigkeit der Soole erhalten
sie nach heutigem Sälzerrecht aus der Sälzerkasse eine geringe Entschädigung,
die sogenannte „Heuer aus dem Brunnen".

[84]) Vgl. Seibertz, Statutarrechte S. 341 f.

[85]) In gewissem beschränkten Sinne ist derselbe auch bei dem Michaels=
brunnen angebahnt worden, indem das Sälzeramt in den Jahren 1842
und 1846 von den 29 daselbst bestehenden Gußgerechtsamen 4½ Güsse käuf=
lich für sich erworben hat.

same sind hier ohne Bedeutung. Der am Schluß jedes Betriebs=
jahrs sich ergebende Reingewinn wird nach denselben Grund=
sätzen wie das „Wasser" des Michaelsbrunnens vertheilt, doch
werden nach einer Gewohnheit, deren Entstehung sich nicht mehr
nachweisen läßt, heute nur die „Majorennen" und „Repräsen=
tanten", aber nicht die am Michaelsbrunnen mit „vier Vierteln
Wassers" concurrierenden „Minorennen" berücksichtigt [86]).

Anhang.
Kundschaft über das Recht der Erbsälzer zu Werl [1]).
Vom 29. September 1395.

Wante dei danken der lude ind alle lop der werlde
vorgenclich is, ind verwandelet sich van ener tit to der
anderen, ind wi unss privilegia breve ind utschrifte vorluren,
do Werle greven Engelberte to der Márke vurraden wart ind
von eme ghewunnen, dat gescheen is in den jaren unses heren
Ihesu Christi do man schreff dusent dreihundert in deme twe
ind achtentighen jare an sunte Dyonisius daghe, eins vri-
daghes, so is des noet, dat men beschrive gude alde woende
dei unse olderen gehalden ind gewaret hebt, ind wi vort
halden welt in ghenade unses heren.

§. 1. Dat nu vort ind to ewighen daghen sal ein iuwelich selter, dei binnen Werle is levendich ind gesunt, op
sunte Michahel dach komen Engher vor de salthuss to none
tit, ind sal al dar jeghenwordich bliven also langhe, dat de
seesteine [2]) ghesaet sint. wei des nicht en dede, de [3]) sal

---

[86]) Vgl. Seibertz, Statutarrechte S. 342.

[1]) Nach Seibertz, Urkundenbuch zur Landes= und Rechtsgeschichte des
Herzogthums Westfalen. II Nr. 891. Die Zusätze des Privilegs von
1434 (nach Seibertz III Nr. 933) sind in [ ] eingeschlossen und die der
Statuten von 1665 (ebb. Nr. 1054) mit Kursivschrift gedruckt. Die Ab-
weichungen beider, so wie die correspondierenden Bestimmungen des
Privilegs von 1432 (ebb. Nr. 930) stehen in den Anmerkungen.

[2]) Statut von 1665: *die sechsse so das folgende jahr uber neben
dem obersten sältzere dem saltzplatz vorstehen sollen.*

[3]) Priv. von 1434: *der sall zwei heffen wassers versuimet heven.*
1665: *solle mit sechs hauf saltz verfallen sein.*

veerten nacht leedich gan na deme daghe as men salt
settet. Vgl. Statut von 1665 §. 25. (Die §§. 21—24
handeln von der kirchlichen Feier des St. Michaelistags durch
die Sälzer).

§. 2[4]). Ind so dan sulen achte van den seesteinen
Enger under sich twe keisen. dei selve twe sullen vort vere
keisen van den selteren Enger. in aller wis sullen dei anderen seestene [5]) don Westene. dusse gekornen sullen dei seesteine proven ind setten op er eede; ind wei dan dusse gekornen dei seesteinen nicht wolde helpen setten, de [6]) sal
enen mand ledich gan na deme dagh as men salt settet,
it en wer sake dat he de seesteinen des nesten jars dar be-
vore gesaet hedde.

§. 3[7]). Ind de vorg. settere sulen enen lochtemane
saten van den seesteinen, ind enen richter van den anderen
seltern, den lochteman dat ene jar Enger ind dat andere
Westene. des en sal neiman wederspreken.

§. 4. Dusse vorg. richtere *und oberster sältzer* sal sitten

---

[4]) Statut v. 1665 §. 26: *Und sollen dan die sältzere Engeren auf
ihren aidt und gewissen erwählen drei an seiten Westen. §. 27: Wie
imgleichen die an seiten Westen drei an seiten Engeren.*

[5]) Deutlicher Priv. v. 1434: die anderen eicht van den seesszienen.

[6]) Priv. v. 1434: der [en] sall des [nit] verwedden, id en were
sache dat he des anderen jairs si hedde helpen setzen. Das en unb
nit ist offenbar zu streichen.

[7]) Priv. v. 1434: Ind die sesstzien sullen setzen ind kesen einen
richter und einen lochteman, ind des en sall niman wedersprechen.
Ind die sesstzien die dan gesaissiget sint, wie die setzend ind saissigent
up dat beste des salsamptz, des en sall niman wedersprechen, ind dair
bi lassen. — Statut v. 1665 §. 28: *Und dieselbe sechssen sollen erwählen
und setzen einen obersten der sältzern und einen richtman. und was
dieselbe sechs, welche also gesetzt seindt, nebenst dem obersten sältzeren
zu beförderung und besten des saltzwesens dinsamb befinden und ordnen, solches soll niemandt widersprechen, sondern dabei es lassen. Ebb.
§. 6: Der richter uber das saltzwesen, welcher von den sältzeren auss
ihrem gremio erwählet, von dem churf. amtmann zu W. aber bestettiget
wirdt, wie imgleichen der oberster sältzer, sollen zuforderist ihro churf.
durchlaucht, dero nachkommen und ertzstift wie auch den sältzeren
geloben und schweren, das saltzgericht gar treulich zu verwahren und
hand zu haben, und die brüchten ausszumachen und zu pfanden, wie
sich gebühret.*

bi richte unses gnedigen heren van Colne, dei en selter is [8]),
ind sulen richten Engere vor den salthuse van unses heren
genaden, so wat sich an unser salt ampt drepet, ind nicht
vorder. so weme dar gebodden wert efte dach geleget, ind
nicht dar komet, dei breket twelf penninghe, achte deme
ampte ind vere (deme) richtere unses heren van Colne. wei
dei bruke vor deme jeghenwordigen richter tor stunt nicht
betalde ofte verpandede, dei breke dei hogeste brucke. [Ind
denselven vurg. richter sall bestedigen unse amptman, ind
die vurs. richtere sullen uns, unsen nakomelingen ind gesticht
ind unsen seltzeren gelowen ind sweren, dat gerichte getruwe-
lichen zo verwaren ind zo hanthaven, ind die bruchten uiss
zo manen ind zo penden, als id sich geburt]. Vgl. Statut v.
1665 §. 7. 18.

§. 5 [9]). Vortmer, so wei under uns eme seesteinen in
sin eede spreket, dat sich an dat saltampt drepet, dei
breket ok den hogesten bruke; ind dei bruke is tein schilling,
achte schilling dem ampte ind twe schilling unses heren
richtere.

§. 6. Vortmer, so wellich seltere sich unerwinet weder
den anderen mit scheldworden, dei brecket twelf penninghe,
achte deme ampte ind veer penninghe unses heren richtere.
ind so welich seltere sich unerwinet mit deme anderen mit
slegen ind mit stoten, dei sal ledich gan veertennacht na
deme dage as men salt settet. Vgl. Statut von 1665
(§§. 12 und 14, wo als Strafe 3 resp. 6 Hauf Salzes genannt
werden).

§. 7. Vortmer, wer dat welich seltere dem guden sunte
Michahele schuldich wer was offt pennichgulde, ind des nicht
betalde op sunte Michaheles dage, wat saltes von des wegen
gesoden worde, dat schee mit gewalt, ind breke an eme
iuweliken soede veer schilling, twe ind dertich penninghe deme
ampte ind seestein penninghe unses heren richtere.

---

[8]) Priv. v. 1434: Ind die richter, der gesaissiget is, der sall sitzen
bi unsem richter oever dat salsampt, der ouch ein seltzer sin sall etc.

[9]) Stat. v. 1665 §. 13: *Und dahe ein sältzer iemanden von den
sechssen gegen dessen aidt und function mit ungebührlichen und ver-
kleinerlichen worten begegnen würde, derselb verfiele mit 6 hauf saltzes.*

§. 8 [10]). **Wer 't dat ein selter sone hedde,** so wan dei achtein [11]) jar alt werden, tuschen middewintere ind pinkest, dei mach men dan al sunendaghe behalden in dusser mate so hir na ghescreven steet. to deme ersten sal dei knecht den men dar behalden wel selver lifhaftich wesen Enger vor den salthusen, dar dat behalt scheien sal. dar sal dei vader des knechts oft ein sin neste, dei en selter to Werle geboren is, to den hilgen sweren mit opgerichteden vingeren ind ghestavedes edes, dat [12]) dei knecht echte, recht ind vulkomen achtein [13]) jar alt si, sullich dat hei salt seiden moghe alse en ander seltere to Werle. da sulen twe seltere na sweren, dat dei eed war si. dar bevor sal men eins ordels vragen, off dar ein unrecht behalt schee, wei dat dede, wat dar sin broke um wer? dar op so sal men (ene) wisen sins amptes entsaet, ind nummermer vor guden man to holdene. ind van des knechtes wegen sal men vragen, so wat hei worven ind wunnen hebbe? dar sal men op wisen, **dat hei salt seiden moghe gelich eme anderen selter to Werle.** [so verre as dat behalt reicht si. ind dit vurs. behalt sall geschien Enger vur den salshuisen vur unsem gerichte ind ampte]. ind dei knecht, **offte so wei sin salt-**

---

[10]) Priv. v. 1432: Das kein man noch saltzer, alt addir jung, sempt-liche noch beisunderen, teil addir gemeinschaft, wenig addir vil, an dem saltzampte, addir wie man daz noch der lantsproche genennen mag, habin solle addir moge, her sei denn von einem saltzer in einem rechtin elichin bette elich geborn unde achtzen jar alt, noch gewonheit des selbigen amptis. unde das sal man mit eiden behalden vor den saltzeren unde saltzampte, noch ausswisunge orer 'alten gerechtikeit, freiheit unde gewonheit. wenn das also geschen ist, so wullen wir, das derselbige des obg ampt gebruchin sol unde mag, abir noch gewonheit unde gesetze des saltzamptis zu Werle. Statut v. 1665 §. 1: *Kein mann, alt oder jung, solle theil oder gemeinschaft, wenig oder viel, an dem saltzwerck zu W. haben, er seie dan von einem sältzeren in einem rechten ehelichen bete ehrlig geboren und 18 jahren alt, welches vor den sältzeren mit aide zu erhalten.*

[11]) Statut v. 1665 §. 29: *vierzehen.*

[12]) Priv. v. 1434: dat der knecht si fri, eicht ind reicht ind so vollenkomen, dat he so wal sals sieden moege als ein ander seltzer zo Werle, ind sie eichtzien jair alt.

[13]) Statut v. 1665 §. 80 wie Anm. 11.

werk behaldet[14]), dei sal deme ampte 3 β gheven des selven dages; en schee des nicht, wat salt van des knechtes wegen gesoden worde, dat schee mit gewalt, ind solde ene iuwelike gewalt vurbeteren as vurgescreven is. ind de selve knecht sal tor stunt[15]) loven, sekeren ind sweren mit op gherichteden vingeren ind ghestavedes edes, dat saltampt to bewaren ind to beholden bi gewonte ind rechte, ind sin saltwerk nicht en wech gheven, vorkopen noch vursetten. Vgl. Statut von 1665 §. 29—37.

§. 9. Vortmer, wer dat en seltere sone hedde van echte ind van rechte, ind aflivich worde, er sine sone jarich weren, dei aldeste van den sonen ervet an dat salt ampt[16]); ind so wan dei anderen achtein[17]) jar alt werdet, so mach men se behalden as hir vurgescreven stet. *welchem nach die muter einen sältzer zum vormund erwählen und ihrer söhne saltzwasser besieden lassen mag, nach saltzplatzes brauch und gewohnheit.*

§. 10. Ok so mach dei vader effte de moder, dei mit eren sonen enweldich in unverstichteden ind in unvordeldem gude sittet, er er sone saltwerkes[18]) bruken, bit sei veer ind twintich jar alt sint, na unses amptes wonde ind rechte.

§. 11. Vortmer, effte en selter aflivich worde sunder sone, ind sin vrowe mit ener bort genghe, wan dei to der werlde queme, ind were en levendich sone, so mach dei moder[19]) enen seltere to vormunde keisen, (dei) dat salt van eres sones wegen solt seiden, na unses amptes wonde, as vurgescreven is.

§. 12[20]). Vortmer, wer' t sake dat ein selter ute

---

[14]) Als Vormund. Im Statut v. 1665 §. 36 heißt es: *oder wer desselben salzwerck unternehmen würde.*

[15]) Nach dem Stat. v. 1665 §. 37 erst wenn er *seine 24 jahr erreichet, oder doch vehig dass er seine saltzgerechtigkeit selber antretten und verwalten könne.*

[16]) Statut v. 1665 §. 38: *saltzgerechtigkeit.*

[17]) Statut v. 1665: *vierzehn.*

[18]) Statut v. 1665 §. 39: *saltzwasser.*

[19]) Statut v. 1665 §. 40: *so mag die muter dessen saltzwasser besieden lassen wie eben art. 38 gedacht ist.*

[20]) Priv. v. 1432: Were ouch, daz ein saltzer aussen der statt Werle eigen rouch unde hovisgesinde hette, der selbige sol kein saltz

Werle toghe, ind hedde dar buten gesinde ind eghen roek, van des wegen sal men nein salt seden, [id en were ein priester], wante so lange dat hei mit deme gesinde to Werle wonhaftich werde. Vgl. Statut von 1665 §. 4.

§. 13. Ok, wanderde en seltere ute Werle [in seinem gewerbe], ind were dar jar ind dach buten, so dat men neine warheit sins levens en wiste, van des wegen en sal men nein salt seiden, men [21]) sette dem ampte enen sekeren (man) to borgen. wer 't dat men in deme jare nein ware mere van dem gheme vorneme, so solde, dei sin vormunde were, unvertogen dat ‘gelt, dar van vur vallen, deme ampte antwerden, ind en seiden nicht mer van des gheines wegen, wante alse lange dat men war mere sins levens vorneme; sunder so wat versumet were, dat sal versumet bliven. Vgl. Statut v. 1665 §. 5.

§. 14. Ok, wer 't dat ein seltere sin saltwerk wolde voren van eme salthuse in dat andere [na lichtmissen], dat solde schein mit willen der seesteinen ind siner gesellen in deme salthuse [da he mit soedet], ind sall dem ampte gheven 2 β, er men eme dat rekene in en ander salthus.

§. 15. Ok en sal neimant van uns selteren mer dan ene vormundeschap hebben to sich, dar van hei rekenen sule ind dorve.

§. 16 [22]). Vortmer, so en sal nein selter sin saltampt vursetten noch vurkopen, dat si luttich eder vele, an watere oft an gevalle; et en were an salte al

---

mit den in der statt wonende siden, noch teil mit en habin; her kome denn widdir in die statt zcu wonen. zcoge her denn also widdir in die statt, was kindere die her mit der frauwen aussen der statt in seinem abwessin getzellt und gehabit hette, domit sal man das haldin also das die gewonheit unde recht der saltzere aussweiset.

[21]) Priv. v. 1432: es were denn das man das herfaren mochte das her noch lebete. waz denn an des ausswendigen mannes saltz vorsidene in der zceit seins abwesens vorsumet wurdin were, das sal derselbige ausswesende saltzir an nimande manen noch furdern, unde sol im also versumet bleibin.

[22]) Statut v. 1665 §. 47: *Weiter solle kein sältzer sein saltzwasser versetzen, noch verkaufen, des sei wenig oder viel, an wasser oder gefälle. wer dagegen kaufe oder verkaufe, der soll sechs hauf saltzes zur straf geben.*

reide gesoden. wei dat dede, kofte eder vurkofte, dei sal viirteinnacht ledich gan na deme dage as men salt sette [off aff dede].

§. 17. Ok so en sal nein selter holt kopen dat hei vort vorkope eme anderen selter. wei dat dede, kofte ind vurkofte, al so dicke as dat schee, dei [23]) solde veerteinnacht ledich gan (na deme dage) as men salt sett [off aff doet].

§. 18 [24]). Vortmer sal ein iuwelich selter, deme dat vor den salthusen bort, rekenen mit den rekeluden des sunnendages ene ore na none, oft dar en binnen, it en neme eme lives not, efte dat hei to Werle nicht binnen en were. ind en iuwelich seltere sal nicht mer vorsten [25]), dan twe witte heffen salt [26]), et en si mit willen der. rekelude. ok [27]), wer 't dat dei rekelude brun salt koften, ofte escheden to seidene, wei en des unhorsam wer, deme solden sei dat kerven, ind solde dat vursumet hebben.

§. 19. Vortmer, wer ok dat en selter vorsturve, ind sone achter leite van twen echten vrowen oft meren, is dan dei eldeste sone van der ersten vrowen en selter, so ervet dat saltwerk an den aldesten sone van der andern vrowen; ind vort dei anderen sone, wan dei jarich werden, so mach men sei behalden as hir vurgescreven steit. Vgl. Statut v. 1665 §. 41.

§. 20 [28]). Vortmer, wer 't dat en selter sine sone wolde gheven in enen orden, dei solde deme ampte gheloven doen, ofte dei sich selvere mit guden willen in enen orden gheve, dei solde dem ampte ghelouwen werven ofte don van sime oversten, dat dat ampt van siner wegen unde van siner over-

---

[23]) Statut v. 1665 §. 48: *solle mit 6 hauf saltzs verfallen sein.*

[24]) Statut v. 1665 §. 46: *Ein ieglicher sältzer ist auch schuldig, so oft es der sältzeroberster erfordert, mit demselben sich zu berechnen, des sontags nachmittag oder binnen der wochen, er würde dan seiner abwesenheit oder schwachheit halber daran behindert.*

[25]) Priv. v. 1434: verseen off zco voerentz seden.

[26]) Priv. v. 1434: dan seess heffen wassers.

[27]) Statt des Folgenden heißt es im Priv. v. 1434: wer des ungehoirsam were, der sall des viertziennacht ledich gain na dem dage als man sals setzet off ave doet.

[28]) Priv. v. 1432: Wolde ouch ein saltzer sich selbir addir seine kindere, semptlichin addir iglichs beisunderen, in einen geistlichen

.sten wegen, ind ok sin nesten na sime dode, van erer weghen unghehindert ind unbedeghedinget bleven. ind dei selven sulen selter to vormunderen hebben na unses amptes wonde ind rechte.

§. 21. Vortmer, were dat en selter aflivich worde,.dei sone achter leite dei nicht jarich weren, ind en echte vrowe, dei vrowe sal enen seltere to vormunderen hebben na unses amptes wonde ind rechte.

§. 22. Ok, wellich selter. sin unschult vindet[29]) vor den seesteinen, dar en gheit nein tüch boven. Vgl. Statut v. 1665 §. 15.

§. 23[30]). Vortmer, were dat so welich seltere en echte wif neme dei eghen were, dei en solde nein solt seiden.

---

orden begebin, der saltzer unde die kindere •sollen dem saltzampte zcu Werle solchin gloubin tun unde machin, daz sie hinfur in iren alten freiheiten, gewonheit unde gerechtikeit, vor unde noch geschrebin, von dem genennten saltzer, seinen kindern unde deme selbigen orden âne ansproche unde ungehindert bleiben, âne argelist unde âne geverde. unde welch saltzer unde kindere deme also nit thun wolden, die sollen keinen teil mit den saltzern zcu Werle habin. — Statut v. 1665 §. 2: *Wan ein sältzer oder dessen sohn in einen geistlichen orden tretten will, solle derselb wie herkommens sich von dem saltzplatz jahrlich erkennen lassen; uber dasselbige aber moegen von solchen geistlichen oder deren obrigkeit die sältzer ferner nicht besprochen werden.*

[29]) Priv. v. 1434: budet.

[30]) Statut v. 1665 §. 3: *Dafern ein sältzer ein weib nehmen würde welches von ihme oder einem anderen uneheliche kinder hette, so solle alle die geburt, so von solchem weib vor oder nach käme, an der salzgerechtigkeit zu W. nichts erben.* — Priv. v. 1432: Neme ouch. ein saltzer eine juncfrawen addir frauwen zcur ee die eigen unde nit frei were, so wollin wir noch gewonheit des selbigen •amptes: was kindere von der eigen juncfrauwen unde fraüwen vorg. komen, das die mit sampt dem manne keinen teil mit den saltzeren habin sollin, es were denne, die frauwe storbe, addir der man die frauwen vorliese; hilde sich denn derselbige mann noch gewonheit unde gerechtikeit des saltzamptis, so sol oin das saltzampt widdir sein teil günnen unde zcu gestaten an dem saltzwerke zcu habin. unde was mit so vorsumet were an seinem saltze, binnen das her also die eigen frauwen gehabit hatte, das sol om allis vorsumet sin (unde) blebin. unde die kindere die der man in der zceit mit der eigen frauwen getzelt unde gehabit hette, sollen ouch keinen teil daran habin. Also des glichin sol man das ouch halden mit den saltzeren die frauwen zcu elichem lebin nemen do sie vormals in unelichem lebin bei gelegin hetten, addir das die frauwe mit warhaff-

§. 24. Ok en sal neimant van uns selteren oft unsern
knechten to unser vrowen dage, sunnendages ind apostole dag,
under boten, er twe ore na none. wei dat vurbreke, oft in
wes salthuse· dat schee, dei sal veerteinnacht lediich gan na
deme dage as men salt settet. ind wei mit ghewalt
sudet, deme sal men dat vür ut gheiten, ind sal men den
richter mede ·nemen unses heren; ind sal dat dar to vorbete-
ren, as hir vurg. steit. Vgl. Statut v. 1665 §. 50.

§. 25. Ok is en iuwelich seltere schuldich to gevene
van unses heren wegen twe penninghe op unser leiven vrowen daghe der besten, dat geheiten sint hopenninghe, ind
twe penninghe op sunte Nicolaus daghe. wei der nicht ut
en gheve op dusse vurg. dage to none tit, oft ein ore dar na,
den sulen dei seestene peinden mit ener pannen in deme salthuse dar hei in sudet, ind sal dei pannen weder losen vor
sinen broke vor sees penninghe, ind gheven vort sine hopenninghe ut.

Ind vort, op dat en iuwelich selter mit dem anderen over
den ghemeinen hop al dusse vurg. gude alde wonde mit den
dei vorgescreven sint van ghenaden unses heren leifliken ind
gutliken halden ind ·waren, so hebbe wi Goswin Thomas,

---

tigem unde unerlichem geruffte berufft were. — Priv. v. 1434: Vortme,
wer 't sache dat ein seltzer ein eicht wiff neme die uneichte kindere
van ime hedde, off van eime anderen, alle die geburte die van der
frauwen komet, vur off na, die en sall nit erven an dat salsampte zu W., up dat dair gheine meineide umb en geschien als vurs.
steit. ouch,. wer 't sache dat ein seltzer neme ein eichte wiff die ange-
langt wurde mit einichten reichten umb eigendom off umb einchen
zinss, dem seltzer sall man sin salsampt dale legen mit unsem gerichte,
a unses amptz woende ind reichte, bis so lange dat dat verdadingt is.
urch eine Entscheidung desselben Jahres (Seibertz III S. 66 Anm. 109)
schränkte Erzbischof Dietrich die Anwendbarkeit der ersten Hälfte dieses
titels auf die vor der Ehe geborenen Kinder: So sprechen wir in dem
en, dat Evert Turchin vurs. sin versuimde wasser, dat ime ver-
et bleven is, weder werden sall van unsen seltzeren vurs., des zo
nutze zo gebruichen. voirt sprechen wir, dat der vurs. E. T. des
amptz gebruichen ind geniessen sall sine levenlangk; ind sin wiff
kindere, die he zo unecht mit ire gewonnen hait, die en sullen
recht an dem saltampt haven; ind wat ander, eliger kindere (weren) die
en jaren kemen, wen he (die) an dat saltzampt brengen mach, as ire
enheit ind herkomen is, sullen des saltzampts gebruichen.

Johann Hussele, Evert van Steinen, Deitleff Bock, Gert
Melien, Rotgher Vredebracht, Goscalc Seliole, Gerke Scholer,
Conike Theme, Lambert Wire, Conike Notelke, Johan Pape,
Arnd Notelke, Brunsten ind Evert Turken, seestene in dussen
tiden, mit guden willen ind overdracht al der ghemeinen
selteren, unses amptes segel an dussen breff gehangen. dat
gescheen is in den jaren unses heren do men schreff dusent
dreihundert in deme vif ind negentigesten jare, op sunte
Michahelis dach des hilgen ertzen engels, unses amptes pa-
trone.

§. 26. [Ouch sullen unse seltzere zo Werle dat heilige
crutz zo Werle dragen vur alle jair up sent Ulrichs dagh
zo Soest, so si dat in guder gewoenden hant gehat bis
an diesen dagh, zo Soest umb den hoff, ind weder uiss
Soest].

§. 27. [Item, off ein seltzer verstorve ind geine kindere
achter en liesse, so moegen sine erven dat vervall des sals-
werks in dem jare dair he inne versturve bueren, ind bevelen dat eime seltzer dei ire vurmunder si]. Vgl. Statut
v. 1665 §. 42.

§. 28. [Vort sullen die seltzer den rait zo Werle helpen
setzen ind besitzen na lude der brieve seliger gedechtnisse
unses lieven oemen ind vurfaren, wilne heren Frederichs ertz-
buschoffs zo Coelne, in darup besegelt gegeven hait.]

§. 29. [Item, gein richtgebot, noch bekummeronge, noch
pendonge sall geschien up dem platze vur den salshuisen, an
pannen, an salshuisen, noch an sultze, ader in einchen dingen,
van imande, dan wes sich an dat salsamte treffet, heirumb,
want unse ziende dair inne verkurtzet wurde, ind alle zit
also gehalden is bis an diesen dagh]. Vgl. Statut v. 1665
§. 9.

§. 30. [Wer 't dat einche clage geschege oever einen
seltzer, dat sich an dat salsampt treeffe, dat sall unse richter
zo sich nemen ind richten vur den salshusen, als sich dat
geburt]. Vgl. Statut v. 1665 §. 10.

§. 31 [31]). [Vort ensal niman sinen vurmunder mit anderm reichte andadingen, dat sich an dat salsampte· treffet, ee he ime gerechent have].

§. 32. [Vort so moegen si richten wat sich an dat salsampte treffet alle sondage na none, na reichte ind guder alder gewoende]. Vgl. Statut v. 1665 §. 8.

§. 33. [Ouch so wilch knecht den seltzeren dienen will, der sall loeven ind sweren uns ind unsen seltzeren truwe ind hoult zo sin, ind gein sals zo sieden up zwo milen wegs na Werle, mit namen zo Broichuisen bi Unna herumb, want dat saltzwerk zo Werle anders vernedert wurde].

§. 34 [32]). [Vort so setzen .wir, dat man dat salsampt in eincher wis nit hoger verpechten noch mit einchen schulden besweren sall, id en were dan mit unsen, unser nakomelinge ind gestichtz wissen ind willen. ind wer da van schuldig is off wirt, der sall dat betzalen, zo ziden als .die seesszien dat setzent. ind der des also nit en dede, der sall nit sieden, bis so lange he dat also betzalt hait; behaltlich uns, unsen nakomelingen ind gestichte unsen zienden da van, den unse seltzer uns, off wem wir dat bevelen, up reichte bereiden bieden und leveren sullen zo allen ziden, ain vertzoch ind ain argelist].

§. 35. [Ouch sall ein iglich seltzer sin salsampte jairlichs verschotten vur eicht marck, ind van iglicher marck geven as vil unse stat daselfs up iglichen unsen burger daselfs zer zit setzet up eine marck; in maissen die seltzere ind buwlude dat ouch vurtziden oeverdregen hant, des wir einen brieff gesien hain].

---

[31]) Statut v. 1665 §. 11: *Also mag auch kein saltzer wegen saltzplatzschult mit anderem recht besprochen werden, es seie dan zu vorderist mit ihme vor dem obersten sältzer gerechnet und die ansprach vor dem platzgericht aussgeführet.*

[32]) Statut v. 1665 §. 49: *Was die auf dem saltzwerk haftende schulden und gemeine auflagen betrifft, so viel davon einem ieden sältzer seine quota zustehet, solle er dieselbe auf bestimmte tag und zeit, oder wie der obersältzer und sechsse solches setzen, bezahlen, oder ihme biss dahin nit gemessen werden, iedoch ohne abbruch oder behinderung des landsfürsten zehendens, welcher durch privat schulden keines wegs aufgehalten werden muss.*

§. 36. [Ind wer sals soede weder hoirsam, dem soelde unse richter dat salswerck verbieden, bis he gehoirsam worden were, ind gebessert si als id sich geburt]. Vgl. Statut v. 1665 §. 17.

§. 37. [Vort, off ein seltzer bi eime wive lege dat sin rechte wiff nit en were, off darumb off umb woecher in dem seende gewroecht wurde, der en sall nit sals seden, he en laisse da van, ind have ouch zierst (l. z' ierst) der heiliger kirchen dat gebessert]. Vgl. Statut v. 1665 §. 51.

§. 38. (Statut v. 1665 §. 16). *Solte iemanden sein saltz-gewerb niedergelegt werden, solches solle geschehen durch den bestettigten platzrichtern, auch saltzerobersten und sechsen.*

§. 39. (Statut v. 1665 §. 19). *Dafern ein sältzer, in dessen hauss das messen verbotten wurde, gegen gehorsamb selbst oder durch seine dienere messen zu lassen sich under-stünde, demselben soll der platzrichter das saltzwerck verbieten, biss er gehorsamb were und seinen frevel durch gebührende submission gebessert hette.*

§. 40. (Statut v. 1665 §. 20). Handelt von der Vertheilung der Brüchen zwischen Sälzern und Landesherrn.

§. 41. (Statut v. 1665 §. 43). *Kein sältzer solle neben seinem angebornen wasser mehr dan ein ge-dingt oder pfachtwasser haben.*

§. 42. (Statut v. 1665 §. 44). *Und so dan ein sältzer solcher eingeschriebenen zweier wassere eines, oder halbes oder vierter theil, in ein haus legen wollte, solches mögte geschehen mit wissen des sältzerobersten und entrichtung eines hauf saltzes.*

§. 43. (Statut v. 1665 §. 45). *Auch solle ein sältzer nit mehr sieden, als zur zeit auf ein wasser erlaubt ist, es seie dan mit willen des salzerobersten und sechsen, und dass er entrichte was uff einen übersudt gesetzet ist.*

§. 44. (Statut v. 1665 §. 52). *Were aber ein saltzer gottes und seiner heiligen gebotten so vergessen, dass er in ehebruch betretten würde, derselb und alle männliche geburt, die nach solcher sünde von ihme kommet, solle altem herkommen nach der saltzgerechtigkeit ewig privirt und entsetzet sein und pleiben.*

§. 45. (Statut v. 1665 §. 53). *Endlich, weilen kein collegium confraternitet oder gesellschaft gottseliger und beständiger als bei einerlei religion und gottesdienst bestehen kann, so solle es zu ewigen zeiten dabei verbleiben und diesen statutis einverleibt sein, dass niemand an der Werlischen saltzgerechtigkeit, ob er gleich von denen dazu interessirten familien geboren, den geringsten theil nutzen oder ansprach daran haben solle, er seie dan, wie löblich hergebracht, der alten apostolisch römisch catholischen religion wahrhaftig zugethan und ein glied derselbigen heiligen kirchen.*

Miscellen.

[**Possessorisches Verfahren in Franken.**] Ein zweites Beispiel (vgl. Bd. VIII S. 163) findet sich im Bamberger Stadtrecht (Zöpfl) §. 359: Item, wa ein man stirbt der einerlei oder zweierlei oder mere kinde lezet, und daz der ein wirtein lezet, und ir stifkinde also lezet, und erbe und eigen und wagents und ligents und varende habe lezet, und daz si sich auch dar umb zweien, und sich eins vor dem andern mit frevel und ôn reht dar zu zihen wölt und daz ander mit gewalte auz seiner gewere stozen wöllt, und daz daz zu gerihte mit clag chom und mit gerihte vor verboten wer, und daz dar umb in gerihte gefragt wer worden, und dar umb erteilt wer worden daz di selben güte und habe in dez gerihts gewalt und in dez clagers gebot und clage beleiben schölt, als lang biz daz ez auf beide seiten mit dem rehten auzgetragen würde: welhes denne unter in dar uber nach dem gebot oder nach der urteil ihts auztrüg, und furt auz dez gerihts gebot und urteil, daz schol in nihts für tragen zu cheiner gewere, und hat sich denne dez gerihts da mit unterwünten, und schol ez dem wider antwürten daz vor in der gewere gesezzen ist, und schol ez wider in sein gewer setzen in allem rehten alz ez dez tages gesezzen ist da der alte ab gegangen ist, und schülen denne dem selben dar umb zü sprechen mit dem rehten, und niht für zihen, daz ez ir sei, und schüln reht von im dar umb nemen. waz denne

alts erbes oder newes erbes, wagents oder ligents und
varende habe, da ist, und wem.daz denne volgen schol, daz
schol daz gerihte und daz reht erchennen und auz tragen.

Von den sechs Handschriften, die Zöpfl bei seiner Ausgabe
benutzte, haben diesen Artikel zwar nur drei, darunter aber der
älteste, der Bamberger Stadtkämmereicodex.

Interessant ist die Anerkennung des der Gewere des Erben
zu Theil werdenden possessorischen Rechtsschutzes, wie sie früher
(Bd. VII, 132) für Basel auch schon nachgewiesen wurde.

Richard Schröder.

[**Caspar Calderinus der Jüngere und ein Original-Manuscript
seiner Consilien.**] Zu den weniger bekannten Bologneser Juristen
des XIV./XV. Jahrhunderts gehört Caspar Calderinus der
Jüngere, welcher mit dem Aelteren dieses Namens nicht zu ver=
wechseln ist. Nur Giovanni Fantuzzi (Notizie degli Scrit-
tori Bolognesi. Tomo III. Bologna 1783. 4°. pag. 13) giebt
von ihm einige Nachricht. Er war des älteren Caspar Cal=
derinus († 1399) Sohn, und zwar aus dessen zweiter Ehe mit
Orsolina da Monteforte (cf. Fantuzzi pag. 12. not. 19),
also ein Enkel des bekannten Canonisten Johannes Calde=
rinus. Als seine Lehrer nennt er selbst den Petrus An=
charanus († 1416) und Franciscus de Ramponibus
(† 1401). Unter den Consilien des Ersteren existieren von ihm
einige Consilien, in welchen er sich unterzeichnet: Decretorum
Doctor et Miles. Es sind folgende, in der Venediger Ausgabe
per Bernardinum de Tridino 1490 fol.:

a) Cons. XII. Super casu predicto ego Gaspar infra-
scriptus, saluo saniori consilio, dico u. s. w. Unter=
schrift ego Gas.

b) Cons. XVII. Ita dico et consulo iuris fore, saluo
consilio saniori, ego Gaspar de cald., decretorum
doctor et miles, predictisque per alium scriptis in
testimonium propria manu mea subscripsi meumque
iussi apponi sigillum consuetum.

c) Cons. XXVII[1]). Subscriptio Gas. de Cal. Domini
nostri Jesu xpi nomine repetito ceterorumque ciuium

---

[1]) In der „emendierten" Ausgabe, Papie per Franciscum Gyrarden-
gum 1496. fol. ist es Cons. XXVIII.

supernorum, quia plenitudo adiectione non indiget,
. vj. q. j si omnia²), et super facto b. descripto plene
et compendiose per supra scriptum dominum meum,
d. P. de ancharano, vtriusque iuris profundissimum
professorem, sic et iuridice responsum, prius canonico
consilio et deliberatione cum iuris ciuilis monarcha,
domino meo, d. Fran. de Ramponibus [prece-
dente]³), vna cum eisdem⁴) idem consulo et dico
esse iuris. In testimonium me subscribens et meum
iussi apponere sigillum. Ego Gas. de cal., doct.
et miles.

d) Cons. CCXXXVII.⁵) .allegationibus facientibus in
contrarium supra⁶) per dominum meum, d.
p[etrum] est sufficienter responsum, ideo non repeto,
quia inutilis, d. gaspar de caldarinis, decretorum
doctor et miles.

Ferner findet sich ebenda ein Consilium, welches Caspar
Calberinus in Gemeinschaft mit Bartholomeus be Sa=
liceto († 1412) und Petrus Ancharanus abgegeben hat,
und worin er sich als Comes Palatinus einführt:

e) Cons. CCXVII⁷). Nos bartholomeus de saliceto
de bononia, legum doctor, et gaspar de calderi-
nis, comes palatinus, decretorum doctor et miles, et
petrus de ancha., iuris vtriusque doctor, viso diligenter et mature puncto nobis transmisso, et ipsius
facti circumstantijs ponderatis, consulimus concorditer,
prout infra sequitur.

Endlich ist noch zu erwähnen ein Consilium von Petrus
Ancharanus, welches Caspar Calberinus mit seiner
Approbation versehen hat:

f) Cons. XCVII⁸). Christi .nomine inuocato omniumque
ciuium supernorum, super themate suprascripto assen-

---

²) Decretum Gratiani, Causa VI. qu. 1. cap..7.
³) So ist aus der Papienser Ausgabe zu suppliren.
⁴) So die Papienser Ausg. Die Venediger liest fälschlich eiusdem.
⁵) Papienf. Ausg. Cons. CCXXXVI.
⁶) cf. Cons. CCXXXV.
⁷) Papienf. Ausg. Cons. CCXVI.
⁸) Papienf. Ausg. Cons. XCVIII.

tio conclusioni facte per suprascriptum, profundissime scientie virum, d. p. de a n., iuris vtriusque doctorem, videlicet quod dictus ticius dictam sententiam execu- tioni mandatam propter dictas exceptiones non potest impedire etiam ex motiuis per eum tactis et alijs, hanc subscriptionem ego gaspar etc.

Eine größere Zahl Consilien von Caspar Calberinus d. J., zum Theil im Originale, enthält eine Papierhandschrift der Nationalbibliothek zu Athen[9]) aus dem XV. Jahrh., in Folio. Sie ist auf einem besonderen, vorgesetzten Blatte von moderner Hand betitelt: Resolutiones Legales Gasparis Cal- darini Bononiensis Doctoris, et Militis qui floruit Anno. MCCCC. Mss⁥ Orig. Ueber die Herkunft der H. giebt folgen- der Vermerk auf der letzten Schrift=Seite Auskunft: Al Nobil' Uomo Signor Marchese Francesco Albergati Capacelli Gini, Cavaliere del S. M. O. Gerosolomitano, Ciambellano di S. A. R. il Duca di Lucca Infante di Spajna, che con tanto zelo presta solerte opera a fornire di Libri offerti da Bolog- nesi la nascente Biblioteca d'Atene, Questo Autografo Del Chiarissimo Cittadino nostro Gaspare Calderini Dottore in Leggi, che fiori nel XV. secolo, Presenta Gaeta- no Ferrari Vice Cancelliere al Tribunale di Commercio questo di 12 Febbraro 1845. Den Anfang des MS. bildet ein zwiefaches Register des Inhalts, welches geordnet ist zuerst nach der Reihenfolge der Titel der Decretalensammlung Gre- gor's IX., und dann alphabetisch nach Materien. Die H. ent- hält Consilien von Caspar Calderinus, Franciscus de Ramponibus und Johannes Calderinus. Die Consilien scheiden sich äußerlich in zwei Gruppen. Die erste Gruppe, nur aus wenigen Consilien bestehend, ist mit den Buchstaben A bis F bezeichnet. Die zweite Gruppe, welche nach einem leeren Blatte anhebt, trägt die Zahlen 1 bis 206, die indessen nicht die Gesammtsumme aller Consilien angeben, da mehrere Zahlen doppelt vorkommen. Von besonderer Wichtigkeit ist Cons. C der ersten Gruppe; denn dort lesen wir am Rande die Bei= schrift: Conscilium d. franc. de rampo. et **mei** gas. de cal. Hieraus ergiebt sich, daß die Sammlung von Caspar

---

[9]) vgl. Zeitschrift für RG. X, 163. 1871.

Calderinus angelegt ist und zu seinem Privatgebrauch gedient hat. Von seiner Hand finden sich dann auch im weiteren Verlaufe durch das ganze MS. zahlreiche Randbemerkungen, Correcturen, Zusätze und Einschaltungen, auch sind einige Consilien ganz oder theilweise von seiner Hand geschrieben.

Königsberg, im Mai 1871.

Dr. **Emil Steffenhagen.**

[**Romanistische und canonistische Handschriften in Danzig.**] Bei meinem Aufenthalte als Stadtbibliothekar in Danzig (Winter 1870/71) habe ich die nachstehend beschriebenen 22 HH. zusammengebracht, welche theils der **Stadtbibliothek**, theils der **Bibliothek der Marienkirche** angehören. Dieselben bieten erwünschte Beiträge zur romanistischen und canonistischen Literatur des MA. und bereichern unsere Kenntniß durch mehrere noch unbekannte Werke.

Besondere Aufmerksamkeit im Hinblick auf **Stintzing's** und **Muther's** Forschungen verdienen zwei MSS. der Marienbibliothek, das eine (19) enthält die **Epitome Exactis**[1]), das andere (16) den **Processus iuris Panormitani** resp. **Joannis ab Urbach**. Bemerkenswerth sind ferner vier HH. (12, 15, 17, 22) mit dem **Ordo iudiciarius**, welcher früher dem **Joh. Andreä** zugeschrieben wurde. Zwei davon (12, 22) zeichnen sich dadurch aus, daß sie am Schlusse des Ordo iud. fünf Capitel zusetzen, welche in allen bisher bekannten Texten fehlen; die dritte (15) liefert Formeln für **Italien** und damit den Beweis, daß der Ordo iud. entgegen der bisherigen Annahme in Italien nicht unbekannt war. Von der Lectura des **Jacob Radewitz** über die Decretalen lernen wir eine zweite H. (20) kennen, deren Schlußschrift vollständiger ist, als die der Königsberger H. u. s. f.

A. Stadtbibliothek[2]).

(1) XVIII. D. f. 6. Perg., XIII. Jahrh., gr. Folio. — 1) De arbore consanguinitatis und De arbore affinitatis, mit

---

[1]) Beiläufig sei bemerkt, daß auch in **Wien** zwei HH. der Epitome befindlich sind, s. Tabulae codicum MSS. in bibliotheca palatina Vindobonensi asservatorum. II, 34. n°. 2216, 5. IV, 31. n°. 5124, 7.

[2]) Außer den hier verzeichneten HH. findet sich in dem alten MSS. Katalog der Stadtbibliothek v. 1701 noch folgendes MS., welches leider

zwei schönen Miniaturen. Anf.: [Q]via tractare intendimus de consanguinitate, unb: [C]jrca arborem affinitatis hunc ordinem obseruabimus . . . Affinitas est proximitas personarum. ˙Als Verf. wirb in einer Königsberger H. frater Reymundus ohne nähere Angabe (vielleicht de Pennaforte?) genannt. Mein Catalogus XVI, 2, 3 cf. XIII, 1 u. XLIV, 3. 2) Breviarium Decreti. Anf.: [I]N prima parte agitur de iustitia naturali et positiua. 3) Bartholomeus Brixienfis, Bearbeitung ber Casus Decretorum bes Benincafa Senenfis. Nur ein kurzes Bruchstück (eine Seite). 4) Decretum Gratiani, mit ber Gloffe bes Johannes Teutonicus in ber Bearbeitung bes Barth. Brixienfis.

(2) XVIII. D. f. 72. Perg., XIV. Jahrh., Folio. — Auf bem vorberen Vorsetzblatte folgenbe Notizen über Preis unb Befitzer: valet vj scuta in auro boni ponderis, ferner: Liber fratrum Minorum Conuentus gdanensis, unb: Sextus decretalium cum clementinis et apparatu clementinarum, et est fratrum minorum jn gdanczk. Inhalt: 1) Liber Sextus Decretalium, mit vereinzelten Marginalgloffen verschiebener Verfaffer. 2) Die Clementinen. 3) Von anberer Hand Johannes Anbreä apparatus super constituciones Clementis pape quinti. Am Enbe: Explicit apparatus Johannis andree super constituciones Clementis pape quinti, Auinione in-choatus Anno domini M̊. c̊c̊c. x̊x̊iiij. x̊j kal. Maij, scribendo completus v̊iij kal. Junij Pontificatus domini Johannis pape xxij. anno octauo. Deo gracias.

(3) XVIII. D. f. 15. Perg., XIV. Jahrh., gr. Folio. — Summa in Ius canonicum, alphabetisch geordnet. Anf.: Actor et reus. Regula est, quod actor debet sequi forum rei.

(4) XVIII. A. f. 51. Pap., XIV. Jahrh., gr. Folio. — Summe bes canonischen Rechts, nach ber Orbnung ber ˙ Decretalen Gregor's IX. Erster Theil, enthaltenb Lib. I . . . III. Anf. bes Prologs: SPeciali quodam affectu pariter et

---

nicht mehr vorhanben ist: In Folio. n⁰. 38. Leges Navales Rhodiorum. De moribus et poenis militaribus. De Temporibus et dilationibus a momento usque ad certum annorum spacium. Justiniani Leges Georgicae sive de rustica.

communi fratrum profectu inductus, post illam summam tytulorum, cuius prologus est „cum animaduerterem, fratres karis-
simi, omnes, qui sacris mancipantur ordinibus, canonicis regulis astrictos teneri", quam cum multo labore conscripsi, ad
instar eiusdem summe quedam, que in ea sunt, pretermittendo
et quedam transponendo et quedam apponendo, ut sint ut
rota in rota sese amplexantes et sese conuersis wltibus respi-
cientes, istam summam non minori, sed pari vel maiori
studio pariter et labore conscripsi.

(5) XVIII. B. f. 101. 𝔓𝔞𝔭., XIV. 𝔍𝔞𝔥𝔯𝔥., 𝔤𝔯. 𝔉𝔬𝔩𝔦𝔬. —
𝔇𝔦𝔢 𝔳𝔬𝔯𝔦𝔤𝔢 𝔖𝔲𝔪𝔪𝔢. 𝔷𝔴𝔢𝔦𝔱𝔢𝔯 𝔗𝔥𝔢𝔦𝔩, 𝔢𝔫𝔱𝔥𝔞𝔩𝔱𝔢𝔫𝔡 Lib. IV &
V. 𝔈𝔭𝔦𝔩𝔬𝔤: Expliciunt regule iuris canonici. Qui autem
regulas iuris ciuilis habere voluerit, recurrat ad digestum et
ibi inueniet. Explicit summa tytulorum, quam scedam
appellari volo, eo quod ipsam propter defectum librorum lega-
lium et tedium laboris incorrectam dimitto. u. f. w. 𝔑𝔢𝔲𝔢𝔯
𝔄𝔟𝔣𝔞𝔷: HEc ego 𝔅. pro captu ingenioli mei ad introducendum
similes mihi iuris ignaros ad aliqualem iuris noticiam . . .
multo labore corrogaui et in hanc scedam congessi. u. f. w.
𝔷𝔲𝔩𝔢𝔷𝔱 𝔣𝔬𝔩𝔤𝔢𝔫𝔡𝔢 𝔥𝔢𝔵𝔞𝔪𝔢𝔱𝔢𝔯:

ffinito libro, sit laus et gloria x⁰,
Spiritus alme patris prolis communio cum sis,
Sit tibi, sit soli, sit tribus omnis honor.
Anni fluxere de x⁰ mille ducenti
Septuaginta uel minus aut plus, quando recenti
De studij messe liber hic processit in esse
Ad commune bonum multis specialeque donum.
Hanc scripsit scedam rodolphus nomine quidam.

(6) XVIII. A. f. 9. 𝔓𝔢𝔯𝔤., XV. 𝔍𝔞𝔥𝔯𝔥., 𝔉𝔬𝔩𝔦𝔬. — 1)
𝔐𝔞𝔯𝔱𝔦𝔫𝔲𝔰 𝔓𝔬𝔩𝔬𝔫𝔲𝔰, Margarita Decreti. 𝔖𝔱𝔦𝔫𝔷𝔦𝔫𝔤, 𝔊𝔢𝔰𝔠𝔥.
𝔡𝔢𝔯 𝔭𝔬𝔭𝔲𝔩ä𝔯𝔢𝔫 𝔏𝔦𝔱𝔢𝔯𝔞𝔱𝔲𝔯 𝔖. 127 𝔣. 2) 𝔄𝔩𝔭𝔥𝔞𝔟𝔢𝔱𝔦𝔰𝔠𝔥𝔢𝔰 𝔑𝔢𝔤𝔦𝔰𝔱𝔢𝔯
𝔷𝔲 𝔡𝔢𝔫 𝔇𝔢𝔠𝔯𝔢𝔱𝔞𝔩𝔢𝔫. 𝔙𝔬𝔯𝔞𝔫 𝔢𝔦𝔫𝔢 𝔨𝔲𝔯𝔷𝔢 𝔙𝔬𝔯𝔯𝔢𝔡𝔢: [O]mnium habere memoriam u. f. w. Si igitur volueris aliquam iuris
materiam ex decretalibus et statutis memorie tue reuo-
care, considera principalius vocabulum tui propositi cum litera
idem vocabulum inchoante ad ordinem alphabeti u. f. w. 3)
Incipiunt glo. Cle. cum quibusdam alijs allegacionibus
occurrentibus nota digne per dominum Nicolaum Siculum
Monacensem abbatem dignissimum, nunc vero Archiepiscopum

Panormitanum. Am Ende: Expliciunt glo. Cle. cum quibus-
dam alijs allegacionibus nota digne, collecte per dominum
Nicolaum Siculum Monacensem Abbatem dignissimum,
nunc vero Archiepiscopum Panormitanum, In inclita Ciuitate
Gdanensi Opera et inpendio ffratris Johannis boeck-
man ordinis minorum scripte atque finite Anno domini 1478,
Anno custodiatus sui primo, die veneris 17 Mensis
Aprilis.

(7) XX. B. f. 231. Pap. und Perg. gemischt, 1424, Folio.
— Zuerst Quästionen theologischen Inhalts. Alsdann Hein=
rich's von Merseburg (auch von Magdeburg) Summe der
Decretalen Gregor's IX. Mein Catal. n°. XCIX . . . CI.
Ueberschrift: Summa Henrici, et est extracta ex quinque
libris decretalium. Schlußschrift: Explicit summa Heynrici
extracta ex quinque libris decretalium. Anno domini M°
cccc° xxiiij°. Es folgen drei Predigten.

(8) XVIII. D. o. 1. Perg., XIV. Jahrh., kl. Octav. —
Heinrich's von Merseburg vorher genannte Summe, ohne
Namen des Verf., als summa de iure spirituali oder summa
casuum bezeichnet, nebst dem anonymen Apparat mit dem Anf.:
FEcit deus duo luminaria magna. Mein Catal. XCIX, 2.

(9) XX. A. f. 100. Pap. u. Perg. gemischt, XV. Jahrh.,
Folio. — 1) Anonyme Casus zu der obigen Summe Hein=
rich's von Merseburg, in derselben Gestalt, wie sie nach
einer Königsberger H. näher beschrieben sind in meinem Catal.
CII, 6. 2) Hinter theologischen Stücken Johannes Andreä,
Summa super quarto libro Decretalium. Stintzing, Gesch. S.
186 ff. Es folgen noch einige theologische Stücke.

(10) XVIII. D. o. 37. Perg., XIV. Jahrh., kl. Octav. —
Raimundus von Pennaforte, Summa de poenitentia et
matrimonio, mit der Marginalglosse des Wilhelm von
Rennes. Stintzing, Gesch. S. 493 ff., 500. Die Vorrede
fehlt, so daß die Summe anfängt: Quoniam inter crimina
ecclesiastica symoniaca heresis. Auf der Glosse: Crimina
ecclesiastica sunt, quorum cognicio.

(11) XVIII. B. f. 158. Perg. u. Pap. gemischt, XIV.
Jahrh., Folio. — Auf der inneren Seite des Vorderdeckels die
Notiz: Istum librum comparauit frater johannes zeuelt
pro usu fratrum minorum in gdanczk. Inhalt: 1) Bar=

tholomeus be S. Concorbio, summa Pisana. Stinking, Gesch. S. 524 ff. Der Codex hat dieselbe Schlußschrift, wie die Königsberger H., mein Catal. XCIII. Alsdann folgt noch die Notiz: Istam summam pysani Waltherus de Boeslauia, Consulum Thorun. notarius[3]) comparauit Anno dominj Millesimo ccc° octuagesimoquarto et cetera. 2) Metrische Bearbeitung der Decretalen in Hexametern. Anf.:

[D]istinctus liber est in quinque volumina presens
decretales et summa sequitur titulorum.
. . . .
hos quinque libros metrice conscribere tempto.

(12) XVIII. A. q. 166. Perg., XIV. Jahrh., Quart. — 1) Tabula Iuris des frater Johannes lector Erfordie de ordine ffratrum minorum († um 1350). Stinking, Gesch. S. 507. 2) Der Ordo iudiciarius, welcher früher dem Joh. Andreä zugeschrieben wurde. Stinking l. c. S. 202 ff. Muther, Zeitschr. für RG. VIII, 115 ff. Ueberschrift: Hic docetur totus modus et processus, qualiter sit placitandum in iudicio spirituali, et hoc secundum iura canonyca. Anf.: Qvoniam in tractando iudicio canonico magna necessaria est circumscripcio, ergo priusquam dicatur de processu iudicij, necessarium est scire, quid sit iudicium. Am Schlusse sind fünf Capitel zugesetzt, welche in allen bekannten Texten fehlen. Sie führen die Ueberschriften: De Procuratorio — Procuratorium — Processus peticionis formande — Quomodo appellacio sit scribenda — Exemplum qualiter acta sunt scribenda post litis contestacionem. Am Ende: Explicit Iudiciarius. Zeitangaben. Citatio delegati ohne Zeitangabe, weil anstatt des Papstes der Bischof eingeführt ist, dieser aber nur mit B. dei gratia talis episcopus bezeichnet wird. Sententia definitiva: anno domini M° etc. vi°. kal. Aprilis, ohne Angabe des Seculums und des Jahres. Das letzte (Zusatz-) Capitel ist datiert: ANno domini M°. cc°. lxxxij°. Die Ortsangaben weisen den Text nach Schlesien. Es werden genannt: Jägerndorf, Köln, Leobschütz, Olmütz, Preußen, Troppau.

---

[3]) Derselbe ist identisch mit dem Thorner Stadtschreiber Walther Etthardi von Bunzlau, welcher in den Jahren 1400 bis 1402 die IX Bücher Magdeburger Rechtes compiliert hat, vgl. mein Magb. Recht p. 12.

(13) XVIII. B. q. 217. Perg., XIV. Jahrh., Quart. — Enthält hinter theologischen Werken als letztes Stück eine **Summa dictaminis** mit dem Anf.: [E]Pistola est litteralis edicio diuersarum personarum affectus absentibus expolite presentans. Am Schlusse der Summe sind in capp. 125 . . . 139 verschiedene Formeln angehängt, von denen zwei (capp. 128 u. 129) die Jahreszahl 1356 führen, während in den übrigen das Datum ausgefallen ist. Die localen Beziehungen, welche großentheils erhalten sind, weisen nach Schlesien.

(14) XVIII. H. f. 191. Pap., XVI. Jahrh., Folio. — **Andreae Alciati** Mediolanensis Iureconsulti **Iudiciarij processus compendium,** atque adeo Iuris utriusque praxis aurea, qua quis ueluti Thesei filo ductus, ex Legum pariter et Canonum Labyrintho facilime sese extricauerit. — Ex Libris **Henningi Dysij** Hildesemj Saxonis. Gedruckt Coloniae, apud Melchiorem Nouesianum 1537, abermals 1538. 8° u. öfter. Vgl. Walther, Lit. b. Civil=Proc. §. 94. de Wal, Beiträge S. 45.

B. Marienbibliothek.

(15) 41, alte Signatur X. xii. Pap., XV. Jahrh., Quart. — 1) Roseum memoriale diuinorum eloquiorum s[cilicet] biblie tocius von **Petrus de rosenheym,** monachus monasterii ordinis sancti Benedicti **pathauiensis** dyocesis. Am Ende: Et sic est finis. Per me **Ottonem de hongede.** 2) Von derselben Hand memoriale super libris **decretalium** eines ungenannten Verf., der sein Werk abfaßte jmitatus fratrem **petrum,** monachum ordinis sancti benedicti, womit offenbar der Verf. des vorhergehenden Werkes gemeint ist. 3) Von anderer Hand Cordiale quatuor nouissimorum s[cilicet] mortis, judicij, gehenne, glo[rie]. 4) Wieder von anderer Hand **Processus iudiciarius** mit dem Anf.: ANtequam dicatur de processu judicum. Am Ende: Explicit or[do] judiciarius b[revi]or. Zeitangaben. Citatio delegati: **Allexander.** Sententia definitiva: Anno dominj M°. cc. lxvij° indiccione vj pridie kl. Junij. Die Ortsangaben weisen auf Italien, und noch bestimmter auf Padua[4]), widerlegen also die von Rockinger (Ueber einen ordo judiciarius etc. München

---

[4]) Dazu stimmt auch die Heimath des Verf. des ersten Werkes.

1855. 8⁰. S. 49 f. cf. Muther, Zeitschr. für RG. VIII, 119) aufgestellte Vermuthung. Es kommen vor: Banien[sis] civitas, Bologna, Ferrara, Montelise (mons silicis), Pabua (dieses am häufigsten), Vicenza.

(16) 225, alte Signatur H. xi. Pap., XV. Jahrh., Folio. — 1) Aegibius Fuscararius, Ordo iudiciarius. Am Ende: Explicit summa Egidy per manus Nicolai goerer de tho-ren Notarius Ciuitar. warmie. In den Formeln kommen zwei Jahreszahlen vor. Titel 127, llibellus separacionis coniugij propter adulterium, ist datiert tercia die intrante maio sub anno domini M⁰ ccc⁰ xl⁰, während Titel 173, Procuratorium, die Jahreszahl ANno domini M⁰. cc⁰. 1x⁰ hat. Vgl. Savigny V, 522 f. Note n. 2) Casus summarij zu dem Liber Sextus Decretalium und den Clementinen. 3) Registrum willmi durandi Cardinalis in reportorium suum. 4) Verschiedene Prozeßformeln, worunter zwei vom J. 1448. Alsdann folgt der Processus iudiciarius mit dem Anfange Rex pacificus, von welchem zwei Königsberger HH. bekannt sind. Mein Catal. LXXXIX, 10 u. CXXIV, 1. Stinzing, Gesch. S. 239 ff. Muther, Zschr. f. RG. VI, 215. VIII, 123 f. Zeitangaben: Jahreszahl 1453 und Papst Nicolaus V. Ortsangaben: Basel und Erfurt. Et sic est finis huius Iudiciarij. 5) Venerabili in xpo patri ac domino, domino B. dei gratia sancte marie jn aquar. sancte romane ecclesie cardinali Hugo de carilis, doctor legum. cum reuerencia hunc tractatum de appellationibus decerno vestre beniuolencie. Mein Catal. LXXX, 1. 6) Unter verschiedenen kleineren Tractaten Dinus, De successionibus ab intestato. Savigny V, 458 ff. Anf.: [C]Vm ab intestato successionum materia. Am Ende: Et sic est finis tractatus de succ. ab intestato compositj per d. dinum de musello legum [doctorem].

(17) 220, ohne alte Signatur. Pap., 1433, Folio. — 1) Johannes Andreä, Summa super quarto libro Decretalium. Vgl. oben (9), 2. Am Ende: Et° est finis huius operis, sit laus et gloria x⁰ anno d[omini] M⁰ cccc⁰ xxxiij⁰. 2) Summula judiciaria mit dem Anf.: DE processu iudicij videndum est primo quid sit iudicium. Vgl. oben (12), 2 u. (15), 4. Am Ende: Explicit summula judiciaria domini Johannis de kant finita anno incarnationis domini M⁰ cccc⁰

xxxiij⁰. Zeitangaben unbeſtimmt. In der citatio delegati
iſt der Name des Papſtes ausgefallen, und in der forma apostolorum wird Papſt N[icolaus] ohne nähere Angabe genannt. Orts=
angaben: Mainz, Paris, Würzburg. 3) Martinus Polonus,
Margarita Decreti. Oben (6), 1. Am Ende: Explicit Marga-
ritha decreti transiens per decretum secundum ordinem alphabeti
ffinita anno domini M⁰ cccc⁰ xxxiij jn vigilia ascensionis.

(18) 6, ohne alte Signatur. Perg., XV. Jahrh., Hochquart.
— Casus sumarius cum remissionibus zu den Decretalen
Gregor's IX.

(19) 5, ohne alte Signatur. Pap., XV. Jahrh., Quart.
— Auf dem Deckel die Bezeichnung: Casus sumarius cum
diuersis juribus. Inhalt: 1) Johannes Andreä, tractatulus
de conswetudine. 2) Nota aliquam distinccionem (in) inter
arbitrum et arbitratorem. Am Ende: Bermundus de monte
ferrario, et sit ista distinccio extraordinarie super l. C.
de arbitris [2, 56] lege prima. 3) Casus summarii zu den
Decretalen Gregor's IX. 4) Item nota hic differentiam inter
arbitrum et arbitr[at]orem. 5) Casus summarii zum Liber
Sextus Decretalium und zu den Clementinen. 6) Johannes
de Deo, Decretum abreviatum. Stintzing, Gesch. S. 38 ff.
7) Incipiunt interpretaciones primi [bis quinti] libri decretalium. 8) Summa jo. an., quam posuit de coadiutore circa
ti. de cle. egro. [X. 3, 6], et incipit cum ult. c. 9) Sequitur
tractatulus de interdictis. Anf.: HEc igitur sunt, pater et
domine Reuerende. 10) Circa c. johannes [7] de cleric. coniu.
[X. 3, 3] habes istam notabilem distinccionem, ut ex dictis
suis Gasp[ar]cal[derinus] collegit. 11) Sequitur tractatulus
de obseruacione jeiuniorum. Anf.: Cyrca istum titulum nota
aliqua summatim ex dictis caldr. 12) Sequitur de diuisione
judicum. 13) Die Epitome Exactis a ciuitate romana regibus.
Mein Catal. XXXV. Stintzing, Gesch. S. 89 f., 99, 100 ***.
Muther, Ztschr. f. RG. VIII, 105 ff. Vgl. oben im Eingange
Note 1. 14) Nota versus de titulis decretalium, ferner Titel=
Verzeichniß zum Corpus iuris civilis, und versus super materiam decreti. 15) Eine kurze Auseinanderſetzung über Verwandtſchaft und Schwägerſchaft, am Schluſſe mit der Zeitangabe:
Anno domini M. cccc. xxij die sancte lucie. 16) Incipiunt
libelli compositi per dominum ja[cobum] de but[rigariis]

Super ti. de accionibus Rubrica. Savigny VI, 70. 17) Incipiunt allegaciones rei et secuntur actoris, b. i. die sogen. Contentio actoris et rei. Mein Catal. p. 20. not. 21. 18) Notariatskunst mit dem Anf.: Cvm animaduerterem, quam plurimos Notarios seu tabelliones publicos grauiter errare. Unvollständig, hinten die Bemerkung: Jo. turonien[sis] 1432 decembr. 13. 19) Incipit breuiarium bernardi ad omnes causas jn jure canonico inveniendas. Mein Catal. LXXXIII, 5.

(20) 235, alte Signatur H. i. Pap., XV. Jahrh., Folio. — 1) Jacob Rabewitz, Lectura über die Decretalen Gregor's IX. Mein Catal. CXXXVII, 1. Muther, Ztschr. f. RG. IV, 386. IX, 57. Die Schlußschrift, vollständiger, als in der Königsberger H., lautet: Finita est hec lectura Anno dominj Millesimo quadringentesimo octauo In vigilia Beati Augustini, Conscripta et lecta per Jacobum Rodewicz de Ihenis, magistrum in artibus et Bacalarium in Iure canonico, In studio Erfforden[si] Anno dominj M⁰ cccc⁰ vij⁰ in vigilia beate marie magdalene. De quo deus gloriosus in secula sit benedictus. Amen. 2) Förmulare zu Notariats=instrumenten. 3) Novus formularius mit der Vorrede [Q]voniam nimia prolixitas. Mein Catal. CXII, 2 und Ztschr. f. RG. IV, 191. Am Ende: Explicit formularium tam secundum uigorem curie romane, quam eciam formularium super officio notariorum Archie^{orum} scriptum rome. 4) Formelbuch mit dem Anf.: [L]icet tractatus instrumentorum in ytalie partibus necessario sit defusos esse. Für England bestimmt. Eine Formel ist datiert vom J. 1311, in einer anderen figuriert der Primas von England. Das MS. ist unvollendet und bricht ab mit der Ueberschrift: De hijs, qui in delegatorum citacionibus requirunter.

(21) 30, ohne alte Signatur. Pap., XV. Jahrh., Quart. — Glosa super Summulam Reumundi mit anderen, nicht hierher gehörigen Stücken. Diese Glosse bezieht sich jedoch nicht auf die Summa Raymundi, sondern ist der weitläufige Commentar zu der Summula de summa Raymundi, d. h. dem versificierten Auszuge des Dominicaners Adam. Stinzing, Gesch. S. 502 f.

(22) 30, alte Signatur N. vii. Pap., XV. Jahrh., gr. Folio. — Auf der Vorderseite des ersten Blattes folgende Notiz

des Besitzers: Tabula Cortesij Johannis Ambrosij Tier-
garth: 1439. Inhalt: 1) Ludovicus de Padua s. de
Cortesiis († 1418), Tabula utriusque iuris. Der Verf. sagt
im Prologe: hanc curam in meo reposui animo, vt, si quid in
toto corpore juris ciuilis notabile fuerit in glosis, quia textus·
ommissi, cum ex glosis textus pandantur, per alphabetum
posset reperiri. Addidique laborem labori, vt, si quid in dictis
doctorum, maxime Cyni et Bartholi foret, huic operi aggre-
garetur. Hocque opus seu hanc tabulam cognomine meo
nominari disposui curiale, vulgariter cortese, Cum ego
Ludouicus de Padua, vtriusque juris doctor minimus, de
cortesijs sim cognominatus. . . . huicque operi addidi jus
canonicum cum nouellis et Speculum cum addicionibus Jo[annis]
an[dree]. Vgl. Panzirolus, De claris legum interpretibus. Cura
Hoffmanni. Lips. 1721. 4°. Lib. II. cap. LXXIX. 2) Kaiser
Heinrich's VII. Extravagante Ad reprimendum, mit der Glosse
des Bartolus. Briegleb, Joannis Faxioli et Bartoli de
summaria cognitione commentarii. Erlangen 1843. 8°. p. IX,
XI, XV, 31 ff. Savigny VI, 175 ff. 3) Antonius de Bu-
trio, Repeticio super c. Cum M. ferrarien., de Consti. Rubrica
[cap. 9. X. 1, 2]. Savigny VI, 483. 4) Johannes de Cal-
drinis, Repeticio super c. Nauiganti, de vsuris Rubrica [cap.
19. X. 5, 19]. 5) Sequuntur Recepta de questione, quam di-
sputauit dominus Petrus de Anchorano, Relictis superfluis.
6) Sequuntur dicta et collecta domini Anthonij [de Butrio]
circa glo. Actore non probante, in c. ut nostrum, ut ecc. bene-
fic. [cap. 1. X. 3, 12]. 7) Regula: Ea, que a Iudice [cap.
26. De regulis iuris, in VI^{to}], repetita per Petrum de Anchorano. 8) Questio disputata per Antho[nium] de
but[rio] circa testament. vsurariorum. 9) Federicus de
Senis, Tractatus super permutacione beneficiorum, directus
domino lapo de podiobonici, qui fecit addiciones. Mein
Catal. CIX, 4. CXXVIII, 3. 10) Prozeßschrift mit dem
Anf.: [Q]Via citacio est fundamentum ordinis iudicare [lies
iudiciarii]. Mein Catal. LXXXIX, 14. 11) Hic docetur totus
modus et processus, qualiter sit placitandum in spirituali
iudicio et Iure Canonico. Der Ordo iudiciarius in derselben, mit fünf Zusatz-Capiteln vermehrten Gestalt, wie
oben (12), 2. Am Ende: Explicit ordo iudicij et ad iudicium

necessariorum secundum instituta canonum, Que seruantur in curia romana, Sub Anno d[omini] M⁰ cccc⁰ Liij⁰ in die Inuencionis Sancti Stephani hora quasi octaua. Zeit= und Ortsangaben ebenfalls übereinstimmend mit der genannten H., nur mit dem einzigen Unterschiede, daß das letzte Capitel nicht vom Jahre 1282 datiert ist, sondern: Anno domini M⁰ ducentesimo lxxx⁰.

Eine weit reichere Anzahl juristischer HH., als wir oben beschrieben haben, weist der alte Katalog der Marienbibliothek aus dem XV. Jahrh. nach. Dieser Katalog, ein Pergamentheft in Folio, führt auf dem Umschlage den Titel: Dys ist das register der librarien in vnser vrauwen marien kirche und verzeichnet die Bücher, lauter Handschriften, in sachlicher Ordnung in 23 Ab= theilungen, deren jede mit einem Buchstaben des Alphabets be= zeichnet und von Eins an numeriert ist. Zu Anfang des Kata= loges stehen zwei Urkunden, die zweite vom J. 1465, beide mit Nachrichten über die Entstehung und Geschichte des vorliegenden Bücherbestandes. Daraus ergiebt sich, daß dieser Theil der MB. von dem Danziger Rathsherrn Johann Meideburg († 1468) in Ausführung des letzten Willens seiner Gattin ge= stiftet worden ist⁵). Wie viel von dieser werthvollen Bücher= sammlung verloren gegangen ist, lehrt die Vergleichung mit dem von Carl Benjamin Lengnich abgefaßten Kataloge⁶). Wir lassen einen Auszug des alten Kataloges in 36 Nummern folgen und vermerken bei den alten Signaturen, die übrigens noch heute auf den HH. sichtbar sind, die laufende Nummer unseres Verzeichnisses⁷). Jedoch sind nicht alle HH. des alten Kataloges,

---

⁵) Ein anderer Theil der MB. wurde schon früher (1413) begründet von dem Pfarrer Andreas v. Slommow und seinem Capellan Hein - rich Calow, s. Theob. Hirsch, Ober-Pfarrkirche von St. Marien in Dan= zig. I, 104 f. mit Beil. V. Danzig 1843. Petzholdt's Anzeiger für Lite- ratur der Bibliothekwissenschaft 1843. S. 68 ff. und dessen Handbuch deut= scher Bibliotheken. Halle 1853. S. 78 f.

⁶) „Catalog der Bibliothek in der Oberpfarrkirche St. Marien in Danzig. Von dem Verfasser desselben eigenhändig geschrieben." 2 Theile, in einem Bande Querquart. Danzig 1789, 90. Der erste Theil umfaßt die „gedruckten Bücher" (Incunabeln), der zweite die Manuscripte.

⁷) Ebenso sind oben bei den einzelnen Nummern unseres Verzeichnisses die alten Signaturen angegeben.

foweit fie vorhanden, in unfer Verzeichniß aufgenommen, viel=
mehr werden fich einige noch in ben heutigen Nummern ber
MB. in Folio 22, 44, 45, 46, 77, 83, 88, 275, 302, 334, 335
nachweifen laffen.

1) H. i. (20) Super quarto libro decretalium in papiro.
2) „ ij. Super secundo libro decretalium in pa.
3) „ iij. Liber inst[itut]orum in pergameno.
4) „ iiij. Clementinae in pergameno.
5) „ v. Sextus decretalium in perga.
6) „ vi. Decretales in perga. Item Speculator Iudici-
alis G.
7) „ vij. Summa decretalium in perg.
8) „ viiij. Summa Innocencij in perga.
9) „ ix. Decretum in pergameno. Item Margarithata
[sic] decreti. ix.
10) „ x. Summa pisana in papiro.
11) „ xi. (16) Ordo iudiciarius in pa.
12) „ xij. Decretum breuiatum in perga.

13) N. j. ff digestum nouum.
14) „ ii. ff digestum vetus.
15) „ iii. C Codicum libri ix.
16) „ iiii. Summa domini. azonis super ix libros C.
17) „ v. Instituta: autentica: et liber feudorum.
18) „ vj. Inforciatum.
19) „ vii. (22) Tabule Cortasii cum diuersis repeticio-
nibus.
Processus Iudiciarius Romane curie.

20) O. iiii. Casus breues super totum corpus Iuris ciuilis.
21) „ v. Johannes andree de arboribus consanguinitatis, affinitatis, et spiritualis cognationis.
Summa angelica.
Rubrice Iuris ciuilis et Canonici.
Fasciculus temporum.
22) „ vj. Noua practica Juris.
23) „ vii. Liber sextus decretalium: Clementine: et Instituta.

24) „ viii. Decretales.
25) „ ix. Decretum.

---

26) P. j.   Commentum siue Rosarium Guidonis archidiaconi super decretum.

27) „ ii.   Innocentius papa quartus super quinque libros decretalium cum margarita domini doctoris Baldi.

28) „ iii. .Summa hostiensis super libros decretalium Primo et secundo.

29) „ iiii. Summa hostiensis super libros decretalium tercio, quarto et quinto.

30) „ v.   Vtilia consilia domini Nicolai abbatis moniacen[sis] doctoris decretorum.
Commentarium Johannis fabri super libros institutionum.

31 „ vj.   Summa astexani de ordine fratrum minorum.

---

32) Q. ii.   Tabula autoritatum et sentenciarum biblie cum concordanciis decretorum et decretalium domini Johannis Calderini decretorum doctoris.

33) „ ix.   Lectura doctoris decretorum Nicolai abbatis monacen[sis] super decretales.

---

34) X. xii.   (15) Registrum biblie metricum.
Registrum metricum quinque librorum decretalium.
Cordiale et memoriale quatuor nouissimorum, scilicet Mortis: Iudicii extremi, Pene infernalis: et glorie celestis.
Processus iudiciarius breuis.

---

35) Y. [i.]   Liber clementinarum et sexti.

---

36) Z. [an vorletzter Stelle] Summula Raymundi.
Königsberg, im Mai 1871.

Dr. Emil Steffenhagen.

[Den im jüngsten Kriege zu Grunde gegangenen Straßburger Handschriften des Sachsen- und des Schwabenspiegels] hat Homeyer in den Sitzungsberichten der K. Akademie d. W. zu Berlin (phil. hist. Klasse. 20. Febr. 1871) eine lehrreiche Abhandlung gewidmet. Der resumirende Schluß derselben kann als Fortsetzung unserer Nachträge zu Homeyer's Rechtsbüchern hier seine Stelle finden.

„Von den sonach überhaupt verloren gegangenen 7 Hdschr., Rechtsbücher Nr. 632 bis 638 ist a) die Schöpflin'sche, Nr. 636, nur ihrem mannigfachen Hauptinhalte nach . . . .[1]), aber sonst nicht näher bekannt oder gar benutzt worden. Dasselbe gilt b) von dem im Lehnrecht defecten Schwabenspiegel der Seminarbibliothek Nr. 634. c) Das glossirte Landrecht des Sachsenspiegels Nr. 632 ist ziemlich bekannt[2]), aber ohne hervorragende Bedeutung . . . d) Der Codex grandior des Schwabenspiegels Nr. 637 ist für das Lehnrecht durch Schilter[3]) ganz wiedergegeben, für das Landrecht durch Scherz[3]) in den Varianten sorgfältig benutzt. Das Gleiche gilt e) für den Codex minor Nr. 638, f) für den Waldner'schen Nr. 633 und g) für die Hdschr. A. V. 16. Nr. 635, so daß durch diese Benutzungen doch der Verlust in etwas gemindert erscheint . . . ."
$\qquad\qquad\qquad\qquad\qquad\qquad\qquad\qquad$ H. B.

[Einen weiteren Nachtrag zu Homeyer's Rechtsbüchern] ergeben die Monatsberichte der K. Akademie der Wissenschaften zu Berlin 1871 SS. 220 ff. Von Böcking erhielt nämlich Homeyer im Jahre 1859 ein Hdf. Fr. des Ssp. geschenkt, welches er folgender Maaßen beschreibt: „Zwei äußerlich zusammenhängende Membr. Blätter in 4°, die aber als mit „XXXXVIIII und LIIII bezeichnet, durch 4 dazwischen liegende „Blätter getrennt gewesen sind. Die Columnen sind gespalten; „die Schrift, eine eben nicht zierliche Minuskel, hat an beiden

---

[1]) Derselbe ist S. 70 der Sitzungsberichte nach Notaten Nietzsche's angegeben.

[2]) Gehörte zu Homeyer's Klasse II, Ordnung 1, Familie 1 (C).

[3]) Joh. Schilter und Joh. G. Scherz waren bekanntlich zu Straßburg als akademische Lehrer thätig. Ueber ihre und ihres Nachfolgers Fer. Jac. Oberlin Wirksamkeit spricht sich Homeyer SS. 63 f. der Sitz.-Ber. aus.

„innern Seiten der Blätter durch unvorsichtiges Zusammen=
„drücken später nachgezogener Buchstaben etwas gelitten, ist jedoch
„bis auf 2 ... Worte noch lesbar geblieben. Das erste Blatt
„giebt zunächst Sätze aus dem Sächs. Landrecht ohne dessen
„Ordnung, in der Reihe II 44 §. 1, §. 2, II 30, III 53 §. 3,
„I 53 §. 2, III 84 § 1, sodann Stücke, die in den Quellen des
„Magdeburgischen Rechts, namentlich in dem s. g. Schöffenrecht,
„s. Laband M. Rechtsquellen 1869 unter VII, S. 113 ff. ge=
„funden werden. Das zweite Blatt enthält wieder Stellen des
„Ssp., meist in verkürzter Gestalt.“ Der Inhalt beider Blätter
„wird in den Mon.=Ber. ganz mitgeteilt, „um aus den so
„mannigfaltigen Verarbeitungen des Sächs. Landrechts mit den
„Magdeburgischen Rechten möglicherweise das besondere Denkmal,
„dem das Bruchstück angehört, zu ermitteln.“

H. B.

[**Einige Rechtshandschriften**] aus dem Handschriftenschatze
seiner Bibliothek hat mein hochverehrter Herr College, Herr
Gymnasial=Director Dr. Ludewig Bachmann, mir zur Ein=
sicht zuzustellen die Güte gehabt. Es sind:

1. Cod. chart. fol. Früher in einer Erfurter Klosterbiblio=
thek. — Johannis ab Imola lectura über das 2. Buch der De=
cretalen Gregor's IX. Vorn fehlen zwei Blätter; daher das
Ganze mit dem Ende der lectura über c. 1 X. II, 1 beginnt.
Epiphonem: ffinis est lecture D. Jo. de ymmola bononie conscripta Anno M cccc XXVII. Darauf von späterer Hand:
Ista lectura domini Johannis de ymmola. Iuris vtriusque
Doctoris famosissimi super secundo libro decretalium. Est
domini Johannis clokereyme Iuris doctoris. [Ueber Klokereyme
s. Muther in dieser Zeitschrift IX. 73.]

2. Zwei Membranblätter fol. 13./14. Jahrh. Früher Um=
schlag zu Rostocker städtischen Rechnungen. — Bernardus de
.Botono Parmensis casus zum liber extra, und zwar a) ad c.
4 X. I 38 i. f. — ad c. 6 pr. X. I 40 heutiger Zählung, b)
ad c. 1 X. II. 1 — ad c. 21 versus finem eod.

3. Cod. chart. 4°. 15. Jahrh. Auf der inneren Seite der
hinteren Schaale: legatur per Dominum Johannem gerhardi
alias Starcke organistam ss. ecclesie beate Marie virginis

erffordie etc. Dt. anno domini m⁰. cccc⁰. lxxxviij⁰. Timeas
Deum prae omnibus Vt tibi donat (*sic*) vitam eternam. —
Enthält a) die Summula de summa Raymundi nebst dem ano=
nymen Commentar [vgl. R. Stinßing Gesch. der pop. Litera=
tur des röm. kanon. Rechts in Deutschland. 1867. SS. 502 f.]
Epiphonem: ffinitus est liber iste anno Domini M⁰. cccc⁰.
xlviij⁰. petri et pauli per dominum Johannem Gerhardi organistam ecclesie beate marie virginis erffordie .... b) Com=
mentar zu Aristoteles de regimine principum. Epiphonem:
Explicit regimen principum per me Johannem gerhardi organistam ecclesie beate marie virginis erffordie sabato in die
appolonie hora vndecima ante meridiem dum domicellus meus
bertoldus starke pueris praescindebat crines capitis Anno domini M⁰ cccc⁰. lquarto. Dann Fremdartiges: de negligentia
sacramenti eukaristiae etc. etc.

4. Cod. chart. 4⁰. 15 Jahrh. enthält rhetorische Stücke
[darunter rethorica magistri Vincencii Gruners Lipsensis],
Quästionen [Questiones Donati. Questiones in estate dispu-
tande], ferner: Wy man dy kirchen zcu rom schol heim suchen
vnd was ablass dar yn ist [an einen liben gnedigen herren ge=
richtet], dann des Augustiner=Lesemeisters Leupolt Uebersetzung
der lateinischen Reisebeschreibung seines Herrn Johannes von
Ligtenstein dye weylen des hog geboren fursten hertzog Al-
brechts czu Ostereich wirdiger vnd gewaldiger hoffmeyster.
Meist sind diese Stücke 1466 von verschiedenen Schreibern
[Matheus in torgaw, Joh. nertwig baafⁿ, Andreas Sartoris]
geschrieben. Den Beschluß bildet Abschrift eines Erlaßes Wil=
helms Herzogs zu Sachsen d. d. Weymmer auff mittwochen
augustini anno etc. lxv⁰ an den amptmann vnd dem ratte czu
koburg vnssern liben getrewn, Münzverhältnisse betreffend. Dem
Ganzen voran aber geht ein gleichfalls 1466 geschriebener metri=
scher Penitenciarius de confessione mit ausführlichem
Commentar, beginnend

Peniteas cito peccator cum sit miserator
Iudex et sunt hec quinque tenenda tibi

und schließend mit den decem precepta domini. Dem Codex
lag, als ich ihn perlustrirte, ein mal noch dem 15. Jahrhunderte
angehöriger Druck des Penitenciarius selbst in 8⁰. min. bei,

Grongie sunt prata sub claustri jure locata.
Securitas *sycherung, handtfride* pax manualis,
Est sygo *byschoff* sit presul diocesanus.

15) Ius pheodi *lehenrecht, burgerschaft* civilitas extat,
Perjurus *meyneidig,* vulgaris famaque *ruoff.*
Fidefragus *truwlos,* fidei transgressor *eerlos,*
Districtum nec non judicium dicitur idem.
Fangen, beschetsen [6]) dicitur depecuniare,   ·

20) Emptas impetere res vel bona dicitur *anfangen.*
Iudicium quoque judiciale forum fore fertur,
Pflucken deplumat, *wurgen* exustulat, *abnemen* exqua-
mat [7]).
Usweyden eviscerat, professio *gehorsam,* qui claustrat.
Hereditarium *erbgut,* tributum cesarisque *tribut.*

25) Palmito sit *hulden,* sit expagare *betzalen.*
Ortiganum *gartenlon,* sed bravium sit tibi *fuorlon.*
Redagium *wagentzol,* naulum *schifflon,* sit domici-
lium [8]) *herrschaft,*
Vectigal *fuerlon,* invadere anfechten, sit incertare
beweren.
Tzoberden instigat, sed *bewegen* die irritare,

30) Corripio *straffen,* dic indulgere *vergeben.*
Sieden decoquere, sed *garmachen* dic elixare [9]),

32) *Geleyten* conducere, ducatus sitque *geleytte.*
Terminorum juristarum necessariorum, quamvis minus
lepide finis.   .

Das minus lepide barf unbebenflich auf bie Qualität ber
„Heṛameter" beṛogen werben.   :

$. B.

─────────────

[6]) ed. 1518: „beschersen".

[7]) B. 22 beutet be Geer in Zuſammenhang mit B 21 als Anſpie-
lung auf richterliche unb abvocatoriſche Habſucht.

[8]) Für domicilium conjicirt be Geer gewiß richtig: dominium. Um
ben „Heṛameter" herzuſtellen, würbe bann noch bas sit zu ſtreichen ſein.

[9]) be Geer will, wenn hier überall juriſtiſche termini vorliegen, an
bie, burch ſieben in einem Keſſel vollſtreckte Tobesſtrafe benfen, welche
in niebertänbiſchen Quellen häufiger begegnet.

[Ueber die Mecklenburgischen Landrechts-Pläne], welche in des Unterschriebenen Mecklenburgischem Landrecht I. 1871 S. 133 ff. 215 f. besprochen sind, ergibt das Archiv der Ritter und Landschaft, welches demselben gütigst zugänglich gemacht wurde, noch Folgendes: Zunächst wird der Zusammenhang des ganzen Planes mit der kursächsischen Gesetzgebung v. J. 1572 [S. 134 N. 3] durch die wörtliche Uebereinstimmung mancher Ueberschriften und Artikel der im Archiv liegenden Entwürfe mit den kursächsischen Constitutionen entschieden bestätigt. — Von dem, dem Landtage v. J. 1583 vorgelegten Entwurfe [S. 137 N. 17] sodann ist im Archive noch der Entwurf eines „Mecklenb. Strafrechts" und der Entwurf der materia contractuum erhalten. Ersterer hat die autographische Unterschrift:

Relectum in aedibus D. Grassi a D. Grasso. D. Albino, D. Bordingo et L. N.*) 14 Maij aº. 1585,

aus welcher sich ergibt, daß auch Bording der Constitutionen-Commission [S. 138 N. 20] angehört haben muß. Der Entwurf des Albinus „Von Contracten" ist in duplo vorhanden. Demselben liegt in einem der beiden Exemplare Abschrift eines Separat-Botum des Dr. E. Cothmann zu tit. II. cap 3 §§ 27—29 bei. Die Ergänzung der Commission [S. 138 N. 20] muß hiernach vor Husanus' und L. Niebur's Tode erfolgt sein. — Aus den Verhandlungen der Jahre 1589 und 1590 [S. 130 NN. 24—26] ferner sind noch folgende Stellen von allgemeinerem Interesse. 1589 motivirt der Herzog sein Verlangen damit, daß es auf allen Gerichtstagen und bey Derselben Fürstl. Regierung fast teglich Proceße insbesondere adeliger Verwandter gegen einander gebe auß ohnstifften anderer leute, so ihren genieß darunter suchen vnd ihnen das recht so bundt fur mahlen vnd zu ihren vermeinten vortheil also vordrehen... J. J. 1590 erklären sich aber Stände auf die landesherrliche Eröffnung, daß man erst gelehrte Gutachten über die Entwürfe einholen müsse, dahin: niemandts werde die Berathung nebenst den rähten baß vorrichten, alse die vnterthanen, die den gebrauch des landes wissen. — Zu dem, was über den Entwurf von D. Mevius [S. 142 NN. 38—40] beigebracht worden ist, ergeben die Archiv-Acten nur noch, daß die ständische Bitte um Nachlieferung des vierten Buches von Seiten des Verfassers veranlaßt war. Unterm 16. Januar 1658 hatte Mevius nämlich gelegentlich der Uebersendung eines anderweiten Gutachtens beim Engern Ausschuß der Stände angefragt: waß mit solcher arbeit [dem 4., angeblich fertigen Buche] ferner vorzunehmen? er habe dieselbe bisher lediglich darumb zurückgehalten, daß ich zuerst der meinung, ob uff dero arth das übrige auch einzurichten oder etwan in eine andere formel eß zubringen.

Die Wiederaufnahme der Landrechts-Pläne durch die Stände im 18. Jahrhundert [S. 215] kündigt sich in den Archiv-Acten schon 1706 durch einen Brief an, in welchem nach dem, dem Engern Ausschuß abhanden gekommenen Manuscript von Mevius' Entwurf Nachforschung gehalten

*) Laur. Niebur.

wird. 1724 — 1726 spielen Verhandlungen des Engern Ausschusses mit
dem OARath v. Marquardt in Celle, welchem nebst den OARäthen
Bilderbeck und Engelbrecht eine Revision des Entwurfs von Mevius
durch den Geh. Rath von Bernstorff war übertragen worden. Der
Revisions = Modus war vom letzteren dahin festgestellt: die drei Räthe
sollten mit einem ad hoc nach Celle gesandten Cand. jur. Schrader —
„der dadurch sein Glück zu machen gesuchet" — zusammenkommen; zu
jedem § sollte jeder der drei seine Meinung mündlich ausführen; Schrader sollte diese Ausführungen zu Papier bringen; GR. v. Bernstorff
wollte sich dann „nach seiner großen Erfahrung", wie ein Brief Marquardt's sagt, eine Meinung auswählen. Doch GR. v. Bernstorff
starb, und Schrader gieng nach Hannover. Seine Scripturen wurden nicht
gefunden, waren auch wol überall nicht weit gediehen. Und was die drei
OARäthe betraf, so hatten diese schriftliche Präparationen zu ihren Botis
nicht für nöthig gehalten. Der Revisions = Versuch verlief also resultatlos.

Der E. A. Rudloff'sche Entwurf [S. 216 RR. 21 ff.] ist den Ständen
successive 1757 — 1775, jedoch mit Ausnahme des 6 Buchs, zur Vorbe-
reitung ständischer Monita zugegangen. 1766 hat der Engere Ausschuß
die drei ihm bis dahin zugegangenen ersten Bände mit einer interessanten
Directive zur Begutachtung an Tribunals = Assessor von Balthasar in
Wismar eingesandt. Das Gutachten ist 22. Mai 1765 erstattet und liegt
bei den Acten. An Rudloff's Entwurf, der übrigens dem Corpus Juris
Fridericiani gegenüber sich selbständig zu verhalten scheint, hatten aber
weder Stände, noch Landesherrschaft rechtes Gefallen. Erstere suchten
sich desselben durch formelle Beschwerden zu erwehren. Sie gravaminirten
1) daß Ser^mi nicht gleichlautende Entwürfe vorgelegt hätten aus LGGE=
Vergleich § 140, 2) daß Ser^mus Suerinensis ganz neue Entwürfe vorgelegt aus § 436 ebbf., 3) daß der Entwurf ihnen nicht auf ein Mal, sondern successive zugienge. Die Regierung aber erklärte 4. November 1774,
daß der Entwurf bisher von ihr selbst — noch gar nicht geprüft worden sei.

Auf dem sternberger Landtage 1818 [vgl. S. 496] wurde durch
Bürgermeister Engel aus Röbel die Wiederaufnahme der Landrechtspläne
angeregt. Der Engere Ausschuß berichtete 1821 auftragsmäßig für eine
Incorporation der seit 1755 erlassenen Gesetze im Sinne der von Savigny ZfgRW. III. 48. entwickelten Ansichten und befürwortete eine Erkun-
dung des Statutarrechts. O. Sibeth dissentirte im Thibaut'schen Sinne.
Der Landtag genehmigte den vom E. A. vorgeschlagenen Bericht an die
Regierung, strich jedoch die Beschränkung auf die Zeit seit 1755 und behielt
eine Incorporation auch des s. g. Gewohnheitsrechtes vor. Der Bericht
ad Ser^mos erfolgte 18./28. Juli 1821. Auf dem folgenden Landtage war
man darauf noch ohne Bescheid und beschloß, Bescheid zu erwarten d. h.
die Sache beruhen zu lassen.

Endlich ist auf dem Landtage 1844/5 in Folge eines Antrags von
Hillmann = Scharstorf der Güstrower Amtsconvent für Wiederaufnahme
der Landrechtspläne eingetreten. Der Landtag beschloß jedoch auch damals,
die Sache zur Zeit beruhen zu lassen.

Rostock, im August 1871.

　　　　　　　　　　　　　　　　H. S.

Ueber einige Rechtsquellen der vorjustinianischen spätern Kaiserzeit.

Von

Herrn Professor Dr. Fitting in Halle.

Kein Abschnitt der römischen Rechtsgeschichte hat bisher eine so stiefmütterliche Behandlung erfahren und liegt noch so sehr im Dunkel, als derjenige, welcher von dem Erlöschen der klassischen Rechtswissenschaft bis zu Justinian's Gesetzgebung verlaufen ist. Und doch ist gerade dieser Theil der Entwickelung des römischen Rechtes, weil er den unmittelbaren Uebergang zu der Justinianischen Gesetzgebung bildet, für das richtige Verständniß der letztern der allerwichtigste. Es wird daher keiner weitern Entschuldigung bedürfen, wenn einige sehr vernachlässigte und zum Theil so gut wie gänzlich unbeachtete dem angegebenen Zeitraum angehörige Quellen einmal etwas genauer besprochen werden. Und zwar sollen den Gegenstand der Untersuchung ausmachen:

1) die Summarien des Theodosischen Codex in einer Vaticanischen Handschrift,
2) die Interpretatio der verschiedenen Stücke des Breviarium,
3) der sogenannte westgothische Gaius.

I.

Die alten Summarien des Theodosischen Codex in einer Handschrift der Vaticanischen Bibliothek.

In der Vaticanischen Bibliothek befindet sich aus der Sammlung der Königin Christine von Schweden eine alte — jetzt als Nro. 886 dieser Sammlung bezeichnete — Handschrift, welche aus einem zwiefachen Grunde sehr merkwürdig ist. Nicht nur

iſt ſie nämlich die einzige, der wir den vollſtändigen Beſitz der
letzten acht Bücher des Theodoſiſchen Codex in ihrer unverkürzten
Geſtalt zu verdanken haben, ſondern außerdem enthält ſie auch
noch zu den einzelnen Conſtitutionen dieſes Codex alte Sum=
marien: dieſelben, welche hier zum Gegenſtande einer kurzen
Erörterung gemacht werden ſollen.

H ä n e l hat ſie bereits im Jahre 1834 mit ausführlicher
Einleitung herausgegeben [1]), nachdem ſchon N i e b u h r, ihr Ent=
decker, im dritten Bande der Zeitſchrift für geſchichtliche Rechts=
wiſſenſchaft S. 411 fg. (1817) auf ſie aufmerkſam gemacht und
A n g e l o M a i in Iuris civilis anteiustinianei reliquiae ineditae etc.   Romae 1823. p. 108 — 110 ein Stück davon mit=
getheilt hatte.   Gleichwohl ſind ſie bis jetzt faſt ohne alle Be=
achtung geblieben [2]), die ſie doch, wie ich zu erweiſen hoffe, in
einem hohen Maße verdienen.

Die ſämmtlichen in der Handſchrift vorfindlichen Sum=
marien ſind neben den betreffenden einzelnen Conſtitutionen an
den Rand geſchrieben.   Sie ſind jedoch nicht alle gleichartig,
ſondern zerfallen in zweierlei verſchiedene und von verſchiedener
Hand geſchriebene Klaſſen, deren jede für ſich einer beſondern
Beſprechung bedarf.

Die Summarien der erſten Klaſſe ſind mit zahlreichen
Siglen und vielfach ſehr fehlerhaft geſchrieben.   Auch Stil und
Sprache· iſt öfters nichts weniger als lobenswerth; doch mag
auch hievon vieles eher dem Abſchreiber als dem urſprünglichen
Verfaſſer zur Laſt fallen, zumal da hierin große Ungleichheiten
zu bemerken ſind.   So ſind z. B. die fünfzig erſten Summa=
rien des Titels de decurionibus (XII, 1) ſehr correct, während
die Summarien zu tit. 30 sqq. des 11. Buches ganz auffallend
incorrect ſind. (Haenel p. XII sq.)

---

[1]) Antiqua Summaria Codicis Theodosiani ex Codice Vaticano nunc
primum edita. Praemissa est codicis et summariorum descriptio. Accedit
scripturae specimen. Lipsiae. 8°.

[2]) Ich finde nur eine Anzeige von G. E. H e i m b a c h im Leipziger
Repertorium der deut. und ausländ. Literatur Bd. IX (3. Jahrg. 1845 Bd. l.)
S. 177 ff. und kurze Erwähnungen bei B ö c k i n g, Pandekten des röm.
Privatrechts I §. 20 (S. 54) und bei R u d o r ff, Röm. Rechtsgeſchichte I.
S. 279. S. auch Th. M o m m ſ e n in ſeiner Quartausgabe der fragm.
Vaticana (Berol. 1860) p. 407.

Ihrem Inhalte nach liefern diese Summarien kürzere oder längere Inhaltsangaben der einzelnen Constitutionen. [3]) Nicht selten werden auch verschiedene Gesetze mit einander verglichen [4]), oder nicht mehr geltende Constitutionen als solche bezeichnet. [5]) Ferner gibt der Verfasser hie und da Definitionen und sonstige wort- und sacherklärende Bemerkungen, welche im Codex selber nicht vorkommen. [6])

Im ganzen zeigt die Arbeit eine nahe Verwandtschaft mit der sogenannten westgothischen Interpretatio des Codex Theodosianus; nur ist die letztere ungleich vollständiger, mit viel mehr Sorgfalt gemacht und bei weitem besser ausgefallen. Auch besteht bei aller Aehnlichkeit im großen und ganzen, in den Einzelheiten eine solche Verschiedenheit, daß jeder Gedanke

---

[3]) Z. B. IX, 1 c. 8: „Praecipit nullum accusatione terreri, nisi inscriptione". IX, 2 c. 1: „Senatorem macula non foedari, nisi probationis viribus fulciatur". IX, 10 c. 4: „Admonet, ut si qui servorum violentiam possidenti fecerint, poena esse (l. extrema?) mulctandos, si inscio domino; quodsi praesente domino vi metuque compulsi, dominus infamiae macula polluatur, servis in metallo damnatis. Ipsum vero iudicem pari feriri sententia, qui probatum apud se facinus cohibitione interposita ulcisci desierit".

[4]) Z. B. IX, 1 c. 16: „Similis decimae". IX, 3 c. 4: „Iubet accusationem custodiae mandari, nisi actor fecerit inscriptionem. Similis XVIIII. tituli primi". IX, 6 c. 2: „Contraria superiori titulo". IX, 12 c. 2: „Alibi, nec est contraria superiori". IX, 16 c. 4: „Similis superiori, sed hic addidit omnem paganorum sacerdotii ritum". U. dgl. m.

[5]) Z. B. XII., 1 c. 90: „Haec antiqua est et non tenet his temporibus". XII, 1 c. 145: „Non tenet". XII, 1 c. 148: „Inutilis est". XII, 1 c. 160: „Haec inutilis est et non tenet". U. dgl. Ich will die sämmtlichen Summarien dieser Art hier zusammenstellen, zumal da die Aufzählung bei Haenel p. XIV. n. 27 nicht ganz vollständig ist. Es sind die folgenden: XII, 1 c. 90, 145, 148, 160, 166, 173, 176; XIII, 5 c. 4, 5, 8, 10, 13, 16, 36, 37, 38; XIV, 3 c. 17; XV, 1 c. 50; XV, 7 c. 3, 10, 11; XV, 8 c. 1; XVI, 10 c. 1. Es ist bemerkenswerth, daß vor dem 12. Buche dergleichen Summarien nicht anzutreffen sind.

[6]) Z. B. IX, 35 c. 2: Ad v. debitores — allectos: „Allecti legonte (l. λέγονται?) senatores ex populis electi. Antiquis in temporibus duo fuerunt genera senatorum, unum, quod ex patriciis descendit, at alterum, qui ex populo eligebantur". XII, 11 c. 1: „Curatores sunt Kalendarii, qui pecunias publicas usuris dant". XII, 13 c. 1: „Aurum coronarium est, quod collectum pro aedibus publicis pro reparatione proficit, quod voluntate datur vel ad principis coronam". Andere Erklärungen dieser Art finden sich in X, 9 c. 1, XII, 1 c. 74 ad v. muniatur, XIII, 1 c. 13.

22*

weichen muß, als ob etwa die eine Arbeit bei der Abfassung der andern zur Grundlage gedient hätte. Einige auffallende sprachliche Anklänge werde ich bei der Besprechung der Interpretatio berühren.

Diese Andeutungen werden genügen können, um von dem Charakter dieser ersten Klasse der Summarien ein gewisses Bild zu geben, und ich wende mich daher nunmehr meiner Hauptaufgabe, der Bestimmung ihrer Heimath und ihres Alters, zu.

Was die Heimath anlangt, so kann zuvörderst kein Zweifel sein, daß die Summarien im Abendlande entstanden sind. Darauf deutet schon die lateinische Sprache; und vollends erwiesen wird es durch den bereits von Hänel (p. XIII und p. 20 n. r., hervorgehobenen Umstand, daß in einer merkwürdigen, auch für die Zeitbestimmung sehr wichtigen Stelle, nämlich X, 19 c. 10 (f. unten S. 326), nur „dominus Valentinianus", b. h. der weströmische Kaiser genannt wird.

Von den Ländern des Abendlandes dürfen wir wiederum Italien als die engere Heimath des Werkes betrachten, da sich sehr viele der italienischen Vulgärsprache verwandte Wortformen darin finden.[7]) Zum Glücke setzt uns aber eine Stelle in den Stand, sogar den Entstehungsort genau anzugeben. In L. 4 Th. C. de navicul. 13, 5 findet sich nämlich folgende Verordnung Constantin's vom J. 324:

> Ex quocunque Hispaniae litore portum urbis Romae navicularii navis intraverit, quae onus duntaxat fiscale subvexerit, eandem sine interpellatione cuiusquam abire praecipimus, nec ulli extraordinario oneri deservire, ut facilius iniuncta sibi possit implere officia.

Hiezu macht der Verfasser der Summarien die Bemerkung:

> In hac urbe modo non tenet.

Rom ist ihm also „haec urbs", b. h. die Stadt, wo er sich befindet und schreibt.[8]) Zur Unterstützung der Annahme dieses Entstehungsortes dient, daß einige Male besondere Ver-

---

[7]) Z. B. aumentari, esortatio, intesserit, sta, starum (st. ista, istarum). S. Haenel p. XIII n. 20.

[8]) Mit Recht hat schon Hänel p. XIII aus diesem Umstande auf die Entstehung der Summarien gerade in Rom geschlossen, und Heimbach S. 178 stimmt ihm bei. — Beiläufig mag hier bemerkt werden, daß auch die allgemeinern Verordnungen gleichen Inhalts in L. 5 und L. 8 Th. C. eod. von den Summarien als nicht mehr gültig bezeichnet werden.

hältniſſe der Stadt Rom berührt werden, von denen im Codex keine Rede iſt. [9]) Und auch das wird ſich mit Fug noch an= führen laſſen, daß XIV, 2 c. 4 die „corporati urbis Romae" des Theodoſiſchen Codex als „Romani cives" bezeichnet werden; denn es iſt doch kaum wahrſcheinlich, daß im 5. Jahrhundert, welche Zeit als die Entſtehungszeit der Summarien nachgewieſen werden wird, ein Bürger irgend einer andern Stadt als Rom geneigt geweſen ſein ſollte, den Stadtbürgern von Rom eher als jeden andern Reichsbürgern den Titel cives Romani zuzugeſtehen. [10])

Nach dieſer Feſtſtellung des Entſtehungsortes handelt es ſich um diejenige der Entſtehungszeit, über welche die Anſichten ſehr auseinandergehen. Während Mai nur ſo viel als ſicher hin= ſtellt, daß die Summarien vor dem 10. Jahrhundert verfaßt ſeien [11]), werden ſie von Böcking und Rudorff geradezu in das 7. Jahrhundert, von Niebuhr, Hänel und Heimbach dagegen bereits in den Beginn des 6. Jahrhunderts geſetzt.

Den nächſten Anhalt für die Zeitbeſtimmung gewährt die Schriftform, welche nach Hänel's Verſicherung ſpäter als im 7. Jahrhundert nicht mehr vorkommt, und die höchſt alterthüm= liche Orthographie. (Haenel p. XII.) In Rückſicht auf beides iſt Hänel zu der ſchon von Niebuhr ausgeſprochenen Annahme geneigt, daß dieſe Summarien zu der gleichen Zeit, wie der Text des Theodoſiſchen Codex ſelbſt, nämlich um den Beginn des 6. Jahrhunderts geſchrieben ſeien. (Haenel p. XII u. p. VI sq.)

---

[9]) XII, 1 c. 46: „Iubet advocatos vel eorum genus ac arcendocio (l. a sacerdotio?) defensionis privilegium habere, a curia nunquam. Hoc Romae privilegio utantur, in provinciis autem excusabiles non sint". XIII, 3 c. 5: „Doctores quales esse insinuat et non ut statim exeuntes ex auditoriis, nisi Romae a principe probati, per pro- vinciam ab ordine doctissimorum curialium fuerint comprobati; decretum curialium principi dirigendum, quo possit pro honore civitatis altioribus honoribus condonari". Auch hierauf hat bereits Hänel p. XIII aufmerkſam gemacht.

[10]) Abweichend iſt die Meinung von Böcking und Rudorff, welche zu der Annahme neigen, daß die Summarien aus der Rechtsſchule zu Ra- venna hervorgegangen ſeien. Da die Gründe nicht angegeben ſind, ſo iſt mir eine Prüfung dieſer Anſicht unmöglich. Ich ſelbſt habe für eine ſolche Muthmaßung keinerlei Anhaltspunkte entdecken können; um ſo minder, als das Daſein einer Rechtsſchule zu Ravenna vor der zweiten Hälfte des 11. Jahrhunderts unbewieſen und mir ſogar ſehr wenig wahrſcheinlich iſt.

[11]) Vgl. Haenel p. XII. n. 19.

Und diese Vermuthung wird durch innere Gründe gar sehr unterstützt; zum allerminbesten aber läßt sich daran nicht zweifeln, daß die **Abfassung** der Summarien einer Zeit angehört, zu welcher in Italien die Justinianische Gesetzgebung noch nicht bestand.

Denn in dem Publicationspatente des Justinianischen Codex wird jede fernere praktische Benutzung einer der drei frühern Constitutionensammlungen, des Codex Gregorianus, Hermogenianus und Theodosianus, ganz ausdrücklich und bei Strafe der Fälschung verboten. [12]) Und in dem Publicationspatente der Digesten wird dieses Verbot wiederholt eingeschärft und auf alle frühern Rechtsquellen überhaupt ausgedehnt. Es soll sogar unerlaubt sein, die neuen Rechtsquellen mit den ältern zu vergleichen und Abweichungen der einen von den andern aufzusuchen. [13]) Endlich wird in der Const. Omnem reipublicae die Art des Rechtsunterrichtes ganz genau und nach einem festen Schema vorgeschrieben, welches für die Benutzung noch anderer Quellen außer dem Corpus iuris keinen Raum läßt.

Es ist schwer zu glauben, daß unter der Herrschaft solcher Vorschriften jemand sich fernerhin noch die unfruchtbare Mühe gegeben haben sollte, den Theodosischen Codex von neuem abzu=

---

[12]) Const. Summa reipublicae §. 3: „Hunc igitur in aeternum valiturum (sc. novum Iustinianeum Codicem) iudicio tui culminis intimare prospeximus, ut sciant omnes tam litigatores quam disertissimi advocati, **nullatenus** eis licere de cetero **constitutiones ex veteribus tribus codicibus, quorum iam mentio facta est, vel ex iis, quae novellae constitutiones ad praesens tempus vocabantur, in cognitionalibus recitare certaminibus,** sed, solum eidem nostro Codici insertis constitutionibus necesse esse uti, falsi crimine subdendis his, qui contra hoc facere ausi fuerint" rel. Vgl. const. Haec quae necessario §. 3.

[13]) Const. Tanta §. 19: „Hasce itaque leges et adorate et observate, **omnibus antiquioribus quiescentibus,** nemoque vestrum audeat **vel comparare eas prioribus vel, si quid dissonans in utroque est, requirere,** quia omne, quod hic positum est, hoc unicum et solum observari censemus. Nec in iudicio nec in alio certamine, ubi leges necessariae sunt, ex aliis libris, nisi ab iisdem Institutionibus nostrisque Digestis et Constitutionibus, a nobis compositis vel promulgatis, aliquid vel recitare vel ostendere conetur, nisi temerator velit falsitatis crimini subiectus una cum iudice, qui eorum audientiam patiatur, poenis gravissimis laborare.

schreiben, oder auch nur einer schon vorhandenen Handschrift desselben, zur Erleichterung des — nunmehr ganz überflüssigen und sogar verbotenen — Studiums, aus älterer Zeit herrührende Summarien beizuschreiben. Vollends undenkbar ist aber, daß jemand jetzt noch solche Summarien verfaßt haben sollte; denn dieses wäre etwas durchaus zweckloses, streng genommen sogar strafbares gewesen. Und gesetzt, die Summarien wären erst nach der Einführung der Justinianischen Gesetzgebung verfaßt, so müßte man doch mindestens einige Rücksicht auf diese Gesetz= gebung erwarten, wovon jedoch nicht die leiseste Spur zu ent= decken ist. Insbesondere würde es weit gefehlt sein, zu glauben, daß als „inutiles" oder „modo non tenentes" und dgl. etwa alle diejenigen Constitutionen des Theodosischen Codex bezeichnet wären, die in den Justinianischen Codex keine Aufnahme gefun= den haben, was doch, wenn einmal der Verfasser die nicht mehr geltenden Gesetze angeben wollte, eine unumgängliche, dabei zu= dem sehr leichte Arbeit gewesen wäre. Zum allerwenigsten hätte aber der Verfasser als nicht mehr geltend keine Constitutionen aufzählen dürfen, die in den Justinianischen Codex übergegangen sind. Und doch ist dieses, sogar in zwei verschiedenen Fällen, bemerkbar. [14]) Ferner werden von Justinian ausdrücklich auf= gehobene Institute, wie z. B. die Latina libertas, das SC. Clau= dianum u. a., ganz und gar so behandelt, daß man sieht, der Verfasser betrachte sie als noch fortbestehend. [15]) In dem allem liegt der völlig entscheidende Beweis, daß die Summarien nicht erst nach der Einführung der Justinianischen Gesetzgebung ver= faßt sein können, und daß sie also auf jeden Fall vor der Mitte des 6. Jahrhunderts entstanden sein müssen.

Es wird sich nun fragen, ob es nicht möglich sei, die Ent= stehungszeit der Summarien noch genauer zu bestimmen. In dieser Hinsicht legen Hänel und Heimbach ein sehr großes Ge=

---

[14]) Als inutilis wird XII, 1 c. 173 die L. 173 Th. C. de decurionibus 12, 1, XV, 7 c. 3 die L 3 Th. C. de scenicis 15, 7 bezeichnet, obwohl beide unverändert, die erste als L. 1 de apochis publ. 10, 22, die zweite als L. 1 de spectaculis 11, 40 (41), im Justinianischen Codex stehen.

[15]) Latina libertas: IX, 24 c. 1; vgl. L. un. C. de lat. lib. toll. 7, 6 und §. 3 I. de libert. 1, 5. SC. Claudianum: XII, 1 c. 179, X, 20 c. 3; vgl. L. un. C. de SC. Claud. toll. 7, 24 und §. 1 I. de success. subl. 3, 12 (13).

wicht auf ben Umstanb, baß ba, wo ber Theobosische Cobex „domus imperatorum", „domus nostra", „domus mansuetudinis nostrae" habe, in ben Summarien burchweg „domus regia" gesetzt sei. Dieses beweise bie Entstehung ber Summarien in einem von ben Barbaren unterjochten Lanbstriche; unb Heimbach trägt baher kein Bebenken, sie in bie Zeit ber oftgothischen Herrschaft zu setzen. [19] Allein bie Triftigkeit bieses Schlusses kann nicht zugegeben werben; benn bas Beiwort regius kommt seit bem 3. Jahrhunbert sehr oft auch in Beziehung auf bie Kaiser vor. Schon Ulpian spricht in lib. I. Institutionum (L. 1 pr. D. de const. princ. 1, 4) von ber lex regia, quae de imperio principis lata est. Ferner steht „regia" im Sinne ber Residenz bes Kaisers bei Amm. XIV, 1, XXXI, 10. (An ber erstgenannten Stelle unb XV, 2 kommt auch mehrfach „regina" im Sinne ber Kaiserin vor.) Desgleichen finbet sich „regia urbs" zur Bezeichnung ber kaiserlichen Hauptstabt in vielen Stellen bes Justinianischen Cobex, z. B. in L. 6 C. de adopt. 8, 48 (47) von Diocletian unb Maximian, L. 11 C. de metatis 12, 41 (40) von Zeno, Const. Deo auctore (L. 1 C. de vet. iure enucl. 1, 17) §. 10, Const. Tanta (L. 2 C. eod.) §. 24, Const. Omnem reipublicae §. 7, L. 52 (51) §. 2 C. de episc. 1, 3, L. 28 C. de episc. aud. 1, 4 von Justinian. Ebenso, nach Brissonius s. v. Regius, in ben Briefen Gregor's b. Gr. lib. V epist. 60, lib. VI ep. 4, 27, lib. VII ep. 82. Demnach scheint bieser Sprachgebrauch im 5. unb 6. Jahrhunbert sogar ein sehr üblicher unb gewöhnlicher gewesen zu sein. Wenn aber „regia urbs" bie kaiserliche Stabt bebeutet, so ist gar nicht abzusehen, warum man bann nicht auch „domus regia" im Sinne bes kaiserlichen Hauses geschrieben haben könnte. Unb zu allem Ueberflusse finbet sich ber Ausbruck in biesem Sinne im Theobosischen Cobex selbst, nämlich in ber L. 1 Th. C. de conduct. et homin. dom. aug. 10, 26 von Theobosius II unb Valentinian III (a. 426) = L. 1 I. C. eod. 11, 71 (72). Nicht minber kommt „regalis aula" im Sinne

---

[19] Haenel p. XIII sq., Heimbach S. 178. Die Erscheinung, von ber hier bie Rebe ist, finbet sich in folgenben Stellen: XII, 1 c. 114, XII, 6 c. 14, XIII, 1 c. 5, 8, 21, XIII, 6 c. 3, 5, XVI, 4 c. 12 (5 c. 21), 43 (c. 52), 45 (c. 54). „Regalia horrea" (statt „horrea fiscalia" bes Th. C.) steht XII, 6 c. 16.

des kaiserlichen Hofes vor in der L. 12 Th. C. de medicis 13, 3 (a. 379).

Muß schon hienach das Auftreten dieses Sprachgebrauches in den Summarien als untauglich zur Anknüpfung des von Hänel und Heimbach daraus gezogenen Schlusses erscheinen, so ist überdies noch folgendes zu berücksichtigen. Angenommen, der Verfasser der Summarien hätte sich dadurch, daß er unter der Herrschaft eines ostgothischen Königs und nicht mehr eines römischen princeps geschrieben, bewogen gefühlt, statt des kaiser= lichen Hauses überall domus regia zu setzen: so müßte man ge= wiß und a fortiori erwarten, daß er auch statt princeps oder imperator des Theodosischen Codex allemal, oder doch mindestens ein oder das andere Mal, rex oder rerum dominus geschrieben hätte. [17]) Nichts dergleichen ist aber bemerkbar. Vielmehr steht in den vielen Summarien, welche des Regenten erwähnen, überall nur princeps oder imperator. [18]) Durch diese Beobachtung wird nicht nur die hier bekämpfte Schlußfolgerung vollständig hinfällig, sondern es wird auch schon eine gewisse Wahrschein= lichkeit begründet, daß die Summarien vor der ostgothischen Herrschaft entstanden seien. Die Wahrscheinlichkeit wird aber zur vollen Gewißheit, wenn man Stellen liest, wie diese: IX, 40 c. 24: „In hac iussit, ut si qui Romanorum barbaris faciendi naves peritiam ostenderit, capitale perferre supplicium",

---

[17]) „Rerum domini" ist der Ausdruck, mit welchem die ostgothischen wie die westgothischen Könige außerordentlich häufig bezeichnet werden, und der in vielen Stellen der westgothischen Interpretatio des Theodosi= schen Codex auftritt, wo im Texte der römische Kaiser genannt wird. S. Glöden, Das röm. Recht im ostgoth. Reiche S. 140, Dahn, Die Könige der Germanen Abth. III S. 293—296.

[18]) Princeps findet sich: IX, 40 c. 10, IX, 41 c. 1, IX, 42 c. 11, 13, X, 1 c. 2, 8, X, 8 c. 2, 3, X, 9 c. 2, 3, X, 10 c. 5, 8, 11, 15, X, 14 c. 1, XI, 30 c. 13, 23, XI, 37 c. 1, XII, 1 c. 1, 14, 135, XII, 2 c. 1, XII, 11 c. 1, XII, 12 c. 4, 8, 10, 12, 14, XII, 13 c. 1, XIII, 1 c. 2, XIII, 1 c. 20, XIII, 3 c. 5, XV, 1 c. 5, 11, 14, 19, 27, 30, 31, 44, XV, 7 c. 12, XVI, 4 c. 37 (5 c. 46), XVI, 8 c. 15. Das entsprechende Beiwort princi= palis steht z. B.: IX, 40 c. 7, X, 8 c. 1, XII, 1 c. 14, XII, 10 c. 1, XIII, 11 c 9. Imperator kommt vor: X, 10 c. 12, 14, XII, 10 c. 1, XV, 1 c. 31; das entsprechende Beiwort imperialis: XV, 7 c. 4, XV, 14 c. 12. Besonders ist hier zu beachten, daß Theodorich den Titel imperator nicht führte und bei Cassiodor niemals erhält. S. Dahn a. a. O. S. 293 Note 8, S. 296 Note 4.

und wenn man bedenkt, daß in dem Edictum Theodorici das herrschende Volk der Ostgothen selbst als barbari bezeichnet wird. [19]) Wenn irgend ein Gesetz, so hätte doch sicherlich dieses während der Herrschaft der Ostgothenkönige als nicht mehr anwendbar bezeichnet werden müssen. Ganz ebenso die harten Vorschriften der römischen Kaiser gegen die Ketzer, insbesondere die Arianer; und wie groß immer die Dulbung und Rücksicht der arianischen Ostgothenkönige gegen die Katholiken war, so hätte doch wohl schwerlich jemand in ihrem Reiche wagen dürfen, als geltendes Recht z. B. zu lehren, daß alle Ketzer aus Rom zu vertreiben, daß ihre Kirchen („speluncae [!], quas sibi haeretici faciunt": XVI, 4 c. 56) den Orthodoxen zu überliefern seien u. dgl. Und bennoch steht das alles in den Summarien, und zwar mit mehrfacher ausdrücklicher Erwähnung gerade auch der Arianer, ohne die allergeringste Andeutung der jetzigen Unanwendbarkeit. [20]) Ja es findet sich sogar der Satz, welcher während der ostgothischen Herrschaft geradezu lächerlich gewesen wäre: „Qui catholicae fidei filii non sunt, militare non debere." [21])

Das alles spricht nun auch schon gegen die Annahme der Abfassung während der Herrschaft Odoaker's, zumal da dieser ebenfalls Arianer war. Wir werden also auf die Zeit noch vor dem Sturze des weströmischen Kaiserthums zurückgeführt. Glücklicherweise steht uns aber eine Stelle zu Gebote, welche eine noch viel genauere Zeitbestimmung erlaubt. Es ist das summarium zu L. 10 Th. C. de metallis 10, 19, welches folgendermaßen lautet:

Quicunque sub terra laboris inquisitionem pro lucro . succenditur (?), fisco partem decimam, domino Valentiniano offerat decimam.

Daß der Verfasser der Summarien das Gesetz hier mißversteht, indem er den Ausdruck dominus, mit welchem im Sinne des Gesetzes unzweifelhaft bloß der Eigenthümer des betreffenden Grundstückes gemeint ist, auf den Kaiser bezieht, ist natürlich für unsere Zwecke ohne allen Belang. Genug, daß er

---

[19]) Man vergleiche namentlich den Prologus und den Epilogus des Edictes, ferner c. 32, 34, 43, 44, 145. S. auch Glöden S. 149 ff.

[20]) Man vergleiche z. B. XVI, 4 c. 7, 12, 21, 50, 53, 56, 57 u. a.

[21]) XVI, 4 c. 33 vgl. ibid. c. 20, 52.

an den Kaiser denkt, nun aber nicht allgemein princeps oder imperator, sondern ganz concret: „dominus Valentinianus" schreibt. Diese Aeußerung läßt sich nicht so erklären, wie Hänel (p. XIII.) zu thun scheint, daß der Verfasser als Bewohner der westlichen Reichshälfte von den in der Inscription des Gesetzes genannten Kaisern (Gratianus, Valentinianus et Theodosius) nur den abendländischen der Erwähnung werth finde, denn sonst hätte außer Valentinian, und vor allen Dingen, doch auch Gratian genannt werden müssen; sondern sie weist unverkennbar auf den gegenwärtig regierenden Kaiser hin, und kann nur dann als natürlich und überhaupt begreiflich erscheinen, wenn man annimmt, daß sie unter der Regierung eines Kaisers Valentinian geschrieben sei[22]), welcher denn natürlich kein anderer sein kann, als Valentinian III. Wir kommen somit auf die Zeit zwischen der Verkündigung des Codex Theodosianus und dem Tode Valentinian's III., d. h. auf die Zeit zwischen 438—455.

Und für die Abfassung der Summarien in dieser Zeit redet auch noch die sehr bemerkenswerthe Thatsache, daß sie nicht selten den Sinn gewisser Vorschriften genauer bestimmen in einer Weise oder Zusätze geben von der Art, daß man unabweisbar zu dem Schlusse gelangt, es müßten dem Verfasser noch andere Quellen, als der Codex Theodosianus, zu Gebote gestanden haben, und er müsse namentlich viele in diesen Codex aufgenommene Gesetze noch in ihrer ursprünglichen, unverkürzten Form gekannt haben, was alles doch kaum anders erklärlich ist, als mit Hülfe der Annahme, daß er zur Zeit der Abfassung des Codex gelebt und sogar schon vor der Verkündigung desselben sich mit dem Studium der kaiserlichen Constitutionen befaßt habe. Diese Erscheinungen haben zugleich ein so großes selbständiges Interesse, daß

---

[22]) Gesetzt daß jemand bei Erläuterung eines ältern, etwa aus der Zeit Friedrich's d. Gr. herrührenden preußischen Gesetzes geschrieben hätte: „Wer das und das thut, der muß dem König Friedrich Wilhelm 100 Thaler als Strafe geben": so würde doch gewiß niemand zweifeln, daß dieses unter der Regierung eines Königs Friedrich Wilhelm geschrieben und daß damit dieser damals — zur Zeit der Aeußerung — regierende König gemeint sei. Und selbst dann würde man im Sinne des Urhebers eine solche Aeußerung stets nur auf den jetzt regierenden Friedrich Wilhelm beziehen können, wenn es sich um ein Gesetz handelte, das von einem ältern Könige Friedrich Wilhelm erlassen wäre.

ich sie, soweit ich sie in unzweifelhafter Weise bemerkt habe, hier vollständig angeben will.

1) In der L. 3 Th. C. de sepulcris viol. 9, 17 steht, daß wer Grabmäler zerstöre und sich die Baumaterialien aneigne, die „animadversio priscis legibus definita" leiden solle, und die Summarien erklären: „Plus hic fieri iussit, ut non mulctam sed poenam animae patiantur". Der Verfasser hat also offenbar die in der Codexstelle nicht bezeichnete und in L. 2 Th. C. eod. nur angedeutete Vorschrift der priscae leges aus andern Quellen gekannt.

2) Die L. 6 Th. C. ad L. Iul. repet. 9, 27 gibt jeder=mann das Recht, einen Richter wegen Bestechung öffentlich an=zuklagen „vel administrante eo, vel post administrationem depositam". Dieses wird von den Summarien dahin erläutert: „Dat licentiam cunctis avarissimos iudices accusare: apud principem in administrationis honore positum, post depositam apud successorem".

3) Der Inhalt der L. 3 Th. C. de quaestion. 9, 35: „Severam indagationem per tormenta quaerendi a senatorio nomine summovemus" wird von den Summarien folgendermaßen angegeben: „Non debere severam indagationem agitari in senatores. Iubet exceptos ad senatorum inquisitionem apportari"; also mit einem im C. Theod. fehlenden Zusatze.

4) X, 1 c. 6 lautet die Inhaltsangabe so: „De appellatione contra fiscum data et recte refutata edicti tenorem praecipit custodiri; item ut infra annum quisquis experiatur". Von dem letzten ist in der Stelle des Codex selbst nichts zu finden.

5) XII, 1 c. 20: „Curiales in agro commorantes neque procuratores fieri" rel. Der hervorgehobene Beisatz ist dem C. Theod. fremd.

6) XII, 1 c. 46. S. oben S. 321 Anm. 9.

7) XII, 1 c. 181 heißt es am Schlusse: „item curiales et collegiatum revocandos, et ut apparitorem iudex profugum persequatur". Von der Verfolgung des flüchtigen Gerichtsdieners sagt die Codexstelle nichts.

8) XIII, 3 c. 5. S. oben S. 321 Anm. 9.

9) Die L. 1 Th. C. de collegiatis 14, 7 verordnet in Be=treff der Kinder der collegiati: „ut, ubi non est aequale coniu-

gium, matrem sequatur agnatio, ubi vero iustum erit, patri cedat ingenua successio." Hievon geben die Summarien fol= gende höchst merkwürdige Erklärung, die übrigens mit der west= gothischen Interpretatio der Stelle in Widerspruch steht und daher vielleicht nur auf einer irrigen Auffassung des Verfassers beruht: „Praecipit, ut ubi impar est coniugium et matris pars superior, agnatio matrem, ubi vero par, patrem sequatur."

10) In der L. 29 Th. C. de Iudaeis 16, 8 vom J. 429 findet sich folgende Vorschrift: „Iudaeorum primates — — quaecunque post excessum patriarcharum pensionis nomine suscepere, cogantur exsolvere. In futuro vero periculo eorun- dem anniversarius canon de synagogis omnibus palatinis com- pellentibus exigatur ad eam formam, quam patriarchae quon- dam coronarii auri nomine postulabant." Dieses wird von den Summarien so erklärt: „Patres, quos Iudaei vel vulgo vocant, canonem a synagogis acceptum sacro aerario inferre debere in primo anno, in secundo (l. sequentibus?) a (l. autem) palatinis secundum ritum patriarcharum suorum." Mit dem „primus annus" ist ohne Zweifel das Jahr gemeint, in welchem . das Gesetz erlassen wurde, und so verstanden hatte jene Erklä= rung vermuthlich einen ganz guten Boden, konnte dann aber offenbar nur geschrieben werden von einem Zeitgenossen, dem die Art der Ausführung der Verordnung anderweit bekannt war.[23]

Dem allem tritt noch hinzu, daß der Verfasser der Sum= marien an einer Stelle (IX, 23 c. 1) sogar die ursprüngliche Quelle eines in den Theodosischen Codex aufgenommenen Ge= setzes namhaft macht. Der Erklärung der L. 1 Th. C. si quis pecunias conflaverit 9, 23 fügt er nämlich am Schlusse bei:

Haec lex a Papiani Responsis descendit.

---

[23] Hänel reiht diesen Fällen noch manche andere an, in denen ich jedoch nicht sicher bin, ob nicht jemand, der bloß den Theodosischen Codex kannte und diesen auslegen wollte, allenfalls eben so hätte schreiben können. So z. B. IX, 17 c. 1, XI, 31 c. 9, XI, 36 c 3. Hänel (p. XIV) erblickt in diesen Erscheinungen eine gewichtige Bestärkung der schon längst auf- getauchten Vermuthung, daß wir nicht einmal die letzten acht Bücher des Codex Theodosianus vollständig und unverstümmelt besäßen. Ich will die Möglichkeit dieser Erklärung für eine Anzahl der angegebenen Fälle nicht schlechthin bestreiten; aber für sehr wahrscheinlich kann ich sie nicht halten, und für jene sämmtlichen Fälle, wie z B. für den ersten, zweiten, fünften, sechsten, achten, neunten und zehnten, scheint sie mir nicht auszureichen.

Dieſe Behauptung bedarf freilich erſt noch des Beweiſes; denn Hänel gibt in ſeiner Ausgabe die Worte ſo: „Haec lex a Papiani ψ descendit (?)" und bezeichnet ſie in der beigefügten Note als unverſtändlich. Allein glücklicherweiſe ſteht uns in dem Werke von Angelo Mai: Iuris civilis anteiustinianei reliquiae ineditae zwiſchen pag. 2 und 3 des Symmachus gerade von dieſer Stelle ein Facſimile zu Gebote, auf welches auch Hänel verweiſt, indem er nur bemerkt, daß darin das a der Silbe pia nicht ganz gut ausgefallen ſei. Mir erſcheint der Punkt wichtig genug, um von dieſem Facſimile hier (unter 1.) eine möglichſt getreue (in der Ausführung leider nicht beſonders gelungene) Nach=bildung mitzutheilen, der ich zur Vergleichung (unter 2.) auch noch das ebenfalls bei Mai vorfindliche Facſimile eines andern, nicht gar weit von jenem entfernt ſtehenden Summariums (IX, 3 c. 7) beifüge.

1.

2.

Ein Blick auf dieſe beiden Facſimilen ſcheint mir als un=zweifelhaft zu ergeben, daß in der Handſchrift ſteht: „Haec lex a Papiani R descendit"; denn der Buchſtabe hinter „Papiani" iſt doch gewiß nichts anderes, als ein R, mit einer Linie, als dem Zeichen der Sigle, durchzogen. Ein ſolches durchſtrichenes R war aber gerade bei der Anführung von Büchertiteln eine ſehr übliche und gebräuchliche Sigle für „Responsa", und in der Hand=ſchrift der ſog. Vaticaniſchen Fragmente werden dergleichen Ci=tate, ſo viel ich ſehe, nie anders geſchrieben. [24])

---

[24]) Vgl. z. B. fr. Vat. §. 2, 75, 79, 108, 114, 121, 250, 294, 296 u. a. in der Quartausgabe der fragm. Vaticana von Th. Mommſen (Berol. 1860). Man vergleiche auch ebendaſelbſt p. 387 und das Siglenverzeichniß in der Ausgabe des Gaius von Göſchen und Lachmann (Berol. 1842) p. 491 sq.

Das Ergebniß der ganzen Untersuchung ist, daß die Summarien der ersten Klasse zu Rom um die Mitte des 5. Jahrhunderts, genauer zwischen 438—455, verfaßt sind. Mit Sicherheit läßt sich ferner noch sagen, daß der Verfasser zur orthodoxen katholischen Kirche gehörte. Denn er schreibt XVI, 4 c. 28 (5 c. 37): „Adversus Donatistas — —, in quibus a nostris catholicis superati sunt", gibt als Inhalt der L. 2 Th. C. de fide cathol. 16, 1 folgendes an:

> Iubet Byzantiae populos beatorum Petri et Pauli
> semper in Christo tenere doctrinam, quemadmodum
> Romani populi piam vel venerandam doctrinam.

und bezeichnet XVI, 4 c. 56 (5 c. 65) die Andachtsörter der Ketzer als „speluncae, quas sibi haeretici faciunt". [25])

Fragen wir nach der Bestimmung der Arbeit, so kann wohl von vornherein kein Zweifel sein, daß sie zur Benutzung beim Rechtsunterrichte dienen sollte; denn es ist gar nicht abzusehen, welcher andere Zweck dabei hätte vorschweben sollen. Auch tragen die Summarien überall den Stempel der Entstehung auf der Schule und der Bestimmung für die Schule. Namentlich deuten darauf die eingestreuten Definitionen und sonstigen erklärenden Bemerkungen, auf die ich schon früher (S. 319) aufmerksam gemacht habe. Völlig untrüglich ist aber folgende Aeußerung in XII, 1 c. 1:

> Prohibet iudices vacationem praestare curialibus civi
> lium munerum, sed ad principem debere referre. Hic
> etiam, qualiter gesta debeant confici apud
> municipes.

Das letzte kann nicht bedeuten sollen, daß in der L. 1 Th. C. de decurion. 12, 1 auch von der Art der Abfassung der Protokolle städtischer Curien gehandelt werde, denn davon ist in dem Gesetze mit keiner Silbe die Rede, und war auch ganz sicherlich schon in der ursprünglichen Gestalt desselben vor seiner Aufnahme in den Theodosischen Codex keine Rede; sondern es kann damit nur gemeint sein, daß hier am Eingange des Titels de decurionibus, als dem dafür am meisten geeigneten Orte, auch

---

[25]) Man vergleiche auch noch XVI, 1 c. 3, XVI, 4 c. 32, 34, 47, 53 u. a.

dieſer Gegenſtaud — zu erklären ſei ober aber erklärt worden
ſei: jenes, wenn man annimmt, was mir nicht unwahrſcheinlich
bünkt, daß dieſe Summarien urſprünglich als Leitfaden eines
Rechtslehrers für den mündlichen Vortrag entſtanden; dieſes,
wenn man ſie mit Hänel (p. XIII. n. 22) eher für Nachſchriften
eines Zuhörers nach mündlichem Vortrage hält. Mag man aber
die eine ober die anbere Auslegung vorziehen: auf jeden Fall
erhellt aus der Aeußerung ein unmittelbarer Zuſammenhang der
Summarien mit dem mündlichen Rechtsunterrichte, und wir
dürfen daher ohne alles Bedenken annehmen, hier ein Erzeugniß
der Rechtsſchule zu Rom vor uns zu haben.

Bevor ich weitere Bemerkungen anknüpfe, will ich nunmehr auch die zweite Klaſſe der Summarien beſprechen.

Dieſe Summarien ſind im ganzen neunten Buche, in den
30 erſten Titeln des eilſten Buches und im erſten Titel des
zwölften Buches ziemlich häufig. Im zehnten und dreizehnten
Buche, ſowie in den weiteren Titeln des zwölften Buches kommen
ſie nur ſpärlich vor, und vom ſechſten Titel des dreizehnten
Buches an verſchwinden ſie gänzlich mit einziger Ausnahme
eines einem Summarium der erſten Klaſſe zwiſchen den Zeilen
zugefügten Wortes in lib. XVI. tit. 10 c. 10. [26]) Hinwiber
weiſen die 29 erſten Titel des eilſten Buches überhaupt nur
Summarien dieſer Klaſſe und gar keine der erſten Klaſſe auf.
Wo Summarien von beiden Klaſſen zuſammentreffen, ſtehen diejenigen der zweiten Klaſſe in der Handſchrift durchweg hinter
denjenigen der erſten, eine Regel, von der nur ſehr wenige Ausnahmen vorkommen. Einmal nämlich (XII, 1 c. 11) iſt die
Ordnung gerade umgekehrt, und dreimal (XII, 1 c. 49, XII.

---

[26]) Das 9. Buch enthält allein 19 jetzt noch lesbare ſolche Summarien,
das 11. Buch in ſeinen 30 erſten Titeln 16 (in den folgenden Titeln gar
keine), der erſte Titel des 12. Buches 7. Dagegen finden ſich im ganzen
10. Buche nur 3, in allen folgenden Titeln des 12. Buches nur 1 (XII,
13 c. 4), in den 5 erſten Titeln des 13. Buches nur 2, und im 16. Buche,
wie geſagt, noch 1 dieſer Summarien. Im ganzen ſind es alſo deren 49. —
In dieſer Ungleichmäßigkeit der Vertheilung kommen die Summarien
überein mit den von Th. Mommſen in ſeiner Ausgabe der fragmenta
Vaticana (Berol. 1860. 4°) herausgegebenen alten Scholien zu dieſer
Sammlung, mit denen ſie auch dem Inhalte nach die größte Verwandtſchaft haben, und die wahrſcheinlich ebenfalls dem 5. Jahrhundert angehören. S. Mommſen a. a. O. p. 407 sq. vgl. p. 389 sq.

13 c. 4, XVI, 10 c. 10) hat das von der zweiten Hand, d. h. von derjenigen, welche die Summarien der zweiten Klasse ge= schrieben hat, herrührende die äußere Gestalt einer Einschaltung in ein Summarium der ersten Klasse.

Ihrem Charakter nach unterscheiden sich die Summarien der zweiten Klasse von denen der ersten sehr wesentlich. Es sind sämmtlich ganz kurze Bemerkungen, wie sie sich kaum je= mand anders, als der Zuhörer bei einem mündlichen Vortrage macht. Ein Ueberblick über den höchst mannigfaltigen und ver= schiedenartigen Inhalt wird dieses am anschaulichsten erweisen. Häufig besteht derselbe nur in einer kurzen Verweisung auf andere Stellen des Codex[27]), einmal (XI, 30 c. 42) sogar auf eine „Novella Valentiniani". Manchmal wird, in der Art von Ueberschriften, der Gegenstand eines Gesetzes nur im allge= meinen bezeichnet[28]), manchmal aber auch eine wirkliche kurze Summa gegeben.[29]) Ferner werden hie und da die Summa=

---

[27]) Z. B. IX, 14 c. 3: „Similis infra tit. XXVI ad Legem Iuliam de ambitu const. 1.", XI, 7 c. 1: „Similis Lib. XII. Tit. 1 c. 117. Si- milis hoc corpore eodem tit. c. 21. Tit. 7. sequenti c. 1". Die sämmt= lichen Summarien, welche solche Verweisungen enthalten, sind diese: IX, 14 c. 3, IX, 26 c. 1, IX, 40 c. 16, XI, 5 c. 1, XI, 7 c. 1, 2, 3, 4, XI, 12 c. 3, XI, 14 c. 1, XI, 26 c 2, XI, 29 c. 1, 2, XII, 1 c. 31. — Aehn= liche Verweisungen finden sich in den alten Scholien zu fr. Vat. §. 282, 294, 295, 296.

[28]) Z. B. IX, 38 c. 11: „De his qui se tyrannicae iunxerunt prae- sumtioni". X, 12 c. 2: „De praesentatione mancipii. De poena dela- toris". Zu den Summarien dieses Inhaltes gehören: IX, 38 c. 6 (wo statt „Dies in quibus reis" vielleicht zu lesen ist: „De iis quibus reis"), c. 11, IX, 40 c. 5, X, 12 c. 2. Gleicher Art sind die alten Scholien zu fr. Vat. §. 271, 273, 280.

[29]) IX, 40 c. 13: „Damnatorum poenam in dies XXX differri praecipit". XI, 5 c. 1: „Si aliquid amplius fuerit exactum, futurae in- dictioni prodesse". XII, 1 c. 54: „Superiori similis curiales noviter pro- fessos . . . . . m debere sarcinum . . . acere". Das letzte Summarium ist besonders merkwürdig, weil die L. 54 in der Handschrift des Theod. C. zweimal steht mit zwei verschiedenen Summen, von denen, nach Maßgabe der Schriftform, die erste zu der ersten, die zweite, so eben mitgetheilte, zu der zweiten Klasse der Summarien gehört. — Denselben Charakter haben die Scholien zu fr. Vat. §. 112, 113, 121, 249, 264, 269, 272, 281, 282, 294, 297, 312, 313, 314, 315, 316.

rien der ersten Klasse durch Zusätze ergänzt [30]), oder durch
beigefügte Worterklärungen erläutert [31]), oder auch nur im Aus-
drucke corrigirt. [32]) Einmal findet sich auch eine geschichtliche
Notiz. [33]) Bei weitem am zahlreichsten aber sind die Fälle,
in denen sich der Verfasser nur irgend etwas bemerkt hat, was
ihm besonders auffiel oder beachtens- oder behaltenswerth dünkte,
darunter oft recht einfache Dinge, wie sie sich niemand anders
als ein Schüler notiren wird. [34]) Endlich gibt der Verfasser
nach Art eines Schülers mitunter auch dem Eindrucke Worte,
welchen eine gesetzliche Bestimmung auf ihn gemacht hat. [35])

----

[30]) Z. B. IX, 40 c. 7 lautet das Summarium von erster Hand:
„Pistrino damnatos nullam debere habere veniam, nisi cui concessum
fuerit principali praecepto". Dem fügt die zweite Hand bei: „Idem neque
per paschalem absolutionem". Und zu bemerken ist, daß davon in der
Coderstelle selbst nichts steht. Aehnliche Zusätze finden sich: IX, 21 c. 2,
XII, 1 c. 23, 49. Vgl. die Scholien zu fr. Vat. §. 5, 108.

[31]) XII, 13 c. 4 sagt das Summarium von erster Hand: „Aurum
praecipit pro coronis datum coronae ibi proficere, ubi datum est" rel.
Die zweite Hand schaltet nach dem ersten „datum" ein: „pro coronis: id
est imperatori". X, 20 c. 8 gibt das Summarium zweiter Hand die
Definition: „Linteones: lintea facientes".

[32]) XII, 1 c. 21 hat das Summarium der ersten Hand: „flamines
diales"; die zweite Hand corrigirt: „flamones". XVI, 10 c. 10 setzt die
zweite Hand dem Summarium der ersten Hand über der Zeile — an einer
übrigens unleserlichen Stelle — das Wort „sciverint" bei. Vgl. fr. Vat.
§. 50, 83, 107, 281, 293 u. a. und Mommsen p. 390, 408.

[33]) IX, 40 c. 3: „In pistrina tradebantur pro levioribus damnati
criminibus". Die Stelle ist interessant, weil darin das, was die Coderstelle
(vom J. 319) noch ganz allgemein vorschreibt, als etwas der Vergangen-
heit angehöriges behandelt wird.

[34]) Z. B. IX, 17 c. 6: „Extra civitatem sepeliantur corpora". IX,
89 c. 2: „Dicit, non debere in hoc principum animos commovere, quod
non possit quis probare". — IX, 5 c. 4: „Nota, apud vicarium inscriptionem agi". IX, 27 c. 7: „Nota, spectabilem esse comitem rei privatae". —
IX, 40 c. 12: „Nota de relegatione". IX, 40 c. 14: „Nota de appari-
tore". XII, 1 c. 26: „Nota de filiis doctorum". XIII, 5 c. 12: „Nota, ubi
debeat mulier conveniri". S. noch: IX, 40 c. 16, XI, 1 c. 37, XI, 7 c. 3, 7,
XI, 16 c. 14, 15, XI, 30 c. 13, XII, 1 c. 11, XIII, 1 c. 18. — IX, 42
c. 8: „Quid sit in stirpes. Nota, bessem octo uncias esse. Nota de iure
liberorum". X, 19 c. 9: „R. quid sint aurileguli".

[35]) Zu L. 4 Th. C. de accusation. 9, 1 wird bemerkt: „Bona esortatio" (Vgl. Haenel p. 1 not. a.), und zu L. 1 Th. C. de raptu virg.
9, 24: „Gravissimum iudicium de rapta".

Daß diese Summarien aus einer Rechtsschule hervorge=
gangen sind, wird hienach keines weitern Beweises bedürfen.
Und es kann sich also nur noch fragen, wann und wo sie ent=
standen sind.

Was die Zeit anlangt, so darf ich im Hinblicke auf frühere
Ausführungen (S. 322 fg.) von vornherein so viel als sicher hin=
stellen, daß auch diese Summarien vor der Einführung der
Justinianischen Gesetzgebung entstanden sind. Sonst würden wir
auch gewiß, so gut wir ·der Verweisung auf eine Novella Valentiniani begegnen, mindestens einige Berücksichtigung des Corpus
iuris finden. Es kann sich nur fragen, ob sie älter oder jünger
seien, als diejenigen der ersten Klasse.

Hänel (p. XV) hat einige Neigung, sie für älter zu halten
wegen der Schriftform und wegen ihrer Kürze. Allein wenn
man erwägt, daß sie öfters als sachliche oder sogar sprachliche
Zusätze zu den Summarien der ersten Klasse erscheinen (S. 334):
so kann doch wohl kein Zweifel sein, daß die letztern nicht bloß
dem Abschreiber, sondern auch dem ursprünglichen Urheber
(gesetzt, daß beide verschiedene Personen gewesen sein sollten)
vorgelegen haben müssen, und daß die einen zu den andern in
der engsten Beziehung stehen. Ich wenigstens vermag mich des
Eindruckes nicht zu erwehren, als ob in einer Vorlesung über
den Theodosischen Codex, bei welcher die Summarien der ersten
Klasse als Grundlage (gewissermaßen als Compendium) gedient,
diejenigen der zweiten Klasse von einem Zuhörer zugefügt wor=
den seien. Ein Grund mehr, auch die Summarien der ersten·Klasse
mit einer Rechtsschule und ihrer Thätigkeit in Verbindung zu
bringen.

Noch etwas genauer läßt sich die Zeit bestimmen mit Hülfe
des Summariums zu XI, 30 c. 42, welches folgendermaßen
lautet:

. Nota quod dicit: „reliquum negotium audiret", quasi
dat intelligi, post iam coeptum negotium posse appellari, quod Novella Valentiniani dicit sub
tit. de fori praescriptione: aut (l. ab?) inter-
locutione appellari potest.

Gemeint ist hier Nov. Theod. tit. VII de amota milit.
fori praescr. L. 4 §. 8 (ed. Haenel) vom Jahr 441. Dabei
verdient es aber alle Beachtung, daß diese Novelle nicht als

eine Novella Theodosii, sondern als eine Novella Valentiniani citirt wird. Erstens liegt darin ein entscheidender Beweis, daß auch diese Summarien im Abendlande entstanden sind, in welchem die Novellen des Theodosius erst durch die Verkündigung von Seite Valentinian's III. im Jahr 448 Kraft erhielten und daher nunmehr als Gesetze dieses weströmischen Kaisers zu betrachten waren. [36]) Zweitens aber erhellt daraus, daß die Summarien nicht vor jener Verkündigung, also nicht vor 448, entstanden sein können.

Fügt man hinzu, daß XII, 13 c. 4 das „aurum pro coronis datum" erklärt wird als „aurum imperatori datum", und berücksichtigt man, daß sowohl Odoaker als die Ostgothenkönige gerade den Titel Imperator nicht führten [37]): so wird es wahrscheinlich, daß auch diese Summarien noch aus der Zeit vor dem Sturze des weströmischen Kaiserthums herrühren. Sie würden demnach in die Zeit zwischen 448 und 476 fallen.

Ueber ihren Entstehungsort geben sie selbst keinen näheren Aufschluß. Allein im Hinblicke auf ihre enge Beziehung zu den Summarien der ersten Klasse kann doch wohl kaum ein Zweifel herrschen, daß sie am gleichen Orte, wie jene, und an der gleichen Rechtsschule, das heißt also an der Rechtsschule zu Rom entstanden sind.

Um schließlich von dem wissenschaftlichen Werthe der gewonnenen Ergebnisse zu reden, so geben sie den Summarien zunächst eine gewisse Bedeutung als einer nicht ganz verächtlichen und unergiebigen Quelle für die Kenntniß des Rechtszustandes im römischen Reiche um die Mitte des 5. Jahrhunderts. Denn die Summarien enthalten nicht nur manches neue, im Theodosischen Codex nicht vorfindliche, sondern sie lehren uns auch, daß viele in diesen Codex aufgenommene Vorschriften damals, mindestens in Italien, nicht mehr in praktischer Geltung waren.

Ferner tragen sie zur Kenntniß des damaligen Sprachgebrauches bei. Ich erwähne z. B. Papianus statt Papinianus

---

[36]) S. Nov. Valent. tit. XXV. de confirmat. leg. D. Theod. Aug. L. un. (ed. Haenel p. 210 sq.); vgl. Nov. Theod. tit. II. de confirmat. leg. novell. Theod. L. un.

[37]) S. Dahn, Die Könige der Germanen Abth. II. S. 44, Abth. III. S. 293 Note 8, S. 296 Note 4.

(XI, 23 c. 1), mancipare im Sinne von addicere, devovere, tradere (IX, 16 c. 12, IX, 21 c. 1, IX, 40 c. 13, XII, 1 c. 89), scholastici im Sinne der Rechtsgelehrten und insbesondere der Advocaten (XI, 31 c. 9, XII, 1 c. 116, XIII, 3 c. 1, XIV, 1 c. 1, XVI, 2 c. 38), momentum im Sinne von Besitzstand (XI, 37 c. 1), praesumptio im Sinne von Anmaßung, eigen= mächtiger Aneignung (IX, 38 c. 11), Falcidia im Sinne von Pflichttheil (IX, 14 c. 3, XVI, 8 c. 28), lectiones im Sinne von (Gesetzes=)Stellen, Belegen (XII, 16 c. 1; vgl. L. 3 Th. C. de resp. prud. 1, 4, L. 9 Th. C. de infirm. his quae sub tyr. ·15, 14), in cassum habere = als nichtig behandeln (XVI, 2 c. 27; vgl. XIV, 3 c. 20 und L. ult. Th. C. de episc. defin. 1, 27, L. 74 §. 4 Th. C. de decurion. 12, 1, L. 4 Th. C. de episc. 16, 2 u. a.). Doch haben diese Ausdrücke noch nicht viel be= sonderes; denn sie kommen auch in vielen andern Quellen jener Zeit, insbesondere in dem Theodosischen Codex selbst vor. Be= merkenswerther sind Ausdrücke, -wie firmatio statt confirmatio (XIII, 3 c. 4), querelans (XIII, 11 c. 14; vgl. Serv. ad. Virg. Bucol. Ecl. 1), substantiosus = vermöglich, wohlhabend (XII., 1 c. 52, XII, 6 c. 5), pretiatio = aestimatio (XIV, 4 c. 2), fiducia = licentia (XI, 30 c. 56, XIV, 4 c. 2, XV, 1 c. 11), eunu= chus = praepositus sacri cubiculi (IX, 40 c. 17; vgl. Euagr.= Hist. eccl. Lib. IV. cap. 22 bei Brissonius s. v. Eunuchus nr. 2), guberni (XIII, 9 c. 3) und manche andere, welche Hänel p. XIV. n. 29 zusammengestellt hat. Ganz besonders interessant sind mir aber wegen der Uebereinstimmung mit dem Sprach= gebrauche des spätern Mittelalters die folgenden Ausdrücke er= schienen:

1) Praescriptio temporis im Sinne von Verjährung; denn wenn X, 1 c. 15 von „praedia per praescriptionem temporis ablata" die Rede ist, so kann an dieser Bedeutung des Aus= druckes doch wohl kein Zweifel sein.[38])

2) Beneficium im Sinne eines gegen militärische Dienst= leistung zur Benutzung überlassenen Landstückes; denn der Satz der L. 10 (9) Th. C. de censitor. 13, 11: „Quoniam ex multis gentibus sequentes Romanam felicitatem se ad nostrum impe-

---

[38]) In andern Stellen (XIII, 6 c. 3, 5, XV, 1 c. 22) könnte prae= scriptio allenfalls auch mit „Einrede" übersetzt werden; die im Texte an= gegebene aber scheint mir völlig entscheidend.

rium contulerunt, quibus terrae laeticae administrandae
sunt, nullus ex his agris aliquid nisi ex nostra annotatione
mereatur"[39]) wird XIII, 11 c. 9 folgenbergeſtalt ſummirt:

Peregrini occupantes Romanam provinciam nullum
beneficium accipiant, nisi eis principalis indulgentia
concesserit.

Drittens lernen wir aus den Summarien die damalige
Citirart kennen. Sie ſtimmt genau überein mit derjenigen,
welcher wir in andern juriſtiſchen Schriften der damaligen Zeit,
ſowie in der alten ſogenannten Turiner Inſtitutionengloſſe und
ſonſtigen juriſtiſchen Schriften aus der Zeit Juſtinian's be=
gegnen.[40]) Ich bemerke folgendes. In einem Summarium
der zweiten Klaſſe (XI, 7 c. 1) wird der Theodoſiſche Codex
ſelbſt als „hoc corpus" bezeichnet.[41]) Die einzelnen Geſetze
heißen in den Summarien der zweiten Klaſſe ſtets, in denen
der erſten Klaſſe regelmäßig (bei Citaten, ſo viel ich ſehe, allemal)
„constitutiones"[42]); doch gebrauchen die letzten auch den Aus=
druck „lex" (z. B. IX, 23 c. 1, IX, 24 c. 1, IX, 38 c. 5, X,
10 c. 30, X, 15 c. 4, XII, 1 c. 99, XII, 13 c. 2 u. a.). Die
verſchiedenen in einem und demſelben Geſetze enthaltenen Be=
ſtimmungen werden (von den Summarien der erſten Klaſſe) in
Uebereinſtimmung mit L. 5, 6 Th. C. de const. princ. 1, 1
„capita" oder „capitula" genannt (z. B. IX, 21 c 1, 2, 3,
4, 7, IX, 23 c. 1, IX, 24 c. 1, IX, 42 c. 9 u. v. a.).

Die Anführung der Stellen geſchieht von den Summarien
beider Klaſſen gewöhnlich bloß durch Angabe der Zahlen des
Buches, Titels und Geſetzes. Z. B.

1) Summarien der erſten Klaſſe:

IX, 5 c. 4: „Similis XVIIII tituli primi".

X, 10 c. 1: „Similis sexti tituli est noni libri".

X, 10 c. 21: „Similis quartae in octavo titulo".

---

[39]) Vgl. hiezu den Commentar des Jac. Gothofredus.

[40]) Vgl. Savigny, Geſchichte des röm. Rechts im M. A. 2 Ausg. II.
S. 201 fg., Krüger in der Zeitſchrift für Rechtsgeſchichte VII. S. 50 fg.

[41]) Im Einklange mit dem ſtetigen Sprachgebrauche der Consultatio;
ſ. Cons. (ed. Huschk.) III. 12, VIII. 2, 5, 7, IX. 12, 13.

[42]) Uebereinſtimmend mit dem Sprachgebrauche in L. 5, 6 Th. C. de
const. princ. 1, 1. — Auch in der Turiner Gloſſe werden die Geſetze des
Juſtinianiſchen Codex durchgängig „constitutiones" genannt; ſ. nr. 12,
241, 277, 278, 301, 480 u. a.

X, 10 c. 23: „Sextae decimae constitutionis similis noni libri tituli quadragesimi secundi".

XI, 36 c. 8: „Similis iiij et X (XIV.) tituli XXXII."

2) Summarien der zweiten Klasse:

XI, 7 c. 1: „Similis Lib. XII. tit. 1. c. 117."

XI, 12 c. 3: „Similis hoc libro tit. 13."

XI, 26 c. 1: „Similis Lib. XII. tit. 6. c. 26.**)

Seltener kommt es vor, daß der Titel nicht durch die Zahl, sondern durch die Rubrik bezeichnet wird. Z. B.

XII, 16 c. 1 (Summ. I. Kl.): „Multae lectiones ad hunc titulum pertinentes iacent Lib. IV. tit. de vectigalibus et commissis."

IX, 26 c. 1 (Summ. II. Kl.): „Similiter supra Tit. ad L. Corneliam de Sicariis const. III." **)

Und nur einmal habe ich, in einem Summarium der zweiten Klasse, eine Verbindung der Zahl des Titels mit der Titelrubrik angetroffen; nämlich:

**) Die arabischen Ziffern, welche hier die Hänel'sche Ausgabe hat, stehen doch wohl kaum in der Handschrift. Hänel gibt darüber keine Erklärung.

**) Diese Citirart stimmt überein mit derjenigen, welche sich in den Gesta Senatus' Urbis Romae vom J. 438 (vor Hänel's Ausgabe des Cod. Theod.) findet: „— — consul ordinarius legit ex codice Theodosiano, libro primo, sub titulo de constitutionibus principum et edictis: Domini nostri Impp." rel. Ferner mit derjenigen der Consultatio; s. Cons. VII. a., 3: „Ex Theodosiani lib. IIX. sub tit. de mat. bon. et mat. gen. (et) cretione sublata"; Cons. VIII., 5: „Ex corpore Theodosiani lib. IX tit. de accusationibus et inscription." Vgl. Turiner Glosse nr. 480: „hoc specialiter legitur libro sexto Codicis titulo de furtis const. ultima". (Vgl. die Scholien zu den fr. Vat. §. 266 a, 270, 272, 285, 286, 288.) — Selbst bloß nach der Titelrubrik kommen im 5. Jahrhundert Citate vor. So z. B. Consult. VIII., 7: „Ex corpore Theodosiani sub titulo de diversis rescriptis". (Vgl. noch Cons. IV. 9, V. 6, VI. 10, 12, 13, 14, 15, 16, 17, 18, 19, IX. 15.) Ferner Nov. Anthemii tit. III.: „prolata est constitutio de Codice Theodosiano sub titulo de Bonis vacantibus" (= Th. C. X, 8 c. 3). Und auch hiezu bieten die Summarien (der zweiten Klasse) ein Seitenstück, da die XI, 30 c. 42 erwähnte Novella Valentiniani ebenfalls nur nach der Titelrubrik citirt wird. S. oben S. 335. Wie sehr dieses alles der von mir gemachten Bestimmung des Alters der Summarien zur Unterstützung gereicht, brauche ich nicht erst noch besonders hervorzuheben.

IX, 14 c. 3: „Similis infra tit. XXVI. ad Legem Iuliam de ambitu const. 1.“[45])

Dieses alles ist, wie mir dünkt, nicht unerheblich und wissenschaftlich uninteressant. Dennoch ist damit nur erst der kleinste Theil des Nutzens erschöpft, den die Bestimmung des Alters und der Heimath der Summarien gewährt. Das bei weitem wichtigste ist, daß wir uns nunmehr ein klares Bild machen können von der Art, wie im 5. Jahrhundert der Theodosische Codex auf den Rechtsschulen, insbesondere auf derjenigen zu Rom, behandelt wurde. Diese Methode war derjenigen der Glossatoren ganz nahe verwandt. Man folgte einfach dem Texte des Gesetzbuches und suchte das Studium durch kurze Angabe des Inhaltes der einzelnen Gesetze und durch Verweisung auf andere Stellen ähnlichen oder aber abweichenden Inhaltes zu erleichtern. Es ist ganz offenbar diejenige Methode, welche Justinian in der Const. Deo auctore (= L. 1 C. de vet. iure enucl. 1, 17) §. 12 und in der Const. Tanta (= L. 2 C. eod.) §. 21 unter dem Namen paratitla als bekannt voraussetzt und fortwährend gestatten will, indem er schreibt:

Const. Deo auctore §. 12: — — sed sufficiat per indices tantummodo et titulorum subtilitatem, quae παράτιτλα nuncupantur, quaedam admonitoria eius facere, nullo ex interpretatione eorum vitio oriundo.

Const. Tanta §. 21: — — nemo — — audeat commentarios hisdem legibus annectere, nisi tantum si velit eas in graecam vocem transformare — —, et si quid forsitan per titulorum subtilitatem annotare maluerint et ea, quae paratitla nuncupantur, componere.[46])

---

[45]) Sehr merkwürdig sind die in dieser und der vorigen Stelle vorkommenden Ausdrücke „supra“ und „infra“, welche für die Citirmethode des spätern Mittelalters so charakteristisch sind. Sogar noch in einem dritten Summarium, ebenfalls von der zweiten Klasse, findet sich diese Erscheinung; nämlich XII, 1 c. 31: „Nota: Contra supra constitutio XXII.“ Und auch hier gewähren die alten Scholien zu den Vaticanischen Fragmenten mehrfache Seitenstücke. So z. B. ad fr. Vat. §. 282: „Idem supra pagina VIII et infra pagina XV et XXIII“. Ferner ad fr. Vat. §. 294, 295, 296.

[46]) Die nämliche Behandlungsweise zeigen in der Anwendung auf die Sammlung, welche wir jetzt als fragmenta Vaticana zu bezeichnen pflegen,

Bei dem mündlichen Vortrage wurden dann natürlich noch mancherlei wort= und ſacherklärende Bemerkungen hinzugefügt und einzelnes, was vorzugsweiſe beachtenswerth ſchien, beſonders hervorgehoben. Dieſes machen namentlich die Summarien der zweiten Klaſſe ſehr anſchaulich. Ich will dabei nicht unterlaſſen, darauf hinzuweiſen, daß dieſer Theil der Summarien ſeinem innern Charakter nach und ſogar. in der äußern Geſtalt völlig übereinſtimmt mit vielen Stücken der alten Turiner Inſtitutionen= gloſſe, wie ſchon die Vergleichung folgender weniger Stellen zur Genüge zeigen wird. .

IX, 5 c. 4: Nota, apud vicarium inscriptionem agi.

IX, 42 c. 8: Nota, bessem octo uncias esse.

XII, 1 c. 26: Nota de filiis doctorum.

Gl. Taur. 31: Nota, adulescentibus invitis in litem curatores dari. .

Gl. Taur. 80: Nota, plantam solo cedere.

Gl Taur. 147: Nota, testamentum dictum, quod testatio mentis est.

Gl. Taur. 292: Nota consobrinos.

In dieſer Uebereinſtimmung liegt eine Unterſtützung des freilich ſchon anderweit genugſam geführten Beweiſes, daß die Summarien und die Gloſſe zeitlich nicht gar weit auseinander liegen. Und gewiß wird dadurch auch die Wahrſcheinlichkeit erhöht, daß beide an der gleichen Rechtsſchule, alſo zu Rom, entſtanden ſind.

Auf dieſe Bemerkungen will ich mich einſtweilen beſchränken, bis ich auch die übrigen Quellen, deren Erörterung ich mir vor= geſetzt, beſprochen habe.

———————

Ueber ein Rechtsbuch des obern Elſaſſes

von
Rudorff.

Unter dem Titel Coutumes de la Haute Alsace dites de Ferrette, Colmar und Paris 1870, hat Herr Edouard Bonvalot, Rath am Tribunal zu Colmar, bekannt als Bearbeiter mehrerer

die alten Scholien zu derſelben, auf deren, ſchon von Mommſen in ſeiner Quartausgabe der fragm. Vat. p. 407 hervorgehobene Verwandtſchaft mit unſern Summarien, beſonders mit denen der zweiten Klaſſe, ich ſchon mehrfach hingewieſen habe.

Elsaß-Lothringischer Weisthümer, der deutschen Rechtsgeschichte
eine bisher verschüttete Quelle wieder eröffnet.

Einzelne Hofesrechte hatte zwar schon Jacob Grimm in seine
Sammlung aufgenommen. Das vorliegende· Rechtsbuch aber
umfaßt ein weiteres Gebiet.

Den Ausgangspunkt bildet freilich nur die kleine Herrschaft
Pfürdt in der südlichsten heutigen deutschen Reichs= und Sprach=
gränze. Ihr Mittelpunkt ist das feste Schloß und das bescheidene·
Städtchen zu seinen Füßen, welche seit dem elften ʼober zwölften
Jahrhundert urkundlich genannt werden.

Allein dieser Punkt war zugleich Sitz eines gräflichen
Sprengels, welchem ein beträchtliches Stück des karolingischen
Sundgaus, zwischen den Vogesen, dem Rhein und der Schweiz
incorporirt war. Damit hängt zusammen, daß der Begriff des
Sundgaus sich auf den nicht incorporirten Theil nördlich der
Thur zurückzieht und daß in Urkunden des 14. Jahrhunderts
der Theil und das Ganze, die Grafschaft Pfürdt und der Sund=
gau, in willkürlicher Abwechselung gebraucht werden.

Diese merkwürdige Erscheinung findet in dem Vordringen
der Habsburgischen Hausmacht in die Landgrafschaft Oberelsaß,
die Grafschaft und Herrschaft Pfürdt, ihre· historische· Erklärung.

Drei Dynastieen mit freilich sehr verschiedenen Rechten sind
einander in der letztern gefolgt: die alten Dynasten aus dem
Hause Montbéliard=Pfürdt, die Erzherzoge von Oesterreich und
die Familie Mazarin.

Durch die Vermählung Johannas, Erbtochter Ulrichs II.,
mit dem Erzherzog Albrecht, Landgrafen in Oberelsaß, kam die
Herrschaft an das österreichische Haus (1325).

Der Lehnsverband mit dem Bisthum Basel, durch welchen
Ulrich I. 1271 die Herrschaft zu schützen· gesucht hatte, wurde
gelöst. Dieselbe bildete fortan ein Stück jener vorderösterreichi=
schen Secundogenitur des Habsburgischen Hauses, eines selbst nach
dem Verlust der Schweiz immer noch ansehnlichen Ländercom=
plexes, welcher von Ferdinand I. (1522—1564) unter der gemein=
schaftlichen Regierung zu Ensisheim 1523· zu einem Ganzen
vereinigt wurde.

Im münsterschen Frieden 1648 hatte der römische Kaiser
für sich, das Haus Oesterreich und das Reich alle Rechte auf
die Landgrafschaft im obern und untern Elsaß, den Sundgau·

und die Grafschaft Pfürdt an die Krone Frankreich abgetreten.
Durch Patent vom Dezember 1659 (p. XVI. ist 1559 ein Druck=
fehler) vergab Ludwig XIV. die Herrschaft Pfürdt und einen
Theil der übrigen zur Grafschaft Pfürdt gehörigen im Sundgau
belegenen Gebiete, namentlich Belfort, Delle, Thann, Altkirch
und Issenheim, an den Kardinal Mazarin, bei dessen Familie
sie bis 1791 vollständig und seit der Restauration 1824 wenig=
stens zum Theil verblieben ist. Diese dritte französische Dynastie
besaß jedoch die Hoheitsrechte der österreichischen Erzherzoge,
welche an die Krone Frankreichs übergiengen, nicht mehr. Ihre
Rechte beschränkten sich auf die gewöhnlichen grundherrlichen
Domanial = Gerechtsame, Nutzungen und Gefälle. Als auch
diese in Folge der Auflösung des Lehnwesens und der Entlastung
des unvollkommenen Grundbesitzes in der neuern Gesetzgebung
beseitigt wurden, blieb ihr selbst als Grundherrschaft nur das
privatrechtliche Grundeigenthum unter der allgemeinen Besteue=
rung des Staats.

War dieses in einigen allgemeinen Grundzügen der öffent=
liche Zustand der Herrschaft und Grafschaft, so ist ihr eigen=
thümliches Recht durch die neue Rechtsquelle in nachstehender
Weise erschlossen.

Dem Particularismus der Staatsbildung gieng im alten
Elsaß ein entsprechender Rechtsparticularismus parallel. Jede
Herrschaft, ja jedes Meyerthum, jede Gemeinde besaß ihr eigen=
thümliches Gewohnheits= und Statutarrecht, die elsassischen Weis=
thümer in Jacob Grimm's Sammlung zeigen die mannich=
faltigsten zum Theil höchst alterthümlichen Rechtsverschiedenheiten.

Eine allgemeinere Bedeutung hat nur das Ortsrecht von
Pfürdt gewonnen. Das eheliche Güterrecht und das Erbrecht
hat die Gränzen der Herrschaft und Grafschaft weit überschritten,
es ist Landrecht und Gewohnheit des Landes, nicht nur des
obern, sondern theilweise auch des untern Elsasses geworden.
Die Normen der Verwaltung, der Rechtspflege und der Polizei,
welche es enthält, galten für alle österreichischen Gebiete, ja die
kleinen Cantone der Schweiz haben noch heute verwandte Insti=
tutionen.

Diese allgemeinere Geltung verbunden mit der hohen Alter=
thümlichkeit und Reinheit der ächt germanischen Rechtsquelle

veranlaßten genauere Nachforschung nach derselben anzustellen.
Das Ergebniß war folgendes.

Bereits im Jahre 1738 hatte der Präsident des souverainen
Gerichtshofes zu Colmar Herr de Corberon im Interesse der
Rechtsprechung eine Sammlung der Ortsrechte seines Sprengels
unternommen, welche jedoch erst im Jahre 1825 im Statutaire
de l'Alsace, herausgegeben von Herrn Dagon de la Conterie, im
Druck erschien. Zum Zweck dieser Sammlung hatte Herr le Corberon auch an den Magiſtrat zu Pfürdt eine Anfrage über das
dortige Ortsrecht erlaſſen. Es erfolgten darauf einige Angaben
über einzelne Rechtsſätze und die Abſchriften einiger Verordnungen. Dieſe ſind jedoch nur zum Theil in der Ausgabe von
1825 abgedruckt, zum Theil ſtehen ſie in den unedirten Statuten-
ſammlungen verſchiedener Privaten, namentlich der Herren
Rencker und Neyremand zu Colmar. Das Rechtsbuch ſelbſt war
nicht aufzufinden. Im Jahre 1747 bewies jedoch ein Auszug
in einer Rechtsſache, ſogar mit Angabe der Seitenzahl, daß es
noch exiſtire und vor etwa zwanzig Jahren erhielt der Herausgeber von dem Notar des Grandchamps in Pfürdt eine
deutſche Handſchrift des 16. Jahrhunderts, in welcher das
ſogenannte Buch der Herrſchaft Pfürdt ſelber urſchriftlich enthalten war.

Dieſe Handſchrift iſt ein Papiercodex von 595 Blättern
Folio. Sie zeigt, wie die Randbemerkungen und andere
Spuren vielfacher Benutzung in den Gerichten ergeben, daß ſie
in der That als das authentiſche und amtliche Exemplar des in
der Grafſchaft geltenden Rechts zu betrachten iſt. Ihre vier
Abſchnitte umfaſſen 1) die Vorrede, 2) das Lagerbuch (Urbarium,
terrier) 525 Blätter, 3) die Rechtsgewohnheiten, 65 Blätter,
4) die Forſtgerechtſame der Herrſchaft. Dieſer letzte Abſchnitt
iſt jedoch um ein Bedeutendes jünger, er enthält ein Protokoll,
welches der Obervogt der Grafſchaft Pfürdt und des Grundherrn, Herzogs de la Meillerey, am 29. Januar 1688 mit den
Geſchworenen der Gemeinden über die alten Waldgerechtſame
aufnahm. — Als im Jahre 1793 die Bauern des Sundgaus
das Haus des damaligen Obervogts Gerard ſtürmten, glückte
es, die Handſchrift zu der Familie des Grandchamps zu flüchten,
in welcher ſie ſeitdem als ein unerkannter Schatz verblieben iſt,
bis ſie, wie bemerkt, dem Herausgeber übergeben wurde.

Den weitern Nachforschungen deffelben gelang es inzwischen in den oberelfaffischen Archiven noch drei andere Ueberlieferungen des Pfürdter Rechtsbuchs aufzufinden:

1) eine Handschrift des fonds Mazarin, 323 Seiten Folio. Sie enthält eine französische Ueberfetzung der Vorrede, des Lagerbuchs und der Forstrechte vom 3. October 1689, welche von Nansé, Notar am Gerichtshofe zu Colmar und Greffier der Herrschaft Pfürdt, entworfen war.

2) Eine zweite deutsche Handschrift lieferte das Archiv der Regierung zu Enfisheim (C. 702). Es ist ein Heft von 44 Seiten Folio. Unter der Ueberschrift „Gerichtsordnung" enthält es die Rechtsgewohnheiten der Graffchaft Pfürdt in deutscher Sprache. Von dem dritten Theil der Grandchamps'schen Handschrift unter= scheidet es sich durch nicht unbeträchtliche Lücken, aber auch durch einige merkwürdige Varianten und Zufätze. Es entstammt einer jüngern handschriftlichen Quelle, ist unvollendet und war nie im amtlichen Gebrauch.

3) Die Stadt Pfürdt befaß ein Stadtbuch, das fogenannte rothe Buch, in welches die neuern gerichtlichen Urtheile und die Verord= nungen des Raths eingetragen wurden. Das ältefte Urtheil ift vom Sanct Agnestage (13)73 oder (14)73?, die beiden erften Zahlen waren nämlich schon nicht mehr lesbar als die Hand= schrift 1567 verglichen wurde. Die Urschrift diefes Stadtbuchs exiftirt nicht mehr. Dagegen enthält das Enfisheimer Archiv unter C. 711 ein Protokoll, in welchem das rothe Buch excer= pirt ift. Diefes Protokoll ift datirt vom 5. Mai 1567. Die Verfaffer find Johann von Andlau und Sebaftian Reyning, welche die öfterreichische Regierung mit der Collation des rothen Buchs beauftragt hatte. Aus feiner Vergleichung mit dem dritten Theil der Grandchamps'schen Handschrift erhellt, daß die neueren Zufätze in den Rechtsgewohnheiten, namentlich die neuern Eides= formeln der Meyer, Weibel und Gemeinderäthe, dem rothen Buch entftammten. Außerdem find die Auszüge aus dem rothen Buch durch die Auffchlüffe über die Aemter der Kirchenvorftände, die Amtswierer, Kerber, Bannerherrn und Zolleinnehmer be= merkenswerth, welche anderswo nicht vorkommen.

Das vorhandene handschriftliche Material des eigentlichen Rechtsbuchs befteht daher 1) aus dem Grandchamps'schen Ma= nuscript, 2) aus dem französischen und deutschen Text der Rechts=

gewohnheiten, 3) aus den Nachträgen in dem rothen Buch, 4) aus den Auszügen der Ortsbehörden behufs der Corberon'schen Statutensammlung.

Es erhellt, daß die Grandchamps'sche Handschrift als die älteste und als Grundlage aller spätern Zusätze in erster Linie zu berücksichtigen war.

Die Entstehung dieses sogenannten Buchs der Herrschaft und Grafschaft Pfürdt steht mit den finanziellen Reformen Ferdinand's II. (1561—1600) im Zusammenhange. Die Herrschaft Pfürdt war damals verpfändet gewesen und eingelöst worden, die Finanznoth war aber so groß, daß sie von Neuem an die Fugger von Augsburg verpfändet werden mußte.

Um nun die Einkünfte derselben festzustellen ergieng am 3. März 1569 der Befehl:

alle der Graf= und Herrschaft Pfürdt zugehörige oberherrliche Rechte und Gerechtigkeiten, wie auch derselben Schloß=, Stadt=, Land Leute und Dörfer als Unterthanen und Bürger sammt allen Renten, Zins, Gült, Zehnten, Ungeld, Wonne, Weide, Trieb und Trab, Gehölz, Forst, Almenden, Wasserrunsen, Weiherstätte, Acker und Matten, nichts ausgenommen, ordentlich zu beschreiben.

Aehnliches wurde an die übrigen österreichischen Herrschaften verfügt. Die Controle wurde einer 1570 bei der Regierung zu Ensisheim errichteten Rechenkammer übertragen. Scharfe Polizeiordnungen in Betreff der Müller, Wirthe, Bäcker, des Zinswuchers und des Aufwandes wurden zur Hebung der Steuerkraft erlassen. Besonders bemerkenswerth sind 1) die sumptuarischen Gesetze, 2) die Beschränkungen der sogenannten Weinkäufe, in denen sich die altdeutsche Sitte oder Unsitte erhalten hatte, die wichtigsten Rechtsgeschäfte „hinter dem Wein“, „beweint“ und ohne Zustimmung der Ehefrauen abzuschließen, 3) die Beschränkungen des Wuchers. Es ist unverkennbar, daß diese Gesetzgebung im Zusammenhange auf den Wohlstand nur vortheilhaft einwirken konnte.

Der Wechsel der Beamten verzögerte die Ausführung des nach Pfürdt ergangenen Befehls. Sie erfolgte nach der wohlbegründeten Annahme des Herausgebers erst zwischen 1592 und 1598 durch Hans Conrad Rapstein, welcher von 1584 bis 1598 als Stadtschreiber und Gegenhändler fungirte und durch Valentin Hold, der seit 1584 das Amt des Schaffners und Einnehmers bekleidete. Der Anfangstermin ergiebt sich aus dem Datum der jüngsten Verordnung (1592), der Endtermin aus der Versetzung Rapsteins nach Thann, welche erst im Jahre 1598 erfolgte.

In der Ausführung bildet die Redaktion des Lagerbuchs zu dem Rechtsbuch einen merkwürdigen Gegensatz.

Das erste giebt eine wohlgeordnete übersichtliche Beschreibung des Territorialbestandes der zur Herrschaft Pfürdt gehörigen Gemeinden. Als blos persönliche Arbeit der Redaktoren bleibt sie jedoch gegenwärtig außer Frage.

Auf der andern Seite fehlt dem Rechtsbuch jeder Plan und systematische Zusammenhang. In 31 Kapiteln erscheinen Rechtsquellen verschiedenen Alters und Ursprungs mit Eidesformularen untermischt in willkürlicher Folge.

Desto bedeutender ist der in dieser mangelhaften Form überlieferte Inhalt, nicht nur für die Rechtsgeschichte, sondern durch die Luxus- und Polizeigesetze auch für die Kultur- und Sittengeschichte, die jedoch hier außer Acht bleiben.

Das Pfürdter Rechtsbuch blieb bis zur Revolution für die Grafschaft und in einigen Punkten für das ganze Oberelsaß die Hauptquelle des Rechts und der Rechtsprechung in allen Theilen des Rechtssystems. Im kleinsten Rahmen liefert es gleichwohl ein um so deutlicheres Gegenbild des gesammten Rechtsgebietes. Es verdient daher noch eine nähere Betrachtung. Drei Elemente sind als Quellen deutlich zu unterscheiden.

Den Grundstock liefert das ältere rein deutsche Recht, welches dem Inhalt nach bis zu den Spiegeln, ja bis zu den Volksrechten zurückreicht, und, wo es Lücken hatte, aus dem „alten Herkommen" ergänzt wurde. Die alterthümliche Gerichtsverfassung und Prozedur, das eheliche Güterrecht, das Anerbenrecht des jüngsten Sohnes, der Retract binnen 7 Tagen, das Erbrecht der Eltern vor den Geschwistern, die rechte Gewere von Jahr und Tag ist auf diese Quelle zurückzuführen.

Zu diesem Gewohnheitsrecht tritt seit dem Ende des Mittelalters in den landesherrlichen Edikten ein gesetzlicher Bestandtheil hinzu. Es gehören dahin: das Polizeiedikt des Erzherzogs Ferdinand I. vom Jahr 1544 für ganz Vorderösterreich, die Waldordnung vom 15. April 1557, die Gerichtsordnung, welche

von dem Kanzler zu Ensisheim und Geheimenrath Jacob Holz-
apfel, welcher zugleich Obervogt zu Pfürdt war, etwa um 1588
entworfen sein mag.

Endlich wurden auch im Elsaß die Lücken des partikularen
Rechts aus dem römischen Recht ergänzt und zwar nicht erst
seitdem die Reichskammergerichtsordnung vom Jahre 1495 dem
Kammerrichter vorschrieb, nach des Reichs und gemeinen Rechten
Recht zu sprechen und seitdem die populäre Literatur besonders
im westlichen Deutschland für das Eindringen des gemeinen
Rechts in die untern Schichten des Volks eine außerordentliche
Thätigkeit entwickelte, sondern schon im 13. und 14. Jahrhundert
verzichten die Ehegatten in ihren Contracten auf alle möglichen
römischen Einreden und die Ehefrau insbesondere auf die Lex
Julia de fundo dotali, das SC. Vellaeanum und die Authentica
si qua mulier. (S. 202.) In dem vorliegenden Rechtsbuch
darf die Unterscheidung von Vormündern und Pflegern, die
Contracts- und Testirfähigkeit der Minorennen, der Verjährung
von 10, 20, 30 und 40 Jahren auf römisches Recht zurückgeführt werden.   Daß der Spuren nur wenige sind, erklärt sich
aus der Bildungsstufe Rapsteins, Holds und ihrer Gewährs-
männer, welche als schlichte Herrschaftsbeamte schwerlich gelehrte
Rechtsstudien gemacht haben werden.   Die Reception gehört in
die Zeit der Renaissance. An eine Conservation aus der Römer-
zeit darf auch nicht entfernt gedacht werden, da das Elsaß mit
wenigen Ausnahmen rein alemanisches Land war.

Betrachtet man das Ergebniß dieser gemischten Rechtsord-
nung zunächst in Beziehung auf den öffentlichen Rechtszustand genauer, so dürfte sich empfehlen von den äußern Marken
der Herrschaft und den innern den Gemeinden auszugehen. Denn
auch in diesen wie in allen rein deutschen Gebieten erscheinen
in dem ungetheilten Waldeigenthum der Markgenossen noch
Spuren des ursprünglichen Verhältnisses der Grenzwälder zwischen den von beiden Seiten vorrückenden Nachbargemeinden und
Herrschaften. Zur Zeit der österreichischen Regierung waren
nur einzelne Herrensitze, Klöster und Gemeinden im Besitz aus-
gesonderter Privatforsten.   Die Mehrzahl blieb in der Gemeinschaft. Die Waldordnung von 1557 und die Regierung von
Ensisheim sorgten im Interesse der Forstpolizei und Conservation der Wälder, daß die gemeinen Nutzungen zu Wonne und

Weide, Eichelmaſt, Bau= und Brennholz auf das Bedürfniß be=
ſchränkt wären. Bei beſonders reichlichem Erträgniß wurde
auch andern als den Intereſſenten die Nutzung gegen eine Ab=
gabe (Rantzgeld) geſtattet. Selbſt unter der Herrſchaft des
Hauſes Mazarin erhielt ſich die Waldgemeinſchaft bis in's vorige
Jahrhundert. Das Protokoll von 1688, welches in der Grand=
champs'ſchen Handſchrift dem Rechtsbuch als ein ſpäterer Nach=
trag angeſchloſſen iſt, beweiſt die Fortdauer der gemeinſchaftlichen
Waldnutzung unter dem Grafen und 17 Gemeinden. Erſt 1760
erfolgte die Theilung der uralten Gemeinſchaft. An Verſuchen
ſie anzufechten, hat es nicht gefehlt, allein ſie wurde durch Be=
ſchluß des königlichen Staatsraths vom 20. Oktober 1768 be=
ſtätigt und hat ſich unter den Wechſelfällen der Revolution und
Reſtauration aufrecht erhalten.

Die Landesvertheidigung unter dem Banner der Herr=
ſchaft war bei ihrer Lage und Umgränzung von celtiſch=roma=
niſchen Gebieten ſchon im Mittelalter eine beſonders kräftige.
Das feſte Schloß bot einen wohl bewehrten Waffenplatz. Die
Dienſtpflicht fordert der Bürgereid Art. 2 Nr. 7 des Rechts=
buchs von jedem wehrhaften Bürger aus allen Gemeinden, wie
denn auch der Bannerherr bis 1567 aus allen Gemeinden und
erſt ſeit dieſer Zeit nur aus den Bürgern der Stadt Pfürdt
wählbar war. Er ſchwört nach der Eidesformel im rothen Buch
an der Spitze ſeiner Mannſchaft Leib und Leben einzuſetzen, das
ihm anvertraute Banner, ſelbſt wenn er beide Hände vor dem
Feinde verloren hätte, noch zu vertheidigen und es zu hüten wie
der Lieblingsjünger die Mutter des Herrn behütete.

Auch die Gerichtsverfaſſung der Herrſchaft hat unter
den Erzherzogen noch faſt durchweg den rein deutſchen Charakter
bewahrt.

Die Hübner einer Anſiedelung bildeten den Dinghof, in
welchem unter dem Vorſitz des Grundeigenthümers oder eines
Meyers des Grundeigenthümers nach dem Hofrecht oder Hofröbel
ein jährliches Placitum und ein Wochengericht gehalten wurde.
Zu Pfürdt beſtand ein Wochengericht, welches für Einheimiſche
regelmäßige, für Auswärtige außerordentliche Sitzungen hielt.
Darauf bezieht ſich der Gegenſatz des Wochen= und Gaſtgerichts,
dieſes deutſchen Recuperatorengerichts für Schmach= und eilige Sachen
der Fremden. Unter dem Einfluß des Schwäbiſchen Landrechts

bildete sich gegen das ursprüngliche Princip des deutschen Rechts
ein Zugrecht aus. Nur in Strafsachen blieb die Appellation
ausgeschlossen. Der Zug gieng an den Appellationsrath zu
Pfürdt, von diesem an die Regierung zu Ensisheim, welche seit
1523 anstatt der früheren Landgerichte der Landgrafschaft und
der Hofgerichte der Ritterbürtigen in der Hierarchie der Ge=
richte an der Spitze stand. Eine weitere Appellation nach Inns=
bruck fand nicht Statt. (Art. 1 Kap. VIII.) Die Form des
Urtheilscheltens weicht jedoch von der des Schwabenspiegels
einigermaßen ab. Die Einlegung geschieht mündlich unter Er=
legung eines Gewettes, des sogenannten „Unrechts" an Richter
und Schöffen des gescholtenen Gerichts.

Die richterliche Gewalt erscheint in sämmtlichen Gerichten nach
allgemein deutscher Weise zwischen dem Richter und den Urtheil=
sprechern des betreffenden Sprengels getheilt. Der Richter hat
überall den Vorsitz, die Umfrage, den Bann und Rechtszwang,
den Stab, Urtheil aber soll er weder finden noch schelten. Das
Recht ruht also in dem Bewußtsein der Genossenschaft, deren
Vorstand der Richter ist. In der Rechtweisung findet sich aber
eine Vertretung durch jährlich wechselnde Urtheilsprecher in der
aus den Kapitularien und dem Schwabenspiegel bekannten An=
zahl. In den Meierhöfen und dem Landgericht beträgt die
Ziffer 7, eins über die Hälfte der im Wochengericht erforder=
lichen Zwölfzahl. Im Appellationsgericht sitzen ebenfalls 7 Räthe.
In Straffällen wird die Zwölfzahl verdoppelt, nur der objective
Thatbestand wird von 7 Geschworenen festgestellt. In den Send=
gerichten der einzelnen Pfarreien unter dem Vorsitz des Archi=
biaconus des Hochstifts Basel erhielt sich sogar trotz des Ver=
bots des canonischen Rechts die alte Urtheilfindung durch die
ganze Pfarrgemeinde.

Dieser Zusammenhang, welcher S. 105 nicht erkannt ist,
ergiebt sich aus einer Decretale vom Jahr 1198. Ad nostram
audientiam noveris pervenisse schreibt Innocenz der Dritte 1198
an den Bischof von Poitou im c. 3 X. de consuetudine, quod
in tua dioecesi etiam in causis ecclesiasticis consuetudo minus rationabilis habeatur quod — querelis utrinsque partis
auditis a praesentibus litteratis et illiteratis sa-
pientibus et insipientibus quid iuris sit quaeritur
et quod illi dictaverint, vel aliquis eorum praesentium con-

silio, pro sententia teneatur. Nos igitur adtendentes quod consuetudo quae canonicis obviat institutis nullius debet esse momenti, cum sententia a non suo iudice lata nullam obtineat firmitatem ut — sententiam proferre valeas sicut ordo postulat rationis — tibi concedimus facultatem. Der ſcharfe Gegenſatz des romaniſchen und germaniſchen Staatsgedankens kehrt hier ſelbſt im kleinſten Raume wieder. Das Verfahren war das mündliche des altdeutſchen Prozeſſes mit den bekannten Hegungsformeln und Fürſprechen. Nur in der oberſten Inſtanz, der Regierung zu Enſisheim, welche die Verwaltung und Juſtiz in ſich vereinigte, galt der ſchriftliche Prozeß des gemeinen Rechts. Das Contumazialverfahren gegen den Beklagten führt nach dreimaligem Ausbleiben ohne ehehafte Noth zur Execution. Auf den Kläger wartet der Beklagte bis zum Ende der Sitzung (wie nach der fränkiſchen Solſadie [Note 88, 89]). Ihren erſten Stoß erhielt dieſe Gerichtsverfaſſung in der Schwedenzeit und ſeitdem im Münſter'ſchen Frieden die Abtretung an Frankreich erfolgte, traten nach und nach noch bedeutendere Modificationen ein.

Mit der Juſtiz gieng nach älterer Weiſe die Verwaltung Hand in Hand. Ueber den Geſchworenen und Heimbürgen der Gemeinde ſtand das Meier= und Weibelthum. Die Herrſchaft war in 7 Meierthümer eingetheilt. Der Weibel entſpricht dem Frohnboten der Rechtsbücher. Dagegen fallen die niedern mechaniſchen Dienſte dem Landsknecht und Stubenknecht zu, welchem letzteren zugleich die Gerichtspolizei obliegt. Ueber den Meierthümern ſtanden die herrſchaftlichen Beamten zu Pfürdt, dem Mittelpunkt der Herrſchaft, nämlich der Amtmann oder Obervogt, welcher das landesherrliche Schloß bewohnte, in den herrſchaftlichen Waldungen die Vor= oder Nachjagd, im Juugererwalde das Brennholz, in den Gewäſſern die Fiſcherei beanſpruchen durfte, ferner der Schaffner und die Amtsvierer. Die höhere Leitung der Verwaltung war den Collegien zu Enſisheim und Innsbruck vorbehalten.

Ein Verzeichniß der Steuern, Zehnten, Zölle, Frohnden und wie die ſonſtigen Herrſchaftsrechte heißen mochten, hat der Herausgeber S. 51 zuſammengeſtellt. Es umfaßt nicht weniger als 46 Nummern und läßt erkennen, wie ſchwer der Druck der kleinen Herren in den Zeiten der Bauernkriege gelaſtet hat.

War dies die bürgerliche Verfassung der Herrschaft, so um=
faßte sie in kirchlicher Hinsicht 4 Dekanate und 26 Parochieen
des Bisthums Basel. Zur Unterhaltung der Geistlichen war
ein Viertel der Zehnten bestimmt. Den Landesherrn traf keinerlei
Kirchenlast. Daß die Reformation erstickt wurde, daß jeder
Bürger die Treue gegen die alte Kirche eidlich angeloben mußte
(2, 2) verstand sich bei der Habsburgischen Politik von selbst,
und wenn der Herausgeber im Gegensatz derselben die größere
Milde der französischen hervorhebt, so war auch davon wenigstens
zur Zeit der Pariser Bluthochzeit und der Aufhebung des Edicts
von Nantes noch nichts zu spüren.

Es liegt in dem Wesen des öffentlichen Rechts, daß die
Formen, in denen sich ein politisches Ganzes zu einer Einheit
zusammenfaßt, auf eben dieses Ganze beschränkt bleiben müssen,
dem sie allein anpassend sind. Anders ist das Privatrecht
geartet, dessen Rechtssätze einer Wanderung fähig erscheinen.

Zwei Rechtsinstitute des Familiengüterrechts und Erb=
rechts haben, wie schon oben vorläufig bemerkt wurde, eine all=
gemeine Verbreitung in ganz Oberelsaß und einem Theil von
Unterelsaß gefunden.

Das erste ist das eheliche Güterrecht nach den Gewohn=
heiten der Herrschaft Pfürdt. Kap. 16. Es hält die Mitte zwi=
schen der beschränkten Erwerbsgemeinschaft des Straßburger
Rechts und der allgemeinen Gütergemeinschaft in den elsässischen
Reichsstädten. Den Ehegatten wird zuvörderst vor und in der
Ehe die vollkommenste Freiheit der Autonomie garantirt (Kap. 21).
Ju Ermangelung einer Ehestiftung werden die Güter zwar zu
Einer Maße verbunden, aber der Mann ist nicht der allein Be=
rechtigte, beim Weinkauf ohne Einwilligung der Frau kann er
nicht veräußern (Kap. 18, 14). Bleibt die Ehe unbeerbt, so
fallen die liegenden Güter zurück an die Verwandten des Ehe=
gatten, welcher sie zubrachte und nur die fahrende Habe und die
Errungenschaft gehört in die Theilung. Zwischen dem über=
lebenden Ehegatten und den Kindern oder Verwandten des zuerst
Verstorbenen wird zu zwei Dritteln und einem Drittel getheilt,
wenn die Frau, und im umgekehrten Verhältniß wenn der
Mann der zuerst Verstorbene ist. Der Grundsatz ist alt; er
erscheint schon 1324 im Testament Ulrich's II. und stammt viel=
leicht aus dem Kaiserrecht II., 95 und 96.

Der andere Rechtsfatz ift das in der Herrschaft Pfürdt unter dem Namen der Vorsitzgerechtigkeit gebräuchliche Minorat. Der jüngste Sohn oder die jüngste Tochter erbt des Vaters Hofraite oder Behausung, jedoch unter Abfindung der Geschwister, welche eben durch dieses System sehr erleichtert wird.

Um die sittlichen Güter zu schützen, bedarf das Recht überall des äußern Rechtszwanges und der Strafe als unvermeiblicher Zugaben seiner Satzungen.

Die Execution im Civilprozesse kann bis zur sogenannten Leistung d. h. zur persönlichen Haft unter Vorschuß der Unterhaltungskosten gesteigert werden. Doch fehlt dieser Satz des Grandchamps'schen Manuscripts in den übrigen Handschriften (Kap. 19). Auf Zuschlag der Unterpfänder ohne Abschätzung und Herauszahlung des Ueberschusses (Kap. 14, 48) und auf die wucherlichen Fruchtzinsen aus den Zeiten des canonischen Zinsverbots soll dagegen überall nicht mehr erkannt werden (Kap. 14, 49). Der gewaltsamen Maßregeln gegen den landverderblichen jüdischen Zinswucher gedenkt das Rechtsbuch nicht.

Die Bußen im Kap. 18 stammen aus dem Polizeiedict Ferdinand's I. vom Jahre 1544. Das Strafsystem ist dagegen successiv das des Schwabenspiegels und der Carolina. Seine Grundlage bildet also noch die Fehde und ihre Komposition durch Buße und Urfehde (Note 18, 119); auch existirten in Pfürdt noch zahlreiche Freihöfe, welche wenigstens bis zu untersuchter Sache gegen Blutrache oder Lynchjustiz den nöthigen Schutz gewährten. Ueber den objectiven Thatbestand, die Wahrzeichen, das Begräbniß des Entleibten oder Selbstmörders erkennt eine Jury von sieben Personen auf Anrufen des Landsknechts in feierlichen und alterthümlichen Formen (Kap. 12). Das Strafurteil dagegen steht dem Malefizgericht der Vier und Zwanziger zu (Kap. 14, 37. Kap. 22). Beide Schwurgerichte erhielten sich bis zur französischen Herrschaft. Unter dieser wichen sie der Beamtenjustiz des Vogts mit Ausnahme einiger Königlichen Fälle.

———

Nach dieser Inhaltsangabe bleibt noch die Thätigkeit des Herausgebers zu erwähnen.

Daß Herr Bonvalot mit Liebe und Sorgfalt eine deutsche Rechtsquelle eröffnet und erläutert hat, muß ihm heute besonders die deutsche Rechtswissenschaft Dank wissen.

Denn ob französische Leser für die geistvolle und für ihn mühsame Uebertragung des ältern deutschen Originals sich ihm noch jetzt in gleicher Weise verpflichtet fühlen werden, mag dahingestellt bleiben. In keinem Falle aber hätte er das Hofrecht von Oltingen v. J. 1414, welches S. 178 zum ersten Mal edirt erscheint, nur in französischer Uebersetzung wieder geben sollen. Die hierauf verwendete Mühe scheint sogar um so vergeblicher als sich der Herausgeber auf fremde Hülfe verlassen mußte und einzelne kleine Verstöße wie anscheinend Streu-, Heu- und Weinmenin, S. 12, 13, 41, Leibegind und dgl. dennoch nicht vermieden sind.

In sachlicher Beziehung bekunden die Noten und Anhänge überall eine gründliche Kenntniß des Rechts nach allen Richtungen, wie der einschlägigen deutschen und französischen Literatur und Geschichte. Es ist daher offenbar nur eine Flüchtigkeit, wenn S. 42, 11 das Breviarium mit der Lex Wistgothorum verwechselt und die Wegnahme des Elsasses unter Ludwig XIV. als eine Wiedervereinigung (réunion p. 20 Note 2, rattachée p. 167) mit Frankreich bezeichnet wird, während das Land seit Lothars II. Tode gerade ein Jahrtausend und das Volk sogar seit den Alemannenkriegen ein deutsches war.

Die Hausbriefe des Augsburger und Regensburger Rechts
von
Paul Roth.

Die Entwicklung des deutschen Pfandrechts in der Periode zwischen der Reception des römischen Rechts und dem Beginn der neuen Gesetzgebung ist noch nicht gehörig untersucht; hier wie bei der Darstellung der Auflassung zeigt sich große Einseitigkeit in der Quellenbenutzung, wie denn z. B. die zahlreichen und wichtigen österreichischen Quellen, obwohl allgemein zugänglich, bisher keine Berücksichtigung gefunden haben. Aber auch für die anderen Rechtsgebiete bedarf es, um ein richtiges Bild der Gestaltung nur in allgemeinen Grundzügen zu erhalten, einer viel eingehenderen Forschung. Wie es scheint, war bei den Instituten der Eigenthumsübertragung und Verpfändung von Immobilien die Rechtsentwickelung eine wesentlich lokale, namentlich in den Städten, wie sich dieß schon daraus erklärt, daß der Erwerb von Eigenthum oder Pfandrecht an städtischen Immobilien vielfältig fremden d. h. nicht eingebürgerten Personen versagt war. Voraussichtlich wird selbst für die Rechtsgebiete des sächsischen Rechts kein anderes Resultat sich ergeben; wievielmehr noch für die des nichtsächsischen Rechts, wo ja schon zur Zeit der Rechtsbücher eine viel größere Manigfaltigkeit der Formen hervortritt, wie z. B. der Schwabenspiegel drei Formen der Eigenthumsübertragung als gleichberechtigt aufführt. Für die Entwickelung dieser Institute bietet die Unterscheidung der Stammesrechte nicht durchgehend einen genügenden Anhaltspunkt; vielfältig findet sich in dem Gebiet eines Stammesrechtes eine lokale Rechtsbildung, welche von den Grundsätzen der betreffenden Stammesrechtes abweicht. So ist z. B. in dem Münchner Stadtrecht ein System der Eigenthumsübertragung und dinglichen Belastung ausgebildet, welches geradezu mit der gerichtlichen Auflassung auf eine Linie gestellt werden kann, während diese in dem bayrischen Landrecht nicht ausgebildet ist. So war in einer Gruppe schwäbischer Städte schon frühzeitig ein vollständiges Pfandbuchsystem durchgeführt, welches für die Verpfändung von Immobilien die Grundsätze der Publicität und Specialität aufgestellt hatte. Von Ulm, wo, wie es scheint, schon im 15. Jahrhundert diese neue Hypothekengesetzgebung durchgeführt war, ging sie auf Nördlingen und später auf Memmingen über, und war in der ersteren Stadt zu einem Verbot der Errichtung von Generalhypotheken ausgebildet (Stadtrecht von 1650 I. 9. 4.). Eine andere Gruppe lokaler Rechtsbildung ist die in der Ueberschrift erwähnte; sie tritt völlig entwickelt in Augsburg und Regensburg hervor, scheint aber auch sonst verbreitet gewesen zu sein, da eine Bestimmung des Nördlinger Stadtrechts ausdrücklich dagegen gerichtet ist. Statut 1650 I. 9. 3: „Nicht weniger soll keiner sein Kauf- und Uebergabsbrief um Häuser oder Güter, wie zu Zeiten beschehen ist, gegen Christen oder Juden versetzen, auch niemand darauf leihen". Die Urkunde, um die es sich dabei handelte, wurde in beiden Städten Hausbrief, in Augsburg auch Handfeste genannt, und das Verfahren bestand darin, daß die Hypothekbestellung durch Verpfändung des Hausbriefs d. h. der über Erwerbung des Grundstücks ausgestellten Urkunde erfolgte. Ursprünglich scheint in Augsburg nur

die Ausantwortung des Hausbriefs erforderlich gewesen zu sein,
durch ein Dekret des Senats von 1461 wurde jedoch angeord=
net, daß außerdem noch die Ausstellung einer Schuldurkunde
von Seite des Schuldners nothwendig sei „wer nu füro hier in
der Stadt . . . gegen den andren Schuld machte, darumb im
dieselbe Person mit liegenden Gütern oder Haußbrieven verpfendt
handt das den ein jegliches darum und wieviel der Schuld sei
am versiegelte Urkunde, nemlich einen Schuldbrief haben soll;
wer aber sollichen Urkund nicht enhett da sol die Versatzung der
Pfand= oder Haußbrief untogelich und unkrefftig sein." Die
Nothwendigkeit der Ausstellung dieser beiden Urkunden, deren
letztere Versatzung genannt wurde, während die erstere die Be=
zeichnung Handfeste oder Hausbrief hatte, ist dann auch in dem
s. g. schwarzen Büchlein unter den Jahren 1529 und 1540 be=
sonders aufgeführt. Ursprünglich scheint dieß nur eine besondere
Form der älteren Satzung gewesen zu sein, da der Hausbrief
in Original hinausgegeben wurde, das Objekt daher nur an einen
einzigen Gläubiger versetzt werden konnte; dem wurde jedoch
später in der Art abgeholfen, daß dasselbe Objekt zwar auch
anderen nachfolgenden Gläubigern versetzt werden konnte, daß
diese jedoch nur eine Versetzung keine Handfeste erhielten, welche
letztere vielmehr in der Hand des ersten Gläubigers verblieb;
diese nachfolgende Pfandbestellung wurde Uebertheuerung genannt,
weil ihr der nach Befriedigung des ersten Pfandgläubigers sich
ergebende Werthüberschuß zur Grundlage diente, also eine
Art neuerer Satzung. Erst durch ein Rathsdekret 17. Novem=
ber 1718 wurde diesen Handfesten das ausschließliche Vorrecht,
das sie bis dahin an dem Pfandobjekt gehabt, entzogen, und die
Anwendung des römischen Rechts eingeleitet. Vgl. über das
Vorstehende: Kapff-Neunhöffer, Analecta juris statutarii Au-
gustani ad singularia quaedam doctrinae de hypothecis et pig-
noribus. Tubingae 1774 und Huber Abriß des Augsburgischen
Statutarrechts Augsburg 1821 S. 82 f. Ganz die gleiche Ein=
richtung findet sich in Regensburg, und hier wurde erst durch
die bayrische Verordnung 9. Mai 1813 (Reg.=Bl. S. 610) das
Institut aufgehoben. Als gesetzliche Bestimmungen sind hier
angeführt Rathsdekrete von 1695, 1736, 1738 und 1747. Nur
die Dekrete von 1736 und 1747 sind in der Sammlung der
Regensburgischen Dekrete Regensburg 1754 S. 605 und 652

gedruckt, und in diesen ist dem Gläubiger, der den Hausbrief in der Hand hat, auch wenn er keine Verschreibung hat, ein Vor= zug vor anderen auch älteren Hypothekgläubigern eingeräumt, und zwar sowohl General= als Specialhypothekgläubigern. Wie ist nun dieses Verhältniß zu erklären? Ich habe sonst nirgends Andeutungen gefunden, welche auf ein ähnliches Verfahren schließen lassen; in Augsburg muß die Einrichtung schon lange vor Reception des römischen Rechts begründet gewesen sein, da sie 1461 schon völlig umgestaltet wurde; auch in Regensburg muß sie ganz selbstständig entstanden sein, da beide Rechte keinerlei Zusammenhang mit einander haben, und in beiden Städten weder Uebertragungen von außen noch nach außen sich finden. Aber was oben von Nördlingen angeführt wurde, einer Stadt, die weder mit Augsburg noch mit Regensburg in nähe= rer Verbindung stand, scheint doch anzudeuten, daß wir es hier mit einem weiter verbreiteten aber völlig verschollenen In= stitut zu thun haben.

Ueber Ursprung und Wesen der Leibeigenschaft in Mecklenburg

von

Hugo Böhlau.

§. 1. Einleitung. §. 2. Litteratur. §. 3. Geschichtliche Kriterien der Leibeigenschaft. §. 4. Leibeigenschaft in Mecklenburg in M. A.? §. 5. Fort= setzung: Urkunden. §. 6. Das sechszehnte und siebenzehnte Jahrhundert. Ueberblick. §. 7. Fortsetzung: Die Bauernlegungen, das Abforderungsrecht und die Jurisprudenz. §. 8. Rückblick. §. 9. Das siebenzehnte und das achtzehnte Jahrhundert. Quellen des mecklenburgischen Leibeigenschafts= Rechtes. §. 10. Wesen der mecklenburgischen Leibeigenschaft. § 11. Das glebae adscriptum esse und das Abforderungsrecht. Das Auf= und Ab= lassungsrecht. §. 12. Heiraths=Consens und Dienste. §. 13. Entstehung und Endigung der Leibeigenschaft. — Schluß.

§. 1.

Spezialgeschichtliche Untersuchungen über die Leibeigenschaft, wie sie auch nach G. L. von Maurer's Werke[1]) noch eine dankbare Aufgabe bilden, gehören nicht in das Bereich der bloßen

---

[1]) G. L. von Maurer Geschichte der Fronhöfe, der Bauernhöfe und der Hofverfassung in Deutschland. 4 Bde. 1862. 1863.

Antiquitäten. Denn wennschon glücklicher Weise die deutsche
Praxis an denselben ein unmittelbares Interesse zu haben auf=
gehört hat, so bleibt die Leibeigenschaft doch für die wissenschaft=
liche Erkenntniß des vielgestalteten deutschen Bauernrechts von
wahrhaft geschichtlicher Bedeutung; in Mecklenburg insbesondere
knüpft an die Aufhebung der Leibeigenschaft [2]) geradezu eine
neue Gestaltung wichtigster Theile der bäuerlichen Verhältnisse [3])
an. Freilich muß es eine Ueberschätzung der Bedeutung solcher
Untersuchungen genannt werden, wenn in einem neuerlich ge=
führten publicistischen Streite [4]) Existenz oder Nichtexistenz der
Leibeigenschaft in Mecklenburg zur Zeit der Colonisation dieses
Landes [5]) als eine Präjudicialfrage für Bestimmung des ur=
sprünglichen Rechts der mecklenburgischen Bauern an der Hufe
hingestellt und behandelt worden ist. Denn es kommen ander=
wärts sowol leibeigne Bauern mit erblicher Leihe, als nicht=
leibeigene Bauern mit wesentlich blos persönlichem Rechte an
der Hufe vor. [6]) Das, abgesehen von derartigen Ueber=

[2]) Verordnung 18. Januar 1820.
[3]) Unmittelbar an die Aufhebung der Leibeigenschaft schlossen gesetz=
geberische Verhandlungen über folgende fünf Punkte an: I. „die künftige
Einrichtung der Patrimonialgerichte", II. „die künftige Einrichtung des
Landschulwesens", III. „die Versorgung der Armen", IV. „Verleihung und
Erwerbung kleiner Grundbesitzungen durch volles Eigenthum oder durch
Erbpachtrecht", V. „gesammte Bauernverhältnisse" d. h. Bauernlegungen
und Bauern=Regulirungen. Punkt I—III wurden damals auch sofort er=
ledigt [ad I: Patr. Ger. Obg., ad II: Schulordnung, ad III: Armenord=
nung, alle drei vom 21. Juli 1821. Spätere Fortbildungen dieser Gesetze
relevireu hier nicht.] Punkt IV und V veranlaßten langwierige Verhand=
lungen, aus welchen ad IV die Verordnung wegen Errichtung von Erb=
zinsstellen auf den ritterschaftlichen Gütern 6. Februar 1827, ad V aber
die Verordnung betreffend die Regulirung der bäuerlichen Verhältnisse in
den Gütern der Ritter= und Landschaft 13. Januar 1862 hervorgieng.
[4]) Die Acten dieses Streites sind: M. Wiggers die Vererbpachtung
der Domanial=Bauergehöfte in Mecklenburg=Schwerin. (Erweiterter Abdruck
aus der „Rostocker Zeitung".) 1868. Dagegen [C. W. A. Balck?] in den
„Mecl. Anzeigen" 1868 Nr. 125, 127, 136. Replik: M. Wiggers die
Reform der bäuerlichen Verhältnisse im Domanium des Großherzogthums
Mecklenburg=Schwerin. 1869. Duplik: C. W. A. Balck zur Geschichte und
Vererbpachtung der Domanial=Bauern in Mecklenburg=Schwerin. 1869.
[5]) Böhlau Mecl. Landrecht. I 1871. SS. 15 ff.
[6]) Die persönlich freien ratzeburger Bauern bieten hierfür ein nahe=
liegendes Beispiel. Budde und Schmidt Entscheidungen des Großhzl.
Mecl. OAGerichts zu Rostock VI. [N. F. I.] 1868. S. 127.

schätzungen wirklich vorhandene wissenschaftliche Interesse recht=
fertigt aber den Versuch ausreichend, zunächst den geschichtlichen
Ursprung der Leibeigenschaft in Mecklenburg annähernd festzu=
stellen und damit eine kurze Charakteristik des Rechtsinstituts,
wie es in diesem Lande bestanden hat, zu verbinden. Jene Fest=
stellung kann nur eine annähernde sein; denn so lange die zu=
verlässige Führung des Mecklenburgischen Urkunden=
Buches[7]) beim Jahre 1321 aufhört, so lange für die Zeiten
von da ab bis zum Ende des breißigjährigen Krieges die von
der Landes=Geschichtsschreibung gesammelten Notizen über die
bäuerlichen Verhältnisse und die gleichfalls sparsamen Gesetze
neben der, gerade hier aus manchem Grunde trüben Quelle
gleichzeitiger juristischer Literatur und neben den Landtags=Ver=
handlungen das einzige Material bilden, mit welchem die Unter=
suchung zu arbeiten im Stande ist, — so lange ist ein ab=
schließendes Urtheil über die in Rede stehende Frage un=
möglich.

Als das Resultat der folgenden Ausführungen und Ent=
wickelungen in Betreff des Ursprungs der Leibeigenschaft
in Mecklenburg mögen folgende Sätze schon hier Platz finden:

1. Bis zum 16. Jahrhundert ist die Existenz einer Leib=
eigenschaft in Mecklenburg nicht nachweisbar.

2. Im Laufe des 16. Jahrhunderts wird eine Leibeigen=
schaft der mecklenburgischen Bauern auf nicht soliden Funda=
menten von juristischen Theoretikern und Praktikern construirt.

3. Die bündige gesetzliche Anerkennung dieser Leibeigenschaft
datirt erst aus dem Ende des breißigjährigen Krieges.

Dieses Resultat stimmt nahezu mit der bereits von Glöckler
geäußerten Ansicht[8]) außerdem aber mit den von Hansen[9])
für Holstein herausgestellten Ergebnissen, sowie mit der Ansicht

---

[7]) Mecklenburgisches Urkundenbuch Herausgbn. v. d. Verein für Mek=
lenburgische Geschichte und Alterthumskunde. I—VI. 1863 ff.

[8]) A. F. W. Glöckler in Lisch's Jahrbb. X. 1845 S. 387: „Ganz
sicher hat bei uns die Leibeigenschaft in ihrer härtern Gestalt erst im
16. und 17. Jahrhunderte ihre Entwickelung gefunden.“

[9]) Georg Hansen die Aufhebung der Leibeigenschaft und die Um=
gestaltung der gutsherrlich-bäuerlichen Verhältnisse überhaupt in den Herzog=
thümern Schleswig und Holstein. [Gekr. Preisschrift.] St. Petersburg,
Riga und Leipzig 1861. SS. 10—12.

Sugenheim's[10]) über die Entwickelung der deutschen Leibeigen=
schaft in den colonisirten deutschen Ländern außerhalb Mecklen=
burgs überein. Von dem, was man sonst seit lange anzunehmen
gewöhnt war, weicht es wesentlich ab, wennschon gegen die Ur=
sprünglichkeit der mecklenburgischen Leibeigenschaft in neuerer
Zeit mehrfach[11]) Zweifel erhoben worden siud.

§. 2.

Die Frage nach dem Ursprung der mecklenburgischen Leib=
eigenschaft ist in der ebenso umfänglichen, als juristisch unbe=
friedigenden ältern Litteratur über die Leibeigenschaft[12]) und

---

[10]) S. Sugenheim Geschichte der Aufhebung der Leibeigenschaft und
Hörigkeit in Europa bis um die Mitte des 19. Jahrhunderts. (Gekr.
Preisschr.) St. Petersburg. 1861. SS. 350 ff. Es sei gestattet, zu be=
merken, daß ich diese Arbeit erst nach Beendigung des vorliegenden Auf=
satzes habe einsehen können. Für Mecklenburg folgt Sugenheim auf=
fallender Weise 429 ff. der unhaltbaren Ansicht von E. Boll Gesch.
Meckl., welche für das M. A. leibeigne neben freien Bauern annimmt.

[11]) v. Lützow Versuch einer pragmatischen Geschichte von Mecklenburg.
I. 1827. S. 823. Lisch in Lisch's Jahrbüchern des Vereins für Meckl.
Gesch. und Alterthumskunde. XIII. 1848. S. 115. Petermann zum meckl.
Bauernrecht. 1853. SS. 8—10. 55 f. Die Worte [Rüber's] in Bran's
Minerva 1827 IV S. 482 Note 1: „Aber gewiß war der heidnische Sclav
in Mecklenburg ein freier Landmann, und die Leibeigenschaft war eine
ritterschaftliche Erfindung", zu verstehen, hat mir nicht gelingen wollen.

[12]) S. die, gerade für diese Materie besonders dankenswerthe Litteratur=
Zusammenstellung bei Eichhorn Einleitung (5) 199 ff. §. 69. Nicht er=
wähnt finden sich dort: J. H. Ottii Ονοματολογια seu de hominibus
propriis. Tiguri 1671. A. Stockmayer praes. F. Ch. Harpprecht de
iure mortuario in bonis defuncti hominis proprii eius domino compe-
tente. Tubing. 1685. Chr. Thomasius de hominibus propriis et liberis
Germanorum. Hal. 1701. Idem de usu practico distinctionis hominum
in liberos et servos. ib. 1711 [recus. 1740]. C. G. Rickmann praes. Ch.
Thomasio diss. inaug. de usu practico doctrinae de impedimentis
manumissionis. ib. 1712. J. H. Böhmer de libertate imperfecta rusticorum in Germania. ib. 1733 [nicht identisch mit der Dissertation de jure
et statu hominum propriorum a servis Germaniae non Romanis deri-
vando, et de usu hujus doctrinae, welche in die von Eichhorn citt.
Exerc. ad Pand. aufgenommen ist.] C. F. Schöpff de servis imprimis
palatii, von Reichs- und Pallast-Bauern. Suabinofurth. 1740. H. Ch.
Senckenberg resp. J. J. Kohlermann antiqua juris Germanici de
servorum conditione. Gissae 1743. J. J. Reineccii comm. de rustico
quondam servo. Jenae 1745. F. J. Scholinus praes. J. Ph. Carrach
de differentiis juris Romani et Germanici in addictione in servitutem

über die mecklenburgische Leibeigenschaft [18]) insbesondere bereits

spontanea. Halis 1753. A. Hockauff de servitute praecipuarum regionum Germaniae. Lips. 1757. C. F. Walch de homine proprio civitatis experte. Jen. 1758. J. T. Richter Marchionatus Lusatiae superioris jus singulare homines proprios manumissos revocandi. Lips. 1759. F. G. Piper's Gedanken von Bedemuths- oder Bette-Munds-Rechte in Westfalen. Halle 1761. Nic. Binder de statu servili ejusque probatione. Giess. 1765. Ch. F. Glasewald praes. Ch. H. Breuning de falsa praesumptione libertatis rusticorum censu et operis. Lips. 1767. J. Ch. Beverförde prolusio de negotiis et speciatim de nuptiis hominum propriorum irrequisito consensu domini. Osnabrug. 1773.

[18]) J. F. Husanus tractatus de servis seu hominibus propriis, in quo tum veteris, tum hodiernae servitutis jura breviter ac dilucide explicantur. 1590. [Vgl. Böhlau Meckl. LbR. I. 235 f. N. 8. Ich gebrauche die Ausgabe Gissae 1663.] — E. Cothmann Resp. I. 40 al. 42; II. 97; IV. 35 n. 18. D. Mevius ein kurtzes Bedencken uber die Fragen, so von dem Zustand, Abforderung und verwiederter Abfolge der Bawrsleute, zu welchen jemand Zuspruch zu haben vermeynet, bey jetzigen Zeiten entstehen und vorkommen. 1645 J. G. Baleke [pr. H. Rahne] disp. inauguralis de hominibus propriis. Rost. 1649 [, ein bloßer Auszug aus Husanus]. — E. J. F. Mantzel Pand. jur. Meckl. II. 1731 pp. 3 seqq. — D. J. Scharff [pr. Mantzel] diss. inaug. jur. de eo quod praecipue juris est circa homines proprios in Megapoli 1738. — A. de Balthasar tract. jur. de hominibus propriis eorumque origine, natura ac indole et jure in Pomerania atque Rugia nec non Megapoli. [7 Dissertationen] 1735-1749. [2. Ausg. 1779.] — J. Ch. Warnemünde differ. jur. civ. et Meclemb. 1750 pp. 16 seqq. — J. M. Martini diss. soll. jur. de conditione atque statu hominum propriorum in Megalopoli tum antiquo tum hodierno. Buetzovii 1763. — C. L. Eggers ueber die gegenwärtige Beschaffenheit und mögliche Aufhebung der Leibeigenschaft in den Cammergütern des Herzogthums Mecklenburg-Schwerin. 1784 [benutzt eine außerdem auch handschriftlich vielverbreitete Arbeit von Wachenhusen Gedanken von gänzlicher Abstellung der Leibeigenschaft in Mecklenburg de 28. Martii 1750.] — H. L. F. von Lehsten Probeschrift von dem allg. Nutzen einer Verwandlung der Domänen in Bauergüter. Stuttg. 1780. — L. C. von Langermann Versuch über die Verbesserung des Nahrungsstandes in Mecklenburg. 1786. — [C. F.] Bouchholtz Freiheit und Eigenthum der Bauern in den Domainen als ein Mittel rc. 1727. — Als „erste Fortsetzung" dieser Schrift erschien: E[ggers] Etwas über das neue litterarische Product Freiheit und Eigenthum rc. mit Anmerkungen rc. 1787. — Unter Bouchholtz Namen erschien in demselben Jahre noch eine „zweite Fortsetzung". — H. W. Schulz in der Monatsschrift von und für Mecklenburg. III. 1790. SS. 457 ff. — F. A. Frehse diss. inaug. juridica de necessitate hominibus propriis in Megapoli imposita impetrandi consensus nuptialis a dominis villaribus atque horum facultate limitata illum dene-

mannichfach behandelt und bis auf die neuere Zeit [14]) überein=
stimmend dahin beantwortet, daß die Leibeigenschaft in Mecklen=
burg wenn nicht ursprünglich vorhanden gewesen, so doch unbe=
dingt so alt sei, wie die Colonisation dieses Landes.

Schon Husanus [15]) äußert, die mecklenburgischen Leibeignen
hätten „gewisser Maaßen einige Verwandtschaft" mit den sächsi=
schen Laßen. Die von den Sachsen unterworfenen Obo=
triten nämlich seien von den Siegern als Ackerknechte verwendet,
und in diesen Knechten liege der geschichtliche Kern des mecklen=
burgischen Bauernstandes Andere mecklenburgische Schriftsteller [16])
teilen diese Ansicht, statuiren daneben wol auch noch einen
Stamm germanischer Leibeigner, welchen die Slaven von
ihren vermeintlichen Vorgängern, den Angeln und Warinern
übernommen hätten [17]) und eine national slawische Knecht=
schaft, welche von den sächsischen Colonisten vorgefunden sei. [18])
Alle aber sind mit den außermecklenburgischen Schriftstellern
darin einig, daß die Leibeigenschaft eine, von Tacitus Zeiten
her allen germanischen Stämmen geläufige, durch die Sitte
späterhin in etwas gemilderte Einrichtung sei, welche durch die
Unterjochung der Slaven ihre neueste und nachdrücklichste Be=
festigung erlangt habe. [19]) Es erscheint dieser Ansicht daher als

gandi. 1802. — v. Kamptz MCR. II. 504 ff. Außerdem bietet auch Tornov de feudis Meclenburgicis I. II. 1708 f. manches Einschlagende.

[14]) S. die oben N. 11 citt. Schriften.

[15]) Husanus l. c. II 29 seqq: Sed aliquam quodammodo affinitatem
habere putantur cum antiquis libertinis dediticiis, quos Saxo vocat
Laffen quasi relictos in provincia. Nam et historiae docent, quod iis
temporibus, quibus Saxones Obotritis et vicinis gentibus bellum move-
bant, . . . in devictos usi sunt eo jure, . . . quod mancipiorum loco eos
habuerint, quibus tamen . . . terras colendas relinquerent, ne provincia
in solitudinem redacta ipsis victoribus infructuosa esset . . .

[16]) de Balthasar l. c. pp. 10 seq. Martini l. c. pp. 19 seqq.,
welchem sich Eggers Leibeigsch. SS. 22 ff. durchaus anschließt.

[17]) So besonders Martini pp. 4 seqq., welcher die Bestimmungen
des thüringischen Volksrechts zu einer Darstellung der ältesten meckl. Leibeigenschaft verarbeitet. Vgl. Böhlau MCR. I. 5 N. 4.

[18]) Martini 16 seqq. de Balthasar 6 seqq. Letzterer läßt die
pommersche Leibeigenschaft — „si . . . conjecturis indulgere fas est" —
in der slawischen Periode der pommerschen Geschichte entstehen.

[19]) Vgl. statt Aller Böhmer exerc. ad pand. I 758 seqq. Hiermit
wird dann wol auch die seit Husanus II 26 gewöhnliche, nur selten be-

selbverständlich, daß die sächsischen bäuerlichen Colonisten bei ihrer Ankunft in Mecklenburg sofort wieder in eine Art Leibeigenschaft gerathen mußten.[20] Der historische Apparat, mit welchem diese Ansichten ausgeführt werden, ist bei Mevius einer kindlichen Geschichts-Anschauung entsprechend[21], seit J. H. Böhmer[22] ein umfassenderer und kritisch mehr gesichteter; Potgießer[23] erhebt den Anspruch, die erste ausgeführte Geschichte der deutschen Leibeigenschaft zu schreiben; Balthasar[24] kommt über eine Reproduktion der überlieferten Ansicht kaum hinaus. Durchweg sind es die vormeruwingischen und die Zeiten des fränkischen Reichs, welche von diesen Schriftstellern mit

----

strittene Behauptung in Verbindung gebracht, in den colonisirten, ehemals slawischen Gegenden Norddeutschlands sei die Leibeigenschaft je und je eine besonders drückende gewesen und geblieben. Eine Behauptung, welche sich der ohne mortuarium, Bedemund ꝛc. bestandenen mecklenburgischen Leibeigenschaft gegenüber in thesi schwerlich halten läßt und von ihrem ersten Urheber auch lediglich auf den angeblichen Mangel aller Erbleihen bezogen wird.

[20]) Statt Aller: Martini 22. Eggers Leibeigsch. 43.

[21]) Tacitus Germ. 24. 25, eine Stelle aus „Christophorus Lehemann in seinem Speyrischen Chronico libr. 2 cap. 20“, laut welcher Chlodowech nach der Schlacht bei Zülpich die Alamannen zu Leibeignen gemacht haben soll, und allgemeine Bemerkungen über spätere Milderungen dieser Knechtschaft: daraus besteht — , jener Periode der Litteratur entsprechend, — die rechtsgeschichtliche Partie bei Mevius a. a. O. 9 ff. Charakteristischer Weise hat die Stelle aus Lehmann eine besondere Bevorzugung im Druck erfahren.

[22]) Böhmer in den Exerc. ad pand. l. l. bringt besonders den Einfluß der — natürlich auf Heinrich den Vogelsteller zurückgeführten — Städte in Anschlag, geht Jahrhundert für Jahrhundert summarisch durch und benutzt die mittelalterlichen Rechtsquellen fortlaufend; auch Urkunden zieht er hin und wieder an.

[23]) Potgiesser, Centurio, nunc Senator lib. reip. Tremon., handelt l. c. I 2 de origine, progressu et duratione servitutis bellica potissimum captivitate introductae. In 60 §§ schlägt er sich bis Chlodowech gewissenhaft durch; 31 weitere §§ sind dem Frankenreiche gewidmet; § 118 schließt das Capitel mit den Kreuzzügen, wo die servitus ex occupatione bellica aufhört. Daran reiht sich caput III historiam successionis servitutis Germanicae praeter eam, quae jure belli constituebatur, breviter delineatam exhibens in 39 §§.

[24]) Die geschichtliche Einleitung [Caput I] dieses, hauptsächlich auf die Praxis berechneten umfänglichen Werkes beschränkt sich auf 9 Seiten.

Vorliebe behandelt werden[25]). Für das deutsche Mittelalter begnügen sie sich mit allgemeinen Reflexionen, welche auf einige aus allen möglichen Teilen Deutschlands zusammengeraffte Urkunden begründet werden. Der rechtsgeschichtliche Gehalt dieser Untersuchungen ist daher durchweg ein solcher, daß es nicht zu bedauern ist, wenn Mantzel[26]) es nicht für der Mühe werth hält, auf die Geschichte der Leibeigenschaft einzugehen. Es wird keiner besonderen Rechtfertigung bedürfen, wenn auch die nachfolgende Untersuchung von den geschichtlichen Ausführungen der im Vorstehenden geschilderten Litteratur einen eingehenden Gebrauch nicht macht.

Die neuere Litteratur hat der Leibeigenschaft in den colonisirten Slavenländern hin und wieder[27]), der in Mecklenburg aber fast keine[28]) Berücksichtigung geschenkt.

---

[25]) J. de Friccius observationes juris Holsatici. II. 1733 [in N. Fald's Landrechtl. Erörterungen I 1836 SS. 68 ff.] hebt die gänzliche Verschiedenheit der Leibeigenschaft von der römischen nicht nur, sondern auch von der altgermanischen Unfreiheit insbesondere der Böhmer gegenüber scharf hervor.

[26]) Mantzel l. c. p. 4: An illi — die mecklenburgischen Leibeignen nämlich — antiquiorem originem habeant, quam servi in superiori Germania nec constat etiamsi constaret ... Sufficit enim a multis seculis habuisse illos, qui immobilia et praedia praesertim rustica ampliora possederunt, homines, quos sibi solis habuerunt, quique locum mutare non potuerunt, unde Leibeigne dicti ...

[27]) Die colonisirten slawischen Gegenden berühren nicht N. Kindlinger Geschichte der Deutschen Hörigkeit insbesondere der s. g. Leibeigenschaft. 1819. Dieck Art. „Eigenleute" bei Ersch und Gruber I. 32 SS. 184—193. Maurer a. a. O. Dagegen gewähren in dieser Beziehung Ausbeute: A. v. Wersebe ueber die niederländischen Colonien, welche im nördlichen Teutschlande im zwölften Jahrhunderte gestiftet worden. I. 1815. C. G. Homeyer historiae juris Pomeranici capita quaedam. 1821 pp. 24 seqq. S. W. Wohlbrück Geschichte des ehemaligen Bisthums Lebus und des Landes dieses Nahmens. 1829. — G. A. Tzschoppe und G. A. Stenzel Urkundensammlung zur Geschichte des Ursprungs der Städte ꝛc. in Schlesien ꝛc. 1832. C. G. Fabricius Urkunden zur Geschichte des Fürstenthums Rügen unter den eingebornen Fürsten I. II. 1841. 1843. Hansen a. a. O. [oben N. 9.] Ueber „die Sclaverei im Norden" vgl. Estrup in N. Fald's neuen staatsbürgerlichen Magazin mit bes. Rücksicht auf die Herzogthümer Schleswig, Holstein und Lauenburg V. 1837 SS. 179 ff. Mehr liberal-patriotisch, als rechtsgeschichtlich ist E. M. Arndt Versuch einer Geschichte der Leibeigenschaft in Pommern und Rügen. 1803.

[28]) Eine Ausnahme machen die oben NN. 8, 11 und 4 angeff. Schriften von v. Lützow, Glöckler, Petermann, Wiggers und Balck,

§. 3.

Eine erneuerte Untersuchung der Frage nach dem Ursprung der mecklenburgischen Leibeigenschaft wird zunächst die Symptome festzustellen haben, durch welche geschichtlich die Existenz eines leibeignen Standes in den Quellen sich kund geben kann. Gerade dadurch, daß sie alle und jede rechtlichen Beschränkungen der sogenannten natürlichen Freiheit, welche sich im Bauernrecht vorfanden, als Beweise für eine Leibeigenschaft ansahen, sind die ältern Romanisten seit dem 16. Jahrhundert dazu gekommen, freie Bauern für leibeigen zu erklären und eine Kategorie von Unfreiheit oder Halbfreiheit herzustellen, welche weder im römischen Recht, noch in der deutschen Geschichte einen Anhalt hatte, ja einer begrifflichen Fixirung überhaupt widerstrebte; Gewohnheit und Herkommen, auf welche man sich im Bewußtsein dieses Mangels berief, waren bedenkliche Lückenbüßer.

Sterbefall, Freilassung, Zwangsdienste und Bettmund werden als charakteristische Kennzeichen der Leibeigenschaft angeführt[29]), Heiraths-Consens und nicht zuletzt das glebae adscriptum esse überhaupt sind unbedenklich hinzuzufügen. Doch bedürfen diese notae probantes, soviel die Zwangsdienste und das Gebundensein an die Scholle betrifft, noch einer nähern Bestimmung.

Dienste zunächst sind an sich kein Beweis der Leibeigenschaft. Reallasten sind von sogenannten operae personales und mixtae[30]) wol zu unterscheiden. Es bedarf daher zum Beweise der Leibeigenschaft nicht blos des Nachweises der Dienste, sondern auch des Nachweises, daß diese Dienste Ausfluß einer persönlichen Abhängigkeit sind. Weiter aber muß diese persönliche Abhängigkeit nicht lediglich eine öffentlich-rechtliche sein.

---

welchen noch Masch Gesch. des Bisthums Ratzeburg. 1835, Masch der Bauer im Fürstenthume Ratzeburg [Lisch Jahrbb. II. 1837 SS. 141 ff.] und C. Hegel Geschichte der meckl. Landstände bis zum Jahre 1555. 1856 hinzuzufügen sind.

[29]) Richard ausführl. Abhandl. v. d. Bauerngütern in Westfalen bes. im Fürstenthum Osnabrück I. 1818. S. 157.

[30]) Husanus VI 48 seqq. unterscheidet servitia personalia, quae personis imponuntur et in labore personae consistunt, — realia, quae rei imponuntur propter rem et possessorem comitantur, — mixta, quae in labore personae consistunt, sed propter rem personae imponuntur.

Jurisdictionelle Dienste und Abgaben werden im Mittelalter auch von freien Leuten geleistet. Hierzu tritt nun aber für Mecklenburg noch ein besonderer Umstand, welcher die Argumentation aus der Dienstpflicht nahezu unmöglich macht: die servitia secundum communia terrae jura debita der slawischen Verfassung.

Alle Unterthanen des Obotritenlandes[31]), soweit sie nicht durch besondere Privilegien hiervon befreit waren, Landbewohner Burgleute und Insaßen der Suburbien waren dem Fürsten abgaben= und dienstpflichtig. Diese Dienste waren den Zwangs= diensten deutscher Leibeigner sehr ähnlich, wurden vom Fürsten auch wohl an Großgrundbesitzer verkauft, verschenkt 2c.; aber den= noch waren sie nur das Zeichen einer Landes=Unterthänigkeit, nicht Ausfluß einer Leibeigenschaft[32]) Will man wegen dieser Dienste die slawischen Burg= und Städte=Bewohner „hörige Leute der Landesfürsten" nennen[33]), so versteht sich doch, daß diese „Hörigkeit," welche alle nicht=privilegiirten Einwohner traf, nicht einen von mehreren Ständen bildete, sondern eine Modifikation der slawischen gemeinen Freiheit war.

Dienste dieser Art haben nach der Colonisation fortbestanden, so sehr auch die Städte durch das deutsche Stadtrecht, weiter die Gotteshausbesitzungen u. a. vielfach von denselben befreit wurden. Noch heute sind Reste derselben nachweisbar.[34])

Finden sich nun Dienste der Bauern in den Urkunden er= wähnt, so werden sie als Beweis für die Existenz einer Leib= eigenschaft nicht eher angesprochen werden dürfen, als feststeht, daß sie zu den servitia secundum communia terrae jura debita nicht gehören. Ein Nachweis, welcher in jedem einzelnen Falle mehr, als sehr schwierig sein dürfte.

Das glebae adscriptum esse sodann ist zunächst eine Be= schränkung der Freizügigkeit. Allerdings wird nun ein Mangel an Freizügigkeit im Mittelalter immer mindestens ein Vogtei=Ver=

---

[31]) Inwieweit auch die deutsche, insbesondere die niedersächsische Ver= fassung zu solchen Diensten verpflichtete, kann hier ununtersucht bleiben.

[32]) Hierüber f. die gute Zusammenstellung bei Petermann 10 ff. Vgl. Hegel 10 ff.

[33]) So Hegel a. a. O.

[34]) Hegel 12 N. 1. Petermann 11 N. 1.

hältnis voraussetzen. [35]) Allein Vogtei und Leibherrlichkeit sind schon an sich zwei verschiedene, wenn auch vielfältig in einander übergehende Beziehungen. Und seitdem im sechszehnten Jahrhundert der vielumfassende Begriff der Polizei in den Vordergrund tritt, wird der Schluß von Nichtfreizügigkeit auf Leibeigenschaft besonders bedenklich. [36]) Das glebae adscriptum esse wird mithin mindestens schon für das fünfzehnte Jahrhundert nachgewiesen werden müssen, um als nota characteristica einer vorhandenen Leibeigenschaft zu gelten. Wo es sich erst im sechszehnten Jahrhundert zeigt, da wird zu untersuchen sein, ob es privatrechtlicher oder aber bloß polizeilicher Natur ist.

§. 4.

Die Untersuchung über den Ursprung der Leibeigenschaft in Mecklenburg hat von den slawischen Zeiten auszugehen. Ueber ein non probatum est vermag sie indessen hier kaum hinauszukommen. Die Behauptung slawischer und slawenfreundlicher Schriftsteller [37]) freilich, daß den Slawen die Leibeigenschaft ursprünglich unbekannt gewesen, und daß, was sich von Knechtschaft später bei denselben finde, Nachahmungen germanischer Zustände seien, würde hier, auch wenn sie bewiesen wäre, nicht im Wege stehen. Aber Alles, was wir von einer bei den Ostsee-Slawen bestandenen Unfreiheit wissen, reducirt sich auf die Existenz einer Schuldknechtschaft und auf die Thatsache, daß andern Stämmen angehörige Kriegsgefangene von denselben als Knechte verkauft worden sind. [38]) Wie wenig dieß zum Beweise

---

[35]) Vgl. Eichhorn Einleitung §. 77 Note b. S. 227.

[36]) Die Bestimmung der RPO. 1548. XXIV über Dienstboten-Entlassungs-Scheine involviren zwar nicht eine Aufhebung, aber doch eine, der contractlichen Gebundenheit neu hinzutretende Beschränkung der Freizügigkeit der Dienstboten. Nicht minder enthält die Bestimmung „von Bettlern und Müßiggängern" ebdf. XXVI eine limitirte Aufhebung der Freizügigkeit städtischer Armer.

[37]) W. A. Macieiowski slawische Rechtsgeschichte. Aus dem Polnischen übersetzt von F. J. Buß und W. Nawrocki. I. 1835. S. 137. F. Palacky Geschichte von Böhmen. I. 1836. SS. 31. 58 f. 171 ff. Vgl. Schnitzler la Russie, la Pologne et la Finlande. 1835. p. 13.

[38]) Urk. Gregor's IX. 25. August 1240 bei Fabricius II. 1 n° XXXIII SS. 19 f. vgl. 10. Helmoldi Chron. Slav. II. 5 und andere von Fabricius I 113 angeführte Stellen. Was derselbe II. 2. SS. 56 ff. aus dem 12. und 13. Jahrhundert sonst noch für die Existenz eines Hörigen-

des Vorhandenseins unfreier Bauern bei den, den Ackerbau vor=
wiegend nicht, sondern den Fischfang und Seeräuberei treibenden [39])
Ostsee=Slawen genügt, ist bereits von Andern treffend bemerkt
worden. [40])

Mehr Aussicht auf Bestätigung scheint für den ersten Blick
die seit Husanus sehr verbreitete Annahme zu haben, nach welcher
bei der Germanisirung Mecklenburgs die Slawen in
Knechtschaft verfallen sein sollen. Wenn auch nicht der Sach=
senspiegel, so doch dessen Glosse [41]) bieten ihr bequemen Anhalt.
Und die verachtete und gedrückte Lage, in welcher wir in den
Städten Mecklenburgs den Wenden begegnen [42]), scheint mit ihr
wol zu stimmen. Allein zwischen der Lage eines besiegten oder
doch unterdrückten, aussterbenden Volksstammes und einer Leib=
eigenschaft der einzelnen, diesem Volksstamme angehörigen Indi=
viduen ist denn doch ein Unterschied. [43]) Und für eine solche
persönliche Leibeigenschaft läßt sich, soviel Mecklenburg angeht,

---

standes, der zwischen Adel und Schuldknechten bzw. Kriegsgefangenen in
der Mitte gestanden habe, anführt, beweist nur für die oben § 3 des
Textes bei NN. 31—33 erwähnte Quasihörigkeit der gemeinfreien Slawen.
Vgl. übrigens auch Petermann S. 9 und S. 10 N. 1.

[39]) Was Fabricius I 96 f. über die Rugianorum terra ferax frugum
aus Helmold u. a. zusammenstellt, ist zu verbinden mit der allgemeinen
Bemerkung Helmold's [l. c. II 13]: Slaui enim clandestinis insidiis
maxime valent. Vnde etiam recenti adhuc aetate latrocinalis haec consuetudo adeo apud eos invaluit, vt omissis penitus agriculturae
commodis ad nauales excursus expeditas semper intenderint manus,
vnicam spem et diuitiarum summam in nauibus habentes sitam. Es ist
in dieser Hinsicht auch zu beachten, daß der ebdf. II 5 erwähnte Massen-
verkauf gefangener Obotriten durch Pommern und Dänen nicht innerhalb
Landes, sondern an Polen, Sorben und Böhmen bewirkt wurde. — Vgl.
übrigens noch Fabricius selbst I 112 vv: „ihn die ganze Richtung des
Volkes auf den Betrieb von Viehzucht, Jagd und Fischerei neben beschränk=
tem Ackerbau."

[40]) Homeyer l. c. p. 17 i. f. 18. Die Schriftsteller des vorigen
Jahrhunderts stellen die im Texte bekämpfte Behauptung denn auch nur
hypothetisch und vorsichtiger auf, als ihre Nachfolger. Vgl. z. B. den oben
N. 18 allegirten v. Balthasar.

[41]) Glosse Ssp. III 73 § 3: Von oldere sint di wende almeistig eigen.
Wen, dun unse oldere her quemen, betwungen si di nortdoringe, dat
weren di wende, und di levendich bleff, de blef er gevangen.

[42]) Böhlau a. a. O. I. S. 18. S. 31. N. 32; S. 48 NN. 2. 3.

[43]) Homeyer l. c. § 5 pp. 24 seqq.

auch nicht ein einziges urkundliches Indicium beibringen, ge=
schweige denn der Beweis führen.

Eine im Mittelalter bestandene Hörigkeit müßte hiernach
bei den aus Westfalen, Lüneburg 2c. nach Mecklenburg einwan=
dernden deutschen Colonisten gesucht werden. Man hat
gegen diese Eventualität bisweilen die heimathlichen Verhältnisse
der Colonisten anführen und behaupten wollen, in Westphalen
habe es keine leibeignen Bauern gegeben.[44]) Daß dieß nicht
richtig ist, bedarf keines besondern Nachweises.[45]) Aber ein an=
deres Moment beseitigt die Annahme einer Leibeigenschaft der
in Mecklenburg einwandernden deutschen Colonisten von vorn=
herein: das glebae esse adscriptum. Daß eigentlich Unfreie
[servi] in irgend in Betracht kommender Zahl mit den nieder=
sächsischen Edeln nach Mecklenburg gekommen seien, ist noch von
keiner Seite behauptet worden.[46]) Es kann sich hier mithin
nur um Grundhörige handeln. Ein Grundhöriger aber durfte

---

[44]) So z. B. Lisch a. a. O. [Jahrb. XIII.] Petermann 55 bei N. 1
u. v. a. —

[45]) An der westphälischen Leibeigenschaft, der z. B. Kindlinger's Buch
hauptsächlich gewidmet ist, verfolgte das deutsche Privatrecht die Leibeigen=
schaft und deren Geschichte mit Vorliebe, „und es ist selbst nicht einmal
richtig, daß die Leibeigenschaft im südlichen Deutschland in allem Betracht
milder genannt werden könne, als die in Westfalen übliche Eigenbehörig=
keit." Eichhorn Einl. § 69 a. E. SS. 203 f. Es liegt der ganzen An=
sicht eben wieder ein Mangel gehöriger Unterscheidung zwischen erblichem
Colonat und persönlicher Freiheit der Colonen zu Grunde.

[46]) Daß es solche servi im 12. und 13. Jahrhundert in Niedersachsen,
insbesondere in Westphalen, der beginnenden Verschmelzung der Unfreien
mit den Hörigen zu dem Stande der neueren Leibeigenschaft ungeachtet
noch gab, ist freilich außer Zweifel. v. Maurer II. 82 f. Allein es ist
ein Mal wol nirgends Gebrauch gewesen, gerade diese Klasse als Colonisten
zu verwenden, und sodann fehlt in der mecklenburgischen Rechtsgeschichte
— von einer nicht mecklenburgischen Urkunde abgesehen, s. unten N. 58 —
jede Spur eines Anhaltes für die Annahme der Existenz eines, in diesem
Sinne [v. Maurer II 85] unfreien Standes. Denn wenn wir Gerichts=
diener und ländliches Gesinde mit dem Ausdruck servi bezeichnet finden,
s. unten bei Note 75, — so kann das jenen Anhalt gewiß nicht bieten.
Mögen sich immerhin unter dem Gesinde der einwandernden Ritter wahre
Unfreie gefunden haben, so treten dieselben doch nirgends urkundlich in
einer für Beginn oder Fortgang der Colonisation bedeutenden Weise her=
vor; sie zu einem Stande, dem Bauernstande, zusammengefaßt zu denken,
ist eine Unmöglichkeit.

ohne die Erlaubnis seines Grundherrn nicht auswandern. Und
wenn er mit solcher von dannen zog, so war das Band, welches
ihn mit der Scholle verknüpfte, gelöst, er selbst frei. [47] Höchstens
entlaufene Leibeigne dieser Art hätten nach Mecklenburg kom=
men können. Hinsichtlich ihrer wären dann aber besondere Ver=
anstaltungen erforderlich geworden [48]), von denen sich auf dem
platten Lande [49]) Mecklenburgs keine einzige urkundliche Spur
findet. Wie kein Ministeriale als solcher [50]), so hat auch kein
leibeigner Colone als solcher in Mecklenburg einwandern können.

§. 5.

Daß die mecklenburgische Leibeigenschaft in dem Mittelalter
und in der Colonisation des Landes ihre Wurzeln nicht zu
suchen habe, wird hiernach einiger Maaßen wahrscheinlich sein.
Aber selbst wenn sich alle im vorigen Paragraphen zusammen=
gestellten Gründe als durchaus fehlsam erweisen sollten, so müßte
die entgegengesetzte Meinung doch aus den Urkunden des drei=
zehnten und vierzehnten Jahrhunderts irgend welche Beläge für
die Existenz einer Leibeigenschaft in Mecklenburg zu erbringen
im Stande sein.

Nun aber fehlt es an Belägen dieser Art gänzlich. Wie
die ratzeburger [51]), wesentlich ebenso treten uns aus den Urkun=
den dieser Zeit auch die mecklenburgischen Bauern als persönlich
freie Leute entgegen, für deren Grundhörigkeit es an jedem Be=
weise fehlt. Stellen wir zunächst

I.

diejenigen wenigen Urkunden zusammen, welche auf den ersten
Anschein für das Vorhandensein leibeigner oder grund=

---

[47]) v. Maurer II 75—78 u. A. Vgl. Petermann 24. 25 N. 1.

[48]) Vgl. v. Werfebe SS. 139 f. N. 3.

[49]) Ueber die Stadtrechte f. unten bei Note 53.

[50]) Hegel 22. Lüneburgische Ministerialen, wie Ulrich von Blücher
und Konrad von Brote treten uns im Anfang des 13. Jahrhunderts
zugleich als schwerinsche Lehnsleute entgegen, ohne in Schwerin als Mi=
nisterialen von dem übrigen Landadel irgend geschieden zu werden. Vgl.
die wissenschaftlich sehr fruchtbare Arbeit: F. Wiggers Geschichte der
Familie von Blücher. I. 1870. SS. 16 ff.

[51]) Für diese steht die Freiheit außer Zweifel. Masch a. a. O. [Oben
N. 28.] Vieles hier Gesagte findet nach den Urkunden auch auf die mecklen=
burgischen Bauern seine Anwendung.

höriger Leute im damaligen Mecklenburg zu sprechen scheinen. [52])
Eine genauere Betrachtung derselben wird den Schein zerstören.

1) Was hier zunächst die Bestimmungen des **Schweriner
Stadtrechts** [53]) und des **Privilegium für Gadebusch** v. J.
1225 [54]) betrifft, so darf man nicht außer Betracht lassen, daß
die Städte doch sicherlich nicht gerade nur aus **Mecklenburg**
auf Zuzug zu rechnen ·hatten. — Diese Erwägung nimmt den
angeführten Bestimmungen aber alle und jede Beweiskraft um
so mehr, als das Verhältnis beider Urkunden zum fribericiani-
schen Privilegium für Lübeck [55]) die Aufnahme derselben an sich
schon genügend erklärt. Zum Ueberfluß beweist aber die vor,
d. J. 1558 abgeschriebene sogenannte **Wedemann**'sche eben so
wie die s. g. **güstrower** Uebersetzung [56]) des Schweriner Stadtrechts, daß das qu. Capitel ein unverstandener und unpraktischer,
todter Bestandteil des Stadtrechts geblieben war.

2) Aus teilweis ähnlichem Grunde ist eine **Bulle Papst
Johann's XXII.** ohne Beweiskraft, in welcher dem **Kloster**

---

[52]) Die liti und iamundlingi der, fast nur außermecklenburgische Güter
betreffenden Urkunde MUB. I n° 320 v. J. 1226 kommen natürlich nicht
in Betracht.

[53]) Schweriner Stadtrecht 23 [Band IX 285 d. Zeitschr.]: Quicumque
autem homo proprie fuerit condicionis, si intra ciuitatem uenerit, ab
impeticione seruitutis cuiuslibet liber erit.

[54]) Quicunque servus intus venerit, si anno intus manserit, libertate
perpetua fruatur; si incusetur de proprietate, ibidem, non alias stabit
iudicio. Meckl. Urk.-Buch I n° 315 v. f.

[55]) Band IX 274 s. d. Zeitschrift.

[56]) Wedemann 38 [ebbf. 85]: Watterley minsck, de sin egen
herr is, so hie in der stadt sesshafftig blifft, schal frie wesen in der
anspracke wegen denstbarkeit. Auch Hövisch ließ bei seiner hochdeutschen
Uebertragung des s. g. Wedemann'schen Textes diese falsche Uebersetzung
stehen, was die Authenticität der letzteren um so mehr beweisen dürfte,
als der am Ende des 16. Jahrhunderts schreibende Hövisch über die
wahre Bedeutung des homo proprie condicionis kaum in Zweifel sein
konnte. Die sonst nahe liegende Emendation de sin egen herr nicht is
scheint schon aus diesem Grunde ·nicht gestattet. Zu dem ließt aber auch
die s. g. güstrower Uebersetzung [vgl. ebbf. 264, aus Westphalen abgedruckt in Gengler's D. Stadtrechten 434] §. 21: minsche, de sine
egenen standes is, [durch diese Uebereinstimmung dürfte sich Wigger's
Bd. IX 264 Note 5 d. Z. mitgeteiltes Bedenken so weit erledigen,] was
handgreiflich fast den Mangel an Verständnis für den homo proprie condicionis beweisen dürfte. Vgl. auch Mantzel Pand. II §. 17.

Rehna erlaubt wird, die seinen Nonnen und Converſen von ihren „freien" Verwandten anfallenden Güter anzunehmen und zu behalten. [57]) Auch wenn die Curie über das mecklen= burgiſche Perſonenrecht ſehr genau informirt war, mußte doch in Betracht kommen, daß unter den Nonnen Rehna's nicht gerade nur mecklenburgiſche Weltkinder Verwandte haben konnten.

3) Weit größere Bedenken ſind brei einzeln ſtehende Ur= kunden des vierzehnten Jahrhunderts zu erwecken geeignet, in welchen mit einem Grundſtücke Leute (litones, inhabitan- tes, cotarii) veräußert werben. Inzwiſchen iſt bie eine ber= ſelben [58]) nicht eine mecklenburgiſche, ſonbern eine queblin= burger Urkunde. Und bie loci distantia, welche ben Beſitz ber curia Soltawe für bie Nonnen zu einem non bene utilis machte, wird bie Aebtiſſin auch entſchulbigen, wenn ſie in ihrer Urkunde freie Leute als „litones", alſo nicht etwa bloß als Grundhörige, ſondern ſogar als servi veräußert. Und wenn man ſieht, wie in berſelben Zeit im benachbarten Ratzeburg, wo es nur freie Bauern gab [59]), „liberi homines" veräußert werben [60]), ſo wird man nicht geneigt ſein können, bieſer Urkunde ein Gewicht für unſere Frage zuzugeſtehen.

Dieſer Veräußerung eines „liber homo", welche boch in bem Sinne geſchah, baß bie bäuerlichen Dienſte, — Reallaſten und publiciſtiſche, urſprünglich bem Landesherrn geſchulbete [61]) Dienſte — Object der Veräußerung waren, ſteht auch bie Veräuße= rung von inhabitantes zweier Katen in Evershagen bei Ro=

---

[57]) 1319 März 14. MUB. VI. 4062: . . . ut possessiones et alia bona, . . . que liberas personas fratrum et sororum vestrorum . . conti- gissent, . . petere . . . ualeatis . . . indulgemus.

[58]) 1304. 13. October. MUB. V n° 2962. 2963: . . . curiam ecclesie nostre in Soltowe cum omnibus censibus, iuribus, iuriditionibus, iure patronatus ecclesie Soltowe, proprietatibus et litonibus suis in bonis ipsis vel alibi commorantibus vendiderimus . . . Vgl. über bie curia Soltowe noch MUB. VI n° 3604. 4261.

[59]) Oben N. 51.

[70]) 1320. 13. April. MUB. VI n° 4186: . . . dimisimus eis similiter unum liberum hominem . . . qui nobis hactenus seruiuit, ut eisdem deinceps seruiat et omnia faciat, quae nobis de jure facere tenebatur. .

[61]) Oben §. 3 bei NN. 32—34.

stock in einer Urkunde v J. 1355 offenbar gleich.[62]) Die Urkunde bezeugt lediglich die Veräußerung der cotae mit den
Rauchhühnern, Denarien und Schnitterdiensten[63]), welche von
denselben etwa zu leisten waren. Einen Beweis der Leibeigenschaft der inhabitantes oder gar aller cotarii als solcher liefert
sie nicht.

Freilich begegnen gerade cotarii als Pertinenzen eines veräußerten Hofes noch in einer andern, — der dritten hierher gehörigen Urkunde[64]) Abgesehen aber davon, daß die
Verbindung in areis et cotariis die Frage nahe legt, ob cotariis
hier wirklich als Masculinum und nicht vielmehr adjectivisch[65])
oder wie das unmittelbar Folgende et aliis ibidem existentibus
quibuscunque[66]) als Neutrum gebraucht sei, so stehen die
cotarii oder coterones, so viel die persönliche Freiheit betrifft,
den Bauern gleich.[67]) Sie besonders, eben so wie etwa molen-

---

[62]) Die im rostocker Rathsarchive befindliche Urkunde, welche durch die
Güte des Herrn Archivar's Dr. F. Wigger mir abschriftlich mitgeteilt
ist, trägt das Datum Doberan, actum vero Rozstock a. d. M° CCC° L°
quinto ipso die beáti Cyriaci et sociorum ejus. Herzog Albrecht verkauft
in derselben octo integros mansos ville Euerdeshaghen adiacentes et
duas kotas in eadem villa . . . cum toto dominio . . . ac cum omni jure,
justiciis et judicio infimo . . . ac universaliter cum omni decima minuta,
quocunque nomine censeatur . . . et universis et singulis contentis et
habitantibus in eisdem. Da habitantes in unsern Urkunden auf
mansi nicht, sondern nur in villae, domus und casae vorkommen, so sind
die obigen habitantes in eisdem unbedenklich habitantes in eisdem duabus
kotis.

[63]) Vgl. MUB. VI n° 4040 unter Tzarnekow und unter Tzusowe.

[64]) 1315. MUB. VI n° 3757: . . . proprietatem curie in Wisckhuer
cum judicio XII solidorum et VI mansorum aliorum bonorum ibidem
adjacencium in areis et cotariis et aliis ibidem existentibus quibuscunque, in agris cultis et incultis . . .

[65]) also = areis cotariis.

[66]) Daß die Urkunde alle in Wischuer exsistentes — es steht nicht:
habitantibus! — als Grundhörige habe bezeichnen wollen, wird man nicht
behaupten können.

[67]) Vgl. MUB. VI n° 4303 v. J. 1321: . . . volumus nichilominus
cultores hujusmodi bonorum, quicunque fuerint pro tempore, siue colo-
nes siue koterones, molendinarios ab omni seruicio et precaria
et ab omni exactione et angaria perpetuo liberos confouere, ita quod
neque nobis, neque nostris successoribus . . .

dinarii und tabernarii [68]) hervorzuheben, gab nur die Art ihres Besitzes [69]) Veranlassung, welche sich von dem bäuerlichen Rechte an mansis bestimmt unterschied. Molendinarii, tabernarii und cotarii sind Nicht=Bauern, deren Arbeit den Bedürfnissen der Bauerschaft und etwa auch eines Hofes dient; ihr Besitz bedurfte als außerhalb des landwirthschaftlichen Kernes [70]) eines Land= gutes stehend in den Urkunden einer besondern Erwähnung.

Die Veräußerung von cotarii in den beiden zuletzt behan= delten Urkunden [71]) in dieser Weise als Veräußerung des Katens, Kotlandes [72]) und bezw. der von beiden zu leistenden Dienste aufzufassen, wird um so mehr statthaft sein, als zu der schon erwähnten Uebertragung eines liber homo noch 3 ratzeburger Urkunden [73]) treten, in welchen die Katen unzweifelhaft freier Leute [74]) unter der Bezeichnung cotarii veräußert werden.

4. Kaum bedarf es endlich noch einer besonderen Würdi= gung derjenigen mecklenburgischen Urkunden, in welchen servi erwähnt werden. [75]) Der Zusammenhang ergibt hier durchweg,

---

[68]) Vgl. MUB. VI 4040 bei Punyk, Tzusowe, Nepersmolen, Brunes- houet und Arnesse, wo allerdings molendina und tabernae genannt werden.

[69]) Der cotarius besaß nur seine casa, cota, domuncula [MUB. V n° 3382. 3418. 3425. 3472. 3491. VI 3604. 3817. 3823 ɾc.], selten domus ge- nannt [ebdf. VI. 3782. 4178], und das dazu gehörige geringe kotland [MUB. V 3426. 3450], obwol es vorkam, daß die cotarii eines Dorfes in einem andern Dorfe Bauerland besaßen [quaedam jugera ville Rochowe, quam colunt cotharii in Chrytsowe, MUB. VI n° 3694].

[70]) D. h. der mansi als der zum landwirthschaftlichen Betriebe be- stimmten und benutzten Grundflächen, dann der Waldungen, Wiesen, Gewässer, Wüstungen und Leeden [z. B. MUB. V 2937], der curia [z. B. ebdf. V n° 2775. VI. 3841. 4187], welche aber damals keineswegs bei allen Gutscomplexen vorhanden gewesen zu sein scheint, wenigstens nicht bei allen Veräußerungen von mansi erwähnt wird, der domus d. h. der bäuer- lichen Wirthschafts= und Wohnhäuser [z. B. ebdf. V. 3418. VI. 3604].

[71]) oben NN. 62. 64.

[72]) Vgl. MUB. VI 3782: cum omnibus cotariorum domibus.

[73]) MUB. V 2794 3111. 3187, alle drei Schlagsdorf betreffend.

[74]) Vgl. oben bei N. 59.

[75]) Gesinde: MUB. V n° 3520 v. J. 1312 S. 626: in ciuitate sua Rozstoccensi servum subcellerarii ceperunt, quem redemit pro VII marcis; ebdf. bei Bolecowe, Wilsna und Parkentin; VI 3940. Büttel: ebdf. V 3379.

daß teils Gesinde, namentlich Reisige, teils aber Büttel [sergents [76])] gemeint sind.

Es wird den vorstehenden Ausführungen keine Ueberschätzung widerfahren mit der Annahme, daß die von denselben beleuchteten Urkunden für die Existenz einer mecklenburgischen Leibeigenschaft im Mittelalter zu beweisen nicht vermögen.

II.

Dieses Resultat wird an Bedeutung gewinnen, wenn ihm urkundliche Indicien persönlicher Freiheit der Bauern aus jener Zeit an die Seite treten.

1. Bereits erwähnt wurde [77]), daß es an einer Regulirung der Verhältnisse flüchtiger Leibeigner auf dem platten Lande, insbesondere an Spuren eines Abforderungsrechtes gänzlich fehlt.

2. Nirgends in wirklich mecklenburgischen Urkunden dieser Zeit begegnet eine Bezeichnung der Bauern, welche, wie etwa die Worte mancipia, servi, liti, litones u. dgl. auf eine Leibeigenschaft derselben zu schließen berechtigten. [78]) Ein Umstand der durch die Geläufigkeit derartiger Bezeichnungen im Gebiete

---

[76]) Vgl. Du Cange v. servus.

[77]) Oben bei NN. 48. 49.

[78]) Bauern heißen agricolae [MUB. V 3520], coloni [V 2821], coloni *dat is ackermannen* [Kämmerei-Bauern von Cröpelin V 3120], coloni habitantes [V 3081, gleichbedeutend inquilini mansorum im Gegensatze zu in mansis commorantes VI 4046], coloni et rustici [V 3299], mansorum cultores [V 3121], cultores mansorum ipsis designatorum [VI 3677], qui mansum colunt et laborant, tenent et possident [VI 4124. 4147], villani [V 2929. 3225. 3520], incolae villae [V 3198], cives [V 2813. 3520. 3476], pauperes [V 3520], homines [V 2809. 2943], homines villam inhabitantes et mansos colentes [V 2726], homines et coloni [V 2750], prefate ville homines et mansorum dictorum possessores [VI 3694], dann mit Beziehung auf den Gutsherrn: homines nostri et vasallorum nostrorum [V 2893], homines claustri ac loci supradicti [V 2996], coloni nostri [V 3532], ciues ville nostre [VI 3750], subditi [V 3110. 3404], villani et subditi in NN. commorantes [V 3350], subditi nostri coloni eiusdem ville [V 3523], pensionarii [VI 3981]. Zu dem VI 4120 begegnenden tributarii vgl. VI 4046: ... quartum dimidium mansum, ... qui XIV marcarum redditus Slauicalium denariorum annualis pensionis erogant in tributum und du Cange v. tributales: „Coloni liberi, obnoxiae licet conditionis, ut qui ad tributa et serviles operas tenerentur. .... Tributarii eadem notione ..."

der Leibeigenschaft und bei der Genauigkeit des mittelalterlichen Kanzleistyls von nicht zu unterschätzendem Gewicht ist.

3. Nur in drei vereinzelt dastehenden Urkunden [79]) werden Bauern und bezw. Kossaten unter den Pertinenzen eines Grund= stücks aufgeführt. Servicia und servitus d. h. Dienste [80]), nicht aber servi und mancipia fungiren sonst als solche. Die Selten= heit derartiger Urkunden ist um so bemerkenswerther, als es in der lauenburgischen Kanzlei wenigstens nicht unerhört war, freie Leute anstatt der von denselben zu leistenden Dienste als Objecte einer Veräußerung zu bezeichnen. [81])

4) Vergeblich sucht man in den Urkunden nach Abgaben, welche wie Sterbefall und Bettmund der Leibeigenschaft charak= teristisch sind. [82])

---

[79]) Die oben in diesem § unter I 3 behandelten.

[80]) Vgl. MUB. VI. 3587. 4060.

[81]) Oben NN. 60. 73.

[82]) Ueber tributarii s. oben N. 78 a. E. Außerdem könnten etwa An= stoß geben die, mit der biscoponiza gewiß nicht identischen denarii epis- copales in signum tuicionis et recognicionis ipsius proprietatis in den auf darguner Klosterdörfer bezüglichen Urkunden vom 26. December 1307, MUB. V 3199. 3200. Der Zusammenhang ist folgender: ... Paridam miles dictus de Wacholt, castellanus Deminensis ... recognoso ..., quod, cum ... pater meus ... fratribus monasterii Dargunensis ven- deret has villas, videlicet Ratenouwenhagen, Rucenwerdere et Cethemin cum molendino et Wredeloc ..., renunciavit omni iuri suo, quod in eisdem villis tunc habuit vel in futurum habere poterat ... excepta sola precaria, quam a domino Barnym duce Stetinensi comparauerat ... antequam dictas villas fratribus venderet memoratis ...... Preterea denarios episcopales, qui in signum tuicionis et recognicio- nis ipsius proprietatis dari solent, dicti homines exsoluent circa festum Martini, de quolibet scilicet etc. etc. Der Vater des Ausstellers hatte also bei dem Verkauf der Dörfer die precaria sich reservirt. Außer- dem aber erhob er eine denarii episcopales genannte Abgabe, obwol er übrigens gar kein Recht an den qu. Dörfern mehr hatte. Schon hieraus geht hervor, daß die letztere Abgabe so wenig, wie die erste eine leibherr= liche war; denn sonst wäre sie mit den Dörfern und mit den Grundhörigen unzweifelhaft auf den Käufer übergegangen. Beide Abgaben können nur publicistischer [vgl. oben § 3 bei N. 32] und gutsherrlicher Natur sein. Daß die proprietas das bäuerliche oder, wenn man lieber will, gutsherr= liche Recht an den mansi ist, kann keinem Zweifel unterliegen. Ob die tuitio auf eine, dem Aussteller über diesen Klosterbesitz zustehende advocatia ecclesie geht? kann ununtersucht bleiben, ist aber m. E. wahrscheinlich. In keinem Falle beweist die tuitio mehr, als höchstens eine Vogtei des Guts=

5. Vielfach treten Bauern als Subjecte von Rechtsgeschäften auf, welche der Annahme einer Leibeigenschaft mindestens nach den, thatsächlich mit einer solchen verbundenen Verhältnissen nicht günstig sind. Subditi ecclesie Doberanensis et tributarii rectoris ecclesie B. Jacobi in Rozstock vergleichen sich völlig selbstständig [83]) mit ihrem Nachbaren, dem Ritter Eghardus Reschinkel über Holzungs= und Weide=Gerechtigkeit [84]) Ein Guts= herr gründet und bewidmet in Gemeinschaft mit seinen Bauern eine Kirche. [85]) Ein probus vir gewährt einem Gutsherrn Credit gegen eine, dem Pfandlehn analoge Auflassung von Bauernhufen zu Bauernrecht. [86])

6. Klosterbauern erhalten von der ihnen benachbarten Stadt Anteil am Stadtrecht. [87]).

7. Geradezu entscheidend fällt aber für die persönliche Frei= heit der Bauern der Umstand in's Gewicht, daß die Bauern legitimam personam standi in judicio im Landgericht besaßen, in diesem, wennschon nicht mehr dingpflichtig, so doch, so zu sagen, dingberechtigt waren. Nicht nur nämlich, daß Bauern mit ihrem Gutsherrn über Immobilien eine justa emptio ab= schließen [88]) und von letzterem verpfändete Liegenschaften selb= ständig wieder einlösen [89]) — sondern die Urkunden bezeugen den Antheil der Bauern, und zwar der Patrimonial=Bauern am Landding auch direct und unmittelbar. [90])

---

herrn, also eine Schutz=, nicht aber eine Grundhörigkeit der Bauern. Vgl. MUB. V 3232: . . . in omagii et pheodi recognicionem unam marcam slauicalem in natali domini continue loco pheodalis seruicii . . . erogabit.

[83]) Ein Godefridus de Putzekowe sacerdos fungirt in der betr. Ur= kunde [fg. N.] lediglich als Zeuge.

[84]) MUB. VI. 4210.

[85]) Ebds. 3895.

[86]) Ebds. V. 2809: . . . duos mansos . . . libere possidendos, sicut nostri homines quam plures possident siue possiderunt.

[87]) Ebds. 3291.

[88]) Ebds. 3532.

[89]) Ebds. 3264.

[90]) Den ratzeburger Urkunden MUB. V 2893. 3111. 3198. 3540. VI. 4016 treten die mecklenburgischen Urkunden ebds. V. 2996. 3040. 3079. VI. 4801 in dieser Beziehung durchaus ebenbürtig an die Seite, der un= ächten Urkunde ebds. V. 2728 nicht zu gedenken.

III.

Die Beweiskraft dieser Indicien wird durch die Gestalt, in welcher uns das gutsherrliche Recht aus den Ur= kunden dieser Zeit entgegentritt, eher erhöht, als gemindert. Dieses Recht ist aus eigentlich gutsherrlichen und aus landeshoheitlichen Bestandteilen zusammengesetzt. Während der Colonisation giengen bald beide, bald nur einer [91]) dieser Bestandtheile aus landesherrlicher in gutsherrlich=ständische Hand über.

1. Die Landesherrn ließen sich je länger, je leichter [92]) bereit finden, den landeshoheitlichen Rechten über die, durch die bäuerliche Leihe von den Gutsherrn ohnehin abhängigen Bauern zu Gunsten der ersteren zu entsagen [93]) und so die letzteren völlig der Hintersäßigkeit zu überliefern. [94]) Der Modus dieser, wie nach vielen andern Seiten hin, so namentlich auch für die Geschichte der Leibeigenschaft [95]) folgenreichen Umwandlung liegt urkundlich vor. Er war ein dreifach, wenn man will vierfach verschiedener.

a. Hoheitsrechte, wie Bede, Gericht, Münzgeld, Brückwerk u. s. w. werden vom Landesherrn unmittelbar und geradezu auf den Gutsherrn übertragen. [96]) Verleihungen, welche mit Ho=

---

[91]) d. h. 1. Gutsherrlichkeit ohne die Hoheitsrechte oder 2., wo der Gutsherr selbst von sich aus die Bauern angesetzt hatte, die Hoheitsrechte allein.

[92]) Völlig aufgehört haben die s. g. Burgdienste allerdings noch im 16. Jahrhunderte nicht. Vgl. Spalding M. Landesverhandl I 12. 13 sub n° 4.

[93]) Vgl. noch MUB. V 3081 vom 15. April 1306: ... si in ipsa villa ... colonos habere voluerint [sc. abbas totusque conventus mona- sterii in Doberan] habitantes, illi penitus nullam tenentur precariam nobis dare, nec aliquid seruicii nobis facere, sed ad nutum et voluntatem prenominati monasterii stabunt, nullatenus negligentes.

[94]) Böhlau MLR. I 49 ff.

[95]) Oben §. 3 NN. 32—34. Petermann 60.

[96]) MUB. V 2726 vom 18. Januar 1301: Nicolaus von Werle schenkt den Johannitern zu Mirow die Dörfer Roggentin und Leussow ita ut ipsas villas seu mansos ... iam dicti fratres cum omnibus suis pertinenciis ... possidebunt; volentes nichilominus, ut ab hominibus easdem villas in- habitantibus et predictos mansos colentibus ... per nos ... nunquam precaria, nunquam curruum seruicia, nunquam denarii monete, nunquam agrorum mensura vel aliqua seruicia petitionum seu expeditionum requi- rantur et ad custodiendum castra et propugnacula vel quod wlgariter

heitslehnen über größere Landesteile [97]) manche Aehnlichkeit
haben.

b. Gewisse, den Hoheitsrechten entsprechende Abgaben und
Dienste, welche dem Landesherrn von den Bauern zu leisten
sind, werden dem Gutsherrn [98]) einfach erlassen, ohne daß das
Recht des letzteren übrigens direct gesteigert wird. Der Vor=
teil des Gutsherrn besteht hier in der Loslösung der Bauern
von ihrem Zusammenhange mit der landesherrschaftlichen Ge=
walt. [99])

c. Die an die Landesherrschaft zu leistenden Dienste und
Abgaben werden in einen gutsherrlichen Zins convertirt. Die
Convertirung wurde .

α. entweder durch einen Vertrag des Landesherrn mit den
Bauern [100]) oder

---

lantwere dicitur, nunquam de cetero tenebuntur; sed quicquid dicti
fratres . . . cum ipsis hominibus, villis, mansis vel stagnis supradictis
fecerint vel facere decreuerint, gratum tenebimus et ratum. Aehnlich
ebbs. 3040. 3475. S. ferner VI 4003. 4060 und als Beispiele einer Ueber=
tragung einzelner Hoheitsrechte ebbs. V 3299. 3379. VI. 3932. 4056.

[97]) Vgl. MUB. VI. 4281.

[98]) An sich hätten derartige Befreiungen natürlich Seitens des Landes=
herrn auch unmittelbar an Bauerschaften erteilt werden können. Die Nicht=
Domanial = Bauern haben aber solche Befreiung, so viel aus den Ur=
kunden ersehen werden kann, nicht erstrebt. Natürlich, da sie an einer
Steigerung ihrer Hintersäßigkeit kein Interesse haben konnten. Für Do=
manial=Bauern fiel dieses Bedenken weg; daher für sie auch Befreiungen
der gedachten Art nachgewiesen werden können: MUB. V. 3225.

[99]) MUB. V. 2750 vom 13. August 1301: . . . Dimittimus etiam homines et colonos, qui in dictis bonis iam locati seu adhuc locandi fuerint, liberos et exemptos a denariis monete . . . et ab omni prorsus
precaria et exactione, si quam vniuersaliter in omnes siue particulariter
in quosdam nostre terre colonos facere nos contingat. Nec etiam iidem
homines ad pontium positiones, aggerum exstructiones et expeditiones
tenebuntur nulli preterquam deo et suis dominis . . . debita seruicia
soluturi. Indulgemus eciam tam ipsis fratribus, quam hominibus in dictis
bonis . . . commanentibus, ne de cetero ad custodiam thelonei . . . sint
astricti . . . Ebbs. VI. 4030. 4303.

[100]) MUB. V 3244 vom 22. September 1308: Hinricus D. G. dominus
Magnopolensis etc. Noueritis, quod nos, . . . Iohannis de Cernin, militis
ac fidelis nostri, seruicia competenti beneficio remunerare volentes, cum
colonis et inhabitatoribus ville sue Gornowe Maioris sic duximus ordi-
nandum, quod hiidem de quolibet manso, quem excolunt, eidem militi
et suis heredibus I marcam denariorum slauicalium ultra censum soli-

β. so bewirkt, daß der Gutsherr die betreffenden Hoheits=
rechte von der Landesherrschaft ankaufte und alsdann seinerseits
die Convertirung durch einen, landesherrlich consentirten Vertrag
mit den Bauern vornahm. [101])

Es bedarf näherer Darlegung nicht, daß durch die so sich
vollziehende Steigerung der Hintersäßigkeit die freien Colonen
thatsächlich in eine Abhängigkeit gerathen mußten, welche sich
mit der Lage leibeigener Bauern wol vergleichen ließ. Immer
aber beruhte diese Abhängigkeit rechtlich nicht auf irgend welcher ·
Unfreiheit oder Grundhörigkeit, sondern auf der von den Grund=
herrn erworbenen staatsrechtlichen Stellung, welche sich nach
manchen Seiten hin einer subjicirten Landeshoheit vergleichen läßt.

2. Die eigentlich gutsherrlichen Rechte beruhen auf den
zwischen Gutsherrn und Bauern abgeschlossenen Leihe = Ver=
trägen. Nach bereits Bemerktem [102]) steht die Frage nach
der Gestaltung dieser Leihe mit der Frage nach Existenz oder
Nichtexistenz einer Leibeigenschaft in einer wesentlichen Verbin=
dung nicht. Selbst wenn die mecklenburgischen Bauern im Mittel=

---

tum, scilicet II marcas cum dimidia, que antea de quolibet manso con-
sueuerunt exsolvi, teneri debeant in censu annuo temporibus successiuis.
Nosque eos proinde libertare debemus, quin imo presentibus libertamus
et liberos fore pronunciamus ab omni exactione violenta siue precaria,
firmiter promittentes, eos aliquibus exactionibus seu petitionibus quo-
modolibet de cetero non gravare . . . . . ., etiamsi eadem villa a dicto
milite vel suis heredibus alienari contingeret . . .

[101]) MUB. V 3476 vom 15. Juni 1311: Nos Heinricus etc. . . . . quod
cum nuper Conradus de Lu miles emisset a nobis seruitia nobis debita
in villa Biendorp, que dicuntur bruggewerc, borchwerc et vecturas, ipse
de consensu nostro et ciuium eiusdem ville constituit sibi super quolibet
manso VI modiorum redditus frumenti ordeacii soluendos scilicet annis
singulis pro servitiis iam predictis. Diese Hebung hat C. v. d. Lühe dann
an das schweriner Domcapitel verkauft, von welchem die folgende Urkunde
ausgestellt ist: ebbf. 3480 vom 19. Juli deff. Jahres: . . . qualiter a nobili
viro Hinrico domino Magnopolensi emimus seruitutem, quam sibi debitam
asserebat in villa ecclesie nostre Byendorpe, qua servitute villani eiusdem ville ad vecturas et cetera obsequia castrorum ac reparationem
pontium arcebantur, que quidem servitus bruggewerc et borchwerc
vulgari vocabulo nominatur, et eam villanis predictis relaxantes de bene-
placito predictorum villanorum in quolibet manso, qui numero sunt XII,
redditus nostros aucmentavimus ad sex modios ordei nobis annis singulis
perpetuo persolvendos . . .

[102]) Oben § 1 bei N. 6.

alter von verſchwindend wenigen, „ganz ſeltenen‟ Ausnahmen
abgeſehen „blos Anbauer, Pächter‟ geweſen wären und aus den
Urkunden „zur Genüge ihr Mangel jedes Beſitzrechtes‟ hervor=
gienge, ja ſelbſt wenn die Bauern in dieſer Hinſicht „erweislich
keine Rechte gehabt‟ hätten [103]), ſo würden ſie um deswillen doch
noch keineswegs als Leibeigne anzuſehen ſein.

Eine eingehende Erörterung dieſer eigentlich gutsherrlichen
Rechte kann daher an dieſer Stelle unterbleiben. Doch mögen
neuerlich wieder aufgeſtellten Behauptungen gegenüber folgende
Bemerkungen hier ihren Platz finden.

a. Eine durchgehende Legungs=Befugniß hat dem Guts=
herrn nicht zugeſtanden. Das bäuerliche Recht war auch in
dieſer Beziehung ein, nicht ſelten ſelbſt innerhalb ein und der=
ſelben Dorfſchaft verſchiedenes. Nachmeſſungen mußten ſich die
Bauern vom Gutsherrn eben ſo gut gefallen laſſen, als der
Gutsherr den funiculus mensurationis vom Landesherrn dulden
mußte. Auch Umlegungen mußten ſie ſich anſcheinend regel=
mäßig unterwerfen. [104]) Abgeſehen aber davon, daß ſie ſich
von beiden nicht ſelten zu befreien. wußten [105]), finden ſich
Beiſpiele von Entſchädigungen der Bauern [106]) und von contract=
lichen Clauſeln [107]), mit welchen die Annahme einer durchgehen=

---

[103]) Die in Anführungsſtriche eingeſchloſſenen Worte und die durch
dieſelbe vertretene Meinung gehören Balck 13 ff. 17. 29 an.

[104]) MUB. V 3187, ähnlich 3540. VI 4016, übrigens drei ratzeburgiſche
Urkunden. Dazu die bereits von Balck aus MUB. 1235. 1236. 1618.
1677. 1897 angeführten Fälle.

[105]) MUB. V 3103. 3173. VI. 3885.

[106]) MUB. VI 3619 v. J. 1313: Kloſter Rehna hat mit Ritter Johann
von Bülow’s Einwilligung einen See geſtauet, wodurch Aecker der bülow=
ſchen Bauern zu Othenstorf dauernd unter Waſſer geſetzt worden ſind.
Ritter v. B. urkundet nun: In recompensam . . . dedi colonis meis omnibus et singulis in eadem villa O. commorantibus V jugera agrorum
de agricultura curie mee Wedewendorp ita, quod dicti coloni ea libertate et eo jure, quo agros inter iam dicti stagni repressionem positos
habuerant, dicta V iugera agrorum in perpetuum libere possidebunt...

[107]) MUB. V 3450 vom 12. Februar 1311: ein Tauſch mit folgender
Clauſel: Sed si ipse miles vel aliquis filiorum suorum curiam agriculture
in Vruwenemarke construere et personaliter in ea residere voluerit,
quamdiu residens fuerit, iudicium in eadem curia de gracia a dictis
preposito et conventu habebit. Ad maximum autem quatuor mansos et non plures colere debet ex eadem curia propria in
persona . . .

den gutsherrlichen Legungs-Befugnis nicht zu vereinigen ist. [108])

b. Wenn in gutsherrlichen Verkaufs-Urkunden das gesammte Guts-Areal mit absolutester Vollständigkeit aufgezählt und als Verkaufs-Object bezeichnet wird, wie dieß bekanntlich in und außerhalb Mecklenburgs ganz gewöhnlich geschieht, so folgt daraus doch nicht, daß für die Bauern kein Besitzrecht an irgend welchen Teilen jenes Areals übrig bleibe. [109]) Denn die Gewere zu deren Uebertragung der Gutsherr aus solchen Verkäufen verpflichtet war, brauchte nicht nothwendig für das ganze Areal in ein und derselben Art ausgeübt zu werden. Am Hoffelde hatte der Herr Gewere eben so wohl, als am Bauernfelde; doch übte er jene durch eigene Bewirthschaftung, diese durch Zinserhebung aus. [110]) Er konnte mithin die Gewere am gesammten Areal übertragen, wenngleich ein Teil davon, ja selbst wenn das Ganze in festem und erblichem bäuerlichen Besitz war. Oft genug wird in den Urkunden sogar der gutsherrliche Zins geradezu als das eigentliche Object der Uebertragung [111]) und des gutsherrlichen „Eigen-

---

[108]) Herr OAGRath Dr. Mann hierselbst hat die Güte gehabt, hierzu mir folgende wichtige Bemerkung mitzuteilen: „Eine Bauernstelle, von welcher fürstliche Dienste zu leisten waren, durfte weder gelegt, noch in censu erhöht werden. Ferner bedurfte es wegen Zehnten und Meßkorn bischöflichen und Pfarr-Consenses, vgl. z. B. den Consens von Rostock zur Legung von Nevezow, MUB. II p. 528, vgl. auch II p. 582."

[109]) A. M. Balck a. a. O.

[110]) Albrecht Gewere 157 ff. Bruns Besitz 328 ff. Stobbe Gewere [bei Ersch und Gruber I 65.] 450 ff.

[111]) Als medietas tota ville Barendorpe werden verkauft VI mansi, qui solvunt . . . . [einen genau angegebenen Frucht-, Fleisch- und Geld-Zins] cum iudicio LX solidorum et inferioribus iudiciis, cum omni iure et fructu, wie der Verkäufer besessen hat. MUB. VI 3800 v. J. 1316. Aehnliche Urkunden, in welchen nicht mansi schlechthin, sondern mansi solventes . . . verkauft werden, sind sehr häufig und keineswegs regelmäßig als Renten-Verkäufe zu erkennen. — Tertia pars de XX mansis . . . ad me solum specialiter pertinet tam in proventibus et redditibus, pratis, paschuis, lignis et aquis, quam in casis infra se contentis. Ebdf. 3823. — Ebdf. 4052 verkauft Ritter Johann von Bülow dem lübecker Bürger Heinrich Springentgod und dessen Erben villam meam Bentzin totam exceptis bonis Hermanno ibidem moranti pertinentibus et in ipsa villa redditus . . . [, welche aufgezählt werden,] Quibus bonis et redditibus uti debent . . ., und nun folgt die herkömmliche Specification des gesammten Gutsareals. — Ebdf. 4029 werden mansi verkauft,

thums" an den Bauerhufen [112]) bezeichnet und werden die Bauern subditi dessen genannt, der wegen dieses Zinses das Pfändungs= recht hat. [113])

c. Die urkundlich feststehenden Fälle bäuerlicher Erb= leihen werden sich nicht unbeträchtlich vermehren, wenn man außer directen [114]) auch indirecte Zeugnisse in Betracht zieht. Wenn, — um nur Ein Beispiel anzuführen, — Bauern Grund= renten (speciales redditus) mit Erbenconsens und selbst ohne grundherrlichen Consens verkaufen [115]), so wird die Dinglichkeit und Erblichkeit ihres Besitzes doch kaum in Zweifel gezogen werden können.

§. 6.

Nach den bisherigen Untersuchungen steht der mecklenburgische Bauer des vierzehnten Jahrhunderts vor uns als ein zwar freier und nicht grundhöriger, aber als ein in vollem Sinne hinter= säßiger Mann. Haben wir nun freilich für das fünfzehnte und

welche sich sämmtlich in bäuerlicher Hand befinden und daher nur benann= ten Zins abwerfen; gleichwol wird nicht etwa der Zinse, sondern der mansi Rücklauf vorbehalten. — Sehr lehrreich und an und für sich schon geeig= net, die im Texte bekämpfte Schlußfolgerung zu widerlegen, ist eine Ur= kunde v. J. 1319 im MUB. VI 4061.

[112]) MUB. VI 3850 werden Eigenthum an mansi und „Eigenthum" an Hebungen neben einander erwähnt. — Ebdf. 3894 werden Erwerber in possessionem vel quasi proprietatis villarum et bonorum [hier Hebungen] omnium predictorum gesetzt. — Ebdf. 4195: contulimus . . . proprietatem, eghendum in vulgo dictam VIII talentorum Br. den. reddi- tus de XVI mansis ville Retzouue adiacentibus annue cedentes nomine justi pachti [also kein Rentenkauf!].

[113]) Statt aller der ziemlich zahlreichen andern Urkunden MUB. VI 3909.

[114]) Solche bei Balck 16 f. Die dort gemachte Bemerkung, daß Erb= leihe=Bauern cives, andere coloni genannt werden, scheint nicht zutreffend. Vielmehr ist civis der Bauer in seinem Verhältnis zur villa und zum villicus [magister civium], colonus der Bauer in seinem Verhältnis zur Hufe. Jedes Falls aber kommt civis für Bauer schon in den vier ersten Bänden des MUB.'s weit öfter vor, als Balck annimmt. Vgl. MUB. IV S. 417 s. v. 'civis.' E. Cothmann Resp. II 97 n° 28 und Lisch in Lisch s Jahrbb. VI. 1841. S. 82.

[115]) MUB. V 2760. 2761. VI 3911. vgl. 3939. 4037. Freilich wird in jedem einzelnen derartigen Falle erst noch zu untersuchen sein, ob die Rente wirklich auf das Grundstück, oder etwa nur auf das, inter immobilia gerechnete bäuerliche Recht gelegt war.

und für den Anfang des sechszehnten Jahrhunderts noch nicht
die Möglichkeit, die weitere Entwickelung dieses Verhältnisses zu
verfolgen, so können wir. doch, abgesehen von dem allmälichen
Verfall der bäuerlichen Gerichte, der für die Verdunkelung des
bäuerlichen Herkommens von großer Bedeutung sein mußte, für
diese Zeiten Zweierlei teils als gewiß, teils als in hohem
Grade wahrscheinlich annehmen.

Gewiß ist, daß auch in Mecklenburg und aus denselben Ursachen, wie in anderen norddeutschen Ländern insbesondere in Pommern [116]) und Holstein [117]), in dieser Zeit die Consolidirung der
großen gutsherrlichen Oekonomieen, die Umwandlung des mittelalterlichen Streubesitzes in geschlossene und ausgedehnte gutsherrliche Gutswirthschaften vor sich gegangen ist. [118]) Die Landtags-Verhandlungen des sechszehnten Jahrhunderts namentlich,
in welchen ein Drängen der Gutsherrn nach Anerkennung eines
von ihnen prätendirten unbeschränkten Bauern-Legungsrechts in
breitem Umfange hervortritt [119]), liefern in Verbindung mit dem
Hergange in den Nachbarländern hierfür einen ausreichenden
Beweis.

Wahrscheinlich in hohem Grade ist nach den schon besprochenen, eben diesen Zeiten angehörigen Uebersetzungen des schweriner Stadtrechts [120]), daß man ein Abforderungsrecht der Gutsherrn in Beziehung auf ihre Leibeigenen auch damals noch so
wenig kannte, wie man den mit einem solchen in Zusammenhang stehenden alten Rechtssatz „die Luft macht frei" zu verstehen vermochte.

Gerade an diesen beiden Punkten setzt nun aber die Entwickelung der Hintersäßigkeit zur Leibeigenschaft ein. Vielleicht
mit, um Bauernlegungen in dem gewünschten Umfange zu rechtfertigen, wird die Hintersäßigkeit nach Analogie römischrechtlicher
Bestimmungen aus einer Leibeigenschaft erklärt, welche auf Grund

---

[116]) Gaede die gutsherrlich-bäuerlichen Besitzverhältnisse in Neu-
vorpommern und Rügen. 1858. SS. 40 f.

[117]) Hansen a. a. O.

[118]) Herr OAG.-Rath Dr. Mann macht mich darauf aufmerksam, daß
das erste Beispiel der Bauernlegung von England ausging. E. Nasse
über die mittelalterliche Feldgemeinschaft 2c. in England. 1869. SS.
56—64.

[119]) s. den fg. § unter I.

[120]) Oben N. 56.

der bekannten taciteischen Nachrichten[121]) und der Sachsen=
spiegelglosse[122]) ohne Weiteres für eine allgemeine deutsche Sitte
ausgegeben wird. Das prätendirte unbedingte Bauernlegungs=
recht, seinerseits „historisch" aus der angeblichen Leibeigenschaft
der Obotriten abgeleitet[123]), gestaltet mittelst eines heillosen
circulus vitiosus die mecklenburgische Leibeigenschaft in den
Augen der construirenden Theorie zu einer besonders harten
Spezies der Knechtschaft, bei welcher sich ein Abforderungsrecht
fast von selbst verstehe. Der Mangel an Arbeitskräften und
das dringende Bedürfnis nach solchen, wie beides sich nach dem
dreißigjährigen Kriege einstellt, nicht minder das Elend, in
welches der Bauernstand durch diesen gerathen war, machten die
Praxis willig, jenen theoretischen Constructionen auch auf diesem
Punkte Folge zu geben. Das Abforderungsrecht ward als Con=
sequenz einer vorhandenen Leibeigenschaft gesetzlich anerkannt.
Und nun, nun erst war der hintersäßige Bauer glebae adscriptus, Leibeigner. Der Begriff der Hintersäßigkeit gieng in den
Begriff der Leibeigenschaft auf.

Diese Entwickelung ist nunmehr im Einzelnen zu verfolgen.
Inzwischen versteht es sich von selbst, daß dieselbe nicht als
ein isolirter, von dem damaligen, geschichtlich bedingten Rechts=
und Cultur=Leben Deutschlands losgelöster Proceß zu denken ist.
Das gutsherrliche Interesse an den Bauernlegungen zusammt
dem Bedürfnis landwirthschaftlicher Arbeitskräfte hätten für sich
aller juristischen Constructionen ungeachtet eine Leibeigenschaft
der mecklenburgischen Bauern schwerlich erzeugt, wenn nicht die
Tendenz der deutschen Cultur=Entwickelung seit dem sechzehnten
Jahrhundert[124]), insbesondere seit dem Bauernkriege den Bauern

---

121) Oben N. 21.
122) Oben N. 41.
123) Ebds.
124) Vgl. A. F. W. Glöckler in Lisch's Jahrbb. X 1845 S. 387
führt für das 16. bis 18. Jahrhundert folgende, hier in Betracht kommende
Momente in Beziehung auf Mecklenburg an: Lehnwesen ohne Kriegsdienst
[vgl. ebds. 400: „Seitdem der Vasall nicht wesentlich mehr mit dem Blute
diente, sein Rathsdienst durch Gelehrte verdrängt und sein Leben meistens
auf dem ländlichen Rittersitze in oft allzugroßer Muße verbracht ward,
mußte er um so mehr zur eigenen ökonomischen Ausbeutung des Grundbesitzes und zu größerer Strenge gegen die Colonisten geneigt werden, als
seine Bedürfnisse durch den Einfluß fremder und höfischer Sitten und das

ungünstig gewesen wäre. Daß dieser letztere sich in Mecklenburg —, trotz seiner Lokalisirung in den schwäbisch-fränkischen und hessisch-thüringischen Gegenden, — fühlbar machte[125]), steht geschichtlich nicht minder fest, als daß er auch in Mecklenburg zu einer gewissen Härte gegen den Bauernstand als solchen disponirte.[126])

_____

Streben, das Ritterliche in glänzenden äußeren Formen zu erhalten, sich steigerten, während die Mittel zu deren Befriedigung durch fortgehende Theilungen des Grundbesitzes, ja durch ererbte Schulden geringer wurden."], Einfluß des römischen Rechts, Säcularisationen der Klöster, reversalmäßige „Einengung" der landesherrlichen „Souverainetät" (sic) nach innen, öftere zeitweise Faustpfand-Veräußerungen oder Verpachtungen ganzer Domanial-Aemter an Privatpersonen, starker Verlust des, den alten einheimischen ritterlichen Geschlechtern zuständigen Grundbesitzes an Ausländer, besonders im Kriege Emporgekommene, dreißigjähriger Krieg und innere Zwietracht.

[125]) Vgl. Formulare v. J. 1526, durch welche Herzog Heinrich von Mecklenburg seine Vasallen zur Leistung des Ritterdienstes gegen die aufständischen Bauern in Kur-Mainz und Kur-Sachsen auffordert, in Lisch's Jahrbb. XX. 1855. SS. 106 f. Veranlassung zu dieser Aufforderung findet Lisch ebds. 88 in dem lippe'schen Bunde v. J. 1519. Vgl. ferner den Bericht über die Aufsässigkeit der klockenhäger Bauern gegen ihre Gutsherrschaft i. J. 1526 in Lambrecht Slaggher'ts niederdeutschem Chronicon Coenobii Ribenicensis ad h. a. [C. F. Fabricius in Lisch's Jahrbb. III. 1838. SS. 182 ff. Beachtenswerth dürfte auch folgender in Cothmann Resp. II 97 v. J. 1601 nᵒ 10 berichtete Vorfall sein, der freilich nach nᵒ 7 ibid. erst frühestens 1550 fallen kann: Nam plerique testium deponunt, quod actorum [die Kläger sind Patrimonial-Bauern] decessores fuerint immorigeri et id egerint, ut se a jurisdictione dominorum suorum eximerent et principum tutelae committerent, ac tandem effecerint, ut principes pagum, quem actores inhabitant, occuparent et integrum septennium possiderent, donec auctoritate Caesarea ad restitutionem adigerentur. Spuren scheint dieser Vorfall in den Landtagsacten 1552 zurückgelassen zu haben: Spalding I 6 Abs. 3 Zeile 2; 7 vorletzter Absatz; S. 13 nᵒ 8. — Endlich vgl. Grav. 6 und Resol. ad grav. 6 des Landtags zu Güstrow D. Judica 1555. Spalding I 12. 13.

[126]) Vgl. den Bericht des güstrow'schen Domprobstes Zutpheld Warbenberg an Herzog Heinrich [novitates pro D. Principe Henrico] aus Rom v. J. 1525 in Lisch's Jahrbb. III 1838. S. 183: . . . et quod omnibus rusticis in superiori Alemania auferuntur arma . . . et rediguntur in maiorem servitutem, quam unquam fuerunt. Ita oportet fieri etiam in partibus nostris, ne erigant cornua. Gewährsmann des Berichterstatters war Nuntius Coloniensis, qui venit hijs diebus ab istis locis. Aehnlich schließt auch Slagghert seine in der vorigen Note erwähnte Erzählung mit den Worten: Blyft den buren dyt tho gude sunder straffe, so blyfft

Es ist daher von vornherein anzunehmen und wird durch spätere Arbeiten[127]) fast gewiß, daß die unmittelbar nach dem Bauernkrieg bekannt werdenden Ansichten eines Juristen, wie Ulrich Zasius über die Anwendbarkeit der römischen, die operae libertorum betreffenden Rechtssätze auf deutsche Bauern[128]) auch in Mecklenburg Beachtung fanden. Zasius hatte leibeigne Bauern vor Augen, die als solche hintersäßig waren. Es fanden sich in seinen Anführungen ganz natürlich Abgaben, Dienste, Zustände erwähnt, welche, wie z. B. Rauchhühner und Leinzehnten, bei den gleichfalls hintersäßigen, wenn schon nicht leibeignen Bauern Mecklenburgs in ähnlicher Weise wiederkehrten. Es mußte bei dem damaligen, gerade noch fast alles geschichtlichen Zuges ermangelnden Charakter der Rechtswissenschaft fast unmöglich fallen, die Verwechselung der homines proprii des Zasius mit den hintersäßigen mecklenburgischen Bauern zu vermeiden. Wäre ein Bedenken geblieben: der von Zasius ja auch angeführte Tacitus würde Beweis genug gewesen sein, daß die Hörigkeit der Bauern mos Germaniae communis war.

Daß übrigens die Leibeigenschaft der norddeutschen Bauern selbst gegen Ende des dreißigjährigen Krieges noch nicht streitlos anerkannten Rechtens war, bezeugt Mevius i. J. 1645.[129])

§. 7.

Drei Punkten hat sich nach dem soeben Ausgeführten die weitere Untersuchung zuzuwenden: der Erkämpfung eines Bauernlegungsrechtes von Seiten der Gutsherrn für's Erste, sodann der gesetzlichen Anerkennung eines Abforderungsrechts, endlich der romanistischen Construction der bäuerlichen Hintersäßigkeit zur bäuerlichen Leibeigenschaft.

---

en wol mer tho gude! Quod sequitur exspecta; die „Strafe" blieb denn auch nicht aus: Slagghert z. J. 1527 [a. a. O. 139 f.]

[127]) S. unten im Texte §. 7 sub III.

[128]) Udalricus Zasius intellectus juris civilis singulares. 1532 pp. 33 seqq. Die erste Ausgabe erschien 1526. Vgl. R. Stintzing Ulrich Zasius. 1857. SS. 149 f. 349. 350.

[129]) Mevius 6: „Andere lassen ihnen" [nämlich den unmittelbar vorher erwähnten brandenburgischen, holsteinischen, mecklenburgischen 2c. Bauern] „gar zu große Freyheit und achten sie vor freie Leute, die nurten wegen des Grundes, so sie possideren und mit den gewohnlichen Diensten entgelten, zu dienen verbunden, außerdeme sich der Freiheit zu gebrauchen haben."

I.

Die erste Spur einer Differenz zwischen Gutsherrn und Bauern in Bezug auf Bauernlegungen begegnet in ·den Landtags-Verhandlungen v. J. 1572. [130]) Der eigentliche An=spruch der Gutsherrn ist hier aber noch so .sehr verdeckt, daß man denselben in den Worten des betreffenden Gravamen nur zufolge der ferneren Entwickelung dieser Angelegenheit zu erkennen vermag. Die Stände verlangen nichts, als daß Pacht=Hufen dem Verpächter im Falle eigenes Bedürfnisses [131]) vom Pächter jederzeit zurückgegeben werden sollen. Dieses Verlangen wird als rechtmäßig von der Landesherrschaft denn auch ohne Um=schweif anerkannt [132]), dabei aber vorsichtiger Weise der Unter=

---

[130]) Landtag zu Güstrow, 22. Januar 1572. Gravamina der Land=schaft. n° 11 [Spalding Meckl. öffentl. Landes-Verhandl I 1792 S. 44]: „Da sich auch zutrüge, daß einige unter und von der Landschaft etliche Hufen, Aecker und Kämpe, die ihnen eigenthümlich gehörig, und die sie zu ihrer Nothdurft nicht zu gebrauchen wüßten, anderen nächst Anwohnenden vermiethet hätten, und noch vermietheten, selbige sich aber weigerten, diese Hufen und Aecker den Eigenthümern wieder zuzustellen, so bäten sie, daß Serenissimi, wenn solches bei ihnen klagbar gemacht würde, die Vorsehung thun möchten, daß solche verheurete Hufen dem Grundherrn unverzüglich und unweigerlich wieder zugestellet würden."

[131]) Nach der mir gütigst mitgeteilten Ansicht des Herrn OARathes Dr. Mann haben die Stände bei diesem Verlangen vielleicht ein altes Herkommen benutzt: „Legung zum eignen Bedürfnis wird Herkommens gewesen sein, verstand sich jedoch nur von Herrichtung einer curia im alten beschränkten Sinn für den Gutsherrn oder eines der Kinder. Daran mag sich auch der Satz geschlossen haben, daß ein Bauer nicht gekündigt wer=den konnte, um einen Andern an die Stelle zu setzen oder um höhern Pacht zu ziehen, sondern nur im Falle eignen Bedürfnisses. Indessen ist das nur Conjectur. Der Fall eignen Bedürfnisses bezeichnete aber etwas ganz Anderes, als worauf Stände hinzielten".

[132]) Landtag zu Güstrow, 25. März 1572. Fürstliche resolutiones auf die gravamina der Landschaft ad 11 [Spalding ebdf. 60]: „Daß die ver=heurete Hufen, wüste Feldmarken, Aecker oder Kämpe dem Eigenthümer oder Grundherrn auf sein Begehren von den Inhabern oder Miethsleuten unweigerlich abgetreten und eingeräumt würden, wäre an sich selbst billig, woferne der Inhaber nicht mehr Gerechtigkeit, als die bloße Heuer oder Miethe daran hätte; wenn aber solche Inhabung und Nutzung nicht auf einer bloßen Heuer, sondern auf einer Erb-Zins-Gerechtigkeit, jus emphy=teuticum genannt, hafte und beruhe, so wäre, weil einem jeden und sonder=lich dem Besitzer oder genießlichen Inhaber, der lange Zeit im Be=sitz oder Gebrauch gewesen, seine Schutzwehr und Defension zu

schied zwischen Erbenzinsgerechtigkeit und Pacht explicite her=
vorgehoben. Das Bestehen nicht nur von Emphyteusen, sondern
auch von s. g. bona censitica wurde für Mecklenburg demnächst
auch durch den Landrechts=Entwurf v. J. 1583 ausdrücklich aner=
kannt. [133]

Dieser Sachlage ungeachtet behauptete der Sohn des Canzlers
Husanus in seinem 1590 erscheinenden Buche de hominibus
propriis unter Hinzufügung einer schon oben [134] angeführten „histo=
rischen“ Motivirung ein unbedingtes Legungsrecht, welches den
Gutsherrn allen Bauern gegenüber zustehe, und wagte, sich
hierfür ohne Weiteres auf jene landesherrliche Landtags=Reso=

---

gönnen sei, hierin vonöthen, die Umstände eines jeden Falls wol
zu erkunden und zu erwägen, damit nicht unter dem Schein, als
sollte dem Eigenthumsherrn das Seine wieder zugestellet werden, dem ge=
nießlichen Erbzinsherrn sein habendes Recht abgeschnitten und genommen
werde.“

[133] Albinus' Entwurf von Contracten [vgl. Böhlau M2R. I. 137
und oben S. 315] Titel VI Capitel 3 handelt ausführlich von Emphyteuse
und contractus censiticus. Die von Const. elect. Sax. II 39 in den
unterstrichenen Worten abweichende Bestimmung über bona censitica lautet
im § 10: „Dieweil noch ein ander Contract, diesem“ [dem in den vorigen
§§ behandelten contractus emphyteuticarius] „fast gleich befunden, so in
latein contractus censualis genandt wirtt, vnd dem Zinßgeber die ganze
Eigenthumb zustendig, vnd der Zinßheber sich allein der bloßen Grundt
Pacht, vnd sich des Guets ferner nicht anzumassen, daruber zu Zeiten Jrrung
vnd Zweytracht einfallen, das der Zinsgeber nicht gestehen will, das das
Guet ein Erbzinsguet sey, sondern das es ihm ganz eigenthumlich zustehe,
vnd daraus alleine ein Grundtpacht zugeben, vorpflichtet, welches der Zins=
heber nicht gestendig, sondern vor ein Erb Zins anziehett, derhalben solchen
Streit aufzuheben, ordnen und wollen wir, da jemand ein Guet vmb
einen gleichformigen vnuorenderlichen Zinsen vber 30 Jhar
eingehabt, vnd gebrauchet, vnd keine Vorschreibung vorhanden, da=
raus zu ersehende, das es ein Erbzinse, vnd kein Pacht Guet wehre, oder
der Zinsheber sonsten sein furgeben nirgents mit begrunden oder bey
bringen konte, das in solchem Fall solch streitig Guet kein emphiteuticum
sondern, censiticum bonum, kein Erbzins, sondern schlecht Zins, oder
Pachtgut zuachten, vnnd zuhalten sey, welches der Einhaber durch nicht=
bezahlten zwey oder drey jherigen Zinsen nicht vorlustiget wirdt, sondern
allein die hinderstellige, Grundtpacht, mit geburlichem Interesse zuerstaten
schuldig sein soll.“

[134] N. 15.

lution v. J. 1572 zu beziehen. [135]) Diese Unrichtigkeit wurde verhängnisvoll.

In den, den Reverſalen v. J. 1621 vorausgehenden mit dem Jahre 1606 anhebenden [136]) Verhandlungen nämlich treten die Stände mit der Angabe hervor, es ſei früher ein Geſetz erlaſſen, nach welchem alle Bauern auf Pacht ſtünden und die Berufung auf jus emphytenticum oder censiticum unzuläſſig ſei; ſie bitten, dieſes Geſetz zu republiciren. [137]) Die Landes= herrſchaft erwiederte zunächſt weſentlich ganz, wie ſie 1572 ge= than hatte, und fügte hinzu, von dem in Bezug genommenen Geſetze ſei in der Kanzlei nichts bekannt. [138]) Doch Stände

---

[135]) Unmittelbar nach der oben N. 15 ausgehobenen Stelle fährt Hu-ſanus fort: Quidquid nunc huiusmodi dediticiis reliquerunt, nihilominus iure dominii apud dominos remansit adeo, ut etiam inde eos expellere fundumque ad se recipere nobiles et praefecti possint. Nec quidquam juvat, quod uniformem canonem 30 et 40 annis inde persolverint aut in alterius pagi terra deserta vel inculta pro annuo canone ultra hominum memoriam ius pascendi habuerint. Nam dominus, quandocunque volue-rit, ad suum commodum ea uti solus potest non obstante ullius tempo-ris praescriptione, prout Gustrovii anno 1572. 25. Martii in conventu provinciali ad requisitionem nobilium contra quosdam, qui id impugnare conati essent, Illustrissimorum Principum consensu constitutum fuit.

[136]) Böhlau MLR. I 105 f.

[137]) Landtag zu Sternberg, 25. Juni 1606. Gemeine gravamina der Land= und Ritterſchaft. n°8 [Spalding I 290]: „Weil viele Bauern wegen deſſen, was ſie von den von Adel, Städten und andern eine Zeit her um gewiße Pacht an Hufen, Aeckern, Wieſen und dergleichen eingehabt, ſich des juris emphyteutici oder censitici rühmten, ihnen aber ſolches durch vormalige constitutionen unangeſehen ihres Beſitzes abgeſchnitten worden, ſo bäte E. E. Landſchaft, ſolche constitution zu renoviren."

[138]) Deputationstag zu Güſtrow, 22. April 1607. Fürſtl. resolutiones auf die gemeinen gravamina der Land= und Ritterſchaft. ad 8 [Spal-bing I 305 f.]: „Daß die den Bauern um gewiße Zins oder Pacht ein-gethanen Häuſer, Aecker und Wieſen dem Eigenthumsherrn nulla etiam vel longissimi temporis detentione obstante auf Begehren wieder eingeräumt und abgetreten würden, ſei an ihm ſelbſt den Rechten gemäß; weil ſich aber auch jezuweilen zutrüge, daß Häuſer und Aecker nicht um einen ſchlechten Zins, Heuer oder Pacht, ſondern auf eine Erb=Zins=Gerechtig-keit, jus emphyteuticum genannt, ausgethan und verſchrieben worden, ſo würde billig hierunter eine ſolche Maaße gehalten, daß zuvörderſt die Um-ſtände und Beſchaffenheit des Contracts wol erwogen und daraus, ob derſelbe pro locatione et conductione oder pro emphyteusi vel pro simili quo contractu zu halten, dijudiciret und erkannt würde:

repliciren, das Vorhandensein des Gesetzes werde vom „Kanzler" Husanus bezeugt und von Cothmann's Consilien bekräftigt! [139])
Und diese Berufung auf Husanus und Cothmann schlug bei der
Landesherrschaft so sehr durch, daß, sie zwar die Existenz des
fraglichen Gesetzes nicht, in der Sache aber — nicht übereinstimmend mit den früheren Resolutionen [140]) — zugab, alle
Bauern seien so lange für Pächter zu halten, als sie nicht nach-
wiesen, daß sie ihre Hufe von vornherein zu Erbzins, Emphyteuse 2c. erhalten hätten; Berufung auf Verjährung und unvor-
denkliche Zeit solle nicht beachtlich sein. [141]) Dieses landesherr-

Von der bei diesem Punkt erwähnten constitution sei in der Canzlei keine
Nachricht vorhanden; wenn aber die zum Ausschuß Verordneten derselben
beglaubte Copie übergeben würden, sollte daraus, was recht und billig,
unverlängt geschehen und angeordnet werden."

[139]) Derselbe Dep. Tag der Landschaft acceptatio der erledigten gravaminum und petitio um Abschaffung der übrigen Beschwernisse. ad 8
[Spalding I 322]: „Was wegen renovirung einer Constitution de
jure emphyteutico gebeten worden, sei hiebevor vor undenklichen Jahren
also gehalten, und hätte Herzog Ulrich p. m. solche constitution allhier zu
Güstrow anno 1572 in Conventu provincialium öffentlich publiciren laßen,
wie solches der damalige Canzler (!) Husanus in tractatu de propriis hominibus bezeuge und Dr. E. Cothmann Consil. 42 bekräftige; daher die
vorige Bitte wiederholt würde." Ueber die Verwechselung des Sohnes mit
dem Vater Husanus in Bezug auf die Autorschaft des angef. Tractates
f. Böhlau MLR. I 235 N. 8. Was das Citat aus Cothmann betrifft,
so „bekräftigt" dieser die Existenz einer „Constitution" keineswegs, sondern
beruft sich in dieser Hinsicht einfach auf das Zeugnis des — Husanus:
[Resp. I 40 al. 42 n° 64 cf. IV 35 n° 18.]: Et de hac eadem consuetudine scribit eamque usu non solum sed et illustrissimis principibus
scientibus et consentientibus ac provincialibus suffragantibus in publico
conventu velut in contradictorio iudicio assertam et firmatam esse testatur Husanus dict. tract. de servis cap. 2.

[140]) S. oben NN. 132. 138, wo namentlich auch die unterstrichenen
Worte zu beachten sind. Auch der in Kursachsen ergangenen Entscheidung
der entsprechenden Frage widersprach die nunmehrige landesherrliche Erklärung geradezu. Const. elect. Sax. II 40. Bei dem Einfluß, welchen
diese sächsische Gesetzgebung auf die mecklenburgischen Landrechtspläne übte,
[Böhlau, MLR. I 134 N. 3 und oben S. 315] ist dieser Widerspruch
nicht ohne Bedeutung.

[141]) Deputationstag zu Güstrow, 22. April 1607. Fürstl. resolution
auf der Landschaft acceptation der erledigten gravaminum etc. ad 8
[Spalding I 331]: „Mit diesem gravamine habe es seine richtige Maaße;
denn wenngleich die von der Landschaft angezogenen Constitution nicht
beizubringen sein würde, so sei es doch ohnehin Rechtens, daß die Bauren

schaftliche Zugeständniß gieng in die Reversalen v. J. 1621 über.[142]) Husanus unrichtige Behauptung war nun richtig.

nur bloße Coloni wären und ihre habende Güter pro emphyteusi nicht halten könnten, im Fall ihnen diese Güter in emphyteusin, censum oder dergleichen nicht von Anfang verschrieben oder eingethan wären. Dabei es denn billig auf solchen Fall bliebe, und die Bauern ohne vorgehendes Erkenntnis ihres Besitzes nicht entsetzet werden könnten." Diese Resolution ward von den Ständen acceptirt mit dem Bemerken, „E. E. Landschaft zweifelte nicht, daß Serenissimus über die hiebevor publicirte constitution (!) halten würden" [Spalding I 335 vgl. 337 ad 8]. Auf dem wismar-schen Landtage vom 1. November 1609 formulirten Stände jedoch ihr Verlangen noch schärfer. „Resolution der Landstände über die Fürstl. Landtags-Proposition. A. die erledigten gemeinen gravamina. ad 8" [Spalding I 361 f.]: „Daß in Ansehung der Bauern, so sich eines juris emphyteutici rühmten, weil sie von den von Abel, Städten und privat-Personen eine Zeit her etliche Hufen, Aecker, Wiesen und dergleichen um gewiße Pacht inne gehabt und solcherhalb keine bloße Coloni, sondern Censitici und Emphyteutae sein wollten, da ihnen doch in vormaligen Fürstl. Con-stitutionen (!) solches ihres verrühmten Besitzes ungeachtet abgeschnitten worden, es hinfüro nulla vel longissimi temporis praescrip-tione obstante auch also gehalten und sie für landsittliche Acker- und Bauerleute erachtet werden möchten, es wäre denn, daß jemand in specie den Erbzins oder dergleichen Gerechtigkeit beibringen könnte, damit er alsdann zu hören und nach Beschaffenheit der Sache dabei zu manuteniren sei." Auch hierauf gieng die Landesherrschaft [Spalding I 375. 400, vgl. 387] ein. Als aber nach Herzog Carl's Tode die Verhandlungen wieder aufgenommen wurden, verlangten die Stände noch [Spalding I 443 ad 5], daß den Bauern auch die Berufung auf unvordentliche Zeit abgeschnitten werde. Als in der Folge auch dieß bewilligt, hat „dieser Punkt seine gute Richtigkeit" [Spalding I 484 ad 5, vgl. 494 ad 5, 515 ad 5] und geht in den von den Ständen nicht weiter beanstan-deten Teil des Assecurations-Revers-Entwurfs vom 13. Februar 1621 n° 16 [Spalding I 559] über.

[142]) Reversalen 23. Februar 1621 § 16 [Parchim'sche Gesetz-Samm-lung III (2) 11]: „Zum Sechzehenden wollen und verordnen Wir, daß die Paursleute die ihnen umb gewißen Zins oder Pacht eingethane Hufen, Acker oder Wiesen, dafern sie kein Erbzinsgerechtigkeit, jus emphyteuticum oder dergleichen gebührlich beyzubringen, den Eigenthums-Herrn auf vor-gehende Loßkündigung nulla vel immemorialis temporis detentatione ob-stante unweigerlich abzutretten und einzuräumen schuldig seyn sollen." — Die Geschichte dieses Gesetzes ist im Text nur für die Frage nach dem Ursprunge der Leibeigenschaft in Betracht gezogen. Ihre Resultate für das bäuerliche Besitzrecht gehören nicht hierher. Doch ergibt sich aus der Zusammenstellung von selbst, daß Balck's [S. 27] Meinung, die Bestim-mung der Reversalen sei nicht neu, sondern hätte nur dem, was seit Jahr-

Es lag nicht fern mit derselben auch die nicht minder unrichtige „geschichtliche" Prämisse für legitimirt anzusehen, aus welcher sie von ihrem Urheber abgeleitet worden war. — — —

H.

Minder offen liegen für uns die Verhandlungen, welche die mecklenburgische Gesetzgebung zur Anerkennung eines Abfor= derungsrechts geführt haben. Die hier in Betracht kommende Polizei=Ordnung vom J. 1572 ist nicht auf dem Landtage, son= dern vom Canzler Husanus mit einer ständischen Deputation berathen [143]), deren Protokolle nicht bekannt sind.

Ohne Weiteres ist inzwischen ersichtlich, daß Bauernlegungen und „Abforderung" in einem bestimmten Zusammenhang mit einander stehen. Mit den von ihrer Stelle entsetzten Bauern wurden auch Arbeitskräfte entsetzt, deren das nunmehr Hoffeld gewordene bisherige Bauernfeld gleichwol nicht entrathen konnte. Zur Arrondirung des gutsherrlichen Besitzes brauchte man nicht nur das dem Hofe benachbarte, zu Bauernrecht ausgethane Gutsland, sondern auch die zur landwirthschaftlichen Verwerthung desselben erforderlichen Arbeitskräfte. Steht nun fest [144]), daß jene Ar= rondirung in Mecklenburg im sechszehnten Jahrhundert begann, so werden wir erwarten, daß um dieselbe Zeit uns auch irgend welches Streben nach Beschaffung von Arbeitskräften entgegen tritt. Und wenn weiter das Recht zu jenen Arrondirungen theoretisch aus einer Leibeigenschaft der Bauern abgeleitet wurde, so war dieselbe Theorie auch Arbeitskräfte zu garantiren in der Lage. Denn der Leibeigene war glebae adscriptus; lief`er da= von, so mochte er von Seiten seines Herrn „abgefordert" werden.

Wir werden aber erwarten müssen, daß die Uebersetzung dieser Theorie in's Praktische sich nicht unvermittelt und mit einem Schlage vollzieht. Wir werden anzunehmen geneigt sein, daß der dreißigjährige Krieg, der den Bauernstand Mecklenburgs in das tiefste Elend stürzte, und die Folgen desselben, die nach

---

hunderten factisch bei uns gegolten und zur Ausführung gekommen, einen bestimmten gesetzlichen Ausdruck gegeben, keine Billigung verdient.

[143]) Böhlau MLR. I. 131 f. bei N. 38 und der dort angef. Aufsatz von Glöckler, nach welchem der Canzler bei den Verhandlungen über Revision der Polizei=Ordnung „langen und harten Streit mit dem Aus= schusse bestand."

[144]) Oben I und § 6.

dem „unentbehrlichen Kleinod der Leute"[145]) schreiende Ver-
ödung der „Landgüter und Ackerwerke"[145]) hierbei hülfreiche
Dienste geleistet haben.

Diesen Erwartungen und Annahmen entspricht der Zusam-
menhang der wenigen rechtsgeschichtlichen Thatsachen, auf welche
die Untersuchung hier zur Zeit noch angewiesen ist. Bis zur Polizei-
Ordnung v. J. 1572 begegnen wir irgendwelcher Spur eines
Abforderungsrechtes in Mecklenburg nicht. Insbesondere ent-
hält weder die Ordeninge v. J. 1516[146]), noch die Polizei-
Ordnung v. J. 1542[147]), noch die v. J. 1562[148]) irgend etwas
Derartiges.

In der Polizei-Ordnung vom J. 1572[149]) dagegen ist dem,
aus den eben genannten früheren Polizei-Ordnungen entnommenen Abschnitte „von Dienstboten ꝛc." ein Passus angehängt,
welcher eine Art Abforderungsrecht statuirt. Eine Art. Denn
rechtlicher Schutz dieses Abforderungsrechtes ist nicht, sondern

---

[145]) D. Mevius Abforderung 1.

[146]) Bärensprung'sche Ges. Sammlung IV. 1779. SS. 12 ff. In
Betracht kommt namentlich, daß der 9. Absatz Dat eine yeder herschop
edder auericheit auer de synen des rechten vnd der billicheit schal
vorhelpen von Abforderung nichts weiß.

[147]) Diese weicht hier von der Ordeninge v. J. 1516 nicht ab. A. F.
W. Glöckler in Lisch's Jahrbb. XVI. 1851. SS. 342 ff.

[148]) Bärensprung'sche G. S. IV. 98 ff. [Tit. „Von Dienstboten
und Lohn des Gesindes."]

[149]) [Parchim'sche Ges. Samml. V (2) SS. 37 ff.] Tit. „Bonn Dienst-
botten und Lohne des Gesindes auch Reisigerknechte." Alin. ult.: „Als Uns
auch fürkümpt, das die ledigen Pauers Knecht und Megde Unserer Unterthanen in Unsern Emptern und unter denen von Adel ohne ihrer Obrigkeit Erlaubnus austretten, sich zu andern in Dienst, sonderlich aber in die
Stedte Rostock und Wißmar begeben und uber beschehenes Abfordern nichts
desto weiniger daselbst underschleifft und ihrer Herrschafft vorenthalten werden, dadurch die tüchtigsten Bauknechte von den Hufen abkömmen und das
Ackerwerck in die Lenge zu großem Abfall gerathen würde, wo dem nicht
zeitlich begegnet solte werden. So befehlen Wir hiemit ernstlich, das
sollichs hinführo gentzlich verbleiben und keiner dem andern sein Under-
thanen auffnehmen oder zu Dienst wider seiner Herrschafft Willen behalten
soll. Da das aber geschehe und ein Gegenanhaltung eines oder mehr aus
dem Mittel derjenigen, so hierin schuldig und straffellig, darauff erfolgen
würde, wollen Wir Uns in solchem Fall derselbigen Auffgehaltenen als
Ubertretter dieses Unsers Verbots von wegen ihres wißentlichen Unfugs
und Ungehorsams nicht annehmen."

nur so viel verordnet, daß die Lokalobrigkeit, welche einen „Unterthanen" „unterschleift", d. h. auf Abfordern der Guts= obrigkeit desselben nicht ausantwortet, im Retorsionsfalle keinen gerichtlichen Schutz zu erwarten habe. So zu sagen eine lex minus quam imperfecta! [150]) Liegt in dieser Verordnung soweit weniger ein Rechtssatz als eine, in die Form eines solchen ein= gekleidete Verweisung der Gutsherrn. auf ihr gegenseitiges In= teresse, so liegt in derselben doch unläugbar zugleich ein Preis= geben der bäuerlichen Freizügigkeit, als welche von da ab rein von dem guten Willen der Obrigkeit abhieng, in deren Gebiet der Bauer „austrat".

Diese Beschränkung des freien Zugs wird nun aber be= merkenswerther Weise durch eine Leibeigenschaft der Bauern nicht, sondern lediglich landespolizeilich dahin motivirt, daß durch den freien Zug der Bauern „das Ackerwerk in die Länge zu großem Abfall gerathen würde".

Gleichzeitig also mit der Anrufung der gesetzgebenden Gewalt, zu welcher die Stände sich in ihren, demnach doch wol schon länger bestehenden Bauernlegungs=Conflicte genöthigt sahen [151]), schreitet die Gesetzgebung gegen einen damals und in den letzten zehn Jahren bedrohlich gewordenen Mangel an landwirthschaftlichen Arbeitskräften landespolizeilich ein.

In dem Landrechts = Entwurfe v. J. 1583 [152]) wird das Dienstbotenrecht der Polizei=Ordnung v. J. 1572 einfach bestätigt.

---

[150]) Allerdings werden die nicht ausantwortenden Obrigkeiten „schul= dig und straffällig", „Uebertreter Unsers Verbots", ihre Weigerung „Unfug und Ungehorsam" genannt. Die „Strafe" ist aber nicht irgend welcher gerichtlicher Zwang, sondern besteht nach den ausdrücklichen Worten des Gesetzes [„als Uebertretter", „von wegen ihres"] in der landesherrlichen Duldung der Retorsion. Von einer andern Rechtsfolge steht in dem Ge= setze anders, als in der unten anzuführenden Gesinde-Ordnung v. J. 1654 §§ 7 ff., nicht ein Wort. Die Annahme des Textes dürfte jedes Falls minder auffällig sein, als die Annahme, daß das Gesetz eine Retorsion nach Beseitigung der durch dieselbe auszugleichenden Rechtsverletzung habe gestatten wollen. Auch die unten NN. 154. 155 angeführten Be= läge sprechen für die Richtigkeit der Auslegung, welche der Text gibt. Schon Warnemünde Differ. jur. civ. et Mecl. pp. 16 seq. hat übrigens diese gesetzliche Bestimmung als — „Abweichung vom römischen Recht" bezeichnet.

[151]) Oben N. 130.

[152]) Titel VI Cap. 2 § 1.

Im Jahre 1590 aber verallgemeinert des jüngern Husanus mehrangeführtes Werk das in diesen Maaßen bestehende Abfor=derungsrecht, führt dasselbe auf eine Leibeigenschaft der Bauern theoretisch zurück [153]) und findet hierin an Ernst Cothmann [154]) sofort einen Nachfolger. Gleichwol bezeichnen noch i. J. 1609 Stände [S. 392] in einem Zusammenhange, welcher dieß an sich nahe legen mußte, die Bauern nicht als Leibeigene, sondern als „landsittliche Acker= und Bauerleute", was der eigenthüm=lichen Bestimmung der Polizei=Ordnung ganz wol entsprach. Und auch der rostocker Erbvertrag v. J. 1584 [155]) bringt eben so wenig, wie die Reversalen v. J. 1621 [156]) das Abforderungs=

---

[153]) VII. 70 citirt Husanus für die vindicatio hominis nur Angel. et Bald. in l. 1 C. de R. V., Jacobin. de Royd. und l. 1 § „per hanc" ibique Gothofr. de R. V. Erst VIII 11, wo er auf die Erlöschung der Leibeigenschaft durch Auswanderung zu reden kommt, wird die Polizei=Ordnung von 1572 in Bezug genommen: hic in Megapoli, ubi sine domi-norum permissu non possunt in ciuitatem se conferre ad discendas artes moechanicas opificiaque manuaria aut inserviendum ciuibus nobilibusue alienis, sed repetuntur non minus, quam serui fugitiui, Ordin. Polit. Megap. . . . Diese Art der Bezugnahme scheint dafür zu sprechen, daß auch Husanus anerkannte, wie das von der Polizei=Ordnung landes=polizeilich vorgesehene Recht nicht identisch sei mit dem aus der Leib=eigenschaft folgenden Abforderungsrechte, welches letztere vielmehr aus dem römischen Rechte seine Begründung empfange.

[154]) Resp. II 97 n° 21 v. J. 1601: . . . Tum quia [actores] glebae sunt adscripti et sine rei permissione et gratia alio migrare non pos-sunt: quemadmodum testes attestantur et actus quam plures testimonii sui comprobandi causa in medium adferunt. Neque est, quod dubitemus, quin illi quoque actus sint iurisdictionales. Die letzten Worte rechtfertigen die Annahme, daß die qu. Zurückhaltungs=Acte an sich mehr factischer Natur waren und nur durch eine, nicht näher motivirte Zurückführung auf die Gerichtsbarkeit des Gewalt Uebenden für den Beweis der Leibeigen=schaft der Kläger adaptirt werden konnten. Uebrigens waren diese Acte durch die Polizei=Ordnung in der That ausreichend motivirt, und nur die Herleitung derselben aus der Leibeigenschaft der Kläger ist das juristische Kunststück des berühmten Responbenten.

[155]) RGB. 28. Februar 1584 § 110 [Parch. Gef. Samml. III (2) S. 432]: „Die Bauern aber, welche aus den Fürstl. Aemtern oder aus der Mecklenb. Landsaßen Gütern in die Stadt Rostock entlauffen, soll und will der Rath durch Ihre Stadt=Diener sowol den Fürstl. Amptleuten als denen von der Ritterschaft auf deren Abfordern vor den Stadt=Thoren innerhalb des Schlagbaumes hinfüro überantworten laßen."

[156]) Reversalen 23. Februar 1621 § 44 [Parch. Gef. Samml. III (2) 17]: „Fürs vier und vierzigste wollen Wir Unser getreuen Landschaft auß=

recht mit der Leibeigenschaft in Verbindung. Beide begnügen sich, das Abforderungsrecht durch klagbare Vertrags-Abmachungen zwischen den Grundherrschaften besser zu sichern, als es durch die Polizei-Ordnungs-mäßige Retorsion gesichert sein konnte.

Nun aber folgte der dreißigjährige Krieg. Die Noth des großen Grundbesitzes brachte Husanus auch in diesem Punkte zu Ehren. [157]) Mevius bekanntes Bedenken [158]), ganz auf Husanus und Cothmann fußend, adaptirte die im Norden Deutschlands immer noch ungewohnte [159]) Theorie für den prak= tischen Gebrauch. Und i. J. 1654 [159]), vielleicht sogar schon ein Jahr nach der Publication dieses Bedenkens, d. h. i. J. 1646 [160]) erkennt die mecklenburgische Gesinde-Ordnung [161]) das Abforde=

getretne Bauern in Unsern Aemptern nicht aufhalten, sondern auf gebühr= liches Ansuchen und Beweißthum ihren Herrn wiederumb folgen lassen."

[157]) Ueber den Einfluß des 30jährigen Krieges auf die bäuerlichen Verhältnisse Mecklenburgs s. auch die interessanten archivalischen Mitteilungen von Balck SS. 29 ff.

[158]) B. J. 1645, s. oben N. 13. Mevius leitet S. 13 n ° 7 das Ab= forderungsrecht aus L. 8. 23 § fin. C. de agricol. et censit. her.

[159]) Mevius Ausführungen, wie Cothmann's Responsa zeigen, daß diese Theorie ihren Weg in die Praxis allerdings beim Beginn des 17. Jahrhunderts bereits gefunden hatte, — zugleich aber, daß die Praxis sich hierbei recht ungeschickt benahm. So muß z. B. Mevius 26 ff. ziem= lich kräftig gegen eine Praxis eifern, welche einen Verkauf von „Leibeig= nen" ohne das Gut, zu welchem dieselben „gehören", zu der Rechtsfolge des Abforderungsrechts anerkannte. Namentlich hatte aber der Abforde= rungs=Proceß, von welchem Mevius im 4. „Hauptpunct" seiner Schrift SS. 87 ff. handelt, seine nicht zu verkennenden Schwierigkeiten.

[160]) Nach dem Allegat bei Mantzel Pand. II § 17 scheint es nicht so. Es hat mir indessen immer noch nicht gelingen wollen, einen Druck der Schäfer= und Tagelöhner=Ordnung von diesem Jahre [vgl. MLR. I. 133] aufzutreiben. Dagegen geht aus Balck 37 direct hervor, daß die herzoglichen Domanial=Beamten dem Mangel an Arbeitskräften auf Grund des bestehenden Rechtes [Pol. Obg. 1572] damals nicht wirksam begegnen konnten.

[161]) Parchim'sche Ges. Samml. V. (2) SS. 53 ff. Diese Gesinde=Ord= nung scheidet schon formell den „Titulus III Von dem Gesinde, Dienst= botten, Tagelöhnern ꝛc." von dem „Titulus II Von Baurs Leuten und deren Dienstbarkeit und Ausfolgung." Dieser letztere Titel stellt zunächst fest, daß „die Baursleute und Unterthanen, Mannes= und Weibes=Perso= nen" „ihrer Herrschaft dieser Unser Lande und Fürstenthume kundbaren Gebrauche nach mit Knecht= und Leibeigenschafft sampt ihren Weib und Kindern verwandt und dahero ihrer Personen selbst nicht mächtig," und

rungsrecht als ein nachdrücklich zu schützendes Recht der Gutsherrn an, welches aus dem „kundbaren Land- und Fürstenthums-
Gebrauche der „Knecht- und Leibeigenschaft" abfolge.

Damit, aber — nach dem zur Zeit vorliegenden Material —
damit auch erst waren die mecklenburgischen Bauern glebae
adscripti. Nun hatte Husanus' Theorie auf allen Punkten gesiegt.

III.

Aus dem Vorhergehenden ergibt sich von selbst, daß die
juristische Construction der Romanisten für die Ausbildung einer Leibeigenschaft in Mecklenburg von entscheidender
Bedeutung geworden ist. Die aus der Hintersäßigkeit folgende
bäuerliche Abhängigkeit, bäuerliche, aus der Leihe abfolgende
Lasten, der Kampf zwischen Gutsherrn und Bauern um die
Legungen mit dem Begriffe der locatio conductio wie mit einem
Normal-Maaße gemessen, endlich das handgreifliche Bedürfnis
des praktischen Lebens nach landwirthschaftlichen Arbeitskräften:
das Alles faßte sich der, zur staatsrechtlichen Behandlung socialer
wie politischer Schäden damals viel gebrauchten romanistischen
Jurisprudenz unter dem Begriffe der Leibeigenschaft zusammen.
Und nur darüber herrschte unter den Vertretern dieser radicalen
Kurmethode nicht volles Einverständnis, ob das von Allen ge-
billigte Recept ein rein römisches sei oder nicht. [162])

Auch das geht aus der bisherigen Darstellung ohne Weiteres
hervor, daß es drei Juristen sind, welche in Mecklenburg dieser
Construction Eingang und Ansehen verschafft haben: Husanus

---

folgert hieraus, daß dieselben „nicht befuget", „sich ohn ihrer Herrn Bewilligung ihnen zu entziehen und zu verloben." [§ 1 al. 1] Hierauf
wird das Eheconsensrecht des Herrn und das Verhältnis der Leibeignen-
Kinder [§§ 2—6] und dann [§§ 7—10] das Abforderungsrecht ausführlich
normirt. Der Abforderungs-Proceß, über welchen Mevius [s. die vor.
N.] brauchbare Belehrung enthielt, wird [§§ 7—9] eingehender behandelt,
den entlaufenen Bauern aber „mit Staupschlage und andern harten
schweren, ja nach Befindungen Leib- und Lebens-Straffen, so viel die
Rechte erlauben" [vgl. CCC. 104] gedroht [§ 10]. Von der Retorsion der
Polizei-Ordnung v. J. 1572 findet sich keine Spur mehr.

    [162]) In diesem Punkte stellten sich Ernst Cothmann Resp. I. 40
n° 22 und Mevius 10 ff. gegen Husanus auf Zasius Seite: Homines proprii Germanorum principum aut nobilium sunt servi anonymi
nec adscriptitii, nec coloni, nec capite censi, nec statu liberi, de omnium
tamen natura aliquid participantes.

Sohn, Ernſt Cothmann und David Mevius. Weitaus am einflußreichſten war indeſſen von den dreien Huſanus, auf deſſen Arbeit die beiden Andern ſtehen. Da überdieß Mevius nur einen einzelnen Punkt aus der Materie de hominibus propriis eingehend behandelt[163]), ſo wird es ſich rechtfertigen, wenn im Folgenden ausführlich nur die Conſtructionen und Deduc= tionen des, neben italieniſchen und ſächſiſchen Autoren natürlich auch Zaſius benutzenden Huſanus wiedergegeben werden. Eine Zuſammenſtellung des Neuen aus Cothmann mag dieſe Relation dann ergänzen.

Durch das Chriſtenthum, — hiervon geht Huſanus[164]) aus, — ſei die alte, auf Kriegsgefangenſchaft beruhende Scla= verei[165]) weſentlich überall beſeitigt. Ohne irgend etwas, dieſer alten Sclaverei Analoges vermöge indeſſen kein Staat zu be= ſtehen.[166]) Ueber die moderne Sclaverei alſo wolle er handeln[167]). Dieſelbe hänge namentlich den Bauern[168]) an, zu welchen aber einfache Pächter[169]) ebenſowenig, als ſ. g. freie Bauern — liberi coloni —[170]), ſondern nur originarii[171]) und adscripticii[172])

---

[163]) Den unter II des Textes=Paragraphen bereits beſprochenen Punkt der Abforderung.

[164]) In der mehrfach angeführten Schrift de hominibus propriis.

[165]) Dieſe Sclaverei wird l. c. II. 1 charakteriſirt als praedura servitus, qua dominis in servos potestas vitae necisque erat et quae a brutorum condicione parum aut nihil distabat.

[166]) l. c. II. 2: Tamen aliquam servitutem, moderatam quidem illam et minus asperam, sed tamen vetustae magna ex parte similem non discessisse ab usu ac ne posse quidem, si status reipublicae salvus esse debeat . . .

[167]) l. c. II. 4: Ideo de hac nostrae aetatis et patriae servitute, quae nunc obtinet, . . . dicemus.

[168]) l. c. II. 5: rusticis, agricolis, censitis, colonis et id genus aliis hominibus rem rusticam tractantibus . . .

[169]) l. c. II. 14: ex simplici contractus obligatione duntaxat tenentur et liberi atque ingenui non minus, quam antea fuerant, permanent.

[170]) l. c. II 15: qui proprium et haereditarium habent agrum, in quo habitant et agriculturam exercent. Nec inde quicquam pensionis, operarum aut obsequiorum praestant . . .

[171]) l. c. II 20: Originarii seu originales (sic enim vocantur in l. 4 C. de agric.) sunt, quorum parentes adstricti fuerunt villae alicui colendae seu agro . . . l. fin. C. de municip. et orig. l. 11 C. de agric.

[172]) l. c. II 23: Adscriptitii sunt, qui adscribebantur agricolationi et recens admittebantur cum caeteris agricolis.

zu rechnen seien. Dieselben seien zwar nach Justinianeischem Rechte persönlich frei, befänden sich aber doch in einem, der Sclaverei sehr ähnlichen Verhältniß[173]) Dieß namentlich im nördlichen Deutschland, wo die Colonen meist in einer drücken= deren Lage seien, als die oberdeutschen Colonen.

Von dem Rechte dieser Bauern nach gemeiner deutscher Sitte solle im Folgenden gehandelt, dabei dürfe aber nicht ver= gessen werden, daß in verschiedenen Gegenden Deutschlands die Sitte verschieden sei.[174]) Was Mecklenburg insbesondere be= treffe, so gebe es hier keine Erbleihe; vielmehr stehe es dem Gutsherrn jeder Zeit frei, seine Bauern zu legen und das Bauern= feld zum Hofe zu ziehen, wie landesherrlicher Seits auf dem güstrower Landtage vom 25. März 1572 anerkannt worden sei. Es sei dieß die geschichtliche Folge davon, daß die von den Sachsen unterjochten Obotriten als landbauende Sclaven benutzt worden seien.[175])

Wenn nun Sclaverei jedes mit Gewalt über die Person verbundene Subjections=Verhältniß genannt werden dürfe[176]), so

---

[173]) l. c. II 25: ... tamen expressissimam priscae servitutis imagi- nem nobis repraesentant. L. 20 i. f. C. de agricol. Gegen derartige An= wendungen römischer Einteilungen auf deutsche Bauernverhältnisse [NN. 171—173] erklärt sich entschieden Mevius 3 ff., indem er folgende Unter= scheidung an deren Stelle setzt: 1. des heil. Reiches freie Bauern z. B. in Franken, 2. landsäßige freie Bauern oder Freibauern z. B. in Schwaben, 3. Pachtleute z. B. in Sachsen und Thüringen, 4. leibeigne Bauern oder Bauern κατ' ἐξοχήν. Ueber letztere schreibt er S. 5: „Andere werden nicht alleine zur Pacht, sondern auch zu Dienste und Fronen für die Eäer, welche ihnen eingethan, gebrauchet, darneben der Herrschaft mit einer Leibeigen= schafft verbunden, daß sie nicht weichen oder auffsagen können, aber, wenn's jenem beliebig, auffstehen müßen. Und dieselben werden nach dieses Landes Art eigentlich Bawren genannt, dergleichen in Chur=Brandenburg, Mecheln= burg, Holstein ꝛc. zu finden."

[174]) II. 27: Itaque examinemus, quid vulgo iuris sit de iis secundum communem Germaniae morem, quem tamen pro regionum diversitate meminerimus quoque esse diversum.

[175]) II. 28 seqq: Nam quod ad hanc provinciam Megapolitanam attinet, apud rusticos nulla bona emphyteutica, multo minus censitica, in quibus scilicet directum et utile dominium simul habet colonus cen- situs, reperiuntur ... Nun folgen unmittelbar die oben NN. 15. 135 mitgeteilten Stellen.

[176]) II 35: ... servitutis appellatione omnes species subjectionis veniunt, qnae juris aliquid ac potestatis in persona producunt ... Fast

folge, daß die Beſtimmungen des römiſchen Rechts über servi, manumissio und restitutio servorum unbedenklich auf die Bauern analoge Anwendung leiden. [177]) Dieſer Analogie treten aber noch fünf andere cognata seu affinia juri in homines suos dominico hinzu, nämlich die folgenden: 1) libertorum conditio, 2) adscriptitiorum et originariorum colonorum cond., 3) emphyteutarum cond., 4) vasallorum cond., 4) eorum, qui ex contractu censuali, libellario, superficiario, precario et similibus praedia possident, cond., endlich 5) die von den zwölf Tafeln eingeführte Schuldknechtſchaft [178])

Die nach dieſen ſechs Analogieen zu behandelnde Sclaverei norddeutſcher, insbeſondere mecklenburgiſcher Bauern nun ſoll entſtehen [179]) durch Vertrag, richterliches Urteil, Verjährung. Die Frage, ob und in wie weit ſie durch Abſtammung entſtehe? wird mit vielen, zum Teil inepten Diſtinctionen beantwortet, — für einen der Fälle dahin, die Sclaverei entſtehe nicht durch Abſtammung, ſondern durch Erbſchaft [180]) Als Form der

---

übertroffen wird dieſe verhängnisvolle Begriffsbeſtimmung durch einen Autor des 18. Jahrhunderts: servitutem subjectionem alterius omnimodo audire, perspicue constat; die Sclaverei bilde den Gegenſatz des jus gentium gegen die naturrechtliche Gleichheit aller Menſchen. D. J. Scharff [pr. Mantzel] de eo, quod praecipue juris est circa homines proprios in Megapoli. 1738 p. 7.

[177]) II 37 seqq: . . . ex priore fluit, quod omnia, quae in jure sancita sunt de servis, ea, si foro nostro moribusque conveniant, transferri ad rusticos nostros recte possint, . . . quod ibidem manumissio vetus, quatenus nostris moribus convenit, in nostris rusticis locum habet, . . . quod fugitivi nostri rustici eodem modo, quo olim servi, suis dominis sunt restituendi. Tot. tit. Cod. de fugit. col. L. 6 § 14. L. 23 C. de agricol. et censit.

[178]) Dieſe 5 Analogieen werden erſt im IX. Capitel des Tract. de hom. propr. hinzugefügt.

[179]) l. c. cap. III.

[180]) l. c. III. 31. 32. Der Fall iſt der, daß der Erblaßer zugleich ſich und ſein freies Allod einem Leibherrn aufgetragen hat. Die für dieſen Fall gegebene Entſcheidung iſt: Quum autem liberum sit filio, paternam haereditatem adire vel ab ea sese abstinere, sane si is abstineat, evitabit subjectionem: sin autem non abstineat [die Ausgabe hat hier durch offenbaren Druckfehler: non] obnoxius mihi fiet ipsa aditione et cogetur me dominum agnoscere. Nam unaquaeque res transit ad successorem cum suo onere, et servitus sequitur fundum. L. 23 § 2 de servit. praed. rust. L. 2 C. sine censu vel. reliquis.

Uebergabe in Sclaverei wird im Allgemeinen und unter
Bezugnahme auf die heilige Schrift, Vergil, Cicero und die
Schriften des Martinus Fanensis und Jacobinus electiv homagium und Handschlag bezeichnet. [181]) Aus einem längeren Abschnitte über den Beweis der Sclaverei verdient hervorgehoben
zu werden: wenn dem Herrn servitia aliave munera praestita
sunt a Titio tamquam a suo homine, so ist der Herr in quasi
possessione, und Titius hat seine Freiheit zu beweisen. [182]) Bei
Gelegenheit eben dieses Abschnittes wird auch die Frage aufgeworfen: an mulier homini meo nubendo efficiatur etiam mea?
Sie wird verneint, weil — — — die Frau nicht für Mannes
Schulden hafte, und weil die privilegia sexus muliebris nicht
gestatteten, die infelicitas odiosa des Mannes auf die Frau auszudehnen. [183])

Am meisten muß für unsere Untersuchung das interessiren,
was Husanus [184]) über die Wirkungen seiner modernen Sclaverei aussagt. Es sollen aber diese Wirkungen folgende sein:
Der Sclav-Colon schuldet seinem Herrn reverentia, darf denselben weder mit einer actio famosa, noch criminell belangen,
muß demselben gegen Feinde Waffenhülfe leisten und mancher
Orten Hulde schwören, hat bei Verheirathung einer Tochter seines
Herrn zu deren Aussteuer beizutragen, namentlich aber Dienste
und Abgaben zu prästiren.

Die Dienste und Abgaben sind sog. servitia mixta [185]),
werden von Nothfällen abgesehen nur bei Tage, alle Mal nur
in Gemäßheit des „Contractes" [186]) und, wo nichts Anderes
herkömmlich nur innerhalb des gutsherrlichen Jurisdictions-
Bezirkes geleistet. Sie bestehen in Rauchhühnern, Pächten,
Gülten, gemessenen Hand- und Spann-Diensten.

---

[181]) l. c. cap. IV.

[182]) V. 36.

[183]) V. 44—54.

[184]) l. c. capp. VI. VII.

[185]) S. die oben N. 30 ausgezogene Stelle.

[186]) VI. 60: . . . ad quas sese in ipso contractu vel tacite accep-
tando praedium, cui hoc vel illud onus inhaerebat, vel expresse id est
de novo paciscendo adstrinxit.

Der Herr hat weiter gegen seinen Sclaven = Colonen noch die Befugniß einer mäßigen Züchtigung [187]), er darf denselben multare et coercere [188]), ja selbst Todesstrafe und Konfiskation gegen denselben verhängen. [189]) Der Herr hat das Abforde= rungsrecht. [190]) Er kann contra alium molestantem suum hominem klagen und für eine, dem Sclaven=Colonen widerfahrene Rechtsweigerung Repressalien ergreifen; das Recht der injuria mediata findet auf das Verhältnis Anwendung.

Der Herr hat, wenigstens in Mecklenburg, das unbedingteste Expulsions=, Umlegungs= und Legungs=Recht. [191]) Vorkauf und Lehnwaare werden ihm geschuldet. In Ermangelung von Kin= dern des Colonen beerbt er diesen quibusdam in locis vel ex consuetudine vel pacto vel privilegio. [192]) Und endlich hat er im Falle der Noth ein Besteuerungsrecht. [193])

So viel dann schließlich die Beendigung dieser deutschen Sclaverei des sechszehnten Jahrhunderts betrifft [194]), so erlischt

---

[187]) Dieses Recht wird VII 4—67 durch den Nachweis zu begründen gesucht, daß ja nicht bloß der Herr seinen Sclaven, sondern auch der Pa= tron den Liberten, der Vater den Sohn, der Onkel den Neffen, der Lehrer den Schüler, der Ehemann seine Gattin, der Abt den Mönch körperlich zu züchtigen befugt sei, und daß — — — minima non curat praetor. Im 18. Jahrhundert ist aus diesem minimum der mäßigen Züchtigung etwas mehr geworden [Mantzel Pand. jur. Meckl. II §.5 i. f.]: . . . remansit equidem jus castigandi et quidem, quia genius illius farinae hominum est pertinacissime impius, ad dolores usque; liberos enim homines con- ductos pulsasse tantum licebit et sufficiet propter ambitionem et con- tractus naturam.

[188]) quia poenae et multae sunt fructus juris dictionis. VII. 68. (!)

[189]) si habet merum et mixtum imperium in eo territorio, ubi colonus proprius habitat. VII. 69. (!)

[190]) VII. 70. Vgl. oben N. 153.

[191]) VII. 75 . . . dominum colonum suum quibusdam in provinciis, ut hic in Megapoli, potest ejicere suo fundo, item alio transferre et villam suo arbitratu sibi e praediis colonis concessis extruere . . . . Aliis in locis, ubi minus duriter coloni habentur, nec expelli possunt, quamdiu annuam suam pensionem solvunt, ac fere emphyteutarum loco sunt, ut ad Rhenum, in Thuringia et alibi . . .

[192]) VII. 77.

[193]) VII. 92: quatenus quidem regalia jura a summo principe concessa teneat vel consuetudine pacto ve licite id facere possit. (!)

[194]) l. c. cap. VIII.

dieselbe durch Kündigung der Leihe Seitens des Colonen, welche
aber in Mecklenburg [195]) eben so wenig, wie eine Auswanderung
des Colonen [196]) statthaft ist, durch Verjährung, Erbentsagung,
Einsetzung eines andern Colonen mit Einwilligung des Herrn,
Untergang des Grundstücks, Freilassung [197]), endlich modis
poenalibus, per quos dominicum jus in proprios homines tamquam ab indignis dominis eripitur. [198])

Das der Inhalt dieser foeda commixtio juris Romani ac
patrii. Es braucht, um von Anderem ganz abzusehen, nicht erst
darauf hingewiesen zu werden, wie von der Schrift die disparate-
testen Dinge durch einander geworfen sind. Die gutsherrliche
Jurisdiction, etwa in der Hand des Gutsherrn befindliche Re-
galien, das Recht desselben aus dem Leihe-Contracte, die Bestimmung der Polizei-Ordnung v. J. 1572: das sind die Elemente einer Mischung, welche mit, in damaliger Art kunstgerechten
Zusätzen aus dem römischen Recht und der gemeinen deutschen
Sitte versehen das gewünschte Product: die Leibeigenschaft der
norddeutschen Bauern ergibt. Von deutscher Hörigkeit weiß
Husanus nichts. Er construirt sich statt dessen einen Begriff
moderner Sclaverei, unter den die Lage der mecklenburgischen
Bauern fallen muß.

Wie sehr sich aber auch Husanus bemüht hat, in der Lage
der mecklenburgischen Bauern Elemente der „Sclaverei" aufzufinden: von Besthaupt und Bettmund hat er so wenig, wie von
einem Heiraths-Consense etwas zu berichten vermocht. Die
operae mixtae, von denen er erzählt, sind nach früher Bemerktem [199])
für Mecklenburg ein nicht zuverlässiges Kriterium. Und das
glebae adscriptum esse beruhte damals noch auf der Freizügig-
keits-Beschränkung der Polizei-Ordnung v. J. 1572.

Husanus fand, das dürfte aus seiner Schrift hervorgehen,
in Norddeutschland, insbesondere in Mecklenburg wahre Leibeigne

---

[195]) VIII. 7: ... hic in Megapoli nulla prorsus renuntiatio hominibus
propriis permissa est, neque hi glebam cui adscripti sunt, unquam deserere
possunt, nisi dominorum remissione.

[196]) S. oben N 153.

[197]) VIII. 18—21. Ein lytrum wird hierbei nicht erwähnt. Wegen
Anfertigung von Freilassungs-Instrumenten wird auf Durantis verwiesen.

[198]) VIII. 22—154.

[199]) Oben §. 3 bei NN. 30 ff.

nicht, sondern nur hintersäßige, vielfach durch den Leihevertrag, durch die Polizei-Ordnungen und durch mannichfachen Bedruck der persönlichen Freiheit beschränkte Bauern vor, welche man in der Praxis indessen hie und da schon wie homines proprii anzusehen begonnen hatte [200]). Nachzuweisen, daß jene Beschränkungen wirklich ausreichten, um auch auf den norddeutschen Bauer die in „gemeiner deutscher Sitte" begründete und mit dem römischen Rechte harmonirende Kategorie der oberdeutschen und westphälischen Leibeigenschaft anzuwenden, hatte er sich zur wissenschaftlichen Aufgabe gemacht. Wodurch er zur Wahl dieser Aufgabe bewogen war? kann dahingestellt bleiben. Das aber steht nach früher Dagewesenem fest, daß die von Husanus gegebene Lösung dieser Aufgabe in Mecklenburg praktischen Erfolg gehabt hat. [201])

Wichtig für solchen Erfolg war es ohne Zweifel, daß eine praktische Autorität, wie Ernst Cothmann [202]) die Ausführungen des jüngern Husanus acceptirte. Von den beiden hierher gehörigen Responsen Cothmann's ist das eine in einem Prozesse der St. Jürgens-Hospital-Vorsteher zu Rostock gegen Hospitalbauern [203]), das andere, v. J. 1601 datirende in einem Rechtsstreite von Bauern gegen ihren ritterschaftlichen Gutsherrn [204]) abgegeben; in beiden Sachen handelt es sich hauptsächlich um Bauernlegungen.

Vor Allem kommen die notae characteristicae der Leibeigenschaft in Betracht, welche Cothmann in beiden Erachten ausführlich entwickelt. Er schließt aber in den beiden Fällen auf Leibeigenschaft der Beklagten resp. klagenden Bauern aus dem actenmäßigen Beweis folgender Punkte: jurisdictio omnimoda des Gutsherrn, Abgaben von Rauchhuhn —, worauf unter Berufung auf Zasius und Husanus ein besonderes Gewicht gelegt wird [205]) —, Hundekorn und Leinzehnt,

---

[200]) Vgl. oben N. 159.

[201]) S. oben N. 139.

[202]) Die beiden hier in Betracht kommenden Responsa [vgl. oben N. 13] sind Resp. I. 40 al. 42 und II. 97.

[203]) Dieses Rubrum findet sich in dem mir vorliegenden, der hiesigen Universitäts-Bibliothek gehörigen Exemplar der Responsa von einer Hand des 17. Jahrhunderts eingeschrieben zu I. 40 al. 42.

[204]) II. 97.

[205]) I. 40 n° 37. 38 vgl. 121; II. 97 n° 20.

Dienste und zwar ungemessene Dienste [206]), Erhöhung des Canon, Mangel des freien Zuges [207]), Huldigung, Vertauschung und Frei= lassung: Auffallend kann hierbei nach dem bisher schon Erörterten nur sein, daß der Responbent eine Huldigung, eine Vertauschung und eine Freilassung gegen lytrum aus den ihm vorliegenden Akten con= statiren konnte. Allein es würde doch gewagt sein, aus dieser Auf= fassung der aktenmäßigen Sachlage in Cothmann's Erachten den Schluß auf das wirkliche Vorkommen dieser Dinge im damaligen Mecklenburg zu ziehen. Die Freilassung zunächst bezeichnet das Erachten selbst nur als eine uneigentliche. [208]) Aber auch gegen die Huldigung und Vertauschung muß man mistrauisch werden, wenn man die Art der Beweisführung in jenen Bauernprozessen in's Auge faßt. Denn es sind nicht etwa bloße Thatsachen, über welche die Zeugen vernommen werden, sondern sehr com= plicirte Urteile derselben gelten als Beweis. [209]) Welche That= sachen die Zeugen in jenen Fällen als homagium und als Ver= tauschung von Leibeignen angesehen haben mögen? wissen wir nicht. Ihrem Urteile wie einem Schöffenweisthume zu ver= trauen, haben wir aber um so weniger Veranlassung, als für eine historische Untersuchung weder die Gutsherrn, noch die Bauern [210]) jener Zeit als unbefangene Beurteiler gelten können.

---

[206]) I 40 n⁰ 39—41: . . . quod detentatores villae controversae . . . operas suas actoribus non tantum debeant, sed et quod operas eas omnibus et singulis temporibus, quibus jussi sunt . . ., actoribus quo= tidie praestare teneantur . . . Cothmann's Beobachtung scheint hier mit Husan [oben bei N. 186] nicht ganz zu stimmen.

[207]) S. die Stelle oben N. 154.

[208]) II 97 n⁰ 23: . . . et quandoque pecunia accepta velut manumisit.

[209]) I 40 n⁰ 36: testes fere omnes deponunt, daß der Beklagte zu den homines proprii zu rechnen sei. II 97 n⁰ 3: . . . plerique testes . . . attestantur, rusticos exceptioe perpetuae coloniae contra suas dominos in Megapoli nunquam uti posse.

[210]) Das Zeugnis dieser scheint übrigens von Cothmann geringer geschätzt zu werden, als das der Gutsherrn. Vgl. II 97 n⁰ 8: Quinta decisionis ratio, unuis quidem testis assertione et testimonio tantum suffulta, aliquid tamen adminiculi adfert: nam testis undecimus, qui vir nobilis est et praeterea in vicinia habitat, deponit . . . mit n⁰ 41: Sed isti testes sunt actorum convicani rustici, ideoque non est, quod istis multum fidamus. Ein Interesse zur Sache liegt n⁰ 41 freilich vor; allein bei gleichem Maaß hätte das Standesinteresse auch das Zeugnis in n⁰ 8 wenigstens abschwächen müßen. C. 32 X. de testibus konnte übrigens einer Unterscheidung zwischen nobiles und rustici

Denn beide waren in dem in Rede stehenden culturgeschichtlichen Conflicte Parteien, die Bauern überdieß seit etwa fünfzig Jahren ohne Kunde und Verständnis der Entwickelung ihrer eigenen Rechtsverhältnisse.[211])

Nur so viel geht aus dem praktischen Gebrauche der letzterwähnten drei Begriffe hervor, daß man mit denselben jetzt Ernst zu machen begonnen hatte. Zwischen Husanus, welcher die Huldigung aus lateinischen Klassikern und der heiligen Schrift belegt, für die Freilassung auf ein Formular des Speculum verweist, von Vertauschung aber nichts sagt, bis zu den beiden Responsen Cothmann's ist in dieser Hinsicht ein Unterschied unverkennbar, der sich kaum als bloßer Unterschied einer theoretischen von einer praktischen Darstellung ausreichend erklären dürfte.

Und ein ähnlicher Fortschritt läßt sich weiter auch in einem andern wichtigen Punkte wahrnehmen, welcher neben den, soeben behandelten notis characteristicis noch hervorgehoben zu werden verdient. Husanus bemüht sich, nachzuweisen, daß die mecklenburgischen Bauern homines proprii seien. Für Cothmann ist derselbe Satz bereits ein nachgewiesener und so sehr unzweifelhafter, daß die Thatsache des Bauer-Seins an und für sich zum Beweise der Leibeigenschaft genügt. [212])

Endlich ist noch eine Seite des ersten der beiden angeführten Erachten hervorzuheben. Die Klage, welche die Gutsherrschaft

---

in Beziehung auf die Würdigung des Zeugenbeweises eine Art von Legitimation verleihen.

[211]) Glöckler in Lisch Jahrbb. X. 412.

[212]) I. 40 n° 36 seqq: Ostendendum nunc est, reum conventum hominibus propriis adnumerandum et de illo statuendum esse, quod in hisce ex regionis more obtineri et judicari solet vgl. mit n° 54 seqq: Sexta et ultima decidendi ratio eaque certa minimeque fallax est, quod rei conventi . . . ea sit conditio et ratio, quae est reliquorum provinciae rusticorum, at ex regionis istius more omnes et singuli homines proprii ac rustici . . . praedia . . . non sibi sed dominis possident . . . et de hac consuetudine scribit eamque . . . assertam et firmatam esse testatur Husanus . . . Vgl. ferner II 97 n° 19: Secunda decidendi causa est, quod ex actis satis sit manifestum et evidens, actores aeque ac reliquos huius provinciae rusticos nihil aliud, quam proprios homines esse. Tum quia . . . . [folgen die oben im Text bei NN. 205 ff. zusammengestellten Gründe.]

angeſtrengt hatte, war die actio locati auf Rückgabe des ver=
pachteten Grundſtücks Cothmann erkennt an [213]), daß die
Klage in dieſer Faſſung ſich nicht halten laſſe. Er ſubſtituirt
von ſich aus als Klaggrund die Leibherrlichkeit der Klägerin,
welche zur Legung berechtige. [214]) Zu ſolcher Subſtitution hält
er ſich aber berechtigt, weil einmal es an der Allegation, daß
die Beklagten homines proprii ſeien, in den klägeriſchen Schriften
nicht ganz fehle [215]), ſodann aber auch, weil das Recht der Leib=
eigenſchaft auf Gewohnheit beruhe, und Gewohnheiten vom
Richter ex officio attendirt werden dürften. [216])

Aus der Nebeneinanderſtellung von Huſanus und Coth=
mann in Verbindung mit dem, was früher [217]) über den Ein=
fluß von Zaſius bemerkt worden iſt, wird ſich der Beginn und
der Fortgang jenes dogmengeſchichtlichen Proceſſes e. M. nach=
gewieſen haben, welcher die Tendenz der damaligen culturgeſchicht=
lichen Entwickelung durch die Umſetzung der Hinterſäßigkeit in eine
Leibeigenſchaft der mecklenburgiſchen Bauern juriſtiſch formulirte.

§. 8.

Es iſt nicht ein freundlicher Blick in unſere Rechtsentwicke=
lung, welchen die vorſtehenden Ausführungen gewähren. Kaum
wird er dadurch gewinnen, daß, wie außer Zweifel ſteht, der
Verlauf in den Mecklenburg benachbarten Oſtſeeländern [218]) kein
weſentlich anderer geweſen iſt. Der Anteil der Jurisprudenz
an der Unterdrückung des Bauernſtandes wird allerdings in einem
milderen Lichte erſcheinen, wenn man annehmen darf, daß die
thatſächliche Lage der, wenn ſchon freien Bauern Mecklenburgs
ſich ſeit dem Mittelalter und der Zeit der Fehden und Land=
friedens=Bündniſſe insbeſondere ſchrittweis verſchlimmert hatte,

---

[213]) I. 40 n° 101 i. f. seq.

[214]) ib. n° 102 i. f.: respondeo, non esse simpliciter et praecise
actionem locati conducti institutam, sed potius generatim proponi, villam
controversam . . . ad actores pertinere . . . .

[215]) l. c: praesertim cum eam semper actionem institutam existi-
mandum . . . sit, quae actori est omnium utilissima . . .

[216]) ib. n° 125 seqq.

[217]) Oben § 6 bei N. 127 ff.

[218]) Auch in der Mark iſt der Verlauf kein weſentlich anderer geweſen,
wie eine, im nächſten Hefte erſcheinende Abhandlung des Herrn Stadt=
gerichts=Raths Korn in Berlin erweiſen wird.

so daß sie im sechszehnten Jahrhunderte derjenigen der leibeignen deutschen Bauern sehr viel ähnlicher war, als ehedem. [219]). Ob man zu solcher Annahme berechtigt ist? müssen die uns zur Zeit noch nicht zugänglichen Urkunden der zweiten Hälfte des vierzehnten und des fünfzehnten Jahrhunderts ausweisen. Davon aber glaube ich schon jetzt überzeugt sein zu dürfen, daß eine wesent= liche Aenderung der im § 1 zusammengestellten Resultate dieser Untersuchung von der Kenntniß auch jener Urkunden nicht zu er= warten ist.

Bereitwillig räume ich übrigens ein, daß Einzelnheiten meiner Darstellung durch eine urkundliche Verfolgung des Schick= sales der einzelnen Güter Mecklenburgs möglicher Weise nicht unerheblich berichtigt werden können. Und je mehr ich Vorarbeiten in dieser Hinsicht schmerzlich vermißt habe, um so lebendiger ist mein Wunsch, daß diese wichtige Partie der mecklenburgischen und damit auch der deutschen Rechtsgeschichte eine derartige Be= arbeitung noch erfahren möchte.

§. 9.

Nachdem nun so die freien niedersächsischen Bauern in Mecklenburg erst hintersäßig, dann leibeigen geworden waren, blieben sie ein Jahrhundert lang der staatlichen Fürsorge der Landesherrschaft fast entrückt. Erst im landesgrundgesetzlichen Erbvergleiche v. J. 1755 [220]) beginnt die letztere mit einer vor= erst schwachen Reaction zwar nicht gegen die — vielmehr damals noch ausdrücklich bestätigte — Leibeigenschaft selbst, aber doch gegen die geschichtliche Wurzel derselben, die immer noch fort= währenden Bauernlegungen. Als sie dann aber mit diesen landesgrundgesetzlichen Bestimmungen Ernst zu machen anfieng, begegnete sie einer lebhaften Opposition der Gutsherrn. [221]) Es

---

[219]) Ein Zeugniß für den factischen Bedruck, welchem die mecklenburgi= schen Patrimonialbauern im 16. Jahrhundert unterlagen, bietet Pol. Odg. 1572 Tit. 29 vonn Brawen, Schencken etc. al. 4. [PGS. V (2) 24 f.] Eine Uebergangsstufe war vielleicht auch in Mecklenburg die „Bauern= pflicht“, wie sie um 1530 von Normann, Sastrow und Kantzow [vgl. Fabricius in Lisch Jahrbb. VI. 1841. SS. 36 fgg.] für Neuvor= pommern bezeugt wird.

[220]) LGGEV. §§ 334—336. [PGS. III (2) 174.]

[221]) Diese Kämpfe gehören des Näheren in einen andern Zusammen= hang. Es handelte sich in denselben namentlich um das Verhältnis von

begann also der Kampf um das gutsherrliche Recht zu Bauernlegungen von Neuem. War aber derselbe im 16. Jahrhundert
wesentlich mit durch eine allgemeine politische Tendenz[222]) zu
Ungunsten des Bauernstandes entschieden worden, so fiel seit den
Tagen des Josephinismus eine entgegengesetzte politische Tendenz
zu Gunsten der Bauern in's Gewicht. Waren die Kämpfe des
16. Jahrhunderts in die Leibeigenschaft ausgegangen, so wurde
die letztere jetzt schon i. J. 1820, d. h. noch eher aufgehoben[223]),
als es gelang, den Bauernlegungen eine gewiesene Grenze zu
setzen.[224]) Wie die Acten liegen, hat man in dieser Aufhebung
nur die Beseitigung eines alten, durch hundertjährigen Bestand
nicht legitimirten Unrechts zu erkennen. Und auch damals scheint
die Anschauung, daß die aufzuhebende Leibeigenschaft ein zu Unrecht gesteigertes Vogtei-Verhältnis darstelle, der Landesherrschaft
nicht fremd gewesen zu sein.[225]).

Wenn an die in den vorhergehenden Paragraphen enthaltene
Untersuchung über den Ursprung der Leibeigenschaft in Mecklenburg eine kurze Darstellung des Charakters der letzteren ange-

§ 336 zu § 334 a. a. O. und darum, ob die Worte § 336: „aus welcher
Verarmung und Verminderung der Unterthanen entstehet" dispositiver oder
bloß enunciativer Natur seien. Der Streit begann Ende 1764 mit einer
Reihe von fiscalischen Processen wegen Bauernlegungen und gedieh in
Einzelnfällen in den Jahren 1782, 1789 und 1796 bis an den Reichshof-
rath, der gegen die Stände entschied Quellen bieten hier die Acten Groß-
herzogliches Justiz-Ministerium's, deren Einsicht von dem Vorstande desselben, Herrn Staatsrath Dr. Buchka, mir mit der dankenswerthesten
Liberalität verstattet worden ist. Rescripte 2c. über einen der vier erwähnten
einzelnen Fälle sind gedruckt in Schröder's neuester G. S. für die H.
Meckl. 2c. Lande I. 2 n° 102. 103. 198. 208, und wiederholt PGS. (2) III
n° 943 SS. 574—582.

[222]) Oben bei N. 124.

[223]) Oben N. 2.

[224]) Vo. 13. Januar 1862 [RBlatt n° 4].

[225]) Das Cameral-Rescript 8. Mai 1818 [v. Both neueste G. S.
letztes Heft S. 495] erforderte von den Domanial-Aemtern Bericht darüber,
„welche Anforderungen und Bestimmungen einer landesherrlich beschlossenen
Aufhebung der s. g. Leibeigenschaft, eigentlich nur Unterthänig-
keit" nach den resp. localen Verhältnissen vorhergehen müßten. Auch
daß vor der Aufhebung nur das rathsame Bedenken und Erachten der
Stände, nicht deren Zustimmung erfordert wurde, könnte vielleicht nach derselben Seite hingedeutet werden wollen. S. jedoch auch Böhlau MPR. I
496 Zus. zu S. 292.

schloffen werden soll,· so kann es sich nach dem Gesagten wesent=
lich nur um das 17. und 18. Jahrhundert handeln. Als Quellen
der Darstellung sind die schon angeführte [226]) Gesinde=Ordnung
v. J. 1654 Titel 2, einige Paragraphen des landesgrundgesetz=
lichen Erbvergleichs v. J. 1755 [227]) und nicht zuletzt die beiden
Landrechts-Entwürfe resp. von David Mevius [228]) und E. A.
Rudloff [229]) zu bezeichnen. Die Gesinde=Ordnung a. a. O.
darf der Codex des mecklenburgischen Leibeigenschafts=Rechtes ge=
nannt werden. Die Landrechts=Entwürfe aber bieten uns neben
einer Reproduktion der gesetzlichen Bestimmungen das Material
für ein mehr oder weniger vollständiges System dieses selbigen
Rechts dar. Die wesentliche Uebereinstimmung beider Entwürfe [230])
ist hierbei Gewähr, daß die, mit deffen bereits angeführten
„Kurtzen Bedenken" fast durchaus übereinstimmenden Construc=
tionen des Mevius auch in denjenigen Punkten, in welchen sie
ursprünglich vielleicht nicht an thatsächliche Erscheinungen an=
knüpften, meist [231]) doch später ins praktische Leben übergegangen

---

[226]) Oben N. 161.

[227]) LGGEV. Art. 19 §§ 325—336 [PGS. a. a. O.]

[228]) v. J. 1655—1657. S. über denselben Böhlau MLR. I 142 und
oben S. 315. Aus dem Entwurfe gehört I 13 [Westphalen Mon. ined.
I 697 ff.] hierher.

[229]) v. J. 1757 ff. Vgl. Böhlau MLR. I 216. Die Einsicht und Be=
nutzung des nur handschriftlich vorhandenen Entwurfs verdanke ich bereit=
willigst erteilter, gütiger Erlaubnis des Engern Ausschuffes von Ritter=
und Landschaft und der unermüdlichen Gefälligkeit des Herrn Landes=
Archivars Advocaten Sohm zu Rostock. Der Entwurf handelt Teil II
Buch VI Von Bauersleuten und leibeignen Unterthanen und
darin Titel 1 §§ 639—661 von der Person der Bauersleute, Titel 2
§§ 662—678 von den Gütern und Diensten der Bauersleute,
Titel 3 §§ 679—688 von Vindicirung und Abfolge leibeigner
Unterthanen, Titel 4 §§ 689—694 von Erlaßung leibeigner
Unterthann.

[230]) Dieselbe läßt sich tabellarisch nachweisen, wenn man den Rud=
loff'schen Entwurf auf seine Quellen zurückführt Fast kein einziger § des=
selben ist in diesem Buche des Entwurfs selbständig. Die meisten sind
Mevius, einige andere der Gesinde=Ordnung und dem LGGEV. entnommen.

[231]) Ein Beispiel für rein theoretische Sätze des Entwurfs von Me=
vius bietet die „gebührliche Handstreckung", welche nach § 1 die Ergebung
in Leibeigenschaft begleiten soll. Mevius hatte dieselbe [s. kurtzes Be=
denken S. 21 n° 56] lediglich aus Hufanus [oben bei N. 181] über=
nommen. Rudloff hat derselben denn auch keine Erwähnung gethan.

sind. Sonst wären sie von einem besonnenen und umsichtigen Praktiker, wie E. A. Rubloff es war, sicherlich nicht als adäquater Ausdruck des im 18. Jahrhundert geltenden Rechts anerkannt worden. Ueberdies bezeugt auch Mantzel[232]) die in Mecklenburg fast für unanfechtbar gehaltene Autorität, welche Mevius für diese Materie gehabt hat.

§. 10.

Die mecklenburgische Leibeigenschaft kannte weder ein mortuarium[233]), noch feierliche, oder auch nur bestimmte Formen der „Eigengebung" und der „Erlassung."[233]) Dergleichen Reste mittelalterlicher Knechtschafts- und Hörigkeits-Verhältnisse ließen sich dem neuen Institute eben nicht anconstruiren.[234]) Ob übrigens die Leibeigenschaft in Mecklenburg ein in concreto faktisch unerträglicher Zustand gewesen sei? oder ob das von Mantzel[235]) bezeugte gegenteilige Sprüchwort hierin Recht habe? steht hier nicht zu untersuchen. In juristischer Beziehung aber tritt die Leibeigenschaft· in Mecklenburg in Uebereinstimmung mit ihrer Geschichte auch dogmatisch auf als eine stabilitirte und bis zur dinglichen Abhängigkeit der Person des Hintersaßen vom Rittergute gesteigerte Vogteipflichtigkeit. **Die Person des Bauern Pertinenz des Rittergutes**[236]), — diese contradictio in adjecto bezeichnet noch am einfachsten die, juristisch durchaus anomale Bildung, welche wir in der mecklenburgischen Leibeigenschaft vor uns haben.

Der Leibeigene war Person. Soweit seine Pertinenz-Qualität ihn nicht an freier Selbstbestimmung hinderte und rechtlich willens-unfähig machte, soweit verfügte er über sein Hab und Gut, — zu welchem aber die von ihm bebaute Hufe

---

Doch behauptet Scharff § 6 i. f., der Handschlag sei in einigen Domanial-Aemtern und auf einigen Gütern üblich.

[232]) Mantzel Pand. II § 6 i. f.: Audiamus Mevium ..., qui, praesertim in his oris Balthicis plus nobis valet qua unam paginam, quam tota compages juris Romani, quatenus de servis disponit.

[233]) Die abweichende Behauptung von Westphalen und Lauterbach ist ohne allen Beleg. Mantzel Pand II p. 12. Scharff p. 37.

[234]) Vgl. Mantzel l. c. § 15.

[235]) l. c. § 9 i. f: „quod adeo detestabile non sit, sich unterthan zu geben, ut loquitur Megapolis."

[236]) Pars fundi sagen Mevius, Mantzel, Scharff.

regelmäßig [237]) eben so wenig, wie die [eiserne] „Hofwehr und Besatzung [238]) gehört [239]), frei und uneingeschränkt. [240]) Er hatte, wie man zu sagen pflegte, das jus connubii [d. h. seine Ehe war kein contubernium], contractuum et testamentorum. [241]) Aber freilich greift jene Pertinenz=Qualität — auch wenn wir von einer ganz exorbitanten Ausweitung derselben [242]) noch ganz absehen wollen, — tief genug ein. [243])

Der Umfang derselben bestimmte sich aus dem Motive der mecklenburgischen Leibeigenschaft: der Bauer sollte, auch wenn er keine Hufe mehr hatte, dem Gute als Arbeitskraft verbleiben; er gehörte zum Inventar des Rittergutes. Der Leibeigene hatte daher dem Gute und dem Gutsherrn Dienste zu leisten. Er mußte auf dem Gute bleiben, so lange der Herr ihn nicht beurlaubte. Und diese Nicht=Freizügigkeit war nicht eine bloß polizeiliche oder contractliche Einschränkung seiner persönlichen Freiheit, sondern eine als solche erbliche Standes=Eigenschaft seiner Person; diese seine Person „haftete an der

[237]) Nämlich abgesehen von einem nachweisbaren Erbleiherechte. Vgl. oben NN. 141 f.; Mevius § 28; LGGEB. §§ 325—329. Rubloff §§ 662—665. Fehlte es an einem solchen, so hatte der Leibeigne an „seiner" Hufe nicht ein Mal Interdicten=Besitz nach Scharff's III § 4 Mevius nachgesprochener Meinung. Rustici in hac provincia non possident, sed possidentur. S. aber wegen der Verhältnisse im Domanium Eggers 202 fg.

[238]) Rubloff §§ 666. 669. Vgl. noch Pol. Obg. 1572 XIX Von Gerichten § 3. Land u. Hofgerichts Ordnung II 88 § ?.

[239]) Daher Scharff III § 3: Bauern=Contracte über „Hof und Hofgewehr" seien nichtig. Vgl. noch Mantzel J. M. Jll. 208 f.

[240]) Dieß erkennt Rubloff §§ 667 f. ausdrücklich an; jedoch wiederholt er die seiner Ansicht nach bloß polizeilichen Schranken der Pol. Obg. 1572 Tit. XVI Von Gewerb und Handtierung der Pawren mit den Bürgern in Stedten alin. 1 und 4 [„zu halben säen", „das Vieh um die Hälfte zusammensetzen" und Immobiliar=Erwerb eines Bauern innerhalb Stadtrechts], welche von Scharff l. c. wol richtiger auf das Verbot der Note 239 zurückgeführt werden.

[241]) Mantzel l. c. § 10 pr. Testaments=Zeugen konnten in Mecklenburg Leibeigne gleichfalls sein. Trotz RMO. I § 7 [N. S. II. 161]. Martini 58.

[242]) S. unten § 11 im Texte nach N. 271.

[243]) Selbst Criminalstrafen gegen Leibeigne mußten — von der Todesstrafe abgesehen — unter Berücksichtigung des „landsittlichen Eigenthumsrecht" des Gutsherrn bemeßen werden. Martini 56.

Scholle, d. h. am Rittergute, er war glebae adscriptus. Wie er demnach im eigentlichsten Sinne für das Gut lebte, so gehörte mit seiner Existenz auch seine Zeugungs=Kraft dem Gute; der leibherrliche Heiraths=Consens war eine Consequenz hiervon. Als Inventar war der Bauer anderer Seits auch vom Gute zu unterhalten. Er mußte auf demselben sein Brod entweder, oder seine Unterstützung finden [244]): auf der Pertinenz= Qualität beruhte der Unterstützungs = Wohnsitz, welchen der Leibeigne auf dem Gute hatte, zu dem er gehörte.

Der Bauernstand war hiernach nicht ein Stand im Staate. Er hatte am öffentlichen Leben weder direkten, noch indirekten Anteil. [245]) Daher er denn auch in der Wehrkraft des Landes streng genommen nur so weit Verwendung finden konnte, als es in jedem einzelnen Falle von dem betreffenden Guts= und Leib=Herrn gestattet wurde. [246])

§. 11.

Das wichtigste Moment in dieser Charakteristik der mecklen= burgischen Leibeigenschaft ist das glebae adscriptum esse. Das= selbe ist nach seiner negativen — Nicht=Freizügigkeit des „Unter= terthanen,“ — wie nach seiner positiven Seite — Verfügungs= Gewalt des Herrn — jetzt näher zu erörtern.

I. Der Leibeigne konnte also zunächst negativ von sich aus [abgesehen von dem ganz singulären Falle des JPO. V. §. 37. [247])]

---

[244]) Rudloff § 674 a. E.: „Also lieget auch der Herrschaft über= haupt ob, solchen ihren Unterthanen benöthigten Lebens=Unterhalt zu verschaffen, oder ihnen zu dessen Verdienung Gelegenheit zu lassen oder anzuweisen.“ Ueber inconsequente Modificationen dieses Unterstützungs= Wohnsitzes durch die Voo. 24. Mai 1784 und 2. Mai 1801 s. Trotsche die meckl. Heimathsgesetze. 1859 SS. 56 s. 59 ff.

[245]) Die ordentliche Contribution wurde im Sinne von LGGEV. § 7 nicht sowol von den Bauern, als von den Gütern bezahlt. Nur etwa der s. g. Nebenmodus war eine von den Bauern selbst entrichtete Steuer; doch wurde auch sie durch die Gutsbesitzer wenigstens eingehoben. Böhlau MLR. I. 188.

[246]) Dieß erkennt LGGEV. §§ 331—333 an. Erst nach Auf= hebung der Leibeigenschaft [Recrut. Ges. 15. December 1820] hat daher in Mecklenburg eine wirkliche Militärpflicht und Conscription für die Bauern eingeführt werden können. Vgl. aber noch Martini p. 42 und unten die letzten Noten.

[247]) Martini 46.

sein Verhältnis zur Scholle nicht lösen. That er es doch, indem er „austrat" oder „vorflüchtig" wurde, so wurde er [248])
mit Nachteile [249]), Auslieferung [250]), Leibes-, ja selbst Lebens-
Strafe [251]) behandelt, wie ein gemeiner Verbrecher. Entzog er
sich seiner Leibherrschaft aber in mehr allmälicher und geschickter
Weise, etwa indem er mit Urlaub [252]) auf Zeit das Gut verließ
und sich in einer Stadt seßhaft oder auf einem andern Gute
unterthänig machte, so zog ihn das Abforderungsrecht zu
der Scholle zurück, von welcher er sich loszulösen trachtete.

Das System dieser Abforderungs-Klagen, denen gegenüber
das eben erwähnte Verfahren gegen Vorflüchtige sich g. M. als
Criminal-Prozeß [253]) darstellt, ist folgendes: Die Abforderung
hat eine zweifache Richtung, welcher ein doppelter Prozeß
entspricht: gegen den Leibeignen ein Mal und gegen die Obrigkeit seines dermaligen Aufenthalts-Ortes für's Andere.

1. Die Klage gegen den Leibeignen [254]) wird bei dem Niedergerichte des Aufenthalt-Ortes anhängig gemacht. Wird eine
Bescheinigung sogleich mit der Klage beigebracht, so wird der
Beklagte, Falls er nicht inzwischen in einen der freien Stände
eingetreten ist [255]), verhaftet, dieser Haft aber gegen juratorische [256])
Caution entlassen, wenn der Kläger nicht binnen 14 Tagen den
förmlichen Beweis antritt. Der Prozeß ist insofern summarisch,
als Einreden des Beklagten, welche altioris indaginis sind, ad

---

[248]) Die rostocker Facultät erachtete 1594 einen Vorflüchtigen überdieß als malitiosus desertor. Martini 45 scheint dem beizustimmen.

[249]) Mevius § 14. Rubloff § 679.

[250]) Auslieferungs-Verträge „mit andern benachbarten Potentaten,
Kur- und Fürsten" wurden schon von der Gesinde-Ordnung 1654 Titel II
§ 10 in Aussicht genommen. Wirklich abgeschloßen ist anscheinend nur ein
Auslieferungs-Vertrag mit Schweden wegen Neu-Vorpommern und Rügen.
Vgl. die Convention mit Schweden wegen Auslieferung von Leibeigenen
und Verbrechern 15. Februar 1806 [Raabe II 579 f.]

[251]) Ges. Obg. a. a. O; vgl. oben N. 161 gegen Ende.

[252]) Vgl. Ges. Obg. II 3.

[253]) Der Vorflüchtige begeht ein furtum sui ipsius nach Scharff
p. 38 und Mevius ibi cit.

[254]) Ges. Obg. §§ 7—9. Mevius §§ 15. 16 vgl. 21. 22. Rubloff
§§ 680—683 vgl. 655.

[255]) Mevius § 10.

[256]) Während der 14 Tage kann eine Haftentlaßung nur gegen Real-
Caution erfolgen.

separatum verwiesen werden und vor dem ordentlichen Forum des Klägers —, also vor einer der Justiz=Canzleien, — klage= weis geltend gemacht werden müssen.²⁵⁷) Als rei vindicatio kann diese Klage gewiß nicht bezeichnet werden. Die·übliche Auffassung mag ²⁵⁸) die als confessoria gewesen sein.

‾Dieser Prozeß erledigte die Sache, wenn der Abgeforderte sich nicht einem andern Herrn unterthänig gemacht hatte, also ²⁵⁹) sich in einer Stadt oder unter ausdrücklichem Vorbehalt seiner Freiheit auf dem Lande niedergelassen hatte. Hatte er sich da= gegen ohne solchen Vorbehalt als Bauer auf dem Lande niedergelassen, so war er faktisch Leibeigner des Gutsherrn geworden, auf dessen Gute er sich aufhielt. Wollte dieser ihn dem Abfordernden nicht herausgeben, so kam es

2. Zu einem Processe zwischen dem abfordernden und dem Gutsherrn des Aufenthalts=Ortes. Die Klage war je nachdem eine rei vindicatio ²⁶⁰) oder eine Publiciana. ²⁶¹) Sie wird alle Mal bei der zuständigen Kanzlei angestrengt worden sein. ²⁶²) Die Gefahr eines Entkommens des Leibeignen während des Prozesses trug der Beklagte. ²⁶³) Exceptiones altioris indaginis wurden vielleicht ²⁶⁴) auch hier ad separatum verwiesen. Die Aussagen des Leib= eignen präjudicirten in diesem Processe an und für sich keiner

---

²⁵⁷) Dieß beruht auf dem von Rubloff ganz richtig, von Mevius aber vielleicht falsch verstandenen § 9 der Gef.Obg. Vgl. unten NN. 264. 265.

²⁵⁸) Vgl. Eichhorn's Einleitung (5) § 71 bei Note c S. 206.

²⁵⁹) Vgl. unten § 13 a. E. des ersten Absatzes bei N. 298.

²⁶⁰) So bezeichnet sowol Mevius [§ 15 „auf des Vindicanten Be= gehren und Kosten" und noch bestimmter: Kurtzes Bedencken S. 14 n° 12. 13], als Rubloff [oben N. 229] die Klage.

²⁶¹) Mevius § 18, welcher von Rubloff § 685 völlig misverstanden worden zu sein scheint.

²⁶²) Ausdrücklich ist dieß freilich nirgends ausgesprochen. Allein bei dem, damals obenein noch nicht nothwendig von einem Gerichtshalter verwalteten Patrimonial=Gerichte der beklagten Obrigkeit kann die Vindi= cation doch wol unmöglich verhandelt worden sein. S. Note 265 a. E.

²⁶³) Rubloff § 684.

²⁶⁴) Nämlich nach Mevius § 20, der hierbei aber vielleicht von einer irrigen Interpretation des § 9 der Gef. Obg. [oben N. 257] ausgegangen ist. S. die fg. Note.

Partei; doch konnten sie zur Füllung eines unvollständigen Be= weises oder Gegenbeweises verwendet werden. [265])

Diese monströse Gestalt des Abforderungsrechts, wie sie sich wol hauptsächlich auf Mevius [266]) Autorität hin ausgebildet hatte, entspricht ganz dem in sich widersprechenden Charakter des Instituts der Leibeigenschaft. Die Römer bedurften für das in sich consequent durchgebildete Institut der Sclaverei eines solchen „Abforderungsrechtes" nicht. [267])

II. Der negativen Seite des glebae adscriptum esse ent= sprach positiv eine Verfügungs = Gewalt des Grund = und Leib= herrn über die Person des Leibeignen. Mit dem Rittergute gieng die letztere auf jeden Erwerber desselben und zu gleichem Rechte, wie dieses über, so daß sich namentlich auch ein am Gute bestelltes Pfandrecht auf die Person jedes einzelnen Leib= eignen mit erstreckte. [268]) Der Gutsherr hatte ferner das „Auf= und Ablassungs = Recht", d. h. er konnte die Leibeignen innerhalb des Gutes beliebig von einer Stelle zur andern ver= setzen. [269]) Denn der Unterthan haftete nicht etwa an der gleba seiner Bauernhufe, sondern an der des gesammten Rittergutes. [270])

---

[265]) Mevius § 17. [Hier steht bei Westphalen im Anfang ein „nicht" zu Unrecht. S. Mevius kurtzes Bedencken S. 44 n° 201]. Rub= loff § 684. — Die Gesinde=Ordnung kennt, wie aus den vorigen Noten hervorgeht, nur die eigentliche Abforderungs=Klage [I. 1 des Textes], Bin= dication und Publiciana werden ursprünglich Zuthaten von Mevius ge= wesen sein, in dessen kurtzem Bedencken wiederum die eigentliche Abforde= rung keine Erwähnung findet, woraus sich denn auch dessen oben NN. 264. 257 erwähnte Differenz mit Rubloff erklären wird. Auffällig bleibt frei= lich immer, daß die Duplicität der Abforderungsklage nicht wenigstens bei Rubloff deutlich und explicite hervortritt. Scharff pp. 40 seqq. geht flüchtig über die Abforderung hinweg; er hat der Sache nach beide Klagen und bemerkt hinsichtlich der ersten [I. 1], daß der Proceß maxime esse solet summarius. Ob aber die zweite Klage [I. 2] vor die Kantzlei gehört habe? ist auch aus ihm nicht zu ersehen.

[266]) Vgl. dessen oben N. 13 cit. „kurtzes Bedencken" und die vor. N. a. E.

[267]) Vgl. Walter's RRGesch. II (2) § 450. Rudorff RRG. II § 24 Anm. 1 S. 86.

[268]) Mevius §§ 8. 12 Rubloff § 661.

[269]) Mevius §§ 23. 28 Rubloff § 662.

[270]) An sich sehr richtig bemerkt Mantzel Pand. II § 20 in dieser Hinsicht, „quod nostri homines proprii non possint accurate appellari

Eine Ausnahme von dem Auf= und Ablaffungs=Rechte trat aber
dann ein, wenn der Bauer ausnahmsweis sich auf Erbleihe be=
rufen und einen Erbleihe=Contract nachweisen konnte. [271])

Bis hierher entspricht die Verfügungs=Gewalt des Herrn
der Pertinenz=Qualität, welche der Person des Leibeignen an=
hängt, durchaus. Die praktische Lage der Dinge drängte aber
fast nothwendig noch einen Schritt weiter. Denn ein Mal
waren nicht selten mehrere Güter in Einer Hand, und nament=
lich wenn ein derartiger Guts=Complex durch Fideicommiß=Stiftung
u. dgl. zu einem geschlossenen geworden war, mochte man kein
Bedenken tragen, die „Leute" innerhalb des Complexes, anstatt
innerhalb des Gutes „auf= und abzulassen." Sodann aber war schon
dem aller Verbote spottenden eigenmächtigen Wandern und eigen=
mächtigen Heirathen der Leibeignen gegenüber das glebae adscriptum esse strict aufrecht zu erhalten, unmöglich. Man sah sich ge=
nöthigt, eigenmächtig geschlossene Ehen als gültige Ehen anzuerkennen
und verpflichtete den Leibherrn des Mannes, die Gutsherrschaft
der Frau durch ein Lösegeld zu entschädigen [272]); jener erkaufte
so eine Leibeigne ohne das Gut. Man sah sich aber weiter
auch Angesichts dieser durch nichts zu beseitigenden Neigung der
Leute, auszutreten [273]), gezwungen, um unsäglicher Verwirrung
vorzubeugen, einen Erwerb von fremden Leibeigenen durch
10jährige Ersitzung zu statuiren. [274]) Wenn aber ein Mal
ein Leibeigener losgelöst von der Scholle ersessen werden durfte,
so wäre es inconsequent gewesen, dasselbe Resultat nicht· auch
durch andere · Erwerbs=Arten, als die Ersitzung ermöglichen zu
lassen. Der Rubloff'sche Landrechts=Entwurf [275]) erkannte

---

glebae adscriptitii, quia adscripti sunt toti praedio. Sie gehören zum
Guthe und sind nicht allein fest und eigen wegen einer gewißen Hufe, unde
mille apud nos sunt proprii homines, qui ne glebam quidem in sensu
proprio tenent et tamen sunt Leibeigene."

[271]) S. die Citate der Note 237 und Scharff § 8.

[272]) Gef. Odg. § 4. Modificirt Rubloff § 649.

[273]) Vgl. b. Cameral-R. 21. August 1696 bei Scharff § 9.

[274]) Mevius § 25. Rubloff § 642. Voraussetzung war, daß der
Bauer nicht vorsätzlich war. Anderes Falls trat die Verjährung der rei
vindicatio nach 30 Jahren ein. Mantzel J. M. Jll. I. 139 Sp. 1.

[275]) § 641: „Wann auch sonst", nämlich abgesehen von dem § 640 be=
handelten Falle des Gutsverkaufes, „leibeigene Unterthanen an und vor
sich von dem Grund- und Eigenthums-Herrn einer andern Herrschaft zu

dieſe exorbitante Diſpoſitions=Befugnis des Gutsherrn denn auch
noch mit klaren Worten an.   Das Auf= und Ablaſſungs=Recht
iſt nunmehr zu einem Vertauſchungs= und Verkaufs=Rechte aus=
geweitet.   Der leibeigne Bauer durfte nunmehr als
ſolcher ſo mit dem, wie ohne das Gut veräußert
werden.   Er war nun im Grunde nicht mehr eine Pertinenz=
Perſon eines beſtimmten Gutes, ſondern ein Acker=Sclav, welchem
einige Perſonen=Rechte verblieben waren.

Man könnte auf den Gedanken kommen, das glebae adscriptum esse ſei ſelbſt in dieſem Umfange nicht ſowol Folge
eines gutsherrlichen Eigenthums an der Perſon des Leibeignen,
als vielmehr Ausfluß der Gutsherrſchaft oder gutsherrlichen Vogtei
geweſen, der Gutsherr habe die Verfügung nicht als Eigenthümer,
ſondern als „toparcha‟ gehabt.   Die beiden Landrechts=Entwürfe be=
ſeitigen indeſſen dieſes Bedenken vollſtändig.   Denn nur der dis=
poſitionsfähige Eigenthümer des Gutes iſt nach ihnen, Leib=
eigne ohne das Gut zu veräußern, befugt [276]); der Paſtor z. B.
kann einen Dotalbauern nicht veräußern.

In dieſem Umfange ſcheint das Veräußerungsrecht übrigens
in der zweiten Hälfte des vorigen Jahrhunderts ſich nicht länger
haben behaupten zu können. [277])

§. 12.

Zum glebae adscriptum esse treten Heiraths=Conſens
und Dienſte.

---

eigen überlaſſen worden, ſo erlanget dadurch dieſelbe über ſolche Unter=
thanen . . . gleiches Recht.‟ Eine gleich expreſſive Erklärung hat Mevius
nicht; doch ſcheinen ſeine §§ 8. 12 zu beweiſen, daß auch er die gleiche
Anſicht von der mecklenburgiſchen Leibeigenſchaft hatte.   In ſeinem kurzen
Bedenken II nᵒ 79 ſqq. hatte er übrigens den Verkauf der Leute ohne das
Gut für ein zu misbilligendes Gewohnheitsrecht der Oſtſee=Länder erklärt.
Mantzel Pand II § 25 ſtimmt dem mit einem Sapienti sat! zu.   Auch
Scharff § 7 bezeugt, daß die quotidiana praxis Mecklenburgica die qu.
Veräußerungen unbedenklich zulaße.   Erſt Martini 49 [1763] verwirft das
angebliche Gewohnheitsrecht, weil nobis hic de jure sermo est, non de
facto. Und Eggers SS. 92 f. [1784] erklärt jene Veräußerungen für in
jetziger Zeit in Mecklenburg unerhört.   Eben dieß beſtätigen ſpäter hand=
ſchriftliche Collectaneen F. Kämmerer's.

[276]) Mevius §§ 11. 12. Rubloff § 641. Pfandinhaber, immittirte
Creditoren, Eltern, Ehemänner u. dgl. alſo nicht.

[277]) S. vorher N. 275 a. E.

Nicht blos die individuelle Person, sondern die gesammte persönliche Existenz des Leibeignen gehört dem Gute. Auf diesen Gedanken führt das impedimentum impediens mangelndes Hei= raths=Consenses zurück, welches man im 18. Jahrhundert[278] mit dem Ehehindernis mangelndes elterliches Consenses zusam= menzustellen liebte. Die Zeugungskräfte der leibeignen Bevöl= kerung sollten eben auch ihrer Seits dem „Ackerwerk" dienstbar sein. Sie sollten weder gegen das Interesse, noch über das Bedürfnis des Gutes hinaus verwendet werden, dem das leib= eigne Individuum zugehörte. Interesse und Bedürfnis zu beur= teilen war aber nur der Gutsherr im Stande. Und da so das Interesse des Gutes, auf welchem der „Kerl"[279] d. h. der leib= eigne Mann, als das, auf welchem die Frau eigenbehörig war, in Betracht kam, so bedurfte es zur Ehe zweier Leibeigner ver= schiedener Herrn eines doppelten Ehe=Consenses.[280] Es war also nicht eigentlich das Eigenthum an der leibeigenen Person, sondern das Guts=Interesse, welches die Grundlage des Heiraths= Consenses ausmachte; daher denn der consentirende Gutsherr nicht nothwendig der Gutseigenthümer zu sein brauchte.[281] Daher erklärt es sich denn auch, daß ein Klauenthaler= oder Bettmunds = Recht im Landesrechte nie begründet war.[282] Und daß sich auch in Mecklenburg ein jus primae noctis nicht findet, bedarf nicht erst noch der Bemerkung.[283]

Mit der Feststellung dieser Grundlage des Heiraths=Con= senses ist denn auch, in Uebereinstimmung mit der reichskammer=

---

[278] S. namentlich die oben N. 13 cit. Schrift von Frehse.

[279] Mantzel J. M. Jll. I 139 Sp. 1.

[280] Ges. Obg. II §§ 1. 2. 4. Mevius §§ 3—7. Rubloff §§ 646 bis 654.

[281] Rubloff §§ 641. 649.

[282] Cf. Frehse pp. 23 seq. Doch finde ich noch in den Kämmerer= schen Collectaneen die Notiz, daß „hin und wieder", also auf einzelnen Gütern eine Taxe für Erteilung des Heiraths=Consenses bestanden hat.

[283] Die entgegengesetzte Fabel beruht auf — übrigens schon damals lediglich historischen — Behauptungen von v. Behr und v. Westphalen. S. aber Frehse l. c. Es fehlt an jeder Spur eines Beleges für die Ex= sistenz eines derartigen Rechts innerhalb der mecklenburgischen Leibeigen= schaft.

gerichtlichen Praxis [284]) der einst streitige [285]) Rechtssatz gerecht=
fertigt, daß der gutsherrliche Consens bei grundloser Verweige=
rung richteramtlich supplirt werden kann.

Die ohne Heiraths=Consens geschlossenen Ehen waren gültig,
obwol die Praxis in diesem Punkte zufolge einer, allerdings un=
klaren Fassung des Gesetzes [286]) geschwankt hat. [287]) Nichtig
war nur das unconsentirte Verlöbnis, und den Pastoren waren
unconsentirte Trauungen bei schwerer, bis zur Amtsentsetzung
gehender Ahndung untersagt. [288]) Auch drohte den Herrn, die
unconsentirte Heirathen ihrer Unterthanen mit fremden Leib=
eignen beförderten, Verlust ihres betreffenden Unterthanen. [289])

---

[284]) Vom 20. Januar 1801 i. S. des Gutsherrn und Eigenthümers
Hillemann auf Zibühl und Lübzien wider den Einwohner Lau zu Rühn
und das Herzogl. mecklenburgische Hof- und Landgericht. Abgedruckt bei
Frehse l. c. p. 40. Appellant hatte eine species facti drucken laßen, die
als Flugblatt wol noch hie und da erhalten ist. Sie trägt den Titel:
„Wahre Beschaffenheit der noch außergerichtlichen Appellation Johann
Hillemanns, Erb- und Gerichtsherrn auf Lübsin und Zibühl gegen den
Mühlenmeister Lau. Jänner 1801." (2 Bl. Fol.)

[285]) Sibrand Dec. jur. sing. Meckl. II 1 z. B. war a. M., während
Mantzel Pand. II § 12 die richtige Ansicht vertrat. Ebenso Frehse
l. c. pp. 34 seqq. Rubloff § 651 läßt die Frage unentschieden, indem
er sich begnügt. die Herrn von Chicane zu warnen.

[286]) Die Ges. Odg. II § 4 regulirt die Folgen consensloser Ehe nur
für die während des dreißigjährigen Krieges geschloßenen Ehen, während
sie § 1 [vv. „Daß Wir demnach solches angemaßetes heimbliches Berloben
und Freyen der Bauersleute gäntzlich hiemit wollen verbotten und ab-
geschaffet haben. Inmaßen Wir dann auch alle sothane Bersprech-
unb Berlöbnüssen, so von dato Unser vorigen ... Constitution hinter
der Herrn und Obrigkeit vorwißen und belieben solten geschehen und für-
genommen werden, hiemit und Krafft dieses nochmals Cassiren..."] doch
nur die unconsentirten Verlöbnisse, die unconsentirten Ehen aber mit keiner
Sylbe für nichtig erklärt. Vgl. Mantzel J. M. Jll. I 140 Sp. 2.

[287]) Für Nichtigkeit außer Sibrand auch Mantzel J. M. Jll. 285 seq.
und l. c. § 13, Scharff § 11, Martini 51 seq. und Frehse l. c. pp.
27 seqq., welcher letztere aber ausdrücklich bemerkt: praxin tamen hac in
re haud raro variasse negare non audeo. Anders freilich Mantzel
J. M. Jll. I. 139 Sp. 2. Für die entgegengesetzte, in den Text aufgenommene
Ansicht Mevius §§ 3. 5. 6 und kurtzes Bedencken S. 88 n° 163. Rubloff § 649. Ehesachen Leibeigner gehörten übrigens vor das Consistorium,
nicht vor das Patrimonial-Gericht. Martini l. c.

[288]) Ges. Odg. II 2. Mevius § 4. Rubloff § 648. Bo. 14. Juli
1785 an die Superintendenten [PGS. II n° 689 S. 540].

[289]) Ges. Odg. II 5. Mevius 7. Rubloff § 652. Vgl. noch oben N. 272.

Was die Dienste betrifft, welche der Leibeigne schuldete, so waren sie wenigstens später ungemessene. [290]) Sie zerfielen in f. g. Real- und in Personal-Dienste. Jene, auch „land-übliche Bauerpflicht" genannt, sind landwirthschaftliche Dienste, welche ihre Grenze allein an dem Rechte des Bauern fanden, so viel freie Zeit zu behalten, daß er für sich und die Seinigen den Lebensunterhalt verdienen konnte. [291]) Die Personal-Dienste wurden entgeltlich der Person und Familie des Gutsherrn ge-leistet. [292]) Zur Realisirung der Dienste hatte dieser einen, körperliche Züchtigung nicht ausschließenden f. g. Dienstzwang. [293]) Im Domanium war die Dienstpflicht bereits in den letzten De-cennien des vorigen Jahrhunderts auf die Hufen besitzenden Bauern eingeschränkt, und auch von diesen zahlte ein Theil statt der Hofdienste Geld. [294])

§. 13.

Das so charakterisirte Verhältnis der Leibeigenschaft ent-steht nicht nur durch eheliche Geburt von leibeignem Vater und durch uneheliche Geburt von leibeigner Mutter [295]),

---

[290]) Mevius § 27 bemißt die Dienste nach Geding und Landüblich-keit Rubloff §§ 673. 674 hat ungemeßene Realdienste und von Herrn-Willkür abhängige Personal-Dienste als Landesbrauch. Mantzel Pand. II § 19 sentirt für ungemeßene Dienste, beruft sich aber dafür, daß dieselben ✳richterlich moderirt werden könnten, noch auf Tornov de feud. Mecl. III 87.

[291]) Rubloff § 673.

[292]) Rubloff § 674. Ueber die Arten der Dienste s. noch Tornov l. c. 189 seqq. Im Domanium bestunden hinsichtlich der Hofdienste feste Dienstordnungen teils localer teils allgemeiner Geltung; die neben den Hofdiensten bestehenden Extra-Dienste machten die Dienstpflicht aber auch hier zu einer ungemeßenen. Eine Reihe solcher Dienstordnungen ist ab-gedruckt PGS. (2) IV 65—85. Vgl. auch Schulzen- und Bauern-Ordnung 1. Juli 1702 ebdf. 46 ff.

[293]) Mevius § 13. Rubloff §§ 677. 678. Vgl. Tornov de feudis Meclenb. I 368 seqq. § 82. Mantzel Pand. II § 5 i. f. [oben R. 187 a. E.] Vgl. ebdf. §§ 22—24. Boo. 27. L. 1802; 19. I. 1803; 10. IX. 1806.

[294]) Vgl. hierüber und über die Gegensätze: Dienst- und Pacht-Bauern, Hof- und Extra-Dienste Eggers SS. 122 ff.

[295]) Gef. Obg. II 1 Mevius §§ 2—9. Rubloff §§ 639. 645 fügt hinzu, daß uneheliche Kinder einer späterhin abgeforderten Leibeignen dem bonae fidei possessor, unter welchem sie geboren sind, verbleiben. Vgl. Mantzel II § 18.

ſondern auch durch wiſſentliche und unconſentirte Verheirathung mit einem leibeignen Weibe [296]), durch ausdrücklichen Vertrag oder Eigengebung, durch Verjährung [297]), ſowie präſumtiv — d. h. Mangels eines ausdrücklichen, von Bauern allemal nach= zuweiſenden Vorbehalts — durch thatſächlichen Eintritt in den Bauernſtand. [298]) Schon geborne [299]) Kinder eines in Leibeigen= ſchaft ſich Ergebenden bleiben, von außerordentlichen Fällen ab= geſehen, frei. [300]) „Regulariter“ waren alſo „die Bauersleute ſammt ihren Weib und Kindern ihrer Guts= und Grund=Herr= ſchaft mit Leibeigenſchaft verpflichtet.“ [301])

Waren die Eltern eines leibeignen Kindes auf verſchiedenen Gütern reſp. unter verſchiedenen Herrn eigenbehörig, ſo folgten uneheliche Kinder der Mutter, eheliche aber, zu denen auch per subsequens legitimirte [302]) gehörten, mit der Mutter dem Vater. [303])

---

[296]) Mevius § 7 i. f. Rudloff § 654. Vgl. Constit. 24. Juli 1681 bei Warnemünde Diff. p. 21 § 4. Der Freie ſoll in dieſem Falle der Leibeignen „zu folgen ſchuldig ſein.“ [Trittſt Du mein Huhn ꝛc.]. Vgl. Martini § 3 [auch über den umgekehrten Fall der Heirath eines freien Weibes mit einem leibeignen Manne]. Kämmerer notirt in ſeinen Col= lectaneen noch einen offenbar wol gleichzeitigen [1816—1820] hierher ge= hörigen Fall.

[297]) Vgl. Scharff II § 4 und die fg. Note.

[298]) Mevius § 1. Rudloff § 643 fordert bei Mangel ausdrück= licher Ergebung 10jähriges Beharren im Bauernſtande des Gutes. Der Grundſatz „die Luft macht eigen“ [vgl. Scharff § 13] iſt alſo hier noch mehr abgeſchwächt, als er es ſchon bei Mevius [vgl. kurtzes Bedenken S. 20 n° 54] iſt, der bloße Niederlaßung —, etwa als „Hirte, Schäfer, Baulnecht, Mägde, Vögte, Schützen“ auch ſeiner Seits nicht genügen läßt, ſondern „Niederſetzung zu Baur und Pacht Recht“ erfordert.

[299]) nascituri? Scharff II 2 p. 25 zweifelt. Nach Mevius und Rudloff werden ſie eigen.

[300]) Mevius § 2. Rudloff § 644 geſtattet den freien Eltern ihre minorennen Kinder aus Noth gegen Entgelt mit zu ergeben. Majorenn geworden haben die Kinder dann die Wahl, ob ſie das ihren Eltern Ge= zahlte dem Herrn erſtatten oder Leibeigne bleiben wollen.

[301]) Rudloff § 639. Ob die von Mevius § 29 den Gutsherrn geſtattete Anhaltung und Unterwerfung von Landſtreichern, Bettlern und unnützem Geſindel je mehr, als ein Verſuch dieſes Juriſten geworden iſt, eine Entſtehung der Leibeigenſchaft durch Occupation zur Anerkennung zu bringen, bezweifle ich. Vgl. Mevius kurtzes Bedenken S. 45 n° 203 ff.

[302]) Mevius § 9. Rudloff § 645.

[303]) Gef. Odg. II. 4. Mevius §§ 5. 6. 9. Rudloff § 645. Vgl. oben N. 295. Die Regel wird von Mantzel l. c. auf Exod. XXI 4 zurückgeführt.

Auch von zweitehelichen Kindern einer wiederverheiratheten Wittwe galt nichts besonderes; die erstehelichen Kinder derselben blieben auf ihrer Scholle, während sie selbst, dem Manne folgend, vom Gute abzog. [304]) Eine Interims=Wirthschaft mit aufgeheirathetem fremdem Wirth war also ohne besonderes Abkommen zwischen beiden Gutsherrn nicht möglich.

Die Leibeigenschaft endete durch „Erlassung", Misbrauch der Herrschaft, usucapio libertatis und Eintritt in einen höheren Stand. Die Freilassung oder eigentlich „Erlassung" konnte gültig nur von Seiten des dispositionsberechtigten Guteigenthümers vorgenommen werden. [305]) Von dem, gleichwol üblich gewesenen lytrum enthalten unsere Quellen nichts. [306]) Ein „Erlaß= und Frei=Brief" war wol gleichfalls nicht ungewöhnlich. [307]) Die Freilassung war „stricti juris", d. h. sie erstreckte sich nicht ohne Weiteres auf die bereits gebornen Kinder des resp. der Freizulassenden. [308]) Ein der Erlassung gleichstehender Misbrauch der Herrschaft wurde in hartnäckig fortgesetzten Sävitien [309]) für's Erste und in der Vernachlässigung der herrschaftlichen Versorgungs=Pflicht für's Andere erkannt. Einer solchen Vernachlässigung machte sich insbesondere diejenige Herr-

---

[304]) Gef. Obg. ebdf. Mevius § 5. Rudloff a. a. O.

[305]) Mevius § 11. 12. Rudloff § 690. Vgl. Mantzel Pand. II § 16. Derselbe jus Meckl. Jll. 210 seqq. zeigt, daß diese Vorschrift besonders gegenüber von Freilaßungen praktisch geworden ist, welche Domanial=Beamte hinsichtlich Domanial=Bauern, Pfarrer hinsichtlich Dotal-Bauern, sowie Wittwen und Pfandbesitzer vorgenommen hatten.

[306]) Vgl. indessen oben N. 306 und unten N. 313. Im Domanium waren feste Taxen für das Lösegeld hergebracht: ein Knecht 10, 15, 20 Thlr., eine Dirne 5, 8, 10 Thlr. 2c.

[307]) Mantzel l. c. räth, einen solchen zu nehmen, um dem etwaigen schlechten Gedächtnis des Freilaßers eben so, wie etwaigen Weiterungen bei der Aufnahme in Zünfte begegnen zu können.

[308]) Rudloff § 689. Weiter gehend Mevius § 24, der die Aufhebung einer Leibeigenschaft überhaupt regelmäßig auf die bereits gebornen Kinder des die Freiheit erlangenden Bauern nicht erstreckt werden läßt. Vgl. Mantzel l. c.

[309]) Der Leibeigne mußte seinen Herrn in diesem Falle zunächst verklagen, worauf ein mandatum sine clausula ergieng. Vgl. LGGEV. § 328. Erst wenn dann der Herr in seinen Sävitien fortfuhr, erhielt der Mishandelte im Wege Richterspruchs seine Freiheit. Mevius § 13. Rudloff enthält hiervon in dem correspondirenden § 678 eben so wenig etwas, als im Titel 4.

schaft schuldig, welche einen gelegten — nicht aber einen wegen eignes Verschuldens abgemeierten Bauern nicht sofort angemessen, sei es übrigens durch andere Hufen, sei es sonst versorgte. [310]) Die usucapio libertatis ist richtiger als 30=jährige Ver= jährung der Abforderungsklage zu bezeichnen, kam aber natürlich entlaufenen Leibeignen nicht zu statten. [311]) Begeben sich endlich — wiederum nicht=vorflüchtige — Leibeigne in einen, mit der Leibeigenschaft unverträglichen höhern Stand [312]), so werden sie zwar frei, müssen aber ein Lösegeld zahlen, welches dann be= sonders hoch ist, wenn der Stand eigenmächtig und ohne Con= sens des Herrn ergriffen war. [313]) Der Handwerker= und Künstler= stand galt als höherer Stand in diesem Sinne wenigstens später nicht. Zu diesen Erlöschungsgründen muß endlich noch der oben bei Note 247 erwähnte Fall hinzugefügt werden.

Die hiermit beendete rechtsgeschichtliche Darstellung mag passend mit dem, durch sie in vieler Hinsicht bewährten, wenn= schon andere Zeiten und Gegenden bezielenden Worten Eike von Repgow's [314]) über die Eigenschaft geschlossen werden:

Do man ok recht irst satte, do ne was nen dienstman unde waren al die lude vri, do unse vorderen
to lande quamen. An minen sinnen ne kan ik is
nicht upgenemen na der warheit, dat ieman des anderen sole sin; ok ne hebbe wie's nen orkünde . . . .
Ok . . . is uns kundich von godes worden, dat die
mensche, godes belde, godes wesen sal . . . Na
rechter warheit so hevet egenscap begin von ged-
vange . . . unde von unrechter walt, die man von

---

[310]) Mevius § 23. Rubloff § 691. Mantzel Pand. II § 19: ob-
servavimus enim soepe, quod bubulci et subulci etc. facti sint praeter
suam voluntatem dejecti et exmissi rustici.

[311]) Der Weggang vom Gute mußte also alle Mal ein consentirter
gewesen sein. Mevius § 25. Rubloff §§ 692. 693.

[312]) Jus civitatense, militia vel togata vel sagata. Martini pp. 41.
42. Doch erkennt Rubloff den Handwerker= und Künstlerstand als hierher
gehörig nicht an.

[313]) Mevius § 26. Rubloff § 694. Mevius bemißt das Lösegeld
im zweiten Falle auf ½ des Vermögens des Leibeignen.

[314]) Ssp. III 42 §§ 3. 5. 6.

aldere in unrechte wonheit getogen hevet, unde nu vore recht hebben wel.

Diese Worte und die Aufhebung von Leibeigenschaft in Mecklenburg — g. M.[315]) Anfang und Ende der 600=jährigen Entwickelung eines deutschen Rechtssatzes.

Zur Geschichte des ehelichen Güterrechts in Deutschland.

Von
Herrn Professor Dr. Richard Schröder in Bonn.

1. Ferd. v. Martitz, das eheliche Güterrecht des Sachsenspiegels und der verwandten Rechtsquellen. Leipzig 1867. H. Hässel.

2. Alfred Agricola, die Gewere zu rechter Vormundschaft, als Princip des Sächsischen ehelichen Güterrechts. Gotha 1869. F. A. Perthes.

3. Paul Roth, Bayrisches Civilrecht. I. Theil. Tübingen 1871. H. Laupp.

I.

Das sächsische eheliche Güterrecht des Mittelalters ist in neuester Zeit so vielfach Gegenstand eingehender wissenschaftlicher Bearbeitung gewesen, daß es, bevor eine abermalige umfassende Darstellung desselben unternommen wird, wünschenswert erscheint, den gegenwärtigen Stand der Forschung auf diesem Gebiete in den Hauptpunkten festzustellen. Die beiden vorstehend angeführten Werke von v. Martitz und Agricola fassen ausschließlich den Sachsen=spiegel und die mit ihm auf demselben Boden stehenden Quellen des Magdeburger Rechts in's Auge, während sie von denjenigen Quellen sächsischen Rechts, welche bei Auflösung der Ehe eine Quotentheilung eintreten lassen, gleichmäßig Abstand nehmen.

Beide Werke haben einen hohen wissenschaftlichen Wert. Unsere Kenntniß des ehelichen Güterrechts ist durch beide in wesentlichen Beziehungen gefördert worden. Wo sie überein=stimmen, wird der spätere Forscher kaum etwas hinzuzufügen haben; und wo ihre Ansichten auseinandergehen, ist durch sie das Material so reichlich beigebracht worden, daß auch hier ein schiedsrichterliches Urtheil gar sehr erleichtert wird. An Geschick

---

[315]) In Hannover, Kurhessen und der sächsischen Oberlausitz ist die Leibeigenschaft freilich noch später, als in Mecklenburg aufgehoben worden.

der Darstellung zeichnet sich das Werk von v. Martitz wie über=
haupt unter den Erzeugnissen der germanistischen Literatur, so auch
insonderheit vor dem stellenweise etwas schleppenden und an Wieder=
holungen leidenden Werke von Agricola aus. Ebenso stehe ich
in e i n e r Prinzipienfrage auf der Seite des ersteren, während
ich in einer andern, freilich nicht so tief eingreifenden, und nicht
minder in so mancher der streitig gebliebenen Detailfragen den
gediegenen Untersuchungen Agricolas meine Zustimmung nicht
versagen kann.

Agricola nimmt einen prinzipiellen Gegensatz zwischen dem
ehelichen Güterrechte der sächsischen Quellen einerseits und dem=
jenigen der süddeutschen (fränkischen, schwäbisch=allemannischen
und bairischen) Quellen andererseits an. In dem letzteren herscht
das genossenschaftliche Element vor, in dem ersteren bildet die
vormundschaftliche Gewalt des Mannes die Grundlage, auf der
sich das ganze System aufbauet. So steht dem süddeutschen
Systeme der gesamten Hand mit Verfangenschaft das sächsische
System der Gewere zu rechter Vormundschaft gegenüber. Prin=
zipielle Abweichungen bestehen innerhalb des sächsischen Stammes
nicht. Was nicht mit dem reinen Systeme des Sachsenspiegels
und der mit ihm auf demselben Boden stehenden Magdeburger
Quellen übereinstimmt, ist als bloße particularrechtliche Bildung
von dem „gemeinen Sachsenrechte" abgewichen, hat aber die
prinzipielle Grundlage, die Gewere zu rechter Vormundschaft,
unberührt gelassen[1]). Dem gegenüber nimmt v. Martitz für jene
abweichenden Normen nicht eine bloße particularrechtliche Bil=
dung, sondern einen auf Stammeseigenthümlichkeit beruhenden
prinzipiellen Gegensatz an, der auf specifisch westfälische Rechts=
anschauungen und weiter auf westfälische und vlämische Einwan=
derung zurückzuführen ist.

Vor allem hat v. Martitz das große Verdienst, die geo=
graphische Ausbreitung dieser Rechte, mag man ihnen nun einen
bloß particularen, oder, so zu sagen, einen nationalen Charakter bei=
legen, durch sorgfältigste Untersuchung nachgewiesen zu haben. Da=
nach hat man nicht bloß die schon längst als selbständige Gruppe be=

---

[1]) Aehnlich, in Betreff des sächsischen Rechts, die Ausführungen
v. Gerber's in den Erörterungen zur Lehre vom deutschen ehelichen Güter=
rechte (Leipziger Festprogramm v 1869) Seite 27 ff.

trachteten westfälischen Rechte und den von Hänel (Bd. I. S. 273 ff.
dieser Zeitschrift) nachgewiesenen, nur mit Unrecht von ihm als
„ostfälisch" bezeichneten Quellenkreis dem Sachsenspiegel gegen-
überzustellen, sondern auch innerhalb desjenigen Gebietes, das man
so recht eigentlich als die Domäne des Sachsenspiegels und des
Magdeburger Rechts anzusehen gewohnt war, zeigt sich für das
eheliche Güterrecht eine auffallend stark verbreitete abweichende
Rechtsbildung, deren wesentliches Merkmal in der Quotentheilung
bei Auflösung der Ehe besteht.   Diese Bildung findet sich innerhalb der dem Slaventhume abgewonnenen Territorien, von der
Ostsee an die Gebiete der Elbe, Oder und Weichsel bis zur Donau
hin umfassend, fast in allen auf Magdeburger Recht gegründeten
Städten²), während in dem Landrechte jener Gebiete mit dem
Sachsenspiegel auch dessen eheliches Güterrecht, aber nun not-
wendigerweise als Standesrecht des niederen Adels, rezipiert
wurde; ob auch der eingewanderte freie Bauernstand nach dem
Eherechte des Sachsenspiegels lebte, muß dahingestellt bleiben.
Ganz ausgeschlossen war das eheliche Güterrecht Magdeburgs in
der Mark Brandenburg, in Kursachsen und Preußen; Anwendung fand es nur in den Städten des Erzbisthums Magdeburg
und der Stifte Naumburg und Merseburg, sodann in einigen
Städten Pommerns, Schlesiens, Böhmens und Mährens; ob
auch hier und da in Ungarn und Polen, ist bei der Dürftig-
keit der Quellen nicht zu ermitteln.

    Was das nicht auf Magdeburg zurückzuführende eheliche
Güterrecht der böhmischen und mährischen Städte angeht, so
habe ich dieselben Bd. II. Abth. 1 meiner Geschichte des ehelichen
Güterrechts, bei deren Ausarbeitung mir das Werk von v. Martitz
noch nicht vorlag, in den Kreis der bairisch=österreichischen Rechte
hineingezogen, wogegen Agricola entschiedenen Widerspruch erhebt.   Den bairischen Charakter der rein österreichischen Stadtrechte halte ich gegen v. Martitz aufrecht.   Die Frage wegen
der böhmisch=mährischen Städte bedarf einer erneuerten Untersuchung, zumal mit Rücksicht auf die inzwischen von Tomaschek
veröffentlichten Rechtssprüche des Iglauer Oberhofs; bedeutende

---

    ²) Es wiederholt sich hier dieselbe Erscheinung, die ich neuerdings be-
züglich des Verhältnisses des Freiburg=Colmarer Rechtskreises zu Köln
nachgewiesen habe.

vlämiſche Einflüſſe gebe ich zu, aber den bairiſchen Grund=
typus ſcheint mir die Morgengabe (dotalicium) des Brünner
Rechts entſchieden anzudeuten.

Wie dem auch ſei, hauptſächlich dreht ſich die Frage darum,
ob diejenigen ſächſiſchen Rechte, welche eine Quotentheilung des
ehelichen Vermögens eintreten laſſen, bloß durch Modification
der urſprünglich rein ſächſiſchen Verwaltungsgemeinſchaft (Ge=
were zu rechter Vormundſchaft, Gütereinheit), hervorgerufen
durch die veränderten wirtſchaftlichen Bedürfniſſe der Stadt=
bewohner, herbeigeführt ſeien, oder ob wir es hier mit prinzi=
piellen, auf Stammeseigenthümlichkeit der Bewohner beruhenden
Abweichungen zu thun haben. In gewiſſem Sinne freilich ſind
alle im Mittelalter nachweisbaren zur Gütergemeinſchaft hin=
neigenden Rechtsbildungen als Modificationen der Verwaltungs=
gemeinſchaft anzuſehen, da auf dieſer, wie längſt bekannt und
in dem erſten Theile meiner Geſchichte des ehelichen Güterrechts
des näheren dargelegt iſt, das Syſtem der Volksrechte beruht.
Aber die Keime zu dem Uebergange in das ſpätere Recht zeigen
ſich doch ſchon in der älteſten Zeit, das Syſtem der geſamten
Hand iſt daraus naturwüchſig hervorgegangen. Dagegen
ſollen die Quotenrechte im Sachſenlande, nach Agricolas Auf=
faſſung, nicht ſowol naturwüchſig entſtanden ſein, als vielmehr,
wenn auch hier und da unter Mitwirkung eigenthümlicher localer
Anſchauungen, auf Grund autonomiſcher Feſtſetzungen Eingang
gefunden haben, indem man ſich in den Städten über die that=
ſächliche Unanwendbarkeit des alten Rechts mehr oder weniger
klar wurde und für die Verhältniſſe von Todes wegen, und
dann zurückgreifend häufig auch unter Lebenden, eine Abände=
rung eintreten ließ. In einzelnen Städten mag das allerdings
der Fall geweſen ſein, auch hat der weſtfäliſche oder vlämiſche
Charakter eines Theils der Einwohnerſchaft vielleicht hier und
da nur eine partielle Modification des oſtfäliſchen (d. h. Sachſen=
ſpiegel=)Rechts herbeigeführt[3]), im Großen und Ganzen aber
ſtehe ich nicht an, mit Roth, Hänel und v. Martitz einen ur=
ſprünglichen Gegenſatz anzunehmen. Agricola nimmt beſon=
ders daran Anſtoß, daß mit geringen Ausnahmen (insbeſondere
des Mühlhäuſer Stadtrechts) das den fränkiſchen Rechten eigen=

---

[3]) Eine ſolche gibt auch Agricola 28 f. 36. 38. ſtellenweiſe zu.

thümliche Prinzip der gesamten Hand mit Verfangenschaft den
sächsischen Rechtsquellen, auch wo sie vom Sachsenspiegel ab-
weichen, fremd geblieben, damit also ein Gegensatz zwischen
Sachsen einerseits und den Ländern fränkischen Rechts andererseits constatiert sei. Allein Agricola[4]) befindet sich hier in
der früher allgemein getheilten irrthümlichen Annahme, als sei
gerade das Verfangenschaftsrecht das eigenthümliche Kennzeichen des süddeutschen Güterrechtsprinzips, das erst in späterer
Zeit durch bewußte Umbildung vielfach seinem milderen Surrogate, dem Theilrecht, platzgemacht habe. Daß eine derartige
Rechtsentwickelung gegen Ende des Mittelalters eine sehr verbreitete gewesen, ist allerdings richtig, aber neben dem als bloße
Fortbildung des Verfangenschaftsrechts aufzufassenden begegnet
in dem fränkischen Rechtskreise auch ein naturwüchsiges
Theilrecht, das, wie ich neuerdings[5]) hoffe nachgewiesen zu
haben, unmittelbar an die fränkische Morgengabe und die mit
dieser zusammenhängende tertia collaborationis anknüpft, während
das Verfangenschaftsrecht als eine eigenthümliche Umbildung des
Witthumsrechts von dem Muntschatze ausgeht. Die Errungenschaftsgemeinschaft nach Schwert- und Spindeltheil (zwei Drittel
für die Partei des Mannes, ein Drittel für die Partei der Frau)
hat sich in vielen Rechten auf die Fahrniß und dann weiter auf
die eingebrachten Immobilien ausgedehnt, und so ist, selten für
die kinderlose, häufiger für die beerbte Ehe, eine allgemeine
Gütergemeinschaft mit Gesamteigenthum während der Ehe und
mit Quoteneigenthum nach Auflösung derselben ausgebildet worden,
nur daß der ursprüngliche altfränkische Theilungsmodus mehrfach
der Kopf- oder auch der Halbtheilung gewichen ist. Die letztere findet
sich namentlich in Flandern und am Niederrhein, und ich vermute, daß
hier das benachbarte Westfalen, und vielleicht mehr noch durch die an
der flandrischen Küste angesiedelten sächsischen Elemente, von Einfluß gewesen ist. Denn in Westfalen war, von der Theilungsquote
abgesehen, der Entwickelungsgang ein dem fränkischen nahe verwandter. Bei kinderloser Ehe halten die dem sächsischen Stamme
angehörigen Völkerschaften allerdings an der Verwaltungsgemeinschaft fest, die Geburt eines Kindes aber, selbst wenn dasselbe
gleich wieder starb, führte bei den Westfalen, im Gegensatze zu

---

[4]) Vgl. Seite 23 f. 26. 30. 32 in der Note. 39 Note.
[5]) Bd. II. Abth. 2 meiner Geschichte des ehel. Güterrechts.

Ostfalen und Engern, sofort die Umwandlung der Morgengabe
(deren Identität mit der dos der Lex Saxonum ich den Aus=
führungen von v. Maritz und anderen gegenüber aufrecht erhalte)
in einen Errungenschaftsantheil herbei, die Morgengabe wurde
der Errungenschaftsgemeinschaft (mit Halbtheilung bei Auflösung
der Ehe) zum Opfer gebracht. Dies war der Standpunkt des
westfälischen Rechts zur Zeit der Lex Saxonum. Die weitere
Entwickelung gieng dann, wie so vielfältig bei den Franken, auf
die Hineinziehung des übrigen Vermögens in die Gemeinschaft
hinaus; statt daß die Frau früher nur ihre Morgengabe opferte,
mußte sie nunmehr ihr ganzes Vermögen preisgeben, dafür trat
sie aber nicht bloß in die Errungenschafts=, sondern in die all=
gemeine Gütergemeinschaft ein.

Ein prinzipieller Gegensatz zwischen dem altwestfälischen und
dem fränkischen ehelichen Güterrecht besteht hiernach, von den
Rechten mit Verfangenschaft abgesehen, nur in der consequenten
Unterscheidung des ersteren zwischen beerbter und kinderloser
Ehe, während das fränkische Recht einen durchgreifenden Unter=
schied in dieser Beziehung nicht macht, namentlich die Errungen=
schaftsgemeinschaft auch bei kinderloser Ehe eintreten läßt.

Wenn ich in den vorstehenden Ausführungen auf das von
v. Maritz verfochtene Resultat hinausgekommen bin, so muß
ich mich bei einer andern, gleichfalls prinzipiellen Frage nicht
weniger entschieden auf die Seite Agricolas stellen. Nach
v. Maritz ist nämlich der Grundgedanke des Sachsenspiegelrechts,
die Gewere zu rechter Vormundschaft, selbst in den im übrigen
an den alten Normen festhaltenden Magdeburger Rechtsquellen
aufgegeben zu Gunsten eines neuen, den städtischen Verkehrs=Ver=
hältnissen mehr entsprechenden Prinzips. Daß der Gegensatz
des alten in den einfachsten Verhältnissen reiner Naturalwirt=
schaft sich bewegenden Landlebens zu der Kapitalswirtschaft in
den Städten, ein Gegensatz den v. Maritz (S. 240 ff) in
treffendster Weise geschildert hat, auf die Gestaltung des ehe=
lichen Güterrechts nicht ohne Einfluß bleiben konnte, versteht sich
von selbst, nur bewegt sich diese Umbildung mehr auf dem Ge=
biete des vertragsmäßigen als des gesetzlichen Rechts. Es ist
freilich eine anerkannte und auch von mir an anderer Stelle be=
nutzte geschichtliche Thatsache, daß immer wiederkehrende Ehe=
verträge desselben Inhalts oder Charakters schließlich geradezu

eine Aenderung der allgemeinen Rechtsüberzeugung, wonach auch
ohne Vertrag angenommen wird was man sonst vertragsmäßig
abzumachen pflegt, herbeiführen können, aber zu einem derartigen
gewohnheitsrechtlichen Produkte ist es in den mit Magdeburger
Eherecht versehenen Städten nicht gekommen. Nach v. Martitz
(255) adoptierte auch der Magdeburger Schöffenstuhl „die Rechts=
auffassung des Sachsenspiegels, die dem Manne weitgehende Be=
fugnisse über das Vermögen der Frau im Gewande der Vor=
mundschaft sicherte; aber, was bei dem Sachsenspiegel selbstver=
ständliche Voraussetzung war, die gemeinsame Gewere der Ehe=
gatten, machte das städtische Recht zur Bedingung. Der Mann
ist Vormund nur über den Theil des Frauengutes, der sich in
seiner Gewere befindet, seine Rechte erstrecken sich nicht über die=
jenigen Vermögensstücke, die seiner Gewere entzogen sind. Die
letztern bilden das Sondergut der Frau; der erstere constituiert
das eingebrachte Vermögen.“ Freilich soll sich diese Rechts=
veränderung auf die fahrende Habe beschränkt und den Grund=
besitz nicht mitergriffen haben, in Betreff der ersteren aber hätten
wir nach v. Martitz ein dem römischen Dotalrecht nahe ver=
wandtes Prinzip vor uns, nach welchem nur das ausdrücklich
dem Manne überwiesene Frauengut ad onera matrimonii ferenda
gedient, alles übrige ihr Sonder=, Paraphernalgut gebildet hätte⁶).
Gegen diese Auffassung hat bereits v. Gerber⁷) mit Recht her=
vorgehoben, daß es dann schwer zu begreifen sei, wie gerade die
Rezeption des römischen Rechts, statt jene verwandte Rechts=
bildung dem Dotalrecht noch weiter anzunähern, die von v. Martitz
selbst zugegebene Rückkehr des sächsischen Stadtrechts zu dem
Prinzipe der vormundschaftlichen Gewere des Mannes habe her=
beiführen können. Schon der Sachsenspiegel hat nach v. Gerber
nicht den Charakter eines absoluten Rechts gehabt, sondern aller
Wahrscheinlichkeit nach die Konstituierung eines fraulichen Son=
dergutes ebenso wie das Stadtrecht zugelassen, nur daß bei den
wirtschaftlichen Verhältnissen der Landbewohner dafür so leicht
kein praktisches Bedürfniß hervortrat und daher für den Spiegler
keine besondere Veranlassung, ein so unpraktisches Ding zu er=

---

⁶) Die von v. Martitz gegebene Darstellung des Sondergutsrechts
selbst ist vortrefflich und bringt an der Hand eines reichen Quellenmaterials
viel des Neuen und Wissenswerten.

⁷) Erörterungen zur Lehre vom deutschen ehelichen Güterrechte. S. 18 ff.

wähnen, gegeben war. Der Unterschied zwischen Stadtrecht und Landrecht war also kein prinzipieller, sondern ein rein thatsäch= licher, in den Städten kam der Vorbehalt eines Sondergutes täglich, auf dem Lande nur ausnahmsweise vor. „Nur dies scheint aus einzelnen Schöffenurtheilen hervorzugehen, daß, wenn die Frau bei Eingehung der Ehe einen Theil ihrer Fahrhabe an einem fremden Orte liegen und aufbewahren ließ, darin der Wille eines Sondergutvorbehalts erkannt wurde" (v. Gerber 22). Aehnlich wie v. Gerber entwickelt auch Agricola (43) den Ge= gensatz zwischen Land= und Stadtrecht: „Er beruht darauf, daß das Weichbild der Autonomie der Ehegatten einen viel freiern Spielraum zur vertragsmäßigen Ordnung der ehelichen Güter= verhältnisse während der Ehe wie für die Zeit nach ihrer Been= digung läßt, als das gemeine Landrecht [8]). Hierauf beschränkt sich aber auch die Differenz der beiden Systeme, — nur daß die Güterordnung von Rechts wegen, obwol prinzipiell festge= halten, insoweit einigermaßen geändert wird, als man auf Grund der erweiterten Autonomie gewissen Akten, namentlich der Frau, eine Deutung gab, die ihnen im Landrecht nicht zukam." Und an einer andern Stelle (50): „Neu war aber dort (im Weich= bilde), daß der Frau das Recht gewährt wurde, diese Gewere des Mannes durch einseitigen Akt auszuschließen. Dieser Akt fand seinen äußeren Ausdruck darin, daß die Frau das Gut nicht in den körperlichen Besitz des Mannes kommen ließ, es nicht inferierte. — — Deshalb aber war keineswegs alles noch nicht in die Detention des Mannes gelangte Gut der Frau ihr Ein= handsgut, noch umgekehrt das Einbringen der eigentliche Grund der ehemännlichen Rechte. Die Absicht, der Wille der Frau, sich Einhandsgut vorzubehalten, war das Entscheidende, — einseitig entscheidend aber nur, wenn und so lange der Mann noch nicht zur thatsächlichen Ausübung seiner Rechte in und mit dem Besitz der betreffenden Sache gekommen war."

Ein weiterer Streitpunkt zwischen Agricola und v. Martitz betrifft die, soviel ich weiß, auch von der Kritik einmütig angegriffene Wieder= aufnahme der einst von Hasse aufgestellten Behauptung, daß dem Ehe= mann nach dem Sachsenspiegel (aber nicht nach Stadtrecht, auch nicht

---

[8]) Agricola nimmt gegen Gerber mit v. Martitz an, daß der Sachsen= spiegel, wie er Vergabungen der Frau untersagte, der Konstituierung von Einhandsgütern noch feindlich gewesen sei.

mehr nach den Landrechten seit Johann von Buch) nicht bloß
an der fahrenden Habe, sondern auch an dem gesamten Im=
mobiliarvermögen freies, durch keine Ersatzpflicht und durch kein
Beispruchsrecht der Frau, sondern höchstens durch die Warte=
rechte ihrer Erben beschränktes absolutes Veräußerungsrecht zu=
gestanden habe. Auf dem Gebiete des fränkischen Rechts be=
gegnet eine solche Allgewalt des Mannes mehrfach, so in Kleve
und Kalkar, in dem Freiburg=Kolmarer Rechtskreise, in Lüttich
und in Brünn, aber ich glaube auch nachgewiesen zu haben, daß
diese Modification des Prinzips der gesamten Hand im Mittel=
alter immer nur in Verbindung mit allgemeiner Gütergemein=
schaft vorkommt, während bei der im fränkischen Recht über=
wiegenden bloß particulären Gütergemeinschaft jenes Prinzip in
voller Strenge aufrecht erhalten wird[9]. Es müßte daher·im
höchsten Maße überraschen, wenn ein auf dem Boden bloßer
Verwaltungsgemeinschaft stehendes Rechtsbuch, trotz der streng
festgehaltenen inneren Trennung des Immobiliarvermögens beider
Ehegatten, dem Manne jenes unbeschränkte Veräußerungsrecht
eingeräumt hätte. Eine solche exorbitante Annahme ließe sich
nur durch die zwingendsten Gründe, die klarsten Quellenaussprüche
rechtfertigen, die von v. Martitz für seine Ansicht angeführten
Gründe sind aber nichts weniger als überzeugend. Agricola
stimmt, und wir theilen diese Ansicht durchaus, in der Annahme
unbeschränkter und an keine Ersatzpflicht gebundener Veräußerungs=
befugniß des Mannes Betreffs des gesamten Mobiliarvermögens
mit v. Martitz überein[10]), dagegen nimmt er Betreffs der einge=

[9] Geschichte des ehel. Güterrechts II. 2. S. 179. Ich habe die Rechte,
welche den Mann als absoluten Repräsentanten der ehelichen Genossen=
schaft ansehen, als dem Prinzipe der ges. H. im weiteren Sinne zuge=
hörend bezeichnet (a. a. O. S. 16), weil sie prinzipiell auf demselben Boden
stehen, ohne an dem, was man sonst ges. H. nennt, in jeder Beziehung fest=
zuhalten. Aehnlich spricht Agricola hier von einem Surrogate der ges. Hand.

[10] Gleich diesem hält auch er daran fest, daß die Eigenthumsverhält=
nisse an der fahrenden Habe während der Ehe unverändert blieben und erst bei
Auflösung der Ehe durch die Theilung in Gerade, Hergewäte und Erbe
alteriert wurden. Dies nimmt Agricola auch für das Stadtrecht an, wel=
ches nach v. Martitz dem Manne bereits Eigenthumsrechte an der infe=
rierten Fahrniß der Frau zugestand. Das Eigenthum des Mannes an der
ehelichen Errungenschaft wird von v. Martitz auf sein Mobiliarrecht, besser von
Agricola auf das mit der vormundschaftlichen Gewere verbundene Nutzungs=
recht zurückgeführt.

brachten Immobilien der Frau das Zustimmungsrecht der letzteren bei jeder Verfügung über die Substanz als feststehend an. Er geht dabei davon aus, daß, wie auch v. Martitz zugibt, das sächsische Stadtrecht durchweg die Zustimmung der Frau bei Veräußerung ihrer Liegenschaften verlange, daß aber bei der überall hervortretenden Neigung der jüngeren und besonders der städtischen Rechtsentwickelung, die Dispositionsbefugnisse des Mannes nicht abzuschwächen, sondern vielmehr zu erweitern, unbedingt auch für das Landrecht des Sachsenspiegels die gleiche Beschränkung angenommen werden müsse. Er gesteht daher der Frau ein Revocationsrecht wegen einseitiger Veräußerungen ihrer Immobilien durch den Mann zu, das freilich ursprünglich wol erst nach Auflösung der Ehe geltend gemacht werden konnte, dann aber auch wahrscheinlich erst von diesem Augenblicke an der Gefahr des Verschweigens binnen Jahr und Tag ausgesetzt war. In Bezug auf die Frage, was aus dem Erlöse verkaufter Frauengrundstücke geworden sei, entscheidet sich Agricola in Uebereinstimmung mit v. Martitz dahin, daß die Regel „pretium succedit in locum rei" keine Anwendung gefunden, der Mann also das Eigenthum daran erworben und auch bei Auf=lösung der Ehe keine Ersatzpflicht gehabt habe; ein Bedürfniß für das Gegentheil sei auch nicht vorhanden gewesen, da ein=seitige Veräußerungen von der Frau angefochten werden konnten, bei gemeinsamen Veräußerungen aber sich hinreichende Gelegen=heit für die Frau bot, sich Betreffs des Kaufpreises vertragsmäßig zu sichern.

Dieselbe Verschiedenheit der Auffassung, wie in Betreff der Dispositionsbefugniß des Mannes über die Immobilien der Frau, zeigt sich auch bei der Frage nach der Haftung des Frauengutes für Schulden des Mannes. Während v. Martitz durch seine Ansicht über die unbedingte Verfügungsgewalt des Mannes da=hin gedrängt wird, während der Ehe eine unbeschränkte, selbst von den Erben der Frau nicht anzufechtende Haftung des ge=samten Mobiliar= wie Immobiliarvermögens beider Ehegatten (im Stadtrecht wenigstens Haftung des ersteren) anzunehmen, und der Frau auch beim Tode des Mannes nur die Stellung des Erben gegenüber der Schuld nach tobter Hand [11]) einräumt,

---

[11]) Also keine Haftung mit ihren Immobilien, wol aber, soweit die Schulden überhaupt von den Erben anzuerkennen sind, mit Gerade und

sieht Agricola, dem wir auch hierin beistimmen, von einer Haf=
tung des unbeweglichen Frauengutes für einseitige Schulden des
Mannes überhaupt ab und gesteht auch dem Dispositionsrechte
des letzteren über die fahrende Habe nicht die Wirkung zu, daß
dasselbe in gleicher Weise von seinen Gläubigern hätte geltend
gemacht werden können. Die freie Disposition stand dem Manne
nicht in dem Sinne zu, „daß er sie rein willkürlich verwenden
dürfte, also auch in seinem einseitigen egoistischen Interesse ver=
äußern könnte, sondern nur in dem Sinne, daß er über sie im
Interesse des Hauses, der ehelichen Gemeinschaft völlig frei verfügt"
(S. 365), und wenn man ihm das Vertrauen schenkte, bei seinen
Dispositionen regelmäßig das letztere Motiv anzunehmen und des=
halb keine Rechenschaft von ihm zu verlangen, so konnte man doch
„nimmermehr dritten Personen, wie den Gläubigern, eine gleich
discretionäre Gewalt einräumen, dieselbe vom Manne auf sie über=
gehen lassen, dergestalt, daß auch von ihrer Willkür abgehangen
hätte, zu entscheiden, ob eine Schuld als im Interesse der ehe=
lichen Gemeinschaft contrahiert anzusehen sei oder nicht. Viel=
mehr konnte im Verhältniß zum Gläubiger höchstens dem Richter
die Entscheidung hierüber zustehen, d. h. es konnte höchstens dem
Gläubiger für den concreten Fall der Nachweis der Verwendung
für das Interesse der ehelichen Gemeinschaft vorbehalten bleiben."
Praktische Gestalt nahmen diese Sätze freilich in der Regel erst
nach dem Tode des Mannes an, während ihn bei seinen Leb=
zeiten die strenge Personalexecution wol stets veranlaßte, von
seinem Veräußerungsrechte den ausgedehntesten Gebrauch zu
machen, geeignetenfalls selbst das ihm in Notfällen (wohin auch
Ueberschuldung gehörte) zustehende Recht einseitiger Disposition
über die Immobilien der Frau auszuüben (vgl. Agricola 385).

In dem Vorstehenden habe ich nur einige Hauptpunkte aus
dem Gebiete des gesetzlichen Güterrechts hervorheben wollen.
Zahlreiche andere Fragen und namentlich das von beiden Ver=
fassern in besondern Abschnitten eingehend und mit bestem Er=
folge bearbeitete vertragsmäßige Güterrecht der Ehegatten wer=
den, wie ich hoffe, in kurzem an anderer Stelle von mir be=

Mustheil. Die von späteren Quellen hervorgehobene privilegierte Stellung
der Gerade ist nach v. Martitz 160 f. römischrechtlichen Einflüssen zuzu=
schreiben.

sprochen werden können. Die Hauptaufgabe bleibt nun, nachdem das ostfälische Recht durch diese höchst schätzbaren Werke von Agricola und v. Martitz nahezu erschöpfend dargelegt ist, eine auf dem heutigen Standpunkte unserer Wissenschaft stehende Bearbeitung des westfälischen und des noch zu wenig berücksichtigten transalbingischen, namentlich aber auch des friesischen Rechts. Betreffs des letzteren will ich schon an dieser Stelle auf eine verdienstliche Schrift von J. Telting, Appellationsgerichtsrat in Leenwarden, aufmerksam machen, welche in der Themis, regtskundig tijdschrift, Jahrg. 1871, unter dem Titel „Schets van het oud-Friesche privaatregt" erschienen ist und ein erfreuliches Zeugniß für den wissenschaftlichen Sinn unserer stammverwandten Nachbarn wie für ihr anerkennenswertes Studium der deutschen juristischen Literatur ablegt.

II.

Roths bairisches Civilrecht enthält eine ausgezeichnete Verarbeitung des heute im Königreiche Baiern geltenden Privatrechts, unter gleichmäßiger Berücksichtigung der prinzipalen Rechtsquellen (von denen nach Ausführung des Verfassers noch 43 Particularrechte, wenn auch in sehr verschiedenem Umfange, in Geltung stehen) wie der subsidiären Rechte (römisches Recht und preußisches Landrecht); ausgeschlossen blieb nur das französische sowie das in einigen Theilen geltende österreichische und würtembergische Recht. In der Einleitung gibt Roth eine erschöpfende Darstellung der Rechtsquellen und ihrer Bedeutung und Anwendung in Baiern, und es folgt dann als erstes Buch des Systems das Personenrecht (Kap. I. Von den Rechtssubjecten. Kap. II. Eherecht. Kap. III. Eltern- und Kindesrecht. Kap. IV. Vormundschaftsrecht). Darauf beschränkt sich der Inhalt des bis jetzt allein vorliegenden ersten Theils. Indem wir uns eine der hohen Bedeutung des Werkes entsprechende Würdigung des gesamten Inhalts bis zur Vollendung desselben vorbehalten, können wir es uns doch nicht versagen, im Anschluß an die vorstehenden dem sächsischen ehelichen Güterrecht gewidmeten Zeilen auf das von Roth (Seite 295 — 417) mit besonderer Ausführlichkeit behandelte eheliche Güterrecht der bairischen Statuten schon jetzt näher einzugehen, zumal dieser Theil des Roth'schen Werkes neben seiner unmittelbaren Bedeutung für das heutige

Recht eine Fülle von historischen Rückblicken und Anknüpfungs=
punkten enthält[12]).

Während das römische Recht, abgesehen von dem Dotal=
vertrage, eine vertragsmäßige Regelung des ehelichen Güterrechts
ausschließt, räumt das deutsche Recht (was Roth gegen v. Maritz,
vgl. oben Seite 432 f., auch für den Sachsenspiegel festhält) dem
Ehevertrage überall die erste, dem gesetzlichen Rechte nur eine
subsidiäre Stellung ein. Dies ist auch der Standpunkt des
bairischen Rechts, einzelne Particularrechte verlangen sogar die
Abschließung von Eheverträgen, sei es allgemein, sei es bei Ein=
gehung einer zweiten Ehe. Die Zeit der Abschließung ist in der
Regel gleichgiltig, doch verlangen einige Rechte die Abschließung
vor der Ehe oder lassen doch nachher zeitliche oder sachliche Be=
schränkungen eintreten. Die Form ist in der Regel die schrift=
liche, zuweilen mit Zeugen oder vor Gericht; einige Statuten
fordern gerichtliche Bestätigung, nur wenige lassen formlose
Abschließung zu. Den Inhalt der Eheverträge bildet zuweilen
die einfache Bestätigung des gesetzlichen Rechts oder die einfache
Ausschließung desselben zu Gunsten des subsidiären (gemeinen
römischen oder preußischen Land=)Rechts, oder es werden aus=
drückliche Abänderungen oder doch Modificationen des gesetzlichen
Rechts ausbedungen; nur das Bamberger Landrecht beschränkt
den Inhalt auf vier bestimmt bezeichnete Güterstände, nämlich
den des gemeinen Rechts (der nicht nur bei ausdrücklicher An=
ordnung, sondern auch dann eintritt, wenn ohne Bezugnahme
auf einen andern Güterstand ein Heiratsgut festgesetzt wurde;
ferner provisorisch, wenn die vertragsmäßige Gütergemeinschaft
erst nach Jahr und Tag oder nach Geburt eines Kindes ihren
Anfang nehmen soll), ferner den der wechselseitigen Erbfolge, im
übrigen unter Beibehaltung des gemeinen Rechts, drittens die
vertragsmäßige Errungenschaftsgemeinschaft, und viertens die
allgemeine Gütergemeinschaft (S. 314 f.). Die häufigsten Fälle
sind: Bestellung des Heiratsguts und der Widerlegung, Morgen=
gabe (im praktischen Leben nicht häufig), Witthum oder Leib=
gedinge, vorbehaltenes Gut, erbrechtliche Verabredungen. Unter den

---

[12]) Leider kam mir das „bairische Civilrecht" erst zu, als Bd. II. Abth. 2
meiner Geschichte des ehelichen Güterrechts im Druck nahezu vollendet war,
so daß ich erst bei der Correctur der Druckbogen einige spärliche Hin=
weisungen auf jenes Werk einfügen konnte.

in einzelnen Particularrechten besonders ausgebildeten Instituten des vertragsmäßigen Güterrechts nimmt die in Ober= und Nie= berbaiern und der Oberpfalz auf rein gewohnheitsrechtlichem Wege ausgebildete „Gutsanheiratung" ein besonderes Interesse in Anspruch. Dieselbe ist, wie Roth nachweist, ein Nachklang der alten Widerlegung, welche, wie im schwäbisch=bairischen Recht des Mittelalters, ebensowol von dem Manne gegenüber dem Heiratsgute der Frau, als auch von der Frau gegenüber dem Heiratsgute des Mannes bestellt werden kann und in der Regel darin besteht, daß dem einheiratenden Ehegatten an dem Gute des andern für den Fall unbeerbter Ehe die Leibzucht (mit Rück= fall an die Verwandten des andern Theils), bei beerbter Ehe dagegen, falls er den andern überlebt, Eigenthum an dem halben Gute und das Recht, die andere Hälfte durch Abfindung der Kinder gleichfalls zu Eigen zu erwerben, eingeräumt wird. Diese Verpflichtung, die Kinder wegen der Hälfte des erstverstorbenen Elterntheils zu entschädigen, liegt auch, falls er überlebt, dem anheiratenden Ehegatten, der die Widerlegung bestellt hat, ob, ein interessanter Nachklang des alten Witthumsrechts das, wie ich einer Andeutung Sohms folgend hoffe glaubhaft gemacht zu haben, auf diesem Wege die Ausbildung des Verfangenschafts= rechts angebahnt hat[13]). Während die Gutsanheiratung sich, ju= ristisch betrachtet, als ein partieller Erbvertrag herausstellt, ent= hält die in Baiern gleichfalls gebräuchliche Anheiratung des halben Vermögens einen universellen Erbvertrag, ebenso wie die allgemeine Gütergemeinschaft des vorderösterreichischen Rechts (S. 312). Die vertragsmäßige allgemeine Gütergemeinschaft des bairischen Landrechts trägt dagegen denselben Charakter wie nach deutschem Recht überhaupt, ist also namentlich nicht, wie miß= verständlich vielfach ausgeführt wird, nach den Regeln des So= cietätsvertrags zu beurtheilen (S. 313 f.). Aehnlich verhält es sich mit den „Condonationen" der fränkischen Landgerichtsord= nung, welche für den Fall kinderloser Ehe die allgemeine Güter= gemeinschaft einführen und mit der Geburt eines Kindes zwar hinfällig werden, bei dem Ableben der Kinder während der Ehe aber sofort wieder in Geltung treten (S. 316).

Auf das vertragsmäßige Güterrecht läßt Roth als zweiten Abschnitt das gesetzliche Recht folgen, dem er zunächst (S. 317

---

[13]) Vgl. Geschichte des ehel. Güterrechts II. 2. Seite 193 f.

bis 329) eine ausführliche historische Einleitung vorausschickt. Da aus Roths früheren Schriften wie aus meiner Geschichte des ehelichen Güterrechts bekannt sein dürfte, daß wir uns in allem Wesentlichen in Uebereinstimmung befinden, so wird es an dieser Stelle nur eines Eingehens auf einzelne Punkte bedürfen. Auch Roth findet den Keim für das mittelalterliche System der gesamten Hand in der durch die altfränkische Morgengabe an= gebahnten Errungenschaftsgemeinschaft, die bereits in ältester Zeit vielfach schon während der Ehe hervortritt, wenn auch frei= lich die in Ermangelung einer constituierten Morgengabe subsidiär eintretende gesetzliche tertia collaborationis nur der überlebenden Witwe zukommt. Für das eigentliche Mittelalter nimmt Roth bereits eine der allgemeinen Gütergemeinschaft im Prinzip ent= sprechende innere Vereinigung der beiderseitigen Vermögens= massen an, nur daß die fahrende Habe anderen Grundsätzen als das Immobiliarvermögen folge. Dem gegenüber glaube ich[14]) nachgewiesen zu haben, daß eine derartige Rechtsbildung aller= dings in einzelnen Gegenden, auf Grund weiterer Entwickelung aus der Errungenschaftsgemeinschaft oder aus dem gesetzlichen Leib= zuchtsrecht des überlebenden Ehegatten heraus, stattgefunden und hier stellenweise zu einer absoluten Vertretungsbefugniß des Mannes, auch bei der Verfügung über Immobilien, geführt hat, daß aber überwiegend nur Mobiliar= und Errungenschafts= gemeinschaft, mit gesetzlicher Leibzucht des Ueberlebenden an den eingebrachten Immobilien des Verstorbenen bei kinderloser, und mit Verfangenschaft sämtlicher Immobilien bei beerbter Ehe, angenommen werden kann. Das der Verfangenschaft zu Grunde liegende Rechtsverhältniß wurde nach Roth (325) in einigen Gegenden auf Eigenthum der Kinder mit Leibzucht des parens superstes, in anderen auf Eigenthum des letzteren mit Warterecht der Kinder zurückgeführt. Ich habe neuer= dings den Nachweis versucht, daß nur die erstere Auffassung quellengemäß und prinzipiell zu rechtfertigen ist.[15]) Ueber die

---

[14]) Geschichte des ehel. Güterr. II. 2. §.22. Im Sinne Roths äußert sich Euler i. d. Mittheil. an die Mitgl. des Vereins f. Gesch. und Alter= thumskunde in Frankfurt. IV. S. 384.

[15]) Geschichte des ehelichen Güterrechts II. 2. Seite 182—191. Während Euler (a. a. O. 384) sich zustimmend äußert, ist ein anderer, auf dem Ge= biete des Frankfurter Rechts gleichfalls hoch verdienter Forscher (Dr. G.

Entstehung des Theilrechts, das auch von Roth (326 f.) nur als eine weitere Entwickelungsstufe des Verfangenschaftsrechts

Binding, zur Verfangenschaft des fränkischen Rechts, i. d. krit. Vierteljahrsschr. f. Gesetzg. u. Rechtsw. XIII. S. 375—391) meiner Auffassung entgegengetreten; er theilt die von mir a. a O. 184 angeführte Ansicht Gerbers, wonach die Verfangenschaft nur die Fortsetzung einer schon während der Ehe bestehenden Gemeinschaft wäre, indem die Kinder an Stelle des verstorbenen Elterntheils in die gesamte Hand eintreten. Diese Ansicht, so elegant sie auch auf den ersten Blick erscheint (ich selbst habe sie früher getheilt und bin erst durch weiteres Quellenstudium eines anderen belehrt worden), und so berechtigt sie für den Quellenkreis mit ursprünglichem Theilrecht ist (vgl. Gesch. d. ehel. Güterr. II. 2. Seite 204 ff.), muß doch, wo es sich um Verfangenschaftsrecht oder das aus diesem entwickelte Theilrecht handelt, entschieden zurückgewiesen werden. Binding sieht das Mitwirkungsrecht der Frau bei der Veräußerung von Immobilien des Mannes als ein selbständiges Recht an, das sich mit dem Eigenthume an ihren Immobilien auf ihre Kinder vererbe. Es handelt sich aber nicht um ein selbständiges Recht, sondern nur um die äußere Erscheinung eines anderen, materiellen Rechts, etwa wie der Mediziner zwischen Krankheiten und Krankheits-Symptomen unterscheidet. Von einer Vererbung des Beispruchsrechts an sich kann also keine Rede sein, es kommt darauf an, ob das materielle Recht, aus welchem jenes entspringt, auf die Erben übergeht oder nicht. Sehen wir aber von den Rechten mit Alleinerbrecht der überlebenden Ehegatten bei kinderloser Ehe für jetzt ab, so stehen der Frau außer dem Eigenthum an ihrem Eingebrachten nur zweierlei materielle Rechte an den Immobilien zu, ein Antheilsrecht aus der Errungenschaftsgemeinschaft und das gesetzliche Leibzuchtsrecht an den Immobilien des Mannes, und nur aus diesen beiden Ansprüchen oder aus einem von ihnen (insbesondere dem ersteren) ist das Prinzip der gesamten Hand entsprungen. Aber keins dieser Rechte geht auf die Erben über, das Leibzuchtsrecht schon seiner Natur nach nicht, und von der Errungenschaftsgemeinschaft ist es bekannt, daß sie mit den Kindern nicht fortgesetzt wird (und nur eine fortgesetzte Errungenschaftsgemeinschaft vermöchte die Fortdauer des Beispruchsrechts zu erklären), der Erwerb des Witwenstandes vielmehr freies Eigenthum des überlebenden Ehegatten ist. Das Recht der Kinder an den verfangenen Gütern ist demnach kein von der Mutter auf sie vererbtes (am allerwenigsten ein vererbtes Beispruchsrecht, denn es hat, wie die durch Binding 377 und 385 keineswegs erklärten Verhältnisse in zweiter Ehe zeigen, eine viel weiter gehende Bedeutnng), sondern ein selbständiges, erst durch den Tod der Mutter erzeugtes Recht. Am deutlichsten zeigt sich dies in einem Theile der für den Fall kinderloser Ehe das Alleinerbrecht des überlebenden Ehegatten anerkennenden Rechte, welche, weil sie während wie nach der Ehe eine untrennbare Verbindung des gesamten ehelichen Vermögens festhalten, von mir den Rechten mit allgemeiner Gütergemeinschaft beigezählt wurden; man könnte hier allerdings versucht sein, die Verfangenschaft aus einem Eintritt der Kinder in das

aufgefaßt wird, wurde schon oben- S. 430 gesprochen. — Mit der Rezeption des römischen Rechts giengen viele Particular-

Gesamteigenthum, an Stelle der verstorbenen Mutter, zu erklären, wenn nicht.der Freiburg-Colmarer Rechtskreis (nebst den Rechten von Brakenheim und Frauenzimmern) diese Annahme zur Unmöglichkeit machte. Hier ist während der Ehe der Mann absoluter Vertreter der ehelichen Genossenschaft, die Frau hat gar nichts zu sagen und doch gelten nach ihrem Tode auch hier die gewöhnlichen Grundsätze des Verfangenschaftsrechts; sollen die Kinder hier von der Mutter ein Recht geerbt haben, das diese selbst nicht besaß? Was Binding (a. a. O.) 386) hiergegen vorbringt, kann gewiß nicht befriedigen; er beruft sich auf die größere Schutzbedürftigkeit der in der Regel (?) beim Tode der Mutter noch minderjährigen Kinder, gegenüber dem moralischen Einflusse, den die Gattin während der Ehe etwaigen absolutistischen Neigungen des Mannes entgegenzusetzen vermochte. Ich meine, viel natürlicher ist es, statt eines solchen, rein äußerlichen Zweckmäßigkeitsgründen entlehnten und darum unter allen Umständen höchst mißlichen Arguments, einfach die durch den Tod der Frau herbeigeführte materielle Rechtsänderung anzuerkennen. Läßt sich nach diesen Ausführungen die von Binding aufgestellte Ansicht nicht halten (von einem den Immobilien des Verstorbenen nach Art einer Realberechtigung anklebenden Rechte auf dauernde, nötigenfalls durch Beispruchsrecht zu wahrende Verbindung mit den Immobilien des Ueberlebenden kann doch wol ernstlich nicht die Rede sein), so sind die von ihm gegen das Eigenthum der Kinder und die Leibzucht des überlebenden Ehegatten vorgebrachten Einwendungen ebenso wenig durchschlagend. Daß durch immer wiederkehrende Eheverträge desselben Inhalts häufig ein auch ohne Vertrag eintretendes Gewohnheitsrecht geschaffen wurde, ist eine allgemein anerkannte und aus den Quellen mehr als ausreichend belegte, von Binding 388 ohne Grund in Abrede · gestellte Thatsache; so ist nachweislich die Errungenschaftsgemeinschaft aus der Morgengabe, das gesetzliche Leibzuchtsrecht bei kinderloser Ehe aus dem adfatimus, das Mobiliarrecht des überlebenden Ehegatten aus gegenseitigen Vergabungen entstanden. Der fränkische Muntschatz, in Immobilien bestellt, wurde mit Auflösung der Ehe Eigenthum der Kinder; Mutter wie Vater hatten nur die Leibzucht. Oft bestellte der Mann sein ganzes Immobiliarvermögen als Muntschatz; das wird schließlich so oft geschehen sein, daß es sich von selbst verstand, wenn nicht ein besonderer Witthumsvertrag vorlag. Von der andern Seite kam die Leibzucht des Mannes an den Immobilien der Frau jener Rechtsbildung entgegen, ursprünglich freilich auf dem nur bei kinderloser Ehe zulässigen adfatimus beruhend, aber es war doch ein Leichtes, daß sich jenem gesetzlichen Witthumsrecht entsprechend auch bei beerbter Ehe ein gewohnheitsrechtliches Leibzuchtsrecht entwickelte. Das Verfangenschaftsrecht ist eine Kombination des gesetzlichen Witthums- und Leibzuchtsrechts, das ursprüngliche Theilrecht und die Errungenschaftsgemeinschaft ein Erzeugniß der Morgengabeverträge. Die Bedeutung des deutschen Leibzuchtsrechts (nicht bloß des elterlichen) wird

rechte, insbesondere die Mehrzahl der schwäbischen, und zwar größtentheils im Wege der Gesetzgebung, zum Dotalrecht über. Im bairischen Landrecht gilt seit der Reformation von 1518 particuläre Gütergemeinschaft, während in Franken unter dem eigenthümlichen Namen „gerönnte oder gerenkte Heurat" die allgemeine Gütergemeinschaft überwiegt, die bei unbeerbter Ehe schon in dem ostfränkischen Rechte des Mittelalters die Norm bildete [16]).

Roth behandelt zuerst (S. 329—341) das Dotalrecht, das bis auf geringe Modificationen in der rein römischen Gestalt Anwendung findet, insbesondere nicht, wie vielfach angenommen wird, durch ein Verwaltungs- und Nutzungsrecht des Mannes durchbrochen ist. Die Bestellung der dos kann particularrechtlich auch vom Manne gegen die dazu Verpflichteten klageweise verfolgt werden. Wo besondere Formen für Eheverträge bestehen,

---

meist verkannt. Der Unterschied zwischen Leibzucht und ususfructus ist, wie schon die Namen erkennen lassen, der auch sonst so oft zwischen deutschem und römischem Recht hervortretende; ersteres faßt (mehr materiell) vorzugsweise den Zweck, letzteres (mehr ideell) ausschließlich den Rechtsgrund ins Auge; ususfructus ist ein ius in re aliena, salva rei substantia, die Leibzucht ein Recht an fremdem Gute zum Zweck des Lebensunterhalts, der in erster Reihe aus dem Ertrage, nötigenfalls auch aus der Substanz zu entnehmen ist. Daß stellenweise eine strengere, mehr römische Auffassung begegnet, darf uns nicht irre machen. Die Quellenbelege für die von mir behauptete Bedeutung des Verfangenschaftsrechts (Gesch. d. ehel. Güterr. II 2. Seite 186 f.) sind klar und deutlich und lassen keinem Zweifel Raum; besonders an die aus Kölner Urkunden entnommenen Beispiele möchte ich erinnern. Eigenthümlich ist das Verhältniß, aber das deutsche Recht enthält vieles was noch weit eigenthümlicher und doch richtig ist. Das in der Regel (durchaus nicht immer) stattfindende Gesamteigenthum der Kinder mit Accrescenzrecht darf nicht Wunder nehmen, diese Form war dem deutschen Recht weit geläufiger als das den Römern einzig bekannte Miteigenthum zu ideellen Theilen. Was Binding (S. 380 f.) gegen die Beerbung der ehelichen Genossenschaft und gegen die anticipierte Erbfolge ausführt, kann allem Bisherigen gegenüber nicht ins Gewicht fallen; das letztere nicht, weil wir die anticipierte Erbfolge ganz ebenso schon im alten Witthumsrechte und bei Vergabungen von Todeswegen finden, und das erstere nicht, weil auch der von mir gewählte Ausdruck „Beerbung der ehelichen Genossenschaft" nichts anderes besagen soll, als „Erbfolge von Todes wegen gegenüber dem einen, anticipierte Erbfolge gegenüber dem anderen Genossen, mit Beibehaltung des Gesamteigenthums unter den Erben.

[16]) Geschichte des ehel. Güterr. II. 2. Seite 76—79. 178 f.

unterliegt die Bestellung der dos denselben Formvorschriften. Technische Ausdrücke sind besonders Heiratgut, Aussteuer, Ehesteuer, Zugift. Die Dotalsachen werden nach einigen Rechten nicht Eigenthum des Mannes, sondern setzen bei Veräußerungen die Zustimmung der Frau voraus, die dann aber auch für die Veräußerung von Dotalgrundstücken genügt. Besondere Dotal= Privilegien besitzt die Frau im Allgemeinen nicht. Die Wider= lage ist den bairischen hierher zu zählenden Particularrechten durchweg bekannt, und zwar im wesentlichen in der römischen Gestalt. Das Paraphernalgut steht ganz in der Hand der Frau, die aber particularrechtlich einer beschränkten Haftung für Schul= den des Mannes unterworfen ist. Bei Auflösung der Ehe wird die dos an die Frau oder ihre Erben herausgegeben, nach meh= reren Statuten auch die dos profectitia, die sonst unter Umstän= den an den Besteller zurückkehrt.

Die particuläre Gütergemeinschaft (S. 341—369) erscheint in bairischen Particularrechten nur in Form der Errungen= schaftsgemeinschaft, welche die Erträge des beiderseitigen Ver= mögens, den Arbeitsverdienst beider Ehegatten, auch den origi= ginären Erwerb durch Occupation und alle während der Ehe ge= machten nicht rein lucrativen Erwerbungen (selbst Lotteriegewinnste, Schenkungen und letztwillige Zuwendungen sub modo), nach bair. Landrecht auch die Hochzeitsgeschenke und die gemeine ge= mischte Hausfahrniß umfaßt. Diese Erwerbungen werden ent= weder schon während der Ehe als gemeinsam behandelt, oder es bleibt das Eigenthum des Erwerbers bestehen, bis bei Auflösung der Ehe nach Abzug des beiderseitigen Sonderguts sich das Restvermögen als gemeinsame Erkoberung herausstellt. Die Stellung des Sonderguts der Frau wird zuweilen durch Be= stellung eines Theils desselben als dos (während das übrige als Paraphernal= oder Rezeptizgut erscheint), auf die dann eine ent= sprechende Widerlage gewährt werden kann, modificiert, aber nicht dahin, daß nun insoweit reines Dotalrecht einträte, sondern nur wegen der der Frau gegen Dritte zustehenden Dotierungs= Ansprüche, und um ihr in der Widerlage eine Witwenversorgung zu gewähren, während die Verwaltungsrechte des Mannes selbst, außer in Betreff der Rezeptizgüter, dadurch nicht alteriert werden. Ueber sein Sondergut hat der Mann freie Verfügung, bei Ver= fügungen über das Sondergut der Frau bedarf es dagegen ent=

weder allgemein oder doch in Betreff der Immobilien ihrer Zu=
stimmung; rücksichtlich der Errungenschaft gelten verschiedene
Grundsätze, entweder freies Verfügungsrecht des Mannes, oder
gesamte Hand, oder es kommt in Frage, ob der Mann oder
die Frau den Erwerb gemacht hat. Die Frau hat nur über die
Rezeptizgüter Disposition, im übrigen bedarf sie außerhalb des
häuslichen Wirkungskreises überall der Genehmigung durch den
Mann. Voreheliche Schulden der Ehegatten gehören zum Son=
dergute, die Eheschulden dagegen, welche von beiden Gatten ge=
meinsam oder zu ehelichen Zwecken von einem allein gemacht
wurden, sind gemeinsam und müssen aus dem Samtgute, nach
der Mehrzahl der Particularrechte in subsidium auch aus den
Sondergütern beider Gatten bezahlt werden. Bei Schulden des
Mannes spricht die Vermutung für die Eheschuld, bei denen der
Frau nur innerhalb der Schlüsselgewalt, oder wo sie in Ver=
tretung des Mannes gehandelt hat. Die Beendigung der par=
ticulären Gütergemeinschaft tritt nach einzelnen Rechten schon
während der Ehe mit Geburt eines Kindes oder auf Antrag der
Frau bei Vermögensverfall des Mannes ein, in der Regel aber
erst mit Auflösung der Ehe; mit den Kindern wird sie nie fort=
gesetzt. Die Auseinandersetzungsregeln bei unbeerbter Ehe sind
so verschieden, daß sich keine einheitliche Norm aufstellen läßt;
bei beerbter Ehe wird nach einigen Rechten sofort, nach andern
erst im Falle der Wiederverheiratung geteilt, die Theilungs=
grundsätze sind auch hier überaus mannigfaltig.

Die allgemeine Gütergemeinschaft (S. 369—400) besteht
nach Roth in ihrem Wesen darin, daß für die Dauer des Ge=
meinschaftsverhältnisses „abgesehen von den Einhandsgütern für
keinen der Ehegatten die einzelnen ursprünglich ihm eigenthüm=
lich gehörigen Stücke unterschieden werden", während es kein
wesentliches Unterscheidungsmerkmal sei, „daß die Abtheilung bei
Auflösung der Gemeinschaft immer nur nach Quoten des Ge=
samtvermögens zu geschehen habe, vielmehr finden sich auch Sta=
tuten, in welchen für die Abtheilung Berücksichtigung der ur=
sprünglichen Vermögensbestandtheile vorgeschrieben ist." Es ist
dies dieselbe Auffassung, die schon oben (S. 440) rücksichtlich des
Prinzips der gesamten Hand hervorgehoben wurde und die, wie
dort angegeben, von Euler geteilt wird, in gewissem Sinne
auch den oben bekämpften Ansichten Gerbers und Bindings zu

Grunde liegt. Ich kann mich zu jener Auffassung nicht bekennen, halte vielmehr eine das Gemeinschaftsverhältniß überdauernde materielle Verschmelzung des beiderseitigen Vermögens für durchaus wesentlich, allerdings nicht notwendig mit Quotentheilung bei der Auflösung (dem Condominialprinzip entsprechend), sondern ebenso häufig mit Accrescenzrecht zu Gunsten des Ueberlebenden (auf Grund des Gesamteigenthums, sog. Consolidationsprinzip). Die Verhältnisse bei der Ehescheidung stehen dem nicht entgegen, da bei einer derartigen Vernichtung des ehelichen Bandes eine völlige restitutio in integrum nur zu natürlich erscheint. Für die bairischen Particularrechte kommt diese Streitfrage übrigens nicht so sehr in Betracht, da auch die Rechte ohne Quotentheilung mehrfach von einer Auflösung des Vermögens in die ursprünglichen Bestandtheile Abstand nehmen und nur eine Theilung nach Maßgabe der eingebrachten Werte eintreten lassen, insofern also immerhin noch auf dem Boden der allgemeinen Gütergemeinschaft stehen. Was das der letzteren zu Grunde liegende Rechtsverhältniß angeht, so nehmen wir mit Roth ein Miteigenthum der Ehegatten an, nur nicht in der scharf entwickelten Form des römischen Rechts, sondern in der flüssigeren Gestaltung des deutschen Gesamteigenthums, das während der Dauer des Gemeinschaftsverhältnisses von den Antheilsrechten völlig Abstand nimmt, ja selbst bei der Auflösung statt Realisierung der Antheile zuweilen Accrescenz eintreten läßt. Die allgemeine Gütergemeinschaft nimmt regelmäßig ihren Anfang mit der Eheschließung, nach einzelnen Rechten erst mit dem Beilager, oder nach einjähriger Dauer der Ehe, oder auch erst nach Geburt eines Kindes. Das ganze gemeinschaftliche Vermögen, von dem nur die Einhandsgüter ausgeschlossen bleiben, wird von dem Manne verwaltet. Schenkungen sind ihm untersagt, im übrigen hat er über die Fahrniß freie Verfügung; bei den Immobilien (denen zuweilen Hypotheken und Schuldverträge gleichgestellt werden) ist zu unterscheiden. Mit Recht nimmt Roth wegen der im Mittelalter weitaus überwiegenden gesamten Hand im engeren Sinne an, daß in Süddeutschland überall da, wo die Gütergemeinschaft auf Vertrag beruht und keine besonderen Verabredungen hinsichtlich der Disposition getroffen sind, oder wo die Particularrechte in dieser Beziehung nichts bestimmen, auch heute noch die gesamte Hand erforderlich ist. In einigen Statuten wird dieselbe ausdrücklich verlangt, andere Rechte (Baireuth, Dinkelsbühl, Oettingen, Fürstenthum Kempten und Pappenheim) erkennen, wie im MA. die Freiburg-Colmarer Rechte, Brakenheim und Frauenzimmern, Kalkar und Cleve[17]), Lüttich und Brünn, die absolute Vertretungsbefugniß des Mannes an, wobei indeß nach einigen Rechten unter gewissen Voraussetzungen der Frau ein zeitlich wie sachlich beschränktes Reclamationsrecht zugestanden wird. Die Dispositionsfähigkeit der Frau ist auf die Haushaltung und auf die Einhandsgüter beschränkt. Voreheliche und Eheschulden sind gemeinsam, die ersteren jedoch nach einigen Rechten nicht absolut; mit den Einhandsgütern haftet zuweilen nur die Partei, von der die Schuld herrührt. Die Auflösung der allgemeinen Gütergemeinschaft tritt regelmäßig erst mit Auflösung der Ehe ein; während der Ehe kann sie nach einigen Particularrechten durch Vertrag, nach einigen zur Sicherung gegen Vermögensnachtheile auf Antrag jedes Ehegatten oder doch der Ehefrau herbeigeführt werden. Nach der fränkischen Landgerichtsordnung ist die Gütergemeinschaft derartig durch das Vorhandensein von Kindern bedingt, daß sie mit dem Ableben der Kinder vor den Eltern sofort in Wegfall kommt. Die Theilungsgrundsätze bei Auflösung der Ehe sind verschieden. Die erste Form ist die, nach welcher den Erben des verstorbenen Ehegatten sofort das Eigenthum an dem Antheil des letzteren zufällt, die reelle Auseinandersetzung mit den Kindern aber noch ausgesetzt wird, bis Wiederverheiratung oder schlechte Wirtschaft des parens superstes sie nötig macht, also Abtheilung mit Beisitz. Roth rechnet hierhin die Rechte von Baireuth, Dinkelsbühl, Kempten, Lindau, Hohenlohe und Nürnberg, doch gehört, nach unserer oben (S. 446) motivierten abweichenden Auffassung von dem Wesen der allgemeinen Gütergemeinschaft, nur Nürnberg (mit Halbtheilung) hierher; von den übrigen stehen nur Lindau bei kinderloser Ehe (mit Alleinerbrecht des überl. Eheg.) und in beschränktem Sinne das Recht des Fürsten-

---

[17]) Daß dies auch am Niederrhein die Ausnahme war, ergibt sich außer den schon früher beigebrachten Belegen auch aus folgender Bestimmung des Emmericher Rechts (s. oben S. 192): Een man en is niet mechtig sins guetz toe vercoipen, off toe vertien, sonder believen siner huisfrauwen, et uxor mach oer man volmechtich maken oirkond tween scepen.

thum Kempten bei kinderloſer (mit Halbtheilung nach des Längſt=
lebenden Tode) und das von Baireuth bei beerbter Ehe (Grund=
theilung nach Köpfen) auf dem Boden der allgemeinen Güter=
gemeinſchaft, während alle übrigen das Vermögen wieder in ſeine
urſprünglichen Beſtandtheile auflöſen, alſo höchſtens den Rechten
mit particulärer Gütergemeinſchaft beigezählt werden können.
Die zweite Form iſt die fortgeſetzte Gütergemeinſchaft (Erbach,
Bamberg, Thurnau) bei beerbter, mit Alleinerbrecht des über=
lebenden Ehegatten bei unbeerbter Ehe; die erſtere wird mit dem
Tode des parens superstes, vorher im Falle der Wiederver=
ehelichung oder freiwilliger Abſchichtung, nach Bamberger Recht
auch noch in andern ſehr detaillierten Fällen beendigt, und zwar
durch Halb=, in Bamberg durch Kopftheilung; während der Gemein=
ſchaft hat parens superstes die Rechte welche während der Ehe dem
Vater, die Kinder die welche früher der Mutter zuſtanden; in
die Gemeinſchaft fallen die Erträge des Samtgutes und der
Erwerb des parens superstes, nicht der Erwerb der Kinder.
Die dritte Form endlich iſt das Alleinerbrecht des überlebenden
Ehegatten, der nur in geſetzlich beſtimmten Fällen zur Abtheilung
mit den Kindern (Theilungsgrundſätze verſchieden) verpflichtet,
übrigens in ſeinen Diſpoſitionen ganz unbeſchränkt iſt. Dieſe
Form findet ſich in der Mehrzahl der bairiſchen Statuten,
namentlich auch in den Rechten von Würzburg, Eichſtädt und
Fulda, was, da die gleiche Rechtsbildung in Paderborn, Münſter,
Minden und Osnabrück hervortritt, den Verfaſſer (S. 393 Anm. 1)
zu der mir doch wenig wahrſcheinlichen Andeutung einer auch
ſonſt bemerkbaren gleichheitlichen Rechtsbildung in den geiſtlichen
Fürſtenthümern veranlaßt.

Auf die allgemeine Gütergemeinſchaft läßt Roth (S. 400
bis 402) das Prinzipalſyſtem des preußiſchen ALR., die Güter=
einheit oder — mit einer Bezeichnung, die mir angemeſſener er=
ſcheint — die eheliche Verwaltungsgemeinſchaft folgen [18]). Dies

---

[18]) Die Bezeichnung „Gütereinheit" iſt als Gegenſatz zu der „Güter=
gezweietheit" gemeint, indem ſie dasjenige poſitiv ausdrücken ſoll, was
der Sachſenſpiegel mit „kein gezweiet Gut" negativ ausdrückt. Vgl.
v. Gerber, Erörterungen zur Lehre vom deutſch. ehel. Güterrechte S. 10 f.
Dieſer an ſich glückliche Gedanke iſt meines Erachtens aus ſprachlichen
Gründen unausführbar, da bei dem Worte Einheit die poſitive Bedeutung
viel zu ſehr überwiegt, „Gütereinheit" alſo weit mehr ſagt als gemeint iſt.
Mir wenigſtens iſt es unmöglich, mir vom rein ſprachlichen Standpunkte aus

System wird durch die Ansbacher und Baireuther Rechtsent=
wickelung im allgemeinen ausgeschlossen und kommt daher nur
bei vertragsmäßiger Ausschließung der particularrechtlichen Nor=
men in Betracht.

An den zweiten Abschnitt (gesetzliches Güterrecht) schließt
sich als dritter Abschnitt die Erbfolge der Ehegatten (S. 403 bis
412). Mit Recht unterscheidet Roth bei dem, was wegen der
rein particularrechtlichen Entwickelung gemeiniglich statutarische
Portion genannt wird, das Erbrecht welches als Surrogat der
Auseinandersetzung erscheint, das Erbrecht das in Verbindung
mit der Auseinandersetzung gegeben ist, und endlich das Erb=
recht das den Ehegatten unabhängig von der Güterordnung zu=
steht in welcher sie gelebt haben. Die erste Form kommt nur
in Sachsen vor, Baiern kennt nur die zweite (eheliches Güter=
erbrecht) und die dritte (statutarische Portion), jene ein Theil des
ehelichen Güterrechts, diese ein Theil des Intestaterbrechts; die
letztere kann regelmäßig durch Dispositionen des Erblassers auf=
gehoben oder verändert werden, die erstere meistentheils nicht.
Im einzelnen sind die bei beiden geltenden Normen überaus
verschieden gestaltet.

Der vierte Abschnitt enthält die Folgen der Ehescheidung
(S. 412—415). Die Ehescheidungsstrafen des römischen Rechts
können unbeschränkte Anwendung nur da finden, wo Dotalrecht
gilt. Bei particulärer Gütergemeinschaft erfolgt die Auseinan=
dersetzung ganz wie beim Tode des einen Ehegatten; der schul=
dige Theil hat sodann von dem Seinigen die Strafe des römi=
schen Rechts zu entrichten. Bei allgemeiner Gütergemeinschaft
ist die Sache nach einigen Rechten ebenso, nach anderen findet
restitutio in integrum und sodann Ehescheidungsstrafe Anwen=
dung, wieder andere schließen den schuldigen Theil ganz aus.
Kasuistisch ist die Ehescheidungsordnung von Nürnberg von 1803.
In Ansbach und Baireuth gelten die Grundsätze des preußischen
Rechts.

---

unter Gütereinheit etwas anderes als unter Gütergemeinschaft zu denken.
Ich gebe zu, daß auch die Bezeichnung „Verwaltungsgemeinschaft" nicht
ganz genügend ist, weil sie das Verfügungsrecht des Mannes über die
Fahrniß nicht mit ausdrückt. Aber unter allen vorgeschlagenen scheint sie
mir die zutreffendste.

Abschnitt V endlich bespricht die Folgen der Wiederverehe=
lichung (S. 415—417), und zwar mit dem Ergebniß, daß die
römischen Strafen der zweiten Ehe auf die bairischen Particu=
larrechte, mit Ausschluß des Gebietes des preußischen Rechts,
durchweg anwendbar seien.

Auf das eheliche Güterrecht folgt als drittes Kapitel das
Eltern=. und Kindesrecht, von dem hier nur § 74 (die Einkind=
schaft) und §. 79 (elterlicher Beisitz) in Betracht kommen. Die
Einkindschaft findet sich in Verbindung mit der allgemeinen
Gütergemeinschaft regelmäßig; von den Rechten mit particulärer
Gütergemeinschaft erkennen fünf ihre Zulässigkeit an, dieselbe ist
aber auch nach den übrigen, wo nicht ein Verbot entgegen steht,
anzunehmen. Gesetzliche Einkindschaft, unter gewissen Voraus=
setzungen, gilt nach Bamberger und Fuldaer Recht. Der Ver=
trag setzt stets Zuziehung der Kinder oder ihrer Vertreter vor=
aus. Die Abschließung bedarf richterlicher Bestätigung, nach
einigen Rechten noch weiterer Förmlichkeiten. Nach einigen
Rechten hat der Vertrag nur vermögensrechtliche, nach anderen
auch rein familienrechtliche Wirkungen. Im §. 79 bespricht
Roth das in einigen Statuten dem überlebenden Ehegatten oder
doch dem Vater zuerkannte Beisitzrecht an dem gesamten Ver=
mögen der Kinder, oder an dem ihnen von dem parens prae=
mortuus zugefallenen Erbtheil. Dies Recht ist ein reiner Aus=
fluß des Elternrechts und hat keinen erbrechtlichen Charakter.

Zur Geschichte der Sicherheitsstellung im germanischen Strafverfahren.

Von

Herrn Professor Dr. Heinze in Leipzig.

Die Lex Salica droht, um das Erscheinen des Verklagten
am Gerichtstage sicher zu stellen, zwei Rechtsnachtheile an, die
Buße von 15 Solidi, si quis ad mallum legibus dominicis
mannitus fuerit et non venerit in tit. I., und die bei fortge=
setztem Ungehorsam zur Friedlosigkeit des Verklagten führende
Ladung vor des Königs Gericht, in tit. LVI. Die Frage nach
der Bedeutung des legibus „dominicis" in jener Stelle und

nach dem Prozeßstadium, auf welches sich tit. LVI. bezieht[1]), gehört nicht hierher. Es genügt darauf hinzuweisen, daß die Lex weder eine Bürgschaft noch eine andere Art der prozessualen Sicherheitsstellung für den Verklagten erwähnt. [2])

Sehr nahe steht dem Salischen Verfahren in tit. LVI. des Gesetzes, dessen Zwangsmaßregeln in der Frieblosigkeit ihren letzten Stützpunkt finden, das alte Recht der Sachsen (Capitulare Saxonic. v. 797 c. 8 [3])

..... si talis fuerit rebellis, qui justitiam facere noluerit et aliter districtus esse non poterit et ad nos, ut in praesentia nostra justitiam reddat, venire dispexerit, condicto commune placito simul ipsi pagenses veniant; et si unanimiter consenserint pro districtione illius causa (Var. Casa) incendatur, tunc de ipso placito commune consilio facto secundum eorum ewa fiat peracum. . . .

Halb der ältesten germanischen, halb der römischen Anschauung gehört an das Edictum des Longobardenkönigs Rotharis c. 3 [4]):

Si quis foris provinciam fugere tentaverit, mortis incurrat periculum et res ejus infiscentur.

Wesentlich abgeschwächt und vielleicht mit römischen Zuthaten versetzt, kehrt die älteste und schwerste prozessuale Strafe wieder in den Capitularien des zweiten Viertheils des neunten Jahrhunderts. Die Einleitung des Verfahrens, wie sie in Ansegisi Capitul. lib. III no. 45 (827) [5]) beschrieben wird, erinnert an den ersten Titel des Salischen Gesetzes:

---

[1]) Vgl. Sohm, der Proceß der Lex Salica, S. 131 f. und 181 ff.

[2]) Vgl. Waitz, das alte R. der Sal. Franken S. 177. nr. 2. Einigermaßen abweichend Sohm S. 164, der aber doch auch anerkennt, daß die Bürgenstellung, welche er in tit. 56 angedeutet findet, vorwiegend nur als die Form erscheine, in welcher der zunächst Verpflichtete selber das Geschuldete zu leisten verspreche. Daß die Fidejussores, wenn dieselben im Prozeß der Lex Salica überhaupt vorgekommen sein sollten, nur eine Art von Solennitätszeugen für das Versprechen des Verklagten waren, ergiebt sich auch daraus, daß ihrer im weitern Verlauf des Verfahrens nirgends gedacht ist; vgl. insbes. tit. 50. 2.

[3]) Pertz, Mon. Germ. hist. III S. 76; vgl. Gaupp, Recht u. Verf. der alten Sachsen S. 136, Grimm, deutsche Rechtsalterth. S. 729 ff.

[4]) F. Walter, Corp. jur. germ. antiqu. I. S. 684. Vgl. auch v. Meibom, das deutsche Pfandr. S. 55 f.

[5]) Pertz, Mon. III 45; Parallelstelle Hludow. II Cap. exc. (856) c. 13. Bei Pertz III 443. Nach Lex Ripuar. tit. 32, 1—3 ist die Einleitung des

Si quis ad mallum legibus mannitus fuerit et non venerit,
si eum sunnis non detenuerit, quindecim solidis culpabilis ju-
dicetur. Sic ad secundum et tertium. Si autem ad quartum
venire contempserit, possessio ejus in bannum mittatur, donec veniat, et de re, qua interpellatus fuerit, justitiam faciat. Si infra annum non venerit, de rebus ejus quae in banno
missae sunt rex interrogetur, et quidquid inde judicaverit,
fiat. Das weitere Verfahren ist ersichtlich aus Ansegisi Capitul.
lib. IV c. 23⁶):

Cujuscunque hominis proprietas ob crimen aliquod, quod
idem habet commissum, in bannum fuerit missa, et ille, re
cognita, ne justitiam faciat, venire distulerit, annumque ac
diem in eo banno illam esse permiserit, ulterius eam non
acquirat, sed ipsa fisco nostro societur. Die dem Kläger zu=
kommende Composition soll alsdann zunächst von der fahrenden
Habe, nöthigenfalls aber auch von den Immobilien gedeckt
werden

Wie weit dieses prozessuale Zwangsmittel von der Fried=
losigkeit der ältesten Zeit sich entfernt hatte und wie einseitig
der Vermögensnachtheil in den Vordergrund trat, ergiebt sich aus
Karol. M. Cap. Longob. c. 4⁷) (813):

Et quia sunt nonnulli, qui sine proprietatibus in regno
nostro degentes judicia comitum effugiunt atque non habentes
res aut substantiam quibus constringi possint . . .

Gemeinsam ist diesen Gattungen des Prozeßganges, daß
von Sicherungsmaßregeln nicht die Rede ist. Nur die dem Un=
gehorsam drohenden Strafen sollen den Geladenen zum Gehorsam
bestimmen.

Doch reichen auch Sicherungsmittel in ein hohes Alterthum
hinauf. Theils solche, die dem Interesse des Klägers dienten und
über welche wir hauptsächlich in einzelnen Volksrechten Mit=
theilungen finden, theils solche, welche der richterlichen und ins=

Verfahrens und die anfängliche Ungehorsamsstrafe dieselbe, in den spätern
Stadien aber treten Abweichungen ein; f. u.

⁶) Pertz, Mon. III p. 315, Parallelstelle Anseg. Capitul. App. I. c. 74,
Pertz, III 321.

⁷) Pertz, III 192. Parallelstelle Kar. II Cap. Caris. (873) Pertz, III
519:. Et qui res et mancipia vel mobile non habent, per quae distringi
possint, ut ad mallum veniant . . . . . .

besondere der königlichen Autorität Folgeleistung verschaffen sollten und daher vornehmlich in den Capitularien eine Rolle spielen.

Das burgundische Recht kannte eine processuale Bürgschaft; Lex Burg. XVIII, 4 [8]):

> ... quicunque Burgundio de quacunque causa ab eo, qui illi litem intendit, bis admonitus fuerit, ut dato fidejussore ad judicium veniat, et si nec fidejussorem dare nec ad judicium venire voluerit, atque hoc factum duobus aut tribus ingenuis testibus potuerit adprobari, inferat mulctae nomine sol. VI. et ad judicium nihilominus venire compellatur.

Das longobardische Recht machte von der Bürgschaft nicht allein zur materiellen Sicherstellung von Rechtsansprüchen viel= fachen Gebrauch, sondern wandte die Bürgschaft auch als pro= cessuales Sicherungsmittel an; Edict. Rotharis 365, 366, 367. [9])

> Si quis alii wadiam et fidejussorem de sacramento dedit. . . . .

> Si quis alii pro quacunque causa wadiam et fidejussorem de sacramento dederit, detur ei spatium usque ad XII. noctes ad ipsum sacramentum dandum etc.

> Si contigerit homini post datum fidejussorem de sacramento et sacramentales nominatos mori . . .

Auch die bloße wadia [10]), d. h. ein formelles, von symbolischen Handlungen begleitetes Versprechen, kam als proccessuales Sicher= heitsmittel vor, so Liutpr. Leg. lib. VI. 13 [11]): Si quis alii wadiam de sacramento dederit. . . . .

Hier schlägt auch ein die bekannte Bestimmung Cap. Aquis — gr. gen. 817, Cap. legg. add. c. 15 [12]):

> Si liber homo de furto accusatus fuerit et res proprias habuerit, in mallo ad praesentiam comitis se adhramiat. Et si res non habet, fidejussores donet, qui eum adhramire et in placitum adduci faciant.

---

[8]) Walter, C. J. G. A. p. 313. Nicht auf eine Prozeßbürgschaft scheint sich zu beziehen Childeb. R. Cap. Pacto L. Sal. add. 6, 2. Pertz, IV. 8: Si antruscio antruscionem pro qualibet causa manniret aut ibidem fidejussorem quaesierit et eum secundum legem non rogaverit.

[9]) Walter, S. 746 ff.

[10]) Vgl. Walter, D. Rechtsgeschichte Bd. II. S. 219.

[11]) Walter, C. J. G. A. I 781.

[12]) Pertz III 213. Dieselbe Bestimmung f. Anseg. Cap. 1. IV c. 27, Pertz, III 316. Etwas modificirt lautet sie in Hludow II Capp. div. c. 40, Pertz, III 527.

Wenigstens vermag ich c. 12 daselbst nicht anders zu ver=
stehen, als daß c. 15 von einem Fall des mannire handelt. Da=
mit stimmt auch das Citat (irrig 29 anst. 27) in Karoli II. cap.
Caris c. 3 (Pertz III 519), wonach das bannire erst eintritt,
wenn das mannire vergeblich war. Das Verhältniß gestaltet
sich daher folgendermaßen: Hat der Beklagte Eigenthum, wovon
er eintretendenfalls die emenda des Diebstahls (die am Schluß
des cap. bei dem Sclaven, der gestohlen hat, ausdrücklich er=
wähnt wird) zahlen kann, so genügt es, wenn er verspricht sich
am Gerichtstag zu stellen. Fehlt die Sicherstellung der emenda
durch Eigenthum, steht also im Fall des Unterliegens Verlust
der Freiheit in Aussicht[13]), so werden Bürgen verlangt. Die Art
der Sicherstellung erscheint demnach bedingt durch die Art der
drohenden Strafe. Keineswegs aber kann diese Stelle als allge=
meingiltiger Beleg dafür citirt werden, daß der Besitz von
Grundeigenthum von der Stellung von Bürgen befreit habe.

Die Bürgschaft für Zahlung einer multa an den Verletzten,
von welcher, z. B. Hloth. 1 Const. Pap. c. 30 (Pertz III 364)
und Hludow II. Cap. exc. c. 20 (Pertz III 443) handeln,
gehört nicht sowol dem Prozeß als dem materiellen Recht an.
Das gleiche gilt von L. Bajuv. I, 6, 3[14]) ... ad partem fisci
pro fredo praebeat fidejussorem. ...

In viel weiterem Umfange fand die Bürgschaft Verwendung,
um die Folgeleistung gegenüber der obrigkeitlichen Autorität,
insbesondere die Stellung im Gericht des Königs zu sichern. Den
Uebergang bildet die Lex Alemann. t. 36, 3[15]):

... Et in primo mallo spondeat sacramentales et fidejussores praebeat et wadium suum donet Misso Comitis vel
illi Centenario qui praeest, ut in constituto die aut legitime
juret aut si culpabilis est, componat, ut per neglectum non
evadat, et si evaserit, sexaginta solidis de fredo sit semper
culpabilis. ...

Hier wird das wadium dem Richter bestellt, der fidejussor,
wie es scheint, dem Kläger.

Demnächst sind Bürgen zu stellen, wenn hartnäckiger Un=
gehorsam des Beklagten vorausgegangen ist; Lex Ripuar. tit.

---

13) Vgl. Cap. de exerc. (811) c. 3 bei Pertz III 169 f.

14) Walter I 245.

15) Walter I 210; vgl. zu dieser Stelle Sohm, S. 163 ff.

32, 4.[16]) Der Beklagte ist siebenmal ungehorsam ausgeblieben; der iudex fiscalis schreitet nun zur Pfändung behufs Erlangung der strudis legitima (45 sol. dem Kläger, 15 jedem der 7 Ra= chinburgen, welche die gesetzliche Ladung bezeugen). Ueber das Weitere heißt es:

Quod si ipsam strudem contradicere voluerit, et ad januam suam cum spata tracta accesserit, et eam in porta sive in poste posuerit, tunc judex fidejussores ei exigat, ut se ante Regem repraesentet et ibidem cum armis suis contra contra- rium suum se studeat defensare.

Wahrscheinlich ist es in einer Mehrzahl anderer Fälle das specielle Moment des Ungehorsams gegen des Königs Befehl oder doch der Verletzung des königlichen Schutzes, welches die Aburthei= lung im Gericht des Königs und das Eintreten von fidejussores herbeiführt.[17]) Hierher kann man zählen, Pipp. Cap. inc. ac. c. 3.[18]) Gewaltthätige Hinderung eines Geistlichen oder Laien an Abbüßung der durch Incest verwirkten Strafen, Hludow. et Hloth. Cap. gen.[19]) eccles. (829) c. 1., Angriffe auf Priester, die trotz Bischof und missus fortgesetzt werden, ibid. cap. mund. c. 4, Beugen des Rechts durch einen Schöffen, ib. c. 6ᵇ Verleitung von Zeugen zum Mein= eid, ib. c. 7, Unfriedfertigkeit und Händelsucht (qui discordiis et contentionibus studere solent et in pace vivere nolunt et inde convicti fuerint), Erhebung einer Fehde wider des Königs Be= fehl, Kar. II. Cap Caris (873)[20]) c. 2 (. . . Quod si quis facere praesumpserit, per certos fidejussores ad nostram praesentiam perducatur), und wol auch die Const. Childeb. 1[21]) (554), wo= nach die thätigen Anhänger des heidnischen Göttercultus „datis fidejussoribus non aliter discedant nisi in nostris obtutibus praesententur." Sehr deutlich ist die Beziehung auf zu brechen= den Ungehorsam in Kar. II. Cap. Conv. Silv. c. 4[22]): Et si

---

[16]) Walter I 173.
[17]) In Bened. Cap. add. IV. 45 (Pertz, IV. p. II. 150) wird die Stellung von fidejussores in Verbindung mit der Bestrafung juxta Ro- manam legem gebracht.
[18]) Pertz, III 31.
[19]) Pertz, III 350, 351, 352.
[20]) Pertz, III 519.
[21]) Pertz, III. 1.
[22]) Pertz, III 424.

aliquis missos illorum (b. h. ber Missi regis) non obaudierit, per fidejussores ad illius praesentiam perducatur.

Auch in einem anbern Fall ift es boch wol mehr noch ber Ungehorfam gegen ben König als bie Schwere ber bevor=
ftehenben Strafe, welche bas Eintreten ber fidejussores zur Stellung bes Schulbigen vor bem König herbeiführt. Nämlich bei bem Verbrechen bes Heriflig, Cap. Aquisgr. (810) c. 12 [23])

Herisliz qui factum habent, per fidejussores ad regem mittantur,

auf bem bie Tobesftrafe ftanb, Cap. Bonon. (817) c. 4.[24]):

Quicunque absque licentiam vel permissione principis de hoste reversus fuerit, quod factum Franci herisliz dicunt, volumus ut antiqua constitutio, id est capitalis sententia, erga illum puniendum custodiatur.

In anberen Fällen war lebiglich bie Art bes Verbrechens unb ber Strafe maßgebenb, fo Cap. Langob. 802 c. 14 [25]):

Ut ante vicarios nulla criminalis actio diffiniatur nisi tantum leviores causas quae facile possunt dijudicari; et nullus in eorum judicio aliquis in servitio hominem conquirat, sed per fidejussores remittatur usque in praesentiam comitis.

Augenscheinlich ift eine ältere unb eine neuere Geftaltung bes Inftitutes ber fidejussores zu unterfcheiben. Dort wählt unb ftellt biefelben ber Beklagte, währenb hier in ber Regel Be=
ftellung burch ben Richter ftattfinbet. Noch wichtiger ift ber Unterfchieb in ben Funktionen. Die fidejussores ber fpätern Zeit finb in ber Regel nicht Bürgen, fonbern Wächter ober richtiger Transporteure. Wenn Wenbungen wie: sub fidejussione ober auch per fidejussores, ad placitum nostrum venire compellatur, ober felbft per fidejussores ad nostram praesentiam venire faciant, noch bie Möglichkeit einer anberen Deutung zu=
laffen follten, fo fchließen bie Ausbrücke: personam per fidejussores positam ante regem faciat . . . venire, per fidejussores ad illius praesentiam perducatur, fidejussores qui eum in pla-

---

[23]) Pertz, III 163. Parallelftelle Anseg. Cap. App. II c. 30, Pertz, III 321; vgl. auch Conv. Caris. Kar. II c. 5 u. 6. Pertz, III 452.
[24]) Pertz, III 173. Parallelftelle Anseg. Cap. lib. III 70. Pertz, III 308.
[25]) Pertz, III 104.

citum adduci faciant, per fidejussores remittatur, jeben Zweifel aus. [26])

Zur Bestätigung dient das Verhältniß der Angeschuldigten, welche von Immunitätsherrn ober aus Kirchen, in benen sie ein Asyl gesucht haben, auszuliefern sind. Die oben citirte Stelle aus dem Cond. Silv. c. 4 fährt fort: Si autem alterius homo fuerit, senior cujus homo fuerit, illum regi praesentet. In bem Cap. Paderbr. (785) heißt es c. 2: [27])

Si quis confugia fecerit in ecclessiam, nullus eum de ecclesia expellere praesumat, sed pacem habeat usque dum ad placitum praesentetur — et sic ducatur ad praesentiam domni regis —

und bie Capit., quae in L. Sal. mitt. sunt, bestimmen unter 3: [28])

Si quis ad aecclesiam confugium fecerit — nullus eum inde per vim abstrahere praesumat; set liceat ei confiteri quod fecit, et inde per manus bonorum hominum ad discussionem in publico perducatur.

Aehnliche Bestimmungen enthält das Cap. Caris. c. 3. a. E. hinsichtlich ber fiscalini, ber coloni de immunitate und ber Sklaven.

Besonders greifbar ist in demselben Capitulare c. 1 und 4 ber Charafter ber fidejussores gekennzeichnet:

. . . Et si (sc. latro vel malefactor vel infidelis forbannitus) de uno missatico vel comitatu in alium missaticum vel comitatum fugerit, missus vel comes in cujus missaticum fugerit per fidejussores constringat, ut velit nolit illuc reveniat et ibi malum emendet, ubi illud perpetravit. Et si fidejussores non habuerit, sub custodia illum habeat donec ad illum comitem in cujus comitatu forbannitus fuerit, illum revenire faciat. . . .

. . . Comprehensus autem, si fidejussores habere potuerit, per fidejussores ad mallum adducatur; si fidejussores non habuerit, a ministris comitis custodiatur et ad mallum perducatur. [29])

---

[26]) Vgl. auch bie Nachweisungen über ben verwandten Ausbruck „sub fide" bei Sohm, ber Proc. ber L. S. S. 176 f. und bei v. Meibom, bas beutsche Pfandr. S. 80.

[27]) Pertz, III 48.

[28]) Pertz, III 113.

[29]) Ohne Unterscheibung ber möglichen Arten bes Transportes heißt es im Cap. Aquisgr. (813) c. 12, Pertz, III 188: Ut homines boni generis qui infra comitatu inique vel injuste agunt, in praesentia regis ducan-

Wie wenig bedeutend der Unterschied zwischen der Bewachung durch Bürgen und der Haft war, ergiebt sich auch aus dem Cap. Mant. (781) c. 10. [30])

De latronibus qui ante missi nostri menime venerunt, ut comites eos perquirant et ipsos aut per fidijussore aut sub custodia serventur, donec missi ividem revertunt.

Die Analogie der Fälle, in welchen fidejussores, d. h. Wächter resp. Transporteure aufgeboten werden, mit denjenigen, in denen Haft eintritt, läßt sich noch weiter verfolgen. So wird im Cap. Aquisgr. (802) c. 37 und 38. [31]) hinsichtlich der Verwandtenmörder, welche dem kirchlichen Urtheilsspruch nicht Folge leisten und hinsichtlich der Incestuosen, welche überdies den Bann des Königs nicht achten, verfügt

... quod ad salutem animae suae justumque judicium solvendum missi nostri et comitis in tali custodia coartent ut salvi sint nec ceterum populum quoinquinent, usque dum in nostra praesentia perducatur;

in den Cap. de Judaeis von 814 [32]) heißt es von den Juden, die wider des Königs Verbot Wein verkaufen u. s. w.

omnis substantia sua ab illo auferatur et in carcerem recludatur, usque ad praesentiam nostram veniat,

und in Hludow. et Hloth. Cap. pro lege hab. c. 3 [33]) von dem bigamus

. ... armis depositis publicam agat poenitentiam. Et si contumax fuerit, comprehendatur a comite et ferro vinciatur et in custodia mittatur, donec res ad nostram notitiam deducatur.

Das Verhältniß scheint im Allgemeinen dies gewesen zu sein: die Voraussetzungen für Haft und Aufstellung von fidejussores waren dieselben. Die fidejussores wurden aber vorzugsweise aufgeboten, wenn es galt, den Beschuldigten sicher an einen anderen Ort zu bringen. Mangelten Privatpersonen, die als fidejussores verwendet werden konnten, so wurde der Trans=

---

tur, und in Kar. II Missor. Cap. 857 (Pertz, III 455) c. 3: Et si (sc. episcopi et comites) eos (sc. qui infra patriam residentes, rapinas exercent etc.) constringere non potuerint, ad regalem praesentiam deducantur, ut dignam suscipiant vindictam.

[30]) Pertz, III. 41.
[31]) Pertz, III 96.
[32]) Pertz, III 194.
[33]) Pertz, III 353.

port ben Dienern des comes u. s. w. aufgetragen ober auch der Angeklagte an Ort und Stelle in Gefangenschaft gehalten, bis eine schickliche Gelegenheit zur Einlieferung sich fand. In Anseg. Cap. L. III. c. 7 [34]) wird geradezu custodia zur Bezeichnung der Transporteure gebraucht und dem carcer gegenüber gestellt:

... non ... in carcere ponantur; sed cum custodia ... ad palatium nostrum remmittantur. ...

Bemerkenswerth ist, daß Grundbesitz weder von der Uebergabe an fidejussores noch von der Haft befreit. Bei Weitem die meisten Stellen, welche von diesen processualen Sicherheitsmaßregeln handeln, nehmen auf Grundbesitz keine Rücksicht. Ueber die bekannte Bestimmung des Cap. Aquisgr. von 817 ist schon oben das Nöthige bemerkt worden. Auf die letztere nehmen die ausführlichen Vorschriften des Cap. Caris. v. 873 c. 3. wiederholt Beziehung. Der Kreis der Verbrechen, die dabei in Betracht gezogen werden, ist gegen früher etwas erweitert, wenngleich im weitern Verlauf wiederholt eine engere Begrenzung eintritt. Die Abweichungen von Verfahren des älteren Rechtes sind charakteristisch für die Umwandelung der älteren Form und Bedeutung des Instituts in die neuere.

Es wird nicht unterschieden zwischen Grundstücksbesitzern und solchen, die nicht Grundstücksbesitzer sind, sondern zwischen Solchen qui res et mancipia vel mobile habent und Solchen, qui res et mancipia vel mobile non habent. Gegen die ersteren tritt, wenn sie der Ladung des Anklägers und banach wiederholt dem Bann des Grafen nicht folgen, die Zwangsmaßregel der Confiscation ein. Diese dagegen werden nicht etwa von Haus aus zu Stellung von Bürgen angehalten, sondern nach der zweiten vergeblichen bannitio des Comes festgenommen. Findet der so festgenommene fidejussores, die nicht dem Ankläger, sondern dem Grafen gestellt werden, so wird er diesen übergeben; wo nicht, so führen ihn die Diener des comes an Gerichtsstelle. Hier wie dort ist also ein Ungehorsam schon vorausgegangen, dessen Fortsetzung dort durch Vermögensnachtheile, hier durch Freiheitsbeschränkung gebrochen werden soll.

Selbst in Fällen der handhaften That kommen Erscheinungen vor, die mit der fidejussio verwandt sind. So ist in der Lex

<hr>

[34]) Pertz, III 302.

Rip. tit. LXXIII. 4 von dem Dritten die Rede cui (sc. fur ligatus) commendatus fuerit.

Auch in den mittelalterlichen Rechtsbüchern sind mehrere Gattungen der Bürgschaft zu unterscheiden.

Der Sachsenspiegel handelt I. 61 von einer Bürgschaft, welche der Kläger dem Beklagten, der Beklagte dem Kläger stellt. Wer weder einen Bürgen stellt noch Erbe hat, den soll der Frohnbote festnehmen, wenn um Ungericht geklagt ist. Unter dieser Voraussetzung droht die Haft sowol dem Kläger als dem Beklagten. Zwar wird nach I. 10, 2 die Bürgschaft dem Richter ge= stellt „dat se, d. h. die Parteien, to rechte vorkomen," womit die Bestimmung in I. 61, in Verbindung zu bringen ist, daß Bürgen nicht zu stellen sind „er die Klage gedaget si." Allein, daß es sich dabei in erster Linie um eine dem Prozeßgegner zu gewährende Sicherheit handelt, ergiebt sich theils aus der Bedingung, unter welcher der Bürge des ungehorsamen Beklagten haftet, daß der letztere nämlich

„an der klage gewunnen is"

Sachsensp. III., 9, 1, theils aus der Höhe des Betrags, für den Bürgschaft zu leisten ist. Hafteten die Bürgen in Wirklichkeit für die Erfüllung der richterlichen Auflagen, so müßte der Bürge bei ungehorsamem Ausbleiben der Partei zahlen, auch wenn die letztere nicht sachfällig wäre, und würde die Höhe der Bürg= schaftssumme sich bestimmen, nach dem Betrag der richterlichen Wedde. Nach Sachsensp. II., 10, 2 wird dagegen das regelmäßige Maximum durch das Wergeld dessen gebildet, der den Bürgen stellt. Höher braucht auch der Beklagte nicht zu gehen „it ne si scult (, d. h. Geldschuld) der he bekant oder die mit rechte up ine gebracht werd." Nach III. 9, bekommt zwar bei Klagen, die auf Leib (und Leben) gehen, der Richter seine Wedde von dem, was der Bürge für den ungehorsamen Beklagten zahlt, aber der Bürge ist blos verpflichtet zu Zahlung des Wergeldes; die Wedde geht von diesem Wergeld ab. So werden selbst die Ansprüche des Richters aus der Summe befriedigt, für welche der Partei Sicherheit gestellt war. Bemerkenswerth ist hier= nächst, daß bei der Klage um Ungericht nach Befinden eine kleinere Bürgschaftssumme genügend ist, obschon hier und nur hier im Mangel eines Bürgen oder Grundbesitzes Haft eintritt. Eine solche Gestaltung des Verhältnisses weist deutlich zurück auf die ältere Zeit, in der der Kläger das Wergeld verlangte, und wenn diese Forderung durch Grundbesitz des Beklagten sicher gestellt war, keines weiteren Sicherungsmittels beburfte, wogegen in Ermangelung dieses Executionsobjectes Bürgen gefordert und wenn diese nicht aufgebracht werden konnten, Haft zu Sicherung der dereinstigen Lebens= oder Leibesstrafe erforderlich erschien. Diese Anknüpfung an das ältere Recht ist in der Parallelstelle des Spiegels deutscher Leute, Art. 85.

Swes der chlager vor gerichtes schuldig wirt oder da ant= wurt da sullen sie bürgen umbesetzen, ob sie nicht gutes in dem gerichte habent, swer nicht purgen hat, den sol der vronpote be= halten,

völlig verloren. Zur Erläuterung dient Art. 104:

Swa zwen für gerichte gent und umbe gulte ein ander be= chlagent. oder umbe (un) gerichte. die sullen bürgen setzen der aine da er volvar an der chlage. der ander daz er chlage antwurte als recht sei. habent sie nur gut in dem gerichte. daz der chlag wert ist so sullen si dhainen bürgen setzen.

Hiernach tritt Haft auch bei anderen als bei Ungerichts= klagen ein, bestimmt sich in allen Fällen die Höhe der erforder= lichen Sicherstellung nach dem Werth der Klage und wird nur das Erbe berücksichtigt, das die Partei im Gerichtsbezirk besitzt. Der Schwabenspiegel (Laßberg) stimmt in Art. 96 und 112 mit dem Deutschenspiegel, abgesehen von unwesentlichen Abweichungen der Wortfassung, überein. Zur Erklärung des Verlangens, daß das von der Pflicht zur Bürgschaft befreiende Gut in dem Ge= richte gelegen sein müsse, dient vielleicht die Ueberschrift des Art. 112 „der dem richter nut gewiz genug ist.“

Der fidejussio, welche in der Karolingischen Zeit wegen vorausgegangenen Ungehorsams gegen des Königs Gebot statt= fand, steht hinsichtlich der Voraussetzungen die Bürgschaft nahe, welche Sachsensp. II. 4, 1. der Verfestete, der sich aus der Ver= festung ziehen will, dafür stellen soll, daß er auf drei Ding= tagen erscheinen und auf etwaige Klagen antworten werde. Das Bürgschaftsgeld fällt hier, wenn nicht bei Bestellung der Bürg= schaft der Kläger zugegen war, dem Richter zu, Sachsensp. II., 4, 2; über die Höhe fehlt es an einer besonderen Bestimmung, doch scheint die allgemeine Norm in II., 9, 2 auch hier einzu= schlagen. So sehr überwiegt die Vorstellung, die Bürgschaft

werde dem Gegner gestellt, daß selbst diese Bürgschaft, die der
Verfestete stellt, sofort Parteibürgschaft wird, wenn der Kläger
dabei anwesend ist. Im Deutschenspiegel Art. 99 und im Schwa=
benspiegel Art. 108 ist der Unterschied zwischen dieser Bürg=
schaft für den Verfesteten, die der Richter fordert, und der ge=
wöhnlichen Prozeßbürgschaft, die der Gegner fordert, schon ver=
wischt. Der sich aus der Verfestung ziehen will

„sol dem Richter pürgen setzen umb des chlagers recht und
umb sein recht und sol in banne auz der acht lan . . . .
der Richter sol dem mann gepieten. daz er chom zu den drin
lanttaidingen. ob iemen da welle chlagen. daz er dem da ant=
wurte." Deutschensp. Art. 99.

Die Bürgschaft wird hier also nicht blos dem Richter, son=
dern auch dem Kläger bestellt und davon, daß der Richter unter
Umständen den ganzen Betrag derselben für sich einzieht, ist
nicht die Rede. Das alte Recht des Sachsenspiegels ist schon
von der Glosse, freilich in entgegengesetzter Richtung, mißver=
standen worden, wenn diese zu II. 4, 2 viel zu allgemein und im
Widerspruch mit III., 9, 1 sagt:

Sve enen um ungerichte borget, dat gelt dat dar ane ver=
loren wirt, dat wirt deme richtere.

Ein weiteres Unterscheidungsmerkmal zwischen verschiedenen
Gattungen der Bürgschaft liegt in der Verschiedenheit der Ver=
pflichtung, welche der Bürge an erster Stelle übernimmt. Wer
sich verbürgt, einen Mann vor Gericht zu bringen, wird dieser
Verpflichtung ledig, wenn

„die man vore · kumt sunder den bürgen unde sik vor ge=
richte büt to rechte." Sächs. Landr. II, 9, 3.

„Sve aver borget enen gevangenen weder to antwerdene,
dat mut die Bürge vulbringen, dat he weder geantwerdet si also
sin gelovede stunt unde nicht die gevangene man." Sächs.
Landr. III., 9, 4.

Der Spiegler unterscheidet also eine Bürgschaft „vor to
bringen," von der z. B. auch in III. 10 1 die Rede ist, und eine
Bürgschaft „weder to antwerdene". Dort genügt es, daß der Ver=
bürgte überhaupt erscheint, hier muß ihn der Bürge selbst dem
Gericht wieder überantworten. [35]) Ein Beispiel für die Bürg=

---

[35]) Insoweit ist die Rubrik bei Homeyer, Sächs. Landrecht, III, 9, 4
„Bürgschaft für die Rückkehr eines Gefangenen" zu verbessern.

ſchaft der letzteren Art, welche der custodia libera des römiſchen Rechts und der fidejussio der Capitularien ſehr nahe ſteht, gibt Sächſ. Landr. II, 9, 3, wonach man bei Vertagung des Urtheils den nicht in handhafter That gefangenen Beklagten „to borge dun ſal." Auch die Bürgſchaft „vore to bringen" hatte nach Verſchiedenheit der Klage zum Theil einen verſchiedenen In= halt. Der Bürge muß nach III. 10, 1 den Leichnam des um Ungericht Beklagten, der vor dem Gerichtstag geſtorben iſt, vor= bringen. Anders bei anderen Klagen, III., 10, 2. Vgl. Deut= ſchenſpiegel Art. 214. [36])

Dem Sächſ. Landrecht, ſowie dem Deutſchenſpiegel unbe= kannt ſind die Sätze des Schwabenſpiegels, nach denen bei Klagen um Ungericht den Bürgen „alles leiden" trifft, „das jener (d. h. der ungehorſame Beklagte) leiden ſollte" Art. 100 ᵇ. 265. Doch fehlt es im Sachſenſpiegel nicht an Anknüpfungspunkten, aus denen ſich die Extravaganzen des ſchwäbiſchen Rechtsbuchs zum Theil erklären laſſen. Die Stelle, deren Wortlaut ſoeben citirt wurde, hebt mit einer Vorausſetzung an:

„Swer uz borget einen man von einem richter. daz er in furbringe umbe ungerichte" . . ., welche augenſcheinlich auf die Bürgſchaft des Sachſenſpiegels „weder to antwerdene" III, 9, 4 hinweiſt. Unmittelbar auf die nähere Beſtimmung dieſer Bürg= ſchaft läßt, in III, 9, 5 der Sachſenſpiegel die Strafe deſſen folgen, welcher „enen beklageden man um ungerichte geweldichlike beme gerichte untvort" und „mit gerüchte - gevangen wert." Dieſer ſoll „gelike pine jeneme liden." Man braucht nur auf die Ana=

---

[36]) An einer Stelle ſcheint ſich die Erwähnung der Bürgſchaft durch ein Mißverſtändniß in den Deutſchenſpiegel eingeſchlichen zu haben. Sächſ. Landr. III, 37, 1 handelt von dem Fall, daß Einer den Andern ohne Fleiſchwunden ſchlägt oder rauft, dabei mit Gerücht gefangen und vor den Richter gebracht wird, und fährt nun fort: „it gat ime an den hals noch an ſin geſunt nicht, wende wedde unde bute verboret (i. e. verwirkt) he dar an." Damit ſtimmt in der Hauptſache auch der Schwabenſpiegel Art. 325 I (Laßberg) überein, der die Buße auf etwa 5 Schillinge fixirt und mit 1 Pfund limitirt. Der Deutſchenſp. dagegen Art. 263 ſagt nach Aufſtel= lung der gleichen Vorausſetzungen: „ez engat ime an den hals noch an ſeinen geſunt nicht, wan gewette und puzze verpurget, er nach guter ge= wonhait." Schon die Schlußworte deuten darauf hin, daß hier das „ver= purget" nur eine Corruption des, beiläufig bemerkt, ſprachliche Schwie= rigkeiten bietenden, „verboret" iſt.

logie hinzuweisen zwischen dem Entführer und dem Wächter, welcher den Gefangenen entwischen läßt, um die Uebertragung der Strafe von jenem Fall auf diesen erklärlich zu machen. An die Stelle der handhaften That bei der Entführung tritt die Uebernahme der Bürgschaft bei Gericht, also die Gerichtskundig= keit. Ein analoger Fall ist der im Art. 152 des Schwabensp. behandelte. Danach darf zwar jeder Hausinhaber den um Un= gericht flüchtigen, sofern derselbe nicht in der Acht ist, bei sich aufnehmen. Aber wenn er den Richter, der vor das Haus ge= kommen ist und ihn dreimal gerufen hat, nicht einläßt „so muz der wirt for den man antworten." In den Constitutionen der deut= schen Kaiser ist vielfach der detentor und Hehler des Verbrechers mit der gleichen Strafe bedroht wie der letztere selbst, s. z. B. Pertz Mon. Hist. Germ. IV. 185^{10} (1187) 267 6 u. 37 (1230), 317^{14} (1235), 428^{11}, 434^{18}, 446^{30} (1285), 451$^{35.36}$ (1285). [37]

Ganz allgemein ist die Haftpflicht des Bürgen mit der Strafe des um Ungericht Beklagten und ungehorsam Ausblei= benden identificirt in Art. 265 des Schwabensp. Die Stelle selbst zeigt deutlich, wie man zu solcher Consequenz bei Leibes= und Lebensstrafen gekommen ist. Alles läuft hinaus auf rück= sichtslose und unverständige Durchführung des Satzes, daß die Bürgschaft dem Gegner geleistet wird. Daher die an die Spitze gestellte Bestimmung: Swer borge wirt eins mannes für gerihte ze bringenne. vnde mag sin han noit so er in fvir bringen sol. er sol die selben buzze liden, die jener liden solle." Daher ist Bedingung für die Haftung des Bürgen, daß die Forderung gegen den Beklagten erwiesen („div schulde vf in erzivget") ist. Daher die Sorge dafür, daß zur Ueberführung des inzwischen verstorbenen Beklagten nicht mehr Zeugen erfordert werden als

---

[37] In älterer Zeit fanden in ähnlichen Fällen Schwankungen statt. Der Immunitätsherr, der die Auslieferung des Flüchtlings dem Grafen verweigert, zahlt nach den Cap. quae in Lege Sal. c. 2, Pertz III 113 für die erste Weigerung 15 Sol., für die zweite 30 Sol., für die dritte „quic- quid reus damnum fecerat, totum — solvere cogatur. Wer einen Räuber am Leben läßt, den er umbringen sollte, „medietatem damni propter quod traditus est componat". Aber „si quis furem vel latronem comprehen- derit et eum indamnem dimiserit . . . . . damni aestimationem pro quo fur vel latro comprehensus est, conponere cogatur, Cap. Tic. (801) c. 4 und 7. Pertz III 84.

zur Beweisung gegen den lebenden, damit die Lage des Klägers gegen den Bürgen schlechterdings nicht ungünstiger werde, als gegen den ursprünglichen Beklagten. Daher neben dem Verbot „Ez sol nieman bürge werden umbe den tot slag"[38]) einer Bürg=schaft für den Todtschlag, die Anerkennung des Rechtes, das der Kläger durch eine gleichwol um Todtschlag geleistete Bürgschaft erwarb („wirt aber ieman borge um den tot slag man toetet in alse ienen"), bis zu der albernen Consequenz, daß der Bürge selbst dann stirbt, wenn der Beklagte inmittelst gestorben ist, oder wenn Bürgschaft wegen einer Verwundung geleistet war, die nachträglich den Tod zur Folge hatte. Wie vollständig das Recht der Bürgschaft von dem Parteiinteresse des Klägers be=herrscht ward, ergiebt sich aus Art. 277: „wie man vz der achte komen sol." Der Geächtete soll hiernach ungebunden und unge=fangen vor den Richter kommen und gewisse Bürgen geben um der Kläger Anspruch und des Richters Buße. Sind die Kläger zugegen, so sollen sie die Bürgschaft empfangen. Nimmt der Richter ungewisse Bürgen, so soll der Richter den Schaden haben und nicht der Kläger. Wer geächtet ist, weil er vor Ge=richt nicht antworten wollte, kann sich nach Art. 107 nur mit Zustimmung des Klägers aus der Acht ziehen. Daß gerade bei der Bürgschaft um Todtschlag des Klägers Concurrenz eine be=sonders bedeutsame war, ergiebt der Satz des Art. 277:

„Der richter sol deheinen buirgen nemen ane den clager. daz vmbe den tot slag ist oder vmbe den rehten strazroup" der noch Art. 79¹ nicht blos auf den Fall beschränkt war, daß der Beklagte sich aus der Acht ziehen wollte.

Zur Geschichte der Compensation.
Von
Herrn Professor Dr. F. Eisele in Basel.
1. Gaius IV, 64—68.

Der nachfolgende Beitrag zu der noch immer nicht genügend aufgeklärten Geschichte der Compensation im römischen Recht

---

[38]) Parallelstelle Schwabensp. Art. 152: „vmb den totslac oder swaz dem man an den lipgat da sol der richtaer nicht borgen umbe nemen."

hält sich deshalb zunächst an die nach der Ueberschrift bezeichnete und die beiden folgenden Quellenstellen, weil der Verfasser bezüglich ihrer allein (von § 30 Inst. de action. abgesehen) des überlieferten Textes völlig sicher zu sein glaubt, und daher nur in ihnen eine hinreichend sichere Grundlage für die Untersuchung erblickt.

Einer der neuesten Schriftsteller über die Geschichte der Compensation (Asher, die Compensation im Civilproceß des klassischen römischen Rechts, 1863) nimmt für die Zeit nach Gaius folgende Stufen in der Entwicklung der Compensation an (s. § 12 ff.):

1. rescriptum D. Marci, Compensation per exceptionem;

2. Die in l. 11 D. ht. erwähnte constitutio Severi, Compensation ipso iure;

3. Spätere Praxis: Rückkehr zu der Compensation per exceptionem;

4. l. 14 Cod. ht., Zurückgehen auf die compensatio ipso iure, jedoch in einer andern (nach Asher widersinnigen) Bedeutung.

Ich habe schon an einem andern Ort (in der Schrift: die materielle Grundlage der Exceptio, S. 120) beiläufig gezeigt, daß und warum es eine dem Entwicklungsgang des römischen Rechts direkt widersprechende Annahme sei, zu glauben, daß jemals irgend eine Thatsache, nachdem sie einmal zur Wirkung ipso iure gekommen, wieder zur Wirkung ope exceptionis herabgedrückt worden sei. Lassen wir dies aber hier dahingestellt, so will es uns bedünken, daß — den Gaius mitinbegriffen — fünf verschiedene Entwicklungsstufen für die Compensation anzunehmen, doch etwas luxuriös sei. Es setzt dies voraus, daß namentlich der frühere Rechtszustand, den uns Gaius überliefert hat, durchaus unbefriedigend war. Dieser Zustand ist aber, da es sich bei jenen fünf Entwicklungsstufen nur um die Compensation im stricti iuris iudicium handelt, nur bezüglich dieser zu untersuchen, und somit zu prüfen, inwiefern diejenige Art der Compensation im stricti iuris iudicium, die Gaius kennt, den Anforderungen des Verkehrs genügte.

Hiebei ist nun zuerst die Vorfrage zu stellen und zu beantworten: ob das agere cum compensatione und cum deductione zu Gaius Zeit die einzige Form war, in welcher im strict. iur. iud. die Compensation durchgeführt werden konnte. Diese

Frage wird man unbedenklich bejahen müssen. Es läßt sich bei der verhältnißmäßig ausführlichen Darstellung, welche Gaius der Compensation widmet, nicht annehmen, daß ein wesentlicher Punkt — und das wäre eine besondere Art, die Compensation durchzuführen, doch sicher — gänzlich mit Stillschweigen über= gangen worden. Nach der Anordnung des Stoffes bei Gaius §§ 62 ff. läßt sich ferner nicht annehmen, daß er vor § 64 schon einmal von der Compensation im str. iur. iud. gehandelt habe. Endlich ist aus der Geschichte der Compensation keine einzige sichere Thatsache anzuführen, die unserer Annahme wider= spräche; namentlich nicht die mit Rücksicht auf l. 2 D. ht. nicht wol zu bestreitende Thatsache, daß schon vor Gaius die Nicht= berücksichtigung einer compensabeln Gegenforderung die exc. doli zu einer durchgreifenden machen und daher Abweisung der Klage herbeiführen konnte.

Die nächste Frage ist, ob nur der argentarius cum com= pensatione, nur der bonorum emtor cum deductione klagen konnte. Weder in dem Wortlaut, noch in dem Zusammenhang der uns beschäftigenden gaianischen Stelle scheint etwas zu liegen, was diese Frage zu bejahen nöthigte. Daß Gaius, wenn er die Eigenthümlichkeit der betreffenden Formeln auseinander setzt, die Erörterung an die Person derjenigen Kläger knüpft, welche sich dieser Formeln bedienen mußten, und daher auch am häufig= sten bedient haben werden, ist sehr natürlich. Andrerseits läßt sich aus der Darstellung bei Gaius wohl Einiges entnehmen, was dafür spricht, daß auch andre Personen sich dieser Klage= formeln bedienen konnten. Ich weiß nicht, ob die römischen Geldwechsler auch Handel in Getreide, Wein u. dgl. getrieben haben. Ist es nicht der Fall, so beweist Gaius IV, 66, wo die Bedingungen des agere cum compensatione auch in Beziehung auf Wein und Getreide erörtert werden, daß wenigstens die Argentarierformel auch für andre Personen zugänglich war. Was aber die formula cum deductione betrifft, so ist unter der Voraussetzung, daß nur der bonorum emtor sie gebrauchen durfte, der Schlußsatz des § 66 cit.: utique bonorum emtore agente rel. auffallend überflüssig. Nimmt man aber an, daß auch andere Personen diese Klageform benutzen konnten, aus= genommen jedoch den Fall, in welchem die Klage auf pecunia certa ging, (in welchem Ausnahmefall der bon. emtor allein,

aus begreiflichen Gründen, die Möglichkeit erhielt, die Gefahr
der plus petitio zu vermeiden), so war jener anscheinend müssige
Zusatz geradezu nothwendig. Denn Gaius hatte als Beispiel
genommen, daß die Forderung des klagenden bonorum emtor
auf pecunia certa ging (itaque si a Titio pecuniam petat bonorum emtor rel.); er mußte daher andeuten, daß das gewählte
Beispiel nur auf ihn passe.

Dies sind äußere Gründe für die Annahme, daß die beiden
besprochenen Formeln für den argentarius und bonorum emtor
zwar obligatorisch, daß sie aber nicht exclusiv, sondern ihr Ge=
brauch auch andern Klägern gestattet gewesen. Diese Annahme
setzt aber voraus, daß andre Kläger sich dieser Formeln bedienen
wollten. Man wird sich also die Frage vorlegen müssen, ob
denn für andre Kläger ein (privates) Interesse vorlag, jene
Klageformen zu wählen. Dies glaube ich bejahen zu müssen.
Beide Klageformen ermöglichten es, zwei Processe in einen zu=
sammenzuziehen; das führte unter allen Umständen einen Ge=
winn an Zeit herbei. Ein noch stärkerer Antrieb, die eine oder
andere dieser Klageformen zu wählen, muß aber die Gefahr ge=
wesen sein, welche dem seine Forderung voll einklagenden Gläu=
biger schon vor dem rescriptum D. Marci (zufolge l. 2 D. ht.)
in Folge einer von dem Beklagten impetrirten exceptio doli
drohte. Wäre das agere cum compensatione vel deductione
erst durch das gedachte Rescript allgemein zugänglich geworden,
so hätte der Kläger jene Gefahr zwar auch vermeiden können
dadurch, daß er den Saldo mittelst eines iudicium purum ein=
klagte; um aber dann die sich deckenden Forderungsbeträge aus
der Welt zu schaffen, bedurfte es in diesem Falle noch eines be=
sondern Rechtsgeschäfts, folglich des guten Willens des Verklag=
ten. Dies machte sich bei dem agere cum compensatione, wie
wir sehen werden, einfacher.

Unsre Annahme setzt aber ferner voraus, daß auch der Be=
klagte kein berücksichtigenswerthes Interesse hatte, sich die ge=
dachten Klageformen zu verbitten. Diese Voraussetzung wird man
gleichfalls für zutreffend erachten müssen. Von vornherein ist
es ja das Interesse des zuerst um Zahlung Angesprochenen, also
des Verklagten, welches das Institut der Compensation ins
Leben gerufen hat (l. 3 ht.); er braucht in Folge dessen Zah=
lungsmittel nur in geringerem Betrage parat zu halten. So=

dann hatte Beklagter denselben Vortheil des Zeitgewinns wie der Kläger. In der Formel selbst war, wie wir noch sehen werden, die Gefahr glücklich vermieden, welche etwa daraus hätte für den Beklagten entstehen können, daß Kläger es in der Hand gehabt hätte, die Forderung desselben in iudicium zu deduciren. Bei der Argentarierformel kam hinzu, daß die Gefahr, welche für den Beklagten in der sponsio tertiae partis lag (Gai. IV, 171), durch sie verringert wurde, insofern es keinem Zweifel unterliegen wird, daß nicht der gar nicht in der Formel er= scheinende Betrag der ganzen klägerischen Forderung, sondern nur das amplius den Maßstab des Drittels abgegeben habe. In besonders gearteten Fällen endlich konnte der Prätor ja immerhin causa cognita die vom Kläger erbetene Formel ver= sagen. Im Allgemeinen aber sehen wir keinen Grund, wes= halb der Prätor, wenn der Kläger cum compensatione oder cum deductione klagen wollte, ihm dies hätte abschlagen sollen.

Immerhin wird der Beklagte meistens dringlichere Gründe gehabt haben für den Wunsch, so belangt zu werden, als der Kläger, eine der gedachten Klageformen zu wählen; daraus läßt sich a priori schließen, daß der nächste Schritt in der Entwicke= lung der gewesen sein wird, dem Kläger ein stärkeres compelle zu geben, eine dieser im wohlverstandenen Interesse beider Theile liegenden, und zur Verminderung der Zahl der Processe dienen= den Klageformen zu wählen. Dieser Schritt mußte aber, wenn er gethan wurde, andererseits für lange ausreichen, und die Einführung eines ganz neuen Compensations=Modus unnöthig machen, falls die actio cum compensatione und die cum de= ductione vermöge ihrer Formeleinrichtung in sich brauchbar waren und dem praktischen Bedürfniß genügten.

Es wird hinreichen, dies bezüglich der Argentarierformel zu untersuchen, da die analoge Anwendung auf die Formel des bo= norum emtor, soviel wir sehen, keine Schwierigkeit hat, und von der letztern nur das Besondere zu sagen ist, daß sie ein Supplement der Argentarierformel ist, zwar nicht für den Fall der impar species, auch nicht für den Fall, daß die Gegen= forderung nicht fällig ist, denn hier hatte blos der bonorum emtor cum deductione zu klagen; wohl aber für den Fall, daß

Kläger die Höhe der Gegenforderung des Beklagten nicht an=
geben kann. [1])   .

Um nun die Brauchbarkeit der Argentarierformel in das
rechte Licht zu setzen, werfen wir die letzte Frage auf, welche
wir im Anschluß an die gajanische Stelle zu untersuchen uns
vorgenommen haben: welches war das Schicksal der beiden ein=
ander gegenüber stehenden Forderungen, wenn die formula cum
compensatione ertheilt und ein Urtheil darauf gefällt worden
war?

Die Sache ist, was das eingeklagte amplius angeht, einfach.
Dasselbe wird unter den bei Gaius IV, 107 angegebenen
Voraussetzungen ipso iure (d. i. schon nach ius civile vgl.
mater. Grundl. Beil. III Eingangs) consumirt; andernfalls steht
dem Kläger bezüglich desselben die exc. rei in iudicium deductae, nach gefällter Sentenz auch die exceptio rei iudicatae
entgegen. Es bleibt die schwierigere Frage nach dem Schicksal der
einander deckenden Beträge der beiden sich gegenüber stehenden
Forderungen übrig.

Bezüglich dieser leugnet Dernburg (Comp. S. 44 ff.),
daß sie in iudicium deducirt seien. Er hilft deshalb dem Kläger,
gegenüber dem Beklagten, mit einer exceptio rei in compen-
sationem deductae. Beklagter aber soll dem Kläger gegenüber
deshalb geschützt sein, weil dieser immer nur ein amplius ein=
klagen konnte, ein solches aber, nachdem es durch den angestellten
ersten Proceß consumirt worden, nicht mehr vorhanden war.
Dagegen ist zu sagen, daß jene exceptio nirgend zu finden, und
daß der Zwang, auf ein amplius zu klagen, nach Dernburgs
eigener Annahme (S. 32) zunächst nur ein rein formeller war. Der
Kläger konnte daher sein congruum wieder als amplius ein=
klagen, und Beklagter, Falls ihm eben nicht die exceptio rei
iudicatae zur Seite stand, fand sich dieser zweiten Klage gegen=
über in keiner günstigeren Lage, als gegenüber der ersten. Die
sich deckenden Forderungsbeträge hätten danach fortgefahren, zu
existiren, und allerdings auch, sich gegenseitig aufzuwägen. Dies
ist auch die Ansicht von Brinz, welcher Consumtion überhaupt

---

[1]) Daß nicht blos das, was in der intentio steht, in iudicium deducirt
wird, sondern auch unter Umständen das, was seinen Platz bei der condemnatio hat, finde ich angedeutet in l. 2 pr. de except. (44, 1), wo inten-
tionem condemnationemve unterscheidend für iudicium zu stehen scheint.

leugnet, und die l. 7 § 1 ht., wo von exceptio rei iudicatae
die Rede, als ursprünglich auf ein bonae ·fidei iudicium sich be=
ziehend auffaßt. (Comp. S. 93. S. 109 ff.)

Dieser Ansicht scheint indessen schon folgende allgemeine
Erwägung entgegenzustehen. Das Fortdauern der sich deckenden
Forderungsbeträge nach durchgeführter actio cum compensatione
bedingt nothwendiger Weise einen gewissen Zustand der Rechts=
unsicherheit, und es frägt sich sehr, ob bei einer solchen Sach=
lage der Beklagte es nicht vorzöge, seine Schuld voll zu be=
zahlen und hinterher seine Forderung voll einzuklagen, hiebei
aber die Beruhigung zu haben, daß er nunmehr vor dem Kläger
sicher ist, oder sich doch mittelst exceptio rei iudicatae leicht
sichern kann. Wenn dagegen die Argentarierformel irgendwie
Consumtion zuläßt, so wird durch sie der e i n e Zweck der Com=
pensation, Tilgung der sich deckenden Forderungsbeträge ohne
Zahlung, erreicht, ohne daß dabei an das ius civile, welches (zu
Gaius Zeit) eine Affection eines Forderungsrechts durch ein
gegenüberstehendes Forderungsrecht nicht kennt, im Mindesten
gerührt wird. Die sich deckenden Forderungsbeträge gehen dann
vielmehr zwar gleichzeitig, a b e r j e d e r n a c h d e m i h m i n =
w o h n e n d e n G e s e t z e — so, wie dies geschehen würde·, wenn
jeder besonders eingeklagt worden wäre — zu Grunde, nemlich
durch das agere und dessen prätorische (und darum durch exceptio
für den iudex erheblich zu machende) Surrogate: das in iudicium
deducere und das iudicare. (Vgl. mater. Grundl. der exc. S. 126
und Beil. III daselbst, bes. S. 154 f.)

Aber auch abgesehen von dieser allgemeinen Erwägung führt
eine genaue Untersuchung der uns überlieferten Intentio der
Argentarierformel unseres Erachtens mit Nothwendigkeit zu einer
andern Auffassung.

Wenn der argentarius intenbirt: si paret Titium sibi X
millia dare oportere amplius quam ipse Titio debet, so kann
es allerdings sein, daß der Kläger nichts schuldet, und seine
ganze Forderung formell als einen Ueberschuß einklagt. Dies
ist aber ein specieller Fall in doppeltem Sinne: weil er in der
Reihe der quantitativen Möglichkeiten der äußerste ist, und weil
er, richtiges Verfahren vorausgesetzt, n u r beim argentarius vor=
kommen kann, da nur dieser unter allen Umständen cum compensatione klagen m u ß. Materiell ist dieser Fall erledigt durch

das, was oben über die Conſumtion des amplius geſagt iſt. Von
dieſem exceptionellen Fall aber abgeſehen, ſo iſt in der obigen
Intentio zwar über die Höhe der ſich deckenden Forderungs=
beträge nichts geſagt; aber d a s liegt doch unbeſtreitbar ſchon in
ihrem Wortlaut, daß ein dare oportere des Titius an den argentarius und umgekehrt vorliegt. In dem Wortlaut der intentio
iſt ſonach wenigſtens ein formeller Rahmen für ein in iudicium
deducere gegeben; daß ſofort auch in iudicium deducirt werde,
wollen wir gar nicht behaupten. Nun iſt es aber doch, um
einen Schritt weiter zu gehen, unmöglich, zu beſtreiten, daß der
iudex über das ihm zur Unterſuchung verſtellte amplius nur
entſcheiden kann, indem er die Forderungen beider Parteien in
ihrem Betrag feſtſtellt, und die kleinere von der größern abzieht.
Stellt aber der iudex ein dare oportere in quali und quanto
feſt, ſo iſt res iudicata da; es ſcheint mir ſonach unbeſtreit=
bar, daß dem mit der Argentarierformel belangten Beklagten,
deſſen Gegenforderung durch den iudex Behufs Ermittelung der
Richtigkeit des von dem Kläger behaupteten Ueberſchuſſes feſt=
geſtellt worden iſt, die exceptio rei iudicatae entgegenſtehen muß,
wenn er dieſelbe ſpäter nochmals einklagen will; nicht minder
gilt dies von dem congruum des Klägers. Kommt es aber zur
res iudicata, ſo muß auch irgend einmal in iudicium deducirt
worden ſein. Wie iſt dieſer anſcheinende Widerſpruch mit der
oben gemachten Conceſſion (daß nicht ſofort in iudicium deducirt
werde) zu beſeitigen? Ich meine, auf folgende Weiſe. Ob ſich
deckende Forderungsbeträge in iudicium deducirt werden, oder
nicht, hängt, da die Intentio ſelbſt vermöge ihrer Faſſung hier=
über nichts entſcheidet, natürlich davon ab, daß ſolche überhaupt
vorhanden ſind, m. a. W. daß die Gegenforderung des Beklagten
nicht gleich Null iſt. Dies aber wird eben erſt durch den iudex
feſtgeſtellt. Sobald alſo feſtſteht, daß und zu welchem Betrage
congrua in iudicium deducirt ſind, iſt auch res iudicata vor=
handen. Die exceptio rei in iudicium deductae hätte ſonach
hier gar keine von der exc. rei iudicatae getrennte Function,
und es iſt nichts natürlicher, als daß ſie eben deshalb weder zur
Verwendung noch auch nur zur Sprache kommt. [2])

---

[2]) Wäre das der Fall, ſo würde von d i e ſ e m deducere in iudicium wol
auch geſagt werden: quaedam sunt, in quibus res dubia est, sed ex post-
facto retroducitur et apparet quid actum et. (l. 15 de reb. dub. 34, 5).

Nach dieser Auffassung haben wir nicht nöthig, mit Brinz die l. 7 ht. in ihrem ursprünglichen Sinne von einem bonae fidei iudicium zu verstehen; ohnehin machen die Worte dari oportere im Anfang, petitio im § 1, ferner die Erwähnung einer exceptio dies nicht räthlich. (vgl. Keller Civ. Proc. § 35, bes. Note 387; meine cit. Schrift S. 110 f. Aus den dort S. 111 angegebenen Gründen wird sich indessen eine exc. rei iudicatae im bon. fid. iud. immerhin noch als möglich halten lassen.)

Es dürfte für die Richtigkeit der so eben entwickelten An=sicht sprechen, daß von ihr aus sich ganz gut erklären läßt, warum die Argentarierformel gerade so, wie Gaius dies be=richtet, und nicht anders eingerichtet war. Es wäre ja auch möglich gewesen, den Ueberschuß pure einzuklagen: si paret Ti-tium Agerio argentario X millia dare oportere. Es wäre zweitens möglich gewesen, die beiderseitigen Forderungsbeträge in der intentio anzugeben, und den Saldo in die condemnatio zu setzen, etwa so: si paret, Titium A° argentario XX millia, Aᵘᵐ Titio X millia dare oportere, iudex Titium A° X millia condemna, s. n. p. a. Die erstere Formel ist nun m. E. gerade deshalb nicht gewählt, weil es nach derselben zweifelhaft sein konnte, ob die sich deckenden Forderungsbeträge durch sie con=sumirt würden; zweifelhaft aber konnte dies deshalb erscheinen, weil der iudex nur Kraft magistratischen Auftrags iudex ist, sein Auftrag aber in der formula beschlossen ist, und diese Formel die Aufgabe des iudex, die congrua festzustellen, auch nicht einmal andeutet. Bei der zweiten als möglich hingestellten Formel wären ohne Zweifel beide Forderungen sofort zum vollen Betrag in iudicium deducirt worden. Dies hätte aber ein chika=nöser Kläger zum Schaden des Beklagten mißbrauchen können. Gesetzt den Fall, ein argentarius schuldet seinem Kunden 2000, dieser ihm nur 1000, und der erstere gibt in der zweiten Formel, die wir oben als möglich hingestellt haben, die Gegenforderung des Beklagten richtig auf 2000, seine eigene aber auf 3000 an, so ist die Gegenforderung des Beklagten in iudicium deducirt. Einen Ueberschuß von 1000 wird Kläger dabei nicht erstreiten. Er braucht aber nur die Sache liegen zu lassen[3]), so daß es zu

---

[3]) Das kann er, wenn Beklagter sich nicht de prosequenda lite hat caviren lassen.

einer Sentenz nicht kam: dann ſtand dem Beklagten, wenn nun
er klagen wollte, ganz gewiß die exceptio rei in iudicium deductae entgegen, gegen die er ſich nur durch eine, in dieſem
Fall wohl erſt causa cognita zu erlangende replicatio ſchützen
konnte. Bei der Argentarierformel war dieſer Uebelſtand nicht
zu befürchten. Es zeigt ſich alſo, wie durch ſowol umſichtige als
vorſichtige Faſſung der Argentarierformel ein doppelter Vortheil
erreicht wurde: einmal der, daß nicht blos bezüglich des Ueber=
ſchuſſes, ſondern auch bezüglich der ſich deckenden Beträge der
einander gegenüberſtehenden Forderungen Conſumtion eintrat;
andrerſeits, daß es nicht in die Hand des Klägers gegeben war,
die Forderung des Beklagten durch Conſumtion zu zerſtören,
dieſe Conſumtion vielmehr erſt mit der res iudicata (und inſoweit
durch ſie) eintrat.

2. Paulus rec. sent. II, 5, 3.

In dem von Gaius dargeſtellten Rechtszuſtand bezüglich
der Compenſation im stricti iuris iudicium iſt eine Aenderung
eingetreten durch ein Reſcript Marc Aurels. Die hierüber er=
haltenen Quellennachrichten ſind ſehr unbeſtimmt, und es gehen
daher die Anſichten über die Bedeutung jenes Reſcripts für die
Compenſationsgeſchichte ziemlich weit auseinander. Aus dieſem
Grunde unterſuchen wir vorerſt das nächſtfolgende ſichere Zeug=
niß über die Compenſation, nemlich Paulus rec. sent. II, 5, 3.

Der Angelpunkt dieſer Stelle ſind die Worte: compensare
vel deducere debes. Aber gerade ſie haben ganz verſchiedene
Deutungen erfahren.

Zuvörderſt wird das debes von Dernburg (l. l. § 23
S. 240 f.) in der Bedeutung von „dürfen“ aufgefaßt, was da=
mit zuſammenhängt, daß Dernburg ein Gegner der Anſicht von
Brinz, betreffend die Verallgemeinerung der Wechslerklage, iſt.
Wenn nun auch nicht beſtritten werden ſoll, daß debere hin und
wieder in der Bedeutung „dürfen“ ſtehe, ſo iſt es doch ſchlecht=
hin unmöglich, dasſelbe in unſrer Stelle ſo aufzufaſſen; denn es
wird ja ſofort die Strafe für die Unterlaſſung des compensare
oder deducere angefügt. Auch das voraufgehende compensatio
admittitur ſpricht mit Nichten für die Dernburgſche Auffaſſung
des debes. Jenes iſt geſagt vom Standpunkt des Beklagten.
Debes heißt alſo wie gewöhnlich „du mußt“.

Sodann wird das compensare und deducere, oder doch das letztere, von Verschiedenen in uneigentlichem, d. i. nicht = techni= schem Sinne genommen, und zwar auf verschiedene Weise. Brinz (Comp. S. 98 f.) ist der Meinung: daß deductio, compensatio technisch gebraucht würden, sei gewiß; bezüglich des deducere und compensare stehe dasselbe nicht fest⁴). Er versteht nun in unserer Stelle das compensare von außergerichtlicher Compen= sation; finde nicht diese, sondern Klage Statt, so müsse der Kläger sich auf Geltendmachung des Ueberschusses beschränken, folglich diesen durch Abziehen der Forderung des Beklagten von seiner eigenen allererst ermitteln (deducere debes). „Denn" — argu= mentirt Brinz — „nicht schlechthin das cum compensatione agere, sondern nur die richtige Rechnung befreite ihn von der plus petitio. Für den wirklichen (d. i. doch wol = richtigen?) Abzug war deducere jedenfalls ein passendes Wort." Man sieht, daß Brinz zu der nicht technischen Auffassung des compensare und deducere hauptsächlich dadurch gekommen ist, daß nicht blos durch totum petere, sondern schon durch plus nummo uno petere die Strafe der plus petitio herbeigeführt wird. Indessen ist der Gegensatz zu deducere in dem Brinz'schen Sinne des richtigen Abziehens, auch sicher nicht totum petere, das nun einmal da= steht, sondern plus uno nummo petere, das nun einmal nicht dasteht.

Ubbelohde (ipso iure compens. S. 246) faßt das dedu= cere mit Brinz als den das agere cum compensatione vor= bereitenden Akt; was er unter dem compensare unserer Stelle sich denkt, ist uns nicht ganz klar geworden. Er sagt über Beides: „Kläger braucht nicht immer selber durch Absetzen ihres (sc. der Gegenforderung) Betrages vom Betrag seiner Forderung den Ueberschuß herauszurechnen (deducere); es genügt, wenn er den möglichen Einfluß der Gegenforderung auf die seinige in der unbestimmten Fassung der Klage (der intentio oder der condem= natio?) anerkennt; denn schon dadurch werden beide Forderungen in ein Verhältniß des gegenseitigen Aufwägens gebracht, com=

---

⁴) Das von Brinz angeführte Beispiel: daß cernere nur vom Erben, cretio nur vom Testator gebraucht wird, beweist nur, daß das Verbum einen andern technischen Sinn haben kann, als das Substantivum, nicht aber, was zu beweisen war: daß nur das Substantivum in tech= nischem Sinne stehe, das Verbum nicht.

penſirt." Letzteres kann verſtanden werden von einem Klagen mit formula incerti aus einer obligatio certa („unbeſtimmte Faſſung der Klage" auf intentio bezogen), oder von dem agere cum deductione („unbeſtimmte Faſſung der Klage" auf die condemnatio bezogen). Letzteres angenommen, würde Paulus von einem deducere mit Beziehung auf das agere cum compensatione, von einem compensare aber mit Beziehung auf das agere cum deductione reden; ſicherlich ein ſich nicht beſonders empfehlendes Reſultat.

Aſher interpretirt (a. a. O. S. 42) unſre Stelle, ſich der Brinz'ſchen Auffaſſung annähernd, folgendermaßen: „Du mußt entweder (wenn deine Schuld der meinen gleich oder größer iſt) deine Forderung als aufgerechnet betrachten (compensare) und daher überhaupt nicht klagen, oder, (wenn meine Schuld die größere von beiden iſt), den Betrag der deinigen abziehen und nur auf die Differenz klagen" (das wäre deducere). Hier wäre das si totum petas in jeder Beziehung ſchief; denn der Gegen= ſatz zu dem Aſherſchen compensare wäre si petas, der zu ſeinem deducere ſchon: si plus uno nummo petas.

v. Scheurl (Beiträge zur Bearbeitung des röm. Rechts, Bd. II S. 163) findet es anſtößig, daß in unſerer Stelle auch die Unterlaſſung der deductio ein plus petendo causa cadere zur Folge haben ſolle, während doch bei der actio cum deductione eine plus petitio gar nicht möglich geweſen. Auch er will deshalb das deducere nicht-techniſch (und ſo wie Brinz) ver= ſtanden haben. Dieſes Bedenken iſt mir nicht recht begreiflich. Paulus ſpricht von den Folgen der plus petitio ja nicht für den Fall, daß cum deductione geklagt wird, ſondern für den gerade entgegengeſetzten Fall, daß dies unterlaſſen wird. Und daraus, daß bei dem agere cum deductione eine plus petitio unmöglich (Gai. IV, 66), folgt doch nur, daß von ihr bei unrichtiger deductio nicht die Rede ſein kann. Gerade Gai. IV, 66 hätte m. E. darauf führen ſollen, das deducere techniſch zu nehmen.

Wir meinen, daß man den römiſchen Juriſten am meiſten gerecht wird, wenn man, ſolang dies angeht, annimmt, ſie reden als Techniker genau und beſtimmt, d. i. techniſch; wenn man alſo ohne Noth keine uneigentliche Bedeutung ſtatuirt, wobei ohne= hin allzuleicht Willkürlichkeiten mitunterlaufen. Techniſch genom= men iſt compensare = agere cum compensatione, deducere =

agere cum deductione. Ist es denn unmöglich, in die Stelle
einen guten Sinn bei technischer Auffassung der beiden Worte
hineinzubringen? Wir müssen dies nicht nur bestreiten, sondern
sogar behaupten, daß nur bei technischer Auffassung der so
Manchen (wir können auch noch Dernburg a. a. O. S. 256 f:
anführen) anstößige Nachsatz: si totum petas rel. völlig befrie=
bigend erklärt werden kann. Der Stein des Anstoßes, den wir
meinen, ist nemlich der, daß das plus petendo causa cadis auch
bann schon wahr ist, wenn schon plus uno nummo, nicht erst
wenn totum eingeklagt wird. Wie kommt denn Paulus dazu,
zu sagen: si totum petis u. s. w.?

Bei dem agere cum deductione kommen, weil es da eine
plus petitio nicht gibt, nur zwei Fälle in Betracht: es wird ent=
weder cum deductione geklagt, ober nicht (also totum eingeklagt);
ein falsches deducere schadet nicht. Werden compensare und
deducere in unserer Stelle im obigen Sinne technisch genommen,
so ist das causa cadere in folgenden drei Fällen möglich: 1. wenn
das compensare (= cum compensatione agere) überhaupt unter=
lassen wird,

2. wenn das deducere (= cum deductione agere) über=
haupt unterlassen wird,

3. wenn zwar cum compensatione geklagt, der Ueberschuß
aber zu hoch berechnet ist. In den Fällen 1. und 2. ist es
richtig, zu sagen: si totum petis; in dem Falle 3. allein wäre
es richtiger, zu sagen, si plus nummo uno petis. Unter der
Voraussetzung der technischen Bedeutung von compensare und
deducere ist also mit si totum petas immerhin die Mehrzahl der
Fälle getroffen, und es scheint, daß gerade das ihm zunächst
stehende deducere den nur zu dem fernerstehenden compensare
passenden Gedanken: si plus nummo uno petas, gewissermaßen
absorbirt habe. Das si totum petas würde allenfalls auch für
den Fall passen, daß die Abweisung der Klage die Folge einer
exceptio wäre; dazu paßt aber nicht causa cadis, und es wider=
spricht geradezu das plus petendo. Also: das si totum petas
rel. bleibt mehr oder weniger unverständlich, ausgenommen den
einzigen, von den meisten Auslegern [5]) von der Hand gewiesenen

---

[5]) Huschke (in der iuris prud. anteiustin. zu Paul. rec. sent. II, 5, 3)
faßt, wie wir thun, das compensare und deducere technisch, nimmt aber

Fall, daß das compensare und deducere im techniſchen Sinne aufgefaßt wird.

Nach der ſoeben betrachteten Stelle des Paulus ergibt ſich für die Compenſation im stricti iuris iudicium zu jener Zeit folgender Rechtszuſtand mit Sicherheit:

a. der Kläger, deſſen Schuldner eine auf par species gehende Gegenforderung hat, gleichviel auf welchem Rechtsgrund letztere beruhe, muß cum compensatione oder cum deductione klagen. Wir ſehen ſonach gegen die gaianiſche Zeit den Fortſchritt, den wir oben als den wahrſcheinlichen und zunächſt wünſchenswerthen hinſtellten, bei Paulus erreicht: die beiden früher in der Regel nur facultativen Klageformen ſind obligatoriſch geworden. Aber nur unter der Vorausſetzung von par species der Gegenforde= rung. Folglich iſt. für das agere cum deductione noch das Gebiet der impar species übrig, auf welchem dasſelbe immer noch facultativ bleibt.

b. Das Zwangsmittel für den Kläger iſt die Strafe der plus petitio. Alſo nicht (vgl. Huſchke in Note 5) die Einrückung einer exceptio doli und Abweiſung der Klage in Folge dieſer. Denn dies kann unmöglich als plus petendo causa cadere be= zeichnet werden. Der Umſtand, daß derſelbe Paulus in l. 4 D. ht. ſagt: male petere für das totum petere, iſt irrele= vant; denn das male petere kann, da es ebenſowol auf plus petitio als auf Nichtbeachtung einer exceptio Seitens des Klägers paßt, folglich mehrdeutig iſt, unmöglich dazu verwendet werden, um einen Ausdruck von ganz beſtimmter Bedeutung umzudeuten; vielmehr muß jener unbeſtimmte nach dem beſtimmten interpretirt werden.

c. Wenn aber der Kläger, welcher die ganze Forderung oder einen den richtigen Saldo überſteigenden Betrag derſelben einklagt, der Strafe der plus petitio verfällt, ſo folgt daraus mit Nothwendigkeit, daß ſeine Forderung um den Betrag der Gegenforderung gemindert ſein muß. Und da für den iudex keine Anweiſung in der Formel ſteht, um zu dieſem Reſultat zu kommen, für ihn vielmehr einfach das dare oportere bezüglich des totum oder des zu hoch gegriffenen ammplius nicht wahr iſt,

---

an, man habe dadurch (ex rescripto D. Marci) die Inſertion der exceptio doli vermieden.

und er, in Ermangelung specieller Anweisung, allemal nach ius civile Recht spricht, so ist diese Minderung eingetreten auf Grund des ius civile, d. i. ipso iure. [6]) Dies ist die ipso-iure-Wirkung der Existenz einer, par species zum Inhalte haben-den Gegenforderung, nicht das compensare im technischen Sinn; sie tritt nicht ein, wenn compensirt (= cum compensatione ge-klagt) wird, sondern im Gegentheil, wenn nicht compensirt wird. [7]) Schon von diesem Standpunkt aus wird es unwahrscheinlich, daß man zu Paulus Zeit gesagt haben sollte: ipso iure com-pensatur; denn hier würde das compensare in einem ganz an-dern Sinne stehen, als es in unserer Stelle, wie wir genügend nachgewiesen zu haben glauben, von Paulus gebraucht ist.

Wir wenden uns jetzt rückwärts, um von dem gewonnenen sichern Standpunkt aus den Versuch zu machen, den Inhalt des rescriptum D. Marci und dessen Folgen für die Entwicklung der Compensation festzustellen.

Ueber dies Rescript berichten bekanntlich die Institutionen Justinians (§. 30 de act. 4, 6):

> sed et in stricti iuris iudiciis, ex rescripto D. Marci, opposita doli mali exceptione, compensatio inducebatur.

Zunächst ist man darüber ziemlich einig (auf Grund der uns durch Gaius gewordenen Aufschlüsse), daß das Rescript die Compensation an sich im stricti iuris iudicium nicht erst ein-führte, sondern nur die durch Entgegensetzen der etc. doli er-zwungene Compensation. Die Worte compensatio induce-batur sind sonach mit unsrer oben ausgesprochenen Ansicht, daß schon zu Gaius Zeit das agere cum compensatione etc. für alle Kläger facultativ gewesen, insofern ebenso gut vereinbar, wie mit der Ansicht, welche bis zu Marc Aurel jene Klageformen nur dem Argentarius und bonorum emtor zugleich gewährt und aufzwingt, als sie eben in beiden Fällen ungenau sind.

Des Weitern scheiden sich die Wege. Wer annimmt, daß zu Gaius Zeit die formula cum compensatione und cum de-ductione ausschließlich für die mehrerwänten Klassen von Klägern

---

[6]) Daß dies der eigentliche und ursprüngliche Sinn des ipso iure darüber vgl. mater. Grundlage der exceptio, S. 61 ff.

[7]) Sie hat auch nicht den praktischen Effekt, den man als den der compensatio im technischen Sinn eigenthümlichen lange kannte: die Er-möglichung der Condemnatio auf einen Saldo.

gewesen, legt den Schwerpunkt des Rescripts darein, daß es durch
allgemeine Gestattung des agere cum compensatione u. f. w.
die Möglichkeit gab, der exceptio doli auszuweichen; so von
Scheurl (a. a. O. S. 161 ff) und Huschke (in der Note 4
citirten Stelle). Wer jenes nicht annimmt, findet den Schwer=
punkt darin, daß das Rescript durch irgendwelche Herbeiziehung
der exceptio doli das bis dahin (jedenfalls bis zu gewissem
Grade) facultative agere cum compensatione **erzwungen** habe.

Ein ganz anderer und einschneidenderer Gegensatz ist fol=
gender: Manche (z. B. Dernburg, Ubbelohde, Asher und
neuestens wieder Schwanert, die Compensation nach römischem
Recht 1870 S. 29 claud. nehmen an, daß in Folge des Rescripts die
Compensation per exceptionem doli durchgeführt worden sei, so
daß hier die exceptio zur **Minderung** der Condemnation ge=
führt hätte.[8]) Andere dagegen (Brinz, v. Scheurl) fassen
das Rescript so auf, daß nur **propter** exceptionem doli com=
pensirt worden sei, d. h. daß, nachdem Beklagter in iure die exceptio doli (im materiellen Sinne) geltend gemacht, der Kläger die
Wahl hatte, cum compensatione, beziehungsweise cum deductione zu klagen, oder es auf gänzliche Abweisung der Klage in
Folge der der Formel inserirten exceptio doli ankommen zu
lassen. Es ist klar, daß die letztere Ansicht einem stetigen Fort=
gang der Entwicklung von Gaius zu Paulus mehr entspricht,
als die erstere. Denn konnte durch die exceptio doli eine Ver=
urtheilung des Beklagten **auf den Ueberschuß** der klägerischen
Forderung herbeigeführt werden, so würde der von Paulus be=
zeugte Rechtszustand, wonach die Existenz einer compensabeln

---

[8]) Ob dies die exceptio überhaupt vermöge, diese vielventilirte Con=
troverse wollen wir hier unangerührt lassen. Beiläufig wollen wir aber
ein Bedenken gegen eine der Hauptstellen, welche für die bejahende Mei=
nung angeführt werden, aussprechen. In L. 17 § 2 ad Sct. Vell. heißt
es: et ideo creditorem partem dumtaxat pecuniae a muliere petere
posse; quod si totum petierit, exceptione pro parte summovetur.
Ist das Unterstrichene richtig, so ist es in gewissem Sinne gar nicht wahr,
daß er partem dumtaxat petere potest; er kann das Ganze einklagen,
sogar ohne irgend etwas dabei zu riskiren. Striche man das pro parte,
so hätte das part. dumt. petere potest seine Richtigkeit wenigstens in dem
Sinn: „wenn er nemlich nicht ganz abgewiesen werden will." Sollte sich
hier nicht der Abschreiber unnütz gemacht haben (vgl. das jedenfalls mit
Mommsen zu streichende pro parte in l. 59 (61) § 1 ad Sct. Trebell.)?

Gegenforderung zwar ipso iure wirkte, es aber zu einer Ver= urtheilung auf den Ueberschuß nie ipso iure, sondern nur in Folge des agere cum compensatione oder cum deductione kam, nur in formeller Beziehung einen Fortschritt (von der Wirksam= keit ope exceptionis zu der ipso iure), in materieller Beziehung (gesehen auf die Angemessenheit des Resultats) aber einen ganz entschiedenen Rückschritt (von der Verurtheilung auf den Ueber= schuß zu dem starren plus petendo causa cadere) darstellen. Bei der Unbestimmtheit der Institutionenstelle läßt sich nicht in Abrede ziehen, daß aus ihr allein ein entscheidendes Argu= ment für die eine oder die andere dieser Ansichten nicht ent= nommen werden kann. Unter diesen Umständen dürfte das aus dem Zusammenhang der Entwicklung für die letztere Meinung hergeleitete Argument so lange den Ausschlag geben, als nicht ein direktes Zeugniß dafür beigebracht werden kann, daß das Rescript Marc Aurels die Minderung der Condemnation in Folge der (durch Existenz einer compensabeln Gegenforderung substantiirten) exceptio doli eingeführt habe. Ein solches direktes Zeugniß glauben nun die Verfechter der erstern Ansicht in der Paraphrase des Theophilus zu unsrer Institutionenstelle zu besitzen; wir müssen dasselbe daher prüfen.

Theophilus paraphrasirt (§ 30 IV, 6 ed. Reitz) so: διά- ταξις δὲ γέγονε Μάρκου τοῦ βασιλέως, ἥτις φησὶν ἐναγόμενόν. με στρίκτα ἀγωγῇ περὶ ἱ νομισμάτων, καὶ ἄντεπο φειλόμενον ἑ, δύνασθαι ἀντιτιθέναι τῇ ἀγωγῇ τὴν τοῦ δόλου παρα- γραφήν. καὶ τῆς τοιαύτης ἀντιτεθείσης παραγραφῆς χώρα δίδοται τῷ δικαστῇ δέξασθαι τὴν κομπεσσατίωνα, καὶ εἰς ἑ μόνα καταδικάσαι νομίσματα.

Es ist hier bis zu dem Worte παραγραφήν von dem In= halte des Rescripts, von καὶ τῆς τοιαύτης ab, wie die Rückkehr von der indirekten Rede zu der direkten zeigt, von der Wirkung desselben die Rede.

Was nun den erstern anlangt, so muß allermindestens das behauptet werden, daß derselbe unvollständig angegeben ist. Die exceptio doli wurde dem Beklagten jedenfalls schon lange vor Marc Aurel unbesehen, auf sein einfaches Verlangen hin, ge= geben. Daß er also auch im gegebenen Falle die exceptio doli opponiren könne, wäre weder etwas Neues gewesen, noch hätte eine solche Bestimmung dem Beklagten etwas genützt; denn für ihn kam es nicht darauf an, die exceptio doli in die Formel inserirt zu bekommen, was ja auch ohne das Rescript keine Schwierigkeiten hatte, sondern darauf, daß der iudex in der Nichtbeachtung seiner compensabeln Gegenforderung Seitens des Klägers einen dolus fand. Nur wenn diese Subsumtion durch den iudex Statt fand, konnte dem Beklagten die exceptio doli etwas nützen. Hienach könnte man zunächst auf den Gedanken kommen, daß das kaiserliche Rescript dem iudex die gedachte Subsumtion vorgeschrieben habe. Es ist indessen nicht wahr= scheinlich, daß das Rescript in dieser direkten Weise in das Amt des iudex eingriff, zumal der Zweck auch auf andere Weise er= reicht werden konnte. Der Kaiser konnte nämlich objectiv, ohne sich an den Judex zu wenden, verordnen: die Nichtberücksichtigung einer compensabeln Gegenforderung des Beklagten Seitens des Klägers solle dieselbe Wirkung haben, wie dolus des Klägers; über die mehr oder weniger direkte Form, in welcher dieser Gedanke im Rescript zum Ausdruck kam, wollen wir nicht streiten. War aber dieser Gedanke ausgesprochen, dann war nicht nur der iudex genöthigt, die Nichtberücksichtigung einer compensabeln Gegenforderung unter eine der Formel inserirte exceptio doli zu subsumiren, sondern noch mehr: da der Kaiser ius (civile) facere potest, an welches sich der iudex auch ohne Special= anweisung in der Formel zu halten hat (vgl. materielle Grund= lage der exceptio Kap. I), so bedurfte es in diesem Falle des für das ius honorarium nothwendigen Vehikels einer der Formel inserirten exceptio nicht. Auf Grund der in iudicio vorge= brachten und bewiesenen Gegenforderung hatte der iudex so zu erkennen, wie im Falle einer Platz greifenden exceptio doli, nämlich auf Abweisung des Klägers. Diese Abweisung erfolgte also Kraft des vom Kaiser neugeschaffenen ius civile d. i. ipso iure. Wir weichen somit von den Schriftstellern, welchen wir in diesem Punkt noch am nächsten stehen, immerhin darin ab, daß wir Abweisung des (nicht cum compensatione u. s. w. klagenden) Klägers nicht auf Grund einer der Formel inserirten exceptio doli, sondern auf Grund des neues ius civile schaffenden kaiser= lichen Rescripts annehmen.

Es scheint nun, als ob mit der vorstehend entwickelten Auf= fassung das opposita doli mali exceptione der Institutionen= Stelle gänzlich unvereinbar wäre. Dieser Schein wird aber bei folgender Erwägung verschwinden. Offenbar konnte dem seine ganze Forderung einklagenden Gläubiger eine Unbilligkeit in dem Falle nicht zur Last gelegt werden, wenn der Beklagte auf Abrechnung seiner Gegenforderung selbst nicht anstand. Es war folglich nur billig, wenn Kläger verlangte, schon in iure darüber Gewißheit zu erlangen, ob Beklagter die Abrechnung verlange, oder nicht. Es muß daher als weiterer Inhalt des Rescripts noch dies angenommen werden, daß es die Wirksamkeit seiner Vorschrift an die Bedingung knüpfte, daß Beklagter in iure erklärt hatte, die Abrechnung seiner Gegenforderung zu verlangen. Gerade diese Erklärung konnte mit Rücksicht auf den Inhalt des Rescripts, welches Nichtberücksichtigung der Gegenforderung dem dolus gleichstellte, als (materielles) Vorbringen der exceptio doli bezeichnet werden. Für uns ist sonach das opposita doli mali exceptione zunächst die Voraussetzung des Eintritts der Bestimmungen des Rescripts, und erst in weiterer Folge das Mittel, den Kläger zu dem agere cum compensatione etc. zu zwingen.

Wurde durch das Rescript Marc Aurels die Möglichkeit, allgemein cum compensatione etc. zu klagen, erst eingeführt, so gehörte auch die diesfällige Bestimmung weiter zum Inhalt des Rescripts. War diese Möglichkeit schon vorher vorhanden, so war es eine der Folgen des Rescripts, daß man von jener Möglichkeit jetzt allgemeineren Gebrauch machte. Denn vorher mochte sich mancher Kläger aus diesem oder jenem Grunde darauf verlassen, daß der Iudex die Nichtberücksichtigung einer compensabeln Gegenforderung nicht unter die der Formel inserirte exceptio doli subsumiren werde; nach dem Rescript konnte er, falls die Gegenforderung mit Abrechnungsbegehren in iure geltend gemacht worden, auch beim iudicium purum sicher auf Abweisung rechnen.

Was nun die Angaben des Theophilus über die Folgen des Rescripts betrifft, so scheinen seine Worte unwiderleglich zu beweisen, daß diejenigen Recht haben, welche meinen, das kaiserliche Rescript habe eine Durchführung der Compensation mittelst exceptio doli eingeführt. Erwägt man indessen

a. daß noch zu Paulus Zeit cum compensatione und cum deductione geklagt wurde, und daß das Unterlassen dieser Art zu klagen gänzliche Abweisung des Klägers zur Folge hatte;

b. daß die Compilatoren jede Spur der gedachten Klage=
formen wenigſtens mit ſo viel Erfolg ausgemerzt haben, daß
man (ohne die Entdeckung des Gaius) aus dem *corpus iuris*
heraus niemals auch nur eine Hindeutung auf dieſelben hätte
herausleſen können: ſo wird man die Annahme gar nicht ſo un=
wahrſcheinlich finden, daß die Erwähnung des agere cum compensatione — welches das nothwendige Mittelglied zwiſchen
τῆς τοιαύτης ἀντιτεθείσης παραγραφῆς und χώρα δίδοται iſt —
von Theophilus abſichtlich unterlaſſen wurde. Der nächſte Grund,
aus welchem der Judex in die Lage verſetzt iſt, die Compen=
ſation anzunehmen, d. i. die Herausrechnung eines Ueberſchuſſes
vorzunehmen und auf dieſen Ueberſchuß zu condemniren, iſt das
agere cum compensatione; die (in iure) opponirte exceptio iſt
der entferntere, den nächſten Grund herbeiführende Grund. So=
nach iſt zwar Alles, was Theophilus angibt, ganz richtig; aber
er gibt das, was richtig iſt, nicht vollſtändig an. Es wird dieſe
Unterſtellung um ſo weniger bedenklich erſcheinen, wenn man in
der Herbeiführung des agere cum compensatione nicht einen
Theil des Inhalts des Reſcripts, ſondern nur eine Folge des
Inhalts erblickt, als welche ſie denn auch von Theophilus dar=
geſtellt wird.

Möge nun die zuletzt berührte Zweifelsfrage, der wir
übrigens nur eine untergeordnete Wichtigkeit beilegen können,
beantwortet werden, wie ſie wolle: das Hauptergebniß, welches
wir durch die Verbindung der über das rescriptum D. Marci
vorhandenen Nachrichten mit anderweitigen ſichern Thatſachen,
insbeſondere mit dem Satz, daß der Kaiſer ius civile ſchaffen
kann, gewonnen haben, iſt dies: daß die Nichtberückſichtigung
einer in iure opponirten compenſabeln Gegenforderung ipso iure
zufolge des Reſcripts die Abweiſung der Klage herbeiführte, und
daß man dem eben durch das agere cum compensatione oder
cum deductione entgehen konnte (vorausgeſetzt im erſtern Fall,
daß man das amplius richtig berechnete).

Hieraus ergibt ſich, daß, wenn man auf das praktiſche Re=
ſultat ſieht, der Rechtszuſtand bezüglich der Compenſation im
stricti iuris iudicium, wie er ſich durch das rescriptum D.
Marci geſtaltete, ſchon ganz derſelbe iſt, wie der, welchen wir
bei Paulus nach der oben betrachteten Stelle gefunden haben.
Entweder Compenſation vermittelſt des agere cum compensa-

tione vel deductione, oder iudicium purum mit der sicheren
Aussicht auf gänzliche Abweisung der Klage. Nur die theo=
retische Construktion bezüglich der letztern Alternative ist
bei Paulus eine andere geworden, nemlich eine auf die An=
nahme einer Minderung der Forderung durch die Gegenforderung
basirte. Wie leicht man dazu kommen konnte, mag folgender
Gedankengang zeigen. Wenn nach Erlaß des kaiserlichen Re=
scripts der Kläger auf Geltendmachung einer Gegenforderung
von Seiten des Beklagten die actio cum compensatione wählte,
den Saldo aber zu hoch berechnete, so fiel er ohne Zweifel
wegen plus petitio durch. Wenn er gar nicht cum compensatione klagte, so beging er in gewissem Sinne eine noch stärkere
plus petitio, als wenn er den Abzug unrichtig machte; daß er
auch in diesem Falle durchfiel, war gleichfalls sicher; was war
natürlicher, als daß man auch dies Durchfallen allmälig auf
ein plus petere re zurückführte, und somit eine ipso iure her=
beigeführte Minderung der Forderung durch die Gegenforderung
annahm?

3. L. ult. Cod. de compensat. 4, 31.

In der Zeit nach Paulus bis auf Justinian ist, soviel aus
den Quellen bekannt, eine Aenderung in der Behandlung der
Compensation im stricti iuris iudicium nicht eingetreten; wohl
aber eine Aenderung des ganzen Verfahrens durch Aufhören
des Formularprozesses. Es frägt sich, ob und welche Verän=
derungen in der Behandlung der Compensation hiedurch bedingt
wurden.

Zunächst ist soviel sicher, daß mit dem Aufhören
der formulae der Kläger formell nicht mehr cum compensatione oder cum deductione klagen konnte. Ebenso ge=
wiß ist aber zweitens, daß er gleichwohl seine ganze For=
derung nicht einklagen konnte. Denn einmal blieb der Satz be=
stehen, daß die Forderung durch eine compensable Gegenfor=
derung ipso iure gemindert sei, die Geltendmachung derselben
Seitens des Verklagten vorausgesetzt, und sodann bestand nach
wie vor das causa cadere als Strafe der plus petitio re.
Materiell mußte der Kläger also doch cum compensatione agere,
d. h. die Abrechnung der Gegenforderung des Verklagten selbst
vornehmen, sei es vor der Klage, so daß in dieser nur der
Saldo erschien, sei es in der Klage, so daß aus dieser die Höhe

der beiderseitigen Forderungen erhellte. Auch jetzt also konnte ein compensari im Resultat, b. i. ein Herausrechnen des Ueber= schusses und eine condemnatio auf denselben nur dadurch ermög= licht werden, daß Kläger die Compensation vornahm; es war dies, seit die Ansicht, die wir bei Paulus über die Wirksamkeit einer compensabeln Gegenforderung angetroffen, recipirt worden, die nothwendige Folge davon, daß der Richter in dem Rechts= streit über ein certum nur Alles oder Nichts zuerkennen konnte.

Eine Aenderung in diesem Zustande konnte nur eintreten, wenn eine der ihn bedingenden Ursachen sich änderte, also nament= lich dann, wenn die plus petitio re nicht mehr gänzliche Ab= weisung zur Folge hatte. Dann konnte, da Minderung der klägerischen Forderung durch die Gegenforderung des Beklagten kraft ius civile schon seit Paulus' Zeit feststand, der Richter, auch wenn der Kläger seine ganze Forderung eingeklagt hatte, auf Anstehen des Beklagten den Abzug nicht nur vornehmen (was auch schon vorher geschehen war, aber nur, um zu befin= den, daß Kläger plus petitio begangen hatte), sondern den Be= klagten auch auf den Ueberschuß verurtheilen. Sobald diese Aenderung eintrat, konnte man unter Anlehnung an die Be= deutung des ipso iure, die es im Formularproceß hatte, und wenn man die Verurtheilung des Beklagten auf das amplius als das wesentliche praktische Resultat der processualischen Com= pensation mit dieser letztern selbst identificirte, sagen: jetzt wird ipso iure (b. i. Kraft ius civile) compensirt, während früher die ipso-iure-Wirkung der compensabeln Gegenforderung nur ein plus petendo causa cadere zur Folge hatte; und mit an= derer Betonung: jetzt wird ipso iure compensirt, während bis dahin eine Verurtheilung des Verklagten auf das amplius der klägerischen Forderung nur in Folge des cum compensatione agere möglich war.

Gerade dies sagt nun aber die l. ult. C. h. t. und daß sie es in dem angegebenen Sinne sagt, ergibt sich erstens aus der authentischen Interpretation der Institutionen a. a. O. (ut actiones ipso iure *minuant*, ein allerdings nicht ganz prä= ciser Ausdruck für die Ermöglichung, auf den Ueberschuß zu er= kennen) und zweitens aus der Thatsache, daß eben Justinian es ist, welcher in l. 2 Cod. de plus petit. (3, 10), nachdem schon Zeno einen Schritt in dieser Richtung gethan (l. 1 C. eod.)

den Proceßverlust als Strafe der plus petitio abgeschafft hat.
Der Satz: compensationes ipso iure fieri sancimus — mit
dem anderweitigen Inhalt der l. ult. Cod. ht. befassen wir uns
nicht — spricht blos die nothwendige Consequenz der
l. 2 Cod. de plus petit. für die Compensation aus,
und Justinian hätte dies auch ganz unausgesprochen lassen können.
Daß die Gegenforderung und ihre Geltendmachung durch den
Beklagten, compensatio in diesem Sinne, die Forderung ipso
iure mindert, bleibt nach wie vor wahr (ein Anderes imputirt
dem Kaiser Justinian Asher a. a. O. S. 54, wie wir glauben
mit Unrecht); aber während die Folge hievon früher, bei einge=
klagter ganzer Forderung, Verlust des Processes in Folge von
plus petitio re war, kommt jetzt zur Minderung der Forderung
die entsprechende Minderung der Condemnation, was, wie wir ge=
sehen, Justinian in den Institutionen so ausdrückt: actio minuitur.

Wie haben so, wie wir glauben, auf eine einfache und den
strengsten Zusammenhang mit der vorangegangenen Entwickelung
auf's Beste wahrenden Weise erklärt: sowohl worin der von
Justinian gemachte Fortschritt bestand, als, inwiefern Justinian
seine diesbezügliche gesetzliche Bestimmung so fassen konnte, wie
er sie gefaßt hat. Wenn wir sonach die l. ult. C. ht. inso=
weit von dem Vorwurf „unbeschreiblichen Widersinns" (Asher
a. a. O. S. 54) — ein Vorwurf, dem allerdings unter Vor=
aussetzung der Richtigkeit der Asher'schen Compensationsgeschichte
eine gewisse Berechtigung nicht abzusprechen wäre — entschieden
in Schutz nehmen müssen, so können wir gleichwol die Art, wie
Justinian seiner Neuerung Ausdruck gegeben hat, nicht besonders
glücklich finden. Das ipso iure bei Justinian hat zum Gegen=
satz nicht etwa das ope exceptionis, noch das ius honorarium
überhaupt, noch das factum hominis schlechthin (Beklagter bleibt
oder wird vielmehr erst recht thätig und die l. 21 D. ht. hat
für das justinianische Recht in der That keinen Sinn, sondern
nur für das agere cum compensatione), sondern die Thätigkeit
des den Ueberschuß selbst herausrechnenden Klägers. Diesen
Gegensatz aber herauszufinden, haben die Compilatoren, soweit
an ihnen lag, unmöglich gemacht; denn wenn man in Folge
ihrer Ausmerzungen von dem früheren agere cum compensatione nichts weiß, kann man freilich auch nicht wissen, daß
dies — dem Wesen, nicht der Form nach — bis auf Justinian

die einzige Modalität war, eine Verurtheilung des Beklagten auf den Ueberschuß der klägerischen Forderung herbeizuführen.

Wir wollen das Gesagte kurz recapituliren, um darzuthun, daß der von uns angenommenen Entwickelung auch die Empfeh=lung zur Seite steht, daß sie eine einfache und stetig fortschrei=tende ist.

Gaius kennt im stricti iuris iudicium nur einen Modus, die Compensation herbeizuführen, nämlich durch die Thätigkeit des Klägers; Mittel ist das agere cum compensatione oder cum deductione.

Von untergeordneter Wichtigkeit ist hiebei die Frage: ob diese Klageformen außer dem Argentarius und bonorum emtor, für welche sie obligatorisch, auch andern Klägern zugänglich ge=wesen. Zu dieser Zeit hatte die Frage: ob ipso iure oder ope exceptionis compensirt werde, keinen praktischen Sinn; sie ist deshalb auch gar nicht gestellt worden.

Daß nun die processualische oder gerichtliche Compensation nur vermittelst Thätigkeit des Klä=gers durchgeführt wird, das ist ihre Signatur bis Justinian; auch nach dem Aufhören des Formularprocesses ändert sich daran blos soviel, daß formell nicht mehr agere cum compensatione oder cum deductione stattfindet.

Die Entwicklung von Gaius bis Justinian be=zieht sich nicht darauf, wie die Compensation durch=geführt wurde, sondern darauf, was geschah, wenn der Kläger nicht compensirte. Dies konnte schon zu Gaius Zeit Abweisung der Klage herbeiführen, wenn der Beklagte exceptio doli in die formula hatte inseriren lassen, und wenn der iudex die Nichtberücksichtigung der compensabeln Gegenfor-derung unter den Begriff des dolus subsumirte. Auf Grund eines Rescripts des Kaisers Marc Aurel erfolgte die Abweisung, wenn Beklagter seine Gegenforderung in iure geltend gemacht und Kläger dennoch seine ganze Forderung eingeklagt hatte, Kraft ius civile, und zur Zeit des Paulus nahm man als innern Grund hievon (den äußern bildete nach wie vor das kaiserliche Rescript) die plus petitio des Klägers und folglich den Satz an, daß eine compensable Gegenforderung eine ihr gegenüberstehende

Forderung, Geltendmachung Seitens des Beklagten vorausgesetzt, [9] ipso iure verminbere. Das Rescript Marc Aurels bewirkte außerdem, baß nun bas agere cum compensatione vel deductione allgemeiner wurbe, wenn es nicht — was mit Sicherheit nicht mehr zu ermitteln — die Verallgemeinerung ber gebachten Klageformen erst einführte.

Justinian erst hob ben Prozeßverluft als Folge ber plus petitio re auf; baraus ergab sich für ben Richter die Möglichkeit, auf ben Ueberschuß ber klägerischen Forberung auch bann zu verurtheilen, wenn Kläger seine ganze Forberung eingeklagt hatte. Jetzt konnte zum ersten Male in gewissem Sinne gesagt werben: compensatio fit ipso iure, und Justinian hat bies auch ausgesprochen.

Hienach hat man vor Justinian weber sagen können, es wirb ope exceptionis, noch, es wirb ipso iure compensirt. Dem widerspricht nun freilich ber klare Wortlaut ber l. 21 D. h. t unb ber l. 4 C. h. t. Es ist aber von uns an einem anbern Ort [10] unb aus Grünben, welche mit ber von uns angenommenen historischen Entwicklung nicht nothwenbig zusammenhängen, gezeigt worben, baß in biesen Stellen bas ipso iure interpolirt ist. Bezüglich einiger anbern Stellen (l, 4 u. l 10 pr. h. t.) ist ebenba nachgewiesen, baß sie, auch nach ber Gestalt, welche sie im corpus iuris haben, für bas ipso-iure-compensari im stricti iuris iudicium überhaupt nichts beweisen.

---

[9] Dies ist keineswegs ber Begriff von ope exceptionis, unb schließt barum auch bas ipso iure nicht aus. Vgl. die cit. Abhanblung über die mat. Grunblage ber exceptio, bes. Kap. III.

[10] Im Archiv für civilist. Praxis. Das betr. Heft ist in biesem Augenblick wol schon erschienen. Wie sich unsere Auffassung bes ipso iure in ber l. ult. C. h. t. mit ber von Biebnig-Schwanert wohl verträgt, wonach im justin. Recht ipso iure processualisch bie Zulässigkeit thatsächlichen Vorbringens in jebem Stabium bes Processes bebeutet, ist unschwer einzusehen.

Inhalt des X. Bandes.

Stanford University Library
Stanford, California